은행FP
자산관리사

개념정리 + 적중문제 　한권으로 끝내기

시대에듀

은행FP 자산관리사 1부
한권으로 끝내기

Always with you

사람의 인연은 길에서 우연하게 만나거나 함께 살아가는 것만을 의미하지는 않습니다.
책을 펴내는 출판사와 그 책을 읽는 독자의 만남도 소중한 인연입니다.
시대에듀는 항상 독자의 마음을 헤아리기 위해 노력하고 있습니다.
늘 독자와 함께하겠습니다.

자격증・공무원・금융/보험・면허증・언어/외국어・검정고시/독학사・기업체/취업
이 시대의 모든 합격! 시대에듀에서 합격하세요!
www.youtube.com → 시대에듀 → 구독

머리말 PREFACE

시대에듀 수험생 여러분, 안녕하세요.

자산관리사(Financial Planner)는 금융기관 영업부서의 재테크팀 또는 PB(Private Banking)팀에서 고객의 수입과 지출, 자산 및 부채현황, 가족상황 등 고객에 대한 각종 자료를 수집·분석하여 고객이 원하는 Life Plan상의 재무목표를 달성할 수 있도록 종합적인 자산설계에 대한 상담과 이에 따른 실행을 지원하는 업무를 수행하는 금융전문가가 되기 위해 반드시 갖추어야 하는 국가공인 자격증입니다.

본 교재는 자산관리사(FP) 자격시험을 준비하는 **수험생들에게 실질적인 도움이 되고자 출간**하였습니다. 본 교재의 주요한 특징을 먼저 이해하시면 학습효과를 배가할 수 있으며, 시험에 반드시 합격하실 것이라 확신합니다.

이 책의 특징

1. 최신 출제경향을 완벽하게 분석하여 **각 챕터별 핵심테마로 유형화**하고, 과학적 분석기법으로 분류된 유형에 따라 체계적으로 정리된 **핵심개념과 빈출도를 통하여 교재의 전반적인 내용을 한눈에 파악**함으로써 학습방향을 효율적으로 설정할 수 있도록 하였습니다.

2. 각 과목의 기본서에서 제시하고 있는 학습목표 위주의 **Core Topics를 '핵심개념' 단계에서 먼저 학습**한 후, **최신 출제경향이 반영된 '적중문제'를 풀어봄으로써** 시험 출제유형을 바로 확인 가능하도록 하였습니다. 즉 각 챕터별 '출제포인트'에서 제시하고 있는 핵심 키워드를 통해 교재 전반적인 요약정리가 가능하고, 중요한 내용은 별색 표시와 '핵심CHECK'를 통해 강조하였으며, 중요도에 따라 분류된 관련 적중문제를 즉시 풀어볼 수 있도록 하여 단계별 학습이 가능하도록 하였습니다.

3. 가장 최근에 출제된 기출복원문제를 실전모의고사 2회분으로 제공함으로써 실전감각을 익힐 수 있도록 하였으며, 최종 실력점검 및 진단을 통하여 시험 직전 학습 점검용으로 활용할 수 있도록 하였습니다.

'기출문제를 통한 연습이 가장 확실한 시험 대비'입니다. 본 교재에 수록된 **적중문제와 실전모의고사 2회분은 기출문제를 최대한 유사하게 복원한 문제**이므로, 시험의 당락을 좌우할 수 있기에 100% 반드시 풀어보고 시험장에 들어가시기를 부탁드립니다.

끝으로, 본 교재가 나오기까지 밤낮으로 수고해 주신 시대에듀 임직원 여러분들께 깊은 감사를 드리며, 수험생 여러분 모두가 합격의 영광을 누리는 그날까지 항상 여러분과 '함께'하는 친절한 홍교수가 되겠습니다.

친절한 홍교수, 홍영진 드림

"노력한다고 합격한다는 보장은 없습니다.
그러나 합격한 사람들 중에서 노력하지 않은 사람은 아무도 없습니다!"

자격시험안내

국가공인 자산관리사란?

금융기관 영업부서의 재테크팀 또는 PB(Private Banking)팀에서 고객의 수입과 지출, 자산 및 부채현황, 가족상황 등 고객에 대한 각종 자료를 수집·분석하여 고객이 원하는 Life Plan상의 재무목표를 달성할 수 있도록 종합적인 자산설계에 대한 상담과 이에 따른 실행을 지원하는 업무를 수행하는 금융전문가를 말합니다.

시험구성

제1부

시험과목	세부내용	문항수 총 문항수	문항수 과락 기준 문항수(미만)	배점 (점수)
자산관리 기본지식	재무설계의 의의 및 재무설계 프로세스	10	16	40
	경제동향분석 및 예측	15		
	법률	15		
세무설계	소득세	4	16	40
	금융소득종합과세	8		
	양도소득세	8		
	상속·증여세	16		
	취득세·재산세·종합부동산세	4		
보험 및 은퇴설계	보험설계	10	8	20
	은퇴설계	10		
합계		100	–	100

제2부

시험과목	세부내용	문항수 총 문항수	문항수 과락 기준 문항수(미만)	배점 (점수)
금융자산 투자설계	금융상품	16	28	70
	주식투자	15		
	채권투자	15		
	파생금융상품투자	12		
	금융상품 투자설계 프로세스	12		
비금융자산 투자설계	부동산 상담 사전 준비	9	12	30
	부동산 시장 및 정책 분석	9		
	부동산 투자전략	9		
	보유 부동산자산관리 전략	3		
합계		100	–	100

INFORMATION

합격의 공식 Formula of pass | 시대에듀 www.sdedu.co.kr

시험일정

회 차	접수기간	시험일자	합격자 발표
64회	25.03.11(화)~25.03.18(화)	04.19(토)	05.02(금)
65회	25.06.17(화)~25.06.24(화)	07.26(토)	08.08(금)
66회	25.09.23(화)~25.09.30(화)	11.08(토)	11.21(금)

※ 상기 시험일정은 한국금융연수원 사정에 따라 변경될 수 있으므로, 주관처에서 다시 한 번 정확한 일정을 확인하시기 바랍니다.

응시원서 접수방법

접수기간 내에 인터넷(www.kbi.or.kr)에서 작성 및 접수

시험관련 세부정보

- **시험주관처**: 한국금융연수원 (www.kbi.or.kr)
- **응시자격**: 제한 없음
- **응시료**: 전과목 5만 5천원 / 1부 : 2만 8천원 / 2부 : 2만 8천원
- **시험시간**: 총 200분 / 1교시 : 9:00~10:40 / 2교시 : 11:00~12:40
- **문제형식**: 객관식 5지 선다형

합격기준

아래 두 가지 조건을 모두 충족한 자

| 시험과목별로 40점 미만(100점 만점 기준)이 없을 것 | **+** | 1부 평균, 2부 평균이 각각 60점(100점 만점 기준) 이상일 것 |

※ 평균은 총 득점을 총 배점으로 나눈 백분율이며, 1부 또는 2부 시험만 합격요건을 갖춘 경우는 부분합격자로 인정

검정시험의 일부 면제

검정시험 결과 1부 시험 또는 2부 시험만을 합격한 자는 부분 합격일로부터 바로 다음에 연속되어 실시하는 3회(년수 제한 2년)의 검정시험에 한하여 1부 시험 합격자는 1부 시험을, 2부 시험 합격자는 2부 시험을 면제(2009년 제18회 시험부터 적용)

과목별 학습전략

2025~2026 은행FP 자산관리사 한권으로 끝내기

1과목 | 자산관리 기본지식(40문항)

1장 | 재무설계의 의의 및 재무설계 프로세스(10문항/40문항)

학습분량에 비해 출제비중이 매우 높은 과목으로 난이도가 쉽게 출제되기 때문에 만점에 가까운 고득점을 노려볼 수 있는 전략과목입니다. 개인 재무설계가 필요한 여러 배경, 재무설계 절차 6단계, 최초 면담 시 질문기법, 생애주기별 재무목표, 정보수집 방법, 자산부채상태표와 현금흐름표, 제안서 작성 시 유의할 점, 계약체결 기법 등과 관련된 각종 사례 유형의 문제가 많이 출제되므로 예시까지 꼼꼼히 학습해 두어야 합니다.

2장 | 경제동향 분석 및 예측(15문항/40문항)

경제동향을 다루고 있어 수험생들이 매우 어려워하는 과목으로, 거시경제의 4시장과 5개 경제주체 간의 경제활동에 대한 파급효과가 발생되는 원리를 이해하는 것이 매우 중요합니다. 생산물시장의 총공급과 총수요를 기본으로 4시장의 물가, 임금, 이자율, 환율 등 주요 경제변수의 특징과 결정요인, 재정정책과 통화정책의 효과, 경기변동의 특징, 경기예측방법의 장단점 등 출제빈도가 높은 부분을 중심으로 학습하되 전체적인 흐름을 이해하면서 정리하시기 바랍니다.

3장 | 법 률(15문항/40문항)

특정 법률에 편중되지 않고 여러 부분에서 다양한 문제가 출제되고 있으며, 물권과 채권의 개념, 종류와 같은 각종 법률용어 관련 기본개념을 묻는 문제가 다수 출제되고 있어 법률개념을 정확히 숙지하고 각종 법률용어에 대한 정확한 암기가 필요합니다.

LEARNING STRATEGIES

합격의 공식 Formula of pass | 시대에듀 www.sdedu.co.kr

2과목 | 세무설계(40문항)

1장 | 소득세(4문항/40문항)
출제비중은 낮지만 세무설계에서 가장 기본이 되는 과목이며, 금융소득종합과세, 양도소득세 등과 연계해서 출제되기도 하므로 기초를 잘 닦아놓는 것이 매우 중요합니다. 종합소득세 계산 구조를 이해하고, 종합소득공제와 세액공제를 구분하여 세부적으로 학습하시기 바랍니다.

2장 | 금융소득종합과세(8문항/40문항)
금융소득종합과세의 주요내용을 정리하고, 이자소득과 배당소득의 범위에 대해 꼼꼼히 학습해야 합니다. 특히 배당소득에 대해서는 Gross-up 제도에 대한 명확한 이해가 필요하며, 계산문제에 대해서도 대비해야 합니다. 원천징수세율, 수입시기, 절세전략 등도 출제빈도가 높으므로 암기전략을 잘 세우셔야 합니다.

3장 | 양도소득세(8문항/40문항)
전체적인 계산구조를 이해하고, 양도차익 · 양도소득금액 · 과세표준 · 산출세액까지 각 계산단계별 요건과 내용에 대해 확실하게 암기하는 것이 매우 중요합니다. 1세대 1주택의 양도에 따른 비과세 규정은 구체적 사례별로 이해하는 것이 중요하며, 특히 양도소득세 절세방안과 연계해서 출제되는 경우가 많으니 이에 대한 대비가 필요합니다.

4장 | 상속 · 증여세(16문항/40문항)
가장 출제비중이 높은 과목으로 전체적인 계산구조를 이해하고, 각 부문별 세부내용에 대해 법적 취지를 생각하며, 중요하고 핵심적인 내용 위주로 학습하는 것이 중요합니다. 상속세 과세가액 및 증여세 과세가액에 대해 명확하게 이해하고, 특히 상속세 및 증여세의 과세표준 계산에 있어 상속공제와 증여재산공제 각 항목별 세부내용을 깊이 있게 학습해야 합니다.

5장 | 취득세 · 재산세 · 종합부동산세(4문항/40문항)
출제비중이 낮은 과목으로 어느 한쪽에 편중되기보다는 취득세, 재산세, 종합부동산세 각각 고르게 출제되므로, 각 파트별 주요사항 위주로 암기하는 전략을 세우시기 바랍니다.

3과목 | 보험 및 은퇴설계(20문항)

1장 | 보험설계(10문항/20문항)
비교적 쉬운 난이도의 문제들이 많이 출제되는 과목이므로 고득점을 노릴 수 있는 전략과목입니다. 위험관리기법, 보험의 기본원칙, 보험료의 구성원리, 연금보험, 유니버설보험, 변액보험 등 생명보험 상품과 상해보험, 질병보험 등 제3보험, 주택화재보험, 자동차보험 등 손해보험, 보험상담 프로세스 등 출제빈도가 높은 부분 위주로 학습하는 전략이 필요합니다.

2장 | 은퇴설계(10문항/20문항)
은퇴설계의 필요성 관련 기대수명 증가에 대한 개념, 노후빈곤 문제, 고령자 주거 관련 유니버설 디자인 등 각종 개념을 묻는 문제가 자주 출제되고 있습니다. 국민연금, 공무원연금, 퇴직연금, 개인연금, 주택연금, 성년후견제도 등 주요 제도에 대한 깊이 있는 이해가 필요합니다.

이 책의 구성

2025~2026 은행FP 자산관리사 한권으로 끝내기

01 각 챕터의 요약

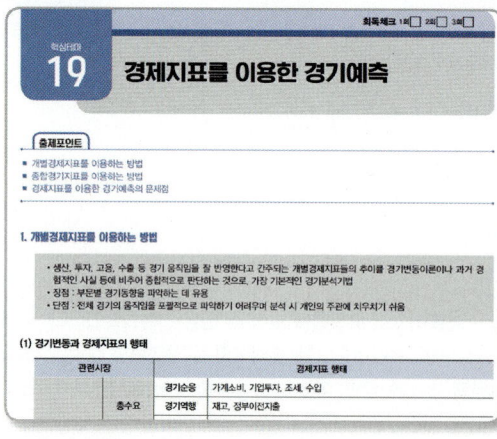

- 최신 출제경향 분석으로 각 챕터별 출제경향과 학습전략을 제시하여 효율적인 학습이 가능하도록 하였습니다.

- 챕터별로 핵심테마로 유형화하고, 그에 따라 체계적으로 정리된 핵심개념과 빈출도를 통해 교재의 전반적인 내용을 한눈에 파악할 수 있도록 하였습니다.

02 핵심개념 정리

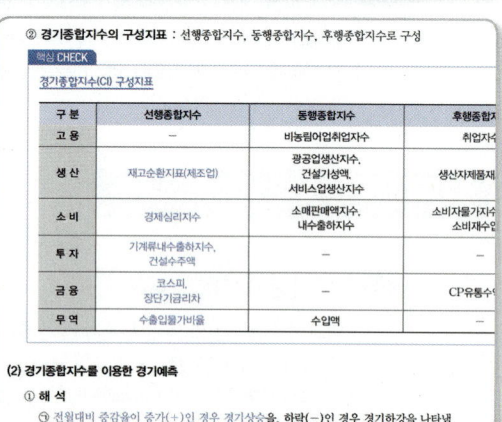

- 각 챕터별 출제포인트에서 제시하고 있는 핵심 키워드를 통해 학습의 방향성 파악과 전반적인 요약정리가 가능합니다. 또한 3회독을 통해 테마별 학습 정도를 스스로 점검해 볼 수 있도록 하였습니다.

- 핵심이론과 관련하여 시험에 꼭 나오는 내용은 핵심CHECK에 별도로 구분하여 정리하였으며, 빈출되는 내용은 별색 표시를 통해 놓치지 않고 학습할 수 있도록 하였습니다.

STRUCTURES

합격의 공식 Formula of pass | 시대에듀 www.sdedu.co.kr

03 적중문제 공략

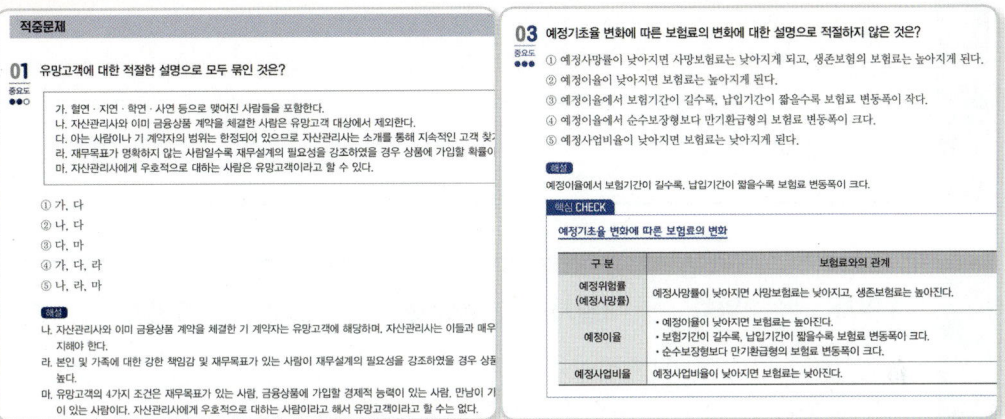

- 중요도에 따라 분류된 관련 적중문제를 바로 풀어보면서 시험 출제유형을 익히고, 앞서 공부한 핵심이론을 확인하고 정리할 수 있습니다.

- 상세한 해설과 함께 적중문제와 관련하여 꼭 알아야 하는 부가적인 핵심이론도 빠짐없이 공부할 수 있도록 하였습니다.

04 실전모의고사 2회분

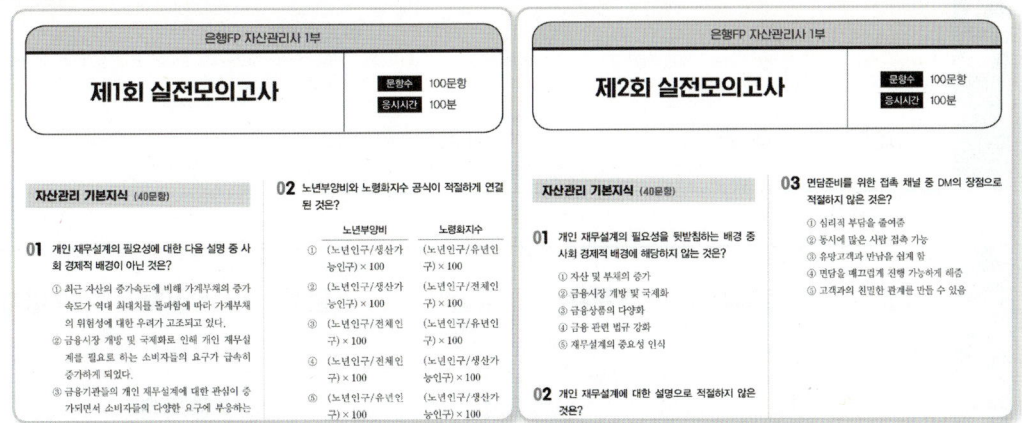

- 최신 기출복원문제로 완벽하게 구성된 실전모의고사를 제공함으로써 실전감각을 익힐 수 있도록 하였습니다.

- 최종 실력점검 및 진단을 통하여 시험 직전 학습 점검용으로 최종적으로 활용할 수 있도록 하였습니다.

2025~2026 은행FP 자산관리사 한권으로 끝내기

4주 완성 학습플랜

1주

	1일차	2일차	3일차	4일차	5일차	6일차	7일차
	PART1						
	1장		2장			3장	

2주

	1일차	2일차	3일차	4일차	5일차	6일차	7일차
	PART1		PART2				
	3장	복습	1장	2장	3장	4장	

3주

	1일차	2일차	3일차	4일차	5일차	6일차	7일차
	PART2		PART3				
	5장	복습	1장			2장	

4주

	1일차	2일차	3일차	4일차	5일차	6일차	7일차
	PART3		모의고사		총복습		
	2장	복습	1회	2회	PART1	PART2	PART3 & 모의고사

FINANCIAL PLANNER

2025~2026 은행FP 자산관리사 한권으로 끝내기

2주 완성 학습플랜

1주	1일차	2일차	3일차	4일차	5일차	6일차	7일차
	PART1				PART2		
	1장	2장	3장	복습	1~2장	3장	4장

2주	1일차	2일차	3일차	4일차	5일차	6일차	7일차
	PART2	PART3			모의고사	총복습	
	5장 & 복습	1장	2장	복습	1회, 2회	PART1 & PART2	PART3 & 모의고사

이 책의 목차

2025~2026 은행FP 자산관리사 한권으로 끝내기

PART1 자산관리 기본지식

- 제1장 재무설계의 의의 및 재무설계 프로세스 ···· 004
- 제2장 경제동향 분석 및 예측 ···· 044
- 제3장 법 률 ···· 130

PART2 세무설계

- 제1장 소득세 ···· 212
- 제2장 금융소득종합과세 ···· 244
- 제3장 양도소득세 ···· 272
- 제4장 상속·증여세 ···· 304
- 제5장 취득세·재산세·종합부동산세 ···· 348

PART3 보험 및 은퇴설계

- 제1장 보험설계 ···· 366
- 제2장 은퇴설계 ···· 434

실전모의고사

- 제1회 실전모의고사 ···· 496
- 제2회 실전모의고사 ···· 520
- 제1회 정답 및 해설 ···· 544
- 제2회 정답 및 해설 ···· 562

01 PART

자산관리 기본지식

CHAPTER 1 재무설계의 의의 및 재무설계 프로세스
CHAPTER 2 경제동향 분석 및 예측
CHAPTER 3 법 률

CHAPTER 01
재무설계의 의의 및 재무설계 프로세스

출제경향 및 학습전략

- 개인 재무설계의 개요에서는 개인 재무설계의 의미와 함께 개인 재무설계가 필요한 여러 배경에 대해 묻는 문제가 꾸준히 출제되고 있습니다.
- 개인 재무설계 절차에서는 재무설계 절차 6단계, 최초 면담 시 질문기법, 생애주기별 재무목표, 재무적 정보와 비재무적 정보 구분, 정보수집 방법, 자산부채상태표와 현금흐름표, 제안서 작성 시 유의할 점, 고객 유형별 제안 사례, 계약체결 기법 등과 관련된 각종 사례 유형의 문제가 많이 출제되고 있기 때문에 예시까지 꼼꼼히 학습해 두어야 합니다.

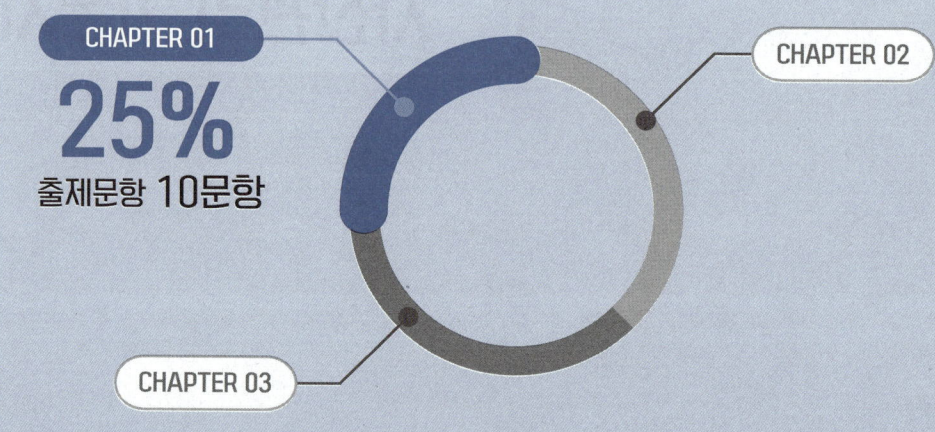

핵심테마	핵심개념	빈출도
01	개인 재무설계의 의미와 필요성	★★★
02	자산관리사의 역할과 업무	★☆☆
03	재무설계 절차	★★☆
04	1단계-고객과의 관계 정립	★★★
05	2단계-고객 정보수집 및 재무목표 설정	★★★
06	3단계-고객의 재무상태 분석 및 진단	★★★
07	4단계-제안서 작성 및 대안 수립 제시	★★★
08	5단계-재무설계안에 대한 실행	★★★
09	6단계-정기점검 및 사후관리	★☆☆

핵심테마 01 개인 재무설계의 의미와 필요성

회독체크 1회☐ 2회☐ 3회☐

출제포인트
- 개인 재무설계의 의미
- 개인 재무설계의 필요성

1. 개인 재무설계의 의미
① 재무목표를 달성하기 위해서 재무적 및 비재무적 자원을 적절하게 관리하는 과정
② 재무상담이 고객의 문제 평가에서 시작한다면 재무설계는 고객의 목표로부터 시작
③ 개인 재무설계는 재무상담을 통한 단기적 문제해결 능력을 포함한 중장기적 목표달성을 포함
④ 재무설계는 개인적 상황, 경제환경, 생애주기상의 변화 등을 고려하여 평생에 걸쳐 지속해서 이루어져야 함

2. 개인 재무설계의 필요성

(1) 사회 경제적 배경
① **자산 및 부채의 증가** : 가계부채의 위험성에 대한 우려 고조
② **금융시장 개방 및 국제화** : 국내 금융업계의 경쟁 심화, 외국자본 유입 및 새로운 판매기법 도입으로 소비자들의 투자의사 결정 복잡화
③ **금융상품 다양화 및 금융 관련 법규 강화** : 개인고객 비중 확대, 소비자들의 다양한 요구에 부응하는 금융상품 출시로 체계적이고 전문화된 개인 재무설계 서비스 필요

(2) 인구 통계적 배경
① **1인 가구의 증가** : 모든 의사결정의 주체가 개인으로 전환, 모든 경제적 부담도 개인 스스로 책임지는 시기 도래
② **저출산 및 고령화**
  ㉠ 노년부양비와 노령화지수가 지속해서 증가하여 사회적 부담 증대 예상
  ㉡ 압축 고령화로 표현될 만큼 빠른 고령화 속도
  ㉢ 노후준비의 필요성을 많이 느끼면서도 공적연금을 제외한 사적연금의 준비는 부족

> **핵심 CHECK**
>
> **저출산 및 고령화**
> - 노년인구 비율 : 7% 고령화 사회 → 14% 고령 사회 → 20% 초고령 사회
> - 노년부양비 : (노년인구 ÷ 생산가능인구) × 100
> - 노령화지수 : (노년인구 ÷ 유년인구) × 100

③ **노동환경의 변화**
  ㉠ 노동시장의 유연성 증가로 평생 직업의 개념보다는 고용환경 변화에 따른 평생학습 시스템 등을 통한 인적자본으로서의 가치 증대가 중요한 시기
  ㉡ 베이비 붐 세대의 대량 퇴직으로 제2의 인생설계 및 노후준비에 대한 관심 제고

(3) 소비자의식 변화
① **개인주의적 사고방식과 개별성 추구** : 개인의 개성과 가치를 중시하면서 다양성 추구
② **비재무적 요구의 증가** : 가족의 건강, 생활의 질, 인생의 행복 등 비재무적인 문제에 대한 관심과 요구 확대
③ **재무설계의 중요성 인식**
  ㉠ 시장이 공급자 중심에서 소비자 중심으로 전환
  ㉡ 전 생애주기에 걸쳐 생애소비만족의 극대화를 추구하려는 개인의 요구 확대

적중문제

01 개인 재무설계에 대한 설명으로 가장 적절한 것은?

① 개인이나 가계의 현재의 재정상태를 검토하고 개인이나 가계가 설정한 재무목표를 달성하기 위해서 개인 및 가계의 재무적 자원을 적절하게 관리하는 과정을 의미한다.
② 재무설계는 고객의 문제 평가에서 시작한다.
③ 재무상담을 통한 단기적 문제해결 능력을 포함한 중장기적 목표달성을 포함한다고 할 수 있다.
④ 재무설계는 특정한 상황이 발생할 때마다 일시적으로 진행되어야 한다.
⑤ 최근 경기침체로 인해 재무설계에 대한 사회적 관심은 줄어드는 추세이다.

> **해설**
> ① 개인 재무설계란 개인이나 가계의 현재의 재정상태를 검토하고 개인이나 가계가 설정한 재무목표를 달성하기 위해서 개인 및 가계의 재무적 및 비재무적 자원을 적절하게 관리하는 과정을 의미한다.
> ② 개인의 재무적 복지를 증진시킨다는 점에서 보면 재무설계와 재무상담은 상호 관련이 깊지만, 재무상담이 고객의 문제 평가에서 시작한다면 재무설계는 고객의 목표로부터 시작한다.
> ④ 재무설계는 개인적 상황의 변화, 경제환경의 변화, 생애주기상의 변화 등을 고려하여 평생에 걸쳐 지속해서 이루어져야 한다.
> ⑤ 최근 소비자들의 개인 재무설계에 대한 요구가 점차 증대되면서 재무설계에 대한 사회적 관심도 커지는 추세이다.

정답 01 ③

02 개인 재무설계에 대한 설명으로 적절하지 않은 것은?

① 개인이나 가계의 현재 재정상태를 검토하고 개인이나 가계가 설정한 재무목표를 달성하기 위해서 개인 및 가계의 재무적 및 비재무적 자원을 적절하게 관리하는 과정을 의미한다.
② 미래에 대한 설계 또는 계획에 초점이 맞추어진 개념으로서 개인이나 가계의 재무상태를 진단하고 문제점을 개선하여 재무목표를 달성하여 재정적 만족감을 성취할 수 있도록 방향을 제시하는 과정으로 개인이나 가족을 대상으로 한 종합적인 재무관리를 의미한다.
③ 재무설계는 특정 계층이나 특정 상황에 닥쳤을 경우에만 필요한 것이다.
④ 개인 재무설계의 필요성 요인에는 사회 경제적 배경, 인구 통계적 배경, 소비자의식 변화를 들 수 있다.
⑤ 우리나라의 65세 이상 고령층 인구는 늘어나는 반면 0~14세인 유소년 인구 및 15~64세인 생산가능인구는 지속해서 감소하여 노년부양비와 노령화지수가 지속해서 증가하여 사회적 부담이 증대될 것으로 예상된다.

해설
흔히 재무설계는 특정 계층이나 특정 상황에 닥쳤을 경우에만 필요한 것으로 생각하지만 개인적 상황의 변화, 경제환경의 변화, 생애주기상의 변화 등을 고려하여 평생에 걸쳐 지속해서 이루어져야 한다.

03 개인 재무설계의 필요성을 증가시키는 사회·경제적 배경에 대한 설명으로 모두 묶인 것은?

> 가. 자산 및 부채의 증가
> 나. 금융시장 개방 및 국제화
> 다. 금융상품 다양화 및 금융 관련 법규 강화
> 라. 1인 가구의 증가
> 마. 개인주의적 사고방식과 개별성 추구

① 가, 나, 다
② 가, 나, 라
③ 가, 다, 라
④ 나, 다, 라
⑤ 나, 라, 마

해설
라. 인구 통계적 배경 요인이다.
마. 소비자의식 변화 요인이다.

정답 02 ③ 03 ①

04 저출산 및 고령화에 대한 적절한 설명으로 모두 묶인 것은?

> 가. 65세 이상 고령층 인구는 늘어나는 반면 0~14세인 유소년 인구 및 15~64세인 생산가능인구는 지속해서 감소하여 노년부양비와 노령화지수가 지속해서 증가함으로써 사회적 부담이 증대될 것으로 예상된다.
> 나. 우리나라는 2000년에 고령화 사회로 진입하여 초고령 사회를 달성하는 데 총 25년이 소요되어, 전 세계에서 가장 빠르게 초고령 사회에 진입했다.
> 다. 대부분의 사람들이 늘어난 평균수명보다 오래 살 가능성에 대비해 노후준비의 필요성을 많이 느끼고 있어 공적연금을 제외한 사적연금의 준비를 많이 하고 있다.
> 라. 노령화지수가 50이라는 것은 성인 100명 중 50명이 노년인구라는 의미이다.

① 가, 나
② 가, 라
③ 가, 나, 라
④ 나, 다, 라
⑤ 가, 나, 다, 라

해설

다. 대부분의 사람들이 늘어난 평균수명보다 오래 살 가능성에 대비해 노후준비의 필요성을 많이 느끼면서도 공적연금을 제외한 사적연금의 준비는 많지 않아 노후준비에 대한 재무설계의 필요성이 더욱 커질 것으로 예상된다.
라. 노령화지수 : (노년 인구/유년 인구) × 100

05 다음 인구 구성을 토대로 계산한 노년부양비와 노령화지수가 적절하게 연결된 것은?

> • 전체인구 : 5,000만명
> • 노년인구 : 480만명
> • 유년인구 : 1,200만명
> • 생산가능인구 : 3,320만명

	노년부양비	노령화지수
①	9.6%	14.46%
②	9.6%	40%
③	14.46%	9.6%
④	14.46%	40%
⑤	40%	14.46%

해설

• 노년부양비 : (노년인구/생산가능인구) × 100 = (480만명/3,320만명) × 100 ≒ 14.46%
• 노령화지수 : (노년인구/유년인구) × 100 = (480만명/1,200만명) × 100 = 40%

정답 04 ① 05 ④

06 개인 재무설계의 필요성에 대한 설명으로 적절하지 않은 것은?

① 최근 우리나라 가구 중 1인 가구의 비중은 2023년 782만 9,000가구로 전체가구의 35.5%를 차지하고 있으며, 2030년에는 1인 가구의 비중이 더욱 확대될 것으로 예상된다.
② 우리나라는 2000년에 고령화 사회로 진입하고 17년 후인 2017년에 고령 사회로 진입하였으며, 2025년 초고령 사회로 들어서면서 고령화 사회에서 초고령 사회에 이르기까지 총 25년이 소요되어 전 세계에서 가장 빠르게 초고령 사회에 진입했다.
③ 대부분의 사람들이 늘어난 평균수명보다 오래 살 가능성에 대비해 노후준비의 필요성을 많이 느끼면서도 공적연금을 제외한 사적연금의 준비는 많지 않아 노후준비에 대한 재무설계의 필요성은 더욱 커질 것으로 예상된다.
④ 개인의 개성과 가치를 중시하던 20세기와는 달리 21세기에는 공동체를 중시하면서 다양성을 추구하게 될 것으로 보이는데, 공동체적인 가치관을 가진 사람들은 어느 계층보다도 개인 재무설계에 관심을 가질 것이다.
⑤ 전 생애주기에 걸쳐 생애소비만족의 극대화를 추구하려는 개인의 요구도 커지게 됨에 따라 개인 재무설계의 중요성 및 전문가에 의한 개인 재무설계에 의한 조언의 중요성이 점차 확대될 것으로 예상된다.

해설
공동체를 중시하던 20세기와는 달리 21세기에는 개인의 개성과 가치를 중시하면서 다양성을 추구하게 될 것으로 보인다. 개인적인 가치관을 가진 사람들은 어느 계층보다도 개인 재무설계에 관심을 가질 것이다.

07 개인 재무설계의 필요성에 대한 설명으로 가장 적절한 것은?

① IMF 이후 외국자본 유입 및 새로운 판매기법의 도입으로 소비자들의 투자의사 결정이 더욱 간단해졌다.
② 최근에 우리나라 고용시장을 보면 저출산 및 고령화로 인해 평생 직업이라는 개념이 중요한 시기가 되었다.
③ 공동체를 중시하던 20세기와는 달리 21세기에는 개인의 개성과 가치를 중시하면서 다양성을 추구하게 될 것으로 보인다.
④ 가치를 중시하는 소비자들이 많아지면서 비재무적인 면보다 재무적인 문제로 소비자들의 관심과 요구가 확대되고 있다.
⑤ 시장이 소비자 중심에서 공급자 중심으로 전환되고 있다.

해설
① IMF 이후 외국자본에 전면적 개방을 하게 된 국내 금융업계의 경쟁은 더욱 심화되고 외국자본 유입 및 새로운 판매기법의 도입으로 소비자들의 투자의사 결정이 더욱 복잡해졌다.
② 최근에 우리나라 고용시장을 보면 노동시장의 유연성이 높아지면서 평생 직업이라는 개념보다는 고용환경 변화에 따른 평생 학습 시스템 등을 통한 인적 자본으로서의 가치를 증대하는 것이 중요한 시기가 되었으며, 베이비 붐 세대의 대량 퇴직으로 제2의 인생설계 및 노후준비에 관심이 많아지고 있다.
④ 가치를 중시하는 소비자들이 많아지면서 재무적인 면보다 가족의 건강, 생활의 질, 인생의 행복 등 비재무적인 문제로 소비자들의 관심과 요구가 확대되고 있다.
⑤ 시장이 공급자 중심에서 소비자 중심으로 전환되면서 고객중심의 사고, 고객중심의 경영이라는 개념이 기업의 최대 이슈로 대두하고 있다.

정답 06 ④ 07 ③

핵심테마 02 자산관리사의 역할과 업무

회독체크 1회☐ 2회☐ 3회☐

출제포인트
- 자산관리사의 역할
- 금융권 자산관리사의 종류

1. 자산관리사의 역할
① 개인의 재무설계를 수립하고 재무목표를 달성할 수 있도록 돕는 역할
② 각 금융분야에 대한 전문지식과 실제 사례에 응용할 수 있는 기술 등 다양한 능력을 갖추고 금융전문가로서의 소임 수행

2. 금융권 자산관리사의 종류
① **금융연수원 자산관리사(FP)** : 국가공인 자격증으로 금융업계의 재무설계 관련 업무나 은행의 PB 업무를 주로 담당하는 실무자들이 필수적으로 획득해야 할 자격증
② **한국 FPSB** : AFPK, CFP
③ **한국금융투자협회** : 증권투자상담사, 펀드투자상담사, 파생상품투자상담사, 투자자산운용사 등
④ **기타** : ChFC, CFA, CLU 등

적중문제

01 자산관리사의 역할과 업무에 대한 설명으로 적절하지 않은 것은?

중요도 ●○○

① 자산관리사는 개인의 재무설계를 수립하고 재무목표를 달성할 수 있도록 돕는 역할을 한다.
② 자산관리사는 각 금융 분야에 대한 전문지식과 실제 사례에 응용할 수 있는 기술 등 다양한 능력을 갖추고 금융전문가로서의 소임을 수행할 수 있어야 한다.
③ 보험연수원의 자산관리사 제도는 국가공인 자격증으로 금융업계의 재무설계 관련 업무나 은행의 PB 업무를 주로 담당하는 실무자들이 필수적으로 획득해야 할 자격증이다.
④ 한국 FPSB에서 주관하는 AFPK와 CFP라는 개인 재무설계 전문가 자격증이 있다.
⑤ 한국금융투자협회에서는 증권투자상담사, 펀드투자상담사, 파생상품투자상담사, 투자자산운용사 등의 자격증을 운영 중이다.

해설
금융연수원의 자산관리사 제도는 국가공인 자격증으로 금융업계의 재무설계 관련 업무나 은행의 PB 업무를 주로 담당하는 실무자들이 필수적으로 획득해야 할 자격증이다.

정답 01 ③

핵심테마 03 재무설계 절차

출제포인트
- 재무설계 절차 6단계

1. 재무설계 절차 6단계
① 개인 재무설계를 가장 효율적이며 체계적으로 실행하는 절차
② 각 단계는 차례대로 이루어지는 것이 일반적이지만 경우에 따라서는 한 단계 이상의 절차가 동시에 이루어질 수도 있음

> **핵심 CHECK**
>
> **재무설계 절차 6단계**
> - 1단계 : 고객과의 관계 정립
> - 2단계 : 고객 정보수집 및 재무목표 설정
> - 3단계 : 고객의 재무상태 분석 및 평가
> - 4단계 : 재무설계 제안
> - 5단계 : 재무설계 실행
> - 6단계 : 정기점검 및 사후관리

적중문제

01 재무설계 절차 6단계 중 3단계로 가장 적절한 것은?

중요도 ●○○

① 고객과의 관계 정립
② 고객 정보수집 및 재무목표 설정
③ 고객의 재무상태 분석 및 평가
④ 재무설계 제안
⑤ 재무설계 실행

해설

① 1단계 : 고객과의 관계 정립
② 2단계 : 고객 정보수집 및 재무목표 설정
④ 4단계 : 재무설계 제안
⑤ 5단계 : 재무설계 실행

02 재무설계의 단계별 절차가 순서대로 나열된 것은?

중요도 ●●●

가. 성공적인 재무설계를 효과적으로 이끌어 내려면 좋은 질문과 훌륭한 경청은 자산관리사가 필수적으로 갖추어야 할 기술이다.
나. 자산관리사는 분석된 모든 자료를 종합하고 고객의 재무목표에 적절한 합리적인 제안서 작성 및 대안을 수립하고 제시한다.
다. 고객의 재무목표를 확인하고 나면 재무목표의 우선순위를 결정하는 것이 필요하다.
라. 자산관리사는 수집된 고객의 정보를 토대로 개인 재무제표를 작성해야 하며, 이를 통해 고객의 현재 재무상태를 평가 및 분석하여 고객의 강점과 약점을 찾아내고 바람직한 방향으로 수정하도록 조언해 주어야 한다.
마. 자산관리사가 고객에게 적합한 상품과 서비스를 선별해 줄 경우 자신의 이익보다 고객의 재무목표 달성과 이익을 최우선시해야 한다.
바. 자산관리사가 정기적으로 점검할 내용은 크게 2가지로 구분되는데, 고객에 관한 사항 및 투자 관련 점검이다.

① 가 - 다 - 라 - 나 - 마 - 바
② 가 - 다 - 라 - 마 - 나 - 바
③ 가 - 다 - 마 - 라 - 나 - 바
④ 가 - 라 - 다 - 나 - 마 - 바
⑤ 가 - 라 - 다 - 마 - 나 - 바

해설

가. 1단계 : 고객과의 관계 정립
다. 2단계 : 고객 정보수집 및 재무목표 설정
라. 3단계 : 고객의 재무상태 분석 및 평가
나. 4단계 : 재무설계 제안
마. 5단계 : 재무설계 실행
바. 6단계 : 정기점검 및 사후관리

정답 01 ③ 02 ①

핵심테마 04 1단계 - 고객과의 관계 정립

> **출제포인트**
> - 유망고객 찾기
> - 유망고객의 4가지 조건
> - 면담준비
> - 최초 면담
> - 효과적인 질문과 경청

1. 유망고객 찾기

① **지인** : 혈연 · 지연 · 학연 · 사연 등으로 맺어진 사람들 포함
② **기 계약자**
③ **소개** : 아는 사람 · 기 계약자 · 협력자 등으로부터 소개를 통해 지속적인 고객 찾기

2. 유망고객의 4가지 조건

① 재무목표가 있는 사람
② 금융상품에 가입할 경제적 능력이 있는 사람
③ 만남이 가능한 사람
④ 실행력이 있는 사람

3. 면담준비

자산관리사는 DM, TA, SMS를 통해 고객과 만나기 전 사전 접근 필요

> **핵심 CHECK**
>
> **접촉 채널별 장점 및 유의점**
>
> | 구 분 | DM | TA | SMS |
> |---|---|---|---|
> | 장 점 | • 심리적 부담을 줄여 줌
• 동시에 많은 사람 접촉 가능
• 면담을 매끄럽게 진행 가능하게 해 줌
• 고객과의 친밀한 관계를 만들 수 있음 | • 효율적인 시간관리
• 유망고객과의 만남을 쉽게 함
• 효과적인 고객면담이 가능함 | • 심리적 부담을 줄여 줌
• 동시에 많은 사람 접촉 가능
• 상대적으로 저렴한 비용
• 통화가 되지 않아도 가능 |
> | 유의점 | 고객에게 맞춤화된 DM 제작 발송할 것(일반적 DM 발송 시 고객 불만 초래 가능성 높음) | 방문 약속을 잡기 위한 목적으로 활용할 것(상품판매 목적 활용 금지) | 발송시간 주의(늦은 밤이나 새벽 발송 금지) |

4. 최초 면담

① FP는 능숙한 의사소통으로 고객과의 대화를 리드하고, 자연스러운 관계를 형성하도록 노력
② 고객에게 ㉠ 재무설계의 개념 및 절차 ㉡ FP의 경력 및 서비스 분야 ㉢ 정보수집의 중요성을 설명해 주고 이해시켜 고객과의 관계 정립을 분명히 해 두어야 함
③ 가볍고 일상적인 대화로 시작하여 고객의 생각이나 의견을 들을 수 있는 질문으로 유도

5. 효과적인 질문과 경청

① **좋은 질문** : 고객이 호기심을 가지고 스스로 말할 수 있도록 분위기를 이끌어 내는 질문

> **핵심 CHECK**
>
> **최초 면담 시 활용할 수 있는 유용한 질문**
>
> - **상황파악 질문** : 고객이 현재 처해 있는 배경 · 정황 · 사실 · 정보 등을 수집하기 위한 질문
>   예 가족은 어떻게 되시죠?, 금융상품은 주로 어떤 상품을 가입하십니까?
> - **문제인식 질문** : 고객이 현재 안고 있는 어려움, 문제 등을 고객 자신이 스스로 인식하게 하는 질문
>   예 자녀분의 대학 학자금은 준비되어 있습니까?, 노후에 대한 특별한 준비가 없다고 말씀하셨는데 노후에 대해 불안하지는 않으신지요?
> - **시사 질문** : 고객 문제로 인해 발생 · 파급되는 결과에 대한 심각성 · 중요성 등을 고객 스스로 인지하게끔 하는 질문
>   예 중대질병에 걸려 막대한 치료비가 필요한 경우 남은 가족의 생활은 어떨까요?, 만약 가장이 준비 없이 사망한다면 남은 자녀들의 교육비는 어떻게 해결할까요?, 저축으로만 노후자금을 마련하시면 고객님이 필요한 노후자금 준비가 가능할까요?, 사장님에게 무슨 일이 닥치면 회사의 종업원과 가족들은 어떻게 될까요?
> - **해결 질문** : 고객으로 하여금 해결책의 효용가치, 이득 등을 느끼게 하여 FP의 해결안 제안에 동의를 구하는 질문
>   예 가족 보장 및 필요할 때마다 자금을 찾는 기능이 부가된 상품이면 어떨까요?, 노후에도 월급처럼 생활비가 지급되는 상품이 있다면 가입하시겠습니까?, 이자소득이 전액 비과세되고 복리 이자를 받을 수 있는 상품이 있다면 가입하실 만하다고 생각되지 않으십니까?

② **경청** : 고객의 말에 주의 깊게 공감하며 듣는 자세
  ㉠ 경청을 통해 고객의 자발적인 참여 유도 → 고객의 생각이나 가치관 등 비재무적인 정보 수집 가능
  ㉡ 가장 강력한 설득은 경청에서 시작
  ㉢ 완고한 고객일수록 적극적으로 경청하고 공감하는 자세 필요

6. 면담 마무리

① 고객과 약속한 면담 예상시간을 넘기지 않도록 시간을 효율적으로 사용하여 면담 진행
② 상담 시 얻은 고객 정보에 대한 비밀유지 약속 준수

적중문제

01 유망고객에 대한 적절한 설명으로 모두 묶인 것은?

> 가. 혈연 · 지연 · 학연 · 사연 등으로 맺어진 사람들을 포함한다.
> 나. 자산관리사와 이미 금융상품 계약을 체결한 사람은 유망고객 대상에서 제외한다.
> 다. 아는 사람이나 기 계약자의 범위는 한정되어 있으므로 자산관리사는 소개를 통해 지속적인 고객 찾기를 해야 한다.
> 라. 재무목표가 명확하지 않은 사람일수록 재무설계의 필요성을 강조하였을 경우 상품에 가입할 확률이 높다.
> 마. 자산관리사에게 우호적으로 대하는 사람은 유망고객이라고 할 수 있다.

① 가, 다
② 나, 다
③ 다, 마
④ 가, 다, 라
⑤ 나, 라, 마

해설
나. 자산관리사와 이미 금융상품 계약을 체결한 기 계약자는 유망고객에 해당하며, 자산관리사는 이들과 매우 긴밀한 관계를 유지해야 한다.
라. 본인 및 가족에 대한 강한 책임감 및 재무목표가 있는 사람이 재무설계의 필요성을 강조하였을 경우 상품에 가입할 확률이 높다.
마. 유망고객의 4가지 조건은 재무목표가 있는 사람, 금융상품에 가입할 경제적 능력이 있는 사람, 만남이 가능한 사람, 실행력이 있는 사람이다. 자산관리사에게 우호적으로 대하는 사람이라고 해서 유망고객이라고 할 수는 없다.

02 면담 준비 시 DM의 장점으로 모두 묶인 것은?

> 가. 심리적 부담을 줄여 준다.
> 나. 동시에 많은 사람과 접촉이 가능하다.
> 다. 면담을 매끄럽게 진행 가능하게 해 준다.
> 라. 상대적으로 저렴한 비용이 장점이다.

① 가, 다
② 나, 다
③ 가, 나, 다
④ 가, 나, 라
⑤ 가, 나, 다, 라

해설
라. SMS의 장점에 해당한다.

03 면담 준비 시 접촉 채널별 장점 및 유의점에 대한 설명으로 가장 적절한 것은?

① TA는 심리적 부담을 줄여 주며, 동시에 많은 사람의 접촉이 가능하다.
② DM은 비용절감을 고려하여 일률적으로 작성하는 것이 효과적이다.
③ TA는 방문 약속을 잡거나 상품판매 목적으로 활용할 수 있다는 장점이 있다.
④ SMS는 동시에 많은 사람과 접촉이 가능하나, 심리적 부담이 크다는 단점이 있다.
⑤ SMS는 통화가 되지 않아도 가능하며, 상대적으로 저렴한 비용이 장점이다.

해설

〈접촉 채널별 장점 및 유의점〉

구분	DM	TA	SMS
장점	• 심리적 부담을 줄여 줌 • 동시에 많은 사람 접촉 가능 • 면담을 매끄럽게 진행 가능하게 해 줌 • 고객과의 친밀한 관계를 만들 수 있음	• 효율적인 시간관리 • 유망고객과 만남을 쉽게 함 • 효과적인 고객면담이 가능함	• 심리적 부담을 줄여 줌 • 동시에 많은 사람 접촉 가능 • 상대적으로 저렴한 비용 • 통화가 되지 않아도 가능
유의점	고객에게 맞춤화된 DM 제작 발송할 것(일반적 DM 발송 시 고객 불만 초래 가능성 높음)	방문 약속을 잡기 위한 목적으로 활용할 것(상품판매 목적 활용 금지)	발송시간 주의(늦은 밤이나 새벽 발송 금지)

04 최초 면담 시 자산관리사가 활용할 수 있는 유용한 질문 중 문제인식 질문으로 가장 적절한 것은?

① 정년은 언제이신가요?
② 금융상품은 주로 어떤 상품을 가입하십니까?
③ 자녀분의 대학 학자금은 준비되어 있습니까?
④ 만약 가장이 준비 없이 사망한다면 남은 자녀들의 교육비는 어떻게 해결할까요?
⑤ 노후에도 월급처럼 생활비가 지급되는 상품이 있다면 가입하시겠습니까?

해설

① 상황파악 질문
② 상황파악 질문
④ 시사 질문
⑤ 해결 질문

05 최초 면담 시 자산관리사가 활용할 수 있는 유용한 질문 중 시사 질문으로 모두 묶인 것은?

가. 금융상품은 주로 어떤 상품을 가입하십니까?
나. 자녀분의 대학 학자금은 준비되어 있습니까?
다. 중대질병에 걸려 막대한 치료비가 필요한 경우 남은 가족의 생활은 어떨까요?
라. 만약 가장이 준비 없이 사망한다면 남은 자녀들의 교육비는 어떻게 해결할까요?
마. 저금리 시대에 저축으로만 노후자금을 마련하시면 고객님이 필요한 노후자금 준비가 가능할까요?
바. 저금리 시대에 이자소득이 전액 비과세되고 복리 이자를 받을 수 있는 상품이 있다면 가입하실 만하다고 생각되지 않으십니까?

① 가, 다
② 다, 라
③ 라, 마
④ 나, 다, 라
⑤ 다, 라, 마

해설
가. 상황파악 질문
나. 문제인식 질문
바. 해결 질문

06 최초 면담에 대한 설명으로 가장 적절한 것은?

① 최초 면담에서 자산관리사는 대화를 리드해 가기보다는 고객의 이야기를 듣는 것에 집중해야 한다.
② 재무설계 개념 및 절차는 어려우므로 가급적 고객에게 설명하지 않는 것이 바람직하다.
③ 정보수집의 중요성을 고객에게 설명해 주고 이해시켜 고객과의 관계 정립을 분명히 해 두어야 한다.
④ 고객과의 대화 시 자산관리사는 가볍고 일상적인 대화는 자제하여 전문가로서의 신뢰를 높일 수 있도록 하는 것이 바람직하다.
⑤ 좋은 질문이란 자산관리사가 원하는 대답이 나올 수 있도록 분위기를 이끌어 내는 질문을 말한다.

해설
① 최초 면담에서 자산관리사는 능숙한 의사소통으로 고객과의 대화를 리드해 가야 한다.
② 최초 면담에서 자산관리사는 재무설계 개념 및 절차, 자산관리사의 경력, 서비스 분야, 정보수집의 중요성과 같은 사항을 고객에게 설명해 주고 이해시켜 고객과의 관계 정립을 분명히 해 두어야 한다.
④ 고객과의 대화 시 자산관리사는 가볍고 일상적인 내용으로 시작하여 고객과의 어색함을 해소하고 관심을 유도한 후 고객의 생각이나 의견을 들을 수 있는 질문으로 유도하는 것이 바람직하다.
⑤ 좋은 질문이란 고객이 호기심을 가지고 스스로 말할 수 있도록 분위기를 이끌어 내는 질문을 말한다.

07 효과적인 질문과 경청에 대한 설명으로 적절하지 않은 것은?

① 성공적인 재무설계를 효과적으로 이끌어 내려면 좋은 질문과 훌륭한 경청은 자산관리사가 필수적으로 갖추어야 할 기술이다.
② 자산관리사는 고객이 편안한 마음가짐으로 상담에 임할 수 있도록 분위기를 조성해야 하고 고객이 말한 내용 가운데 자신이 이해한 부분을 반복해서 확인하며 차근차근 고객과 대화를 진행해 나가야 한다.
③ '거래하시는 은행이 있으신지요?'와 같은 질문은 상황파악 질문이다.
④ 문제인식 질문은 고객 문제로 인해 발생·파급되는 결과에 대한 심각성·중요성 등을 고객 스스로 인지하게끔 하는 질문이다.
⑤ 완고한 고객일수록 자산관리사는 적극적으로 경청하고 공감하는 자세를 가져야 하며, 이럴 경우 고객도 마음을 열고 재무설계를 수용할 자세를 갖추게 된다.

해설
④는 시사 질문에 대한 설명이다. 문제인식 질문은 고객이 현재 안고 있는 어려움, 문제 등을 고객 자신이 스스로 인식하게 하는 질문이다.

핵심테마 05 2단계 - 고객 정보수집 및 재무목표 설정

출제포인트
- 재무목표 설정
- 고객에 관한 정보수집

1. 재무목표 설정

고객이 현실성 있는 목표를 설정하고 그 목표를 수치화하여 측정 가능한 것으로 나타내는 데 도움을 주어야 함

(1) 고객의 재무목표를 파악하는 방법

〈상황이 바뀔 때마다 재무목표 및 우선순위 변경 가능〉

① **고객의 일반적인 관심사를 살펴보는 방안** : 자녀의 교육 · 결혼을 위한 미래자금, 본인 은퇴자금, 창업을 위한 사업자금, 본인 조기 사망을 대비한 가족생활자금 및 보장자산 확보, 일정한 임대수입이 있는 수익용 부동산 구매, 주택 구매 및 확장을 위한 미래자금 확보 등

② **기간별로 재무목표를 살펴보는 방안** : 재무목표를 단기(1년 이내), 중기(1~10년), 장기(10년 이상)로 구분하여 목표를 파악하는 방법

③ 생애주기별로 재무목표를 살펴보는 방안

핵심 CHECK

생애주기별 재무목표

생애주기 단계	일반적인 재무관심사
청년기	첫 직장 잡기, 결혼자금 마련 등
가족형성기	첫 자녀 출생 준비자금 마련, 자동차 구매자금 마련 등
자녀양육기	자녀들의 교육자금 마련, 주택자금 마련 등
자녀성장기	자녀들의 교육자금 및 결혼자금 마련, 주택확장자금 마련 등
가족축소기	노후자금 마련, 기타 목적자금 마련 등
은퇴 및 노후기	노후생활자금 운용, 상속 및 증여에 대한 계획 등

(2) 재무목표의 우선순위 결정

목표가 많은 경우 고객이 중요하다고 생각하는 목표부터 하나씩 우선순위 결정

2. 고객에 관한 정보수집

(1) 정보수집 시 유의사항
① 자신의 이익보다 고객의 이익을 최우선으로 하는 정직하고 성실한 자세로 업무 수행
② 취득한 고객 정보에 대해서는 비밀유지를 철저하게 이행할 것을 고객에게 약속
③ **정보수집 시 FP가 갖추어야 할 것** : 자연스러운 정보수집을 위한 질문기법, 효과적인 상담기법, 전문가적인 지식과 이미지

(2) 고객 정보수집
고객 정보를 수집하기 위해서는 정보 프로파일에 의해 수집하는 것이 효율적임
① **개인과 부양가족에 관한 정보** : 고객과 가족에 대한 기본정보(이름, 나이, 건강상태, 직업 등), 부모와 형제 부양 여부, 기타 부양가족에 대한 정보
② **재무적 정보(정량적 정보)** : 소득, 지출, 자산 및 부채 자료, 세금, 은퇴, 보험, 종업원 복지, 개인 사업, 증여·상속 관련 자료
③ **비재무적 정보(정성적 정보)** : 가치관, 꿈, 생활방식, 관심과 취미생활, 사회적 지지, 예상수명, 개인 재무설계 관련 경험 및 지식, 위험 수용 성향

(3) 정보수집 방법
고객과의 직접 면담, 설문서 이용, 인터넷, 전화 면담 등
① **직접 면담** : 고객의 재무적·비재무적 정보를 수집하면서 고객의 인생관이나 성향·경험 등에 대해서 파악할 기회 → 고객을 잘 이해할 수 있고, 더욱 깊은 신뢰감을 쌓게 됨
② **설문서**
　㉠ 면담 진행 전 받는 설문서 : 빠른 정보수집이 가능하므로 시간이 절약되고 고객의 생각이 잘 반영됨
　㉡ 면담과정 중 받는 설문서 : 고객 정보를 정확하게 점검하면서 받을 수 있어 많이 사용하는 방법
③ **인터넷** : 시간과 비용이 절약되며 재무설계 업무 진행과정의 쌍방향 의사소통 극대화
④ **전화** : 이미 수집한 정보 중 간단한 질문이 필요하거나 답변에 관한 확인이 필요한 경우 효과적으로 사용

적중문제

01 생애주기별 재무목표가 적절하지 않게 연결된 것은?

① 청년기 – 결혼자금 마련
② 가족형성기 – 자동차구매자금 마련
③ 자녀양육기 – 자녀의 교육자금 마련
④ 자녀성장기 – 주택확장자금 마련
⑤ 은퇴 및 노후기 – 노후자금 마련

해설
노후자금 마련, 기타 목적자금 마련 등은 가족축소기의 재무관심사에 해당한다. 은퇴 및 노후기의 재무관심사로는 노후생활자금 운용, 상속 및 증여에 대한 계획 등이 있다.

02 고객의 재무목표를 파악하는 방법에 대한 설명으로 가장 적절한 것은?

① 자산관리사는 고객이 가지고 있는 추상적이고 막연한 재무목표를 구체적으로 수치화할 수 있도록 도와주어야 한다.
② 대부분의 사람이 제시하는 일반적인 재무관심사를 참고해서는 안 된다.
③ 기간별로 재무목표를 살펴보는 방안은 재무목표를 단기(3년 이내), 장기(3년 이상)로 구분하여 목표를 파악하는 방법이다.
④ 생애주기별 재무목표 중 자녀성장기에는 자녀의 교육자금 마련, 주택자금 마련 등이 일반적인 재무관심사가 된다.
⑤ 이루고자 하는 목표가 많은 경우 한 번에 모두 성취하기는 쉽지 않기 때문에 자산관리사가 중요하다고 생각하는 목표부터 하나씩 우선순위를 결정해야 한다.

해설
② 자산관리사가 고객의 재무목표를 파악하는 방법은 여러 가지가 있으며, 고객의 일반적인 관심사를 살펴보는 방안, 기간별로 재무목표를 살펴보는 방안, 생애주기별로 재무목표를 살펴보는 방안 등이 있다.
③ 기간별로 재무목표를 살펴보는 방안은 재무목표를 단기(1년 이내), 중기(1~10년), 장기(10년 이상)로 구분하여 목표를 파악하는 방법이다.
④ 자녀양육기에 대한 설명이다. 자녀성장기에는 자녀의 교육자금 및 결혼자금 마련, 주택확장자금 마련 등이 일반적인 재무관심사이다.
⑤ 이루고자 하는 목표가 많은 경우 한 번에 모두 성취하기는 쉽지 않기 때문에 자산관리사는 고객이 중요하다고 생각하는 목표부터 하나씩 우선순위를 결정하도록 조언해야 한다.

정답 01 ⑤ 02 ①

03 재무설계 시 수집해야 할 정보들 중 비재무적 정보(정성적 정보)에 해당하지 않는 것은?

① 종업원 복지 관련 자료
② 생활방식
③ 예상수명
④ 개인 재무설계 관련 경험 및 지식
⑤ 위험수용 성향

> **해설**
> 소득자료, 지출자료, 자산 및 부채 자료, 세금 관련 자료, 은퇴 관련 자료, 보험 관련 자료, 종업원 복지 관련 자료, 개인 사업 관련 자료, 증여·상속 관련 자료 등은 재무적 정보(정량적 정보)에 해당한다. 비재무적 정보(정성적 정보)로는 가치관, 꿈, 생활방식, 관심과 취미생활, 사회적 지지, 예상수명, 개인 재무설계 관련 경험 및 지식, 위험수용 성향 등이 있다.

04 정보수집 방법에 대한 설명으로 적절하지 않은 것은?

① 고객 정보수집 방법으로는 고객과의 직접 면담, 설문서 이용, 인터넷, 전화 면담 등의 방법을 이용한다.
② 고객과의 직접 면담을 통해 고객의 재무적·비재무적 정보를 수집하면서 고객의 인생관이나 성향·경험 등에 대해서 파악할 기회를 가지게 되어 고객을 잘 이해할 수 있다.
③ 설문서를 작성하는 방법은 고객 입장에서 시간 제약으로 인한 자료수집에 오류가 있을 수 있고, 고객이 충분히 생각하고 정보를 제공하지 못하는 문제점이 있다.
④ 인터넷을 통해 이메일 등을 이용해서 정보를 수집하는 방법은 시간과 비용이 절약되며 고객과의 재무설계 업무 진행과정의 쌍방향 의사소통을 극대화할 수 있는 장점이 있다.
⑤ 전화로 정보를 수집하는 방법은 이미 수집한 정보 중 간단한 질문이 필요하거나 답변에 대한 확인이 필요한 경우 효과적으로 사용할 수 있다.

> **해설**
> 면담 과정을 쉽게 하도록 자산관리사는 면담 전에 면담 진행 전 설문서를 미리 고객에게 보내고 작성하게 하여, 작성된 설문서를 바탕으로 면담을 진행하는 경우가 있다. 이런 경우 자산관리사는 빠른 정보수집이 가능하므로 시간이 절약되고 고객의 생각이 잘 반영된다는 장점이 있다. 또한, 면담을 진행하면서 설문서를 이용해서 고객의 정보를 받는 방법은 고객의 정보를 정확하게 점검하면서 받을 수 있어 자산관리사들이 많이 사용하는 방법이기도 하다.

핵심 CHECK

정보수집 방법의 장점

분류	장점
면담	많은 자료수집 가능, 고객을 잘 이해할 수 있음, 고객과의 신뢰 증가
설문서	시간 절약, 자료수집 과정이 빠르게 진행, 고객 생각의 반영도 높음
인터넷	시간 절약, 상담업무의 효율성 증대
전화	간단한 질문 또는 일부 답변 확인 시 유용

정답 03 ① 04 ③

05 정보수집 방법 중 설문서 이용 방법에 대한 설명으로 가장 적절한 것은?

① 고객의 인생관이나 성향·경험 등에 대해서 파악할 기회를 가지게 되어 고객을 잘 이해할 수 있다.
② 빠른 정보수집이 가능하므로 시간이 절약되고 고객의 생각이 잘 반영된다는 장점이 있다.
③ 고객과의 재무설계 업무 진행과정의 쌍방향 의사소통을 극대화할 수 있는 장점이 있다.
④ 이미 수집한 정보 중 간단한 질문이 필요하거나 답변에 대한 확인이 필요한 경우 효과적으로 사용할 수 있다.
⑤ 많은 자료 수집이 가능하다는 장점이 있다.

해설
① 고객과의 직접 면담에 대한 설명이다.
③ 인터넷을 통해 이메일 등을 이용해서 정보를 수집하는 방법에 대한 설명이다.
④ 전화로 정보를 수집하는 방법에 대한 설명이다.
⑤ 면담의 장점에 대한 설명이다.

06 재무설계 절차 2단계에 대한 설명으로 적절하지 않은 것은?

① 한 번 설정한 재무목표는 변경하지 않는 것이 원칙이므로 신중하게 결정해야 한다.
② 기간별로 재무목표를 살펴보는 방안은 재무목표를 단기(1년 이내), 중기(1~10년), 장기(10년 이상)로 구분하여 목표를 파악하는 방법이다.
③ 이루고자 하는 목표가 많은 경우 한꺼번에 모두 성취하기는 쉽지 않기 때문에 자산관리사는 고객이 중요하다고 생각하는 목표부터 하나씩 우선순위를 결정하도록 조언해야 한다.
④ 재무설계 시 수집해야 할 비재무적 정보로는 가치관, 꿈, 예상수명, 위험 수용 성향 등이 있다.
⑤ 전화로 정보를 수집하는 방법은 이미 수집한 정보 중 간단한 질문이 필요하거나 답변에 대한 확인이 필요한 경우 효과적으로 사용할 수 있다.

해설
대부분 우리가 만나는 고객들은 재무목표에 대해 익숙하지 않거나 막연하게 생각을 하므로 재무목표가 체계적으로 정리되어 있지 않고, 상황이 바뀔 때마다 재무목표 및 우선순위가 변경되기도 한다.

핵심테마 06

3단계 - 고객의 재무상태 분석 및 진단

회독체크 1회☐ 2회☐ 3회☐

> **출제포인트**
> - 자산부채상태표
> - 현금흐름표

1. 자산부채상태표

특정 시점을 기준으로 개인 or 가족 단위의 자산, 부채, 순자산의 현황을 보여 주는 표이며, 개인 자산의 구성, 부채의 규모, 유동성 등 파악 가능

〈자산의 구성〉

구분	내용
현금성자산	• 현금 및 현금등가물을 지칭하는 것으로 현금으로 전환 가능성이 높아 유동성이 큰 자산 • 보통예금, 수시 입·출금 예금, 단기간 저축을 위한 CMA · MMF · MMDA · 단기 투자금융상품의 잔액(만기가 6개월 미만인 양도성 예금증서) 등
금융투자자산	금융자산 중에서 투자 목적이 6개월 이상인 금융상품의 잔액, 주식, 채권, 뮤추얼 펀드, ELS, ELD, ELF 등
부동산자산	• 투자 목적 or 거주 목적의 부동산을 모두 포함 • 개인이 소유한 토지 · 주택 · 아파트 등
개인사용자산	개인의 사용을 목적으로 하는 자산(가구, 자동차, 보석 등)

2. 현금흐름표

일정 기간(대부분 1년 단위) 가계의 현금유입과 현금유출을 나타낸 표이며, 개인의 소득, 생활수준, 저축 및 투자능력 등을 파악 가능

〈현금흐름표의 구성〉

구분	내용
유입	기준 기간에 가계로 들어오는 모든 소득 및 예금인출액 or 대출입금액 등 포함
유출	• 기준 기간 동안에 빠져나간 현금을 모두 포함하는 것으로 고정지출, 변동지출, 저축 및 투자로 구분 • 고정지출 : 매월 or 매년 고정적으로 발생하는 것으로 고객이 통제가 어려운 지출 항목(공교육비, 부채상환원리금, 세금, 주택관리비 등) • 변동지출 : 지출금액의 변동이 있는 것으로 고객이 어느 정도 통제가 가능한 지출 항목(사교육비, 외식비, 교통비, 피복비 등)

적중문제

01 자산부채상태표의 자산의 구성에 해당하지 않는 것은?

① 현금성자산
② 금융투자자산
③ 부동산자산
④ 개인사용자산
⑤ 저축 및 투자

해설
저축 및 투자는 현금흐름표 중 유출의 분류이다.

02 현금성자산으로 모두 묶인 것은?

가. 보통예금
나. 수시 입·출금 예금
다. MMDA
라. 만기가 7개월인 양도성 예금증서
마. 주식형 펀드
바. ELS

① 가, 나, 다
② 가, 다, 라
③ 가, 다, 마
④ 가, 라, 마
⑤ 가, 나, 다, 라

해설
- 전형적인 현금성자산으로는 보통예금, 수시 입·출금 예금, 단기간 저축을 위한 CMA, MMF, MMDA 등이 있다. 또한 단기 투자금융상품의 잔액(만기가 6개월 미만인 양도성 예금증서)도 현금성자산으로 구분한다.
- 투자 목적이 6개월 이상인 금융상품의 잔액, 주식, 채권, 뮤추얼 펀드, ELS, ELD, ELF 등은 금융투자자산으로 구분한다.

정답 01 ⑤ 02 ①

03 자산부채상태표에 대한 설명으로 적절하지 않은 것은?

① 일정 기간 동안 고객의 자산, 부채, 순자산 등을 한눈에 보여 준다.
② 자산관리사는 자산부채상태표를 통해 개인 자산의 구성, 부채의 규모, 유동성 등을 파악할 수 있다.
③ 만기가 6개월 미만인 양도성 예금증서도 현금성자산으로 구분한다.
④ 부동산자산이란 투자 목적 또는 거주 목적의 부동산을 모두 포함하는 것으로, 개인이 소유한 토지·주택·아파트 등은 대표적인 부동산자산이다.
⑤ 부채는 기간에 따라 단기부채, 장기부채로 구분할 수 있다.

해설
자산부채상태표는 특정 시점에서 고객의 자산, 부채, 순자산 등을 한눈에 보여 준다.

04 다음 고객의 자산부채상태표상 자산항목 중 금융투자자산 금액으로 가장 적절한 것은?

- 보통예금 : 500만원
- CMA 통장잔액 : 200만원
- 정기예금(만기 1년) : 1,500만원
- 주식 포트폴리오 : 5,000만원
- 주식형 펀드 : 1,000만원
- 혼합형 펀드 : 500만원
- ELS : 2,000만원
- 거주아파트 : 9억원

① 700만원
② 2,200만원
③ 8,500만원
④ 1억원
⑤ 1억 700만원

해설
- 금융투자자산이란 금융자산 중에서 투자 목적이 6개월 이상인 금융상품 잔액, 주식, 채권, 뮤추얼 펀드 등을 지칭하는 것으로, 대표적인 금융투자자산으로는 ELS, ELD, ELF 등이 있다.
- 금융투자자산 = 정기예금(만기 1년) 1,500만원 + 주식 포트폴리오 5,000만원 + 주식형 펀드 1,000만원 + 혼합형 펀드 500만원 + ELS 2,000만원 = 1억원

정답 03 ① 04 ④

05 고정지출 항목으로 모두 묶인 것은?

가. 공교육비
나. 부채상환원리금
다. 세금
라. 사교육비
마. 외식비
바. 교통비

① 가, 나, 다
② 라, 마, 바
③ 가, 나, 다, 라
④ 가, 나, 다, 바
⑤ 가, 나, 라, 마

해설
사교육비, 외식비, 교통비, 피복비 등은 대표적인 변동지출 항목이다. 대표적인 고정지출 항목으로는 공교육비, 부채상환원리금, 세금, 주택관리비 등이 있다.

06 다음 고객의 현금유출 내역을 토대로 계산한 고정지출 금액으로 가장 적절한 것은?

- 대출금 상환금 : 1,250만원
- 세금 : 350만원
- 공교육비 : 400만원
- 외식비 : 800만원
- 사교육비 : 1,600만원
- 교통통신비 : 550만원
- 건강의료비 : 350만원
- 적립식투자 : 1,700만원

① 750만원
② 1,650만원
③ 2,000만원
④ 2,550만원
⑤ 2,900만원

해설
- 대표적인 고정지출 항목으로는 공교육비, 부채상환원리금, 세금, 주택관리비 등이 있다.
- 고정지출 = 대출금 상환금 1,250만원 + 세금 350만원 + 공교육비 400만원 = 2,000만원

07 현금흐름표에 대한 설명으로 가장 적절한 것은?

① 현금흐름표는 대부분 1개월을 단위로 하는 경우가 많다.
② 자산관리사는 현금흐름표를 통해 개인의 소득, 생활수준, 저축 및 투자능력 등을 파악할 수 있다.
③ 대출입금액은 부채 금액이므로 현금유입에는 포함되지 않는다.
④ 고정지출은 고객이 통제하기 어려운 지출 항목을 의미하며, 세금, 주택관리비, 건강의료비 등을 들 수 있다.
⑤ 현금흐름표는 재무상태 변동의 결과를 표시한다고 할 수 있다.

해설

① 현금흐름표는 대부분 1년을 단위로 하는 경우가 많다.
③ 현금유입이란 기준 기간에 가계로 들어오는 모든 소득 및 예금인출액 또는 대출입금액 등이 포함된다.
④ 건강의료비는 지출금액의 변동이 있는 것으로 고객이 어느 정도 통제가 가능한 변동지출 항목에 해당한다. 대표적인 고정지출 항목으로는 공교육비, 부채상환원리금, 세금, 주택관리비 등을 들 수 있다.
⑤ 자산부채상태표에 대한 설명이다. 현금흐름표는 재무상태 변동의 원인을 표시한다고 할 수 있다.

핵심 CHECK

자산부채상태표와 현금흐름표 비교

구 분	자산부채상태표	현금흐름표
표구성	자산 = 부채 + 순자산	현금유입 = 현금유출

세부구성	• 자 산
	  – 현금성자산
	  – 금융투자자산
	  – 부동산자산
	  – 개인사용자산
	• 부 채
		• 현금유입
		  – 총소득
		  – 기타유입
		• 현금유출
		  – 고정지출
		  – 변동지출
		  – 저축 및 투자

의 미	일정 시점 가계의 자산, 부채, 순자산의 상태를 나타냄	일정 기간 동안 개인 및 가계의 현금유출입 현황을 보여 줌
내 용	• 재무상태 변동의 결과 표시 • 자산 및 부채의 전체 규모 표시	• 재무상태 변동의 원인 표시 • 총소득과 총지출의 규모를 통해 저축 및 투자금액을 알 수 있음

정답 07 ②

08 개인 재무제표에 대한 설명으로 적절하지 않은 것은?

① 자산부채상태표는 ○○년 ○○월 ○○일 현재라는 특정 시점을 기준으로 개인 또는 가족 단위의 자산, 부채, 순자산의 현황을 보여 주는 표이다.
② 금융투자자산이란 금융자산 중에서 투자 목적이 6개월 이상인 금융상품의 잔액, 주식, 채권, 뮤추얼 펀드 등을 지칭하는 것으로, 대표적인 금융투자자산으로는 ELS, ELD, MMF 등이 있다.
③ 개인 사용자산이란 개인의 사용을 목적으로 하는 자산(가구, 자동차, 의류, 보석 등)을 말한다.
④ 현금흐름표는 일정 기간 가계의 현금유입과 현금유출을 나타낸 표이다.
⑤ 현금유입이란 기준 기간에 가계로 들어오는 모든 소득 및 예금인출액 또는 대출입금액 등이 포함된다.

해설
보통예금, 수시 입·출금 예금, 단기간 저축을 위한 CMA, MMF, MMDA 등은 전형적인 현금성 자산이다. 대표적인 금융투자자산으로는 ELS, ELD, ELF 등이 있다.

정답 08 ②

핵심테마 07 | 4단계 - 제안서 작성 및 대안 수립 제시

출제포인트
- 제안서 작성 시 고려사항
- 제안서에 반영되어야 할 내용
- 제안서 구성
- 제안서 작성 시 유의할 점
- 고객 유형별 제안 사례

1. 제안서 작성 시 고려사항
① 고객의 목표 달성과 이익을 최우선으로 함
② 고객을 둘러싼 환경의 변화에 유연하도록 함

2. 제안서에 반영되어야 할 내용
고객 정보(재무적 정보, 비재무적 정보), 고객의 재무목표 및 우선순위, 일반 경제에 대한 가정(물가상승률, 세후 투자수익률 등), 개인 재무제표(자산부채상태표와 현금흐름표), 현재 재무상태에 대한 진단, 고객의 강점과 문제점, 자산관리사가 수립한 대안, 대안에 따른 예산

3. 제안서 구성
제안서는 표준화된 양식은 없으나 크게 6부분으로 구성 가능

표지 및 서문	"○○○ 고객님을 위한", "○○○ 고객님의 행복한 미래생활을 위한" 등이 될 수 있으면 고객 한 사람에 관심을 가지고 작성
목 차	전체 제안서의 구성 내용을 고객에게 이해시킬 수 있는 핵심 단어 중심으로 구성
고객 현황 요약	이미 파악된 정보에 의해 고객의 현재 상황과 기대하는 상황을 한눈에 보여 주는 것
제안 목적	고객 현황과 고객의 요구사항, 재무목표, 우선순위 등을 고려한 제안 이유를 밝힘
고객 재무상황 분석	고객의 현재 상황을 정확하게 분석·평가하여 고객이 자신의 상태를 쉽게 이해할 수 있도록 모든 자료의 분석에 대한 가정치와 판단 근거 제시
대안 제시 및 제언	가장 실현 가능성이 높고 고객에게 적합한 제안을 우선순위로 2~3가지 제안이 효율적

4. 제안서 작성 시 유의할 점

① 너무 많은 대안을 나열하지 말 것
② 고객의 상황 변화를 고려한 유연성 있는 대안을 제시할 것
③ 자신의 의견이 주관적이므로 다른 FP에 의해 내용이 달라질 수 있음을 고려할 것
④ 고객의 가치관이나 생활방식을 고려한 대안을 제시할 것
⑤ 고객의 재무목표에 적당한 가장 최선의 대안부터 제시할 것

5. 고객 유형별 제안 사례

(1) 20대 고객

① 20대 고객 특징
  ㉠ 소득에 비해 소비에 관심이 많음
  ㉡ 자신만의 라이프스타일을 고수하려 함
  ㉢ 재무설계에 대한 정보나 관심 많음
② 20대 고객 핵심이슈
  ㉠ 결혼 및 내 집 마련 자금 확보
  ㉡ 지출의 효율적 통제 방안
  ㉢ 종자돈 마련 방안
③ 재무설계 제안
  ㉠ 재무목표를 수립하고 종자돈을 만들도록 할 것
  ㉡ 장기적 안목으로 시간 효과를 고려해 빨리 시작하도록 할 것
  ㉢ 제한된 소득의 범위를 감안한 합리적 소비 습관화

(2) 30대 고객

① 30대 고객 특징
  ㉠ 자녀에 대한 투자에 관심 높음
  ㉡ 결혼, 자녀 출생, 내 집 마련 등 굵직한 재무목표의 집중 시기
  ㉢ 결혼으로 인한 부부의 명확한 재무목표 재정립이 필요한 시기
② 30대 고객 핵심이슈
  ㉠ 내 집 마련 자금 및 자녀교육자금 마련
  ㉡ 예산 수립 및 수입과 지출의 효율적 운영
  ㉢ 100세 시대의 노후준비 자금 마련
③ 재무설계 제안
  ㉠ 인생의 재무목표를 세우고 기간별로 투자할 것(단기, 중기, 장기)
  ㉡ 부동산에 너무 많은 투자를 하지 말 것
  ㉢ 3층 보장에 의한 연금자산 및 평생 보장을 준비할 것

(3) 40대 고객

- ① 40대 고객 특징
    - ㉠ 교육비 지출이 상대적으로 많음
    - ㉡ 자녀 양육 및 부모 부양을 책임지는 샌드위치 세대
    - ㉢ 목표자금은 많으나 투자여력이 쉽지 않은 시기
- ② 40대 고객 핵심이슈
    - ㉠ 대출리파이낸싱 or 주택 재조정을 통한 현금흐름의 개선
    - ㉡ 생애주기별 재무목표자금 마련 방안
    - ㉢ 노후자금 마련 방안
- ③ 재무설계 제안
    - ㉠ 연금은 투자형 상품으로 준비하도록 할 것(배우자 연금 포함)
    - ㉡ 불필요한 사교육비 축소 및 대출리파이낸싱 or 주택 재조정을 통한 투자여력 확보토록 할 것
    - ㉢ 가장의 보장자산 준비 및 은퇴시기 연장을 위해 자신에 대한 투자를 할 것

(4) 50대 고객

- ① 50대 고객 특징
    - ㉠ 자녀 결혼자금 등 거액 지출이 집중되는 시기
    - ㉡ 부동산에 대한 애착이 강하며, 안정적 투자성향 강함
    - ㉢ 은퇴 임박에 대한 경제적, 심리적 위축
- ② 50대 고객 핵심이슈
    - ㉠ 보유주택을 활용한 현금흐름의 개선
    - ㉡ 자녀 결혼자금 및 부부 노후자금 마련
    - ㉢ 60세 이후 제2의 출발(창업 or 재취업)
- ③ 재무설계 제안
    - ㉠ 주택규모 조정 or 주택연금을 활용한 노후의 일정한 현금흐름 확보
    - ㉡ 은퇴시기 연장을 위한 제2의 직업 준비
    - ㉢ 연금은 납입기간은 짧게, 납입금액은 크게 할 것

(5) 개인사업자

- ① 상담 시 고려사항
    - ㉠ 개인사업자의 재무목표 수립 및 준비 여부
    - ㉡ 종업원 4대 보험 및 퇴직연금 가입 여부
    - ㉢ 개인사업과 관련된 세금 및 절세 전략
    - ㉣ 노란우산공제 가입 여부
    - ㉤ 기간별, 투자 목적별 금융상품에 대한 이해
- ② 재무설계 제안
    - ㉠ 종업원 4대 보험 및 퇴직연금의 올바른 가입 방안
    - ㉡ 개인사업과 관련된 세금 안내 및 법인사업자로의 전환 고려 방안
    - ㉢ 개인사업자의 은퇴 전 준비사항 점검을 통한 은퇴 부족 자금 마련 방안

(6) 근로소득자

① 상담 시 고려사항
㉠ 생애주기별 재무목표 달성 방안
㉡ 소득공제 구조에 대한 이해 및 절세 방안
㉢ 본인 노후자금 부족에 따른 준비 방안
㉣ 예산 수립 및 소득·지출의 통제 가능성
㉤ 퇴직 후 재취업 및 창업 방안

② 재무설계 제안
㉠ 생애주기별 재무목표 우선순위에 따른 합리적 달성 방안
㉡ 소득공제 상품가입을 통한 목표자금 마련 및 절세 추진 방안
㉢ 3층 보장 제도를 활용한 은퇴 후 적정 생활비 부족 자금 마련 방안
㉣ 예산 수립 및 소득·지출의 통제 가능성
㉤ 퇴직 후 재취업 및 창업 방안

(7) 전문직 종사자

① 상담 시 고려사항
㉠ 자신의 은퇴 이후 안정적 현금흐름의 준비
㉡ 주 소득원에 대한 보장자산의 준비
㉢ 여유자금에 대한 효과적 투자 방안
㉣ 중복으로 가입된 금융상품의 재조정
㉤ 노출되지 않은 자산에 대한 세무조사 대비

② 재무설계 제안
㉠ 현금흐름 분석을 통한 금융자산 포트폴리오 구축 방안
㉡ 주 소득원의 생애 가치를 감안한 보장자산 마련 방안
㉢ 노후생활비 필요자금(실버타운 입주 고려)을 위한 적정 투자금액 제안

(8) 임대사업자

① 상담 시 고려사항
㉠ 은퇴 시점의 실물자산과 금융자산 비율 조정
㉡ 사전증여를 통한 절세 및 상속세 마련 방안
㉢ 부동산 투자 시 부담할 세금에 대한 인지 여부
㉣ 금융상품을 통한 효율적 자산이전 방안
㉤ 노출되지 않은 자산에 대한 세무조사 대비

② 재무설계 제안
㉠ 부동산 사전증여(세대생략 증여 포함)를 통한 절세 및 자산이전 방안
㉡ 수익성 상가와 연금보험의 비교를 통한 노후생활자금 마련 방안
㉢ 금융상품을 통한 상속세 납부 대책 마련 방안

적중문제

01 제안서에 반영되어야 할 내용에 해당하지 않는 것은?

① 고객 정보(재무적 정보, 비재무적 정보)
② 일반 경제에 대한 가정(물가상승률, 세후 투자수익률 등)
③ 고객의 강점과 문제점
④ 대안에 따른 예산
⑤ 정기적인 점검 및 포트폴리오 재조정 계획

해설
제안서에 반영되어야 할 내용에는 고객 정보(재무적 정보, 비재무적 정보), 고객의 재무목표 및 우선순위, 일반 경제에 대한 가정(물가상승률, 세후 투자수익률 등), 개인 재무제표(자산부채상태표와 현금흐름표), 현재 재무상태에 대한 진단, 고객의 강점과 문제점, 자산관리사가 수립한 대안, 대안에 따른 예산 등이 있다.

02 제안서 작성 시 유의할 점에 대한 적절한 설명으로 모두 묶인 것은?

가. 가급적 많은 대안을 나열하여 고객에 대한 선택의 폭을 넓혀줄 것
나. 제시된 대안은 가급적 수정하거나 변경하지 않도록 할 것
다. 자신의 의견이 주관적이므로 다른 자산관리사에 의해 내용이 달라질 수 있음을 고려할 것
라. 고객의 가치관이나 생활방식을 고려한 대안을 제시할 것
마. 고객의 재무목표에 적당한 가장 최선의 대안을 마지막에 제시하여 고객 만족도를 높일 것

① 가, 나
② 다, 라
③ 라, 마
④ 가, 다, 라
⑤ 나, 다, 마

해설
가. 너무 많은 대안을 나열하지 말 것
나. 고객의 상황 변화를 고려한 유연성 있는 대안을 제시할 것
마. 고객의 재무목표에 적당한 가장 최선의 대안부터 제시할 것

정답 01 ⑤ 02 ②

03 개인 재무설계 4단계에 대한 설명으로 적절하지 않은 것은?

① 대안은 고객의 생활방식이나 추구하는 가치가 반영되도록 최선을 다해야 하며, 고객의 목표 달성과 이익을 최우선으로 고려해야 한다.
② 제안서에는 고객 정보(재무적 정보, 비재무적 정보), 고객의 재무목표 및 우선순위, 일반 경제에 대한 가정(물가상승률, 세후 투자수익률 등) 등이 반영되어야 한다.
③ 제안서는 표준화된 양식은 없으나 크게 표지 및 서문, 목차, 고객 현황 요약, 제안 목적, 고객 재무상황 분석, 대안 제시 및 제언 6가지 부분으로 구성할 수 있다.
④ 제안서 작성 시 가급적이면 많은 대안을 나열한다.
⑤ 훌륭한 제안은 제안이 목적이 아니라 고객이 실행할 수 있도록 결심을 촉구하는 것이며, 상품보다 자산관리사의 도움이 필요하게 만드는 것이다.

해설
자산관리사는 대안을 제시할 때 가장 실현 가능성이 높고 고객에게 적합한 제안을 우선순위로 2~3가지를 제안하는 것이 효율적이며, 전문가로서의 제안에 대한 참고할 제언도 함께 기록해서 고객이 앞으로 실행하는 데 도움이 되도록 한다.

04 중소기업 과장인 30대 고객에 대한 제안으로 적절하지 않은 것은?

① 결혼, 자녀 출생, 내 집 마련 등 굵직한 재무목표의 집중 시기이다.
② 예산 수립 및 수입과 지출의 효율적 운영이 핵심 이슈이다.
③ 인생의 재무목표를 세우고 단기, 중기, 장기 기간별로 투자할 것을 제안한다.
④ 부동산에 너무 많은 투자를 하지 말 것을 제안한다.
⑤ 연금은 납입기간은 짧게, 납입금액은 크게 할 것을 제안한다.

해설
⑤ 50대 고객에 대한 재무설계 제안 내용이다.

05 자영업을 운영하는 40대 고객에 대한 제안으로 적절하지 않은 것은?

① 자녀 양육 및 부모 부양을 책임지는 샌드위치 세대이다.
② 목표자금이 많아 그만큼 투자여력도 많은 시기이다.
③ 대출리파이낸싱 또는 주택 재조정을 통한 현금흐름의 개선이 핵심 이슈이다.
④ 배우자 연금을 포함하여 연금은 투자형 상품으로 준비하도록 제안한다.
⑤ 가장의 보장자산 준비 및 은퇴시기 연장을 위해 자신에 대한 투자를 하도록 제안한다.

해설
목표자금은 많으나 투자여력이 쉽지 않은 시기이다.

정답 03 ④ 04 ⑤ 05 ②

06 자산관리사의 고객 연령대별 제안에 대한 설명으로 적절하지 않은 것은?

중요도 ●●○

① 20대 고객은 재무설계에 대한 정보나 관심이 상대적으로 적은 편이다.
② 결혼 및 내 집 마련 자금 확보는 20대 고객의 핵심 이슈이다.
③ 30대 고객은 자녀에 대한 투자에 관심이 높다.
④ 40대 고객은 목표자금은 많으나 투자여력이 쉽지 않은 시기이다.
⑤ 50대 고객은 부동산에 대한 애착이 강하며, 안정적 투자성향이 강하다.

해설
20대 고객은 소득에 비해 소비에 관심이 많고, 자신만의 라이프스타일을 고수하려 하며, 재무설계에 대한 정보나 관심이 많다.

07 개인사업자 상담 시 고려사항으로 가장 적절한 것은?

중요도 ●●○

① 노란우산공제 가입 여부
② 소득공제 구조에 대한 이해 및 절세 방안
③ 자신의 은퇴 이후 안정적 현금흐름의 준비
④ 중복으로 가입된 금융상품의 재조정
⑤ 금융상품을 통한 효율적 자산이전 방안

해설
② 근로소득자 상담 시 고려사항이다.
③ 전문직 종사자 상담 시 고려사항이다.
④ 전문직 종사자 상담 시 고려사항이다.
⑤ 임대사업자 상담 시 고려사항이다.

08 근로소득자 상담 시 고려사항으로 적절하지 않은 것은?

중요도 ●●○

① 생애주기별 재무목표 달성 방안
② 소득공제 구조에 대한 이해 및 절세 방안
③ 예산 수립 및 소득과 지출의 통제 가능성
④ 퇴직 후 재취업 및 창업 방안
⑤ 중복으로 가입된 금융상품의 재조정

해설
⑤ 전문직 종사자 상담 시 고려사항이다.

정답 06 ① 07 ① 08 ⑤

09 전문직 종사자 상담 시 고려사항으로 모두 묶인 것은?

> 가. 종업원 4대 보험 및 퇴직연금 가입 여부
> 나. 소득공제 구조에 대한 이해 및 절세 방안
> 다. 주 소득원에 대한 보장자산의 준비
> 라. 여유자금에 대한 효과적 투자 방안
> 마. 노출되지 않은 자산에 대한 세무조사 대비
> 바. 사전증여를 통한 절세 및 상속세 마련 방안

① 나, 라, 바
② 다, 라, 마
③ 가, 다, 라, 마
④ 나, 다, 라, 마
⑤ 나, 다, 라, 마, 바

[해설]
가. 개인사업자 상담 시 고려사항이다.
나. 근로소득자 상담 시 고려사항이다.
바. 임대사업자 상담 시 고려사항이다.

10 자산관리사의 고객 직업별 제안이 적절하게 연결된 것은?

① 임대사업자 – 기간별, 투자 목적별 금융상품에 대한 이해
② 개인사업자 – 예산 수립 및 소득과 지출의 통제 가능성
③ 근로소득자 – 자신의 은퇴 이후 안정적 현금흐름의 준비
④ 전문직 종사자 – 현금흐름 분석을 통한 금융자산 포트폴리오 구축 방안
⑤ 개인사업자 – 은퇴 시점의 실물자산과 금융자산 비율 조정

[해설]
① 개인사업자 상담 시 고려사항이다.
② 근로소득자 상담 시 고려사항이다.
③ 전문직 종사자 상담 시 고려사항이다.
⑤ 임대사업자 상담 시 고려사항이다.

정답 09 ② 10 ④

11 고객 유형별 제안에 대한 설명으로 가장 적절한 것은?

① 30대 고객은 소득에 비해 소비에 관심이 많고, 재무설계에 대한 정보나 관심이 많다.
② 50대 고객은 자녀 결혼자금 등 거액 지출이 집중되는 시기로, 부동산에 대한 애착이 강하며, 안정적 투자성향이 강하다.
③ 개인사업자는 주 소득원에 대한 보장자산의 준비가 필요하다.
④ 전문직 종사자는 사전증여를 통한 절세 및 상속세 마련 방안을 고려해야 한다.
⑤ 근로소득자는 금융상품을 통한 효율적 자산이전 방안을 고려해야 한다.

해설

① 20대 고객 특징이다. 30대 고객은 자녀에 대한 투자에 관심이 높고, 결혼, 자녀 출생, 내 집 마련 등 굵직한 재무목표의 집중시기이며, 결혼으로 인한 부부의 명확한 재무목표 재정립이 필요한 시기이다.
③ 전문직 종사자 상담 시 고려사항이다. 개인사업자 상담 시 고려사항으로는 개인사업자의 재무목표 수립 및 준비 여부, 종업원 4대 보험 및 퇴직연금 가입 여부, 개인사업과 관련된 세금 및 절세전략, 노란우산공제 가입 여부, 기간별·투자목적별 금융상품에 대한 이해 등이 있다.
④ 임대사업자 상담 시 고려사항이다. 전문직 종사자 상담 시 고려사항으로는 자신의 은퇴 이후 안정적 현금흐름의 준비, 주 소득원에 대한 보장자산의 준비, 여유자금에 대한 효과적 투자 방안, 중복으로 가입된 금융상품의 재조정, 노출되지 않은 자산에 대한 세무조사 대비 등이 있다.
⑤ 임대사업자 상담 시 고려사항이다. 근로소득자 상담 시 고려사항으로는 생애주기별 재무목표 달성 방안, 소득공제 구조에 대한 이해 및 절세방안, 본인 노후자금 부족에 따른 준비 방안, 예산 수립 및 소득·지출의 통제 가능성, 퇴직 후 재취업 및 창업 방안 등이 있다.

핵심테마 08. 5단계 - 재무설계안에 대한 실행

출제포인트
- 효과적인 가입제안 및 체결의 자세
- 계약체결
- 계약체결 기법

1. 효과적인 가입제안 및 체결의 자세
① 고객이 가입해야 하는 이유에 대해 논리적으로 설명하되 감성을 자극하는 스토리텔링을 제공할 것
② FP가 금융상품 가입을 강요하는 사람이 아니라 고객의 재무목표 달성에 도움을 주는 전문가라는 신뢰감을 주고 고객의 이익에 반하는 결정을 하지 않을 것
③ 무형상품인 금융상품의 특성을 고려하여 가입을 미루거나 거절하는 고객을 설득할 수 있는 거절처리기법으로 무장할 것
④ 상품 가입 시 고객이 알아야 할 사항에 대해 정확히 안내할 것

2. 계약체결
① 계약체결 시 재무목표를 달성할 때의 구체적 이익과 금액 제시
② 지금이 금융상품을 가입하기 가장 좋은 기회라는 것을 구체적인 예를 들어 고객을 설득함

3. 계약체결 기법
① **묵시적 동의법** : 실제로는 고객이 동의한 적 없지만, 묵시적 동의를 전제로 다음 단계로 진행하는 방법
   예) 배우자님 생년월일이 어떻게 되시죠? 그럼 만기 수익자는 배우자로 할까요?
② **양자택일법** : 두 개의 사소한 결정 중 어느 하나를 선택하도록 하는 방법
   예) 펀드 납부는 월초에 하시겠습니까? 월말에 하시겠습니까?
③ **예화법** : 가망고객이 아는 사람의 계약체결 사례를 들어 불안감 제거 및 모방심리를 유도하는 방법
   예) ○○ 건설 김 부장님도 지난주 이 상품에 가입하셨습니다.
④ **손해암시법** : 가입을 미루는 고객에게 손해를 암시하여 계약체결을 유도하는 방법
   예) 물론 다음에 가입하셔도 되지만 조만간 이자소득 비과세 제도 개선 및 수수료 인상이 예상되므로 지금 가입하시는 것이 유리합니다.

적중문제

01 재무설계 절차 5단계에 대한 설명으로 가장 적절한 것은?

① 고객이 제안을 실행할 뜻이 없을 때에는 왜 그런 생각을 하게 되었는지 내용을 파악해 두어야 한다.
② 고객이 가입해야 하는 이유에 대해 감성을 배제하고 논리적으로 설명해야 한다.
③ 가입을 미루거나 거절하는 고객을 설득해서는 안 된다.
④ 상품 가입 시 부정적인 영향을 줄 수 있는 사항은 안내하지 않는 것이 바람직하다.
⑤ 재무목표를 달성할 때의 구체적 이익과 금액을 제시해서는 안 된다.

> **해설**
> ② 고객이 가입해야 하는 이유에 대해 논리적으로 설명하되 감성을 자극하는 스토리텔링을 제공해야 한다.
> ③ 무형상품인 금융상품의 특성을 고려하여 가입을 미루거나 거절하는 고객을 설득할 수 있는 거절처리기법으로 무장해야 한다.
> ④ 상품 가입 시 고객이 알아야 할 사항에 대해 정확히 안내해야 한다.
> ⑤ 계약체결 시 자산관리사는 재무목표를 달성할 때의 구체적 이익과 금액을 제시해 주고, 지금이 금융상품을 가입하기 가장 좋은 기회라는 것을 구체적인 예를 들어 고객을 설득해야 한다.

02 다음 계약체결 기법 중 묵시적 동의법으로 가장 적절한 것은?

① 만기 수익자는 배우자로 할까요?
② 펀드 납부는 월초에 하시겠습니까? 월말에 하시겠습니까?
③ 마케팅부 김 부장님도 지난주 이 상품에 가입하셨습니다.
④ 조만간 이자소득 비과세 제도가 개선될 예정되므로 지금 가입하시는 것이 유리합니다.
⑤ 조만간 수수료 인상이 예상되므로 지금 가입하시는 것이 유리합니다.

> **해설**
> ② 두 개의 사소한 결정 중 어느 하나를 선택하도록 하는 양자택일법이다.
> ③ 가망고객이 아는 사람의 계약체결 사례를 들어 불안감 제거 및 모방심리를 유도하는 예화법이다.
> ④ 가입을 미루는 고객에게 손해를 암시하여 계약체결을 유도하는 손해암시법이다.
> ⑤ 가입을 미루는 고객에게 손해를 암시하여 계약체결을 유도하는 손해암시법이다.

핵심테마 09 6단계 - 정기점검 및 사후관리

출제포인트
- 정기적으로 점검할 내용
- 정기점검 및 사후관리

1. 정기적으로 점검할 내용
① **고객에 관한 사항** : 재무목표, 고객 및 가족 신상 변화(사망, 출생, 결혼, 이혼 등), 건강상태 및 고객의 수입원 변화 등 점검
② **투자 관련 사항** : 투자상품의 수익률 및 세금 문제, 중도 해지할 경우 수수료, 새로운 투자상품의 특징 및 수익률, 회사별 수수료, 경제상황 및 금융환경 등 점검

2. 정기점검 및 사후관리
① 반드시 고객에게 실행 중인 대안들을 정기적으로 점검하고 있다는 것을 알려주어 불안감 해소
② 시장환경, 고객이 처한 환경 등 여러 요소에 의해 투자포트폴리오 변경이 필요한지 여부 확인
③ 정기적으로 고객 투자 결과를 점검하여 고객의 자신감을 강화시켜 주는 긍정적 피드백과 개선을 요하는 발전적 피드백을 고객 상황에 맞게 시의적절하게 제공

적중문제

01 투자 관련 점검사항으로 모두 묶인 것은?

> 가. 재무목표의 변화
> 나. 고객 및 가족 신상 변화
> 다. 건강상태 및 고객의 수입원 변화
> 라. 투자상품의 수익률 및 세금 문제
> 마. 중도 해지할 경우 수수료
> 바. 경제상황 및 금융환경

① 가, 다, 라
② 가, 라, 마
③ 가, 라, 바
④ 다, 마, 바
⑤ 라, 마, 바

해설
가. 고객에 관한 점검사항이다.
나. 고객에 관한 점검사항이다.
다. 고객에 관한 점검사항이다.

02 재무설계 절차 6단계에 대한 설명으로 적절하지 않은 것은?

① 생애주기에 따른 고객의 재무목표를 계획하고 실행하는 재무설계가 효과를 거두려면 정기적인 점검은 필수적 요소이다.
② 재무목표, 고객 및 가족 신상 변화, 건강상태 및 고객의 수입원 변화 등을 점검한다.
③ 투자상품의 수익률 및 세금 문제, 중도 해지할 경우 수수료, 새로운 투자상품의 특징 및 수익률, 회사별 수수료, 경제상황 및 금융환경 등을 점검한다.
④ 요즘처럼 자산 시장의 변동성이 심할 경우 고객은 불안감에 휩싸이게 되므로, 자산관리사는 반드시 고객에게 실행 중인 대안들을 정기적으로 점검하고 있다는 것을 알려주어야 한다.
⑤ 개선을 요하는 피드백은 삼가하여 고객의 자신감을 강화시켜 주어야 한다.

해설
자산관리사는 정기적으로 고객 투자 결과를 점검하여 고객의 자신감을 강화시켜 주는 긍정적 피드백과 개선을 요하는 발전적 피드백을 고객 상황에 맞게 시의적절하게 해 주어야 한다.

정답 01 ⑤ 02 ⑤

CHAPTER 02
경제동향 분석 및 예측

출제경향 및 학습전략

- 거시경제의 4시장과 5개 경제주체 간의 경제활동에 대한 파급효과가 발생되는 원리를 이해하는 것이 매우 중요합니다. 생산물시장의 총공급과 총수요를 기본으로 4시장의 물가, 임금, 이자율, 환율 등 주요 경제변수의 특징과 결정요인, 파급효과 등을 중심으로 학습하되 전체적인 흐름을 이해하면서 정리하시기 바랍니다.

- 경제변수 간의 상관관계와 파급효과, 재정정책과 통화정책의 효과, 경기변동의 특징, 경기예측방법의 장단점 등에 관한 내용은 세부적인 부분까지 꼼꼼하게 반복 학습하시기 바랍니다.

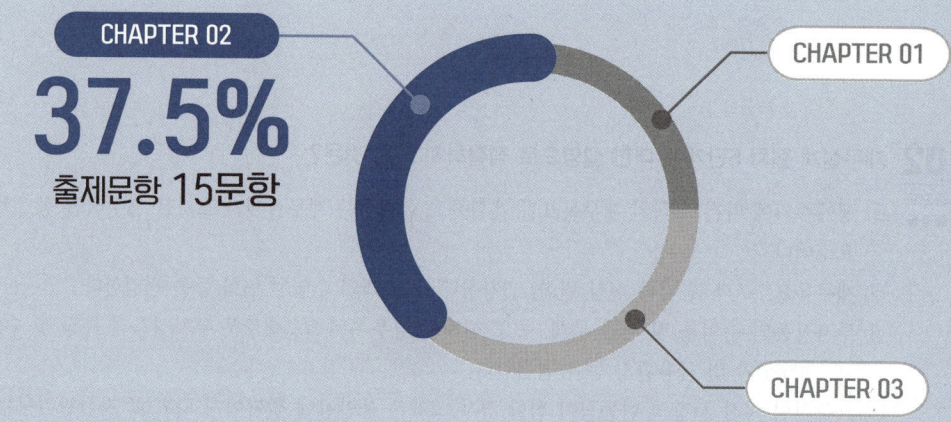

핵심테마	핵심개념	빈출도
01	거시경제 분석의 시계	★★★
02	개방경제하의 거시경제 모형	★★☆
03	국민소득순환	★★☆
04	생산물시장의 총공급	★★★
05	생산물시장의 총수요	★★★
06	노동시장	★★★
07	물 가	★★★
08	실 업	★★☆
09	재정정책	★★★
10	통화 및 통화정책	★★★
11	이자율	★★★
12	외환과 환율	★★★
13	국제수지표	★★☆
14	경제동향분석	★★☆
15	외부충격과 경제동향분석	★★★
16	확장적 재정정책	★★★
17	확장적 통화정책	★★★
18	경기와 경기변동	★★★
19	경제지표를 이용한 경기예측	★★★
20	설문조사를 이용한 경기예측	★★☆
21	계량모형을 이용한 경기예측	★★★

핵심테마 01 거시경제 분석의 시계

출제포인트
- 거시경제에서의 단기와 장기
- 장·단기 거시경제 분석

1. 거시경제에서의 단기와 장기

단 기	• 가격과 임금이 경직적이다. • 생산요소(자본, 노동)가 불완전 고용될 수 있다. • 가격과 임금의 경직성이 단기 경기변동을 설명하는 데 중요한 요소이다.
장 기	• 가격과 임금이 신축적이다. • 완전고용(자본, 노동)이 달성된다. • 기술의 변화가 없고, 자본·노동 등 생산요소 총량이 고정되어 있다.
최장기	• 기술발전이 가능하고, 자본·노동 등 생산요소 총량이 가변적이다. • 경제성장이 주요 연구대상이다.

2. 장·단기 거시경제 분석

단기 거시경제 분석	장기 거시경제 분석
주 분석 대상 : 총수요 증가요인	주 분석 대상 : 총공급 증가요인
총수요의 구성요소 집중	**민간부문**
• 가계의 소비지출 • 기업의 투자지출 • 정부의 재정지출과 조세 • 순수출(= 수출 − 수입)	• 물적·인적 자본에 대한 투자 • 기술 개발과 혁신 • 건설적 노사관계 형성 • 효과적인 기업경영
적절한 경제정책	**정부 등 공공부문**
• 재정정책과 통화정책 • 대외통상교역정책 및 투자정책	• 경제의 효율성을 제고할 제도와 정책 • 사유재산권의 보호 • 공정하고 안정된, 예측 가능한 기업환경 • 합리적 조세제도 • 시장경쟁의 유도 • 생산물과 생산요소의 자유로운 이동 • 적절한 재정정책 및 통화정책
다음 원인에 의한 공급충격에 대한 대응	
• 석유 등 주요 원자재 가격의 상승 • 환율변동 • 정부정책의 변화	

적중문제

01 거시경제 분석의 시계에 대한 설명으로 적절하지 않은 것은?

① 거시경제에서 단기와 장기란 단순한 물리적 시간의 구분이 아니라 가격의 신축성, 생산요소의 가변성 등에 의해 구분된다.
② 단기에는 가격과 임금이 경직적이며, 총수요 증가요인이 주 분석 대상이다.
③ 장기에는 완전고용이 달성되며, 총공급 증가요인이 주 분석 대상이다.
④ 장기에는 기술발전이 가능하고, 자본·노동 등 생산요소 총량이 가변적이다.
⑤ 최장기에는 경제성장이 주요 연구대상이다.

[해설]
④는 최장기에 대한 설명이다. 장기에는 가격과 임금이 신축적이고, 완전고용(자본, 노동)이 달성되며, 기술의 변화가 없고, 자본·노동 등 생산요소 총량이 고정되어 있다.

02 단기 거시경제 분석 대상인 총수요의 구성요소로 모두 묶인 것은?

가. 기업의 투자지출
나. 정부의 재정지출과 조세
다. 순수출
라. 물적·인적 자본에 대한 투자
마. 기술 개발과 혁신
바. 효과적인 기업경영

① 가, 나, 다
② 가, 나, 바
③ 가, 다, 바
④ 가, 라, 마
⑤ 가, 마, 바

[해설]
라. 총공급 증가요인이다.
마. 총공급 증가요인이다.
바. 총공급 증가요인이다.

03 장기 거시경제 분석 대상인 총공급 증가요인에 해당하지 않는 것은?

① 정부의 재정지출과 조세
② 물적·인적 자본에 대한 투자
③ 기술 개발과 혁신
④ 건설적 노사관계 형성
⑤ 효과적인 기업경영

[해설]
① 단기 거시경제 분석 대상인 총수요 증가요인에 해당한다.

정답 01 ④ 02 ① 03 ①

핵심테마 02 개방경제하의 거시경제 모형

출제포인트
- 거시경제의 4시장
- 거시경제의 경제주체
- 개방경제하의 거시경제 모형의 가정

1. 거시경제의 4시장

① 생산물시장
  ㉠ 총수요와 총공급이 일치하는 점에서 한 나라의 균형 실질GDP와 물가 결정
  ㉡ 경제성장률, 물가상승률, 소득분배 등이 생산물시장에서 결정

② 요소시장
  ㉠ 천연자원, 자본, 노동, 기업가 등 생산요소 중 단기에는 노동만을 가변 생산요소로 가정하기 때문에 노동시장을 중심으로 요소시장을 분석
  ㉡ 노동시장에서 균형 실질임금과 고용량이 결정

③ 대부자금시장
  ㉠ 대부자금시장 or 신용시장에서 한 나라의 균형 이자율과 대부자금거래량이 결정
  ㉡ 중앙은행의 정책, 가계의 저축률, 기업의 투자, 정부의 재정수지 등이 이자율의 수준, 변동방향, 변화율에 큰 영향을 미치는 요인

④ 외환시장
  ㉠ 외환시장에서 균형 환율과 외환거래량이 결정
  ㉡ 한 나라의 환율제도, 국제수지와 그 구성요소 등이 영향을 미치는 주요 요인

2. 거시경제의 경제주체

경제주체	기능
가계부문	• 생산물시장에서 기업이 생산하거나 해외에서 수입한 재화와 용역의 수요 • 요소시장에서 천연자원, 자본, 노동, 기업가 등 생산요소의 공급 • 대부자금시장에서 대부자금의 공급(저축) • 정부부문에서 조세의 납부
기업부문	• 생산물시장에 재화와 용역의 공급 • 요소시장에서 생산요소의 수요 • 대부자금시장에서 대부자금의 수요 • 생산물시장에서 자본재의 수요(투자)
정부부문	• 생산물시장에 공공재의 공급 • 재정지출을 통해 생산물시장에서 재화와 용역의 수요 • 가계부문으로부터 조세의 징수
해외부문	• 생산물시장과 외환시장을 통해 국내에서 생산된 재화와 용역에 대한 수요(수출) • 외환시장과 생산물시장을 통해 해외에서 생산된 재화와 용역의 공급(수입) • 외환시장과 대부자금시장을 통해 대부자금의 공급과 수요
중앙은행	대부자금시장과 외환시장을 통해 통화량과 이자율의 조절

3. 개방경제하의 거시경제 모형의 가정

① 명시적으로 장기라는 언급이 없으면 단기를 가정 → 물가변동을 언급하지 않는 한 물가는 변동이 없고, 모든 변수는 실질변수(물가변동을 고려할 경우 명목변수와 실질변수를 구별)
② 모형을 확대하면서 새로운 변수나 모형에 새로운 구성요소가 추가될 때에만 그 변수나 구성요소를 모형에서 고려(재고, 저축, 투자, 조세, 수입, 수출 등 거시경제 변수들과 정부부문, 중앙은행, 해외부문 등 모형의 구성요소들은 모형에서 언급되지 않을 때에는 없다고 가정)
③ 단기에 실물과 화폐의 교환비율은 1:1이라고 가정하고 실물의 흐름과 반대방향으로 동액의 화폐의 흐름이 있음
④ 거시경제 변수와 변수의 관계를 설명할 때 설명되는 변수 이외의 다른 변수 등은 일정한 것으로 가정한다.
⑤ 다르게 정의하지 않는 한 환율은 가격표시방법(자국통화표시환율 or 지급환율)으로 표시(예 원-달러 환율)

적중문제

01 개방경제하의 거시경제 모형에서 4시장에 해당하지 않는 것은?

① 생산물시장
② 요소시장
③ 대부자금시장
④ 외환시장
⑤ 해외시장

해설
개방경제하의 거시경제 모형은 생산물시장, 요소시장, 대부자금시장, 외환시장으로 구성된 4개의 시장과 각각의 시장에서 상호작용을 하며 경제활동을 하는 가계부문, 기업부문, 정부부문, 해외부문, 중앙은행으로 이루어진 5개의 경제주체를 중심으로 이루어진다.

02 거시경제의 경제주체 중 가계부문의 기능에 해당하지 않는 것은?

① 생산물시장에서 기업이 생산한 재화와 용역의 수요
② 해외에서 수입한 재화와 용역의 수요
③ 요소시장에서 생산요소의 수요
④ 대부자금시장에서 대부자금의 공급
⑤ 정부부문에 조세의 납부

해설
③은 기업부문의 기능이다. 가계부문은 요소시장에서 천연자원, 자본, 노동, 기업가 등 생산요소의 공급 기능을 한다.

정답 01 ⑤ 02 ③

03 개방경제하의 거시경제 모형의 가정에 대한 적절한 설명으로 모두 묶인 것은?

> 가. 명시적으로 장기라는 언급이 없으면 단기를 가정한다.
> 나. 재고, 저축, 투자, 조세, 수입, 수출 등 거시경제 변수들과 정부부문, 중앙은행, 해외부문 등 모형의 구성요소들은 모형에서 언급되지 않을 때에는 없다고 가정한다.
> 다. 단기에 실물과 화폐의 교환비율은 1:1이라고 가정하고 실물의 흐름과 같은 방향으로 동액의 화폐의 흐름이 있다.
> 라. 거시경제 변수와 변수의 관계를 설명할 때 설명되는 변수 이외의 다른 변수 등은 일정한 것으로 가정한다.
> 마. 다르게 정의하지 않는 한 환율은 외국통화표시환율로 표시한다.

① 가, 라
② 다, 마
③ 가, 나, 라
④ 가, 다, 라
⑤ 다, 라, 마

해설
다. 단기에 실물과 화폐의 교환비율은 1:1이라고 가정하고 실물의 흐름과 반대 방향으로 동액의 화폐의 흐름이 있다.
마. 다르게 정의하지 않는 한 환율은 가격표시방법(자국통화표시환율 또는 지급환율)으로 표시한다.

04 개방경제하의 거시경제 모형에 대한 설명으로 가장 적절한 것은?

① 5개의 시장과 4개의 경제주체를 중심으로 이루어진다.
② 단기에는 자본시장을 중심으로 요소시장을 살펴본다.
③ 중앙은행의 정책, 가계의 저축률, 기업의 투자, 정부의 재정수지 등이 이자율의 수준, 변동방향, 변화율에 큰 영향을 미치는 요인이다.
④ 기업부문은 요소시장에서 생산요소의 공급 기능을 담당한다.
⑤ 물가변동을 언급하지 않는 한 물가는 변동이 없고, 모든 변수는 명목변수이다.

해설
① 개방경제하의 거시경제 모형은 생산물시장, 요소시장, 대부자금시장, 외환시장으로 구성된 4개의 시장과 각각의 시장에서 상호작용을 하며 경제활동을 하는 가계부문, 기업부문, 정부부문, 해외부문, 중앙은행으로 이루어진 5개의 경제주체를 중심으로 이루어진다.
② 생산요소에는 천연자원, 자본, 노동, 기업가가 있다. 천연자원에 대해서는 지대, 자본에 대해서는 이자, 노동에 대해서는 임금, 기업가에 대해서는 이윤 또는 손실의 형태로 요소소득이 분배된다. 단기에는 노동만을 가변 요소로 가정하기 때문에 노동시장을 중심으로 요소시장을 살펴본다.
④ 가계부문에 대한 설명이다. 기업부문은 요소시장에서 생산요소의 수요 기능을 담당한다.
⑤ 명시적으로 장기라는 언급이 없으면 단기를 가정한다. 그러므로 물가변동을 언급하지 않는 한 물가는 변동이 없고, 모든 변수는 실질변수이다. 물가변동을 고려할 경우 명목변수와 실질변수를 구별한다.

핵심테마 03 국민소득순환

출제포인트
- 생산물시장·요소시장과 2부문 소득순환 모형
- 생산물시장·요소시장과 3부문 소득순환 모형
- 폐쇄경제 국민소득 순환모형
- 개방경제하의 국민소득 순환모형

1. 생산물시장·요소시장과 2부문 소득순환 모형

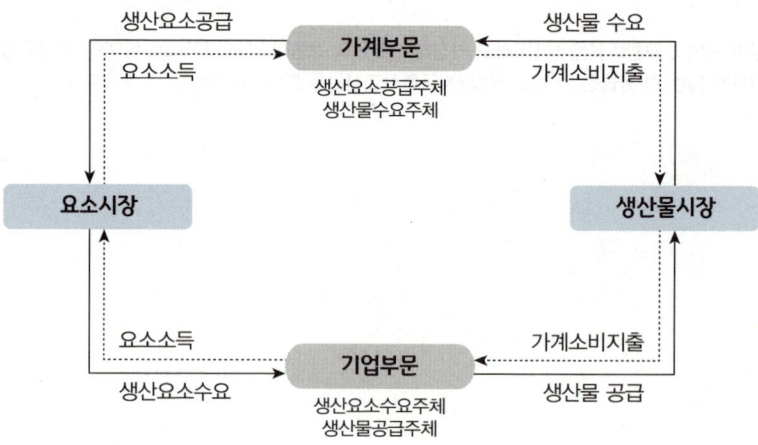

① 생산물시장과 요소시장, 가계부문과 기업부문만이 존재하는 가장 단순한 모형
② **3면 등가의 원칙**: 기업에서 생산물시장을 중심으로 한 총생산(생산국민소득)과 총지출(지출국민소득)은 요소시장을 중심으로 한 요소에 대한 소득(분배국민소득)과 같음

2. 생산물시장·요소시장과 3부문 소득순환 모형

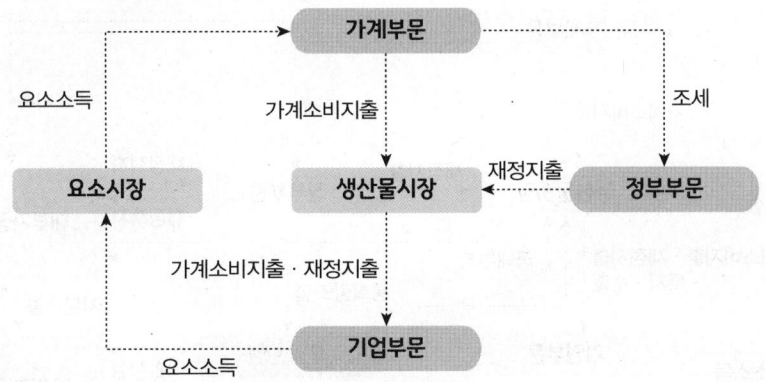

① 2부문 소득순환 모형에 정부부문을 추가한 모형
② **누출** : 가계가 조세를 납부함에 따라 국민소득과 생산량이 감소하고 실업이 증가하는 것
③ **주입** : 재정지출이 국민소득 순환과정을 거쳐 국민소득과 생산량을 증가시키고 실업을 감소시키는 것
※ 조세·저축·수입은 누출에 해당하고, 재정지출·투자·수출은 주입에 해당

> **핵심 CHECK**
> 3부문 순환모형에서의 국민소득 항등식
> • 국민소득 ≡ 지출의 흐름 ≡ 소득의 흐름
> • 국민소득 ≡ 소비 + 재정지출 ≡ 소비 + 조세

3. 폐쇄경제 국민소득 순환모형

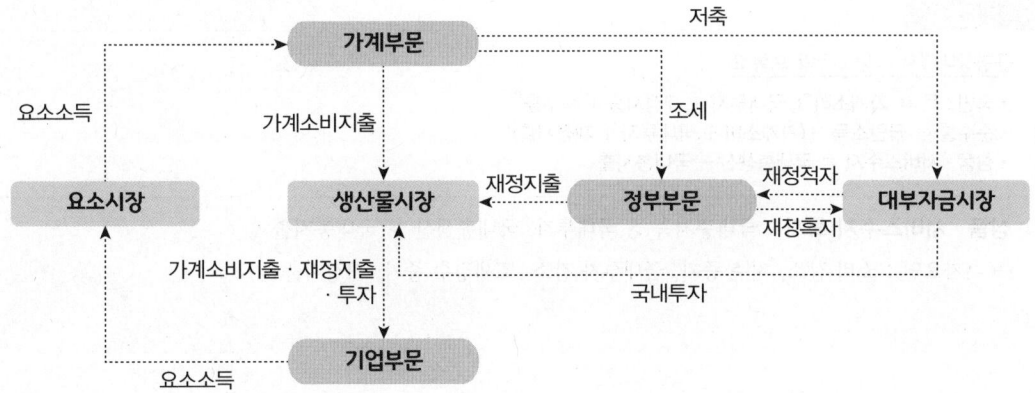

4. 개방경제하의 국민소득 순환모형

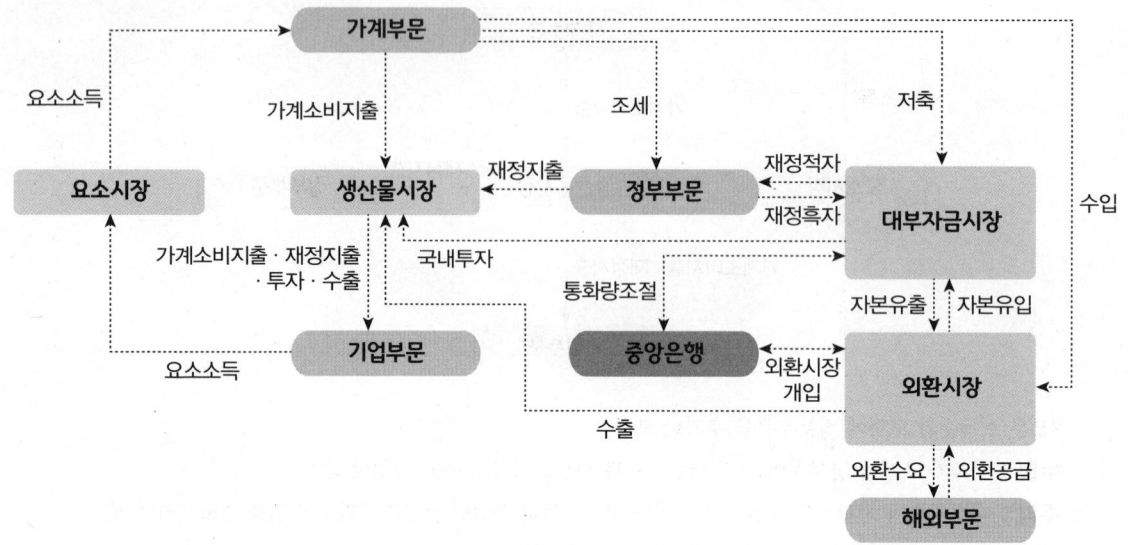

① **국민소득 순환과정상 누출** : 소비 + 조세 + 저축 + 수입
② **국민소득 순환과정상 주입** : 소비 + 재정지출 + 국내투자 + 수출

> **핵심 CHECK**
>
> **균형상태에서 국민소득의 흐름 1**
> - 소비 + 재정지출 + 국내투자 + 수출 ≡ 소비 + 조세 + 저축 + 수입
> - 수출 − 수입 ≡ [(조세 − 재정지출) + 저축] − 국내투자
> - 상품 · 서비스수지 ≡ 국내총저축 − 국내투자

> **핵심 CHECK**
>
> **균형상태에서 국민소득의 흐름 2**
> - 국민소득 ≡ 가계소비 + 국내투자 + 재정지출 + 순수출
> - 순수출 ≡ 국민소득 − (가계소비 + 국내투자 + 재정지출)
> - 상품 · 서비스수지 ≡ 국내총생산 − 국내총지출

③ **상품 · 서비스수지 흑자** : 국내총저축 > 국내투자, 국내총생산 > 국내총지출
→ 흑자요인 : 소비 감소, 저축 증가, 국내투자 감소, 조세징수 증가, 재정지출 감소

적중문제

01 상품·서비스수지가 흑자일 경우에 대한 다음 설명 중 적절하지 않은 것은?

① 상품·서비스수지는 민간 순저축과 재정수지의 합과 같다.
② 경제성장이 없다고 가정할 때 상품·서비스수지의 흑자를 늘리기 위해서는 저축을 늘려야 한다.
③ 경제성장이 없다고 가정할 때 상품·서비스수지의 흑자를 늘리기 위해서는 국내투자를 줄여야 한다.
④ 경제성장이 없다고 가정할 때 상품·서비스수지의 흑자를 늘리기 위해서는 조세징수를 줄여야 한다.
⑤ 경제성장이 없다고 가정할 때 상품·서비스수지의 흑자를 늘리기 위해서는 재정지출을 줄여야 한다.

해설
경제성장이 없다고 가정할 때 상품·서비스수지의 흑자를 늘리기 위해서는 소비를 줄이고 저축을 늘리든지, 국내투자를 줄이든지, 조세징수를 늘리든지 아니면 재정지출을 줄여야 한다.

02 개방경제하의 국민소득 순환모형에 대한 설명으로 가장 적절한 것은?

① 가계, 기업, 정부, 해외 부문, 중앙은행의 5개 경제주체와 생산물시장, 요소시장, 대부자금시장, 외환시장의 4개 시장으로 구성된다.
② 저축, 조세, 수입을 국민소득 순환과정상 주입이라고 한다.
③ 상품·서비스수지가 적자인 경우 중앙은행의 준비자산을 늘릴 수도 있다.
④ 경제성장이 없다고 가정할 때 상품·서비스수지의 흑자를 늘리기 위해서는 조세징수를 줄이든지 아니면 재정지출을 늘려야 한다.
⑤ 국내총저축보다 국내투자가 많으면 상품·서비스수지는 흑자가 된다.

해설
② 국내에서 생산된 재화와 용역에 지출되지 않고 국민소득 순환과정에서 빠져나가는 부분인 저축, 조세, 수입을 국민소득 순환과정상 누출이라고 한다. 가계의 소비지출 이외에 기업의 국내투자, 정부의 재정지출 그리고 수출은 국민소득 순환과정상 그 흐름을 증가시키는 주입에 해당한다.
③ 상품·서비스수지가 흑자인 경우 국내 생산이 증가하여 국민소득과 고용이 증가하고 유입된 자금으로 외채를 상환하거나 해외투자를 할 수 있으며 중앙은행의 준비자산을 늘릴 수도 있다. 반면 상품·서비스수지가 적자인 경우에는 국내 생산과 고용이 감소하며, 외채가 증가하거나 해외투자 또는 중앙은행의 준비자산이 감소할 수 있다.
④ 경제성장이 없다고 가정할 때 상품·서비스수지의 흑자를 늘리기 위해서는 소비를 줄이고 저축을 늘리든지, 국내투자를 줄이든지, 조세징수를 늘리든지 아니면 재정지출을 줄여야 한다.
⑤ 상품·서비스수지 = 국내총저축 − 국내투자가 되므로 아래의 관계가 성립한다.

상품·서비스수지 흑자 ≡ 순대외투자 ≡ 국내총저축 − 국내투자 ≡ 국내총생산 − 국내총지출
(국내총저축 > 국내투자, 국내총생산 > 국내총지출)

정답 01 ④ 02 ①

03 국민소득 순환모형에 대한 설명으로 가장 적절한 것은?

중요도 ●●○

① 2부문 소득순환모형은 생산물시장과 가계부문만이 존재하는 가장 단순한 모형이다.
② 조세는 국민소득순환과정에서 주입에 해당하고, 재정지출은 누출에 해당한다.
③ 폐쇄경제 국민소득 순환모형은 3부문 모형에 정부부문을 추가한 모형이다.
④ 균형상태에서 국민소득의 흐름은 누출과 주입이 일치한다.
⑤ 국내총저축보다 국내투자가 많으면 상품·서비스수지는 흑자가 된다.

> 해설

① 2부문 소득순환모형은 생산물시장과 요소시장 그리고 가계부문과 기업부문만이 존재하는 가장 단순한 모형이다.
② 가계가 조세를 납부함에 따라 국민소득과 생산량이 감소하고 실업이 증가하는 것을 국민소득 순환과정의 누출이라고 한다. 재정지출이 국민소득 순환과정을 거쳐 국민소득과 생산량을 증가시키고 실업을 감소시키는 것을 국민소득 순환과정의 주입이라고 한다. 조세·저축·수입은 국민소득순환과정에서 누출에 해당하고, 재정지출·투자·수출은 주입에 해당한다.
③ 폐쇄경제 국민소득 순환모형은 가계, 기업, 정부의 3부문 모형에 대부자금시장을 추가한 모형이다.
⑤ 상품·서비스수지 = 국내총저축 − 국내투자가 되므로 아래의 관계가 성립한다.

> 상품·서비스수지 흑자 ≡ 순대외투자 ≡ 국내총저축 − 국내투자 ≡ 국내총생산 − 국내총지출
> (국내총저축 > 국내투자, 국내총생산 > 국내총지출)

핵심테마 04 생산물시장의 총공급

출제포인트
- 총공급과 총공급곡선
- 총공급곡선상의 이동
- 총공급곡선의 이동

1. 총공급과 총공급곡선

(1) 총공급
노동시장에서 결정되는 고용량과 자본스톡, 생산기술에 의해 그 크기가 결정됨

(2) 총공급곡선

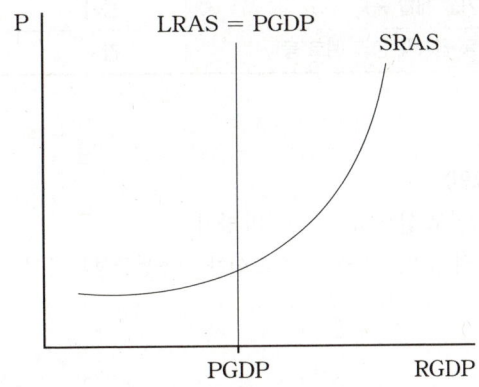

① **단기 총공급곡선(SRAS)**
  ㉠ 물가와 실질국민소득의 평면에서 우상향의 기울기
  ㉡ 경기침체기 : 잠재GDP에 비해 상당히 낮은 수준에서 조업이 이루어질 때 물가와 실질GDP 평면에서 완만한 형태로 물가 변동에 대해 단기 총공급이 민감하게 변동 → 단기 총공급의 물가 탄력성이 큼
  ㉢ 잠재GDP에 근접하거나 초과하여 조업이 이루어질 때 단기 총공급곡선은 점점 수직에 가까워지고 단기 총공급은 물가 변동에 대해 둔감하게 변동 → 단기 총공급의 물가 탄력성이 작아 추가적인 생산요소를 고용하더라도 생산량 증가보다는 물가만 상승

② **장기 총공급곡선(LRAS)**
  ㉠ 물가와 실질국민소득의 평면에서 수직의 형태
  ㉡ 총공급량은 증가하지 않고 물가만 상승 → 장기 총공급량의 물가 탄력성은 0

2. 총공급곡선상의 이동

물가가 변동할 경우 총공급량이 변화하여 총공급곡선상에서 움직이고, 물가 이외의 총공급에 영향을 미치는 요인이 변동할 경우 총공급이 변화하여 총공급곡선 자체가 이동

3. 총공급곡선의 이동

(1) 단기 총공급곡선의 이동

이동요인	총공급	이동	관계
경제활동인구(=취업자+실업자)의 증가 또는 질의 향상	증가	우측	정(+)
투자를 통한 자본량 증가 또는 질의 향상	증가	우측	정(+)
기술향상 또는 혁신에 의한 요소생산성 향상	증가	우측	정(+)
임금 등 생산요소 가격 하락	증가	우측	정(+)
기대 인플레이션 상승에 따른 임금 상승	감소	좌측	음(−)
총수요 증가 예상	증가	우측	정(+)
환율상승에 따른 수입 원자재 등 생산 요소가격 상승	감소	좌측	음(−)
긍정적 공급충격(신자원 발견, 신기술 개발 등)	증가	우측	정(+)
부정적 공급충격(자연재해, 석유 등 원자재 공급 애로 등)	감소	좌측	음(−)

(2) 장기 총공급곡선의 이동

〈장기 총공급곡선의 우측이동 요인〉
① 인구증가, 경제활동참가율 증가로 인한 총노동시간의 증가
② 물적 자본의 증가, 인적 자본의 증가, 기술의 진보로 인한 노동생산성의 증가

적중문제

01 생산물시장의 총공급에 대한 적절한 설명으로 모두 묶인 것은?

> 가. 총공급은 노동시장에서 결정되는 고용량과 자본스톡, 생산기술에 의해 그 크기가 결정된다.
> 나. 단기 총공급곡선은 물가와 실질국민소득의 평면에서 우하향의 기울기를 갖는다.
> 다. 장기 총공급량의 물가에 대한 탄력성은 단기 총공급의 물가 탄력성보다 크다.
> 라. 장기 총공급곡선은 잠재GDP에 상응하는 총공급곡선으로 노동과 자본 등의 생산요소를 완전히 고용하여 달성할 수 있는 최대GDP를 의미한다.
> 마. 물가가 변동할 경우 총공급이 변화하여 총공급곡선 자체가 움직인다.

① 가, 나
② 가, 다
③ 가, 라
④ 나, 라
⑤ 라, 마

해설
나. 명목임금이 경직적인 상태에서 물가가 상승할 경우 생산물 단위당 이윤이 증가하고, 그에 따라 총생산이 증가하여 단기 총공급곡선은 물가와 실질국민소득의 평면에서 우상향의 기울기를 갖는다.
다. 장기 총공급곡선상에서는 총공급량은 증가하지 않고 물가만 상승하게 되어 장기 총공급량의 물가에 대한 탄력성은 0이 된다.
마. 물가가 변동할 경우 총공급량이 변화하여 총공급곡선상에서 움직이고, 물가 이외의 총공급에 영향을 미치는 요인이 변동할 경우 총공급이 변화하여 총공급곡선 자체가 움직인다.

02 단기 총공급곡선 이동 요인 중 나머지와 이동방향이 다른 것은?

① 경제활동인구의 증가 또는 질의 향상
② 투자를 통한 자본량 증가 또는 질의 향상
③ 기술향상 또는 혁신에 의한 요소생산성 향상
④ 기대 인플레이션 상승에 따른 임금 상승
⑤ 총수요 증가 예상

해설
- 총공급 증가 요인 : 경제활동인구(=취업자+실업자)의 증가 또는 질의 향상, 투자를 통한 자본량 증가 또는 질의 향상, 기술향상 또는 혁신에 의한 요소생산성 향상, 임금 등 생산요소 가격 하락, 총수요 증가 예상, 긍정적 공급충격(신자원 발견, 신기술 개발 등)
- 총공급 감소 요인 : 기대 인플레이션 상승에 따른 임금 상승, 환율 상승에 따른 수입 원자재 등 생산 요소가격 상승, 부정적 공급충격(자연재해, 석유 등 원자재 공급 애로 등)

정답 01 ③ 02 ④

03 장기 총공급곡선의 이동 요인으로 모두 묶인 것은?

중요도 ●●○

> 가. 투자를 통한 자본량 증가 또는 질의 향상
> 나. 임금 등 생산요소 가격 하락
> 다. 총수요 증가 예상
> 라. 경제활동참가율 증가
> 마. 물적 자본의 증가
> 바. 기술의 진보

① 가, 나, 라
② 가, 라, 바
③ 나, 마, 바
④ 다, 마, 바
⑤ 라, 마, 바

해설

가. 투자를 통한 자본량 증가 또는 질의 향상, 나. 임금 등 생산요소 가격 하락, 다. 총수요 증가 예상은 모두 단기 총공급곡선 이동 요인이다. 인구증가, 경제활동참가율 증가로 인한 총노동시간의 증가와 물적 자본의 증가, 인적 자본의 증가, 기술의 진보로 인한 노동생산성의 증가는 장기 총공급 곡선을 우측으로 이동시키는 경제적 요인들이다.

정답 03 ⑤

핵심테마 05 생산물시장의 총수요

출제포인트
- 총수요와 총수요곡선
- 총수요곡선상의 이동
- 총수요곡선의 이동
- 물가와 실질국민소득의 결정

1. 총수요와 총수요곡선*

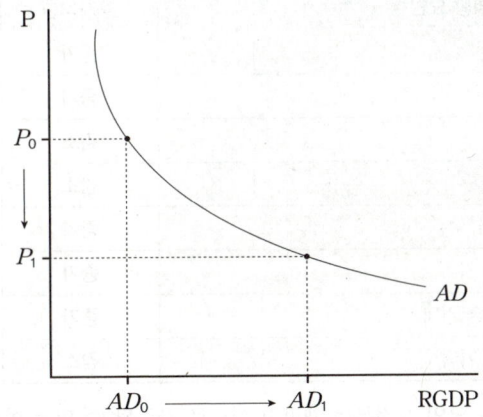

*총수요곡선 : 물가와 실질국민소득 좌표 평면에서 우하향하는 형태

> **핵심 CHECK**
>
> **물가가 하락하면 총수요량이 증가하는 이유**
> - 구매력 효과
>   물가 하락 → 가계 등의 구매력 or 실질소득 증가 → 총지출 증가 → 총수요량 증가
> - 실질통화 공급 효과
>   물가 하락 → 실질통화 공급 증가 → 대부자금 공급 증가 → 실질이자율 하락 → 가계 소비지출과 기업 투자지출 증가 → 총수요량 증가
> - 부의 효과(실질잔고효과)
>   물가 하락 → 부의 실질구매력 증가 → 소비지출 증가 → 총수요량 증가
> - 순수출 효과
>   물가 하락 → 국내 생산물의 상대적 가격경쟁력 증가 → 수출 증가 및 수입 감소 → 총수요량 증가

2. 총수요곡선상의 이동

물가가 변동하면 총수요량이 변화하여 총수요곡선을 따라 움직이고, 물가 이외의 요인이 변동하면 총수요가 변동하여 총수요곡선 자체가 이동

3. 총수요곡선의 이동

① 가계의 소비지출에 영향을 미치는 요인

영향 요인		소비지출	총수요곡선	관 계
가계의 부, 실질소득의 증가		증가	우측 이동	정(+)
가계의 부채 증가		감소	좌측 이동	음(−)
실질이자율 상승		감소	좌측 이동	음(−)
소득세 등 조세부담 증가		감소	좌측 이동	음(−)
미래기대	물가 상승 기대	증가	우측 이동	정(+)
	실질소득 증가 기대	증가	우측 이동	정(+)
	실질이자율 상승 기대	증가	우측 이동	정(+)

② 기업부문의 국내 총투자(= 신규투자+감가상각) 지출에 영향을 미치는 요인

영향 요인		투자지출	총수요곡선	관 계
기술의 발전		증가	우측 이동	정(+)
실질소득의 증가		증가	우측 이동	정(+)
실질이자율 상승		감소	좌측 이동	음(−)
기업에 대한 조세부담 증가		감소	좌측 이동	음(−)
미래기대	물가 상승 기대	증가	우측 이동	정(+)
	실질소득 증가 기대	증가	우측 이동	정(+)
	실질이자율 상승 기대	증가	우측 이동	정(+)
	조세부담 증가 기대	감소	좌측 이동	음(−)

③ **재정지출에 영향을 미치는 요인** : 정부는 재량적 지출로 간주될 수 있는 여러 가지 경제적·사회적·정치적 요인에 따라 재정지출을 늘려 총수요를 증가시키기도 하고 그 반대로 감소시키기도 함

④ 순수출에 영향을 미치는 요인

영향 요인	순수출	총수요곡선	관 계
환율 상승	증가	우측 이동	정(+)
상대물가(= $\frac{\text{자국물가}}{\text{상대국물가}}$)의 상승	감소	좌측 이동	음(−)
자국의 실질이자율 상승	감소	좌측 이동	음(−)
상대국 실질국민소득의 상대적 증가	증가	우측 이동	정(+)
자국의 관세 등 실효적 무역장벽 강화	증가	우측 이동	정(+)

⑤ **중앙은행의 통화공급**

㉠ 통화공급 증가 → 가계, 기업 등 경제주체의 구매력 증가 → 총수요 증가

㉡ 통화공급 증가 → 실질대부자금 시장에 대부자금공급 증가 → 실질이자율 하락 → 소비지출과 투자지출 증가 → 총수요 증가

4. 물가와 실질국민소득의 결정

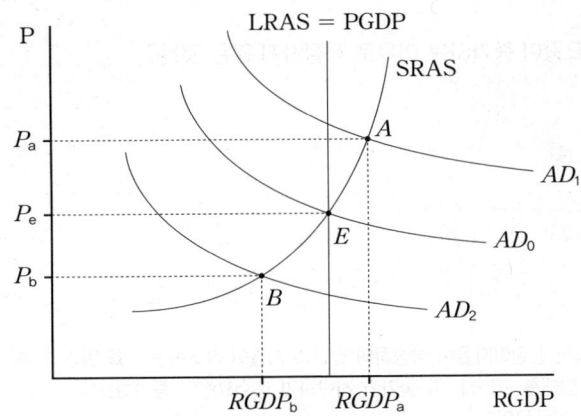

① 물가와 실질국민소득은 총수요와 총공급이 일치하는 균형점에서 결정
② 총수요곡선과 장·단기 총공급곡선이 만나는 E점에서 물가와 실질국민소득, 그에 상응하는 고용량, 임금 등이 장단기 균형을 이루게 됨
③ 수요가 증가한 A점에서 GDP Gap(= 실제GDP − 잠재GDP)은 양(+)이며 실제GDP가 잠재GDP를 초과한 상태이므로 경기가 과열되어 인플레이션 가속화 가능
④ 수요가 감소한 B점에서는 GDP Gap이 음(−)이며 한 나라가 최대한 생산할 수 있는 수준 미만에서 조업하고 있으므로 인플레이션을 가속화시키지 않으면서 유효수요를 증가시켜 실질GDP 증가 가능

적중문제

01 물가가 하락하면 총수요량이 증가하는 이유로 적절하지 않은 것은?

① 구매력 효과
② 실질통화 공급 효과
③ 부의 효과
④ 순수출 효과
⑤ 구축효과

해설
구축효과는 국채 발행에 따라 실질이자율이 상승하여 민간의 지출이 감소하는 것을 말한다. 총수요곡선은 물가와 실질국민소득 좌표평면에서 우하향하는 형태를 갖는다. 즉 물가가 하락하면 총수요량이 증가하는데, 그 이유는 구매력 효과, 실질통화 공급 효과, 부의 효과, 순수출 효과 때문이다.

02 생산물시장의 총수요에 대한 설명으로 적절하지 않은 것은?

① 총수요곡선은 물가와 실질국민소득 좌표평면에서 우하향하는 형태를 갖는다.
② 물가가 하락하면 가계 등의 구매력 또는 실질소득이 증가하고, 그에 따라 총지출이 증가하여 총수요량이 증가하는 것을 부의 효과라고 한다.
③ 물가가 하락하면 실질통화공급이 증가함에 따라 대부자금 공급이 늘어 실질이자율이 하락하고 가계의 소비지출과 기업의 투자지출이 증가하여 총수요량이 증가한다.
④ 물가가 하락하면 국내 생산물의 상대적 가격경쟁력이 커져 수출은 늘어나고 수입은 감소하여 총수요량이 증가한다.
⑤ 물가가 변동하면 총수요량이 변화하여 한 나라의 물가와 실질국민소득은 총수요곡선을 따라 움직인다.

해설
②는 구매력 효과에 대한 설명이다. 물가가 하락하면 부의 실질구매력이 증가하여 소비지출이 늘어나는 것을 부의 효과 또는 실질잔고효과라 한다. 부의 효과에 의해 물가와 총수요량은 음(-)의 관계에 있고, 총수요곡선은 실질국민소득과 물가의 좌표평면에서 우하향하게 된다.

정답 01 ⑤ 02 ②

03 가계의 소비지출이 증가하는 요인으로 모두 묶인 것은?

> 가. 펀드 환매 자금으로 대출자금 일부를 상환하였다.
> 나. 한국은행의 기준금리 인상으로 실질이자율이 상승하였다.
> 다. 세법 개정으로 소득세 부담이 증가하였다.
> 라. 국제 유가 상승으로 국내 물가 상승이 예상된다.
> 마. 배우자의 취업으로 실질소득 증가가 기대된다.

① 가, 라
② 가, 마
③ 가, 다, 마
④ 가, 라, 마
⑤ 가, 나, 라, 마

해설
가계의 부와 실질소득은 소비지출과 정(＋)의 관계에 있고, 대부자금시장에서 결정되는 실질이자율과 조세부담은 소비지출과 음(－)의 관계에 있다.

04 기업부문의 국내 총투자 지출이 증가하는 요인으로 적절하지 않은 것은?

① 기술의 발전
② 실질소득의 증가
③ 실질이자율 상승
④ 물가 상승 기대
⑤ 실질이자율 상승 기대

해설
기술 발전이 있거나 가계의 실질소득이 증가할 경우 기업의 투자지출은 증가하고, 대부자금시장에서 실질이자율이 상승할 경우 투자지출은 감소한다.

05 순수출에 영향을 미치는 요인에 대한 설명으로 적절하지 않은 것은?

① 환율이 상승하면 자국 생산 재화와 용역의 가격경쟁력이 강화되어 순수출이 증가한다.
② 상대적으로 미국의 물가가 상승할 경우에는 순수출이 증가한다.
③ 자국의 실질이자율이 상승하면 해외로부터 자본유입이 증가하고 환율이 하락하여 순수출이 감소한다.
④ 미국의 실질국민소득이 상대적으로 감소하면 순수출은 증가한다.
⑤ 자국의 관세 등 실효적 무역장벽을 강화하면 순수출은 증가한다.

해설
상대국 실질국민소득의 상대적 증가는 순수출의 증가 요인이다.

06 총수요 변화에 영향을 미치는 요인에 대한 설명으로 가장 적절한 것은?

중요도 ●●●

① 물가 상승이 기대되면 가계의 소비지출은 감소한다.
② 실질이자율 상승이 기대되면 가계의 소비지출은 증가한다.
③ 기술 발전이 있거나 가계의 실질소득이 증가할 경우 기업의 투자지출은 감소한다.
④ 상대물가가 상승할 경우에는 순수출이 증가한다.
⑤ 중앙은행이 통화공급을 증가시키면 총수요곡선이 좌측으로 이동한다.

해설

① 물가 상승을 기대할 경우 물가가 오르기 전에 소비나 투자를 하므로, 현재의 소비나 투자가 증가한다.
③ 기술 발전이 있거나 가계의 실질소득이 증가할 경우 기업의 투자지출은 증가하고, 대부자금시장에서 실질이자율이 상승할 경우 투자지출은 감소한다.
④ 환율이 상승(원화 가치의 하락)하면 자국 생산 재화와 용역의 가격경쟁력이 강화되어 수출은 증가하고 수입은 감소하여 순수출이 증가하며, 상대물가(= $\frac{자국물가}{상대국물가}$)가 상승할 경우, 즉 상대적으로 자국의 물가가 상승할 경우에는 순수출이 감소한다.
⑤ 중앙은행이 통화공급을 증가시키면 총수요가 증가하여 총수요곡선이 우측으로 이동한다.

07 생산물시장의 총수요에 대한 설명으로 가장 적절한 것은?

중요도 ●●●

① 총수요곡선은 물가와 실질국민소득 좌표평면에서 우상향하는 형태를 갖는다.
② 물가가 하락하면 가계 등의 구매력 또는 실질소득이 증가하고, 그에 따라 총지출이 증가하여 총수요량이 증가하는 것을 부의 효과라고 한다.
③ 물가가 변동하면 총수요가 변동한다.
④ 중앙은행이 통화공급을 증가시키면 총수요곡선이 좌측으로 이동한다.
⑤ GDP gap이 음(−)일 경우 인플레이션을 가속화시키지 않으면서 유효수요를 증가시켜 실업률을 낮추고 실질 GDP를 증가시킬 수 있다.

해설

① 총수요곡선은 물가와 실질국민소득 좌표평면에서 우하향하는 형태를 갖는다.
② 구매력 효과에 대한 설명이다. 물가가 하락하면 부의 실질구매력이 증가하여 소비지출이 늘어나는 것을 부의 효과 또는 실질잔고효과라 한다. 부의 효과에 의해 물가와 총수요량은 음(−)의 관계에 있고, 총수요곡선은 실질국민소득과 물가의 좌표평면에서 우하향하게 된다.
③ 물가가 변동하면 총수요량이 변화하고, 물가 이외의 요인이 변동하면 총수요가 변동한다.
④ 중앙은행이 통화공급을 증가시키면 총수요가 증가하여 총수요곡선이 우측으로 이동한다.

핵심테마 06 노동시장

출제포인트
- 노동공급
- 노동수요
- 실질임금과 고용량의 결정

1. 노동 고용량 변동에 따른 총생산량의 변동
① 단기에 노동 고용량을 증가시킬 경우 총생산량은 증가 → 고용을 1단위 증가시켰을 때 증가하는 생산량을 의미하는 노동의 한계생산성은 양(+)의 값
② 단기에 노동 고용량을 증가시킬 경우 노동의 한계생산량이 체감하므로 총생산량은 체감적으로 증가

2. 노동공급
① 실질임금은 여가의 기회비용 → 실질임금이 상승하면 여가의 기회비용(가격)이 높아져 노동시간을 늘리고 여가시간을 줄여 노동공급 증가
② 실질임금이 상승하면 노동공급량은 증가하고 실질임금이 하락하면 노동공급량 감소 → 노동공급곡선은 고용량과 실질임금의 평면에서 우상향하는 형태
③ 낮은 실질임금 수준에서는 노동공급곡선이 완만한 형태를 갖고, 임금이 높아질수록 점차 수직에 근접 → 낮은 실질임금 수준에서는 노동공급의 실질임금에 대한 탄력성이 크지만 실질임금이 상승할수록 노동공급의 실질임금에 대한 탄력성이 작아짐
④ 실질임금이 변동하면 노동공급곡선상에서 노동공급량이 변동하고, 실질임금 이외의 요인이 변동하면 각각의 실질임금 수준에서 노동공급량이 증감하여 노동공급곡선 자체 변동

3. 노동수요
① 기업은 이윤을 극대화하는 수준에서 고용량 결정 → 이윤극대화는 노동의 한계생산물의 가치와 실질임금이 같을 때 달성
② 노동수요곡선은 고용량과 실질임금의 평면에서 우하향하는 형태
③ 실질임금이 변동하면 노동수요곡선상에서 노동수요량이 변동하고 실질임금 이외의 요인이 변동하면 각각의 실질임금 수준에서 노동수요량이 증감하여 노동수요곡선 자체 변동

4. 실질임금과 고용량의 결정

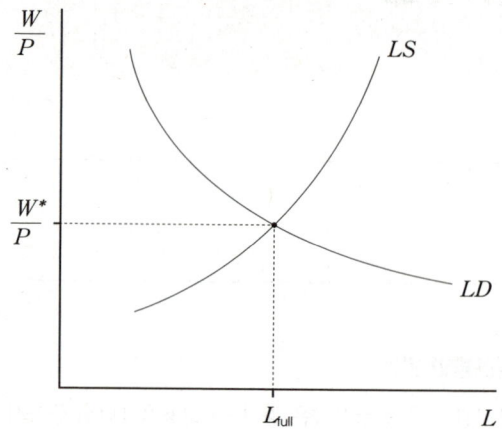

① 노동공급곡선과 노동수요곡선이 일치하여 초과공급 or 초과수요가 없을 때 노동시장은 균형을 이루게 되고 균형 실질임금과 완전고용 수준의 균형 고용량 결정
② 완전고용이 달성되어 생산하는 총생산을 잠재GDP, 그때의 실업률을 자연실업률로 정의
③ 자연실업률 수준에서는 기대인플레이션율이 실제인플레이션율과 동일

적중문제

01 노동시장에 대한 설명으로 가장 적절한 것은?

중요도 ●●●
① 실질임금은 명목임금에 물가를 곱해서 구한다.
② 실질임금이 낮아질수록 노동공급의 실질임금에 대한 탄력성이 작아진다.
③ 기업은 이윤을 극대화하는 수준에서 고용량을 결정하며, 이윤극대화는 노동의 한계생산물의 가치와 실질임금이 같을 때 달성된다.
④ 노동의 한계생산량이 체감하므로 실질임금이 하락하면 기업의 노동수요량은 감소한다.
⑤ 자연실업률 수준에서는 기대인플레이션율이 실제인플레이션율보다 낮다.

해설

① 실질임금($\frac{w}{p}$)은 명목임금(w)을 물가(p)로 나누어서 구한다.
② 낮은 실질임금 수준에서는 노동공급곡선이 완만한 형태를 갖고, 임금이 높아질수록 점차 수직에 가까워진다. 그러므로 낮은 실질임금 수준에서는 노동공급의 실질임금에 대한 탄력성이 크지만 실질임금이 상승할수록 여가의 기회비용이 커져 노동공급의 실질임금에 대한 탄력성이 작아진다.
④ 노동의 한계생산량이 체감하므로 실질임금이 하락하면 기업의 노동수요량은 증가하고, 실질임금이 상승하면 노동수요량은 감소한다.
⑤ 자연실업률 수준에서는 기대인플레이션율이 실제인플레이션율과 같다.

핵심테마 07 물가

출제포인트
- 물가와 물가지수
- 인플레이션

1. 물가와 물가지수

① **물가** : 시장에서 거래되는 모든 재화와 용역의 가격을 일정한 기준에 따라 가중평균한 종합적인 가격수준
② **물가지수** : 물가의 움직임을 한눈에 알아볼 수 있도록 기준시점의 물가를 100으로 하여 지수화한 것 → 화폐의 구매력 측정수단, 경기동향 판단 지표, 명목가치를 실질가치로 환산하는 디플레이터, 상품수급동향 판단자료 등으로 활용
③ **대표적인 물가지수** : 한국은행(생산자물가지수, 수출입물가지수), 통계청(소비자물가지수)

2. 인플레이션

(1) 인플레이션의 정의

① 물가가 지속적으로 상승하는 현상 → 일회적 물가의 상승은 인플레이션이라고 하지 않음
② 잠재GDP의 성장 속도보다 통화량 증가 속도가 빠를 때 인플레이션이 발생

(2) 인플레이션의 종류

① **수요견인 인플레이션**
  ㉠ 총수요의 증가에 의해 발생하는 인플레이션
  ㉡ 원인 : 단기에 총수요를 구성하는 요소(가계의 소비지출, 기업의 투자지출, 정부의 재정지출, 순수출, 중앙은행의 통화량 조절) → 과도한 통화공급의 증가, 가계 등에 대한 조세부담의 완화, 가계 및 기업의 긍정적 미래 기대, 환율 상승, 실질이자율의 하락 등
  ㉢ 총공급곡선이 우상향하는 구간 : 실질국민소득 증가와 실업 감소라는 긍정적인 면과 물가 상승이라는 어두운 면을 동시에 가짐
  ㉣ 총공급곡선이 수직일 때(한 나라의 경제가 생산능력의 한계에 도달한 때) : 물가만 상승

② **비용인상 인플레이션**
  ㉠ 총공급의 감소에 의해 발생하는 인플레이션
  ㉡ 원인 : 경제 전반적인 생산성의 하락, 임금 등 생산요소 가격의 상승, 자연재해에 따른 생산설비의 망실 등
  ㉢ 스태그플레이션 : 비용인상 인플레이션에 따라 물가와 실업률은 상승하고 실질국민소득은 감소

③ **진행형 인플레이션** : 비용인상 인플레이션이 수요견인 인플레이션을 유발하거나 그 역의 경우 or 비용인상 인플레이션이 또다시 비용인상 인플레이션을 유발하거나 수요견인 인플레이션이 또다시 수요견인 인플레이션을 유발하여 발생하는 인플레이션

(3) 인플레이션의 문제점

① 수요와 공급에 관한 정보를 전달해 주는 가격기구의 기능을 저하시켜 효율적 자원배분을 어렵게 함
② 조세 체계를 변화시켜 근로의욕과 저축 및 투자에 관한 의사결정을 왜곡, 경제의 효율성과 경제성장을 저하시킴
③ 현금보유에 따른 기회비용을 줄이기 위한 비용을 발생시킴
④ 채권자로부터 채무자에게 or 노동자로부터 기업가에게 부가 재분배됨
⑤ 자국의 상대적 인플레이션율의 증가가 환율 상승으로 상쇄되지 않을 경우 국제경쟁력 약화

적중문제

01 수요견인 인플레이션의 발생 원인으로 모두 묶인 것은?

중요도
●●●

> 가. 환율 상승으로 인한 순수출 증가
> 나. 중앙은행의 통화량 조절
> 다. 가계 및 기업의 긍정적 미래 기대
> 라. 실질이자율의 하락
> 마. 경제 전반적인 생산성의 하락
> 바. 임금 등 생산요소 가격의 상승

① 라, 바
② 가, 다, 마
③ 가, 라, 마
④ 나, 다, 바
⑤ 가, 나, 다, 라

해설

수요견인 인플레이션은 총수요의 증가에 의해 발생하는 인플레이션이다. 단기에 총수요를 구성하는 요소(가계의 소비지출, 기업의 투자지출, 정부의 재정지출, 순수출, 중앙은행의 통화량 조절)의 변동이 수요견인 인플레이션의 원인이 될 수 있다. 즉 과도한 통화공급의 증가, 가계 등에 대한 조세부담의 완화, 가계 및 기업의 긍정적 미래 기대, 환율 상승, 실질이자율의 하락 등이 총수요 곡선을 우측으로 이동시켜 수요견인 인플레이션의 발생 원인이 될 수 있다. 나머지는 모두 비용인상 인플레이션의 발생 원인이다.

정답 01 ⑤

02 스태그플레이션의 원인에 해당하는 것은?

① 가계의 소비지출
② 중앙은행의 통화량 조절
③ 가계 및 기업의 긍정적 미래 기대
④ 실질이자율의 하락
⑤ 임금 등 생산요소 가격의 상승

해설
비용인상 인플레이션에 따라 물가와 실업률은 상승하고 실질국민소득은 감소하게 되는데, 이를 스태그플레이션이라고 한다. 비용인상 인플레이션은 총공급의 감소에 의해 발생하는 인플레이션이다. 경제 전반적인 생산성의 하락, 임금 등 생산요소 가격의 상승, 자연재해에 따른 생산설비의 망실 등에 따라 총공급 곡선이 좌측으로 이동할 수 있다. 나머지는 모두 수요견인 인플레이션의 발생 원인이다.

03 인플레이션에 대한 적절한 설명으로 모두 묶인 것은?

가. 일회적 물가의 상승은 인플레이션이라고 하지 않는다.
나. 수요견인 인플레이션은 총수요의 증가에 의해 발생하는 인플레이션이다.
다. 비용인상 인플레이션에 따라 물가와 실업률은 상승하고 실질국민소득은 감소하게 되는데, 이를 스태그플레이션이라고 한다.
라. 잠재GDP의 성장 속도가 통화량 증가 속도보다 빠를 때 인플레이션이 발생한다.
마. 예기치 못한 인플레이션의 경우 채무자로부터 채권자에게 또는 기업가로부터 노동자에게 부가 재분배된다.

① 가, 나, 다
② 가, 나, 라
③ 가, 다, 라
④ 가, 다, 마
⑤ 가, 라, 마

해설
라. 잠재GDP의 성장 속도보다 통화량 증가 속도가 빠를 때 인플레이션이 발생한다.
마. 예기치 못한 인플레이션의 경우 채권자로부터 채무자에게 또는 노동자로부터 기업가에게 부가 재분배되며 자국의 상대적 인플레이션율의 증가가 같은 크기의 환율 상승으로 상쇄되지 않을 경우 국제경쟁력을 약화시킬 수 있다.

핵심테마 08 실업

출제포인트
- 실업의 정의
- 실업의 종류
- 자연실업률
- 필립스곡선

1. 실업의 정의

① **실업** : 현행 임금 수준에서 일할 능력과 의사를 갖고 있으나 취업의 기회가 주어지지 않은 상태
② **취업자** : 매월 15일이 속한 1주일 동안 수입을 목적으로 1시간 이상 일한 사람
③ **실업자** : 매월 15일이 속한 1주일 동안 적극적으로 일자리를 구해 보았으나 수입이 있는 일에 전혀 종사하지 못한 사람으로서 일이 있으면 즉시 취업이 가능한 사람

> **핵심 CHECK**
>
> **실업자와 취업자의 산출**
> - 전체인구 = 비노동가능인구 + 노동가능인구(15세 이상)
> - 노동가능인구 = 비경제활동인구 + 경제활동인구
> - 경제활동인구 = 실업자 + 취업자
> - 경제활동참가율(%) = $\dfrac{경제활동인구}{노동가능인구} \times 100$
> - 고용률(%) = $\dfrac{취업자}{노동가능인구} \times 100$
> - 실업률(%) = $\dfrac{실업자}{경제활동인구} \times 100$

2. 실업의 종류

마찰적 실업	노동의 수요와 공급이 일시적으로 일치되지 않아서 생기는 실업
구조적 실업	기술발전이나 국제경쟁에 따라 요구되는 기술의 변화 등에 따라 발생하는 실업
계절적 실업	생산과정이 계절적 조건에 의해 제약되어 노동수요가 계절적으로 변동하는 경우에 생기는 실업
경기적 실업	경기변동에 따라 발생하는 실업으로, 경기확장기에는 감소하고 경기수축기에는 증가하는 실업

3. 자연실업률(물가안정실업률)

① 정 의
  ㉠ 완전고용(잠재GDP) 수준하에서 발생하는 실업률 → 인플레이션을 가속화하지 않는 수준의 실업률
  ㉡ 자연실업률 수준에서는 계절적 실업이나 경기적 실업이 없이 마찰적 실업과 구조적 실업만 존재

② 자연실업률의 경제적 의미
  ㉠ 자연실업률 수준에서 인플레이션과 실업률과의 상충관계는 없음
  ㉡ 재정정책이나 통화정책 등 총수요관리정책은 장기적으로는 산출량, 고용량에 영향을 미치지 못하고 물가나 화폐임금 등 명목변수에만 영향 → 자연실업률 수준에서는 정부의 총수요관리정책 등 어떤 정책적 시도도 물가 상승만을 가져옴
  ㉢ 노동시장의 신축성과 효율성의 개선을 가져오는 구조적 정책에 의해서만 변화될 수 있는 실업률
  ㉣ 완전고용하에서의 실업률

③ 자연실업률의 변동

요 인	내 용	자연실업률
인구 연령분포	젊은 연령인구 구성비 증가	증가
경제구조 변화	대규모의 경제구조 변화	증가
실질임금	실질임금의 증가	증가
실업혜택	실업급여 등 높은 실업혜택	증가

4. 인플레이션과 실업 : 필립스곡선

① 단기필립스곡선(SRPC)

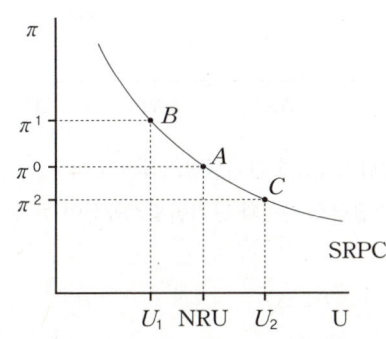

  ㉠ 기대인플레이션율(π)과 자연실업률(NRU)이 일정하다는 가정하에서 인플레이션과 실업의 상충관계를 나타내는 곡선
  ㉡ 단기필립스곡선은 자연실업률과 기대인플레이션율이 만나는 A점을 지남
  ㉢ 예상치 않은 총수요 증가 시 실업률은 낮아지고 인플레이션율은 높아져 동일한 단기필립스곡선의 B점에서 인플레이션율과 실업률이 결정됨
  ㉣ 예상치 않은 총수요 감소 시 실업률은 높아지고 인플레이션율은 낮아져 동일한 단기필립스곡선의 C점에서 인플레이션율과 실업률이 결정됨

② 장기필립스곡선(LRPC)

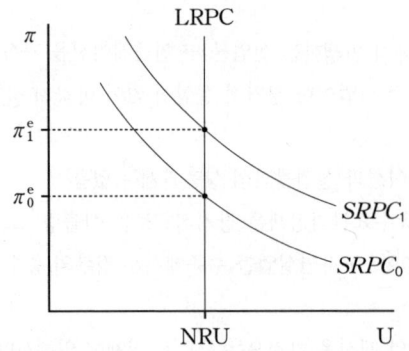

㉠ 실제인플레이션율이 기대인플레이션율과 같을 때의 인플레이션과 실업의 관계를 나타내는 곡선 → 인플레이션과 실업률의 평면에서 자연실업률 수준에서 수직의 형태
㉡ 기대인플레이션율이 상승할 경우 단기필립스곡선은 위쪽으로 평행이동하지만 장기필립스곡선은 이동하지 않음
㉢ 기대인플레이션율이 낮아질 경우 단기필립스곡선이 아래쪽으로 평행이동

③ 필립스곡선의 이동

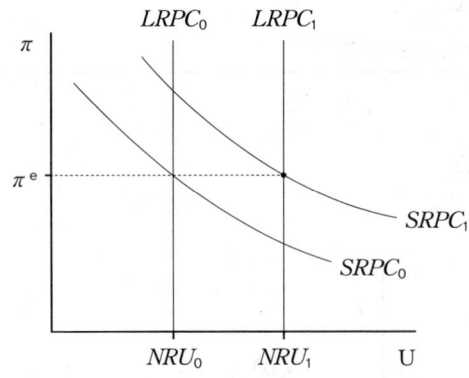

㉠ 자연실업률이 변동하면 장기필립스곡선과 단기필립스곡선이 이동
㉡ 자연실업률이 상승할 경우 장기필립스 곡선과 단기필립스곡선이 동시에 우측으로 평행 이동

적중문제

01 실업에 대한 다음 설명 중 ㈎~㈏에 들어갈 내용이 적절하게 연결된 것은?

- (가) = $\dfrac{\text{경제활동인구}}{\text{노동가능인구}} \times 100$
- 실업률(%) = $\dfrac{\text{실업자}}{(\text{ 나 })} \times 100$

	가	나
①	경제활동참가율	경제활동인구
②	경제활동참가율	노동가능인구
③	노동가능인구	경제활동인구
④	고용률	노동가능인구
⑤	고용률	경제활동인구

해설

- 경제활동참가율(%) = $\dfrac{\text{경제활동인구}}{\text{노동가능인구}} \times 100$
- 실업률(%) = $\dfrac{\text{실업자}}{\text{경제활동인구}} \times 100$

02 자연실업률에 대한 설명으로 적절하지 않은 것은?

① 생산물시장이 잠재GDP 수준에서 균형을 이룰 때 발생하는 실업이다.
② 완전고용 수준하에서 발생하는 실업률로, 인플레이션을 가속화하지 않는 수준의 실업률을 말한다.
③ 자연실업률 수준에서는 마찰적 실업이나 구조적 실업이 없이 계절적 실업과 경기적 실업만 존재한다.
④ 자연실업률 수준에서 인플레이션과 실업률의 상충관계는 없으며, 만약 상충관계가 존재한다면 그것은 단기적 현상이다.
⑤ 자연실업률 수준에서는 정부의 총수요관리정책 등 어떤 정책적 시도도 물가 상승만을 가져오게 된다.

해설
자연실업률 수준에서는 계절적 실업이나 경기적 실업이 없이 마찰적 실업과 구조적 실업만 존재한다.

핵심 CHECK

잠재GDP
노동, 자본 등 생산요소를 완전 고용한 상태에서의 GDP를 의미

정답 01 ① 02 ③

03 필립스곡선에 대한 설명으로 가장 적절한 것은?

① 단기필립스곡선은 기대인플레이션율과 자연실업률이 일정하다는 가정하에서 인플레이션과 실업의 상충관계를 나타내는 곡선이다.
② 단기필립스곡선은 자연실업률과 기대인플레이션율이 만나는 점을 지나 우상향하는 형태를 갖는다.
③ 장기필립스곡선은 인플레이션율과 실업률의 평면에서 우상향하는 형태를 갖는다.
④ 기대인플레이션율이 상승할 경우 장기필립스곡선은 우측으로 평행 이동한다.
⑤ 자연실업률이 상승할 경우 장기필립스곡선은 이동하지 않는다.

해설
② 단기필립스곡선은 우하향하는 형태를 갖는다.
③ 장기필립스곡선은 실제인플레이션율이 기대인플레이션율과 같을 때의 인플레이션과 실업의 관계를 나타내는 곡선으로 인플레이션율과 실업률의 평면에서 자연실업률 수준에서 수직의 형태를 갖는다.
④ 기대인플레이션율이 상승할 경우 단기필립스곡선은 위쪽으로 평행이동하지만 장기필립스곡선은 이동하지 않는다.
⑤ 자연실업률이 상승할 경우 장기필립스곡선과 단기필립스곡선이 동시에 우측으로 평행 이동한다.

04 실업에 대한 설명으로 가장 적절한 것은?

① 고용률은 경제활동인구 대비 취업자의 비율로 산출한다.
② 구조적 실업은 노동의 수요와 공급이 일시적으로 일치되지 않아서 생기는 실업이다.
③ 자연실업률 수준에서는 계절적 실업이나 경기적 실업이 없이 마찰적 실업과 구조적 실업만 존재한다.
④ 젊은 연령인구 구성비가 증가하면 자연실업률이 감소한다.
⑤ 인플레이션과 실업률의 평면에서 단기필립스곡선은 우상향하는 형태를 갖는다.

해설
① 고용률(%) = $\frac{취업자}{노동가능인구} \times 100$, 실업률(%) = $\frac{실업자}{경제활동인구} \times 100$
② 마찰적 실업에 대한 설명이다. 구조적 실업은 기술발전이나 국제경쟁에 따라 요구되는 기술의 변화 등에 따라 발생하는 실업이다.
④ 젊은 연령인구 구성비 증가, 대규모의 경제구조 변화, 실질임금의 증가, 실업급여 등 실업혜택은 자연실업률 증가 요인이다.
⑤ 단기필립스곡선은 기대인플레이션율과 자연실업률이 일정하다는 가정하에서 인플레이션과 실업의 상충관계를 나타내는 곡선이다. 인플레이션과 실업률의 평면에서 단기필립스곡선은 우하향하는 형태를 갖는다.

정답 03 ① 04 ③

핵심테마 09 재정정책

출제포인트
- 재정정책의 의의
- 재정수지
- 재정정책의 시차

1. 재정정책의 의의
① 재정정책은 정부의 수입과 지출의 변동을 의미
② 경제안정화, 소득재분배, 시장가격기구에 의한 자원배분의 결점을 보완하는 자원배분 기능
③ **재량적 재정정책** : 경제 여건에 따라 정책 담당자의 판단에 의해 정부 재정에 관한 새로운 법의 입법 or 기존 법의 수정에 따라 재정수입이나 지출이 변동하는 것
④ **비재량적 재정정책(자동안정화장치)** : 경기 변동에 따라 재정수입과 지출이 변동하는 것

2. 재정수지

(1) 재정흑자
① **피드백 효과** : 정부는 여유자금을 대부자금 시장에 공급 → 이자율 하락 → 가계 소비와 기업의 투자 증가 → 총수요 증가
② 전체적으로는 총수요 감소

(2) 재정적자
① 직접금융을 통해 자금 조달
② **국채를 발행하여 공개시장에서 매각하는 방법** : 대부자금 시장에서 이자율 상승 → 민간부문의 소비지출과 투자지출이 감소하는 구축효과 발생
③ **국채를 중앙은행이 인수하는 방법** : 구축효과는 발생하지 않으나 통화공급이 증가하여 인플레이션 유발 가능

(3) 재정지출 확대를 위한 재원조달
① **조 세**
  ㉠ 가계의 가처분소득이 감소하므로 소비 감소
  ㉡ **불완전 구축효과** : 조세는 일부 소비감소를 통해, 일부는 저축감소를 통해 납부하기 때문에 소비감소는 재정지출 확대효과를 완전히 상쇄하지 않음

② **국채의 공개시장 매각**
  ⊙ 이자율 상승 : 이자율 상승에 따라 민간지출 감소로 구축효과 발생
  ⓒ 소비의 평활화 : 국채 만기가 도래할 경우 원금과 이자를 지급해야 하므로, 민간 경제주체들은 미래에 조세부담 증가를 예상하여 현재 소비를 줄이고 저축을 늘리는 구축효과 발생
③ **국채의 중앙은행 인수**
  ⊙ 통화공급 증가
  ⓒ 구축효과가 발생하지 않으나 과도한 통화공급은 인플레이션 유발

3. 재정정책의 시차
통상 재정정책은 내부시차는 긴 편이나 외부시차는 짧은 편

적중문제

01 재정적자 시 발생하는 구축효과에 대한 설명으로 가장 적절한 것은?

① 국가신용등급 하락으로 해외로부터 투자자금 유입이 감소하는 현상
② 대부자금시장에서 이자율이 상승하여 민간부문의 소비지출과 투자지출이 감소하는 현상
③ 상품수지 호전으로 상품수지 적자가 감소하거나 흑자가 증가하는 현상
④ 실질이자율 상승으로 국채 등 채권가격이 하락하는 현상
⑤ 재정적자에 따라 노동시장에서 비자발적 실업이 감소하는 현상

해설
재정적자가 발생하면 정부는 부족한 자금을 조달해야 한다. 국채를 공개시장에서 매각하여 자금을 조달할 경우 대부자금시장에서 이자율이 상승하여 민간부문의 소비지출과 투자지출이 감소하는 구축효과가 발생한다. 국채를 중앙은행이 인수할 경우 구축효과는 발생하지 않으나 통화공급이 증가하여 인플레이션을 유발할 수 있다.

02 재정수지에 대한 설명으로 적절하지 않은 것은?

① 재정흑자가 발생하면 정부는 여유자금을 대부자금시장에 공급할 수 있게 되어 이자율이 하락한다.
② 재정흑자가 발생하면 피드백 효과로 인해 전체적으로 총수요가 증가한다.
③ 국채를 공개시장에서 매각하여 자금을 조달할 경우 대부자금시장에서 이자율이 상승하여 민간부문의 소비지출과 투자지출이 감소하는 구축효과가 발생한다.
④ 국채를 중앙은행이 인수할 경우 구축효과는 발생하지 않으나 통화공급이 증가하여 인플레이션을 유발할 수 있다.
⑤ 재정지출 확대의 재원을 조세를 통하여 조달할 경우 소비감소는 재정지출 확대효과를 완전히 상쇄하지 않는다.

해설
재정흑자가 발생하면 정부는 여유자금을 대부자금시장에 공급할 수 있게 되어 이자율이 하락하고 그에 따라 가계 소비와 기업 투자가 증가하여 총수요가 증가하는 피드백 효과가 있지만 전체적으로는 총수요가 감소한다.

03 재정정책에 대한 설명으로 가장 적절한 것은?

① 정부의 경제활동을 재정이라 하며, 재정정책이란 정부의 수입과 지출의 변동을 말한다.
② 재량적 재정정책은 비재량적 재정정책에 비해 파급효과가 작은 것이 일반적이다.
③ 재정적자가 발생하면 자금을 대부자금시장에 공급할 수 있게 되어 이자율이 하락한다.
④ 재정지출 확대의 재원을 조세를 통하여 조달할 경우 소비감소는 재정지출 확대효과를 완전히 상쇄한다.
⑤ 통상 재정정책은 내부시차는 짧은 편이나 외부시차는 긴 편이다.

해설
② 재량적 재정정책이 비재량적 재정정책(자동안정화장치)에 비해 파급효과가 큰 것이 일반적이다.
③ 재정흑자에 대한 설명이다. 재정적자가 발생하면 정부는 부족한 자금을 조달해야 한다. 국채를 공개시장에서 매각하여 자금을 조달할 경우 대부자금시장에서 이자율이 상승하여 민간부문의 소비지출과 투자지출이 감소하는 구축효과가 발생한다. 국채를 중앙은행이 인수할 경우 구축효과는 발생하지 않으나 통화공급이 증가하여 인플레이션을 유발할 수 있다.
④ 재정지출 확대의 재원을 조세를 통하여 조달할 경우 가계의 가처분소득이 감소하므로 소비가 감소하게 된다. 그러나 조세는 일부 소비 감소를 통하여 그리고 일부는 저축 감소를 통하여 납부하게 되기 때문에 소비 감소는 재정지출 확대효과를 완전히 상쇄하지 않는다(불완전 구축효과).
⑤ 통상 재정정책은 내부시차는 긴 편이나 외부시차는 짧은 편이다.

정답 02 ② 03 ①

핵심테마 10 통화 및 통화정책

회독체크 1회☐ 2회☐ 3회☐

출제포인트
- 통화지표
- 통화공급 과정
- 통화정책의 수단
- 통화정책의 시차와 비대칭성
- 한국은행의 통화정책

1. 통화지표

① 통화공급이 빠르게 증가할 경우 인플레이션 유발, 느리게 증가할 경우 경기침체 유발
② 통화지표를 구분하는 가장 중요한 기준은 유동성(어떤 자산이 가치의 큰 손실 없이 얼마나 빨리 현금으로 바뀔 수 있는가)

> **핵심 CHECK**
>
> **통화지표의 구분**
> - 협의통화(M_1) = 현금통화 + 요구불예금 + 수시입출금식예금
> - 광의통화(M_2) = M_1 + 정기예·적금 + 시장형금융상품 + 실적배당형금융상품 + 기타 예금 및 금융채
> - 금융기관유동성(L_f) = M_2 + 2년 이상 장기금융상품 등 + 생명보험계약준비금 및 증권금융예수금
> - 광의유동성(L) = L_f + 기타 금융기관 상품 + 국채·지방채 + 회사채·CP

2. 통화공급 과정

(1) 본원통화*의 증감

구 분	본원통화 증가	본원통화 감소
매매대상	• 재화와 용역의 매입 • 금융자산(국채, 주식 등)의 매입 • 외환의 매입 • 은행 등 금융기관에 대한 대출	• 재화와 용역의 매도 • 금융자산(국채, 주식 등)의 매도 • 외환의 매도 • 은행 등 금융기관으로부터 대출 회수
거래상대방	국내 or 국외 가계, 기업 및 은행 등 금융기관, 정부(재정주체)	

*본원통화 : 화폐발행액과 은행이 지급준비를 위해 중앙은행에 맡겨 놓은 예치금의 합계

핵심 CHECK

본원통화의 구성

본원통화		
화폐발행액		중앙은행 지준예치금
현금통화	예금은행 시재금	중앙은행 지준예치금
현금통화	예금은행 지급준비금	

(2) 통화승수(= $\dfrac{통화량}{본원통화}$)

① 본원통화에 대한 통화량의 비율
② 본원통화가 1단위 증가하였을 때 통화량이 몇 단위 증가하였는지를 나타내는 지표

핵심 CHECK

통화승수의 증감

영향을 미치는 요소	변동방향	M_2 통화승수	관 계
지급준비율	상승	감소	음(−)의 관계
현금보유비율(= $\dfrac{민간현금보유액}{요구불예금}$)	상승	감소	음(−)의 관계
준통화*비율(= $\dfrac{준통화액}{요구불예금}$)	상승	증가	정(+)의 관계
초과지급준비율(= $\dfrac{초과지급준비금}{요구불예금}$)	상승	감소	음(−)의 관계

*준통화 : 유동성이 높아 현금으로 전환이 쉬운 예금(정기예적금, 2년 미만 금융상품)

(3) 통화공급의 주체와 통화량 변동

① **중앙은행** : 본원통화가 증가하면 보다 많은 예금통화를 창조할 수 있으므로 통화공급 증가, 필요지급준비율을 높이면 대출 가능 금액이 적어지므로 통화공급 감소
② **예금자** : 현금보유비율*이 높아지면 예금액이 적어지고 대출가능 금액이 감소하여 통화공급 감소
   *현금보유비율 : 요구불예금 이자율이 낮아질수록, 예금기관의 위험이 커질수록, 소득이 낮을수록 높아짐
③ **은행(예금기관)** : 초과지급준비율*이 상승하면 대출가능 금액이 적어지므로 통화공급 감소
   *초과지급준비율 : 실질이자율 하락, 예금인출 예상액 증가, 차입지급준비금에 적용되는 이자율 하락, 미래 경기에 대한 비관적인 전망 시 상승 → 통화량 감소

3. 통화정책의 수단

① **지급준비제도** : 지급준비율을 올리면 은행의 대출여력이 감소하여 통화량 감소, 지급준비율을 낮추면 통화량 증가
② **공개시장운영** : 중앙은행이 보유하고 있는 증권을 매도하거나 통화안정증권을 발행하여 통화 회수, 금융기관으로부터 증권을 매입하여 시중에 통화 공급
③ **중앙은행의 대출제도** : 금융기관에 빌려 주는 자금의 금리를 높이면 통화량 감소, 낮추면 통화량 증가
④ **외환시장 개입** : 외환을 매입하면 본원통화가 증가하여 통화공급 증가, 외환을 매도하면 통화공급 감소

4. 통화정책의 시차와 비대칭성

① 통상 내부시차는 짧은 편이나, 외부시차는 길고 그 길이의 변화도 큰 편
② 일반적으로 과열된 경기를 식히는 데는 효과가 있으나 침체된 경기를 부양하는 데는 효과가 떨어짐 → 경기국면별(호황 or 불황) 정책대응의 효과가 달라짐을 의미

5. 한국은행의 통화정책

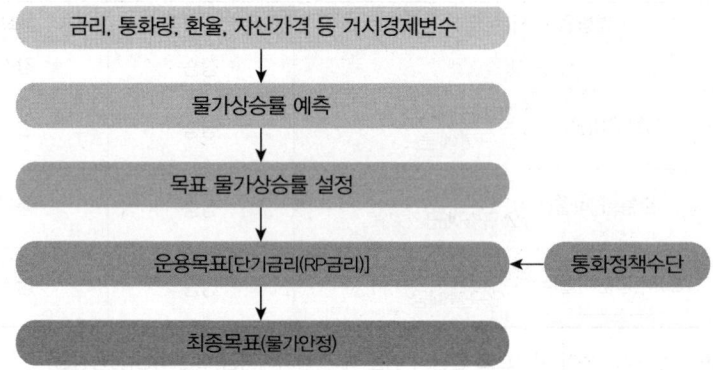

〈물가안정목표제하의 통화정책 운용체제〉

적중문제

01 통화지표를 구분하는 가장 중요한 기준은?

① 교환가치
② 발행기관
③ 수익성
④ 유동성
⑤ 안정성

해설
통화지표를 구분하는 가장 중요한 기준은 유동성이다. 유동성이란 어떤 자산이 가치의 큰 손실이 없이 얼마나 빨리 현금으로 바뀔 수 있는가를 의미한다.

02 다음 정보를 토대로 산출한 본원통화로 가장 적절한 것은?

- 화폐발행액 : 250억원
- 예금은행 시재금 : 120억원
- 예금은행 지급준비금 : 200억원

① 250억원
② 330억원
③ 380억원
④ 420억원
⑤ 450억원

해설
- 화폐발행액 250억원 = 현금통화 + 예금은행 시재금 120억원 → 현금통화 = 130억원
- 예금은행 지급준비금 200억원 = 예금은행 시재금 120억원 + 중앙은행 지준예치금 → 중앙은행 지준예치금 = 80억원
- 본원통화 = 화폐발행액 250억원 + 중앙은행 지준예치금 80억원 = 330억원

정답 01 ④ 02 ②

03 통화공급 과정에 대한 적절한 설명으로 모두 묶인 것은?

> 가. 현금보유비율이 상승하면 M_2 통화승수는 증가한다.
> 나. 준통화비율이 상승하면 M_2 통화승수는 증가한다.
> 다. 중앙은행이 필요지급준비율을 높이면 통화공급이 감소한다.
> 라. 예금자의 현금보유비율은 소득이 낮을수록 높아진다.
> 마. 은행의 초과지급준비율은 실질이자율이 하락하면 하락한다.

① 가, 나
② 라, 마
③ 가, 나, 마
④ 나, 다, 라
⑤ 나, 다, 라, 마

해설
가. 현금보유비율이 상승하면 M_2 통화승수는 감소하는 음(-)의 관계이다.
마. 초과지급준비율이 상승하면 대출가능 금액이 적어지므로 통화공급이 감소한다. 초과지급준비율은 실질이자율이 하락하거나, 예금인출 예상액이 증가하거나, 차입지급준비금에 적용되는 이자율이 하락하면 상승한다. 또한 은행은 미래 경기에 대해 비관적인 전망을 할 경우 대출을 줄이고 초과지급준비금을 늘리게 되어 통화량이 감소한다.

04 통화정책의 수단 중 통화량의 변동방향이 나머지와 다른 하나는?

① 지급준비율 인하
② 공개시장에서 국공채 매입
③ 통화안정증권 발행
④ 중앙은행의 대출금리 인하
⑤ 외환시장에서 외환 매입

해설
① 지급준비율을 올리면 은행의 대출여력이 감소하여 통화량이 감소하고 지급준비율을 낮추면 통화량이 증가한다.
② 중앙은행이 보유하고 있는 증권을 매도하거나 통화안정증권을 발행하여 통화를 회수하고, 금융기관으로부터 이들 증권을 사들임으로써 시중에 통화를 공급한다.
④ 중앙은행이 금융기관에 빌려 주는 자금의 금리를 높이면 통화량이 감소하고 낮추면 통화량이 증가한다.
⑤ 중앙은행이 외환시장에서 외환을 매입하면 본원통화가 증가하여 통화공급이 증가하고, 반대의 경우에는 통화공급이 감소한다.

05 통화정책의 수단에 대한 설명으로 적절하지 않은 것은?

① 지급준비제도, 공개시장운영, 중앙은행의 대출제도, 외환시장 개입 등이 있다.
② 지급준비율을 올리면 은행의 대출여력이 감소하여 통화량이 감소하고 지급준비율을 낮추면 통화량이 증가한다.
③ 중앙은행이 보유하고 있는 증권을 매도하거나 통화안정증권을 발행하여 통화를 회수하고, 금융기관으로부터 이들 증권을 사들임으로써 시중에 통화를 공급한다.
④ 중앙은행이 금융기관에 빌려 주는 자금의 금리를 높이면 통화량이 감소하고 낮추면 통화량이 증가한다.
⑤ 중앙은행이 외환시장에서 외환을 매입하면 통화공급이 감소하고, 반대의 경우에는 통화공급이 증가한다.

해설
중앙은행이 외환시장에서 외환을 매입하면 본원통화가 증가하여 통화공급이 증가하고, 반대의 경우에는 통화공급이 감소한다.

06 통화정책에 대한 설명으로 가장 적절한 것은?

① 본원통화란 화폐발행액과 예금은행 지급준비금의 합계이다.
② 본원통화에 대해 증가한 통화량의 비율을 통화승수라고 한다.
③ 예금자의 현금보유비율이 높아지면 통화공급이 증가한다.
④ 초과지급준비율은 실질이자율이 하락하면 하락한다.
⑤ 통상 통화정책은 내부시차는 긴 편이나, 외부시차는 짧은 편이다.

해설

① 본원통화란 화폐발행액과 은행이 지급준비를 위해 중앙은행에 맡겨 놓은 예치금의 합계이다. 화폐발행액은 현금통화와 예금은행 시재금의 합계이고, 예금은행 지급준비금은 예금은행 시재금과 중앙은행 지준예치금의 합계이다.
③ 예금자의 현금보유비율이 높아지면 예금액이 적어지고 그에 따라 대출가능 금액이 감소하여 통화공급이 감소한다. 예금자의 현금보유비율은 요구불예금 이자율이 낮아질수록, 예금기관의 위험이 커질수록, 소득이 낮을수록 높아진다.
④ 초과지급준비율이 상승하면 대출가능 금액이 적어지므로 통화공급이 감소한다. 초과지급준비율은 실질이자율이 하락하거나, 예금인출 예상액이 증가하거나, 차입지급준비금에 적용되는 이자율이 하락하면 상승한다. 또한 은행은 미래 경기에 대해 비관적인 전망을 할 경우 대출을 줄이고 초과지급준비금을 늘리게 되어 통화량이 감소한다.
⑤ 재정정책에 대한 설명이다. 통상 통화정책은 내부시차는 짧은 편이나, 외부시차는 길고 그 길이의 변화도 큰 편이다.

07 1998년 이후 한국은행에서 채택하고 있는 통화정책의 기준지표로 가장 적절한 것은?

① 물가안정목표제(Inflation Targeting)
② 통화량목표제(Monetary Targeting)
③ 금리목표제(Interest Rate Targeting)
④ 환율목표제(Exchange Rate Targeting)
⑤ 외환보유고목표제(Foreign Exchange Holding Targeting)

해설

한국은행은 1998년 한국은행법 개정에 따라 최종목표인 물가상승률 자체를 통화정책의 기준지표로 하는 물가안정목표제(Inflation Targeting) 방식을 채택하였다. 물가안정목표제하에서 중앙은행은 통화량과 같은 중간목표를 두지 않는 대신 통화량, 금리, 환율, 자산가격 등 거시경제 변수들을 이용하여 장래의 인플레이션을 예측하여 일정기간 동안 달성하여야 할 물가목표를 사전에 설정하고 이에 맞추어 통화정책을 운용한다.

정답 06 ② 07 ①

08 한국은행의 통화정책에 대한 적절한 설명으로 모두 묶인 것은?

> 가. 한국은행은 1998년 한국은행법 개정에 따라 최종목표인 물가상승률 자체를 통화정책의 기준지표로 하는 물가안정목표제 방식을 채택하였다.
> 나. 물가안정목표제하에서 중앙은행은 통화량과 같은 중간목표를 두고 이에 맞추어 통화정책을 운용한다.
> 다. 한국은행은 정부와 협의하여 5년간 적용할 중기 물가안정목표를 설정하고 있다.
> 라. 한국은행의 경우 설정된 물가안정목표를 달성하기 위하여 단기금리인 RP 금리를 운용목표로 하고 있다.
> 마. 결정된 기준금리는 실물경제 활동에 즉시 영향을 미치게 된다.

① 가, 나
② 가, 라
③ 가, 나, 다
④ 가, 다, 라
⑤ 나, 라, 마

해설

나. 물가안정목표제하에서 중앙은행은 통화량과 같은 중간목표를 두지 않는 대신 통화량, 금리, 환율, 자산가격 등 거시경제 변수들을 이용하여 장래의 인플레이션을 예측하여 일정기간 동안 달성하여야 할 물가목표를 사전에 설정하고 이에 맞추어 통화정책을 운용한다.
다. 한국은행은 정부와 협의하여 3년간 적용할 중기 물가안정목표를 설정하고 있다.
마. 결정된 기준금리는 초단기금리인 콜금리에 즉시 영향을 미치고, 장단기 시장금리, 예금 및 대출 금리 등의 변동으로 이어져 궁극적으로는 실물경제 활동에 영향을 미치게 된다.

09 통화정책에 대한 설명으로 가장 적절한 것은?

① 중앙은행이 보유하고 있는 증권을 매도하면 통화량이 증가한다.
② 일반적으로 통화정책은 침체된 경기를 부양하는 데는 효과가 있으나 과열된 경기를 식히는 데는 효과가 떨어진다.
③ 한국은행은 일정수준의 통화량을 유지하는 통화량목표제 방식을 채택하였다.
④ 중앙은행은 물가, 금리, 환율, 자산가격 등 거시경제 변수들을 중간목표로 설정하고 이에 맞추어 통화정책을 운용한다.
⑤ 한국은행은 단기금리인 RP 금리를 운용목표로 하는 금리중심 통화정책 운용방식, 즉 정책금리를 결정하고 이를 중심으로 통화정책을 운용하고 있다.

해설

① 중앙은행이 보유하고 있는 증권을 매도하거나 통화안정증권을 발행하여 통화를 회수하고, 금융기관으로부터 이들 증권을 사들임으로써 시중에 통화를 공급한다.
② 일반적으로 통화정책은 과열된 경기를 식히는 데는 효과가 있으나 침체된 경기를 부양하는 데는 효과가 떨어진다.
③ 한국은행은 1998년 한국은행법 개정에 따라 최종목표인 물가상승률 자체를 통화정책의 기준지표로 하는 물가안정목표제 방식을 채택하였다.
④ 물가안정목표제하에서 중앙은행은 통화량과 같은 중간목표를 두지 않는 대신 통화량, 금리, 환율, 자산가격 등 거시경제 변수들을 이용하여 장래의 인플레이션을 예측하여 일정기간 동안 달성하여야 할 물가목표를 사전에 설정하고 이에 맞추어 통화정책을 운용한다.

핵심테마 11 이자율

출제포인트
- 실질이자율 변동 원인
- 대부자금에 대한 실질이자율의 결정
- 외부충격과 대부자금 실질이자율

1. 실질이자율의 변동 원인

(1) 무위험이자율
① 위험, 조세, 만기 등에 대한 보상이 없을 때의 이자율 → 화폐에 대한 시간선호율을 나타낸 이자율
② 무위험이자율이 높을수록 현재 소비를 줄이고 저축을 많이 함

(2) 위 험
투자에 따른 위험을 보상하기 위해 무위험이자율에 국가위험, 산업위험, 신용위험에 대한 보상을 더함

(3) 조세 · 정부보조
조세는 실질이자율 상승 요인, 정부보조는 실질이자율 하락 요인

(4) 만 기
위험이 동일할 때 이자율과 만기의 체계적인 관계를 이자율의 기간구조라 함
① **기대이론** : 장기이자율은 만기까지 기대되는 미래 단기이자율의 평균과 같음
② **시장분할이론** : 만기별로 시장이 구분되어 있고 만기별 이자율은 각각의 시장에서 수요와 공급에 의해서 결정
③ **유동성프리미엄이론** : 서로 다른 만기의 이자율이 같은 방향으로 움직이며 통상 수익률곡선이 우상향한다는 사실 설명 가능 → 장기이자율은 만기까지 기대되는 미래 단기이자율의 평균에 유동성프리미엄을 더한 것과 같음

2. 대부자금에 대한 실질이자율의 결정

(1) 대부자금 공급곡선
실질이자율과 단위기간당 대부자금거래량 평면에서 우상향
① **대부자금 공급곡선상의 이동** : 실질이자율이 상승하면 대부자금 공급량이 대부자금 공급곡선을 따라 증가
② **대부자금 공급곡선의 이동**
  ㉠ 가계 및 기업
   • 증가요인 : 실질GDP의 증가, 가계의 실질 부의 감소에 따라 노후대비 등을 위한 저축 증가, 가계 부채 증가, 조세 부담 감소 → 대부자금 공급 증가
   • 감소요인 : 정치 · 사회 · 경제에 대한 미래의 기대가 낙관적, 물가 상승 기대 → 대부자금 공급 감소

ⓒ 정부 : 재정흑자(재량적인 조세징수 증가 or 재량적인 재정지출 감소) → 대부자금 공급 증가
ⓒ 해외부문
- 증가요인 : 국내 실질GDP 증가, 국내 정치·경제·사회에 대한 미래의 기대가 낙관적 → 해외부문으로부터 국내에 대부자금 유입 → 대부자금 공급 증가
- 감소요인 : 국내 물가 상승 기대, 국가위험 증가 → 해외로부터 자금유입 감소 or 자금유출 발생 → 대부자금 공급 감소

ⓔ 중앙은행 등
- 증가요인 : 공개시장운영정책을 통해 국채 등 매입, 외환시장에서 외환 매입, 중앙은행 대출제도에 적용되는 이자율 인하 → 본원통화 공급 증가 → 대부자금 공급 증가
- 감소요인 : 지급준비율 인상 or 예금자와 은행의 현금보유비율과 초과지급준비율 상승, 준통화비율 하락 → 통화승수가 작아져 통화(M_2) 공급 감소 → 대부자금 공급 감소

(2) 대부자금 수요곡선

실질이자율과 단위기간당 대부자금거래량 평면에서 우하향

① **대부자금 수요곡선상의 이동** : 실질이자율이 하락하면 대부자금 수요량이 대부자금 수요곡선을 따라 증가
② **대부자금 수요곡선의 이동**
  ⓐ 가 계
  - 증가요인 : 물가·이자율·소득 증가 기대, 조세부담 감소, 정부보조 증가 → 대부자금 수요 증가
  - 감소요인 : 가계 부채 증가 → 차입 감소 → 대부자금 수요 감소
  ⓑ 기 업
  - 증가요인 : 물가와 이자율 상승, 매출수익 및 이익 증가 기대 or 실질GDP 증가 기대, 조세부담 감소 or 정부보조 증가 → 대부자금 수요 증가
  - 감소요인 : 기업 부채 증가, 기업에 대한 규제 강화 → 대부자금 수요 감소
  ⓒ 정 부
  - 재정흑자(재량적인 조세징수 증가 or 재량적인 재정지출 감소) → 대부자금 수요 감소
  - 실질GDP 증가 → 조세수입 증가, 실업급여 등 이전지출 감소 → 대부자금 수요 감소
  ⓓ 해외부문
  - 증가요인 : 국내물가와 이자율 상승 or 매출수익 및 이익 증가 기대, 조세부담 감소, 정부보조 증가 → 해외부문으로부터 국내 대부자금에 대한 수요 증가
  - 감소요인 : 국내 실질GDP의 상대적 증가 → 해외부문으로부터 국내에 대부자금 유입 → 국내 시장 대부자금 수요 감소

3. 외부충격과 대부자금 실질이자율

(1) 정부부문과 대부자금시장

① **재정흑자의 영향** : 총저축(가계저축+정부저축) 증가 → 대부자금 공급량 증가 → 실질이자율 하락 → 투자 증가

② **재정적자의 영향**
  ㉠ 구축효과 발생 : 총저축(가계저축+정부저축) 감소 → 대부자금 공급량 감소 → 실질이자율 상승 → 기업 투자와 가계 소비지출 감소
  ㉡ 재정적자에 따라 실질이자율 상승으로 가계 저축 증가, 해외부문으로부터 대부자금 유입으로 불완전 구축효과 발생

(2) 통화정책과 실질이자율

확장적 통화정책을 시행할 경우 실질이자율 하락, 긴축적 통화정책을 시행할 경우 실질이자율 상승

(3) 투기자금의 국외이탈과 실질이자율

자본도피 등 투기자금 국외 유출 → 실질이자율 상승

(4) 경기변동과 실질이자율

① **경기확장국면**
  ㉠ 가계 저축 증가, 정부 재정의 대부자금 수요 감소, 실질GDP 증가에 따라 순수출 감소, 해외부문으로부터 대부자금 공급 증가 → 실질이자율 하락 효과
  ㉡ 기업 투자 증가 → 대부자금 수요 증가 → 실질이자율 상승 효과로 서로 상쇄

② **경기변동과 대부자금 실질이자율의 관계** : 강한 상관관계가 존재하지 않는 중립적 관계

적중문제

01 실질이자율의 변동 원인에 대한 설명으로 적절하지 않은 것은?

① 무위험이자율이 높을수록 현재 소비를 줄이고 저축을 많이 할 것이다.
② 투자에 따른 위험을 보상하기 위해 무위험이자율에 국가위험, 산업위험, 신용위험에 대한 보상을 더한다.
③ 조세는 실질이자율을 상승시키는 요인이고, 정부보조는 실질이자율을 하락시키는 요인이다.
④ 기대이론은 장단기 이자율이 같은 방향으로 움직이고 수익률곡선이 일반적으로 우상향한다는 사실을 설명할 수 있다.
⑤ 유동성프리미엄이론에 의하면 장기이자율은 만기까지 기대되는 미래 단기이자율의 평균에 유동성프리미엄을 더한 것과 같다.

해설
기대이론은 장기이자율은 만기까지 기대되는 미래 단기이자율의 평균과 같다고 보며, 시장분할이론은 만기별로 시장이 구분되어 있고 만기별 이자율은 각각의 시장에서 수요와 공급에 의해 결정된다고 본다. 이 두 이론은 서로 다른 만기의 이자율이 같은 방향으로 움직이며 통상 수익률곡선이 우상향한다는 것을 설명하지 못한다. 유동성프리미엄이론은 앞의 두 이론을 결합한 이론으로 장단기 이자율이 같은 방향으로 움직이고 수익률곡선이 일반적으로 우상향한다는 사실을 설명할 수 있다.

02 대부자금 공급곡선에 대한 설명으로 가장 적절한 것은?

① 실질이자율이 상승하면 대부자금 공급량이 대부자금 공급곡선을 따라 증가한다.
② 실질GDP가 증가하면 가계와 기업의 대부자금 공급이 감소한다.
③ 정치·사회·경제에 대한 미래의 기대가 낙관적인 경우 가계와 기업 모두 대부자금 공급이 증가한다.
④ 재정의 재량적인 부분은 재정흑자에 영향을 미치는 주요 요인이 되지 못한다.
⑤ 국내 물가가 상승할 것으로 기대될 경우 해외로부터 자금유입이 증가하여 대부자금 공급이 증가한다.

해설
② 실질GDP의 증가, 가계의 실질 부의 감소에 따라 노후대비 등을 위해 저축의 증가, 가계 부채의 증가, 가계에 대한 조세 부담의 감소 등에 따라 가계의 저축이 증가하면 대부자금 공급이 증가한다. 실질GDP가 증가하거나 기업에 대한 조세 부담이 감소할 경우 기업의 대부자금 공급이 증가한다.
③ 정치·사회·경제에 대한 미래의 기대가 낙관적이거나 물가가 상승할 것으로 기대되는 경우 가계와 기업 모두 대부자금 공급이 감소한다.
④ 재정의 비재량적인 부분은 실질GDP에 따라 자동으로 변동하므로 재정흑자에 영향을 미치는 주요 요인이 되지 못한다. 재정의 재량적인 부분이 재정흑자에 직접적인 영향을 미치는 요인이다.
⑤ 국내 물가가 상승할 것으로 기대되거나 국가위험이 증가할 경우 해외로부터 자금유입 감소 또는 자금유출이 발생하여 대부자금 공급이 감소한다.

정답 01 ④ 02 ①

03 대부자금 수요곡선에 대한 설명으로 적절하지 않은 것은?

① 가계, 기업, 정부, 해외부문은 대부자금의 수요 주체이며, 중앙은행은 수요 주체가 아니다.
② 대부자금 수요곡선은 실질이자율과 단위기간당 대부자금 거래량 평면에서 우하향한다.
③ 실질이자율이 하락하면 대부자금 수요량이 대부자금 수요곡선을 따라 증가한다.
④ 가계의 소득이 증가할 것으로 기대되는 경우 대부자금 수요가 감소한다.
⑤ 자국의 경상수지가 흑자일 경우 해외부문의 국내 대부자금에 대한 수요가 증가한다.

해설
물가, 이자율, 소득이 증가할 것으로 기대되는 경우 가계는 현재 차입을 늘리게 되어 대부자금 수요가 증가한다. 조세 부담이 감소하거나 정부보조가 증가할 경우에도 대부자금 수요가 증가한다. 가계의 부채가 증가할 경우에는 차입이 줄어들어 대부자금 수요가 감소한다.

04 대부자금에 대한 실질이자율의 결정에 관한 설명으로 적절하지 않은 것은?

① 실질GDP가 증가하면 가계와 기업 모두 대부자금 공급이 증가한다.
② 물가가 상승할 것으로 기대되는 경우 가계와 기업 모두 대부자금 공급이 증가한다.
③ 재정흑자일 때 정부의 대부자금 공급은 증가하고 수요는 감소한다.
④ 중앙은행이 공개시장운영정책을 통해 국채 등을 매입하면 대부자금 공급이 증가한다.
⑤ 국내 실질GDP가 상대적으로 증가하면 해외부문으로부터 국내에 대부자금이 유입되므로 국내 시장에서 대부자금 수요는 감소한다.

해설
정치 · 사회 · 경제에 대한 미래의 기대가 낙관적이거나 물가가 상승할 것으로 기대되는 경우 가계와 기업 모두 대부자금 공급이 감소한다.

정답 03 ④ 04 ②

05 외부충격과 대부자금 실질이자율에 대한 적절한 설명으로 모두 묶인 것은?

가. 재정흑자의 경우 대부자금 공급량이 증가함에 따라 실질이자율이 하락하게 되어 투자가 증가한다.
나. 재정적자에 따라 재정적자의 크기와 동일한 크기로 기업의 투자가 감소하는 완전구축효과가 발생한다.
다. 확장적 통화정책을 시행할 경우 실질이자율은 하락하고, 긴축적 통화정책을 시행할 경우 실질이자율은 상승한다.
라. 자본도피 등 투기자금이 국외로 유출될 경우 실질이자율은 상승한다.
마. 경기가 확장국면에 있을 경우 가계의 저축이 증가하여 실질이자율이 하락하는 효과가 발생한다.

① 가, 나
② 다, 마
③ 가, 나, 마
④ 가, 다, 라
⑤ 다, 라, 마

해설

나. 재정적자에 따라 실질이자율이 상승하여 기업의 투자와 가계의 소비지출이 감소하는 현상을 구축효과라 한다. 그러나 재정적자의 크기와 동일한 크기로 기업의 투자가 감소하는 완전구축효과는 발생하지 않는데, 이는 재정적자에 따라 실질이자율이 상승하면 가계의 저축이 증가하고 해외부문으로부터 대부자금 유입이 있기 때문이다.
마. 경기가 확장국면에 있을 경우 가계의 저축이 증가하고, 정부 재정의 대부자금 수요가 감소할 뿐만 아니라 실질GDP 증가에 따라 순수출이 감소하고 그에 따라 해외부문으로부터 대부자금 공급이 증가하여 실질이자율이 하락하는 효과가 발생하지만, 경기확장기에는 기업의 투자가 증가하고 그에 따라 대부자금 수요가 증가하여 실질이자율이 상승하는 효과가 발생하여 서로 상쇄하게 된다. 따라서 경기변동과 대부자금 실질이자율의 관계는 강한 상관관계가 존재하지 않는 중립적 관계로 본다.

06 이자율에 대한 설명으로 적절하지 않은 것은?

① 무위험이자율이 높을수록 현재 소비를 줄이고 저축을 많이 할 것이다.
② 기대이론과 시장분할이론은 서로 다른 만기의 이자율이 같은 방향으로 움직이며 통상 수익률곡선이 우상향한다는 것을 설명하지 못한다.
③ 실질이자율이 상승하면 대부자금 공급량이 대부자금 공급곡선을 따라 증가한다.
④ 실질GDP가 증가할 경우 정부의 대부자금 수요는 증가한다.
⑤ 재정흑자의 경우 총저축이 증가하여 대부자금 공급곡선이 우측으로 이동한다.

해설

실질GDP가 증가할 경우 조세수입이 증가하고 실업급여 등 이전지출이 감소하므로 정부의 대부자금 수요는 감소한다.

핵심테마 12 외환과 환율

출제포인트
- 환율
- 환율변동

1. 환율

(1) 환율의 정의
① 한 나라의 통화가치를 다른 나라 통화로 표시한 것으로 두 통화 간 교환비율 → 자국 통화로 표시한 다른 나라 통화의 가격
② 우리나라에서 모든 환율은 자국통화 표시환율(예 원-달러 환율)로 표시
③ 원-달러 환율이 상승하면 원화가치가 하락(원화평가 절하), 원-달러 환율이 하락하면 원화가치가 상승(원화평가 절상)

(2) 환율표시방법
① **자국통화 표시환율** : 외국통화 기준 외화 1단위와 교환되는 자국통화 단위량(예 USD1 = KRW1,000)
② **외국통화 표시환율** : 자국통화 기준 자국통화 1단위와 교환되는 외국통화 단위량(예 KRW1 = USD0.001)
③ **European Terms** : 미 달러 1단위 기준 외국통화 교환비율을 표시하는 방법(국제외환 시장에서 대부분 표시)
④ **American Terms** : 외국통화 1단위 기준 미 달러와의 교환비율을 표시하는 방법(영국 파운드 등 몇 통화에 대해서 표시)

(3) 환율의 종류
① 매도환율과 매입환율
  ㉠ 매도환율은 딜러가 고객에게 팔 때 적용되는 환율이고, 매입환율은 딜러가 고객으로부터 살 때 적용되는 환율
  ㉡ 매도환율이 매입환율보다 높으며, 그 차이인 Bid-ask Spread는 딜러의 매매차익
② 현물환율과 선도환율
  ㉠ 현물환율 : 거래일로부터 2영업일 이내에 결제가 이루어지는 외환거래에 적용되는 환율
  ㉡ 선도환율 : 2영업일을 초과하여 결제가 이루어지는 거래에 적용되는 환율
③ 교차환율과 재정환율
  ㉠ 교차환율 : 자국통화가 개입되지 않은 외국통화 간 환율
  ㉡ 재정환율 : 한 국가의 통화와 다른 국가의 통화 간의 환율을 기준환율로 정하고, 그 기준이 되는 한 국가의 통화와 또 다른 국가의 통화 간의 교차환율과 기준환율과의 관계로부터 도출되는 환율

- 기준환율 USD1 = KRW1,000
- 교차환율 USD1 = JPY100
- 재정환율 JPY100 = KRW1,000(재정환율 = 기준환율 ÷ 교차환율)

④ **명목환율과 실질환율, 실효환율**
　㉠ 명목환율 : 자국과 상대국의 물가수준을 고려하지 않고 단순하게 외환시장에서 고시되는 이종 통화 간의 교환비율
　㉡ 실질환율 : 명목환율을 자국의 상대물가지수($=\frac{\text{자국물가지수}}{\text{상대국 물가지수}}$)로 나눈 환율로서 두 나라 간 물가변동을 고려하여 구매력을 반영한 환율

$$\text{실질환율} = \text{명목환율} \times \frac{\text{상대국 물가}}{\text{자국물가}}$$

　• 다른 조건이 일정할 때 실질환율이 높으면 상대적으로 자국 재화와 용역의 가격이 싸고 상대국 재화와 용역의 가격이 비쌈
　㉢ 실효환율 : 자국 통화와 2개국 이상 통화 간의 환율을 가중치로 가중평균한 환율 → 여러 통화를 가중평균하여 산출되므로 절대 수준의 환율이 아닌 지수로 산출

2. 환율변동

(1) 환율변동 요인

요 인	내용(상대적 변동)	영 향	환 율
상대물가	국내 물가 하락	수출 증가	하락
생산성	국내 생산성 증가	국내 물가 하락	하락
실질이자율	국내 실질이자율 · 투자수익률 상승	투자자금 국내 순유입	하락
실질GDP	국내 실질GDP 고성장률	수입수요 증가	상승
위험 · 조세	국내 고위험, 조세의 고부담	국내 투자수요 감소	상승
기 대	환율 상승 기대	외환 투기수요 증가	상승
	국내 투자수익률 상승 기대	투자자금 국내 순유입	하락
국제수지	민간수지 흑자(준비자산증감 = 0)	외환공급 증가	하락
중앙은행	중앙은행 외환 매입	외환수요 증가	상승

(2) 환율변동의 효과

구 분	환율 하락(원화평가 절상)	환율 상승(원화평가 절하)
수 출	수출채산성 악화/수출 감소	수출채산성 호전/수출 증가
수 입	수입상품가격 하락/수입 증가	수입상품가격 상승/수입 감소
물 가	수입원자재가격 하락/물가 안정	수입원자재가격 상승/물가 상승
외 채	외화표시외채 원리금상환 부담 감소	외화표시외채 원리금상환 부담 증가

적중문제

01 다음 정보를 토대로 계산한 원-엔 재정환율로 가장 적절한 것은?

중요도
●○○

- 기준환율 : USD1 = KRW1,280
- 교차환율 : USD1 = JPY80

① JPY100 = KRW1,350
② JPY100 = KRW1,380.5
③ JPY100 = KRW1,530
④ JPY100 = KRW1,600
⑤ JPY100 = KRW1,640

해설
재정환율 = 기준환율 ÷ 교차환율 = 1,280 ÷ 80 = 16원/엔

02 환율에 대한 설명으로 가장 적절한 것은?

중요도
●●○

① 자국통화 표시환율은 자국통화를 기준으로 하여 자국통화 1단위와 교환되는 외국통화의 단위량을 표시하는 방법이다.
② 매입환율이 매도환율보다 높으며, 그 차이인 Bid-ask Spread는 딜러의 매매차익이 된다.
③ 교차환율은 자국통화가 개입되지 않은 외국통화 간의 환율을 말한다.
④ 실효환율은 교차환율과 기준환율과의 관계로부터 도출되는 환율을 말한다.
⑤ 다른 조건이 일정할 때 실질환율이 높으면 상대적으로 자국 재화와 용역이 비싸고 상대국 재화와 용역의 가격이 싸다.

해설
① 외국통화 표시환율에 대한 설명이다. 자국통화 표시환율은 외국통화를 기준으로 하여 외화 1단위와 교환되는 자국통화의 단위량, 즉 외화 1단위와 교환하기 위하여 자국통화를 얼마나 지불하여야 하는가를 나타내는 방법이다. 예를 들어 USD1 = KRW1,000 또는 KRW/USD = 1,000으로 표시하는 방법으로, 지급환율이라고도 한다.
② 매도환율은 딜러가 고객에게 팔 때 적용되는 환율이고, 매입환율은 딜러가 고객으로부터 살 때 적용되는 환율이다. 매도환율이 매입환율보다 높으며, 그 차이인 Bid-ask Spread는 딜러의 매매차익이 된다.
④ 재정환율에 대한 설명이다. 실효환율은 자국 통화와 2개국 이상의 통화 간의 환율을 가중치로 가중평균한 환율을 말한다. 실효환율은 여러 통화를 가중평균하여 산출되므로 절대수준의 환율이 아닌 지수로 산출된다.
⑤ 다른 조건이 일정할 때 실질환율이 높으면 상대적으로 자국 재화와 용역의 가격이 싸고 상대국 재화와 용역의 가격이 비싸다. 반대로 실질환율이 낮으면 상대적으로 자국 재화와 용역이 비싸고 상대국 재화와 용역의 가격이 싸다.

03 원-달러 환율과 같이 가격표시방법으로 환율을 표현하였을 때 다른 조건이 일정하다는 조건하에서 원-달러 환율 상승요인에 해당하지 않는 것은?

중요도 ●●●

① 국내 물가의 상대적 하락
② 국내 생산성의 상대적 하락
③ 국내 실질이자율의 상대적 하락
④ 국내 실질GDP의 상대적 고성장률
⑤ 중앙은행의 외환 매입

해설
국내 물가가 상대적으로 하락하면 국내 생산물에 대한 해외수요가 증가하여 수출이 증가하고 환율이 하락한다.

04 환율변동 방향이 나머지와 다른 하나는?

중요도 ●●●

① 국내 물가가 상대적으로 하락하고 있다.
② 중앙은행 긴축정책으로 국내 실질이자율이 상승하였다.
③ 국내 실질GDP가 높은 성장률을 보이고 있다.
④ 국내 자산에 대한 투자수익률 상승이 기대되고 있다.
⑤ 준비자산증감의 변동없이 민간수지 흑자가 발생하였다.

해설
③ 국내 실질GDP가 높은 성장률을 보일 경우 수입수요가 증가하여 환율이 상승한다.
① 국내 물가가 상대적으로 하락할 경우 수출이 증가하고 환율이 하락한다.
② 국내 실질이자율·투자수익률이 상승할 경우 투자자금 국내 순유입으로 환율이 하락한다.
④ 국내 투자수익률 상승이 기대되면 투자자금 국내 순유입으로 환율이 하락한다.
⑤ 민간수지 흑자(준비자산증감 = 0)가 발생하면 외환공급 증가로 환율이 하락한다.

05 환율 하락의 효과로 모두 묶인 것은?

가. 수출 감소
나. 수출채산성 호전
다. 수입상품가격 상승
라. 물가안정
마. 외화표시외채 원리금상환 부담 감소

① 가, 다
② 나, 라
③ 가, 나, 마
④ 가, 다, 라
⑤ 가, 라, 마

해설
환율이 하락하면 수출은 감소하고 수입이 증가하여 경상수지가 악화되는 면도 있지만 수입물가가 하락하여 국내 물가를 안정시킬 수 있고 외화표시부채의 원리금 상환 부담이 줄어드는 긍정적인 면도 있다.

06 외환시장에 대한 설명으로 가장 적절한 것은?

① 우리나라에서 모든 환율은 외국통화 표시환율로 표시한다.
② 원-달러 환율이 상승하면 원화가치가 상승한다.
③ 국내 투자수익률이 상승하면 투자자금 국내 순유입으로 환율은 상승한다.
④ 북한리스크 등 국내 지정학적 위험이 커질 경우 환율은 상승한다.
⑤ 중앙은행이 외환시장에서 외환을 매입하면 환율은 하락한다.

해설
① 우리나라에서 모든 환율은 자국통화 표시환율(예 원-달러 환율)로 표시한다.
② 원-달러 환율이 상승하면 원화가치가 하락(원화평가 절하)하고, 원-달러 환율이 하락하면 원화가치가 상승(원화평가 절상)한다.
③ 국내 실질이자율·투자수익률이 상승하면 투자자금 국내 순유입으로 환율은 하락한다.
⑤ 중앙은행이 외환을 매입하면 외환수요 증가로 환율은 상승한다.

정답 05 ⑤ 06 ④

핵심테마 13 국제수지표

출제포인트
- 국제수지표의 의의
- 국제수지와 외환시장

1. 국제수지표의 의의

① **국제수지표의 정의**
  ㉠ 일정 기간 동안 한 나라의 거주자와 비거주자 사이에 일어난 모든 경제적 거래를 체계적으로 기록·정리한 표
  ㉡ 복식부기 원리에 의해 국제적으로 통일된 기준에 의해 작성 → 결과적으로 대차 양변의 합계가 항상 일치
  ㉢ 대가를 지급하지 않는 이전거래 등과 같은 일방적인 거래도 별도의 항목을 설정하여 작성

② **국제수지표의 구성**

〈국제수지표의 구성〉

국제수지	경상수지	상품수지	상품수출, 상품수입
		서비스수지	운송, 여행, 통신서비스, 보험수지 등
		본원소득수지	급료 및 임금수지, 투자소득수지
		이전소득수지	일반정부이전소득수지, 기타부문이전소득수지
	자본수지	자본이전, 비생산·비금융자산	
	금융계정	직접투자, 증권투자, 파생금융상품, 기타투자, 준비자산*	
	오차 및 누락	—	

* 준비자산이 증가하면 통화당국 외환보유액 감소, 준비자산이 감소하면 외환보유액 증가

③ **국제수지표의 작성**

〈국제수지표의 차변과 대변의 주요 항목〉

구 분	차변(-부호)	대변(+부호)
	자금의 사용(대외로 자금유출)	자금의 원천(대외에서 자금유입)
경상수지	• 재화와 용역의 수입 • 해외에 이자 및 배당지급 • 이전소득 지출	• 재화와 용역의 수출 • 해외로부터 이자 및 배당수입 • 이전소득 수취
자본·금융수지	• 거주자의 해외투자 • 비거주자의 국내자산 매각 • 대외부채 감소 • 중앙은행 준비자산의 증가	• 비거주자의 국내투자 • 거주자의 해외자산 매각 • 대외부채 증가 • 중앙은행 준비자산의 감소

2. 국제수지와 외환시장

국제수지표는 외환거래 수반 여부와 관계없이 거주자와 비거주자의 모든 거래 기록임
→ 국제수지표상의 자금의 원천과 사용은 외환시장에서의 수요와 공급과 일치하지 않음

적중문제

01 국제수지표에 대한 설명으로 가장 적절한 것은?

중요도 ●●○

① 비거주자를 제외한 거주자 사이에 일어난 모든 경제적 거래를 체계적으로 기록·정리한 표이다.
② 국제수지표는 단식부기의 원리에 의해 각 국가별 기준에 의해 작성된다.
③ 국제수지 작성의 기본원칙에 따라 대차 양변의 합계가 항상 일치하여야 한다.
④ 대가를 지급하지 않는 이전거래 등과 같은 일방적인 거래의 경우에는 별도로 작성하지 않는다.
⑤ 국제수지표는 거래금액의 크기에 따라 계정이 나누어져 작성된다.

해설

① 국제수지표란 일정기간 동안 한 나라의 거주자와 비거주자 사이에 일어난 모든 경제적 거래를 체계적으로 기록·정리한 표이다.
② 국제수지표는 복식부기의 원리에 의해 국제적으로 통일된 기준에 의해 작성된다.
④ 상품을 구입하고 대금을 지급하는 교환거래가 아닌 대가를 지급하지 않는 이전거래 등과 같은 일방적인 거래의 경우에도 대차 균형을 위해 별도의 항목을 설정하여 작성한다.
⑤ 국제수지표는 거래의 성질에 따라 경상계정과 자본·금융계정으로 나누어 작성된다.

02 국제수지표의 차변 항목에 해당하지 않는 것은?

중요도 ●●●

① 재화와 용역의 수입
② 거주자의 해외투자
③ 거주자의 해외자산 매각
④ 대외부채 감소
⑤ 중앙은행 준비자산의 증가

해설

자금의 원천(대외에서 자금유입)이 되므로 대변항목에 해당한다. 통상 대외지불이 발생되는 차변항목은 재화와 용역의 수입, 해외에 이자 및 배당지급, 이전소득 지출, 거주자의 해외투자, 비거주자의 국내자산 매각, 대외부채 감소, 중앙은행 준비자산의 증가 등이 있다.

정답 01 ③ 02 ③

03 국제수지표에 대한 설명으로 가장 적절한 것은?

① 국제수지표는 국제적으로 통일된 기준이 없어 각 국가별 기준에 따라 작성된다.
② 대가를 지급하지 않는 이전거래 등과 같은 일방적인 거래의 경우에는 별도로 작성하지 않는다.
③ 무상거래의 수지차를 기록하는 이전소득수지는 경상수지로 기록한다.
④ 준비자산이 증가하면 통화당국의 외환보유액이 증가한다.
⑤ 국제수지표상의 자금의 원천과 사용은 외환시장에서의 외환에 대한 수요와 공급과 일치한다.

해설

① 국제수지표는 복식부기의 원리에 의해 국제적으로 통일된 기준에 의해 작성된다.
② 상품을 구입하고 대금을 지급하는 교환거래가 아닌 대가를 지급하지 않는 이전거래 등과 같은 일방적인 거래의 경우에도 대차 균형을 위해 별도의 항목을 설정하여 작성한다.
④ 경상수지 적자가 발생하였을 경우 이 적자를 외국으로부터 자본을 도입해서 충당하지 못하였다면, 부족한 외화는 통화당국이 보유하고 있는 외환보유액에서 충당하게 된다. 경상수지 흑자와 자본·금융수지 흑자로 대규모의 외화가 일시에 유입되어 환율이 급격하게 변동할 가능성이 있을 경우 통화당국에서는 환율안정을 위하여 외화를 매입하기도 하는데 이때는 외환보유액이 증가하게 된다. 즉, 준비자산이 증가하면 통화당국의 외환보유액이 감소하고, 준비자산이 감소하면 외환보유액이 증가한다.
⑤ 국제수지표는 외환거래의 수반 여부와 관계없이 거주자와 비거주자의 모든 거래를 기록하기 때문에 국제수지표상의 자금의 원천과 사용은 외환시장에서의 외환에 대한 수요와 공급과 일치하지 않는다.

핵심테마 14

경제동향분석

출제포인트
- 4시장의 통합
- 경제동향분석 절차

1. 4시장의 통합

생산물시장	물가 상승 → 기업 생산물 공급 증가, 가계 구매력 감소
	총수요 증가 → 실질GDP 증가, 물가 상승, 실업률 감소, 고용 증가
	총공급 증가 → 물가 하락, 총판매량 증가, 실업률 감소, 고용 증가
노동시장	실질임금 상승 → 가계 노동공급량 증가, 기업 노동수요량 감소
	노동수요 증가 → 실질임금 상승, 고용량 증가
	노동공급 증가 → 실질임금 하락, 고용량 증가
대부자금시장	실질이자율 상승 → 대부자금 공급량 증가, 대부자금 수요량 감소
	대부자금 수요 증가 → 실질이자율 상승, 대부자금거래량 증가
	대부자금 공급 증가 → 실질이자율 하락, 대부자금거래량 증가
외환시장	환율 하락 → 수입 증가, 수출 감소
	외환에 대한 수요 증가(자국 통화의 공급 증가) → 환율 상승
	외환의 공급 증가(자국 통화에 대한 수요 증가) → 환율 하락

2. 경제동향분석 절차

1단계	4시장의 현재 경제상태 분석
2단계	외부충격 분석
3단계	외부충격에 따른 4시장의 연쇄반응 분석

(1) 4시장의 현재 경제 상태 분석

① 생산물시장

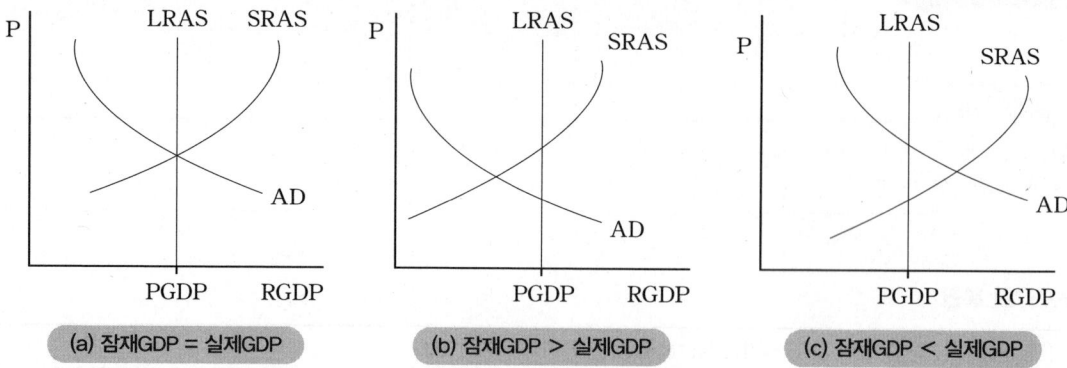

- ㉠ (a) 완전고용 수준에서 생산물시장의 균형이 결정된 경우 : 실질GDP와 잠재GDP 일치
- ㉡ (b) 완전고용 수준 미만에서 생산물시장의 균형이 결정된 경우 : 디플레이션갭(잠재GDP > 실제GDP) → 디플레이션갭의 절대값이 클수록 단기 총공급곡선은 물가와 실질국민소득 평면에서 완만하게 우상향(탄력성 큼)하여 총수요가 증가할 경우 추가적인 인플레이션을 유발하지 않고 실질GDP 크게 증가 가능
- ㉢ (c) 완전고용을 초과한 수준에서 생산물시장의 균형이 이루어진 경우 : 인플레이션갭(잠재GDP < 실제GDP) → 인플레이션갭이 클수록 단기 총공급의 물가에 대한 탄력성이 0에 근접하여 총수요 증가에 따라 실질GDP 증가는 작아지고 물가만 상승

② 노동시장

- ㉠ 노동수요 : 노동의 한계생산량과 실질임금이 같은 수준에서 결정 → 실질임금과 고용량의 평면에서 우하향하는 형태
- ㉡ 노동공급 : 실질임금이 상승하면 공급량을 늘리고, 실질임금이 하락하면 공급량 감소 → 낮은 실질임금 수준에서는 노동공급곡선이 완만한 형태(탄력성 큼), 임금이 높아질수록 점차 수직에 가까워짐(탄력성이 작아짐)

③ 대부자금시장

- ㉠ 실질이자율에 대한 탄력성이 클수록 대부자금거래량(수요·공급량)의 변동성이 큼
- ㉡ 실질이자율에 대한 탄력성이 낮을수록 이자율의 변동성이 큼
- ㉢ 대부자금 수요의 실질이자율에 대한 탄력성 작을수록 통화정책 효과 감소, 재정정책 효과 증가
- ㉣ 중앙은행 통제 및 정부 규제가 적을수록, 조세 등이 낮을수록, 자본시장이 발달될수록 국가 간 자본이동성이 높아짐에 따라 국내 실질이자율이 조금만 변해도 해외부문으로부터의 대부자금 시장에 대한 자금유출입 커짐

④ 외환시장

- ㉠ 환율 탄력성이 작을수록 환율의 변동성은 커지고 외환거래량의 변동성은 작아짐
- ㉡ 변동환율제하에서 중앙은행은 자국 본원통화와 통화공급에 대해 보다 큰 통제력을 가짐 → 본원통화와 통화공급 변동에 따른 인플레이션 등 파급효과에 의한 위험보다는 환율 변동이 국제교역과 해외투자 등에 있어 중요 위험 요인

적중문제

01 다른 조건이 일정하다면 4시장 모형에 따라 성립하는 적절한 관계로 모두 묶인 것은?

> 가. 총공급이 증가하면 물가는 하락하고 실업률은 감소하며 고용이 증가한다.
> 나. 노동수요가 증가하면 실질임금은 상승하고 고용량은 감소한다.
> 다. 실질이자율이 상승하면 대부자금 공급량은 증가하고 대부자금 수요량은 감소한다.
> 라. 대부자금 공급이 증가하면 실질이자율은 하락하고 대부자금거래량은 감소한다.
> 마. 외환에 대한 수요가 증가하면 환율은 상승한다.

① 가, 다
② 나, 마
③ 가, 다, 마
④ 나, 다, 라
⑤ 나, 라, 마

해설
나. 노동수요가 증가하면 실질임금은 상승하고 고용량은 증가한다.
라. 대부자금 공급이 증가하면 실질이자율은 하락하고 대부자금거래량은 증가한다.

02 4시장의 현재 경제상태 분석에 대한 설명으로 가장 적절한 것은?

① 디플레이션갭의 절대값이 클수록 총수요 증가에 따라 실질GDP 증가는 작아지고 물가만 상승하게 된다.
② 실질임금이 낮아질수록 노동공급의 실질임금에 대한 탄력성이 작아진다.
③ 대부자금 수요의 실질이자율 탄력성이 작을수록 재정정책의 효과는 작아지고, 통화정책의 효과는 커진다.
④ 외환수요와 공급의 환율 탄력성이 작을수록 외환거래량의 변동성은 커지고 환율은 안정적이 된다.
⑤ 변동환율제하에서는 본원통화와 통화공급의 변동에 따른 인플레이션 등의 파급효과에 의한 위험보다는 환율 변동이 국제교역과 해외투자 등에 있어 중요 위험 요인이 된다.

해설
① 디플레이션갭의 절대값이 클수록 단기 총공급곡선은 물가와 실질국민소득 평면에서 완만하게 우상향(단기 총공급의 물가에 대한 탄력성이 크다)하여 총수요가 증가할 경우 추가적인 인플레이션을 유발하지 않고 실질GDP가 크게 증가할 수 있다.
② 낮은 실질임금 수준에서는 노동공급곡선이 완만한 형태를 갖고, 임금이 높아질수록 점차 수직에 가까워진다. 즉 낮은 실질임 금 수준에서는 노동공급의 실질임금에 대한 탄력성이 크지만, 실질임금이 상승할수록 여가의 기회비용이 커져 노동공급의 실질임금에 대한 탄력성이 작아진다.
③ 대부자금 수요와 대부자금 공급의 실질이자율 탄력성이 낮은 경우에는 대부자금거래량에 비해 이자율의 변동성이 크고, 그 반대의 경우 이자율에 비해 대부자금거래량의 변동성이 크다. 대부자금 수요의 실질이자율 탄력성이 작을수록 통화정책의 효과는 작아지고, 재정정책의 효과는 커진다.
④ 외환수요와 공급의 환율 탄력성이 작을수록 환율의 변동성은 커지고 외환거래량의 변동성은 작아지며, 그 반대의 경우에는 외환거래량의 변동성은 커지고 환율은 안정적이 된다.

03 4시장 모형에서 결정되는 내생변수에 해당하지 않는 것은?

중요도
●○○

① 실질GDP
② 실질임금
③ 실질이자율
④ 환 율
⑤ 재정수지

해설
재정수지는 4시장 밖에서 결정되는 외생변수로, 한 개 이상의 시장에서 수요의 변동 또는 공급의 변동 원인이 된다. 4시장 모형에서 8개의 내생변수가 결정되는데, 생산물시장에서 물가와 실질GDP, 노동시장에서 실질임금과 고용량, 대부자금시장에서 실질이자율과 대부자금거래량, 외환시장에서 환율과 외환거래량이 결정된다.

04 다음의 외부충격으로부터 최초의 영향을 받는 시장으로서 최초 분석 대상이 되는 시장이 외환시장인 것은?

중요도
●○○

① 실질임금 변동
② 가용 생산요소의 변동
③ 실질 저축률 변동
④ 실질 재정적자
⑤ 국가 간 자본이동 통제 정도

해설
국가 간 자본이동 통제 정도가 이에 해당한다.

핵심 CHECK

외부충격과 최초시장의 결정

외부충격	변동원인	최초시장
• 실질임금 변동 • 생산성 변동 • 가용 생산요소 변동 • 생산원가에 영향을 미치는 법규 및 조세	총공급	생산물시장 노동시장
• 가계소비지출에 영향을 미치는 요인 • 기업의 투자지출에 영향을 미치는 요인 • 순수출에 영향을 미치는 요인 • 재정정책의 변경	총수요	
• 실질 통화공급 변동 • 실질 저축률 변동 • 실질 재정흑자 • 해외로부터 대부자금 공급 변동	대부자금 공급	대부자금시장
• 가계의 실질 대부자금 수요 변동 • 기업의 실질 대부자금 수요 변동 • 실질 재정적자 • 해외의 실질 대부자금 수요 변동	대부자금 수요	
• 상대적 위험 등 변동에 따른 해외로부터 자금유입 • 상대적 무역장벽, 외환시장 개입 등의 차이 • 상대적 해외의 실질이자율의 변동 • 상대적 해외의 실질GDP의 변동 • 국가 간 자본이동 통제 정도	외환공급	외환시장
• 상대적 위험 등 변동에 따른 해외로의 자금유출 • 상대적 무역장벽, 외환시장 개입 등의 차이 • 상대적 해외의 실질이자율의 변동 • 상대적 해외의 실질GDP의 변동 • 국가 간 자본이동 통제 정도	외환수요	

핵심테마 15 외부충격과 경제동향분석

출제포인트
- 외부충격과 연쇄반응
- 현재 경제상태 분석

1. 분석 대상 가정

경제는 침체국면에 있고, 국가 간 자본 이동성은 매우 높은 편이며, 자유변동환율제를 채택하는 상황에서 중앙은행의 외환시장 개입이 없다고 가정

2. 현재 경제상태 분석

① 생산물시장
  ㉠ 실업률이 높고, 설비이용률은 낮으며, 실질GDP 성장률이 낮음
  ㉡ 총공급의 물가에 대한 탄력성 큰 편 → 총수요가 증가할 경우 실질GDP 증가율이 물가상승률보다 큼
② **노동시장** : 노동공급곡선은 비교적 완만한 기울기로 기업은 실질임금 상승 압력 없이 고용량을 늘릴 수 있음 → 고용량의 실질임금에 대한 탄력성이 커서 작은 실질임금 변동에 대해서도 고용량이 크게 변동
③ 대부자금시장
  ㉠ 실질이자율에 대한 대부자금 수요는 비탄력적
  ㉡ 대부자금 공급(저축)
    • 실질이자율보다는 소득이나 미래 기대에 더 민감 → 해외부문을 고려하지 않는다면 실질이자율에 대한 대부자금 공급은 비탄력적
    • 국가 간 자본이동성이 아주 높아서 실질이자율 변동에 대해 해외부문으로부터의 자금이동 민감 → 대부자금 공급은 실질이자율 변동에 대해 탄력적
④ **외환시장** : 외환수요와 공급의 환율에 대한 탄력성은 명확하지 않음

적중문제

01 경제가 침체국면에 있을 경우 대부자금시장에 대한 분석으로 적절하지 않은 것은?

① 실질이자율에 대한 대부자금 수요는 비탄력적이다.
② 실질이자율이 변동하면 대부자금 수요량이 크게 변동한다.
③ 대부자금 공급은 실질이자율보다는 소득이나 미래 기대에 대해 더 민감하게 반응한다.
④ 해외부문을 고려하지 않는다면 실질이자율에 대한 대부자금 공급은 비탄력적이다.
⑤ 국가 간의 자본이동성이 아주 높은 경우 대부자금 공급은 실질이자율 변동에 대해 탄력적이다.

해설
대부자금 수요 측면에서 경제가 침체국면에 있으므로 실질이자율에 대한 대부자금 수요는 비탄력적이라고 가정한다. 즉, 실질이자율이 변동하더라도 대부자금 수요량이 크게 변동하지 않는다.

02 현재 경제상태 분석에 대한 설명으로 가장 적절한 것은? (분석 대상이 되는 한 나라의 경제는 침체국면에 있고, 국가 간 자본이동성은 매우 높은 편이며, 자유변동환율제를 채택하는 상황에서 중앙은행의 외환시장 개입이 없다고 가정)

① 실업률이 높고, 설비이용률은 낮으며, 실질GDP 성장률이 낮다.
② 총수요가 증가할 경우 물가상승률이 실질GDP 증가율보다 크다.
③ 노동공급곡선은 급격한 기울기를 가지고 있다.
④ 대부자금시장에서 대부자금 공급은 실질이자율 변동에 대해 비탄력적이다.
⑤ 외환수요와 외환공급의 환율에 대한 탄력성은 매우 비탄력적이다.

해설
② 가용 유휴 생산요소가 많아서 총공급의 물가에 대한 탄력성이 큰 편이므로, 총수요가 증가할 경우 실질GDP 증가율이 물가상승률보다 크다.
③ 경기가 침체국면에 있으므로 노동공급곡선은 비교적 완만한 기울기를 가지고 있어 기업은 실질임금 상승 압력 없이 고용량을 늘릴 수 있다. 즉 고용량의 실질임금에 대한 탄력성이 커서 작은 실질임금 변동에 대해서도 고용량이 크게 변동한다.
④ 국가 간의 자본이동성이 아주 높아서 실질이자율 변동에 대해 해외부문으로부터의 자금이동이 민감하게 반응하므로 대부자금시장에서 대부자금 공급은 실질이자율 변동에 대해 탄력적이다.
⑤ 외환수요와 외환공급의 환율에 대한 탄력성은 명확하지 않지만 변동환율제하에서 자국의 중앙은행뿐만 아니라 상대국의 중앙은행도 외환시장에 개입하지 않는다고 가정한다.

핵심테마 16 확장적 재정정책

출제포인트
- 외부충격 분석
- 충격에 따른 연쇄반응 분석
- 확장적 재정정책에 따른 거시경제 변수의 변동

1. 외부충격 분석
① 확장적 재정정책에 따른 외부충격은 정부의 재정지출 증가
② **재정지출 증가의 재원** : 국채를 발행, 공개시장에 매각하여 조달한다고 가정

2. 충격에 따른 연쇄반응 분석
① 대부자금시장

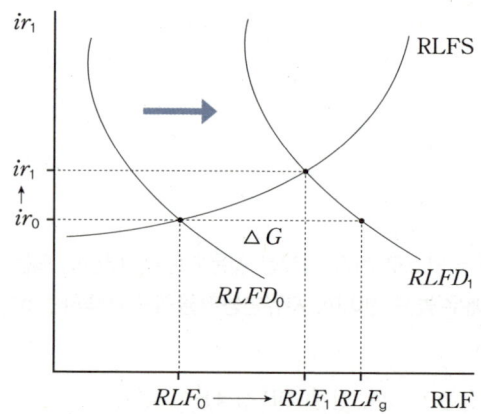

㉠ 수요곡선은 비탄력적(수직에 가까움), 공급곡선은 탄력적(수평에 가까움)
㉡ 정부의 자금 조달 → 수요곡선 우측 이동 → 균형 실질이자율 상승, 균형 거래량 증가
㉢ 정부의 재정지출 증가 > 균형 거래량 증가 : 실질이자율 상승에 따라 민간부문의 대부자금 수요가 감소하는 구축효과 때문
㉣ 실질이자율 상승률 < 균형 거래량 증가율 : 수요곡선과 공급곡선의 탄력성 때문
㉤ 개방경제하에서 자본이동성이 높을 경우 폐쇄경제에 비해 구축효과는 작음

② 생산물시장

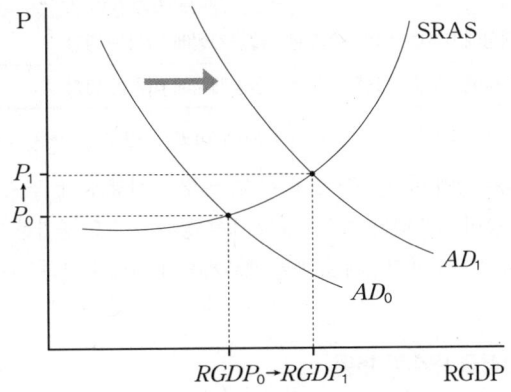

㉠ 정부가 조달한 자금을 생산물시장에서 재정지출을 통해 사용 → 총수요(가계소비 + 국내 민간순투자 + 재정지출 + 순수출) 증가 → 총수요곡선 우측 이동(물가 상승, 실질GDP 증가)
㉡ 실질GDP 증가 > 물가 상승 : 총공급곡선이 완만하게 우상향하기 때문

③ 노동시장

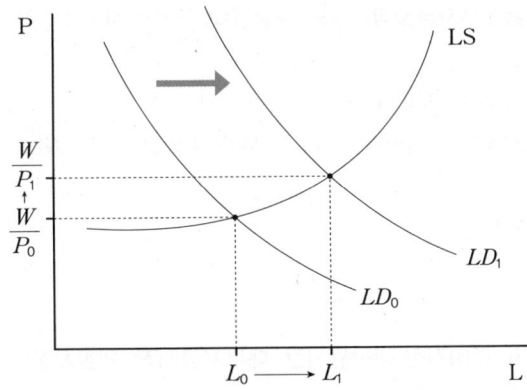

㉠ 생산물시장에서 총생산물의 증가 → 노동수요 증가 → 수요곡선 우측 이동(실질임금 상승, 균형 고용량 증가)
㉡ 실질임금 상승 < 균형 고용량 증가 : 공급곡선이 완만한 기울기를 갖기 때문

④ 외환시장

계 정	원 인	영향	외환시장	환 율
경상계정	물가 상승	수출 감소	공급 감소	상승
		수입 증가	수요 증가	상승
	실질GDP 증가	수입 증가	수요 증가	상승
자본·금융계정	실질이자율 상승	자본유입 증가	공급 증가	하락
		자본유출 감소	수요 감소	하락

㉠ 경상거래와 자본·금융거래에 미치는 영향의 상대적 크기에 따라 환율 변동 방향 결정

자본이동성	영향의 상대적 크기
높은 이동성	경상계정에 미치는 영향 < 자본·금융계정에 미치는 영향
낮은 이동성	경상계정에 미치는 영향 > 자본·금융계정에 미치는 영향

- 국가 간 높은 자본이동성 가정 → 자본·금융거래에 미치는 영향 > 경상거래에 미치는 영향 → 실질이자율 상승에 따른 자본유입 증가에 따라 균형 환율 하락, 균형 거래량 증가
- 환율이 하락하면 순수출이 감소하고 재정지출 확대를 통한 총수요 증가를 일부 상쇄 → 개방경제하에서 자본이동성이 높은 경우 확장적 재정정책 효과는 폐쇄경제일 때보다 작음

3. 확장적 재정정책에 따른 거시경제 변수의 변동

① **물가와 실질GDP, 명목GDP(생산물시장)** : 물가 상승, 실질GDP와 명목GDP 증가(폐쇄경제 or 국가 간 자본이동성이 낮을 때보다 효과 작음)

② **실업률, 고용률과 명목임금, 실질임금(노동시장)**
  ㉠ 실질GDP 증가에 따라 실업률은 낮아지고 고용률은 높아짐
  ㉡ 명목임금과 실질임금 상승 : 실질임금 상승률 < 물가상승률 → 고용량 증가

③ **명목이자율과 실질이자율(대부자금시장)** : 대부자금 수요 증가로 실질이자율 상승 → 물가 상승으로 기대인플레이션율 상승 → 명목이자율 상승

④ **본원통화와 통화공급량(대부자금시장)** : 영향을 미치지 않음

⑤ **국내 민간총투자(생산물시장)** : 실질이자율 상승은 투자 감소 요인, 실질GDP 증가는 투자 증가 요인 → 국내 민간총투자 증감은 알 수 없음

⑥ **명목환율과 실질환율(외환시장)**
  ㉠ 자본·금융거래에 미치는 영향 > 경상거래에 미치는 영향 → 균형 명목환율 하락
  ㉡ 명목환율 하락, 자국 물가 상승 → 실질환율 하락

⑦ **경상수지, 자본·금융수지, 준비자산(생산물시장, 대부자금시장, 외환시장)**
  ㉠ 실질GDP 증가와 실질환율 하락에 따라 경상수지 감소, 실질이자율 상승으로 자본·금융수지 증가
  ㉡ 중앙은행의 외환시장 개입이 없으므로 준비자산 변동 없음

적중문제

01 경제가 침체국면에 있을 경우 확장적 재정정책에 대한 적절한 설명으로 모두 묶인 것은?

> 가. 대부자금 수요곡선은 비탄력적이고 공급곡선은 탄력적이므로 수요곡선은 수직에 가깝고 공급곡선은 수평에 가깝다.
> 나. 총수요가 증가할 경우 실질GDP 증가에 비해 물가 상승은 작은 편이다.
> 다. 실질임금이 큰 폭으로 상승해도 균형 고용량의 증가 폭은 작은 편이다.
> 라. 국가 간의 자본이동성이 높다고 가정한 경우 자본·금융거래에 미치는 영향보다 경상거래에 미치는 영향이 크다.
> 마. 개방경제하에서 자본이동성이 높은 경우 확장적 재정정책의 효과는 폐쇄경제일 때보다 작다.

① 가, 다
② 가, 마
③ 가, 나, 마
④ 가, 다, 라
⑤ 나, 라, 마

해설

다. 경기가 침체국면에 있어 유휴 노동인력이 많으므로 노동공급곡선은 완만한 기울기를 갖는다. 따라서 낮은 실질임금 상승에 비해 균형 고용량은 큰 폭으로 증가한다.
라. 국가 간의 자본이동성이 높다고 가정하였으므로 자본·금융거래에 미치는 영향이 경상거래에 미치는 영향보다 크다. 이 경우 실질이자율 상승에 따른 자본유입 증가에 따라 외환시장에서 균형 환율은 하락하게 되고 균형 외환거래량은 증가하게 된다.

02 경제가 침체국면에 있을 경우 확장적 재정정책에 따른 거시경제 변수의 변동에 대한 적절한 설명으로 모두 묶인 것은?

> 가. 물가는 상승하고 실질GDP와 명목GDP는 증가한다.
> 나. 실질GDP가 증가함에 따라 실업률은 낮아지고 고용률은 높아진다.
> 다. 실질이자율이 하락하지만 명목이자율은 상승한다.
> 라. 국내 민간총투자는 증가한다.
> 마. 명목환율이 하락하고 실질환율도 하락하게 됨에 따라 경상수지는 감소한다.

① 가, 다
② 다, 라
③ 가, 나, 마
④ 나, 다, 마
⑤ 나, 라, 마

해설

다. 대부자금시장에서 대부자금 수요가 증가하여 실질이자율이 상승하고 물가가 상승하여 기대인플레이션율도 상승하므로 명목이자율도 상승한다.
라. 대부자금시장에서 실질이자율의 상승은 투자 감소 요인이지만 실질GDP의 증가는 투자 증가 요인이므로 국내 민간총투자의 증감은 알 수 없다.

정답 01 ③ 02 ③

핵심테마 17 확장적 통화정책

출제포인트
- 외부충격 분석
- 충격에 따른 연쇄반응 분석
- 확장적 통화정책에 따른 거시경제 변수의 변동

1. 외부충격 분석
① **외부충격요인**: 중앙은행의 확장적 통화정책에 따라 실질 통화공급이 증가하여 대부자금 공급곡선을 우측으로 이동시킴
② **가정**: 지급준비율을 낮춰서 실질통화공급 증가

2. 충격에 따른 연쇄반응 분석
① 대부자금시장

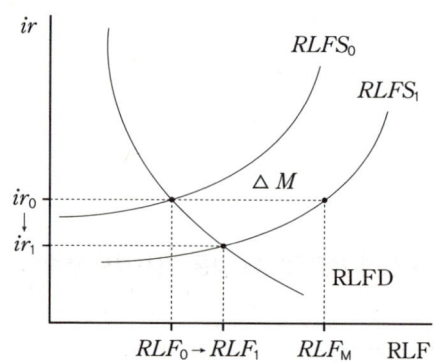

㉠ 지급준비율 인하 → 통화승수 증가 → 예금통화 증가 → 통화공급량 증가 → 공급곡선 우측 이동 → 균형 실질이자율 하락, 균형 대부자금거래량 증가
㉡ 통화공급량 증가 > 균형 대부자금거래량 증가 : 실질이자율 하락에 따라 해외부문으로부터 자금유입이 감소하고 자금유출이 증가하기 때문
㉢ 실질이자율 하락률 > 균형 거래량 증가율 : 수요곡선과 공급곡선의 이자율 탄력성 때문
㉣ 개방경제하에서 자본이동성이 높을 경우 폐쇄경제에 비해 구축효과는 작음

② 생산물시장
㉠ 실질이자율 하락 → 가계 소비지출 증가, 기업 국내총투자 증가 → 총수요 증가 → 총수요곡선 우측 이동(물가 상승, 실질GDP 증가)
㉡ 실질GDP 증가 > 물가 상승 : 총공급곡선이 완만하게 우상향하기 때문

③ 노동시장
  ㉠ 생산물시장에서 총생산물의 증가 → 노동수요 증가 → 수요곡선 우측 이동(실질임금 상승, 균형 고용량 증가)
  ㉡ 실질임금 상승 < 균형 고용량 증가 : 경기 침체기로 노동공급곡선이 완만하기 때문
④ 외환시장

계 정	원 인	영 향	외환시장	환 율
경상계정	물가 상승	수출 감소	공급 감소	상승
		수입 증가	수요 증가	상승
	실질GDP 증가	수입 증가	수요 증가	상승
자본·금융계정	실질이자율 하락	자본유입 감소	공급 감소	상승
		자본유출 증가	수요 증가	상승

  ㉠ 국가 간 자본이동성의 높고 낮음에 관계없이 환율 상승 : 자본이동성이 높을수록 환율 상승률 커짐
  ㉡ 환율 상승 → 순수출 증가 → 확장적 통화정책에 따른 총수요 증가 + 순수출 증가에 따른 총수요 증가 → 개방경제하에서 통화정책은 폐쇄경제에서보다 효과 큼

3. 확장적 통화정책에 따른 거시경제 변수의 변동

① **물가와 실질GDP, 명목GDP(생산물시장)** : 물가 상승, 실질GDP와 명목GDP 증가(폐쇄경제일 때보다 효과 큼)
② **실업률, 고용률과 명목임금, 실질임금(노동시장)**
  ㉠ 실질GDP 증가에 따라 실업률은 낮아지고 고용률은 높아짐
  ㉡ 명목임금과 실질임금 상승 : 실질임금 상승률 < 물가상승률 → 고용량 증가
③ **명목이자율과 실질이자율(대부자금시장)** : 대부자금 공급 증가로 실질이자율 하락하나, 물가 상승으로 기대인플레이션율 상승 → 명목이자율[= 실질이자율 + 기대인플레이션율(피셔방정식)]의 변동 방향은 알 수 없음
④ **본원통화와 통화공급량(대부자금시장)** : 지급준비율 인하로 본원통화에는 변동 없고 통화승수가 커져 통화공급량(M_2) 증가
⑤ **국내 민간총투자(생산물시장)** : 실질이자율 하락과 실질GDP 증가는 투자 증가 요인 → 국내 민간총투자 증가
⑥ **명목환율과 실질환율(외환시장)**
  ㉠ 국가 간 자본이동성과 관계없이 확장적 통화정책에 따라 균형 명목환율 상승
  ㉡ 확장적 통화정책 효과에 따라 실질환율 상승
⑦ **경상수지, 자본·금융수지, 준비자산(생산물시장, 대부자금시장, 외환시장)**

계 정	변수의 변동	영 향	순결과
경상계정	실질환율 상승	물가 상승	순수출 감소	경상수지 순증가
		명목환율 상승	순수출 증가	
	실질GDP 증가	순수출 감소	
자본·금융계정	실질이자율 하락	자본유출 증가	자본·금융수지 감소
		자본유입 감소	

  ㉠ 실질환율 상승에 따른 경상수지 증가 효과 > 실질GDP 증가에 따른 경상수지 감소 효과 → 경상수지 순증가 → 실질환율 상승

적중문제

01 경제가 침체국면에 있을 경우 지급준비율을 낮춰서 실질통화공급을 증가시키는 확장적 통화정책에 대한 적절한 설명으로 모두 묶인 것은?

> 가. 통화승수가 작아짐에 따라 균형 실질이자율은 하락하고 균형 대부자금거래량은 증가한다.
> 나. 총수요가 증가할 경우 낮은 물가 상승에 비해 실질GDP 증가는 크다.
> 다. 노동수요가 증가하나 실질임금 상승으로 고용량은 감소한다.
> 라. 국가 간의 자본이동성의 높고 낮음에 관계없이 환율은 상승하지만, 자본이동성이 높을수록 환율 상승률은 커진다.
> 마. 개방경제하에서 통화정책은 폐쇄경제에서보다 효과가 크다.

① 가, 나
② 나, 라
③ 가, 나, 다
④ 나, 다, 마
⑤ 나, 라, 마

[해설]
가. 지급준비율을 낮추면 통화승수가 커짐에 따라 예금통화가 증가하여 통화공급량이 증가하므로 대부자금 공급곡선은 우측으로 이동한다. 그에 따라 균형 실질이자율은 하락하고 균형 대부자금거래량은 증가한다.
다. 생산물시장에서 총생산물의 증가에 따라 노동시장에서 노동수요가 증가하여 고용량이 증가하고 실질임금이 상승한다. 경기가 침체기에 있으므로 노동공급곡선이 완만하여 낮은 실질임금 상승에 대해서 균형 고용량은 큰 폭으로 증가한다.

02 경제가 침체국면에 있을 경우 확장적 통화정책에 따른 거시경제 변수의 변동에 대한 설명으로 적절하지 않은 것은?

① 물가는 상승하고 실질GDP와 명목GDP는 증가한다.
② 명목임금과 실질임금도 상승하지만 실질임금 상승률은 물가상승률보다 낮다.
③ 실질이자율이 하락하나, 명목이자율의 변동 방향은 알 수 없다.
④ 국내 민간총투자의 증감은 알 수 없다.
⑤ 실질환율 상승에 따라 경상수지가 증가하는 효과가 실질GDP 증가에 따라 경상수지가 감소하는 효과보다 커서 경상수지는 순증가한다.

[해설]
대부자금시장에서 실질이자율의 하락과 실질GDP의 증가는 투자 증가 요인이므로 국내 민간총투자는 증가한다.

핵심테마 18. 경기와 경기변동

출제포인트
- 경기와 경기변동
- 경기변동의 일반적 특징

1. 경기와 경기변동

(1) 경기와 경기변동의 정의
① **경기** : 국민경제의 총체적인 활동수준
② **경기변동** : 총체적인 국민경제 활동수준이 장기추세선을 따라 상하로 반복적, 불규칙적, 비체계적으로 변동하는 것

(2) 경기변동의 국면

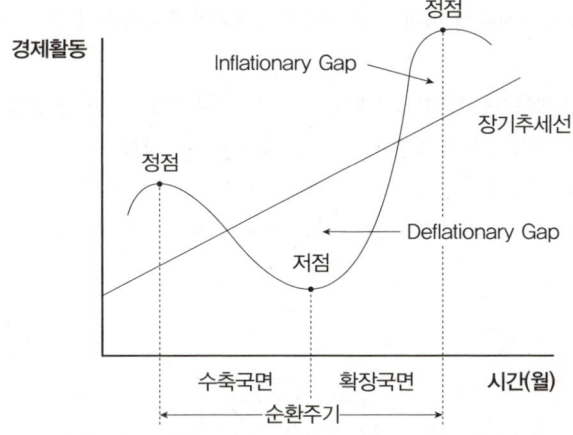

- 확장국면(회복기, 활황기), 정점, 수축국면(후퇴기, 침체기), 저점의 4단계로 구분
- 주기 : 정점에서 정점까지 or 저점에서 저점까지
- 진폭 : 정점에서 저점까지
- 기준순환일 : 경기순환의 전환점(정점 or 저점)이 발생한 구체적인 시점
- 우리나라의 경우 통계청에서 확장국면과 수축국면의 2단계로 경기국면을 구분하여 발표
- 통상 총체적 국민경제 활동수준이 2분기 이상 장기추세선을 상회할 경우 확장국면으로, 하회할 경우 수축국면으로 판단
- 국민경제의 총체적 활동수준을 측정하는 척도 : 실질GDP
- 경기 확장국면에서는 GDP gap이 양(+)의 값(Inflationary Gap), 경기 수축국면에서는 음(−)의 값(Deflationary Gap)

① **확장국면(회복기, 활황기)**
　㉠ 생산이 활발해지고 고용·소득 및 총수요 증가 → 물가 상승, 투자 증대
　㉡ 상대가격 변동성 및 소득분배 불균형 확대
② **수축국면(후퇴기, 침체기)**
　㉠ 생산이 둔화되고 실업이 증가하며, 재고가 누증되고 소득 및 총수요 감소
　㉡ 물가 상승 둔화, 신규투자 위축

2. 경기변동의 일반적 특징

① **대표적인 특징** : 불규칙성과 예측불가능성
② 주요 경제변수가 함께 움직이는 공행운동, 모든 경기변동이 유사한 형태를 갖는 보편성, 과거의 경제상태가 현재에 영향을 미치는 자기상관적 지속성, 확장기간과 수축기간이 다른 비대칭성
③ 경기변동은 반복적으로 나타나지만 그 주기는 일정하지 않음
④ 경기변동은 총생산·이익·고용·물가 등 총체적 변수에 파급되며, 이 변수들은 같은 시기에 동일한 방향으로 움직이지만(공행운동), 변동의 크기는 각기 다르며 일정한 시차를 두고 변동
⑤ 내구재 산업의 생산과 고용의 진폭은 크고 상대적으로 가격변화는 작으며, 비내구재 산업의 생산과 고용의 진폭은 작은 편이나 상대적으로 가격변화가 큼
⑥ GDP와 가계 및 정부의 소비지출에 비해 기업 투자와 국제교역의 변동성이 크며, GDP, 가계소비, 수입은 높은 상관관계를 보임
⑦ 내구재 소비와 주거용 건설투자는 GDP보다 변동성이 크며, GDP에 선행하는 경향
⑧ 생산성의 변동성은 GDP 변동성과 비슷하며 경기변동에 선행하는 경향
⑨ 실업률의 변동성은 GDP 변동성보다 작고 경기역행적이며 경기변동에 후행
⑩ 2차 세계 대전 이후 대부분의 자본주의 국가에서 경기변동의 진폭이 점차 축소

적중문제

01 경기변동의 일반적 특징에 해당하지 않는 것은?

① 경기변동의 대표적인 두 가지 특징은 불규칙성과 예측불가능성이다.
② 확장기간과 수축기간이 같은 대칭성을 보인다.
③ 내구재 산업의 생산과 고용의 진폭은 크고 상대적으로 가격변화는 작으며, 비내구재 산업의 생산과 고용의 진폭은 작은 편이나 상대적으로 가격변화가 크다.
④ 실업률의 변동성은 GDP 변동성보다 작고 경기역행적이며 경기변동에 후행한다.
⑤ 2차 세계 대전 이후 대부분의 자본주의 국가에서 경기변동의 진폭이 점차 축소되고 있다.

[해설]
경기변동은 주요 경제변수가 함께 움직이는 공행운동, 모든 경기변동이 유사한 형태를 갖는 보편성, 과거의 경제상태가 현재에 영향을 미치는 자기상관적 지속성, 확장기간과 수축기간이 다른 비대칭성을 보인다.

02 경기와 경기변동에 대한 설명으로 가장 적절한 것은?

① 통상 총체적 국민경제 활동수준이 2분기 이상 장기추세선을 상회할 경우 확장국면으로, 하회할 경우에는 수축국면으로 판단한다.
② 경기 확장국면에서는 GDP gap이 음(−)의 값을 갖고, 경기 수축국면에서는 양(+)의 값을 갖는다.
③ 경기변동은 예측불가능성과 확장기간과 수축기간이 같은 대칭성을 보인다.
④ 내구재 산업의 생산과 고용의 진폭은 작은 편이나 상대적으로 가격변화가 크다.
⑤ 생산성의 변동성은 GDP 변동성보다 작고 경기변동에 후행한다.

[해설]
② 경기 확장국면에서는 GDP gap이 양(+)의 값(Inflationary Gap)을 갖고, 경기 수축국면에서는 음(−)의 값(Deflationary Gap)을 갖는다.
③ 경기변동의 대표적인 두 가지 특징은 불규칙성과 예측불가능성이다. 또한 경기변동은 주요 경제변수가 함께 움직이는 공행운동, 모든 경기변동이 유사한 형태를 갖는 보편성, 과거의 경제상태가 현재에 영향을 미치는 자기상관적 지속성, 확장기간과 수축기간이 다른 비대칭성을 보인다.
④ 내구재 산업의 생산과 고용의 진폭은 크고 상대적으로 가격변화는 작으며, 비내구재 산업의 생산과 고용의 진폭은 작은 편이나 상대적으로 가격변화가 크다.
⑤ 생산성의 변동성은 GDP 변동성과 비슷하며 경기변동에 선행하는 경향이 있다.

정답 01 ② 02 ①

핵심테마 **19**

경제지표를 이용한 경기예측

> **출제포인트**
> - 개별경제지표를 이용하는 방법
> - 종합경기지표를 이용하는 방법
> - 경제지표를 이용한 경기예측의 문제점

1. 개별경제지표를 이용하는 방법

> - 생산, 투자, 고용, 수출 등 경기 움직임을 잘 반영한다고 간주되는 개별경제지표들의 추이를 경기변동이론이나 과거 경험적인 사실 등에 비추어 종합적으로 판단하는 것으로, 가장 기본적인 경기분석기법
> - 장점 : 부문별 경기동향을 파악하는 데 유용
> - 단점 : 전체 경기의 움직임을 포괄적으로 파악하기 어려우며 분석 시 개인의 주관에 치우치기 쉬움

(1) 경기변동과 경제지표의 행태

관련시장			경제지표 행태
생산물시장 노동시장	총수요	경기순응	가계소비, 기업투자, 조세, 수입
		경기역행	재고, 정부이전지출
		경기중립	수 출
	물 가	경기순응	소비자물가지수, 생산자물가지수, GDP디플레이터
	노 동	경기순응	고용률, 노동생산성, 실질임금
		경기역행	실업률
	기 업	경기역행	기업도산율, 어음 등 부도율
대부자금시장	통화지표	경기순응	본원통화, 통화공급, 신용, 통화유통속도
	이자율	경기순응	단기이자율, 장기이자율
		경기역행	실질이자율

(2) 경제정보 관련 정보원

① **한국은행 경제통계시스템** : 우리나라 100대 통계지표를 속보로 제공
② **기획재정부**
  ㉠ 매일(업무일) 오후 6시경 그날의 일일경제지표 발표
  ㉡ 매월 상순경 전월의 월간경제지표와 월간경제동향 발표
③ **통계청 e-나라지표** : 국가 공식 승인 통계자료 및 현황이나 각종 행정자료들을 가공한 내용 포함
④ **통계청 국가통계포털** : 국내·국제·북한의 주요 통계를 한 곳에 모아 제공하는 One-Stop 통계 서비스

2. 종합경기지표를 이용하는 방법

(1) 경기종합지수의 구성

① **구성지표 선정기준**
  ㉠ 발표빈도 : 경제동향에 대해 몇 개월 전에 예측할 수 있도록 충분히 자주 발표되는 지표
  ㉡ 수정 or 변경 : 차후에 크게 수정되거나 변경되지 않는 지표
  ㉢ 일관성 : 예측하고자 하는 경제변수와의 관계가 일정한 지표
  ㉣ 리드타임 : 경기전환점과 예측에 사용된 지표와의 리드타임이 일정한 지표

② **경기종합지수의 구성지표** : 선행종합지수, 동행종합지수, 후행종합지수로 구성

> **핵심 CHECK**
>
> **경기종합지수(CI) 구성지표**
>
> | 구 분 | 선행종합지수 | 동행종합지수 | 후행종합지수 |
> |---|---|---|---|
> | 고 용 | – | 비농림어업취업자수 | 취업자수 |
> | 생 산 | 재고순환지표(제조업) | 광공업생산지수,
건설기성액,
서비스업생산지수 | 생산자제품재고지수 |
> | 소 비 | 경제심리지수 | 소매판매액지수,
내수출하지수 | 소비자물가지수변화율,
소비재수입액 |
> | 투 자 | 기계류내수출하지수,
건설수주액 | – | – |
> | 금 융 | 코스피,
장단기금리차 | – | CP유통수익률 |
> | 무 역 | 수출입물가비율 | 수입액 | – |

(2) 경기종합지수를 이용한 경기예측

① **해 석**
  ㉠ 전월대비 증감율이 증가(+)인 경우 경기상승을, 하락(−)인 경우 경기하강을 나타냄
  ㉡ 대체로 2분기 이상 상승하면 경기확장기, 하강하면 경기수축기로 간주하고 가장 높은 때와 낮은 때를 경기 정·저점인 것으로 판단
  ㉢ 지수가 현재까지와 반대방향으로 3개월 이상 연속해 움직이면, 이 시점을 경기전환점 발생신호로 보고, 과거 평균 선행시차를 더해 향후 국면전환 발생 시점 대략 추정 가능

② **해석 시 유의점**
  ㉠ 장기적인 경기추세와 경기 움직임을 동시에 포함하고 있으므로 이를 감안하여 이용
  ㉡ 전월대비 증감률 크기 및 부호에 따라 경기 움직임을 판단할 수 있으나 일시적으로 증감률 변동이 있을 수 있으므로 매월의 움직임과 더불어 일정기간 추세 고려
  ㉢ 구성지표 움직임도 파악 : 구성지표 증감률 차이에 따라 경기 국면 판단에 오류 가능
  ㉣ 동행종합지수 순환변동치와 선행종합지수 전년동월비는 그 크기, 증감률, 진폭 등이 큰 의미를 갖지 않으므로 움직이는 방향에 유의

③ 특 징
- ㉠ 증감률 크기에 의해 경기변동 진폭까지도 알 수 있으므로 경기변동 방향, 진폭, 경기국면 및 경기전환점뿐만 아니라 그 속도까지 분석 가능
- ㉡ 경기변동의 단기예측이 가능하고 비교적 정확한 경기상태 반영
- ㉢ 구성지수 변동을 전월과 대비할 뿐 아니라 동 증감률 자체를 가지고 경기방향 및 변동폭을 판단하기 때문에 월간의 미세한 변동까지도 파악 가능

3. 경제지표를 이용한 경기예측의 문제점
① **거짓신호** : 경제지표는 경기전환을 예측했으나 실제로는 경기전환이 발생하지 않을 수 있음
② **리드타임** : 경기전환 예측 시점부터 실제 경기전환 발생 시점까지 기간이 일정하지 않음
③ **경제지표의 월간 변동** : 1개월 변동으로 전체 경기예측에 적용하는 것은 무리
④ 경제지표 증감은 실제 발생한 경기변동 진폭과는 관련성이 낮음
⑤ 서로 다른 경제지표들이 경기에 대해 서로 다르거나 상반된 신호를 나타낼 수 있음
⑥ 경제구조가 빠르게 변화할 경우 경제지표의 경기대응성이 저하될 가능성이 있음 → 적절한 시기에 구성지표나 합성방법 등의 변경을 통해 경제지표 개편 필요

적중문제

01 개별경제지표를 이용한 경기예측에 대한 설명으로 적절하지 않은 것은?

① 부문별 경기동향을 파악하는 데에는 유용하나 전체 경기의 움직임을 포괄적으로 파악하기는 어렵다.
② 분석 시 객관적인 관점에서 경기를 예측할 수 있다는 장점이 있다.
③ 가계소비와 기업투자가 증가하면 총수요도 증가한다.
④ 생산자물가지수, 수출입물가지수, 수출입단가지수는 한국은행이, 소비자물가지수는 통계청이 발표한다.
⑤ 한국은행 경제통계시스템에서는 한국은행에서 작성하는 모든 통계 및 통계청 등 타 기관에서 작성하는 통계를 제공하며, 우리나라 100대 통계지표를 속보로 제공하고 있다.

해설
부문별 경기동향을 파악하는 데에는 유용하나 전체 경기의 움직임을 포괄적으로 파악하기는 어려우며 분석 시 개인의 주관에 치우치기 쉽다는 단점이 있다.

02 경기종합지수(CI) 구성지표 중 선행종합지수로 모두 묶인 것은?

가. 재고순환지표(제조업)
나. 건설기성액
다. 소매판매액지수
라. 소비재수입액
마. 장단기금리차
바. 수출입물가비율

① 가, 다, 바
② 가, 라, 바
③ 가, 마, 바
④ 나, 라, 마
⑤ 라, 마, 바

해설
- 선행종합지수 : 재고순환지표(제조업), 경제심리지수, 기계류내수출하지수, 건설수주액, 코스피, 장단기금리차, 수출입물가비율
- 동행종합지수 : 비농림어업취업자수, 광공업생산지수, 건설기성액, 서비스업생산지수, 소매판매액지수, 내수출하지수, 수입액
- 후행종합지수 : 취업자수, 생산자제품재고지수, 소비자물가지수변화율, 소비재수입액, CP유통수익률

정답 01 ② 02 ③

03 경기종합지수를 이용한 경기예측에 대한 설명으로 가장 적절한 것은?

① 지수가 현재까지와 반대방향으로 2분기 이상 연속하여 움직이면, 이 시점을 경기전환점 발생신호로 본다.
② 경기종합지수는 장기적인 경기추세를 반영하지 못한다는 단점이 있다.
③ 동행종합지수 순환변동치와 선행종합지수 전년동월비는 그 크기, 증감률, 진폭 등이 큰 의미를 갖지 않으므로 움직이는 방향에 유의해야 한다.
④ 경기변동의 방향, 경기국면 및 경기전환점은 알 수 있으나 그 속도는 분석할 수 없다.
⑤ 월간의 미세한 변동까지 파악하는 것은 불가능하다는 단점이 있다.

[해설]
① 대체로 경기종합지수가 2분기 이상 상승하면 경기확장기, 하강하면 경기수축기로 간주하고 가장 높은 때와 낮은 때를 경기 정·저점인 것으로 판단한다. 또한 지수가 현재까지와 반대방향으로 3개월 이상 연속하여 움직이면, 이 시점을 경기전환점 발생신호로 보고, 여기에 과거의 평균 선행시차를 더하여 향후 국면전환이 발생할 시점을 대략 추정해 볼 수 있다.
② 경기종합지수는 장기적인 경기추세와 경기의 움직임을 동시에 포함하고 있으므로 이를 감안하여 이용하여야 한다.
④ 경기종합지수의 증감률 크기에 의해 경기변동의 진폭까지도 알 수 있으므로 경기변동의 방향, 경기국면 및 경기전환점뿐만 아니라 그 속도까지도 분석할 수 있다.
⑤ 구성지수의 변동을 전월과 대비할 뿐 아니라 동 증감률 자체를 가지고 경기방향 및 변동폭을 판단하기 때문에 월간의 미세한 변동까지도 파악이 가능하다.

04 경제지표를 이용한 경기예측의 문제점에 대한 설명으로 적절하지 않은 것은?

① 경제지표는 경기전환을 예측하였으나 실제로는 경기전환이 발생하지 않을 수 있다.
② 경제지표가 경기전환을 예측한 시점부터 실제로 경기전환이 발생하는 시점까지의 기간이 일정하지 않다.
③ 장기추세보다 경제지표의 월간 변동을 더 중요하게 고려해야 한다.
④ 서로 다른 경제지표들이 경기에 대해 서로 다르거나 상반된 신호를 나타낼 수 있다.
⑤ 경제구조가 빠르게 변화할 경우 경제지표의 경기대응성이 저하될 가능성이 크므로 적절한 시기에 구성지표나 합성방법 등의 변경을 통해 경제지표를 개편해야 한다.

[해설]
경제지표의 월간 변동 : 경제지표가 상승 또는 하락 방향으로 몇 달 동안 움직여야 경기전환을 예측한다고 해석할 것인가? 경기확장기에는 지표가 몇 개월 또는 몇 년씩 증가할 수 있으며, 이 기간 중 1개월 정도 하락하다 다시 몇 개월 동안 증가할 수 있으므로, 지표가 1개월 하락하였다고 해서 경기전환점이 가까워졌다고 해석하는 데는 무리가 있다.

05 경기종합지수를 이용한 경기예측에 대한 적절한 설명으로 모두 묶인 것은?

> 가. 경기변동의 방향은 분석할 수 있으나 경기국면 및 경기전환점 파악은 분석할 수 없다.
> 나. 경기변동의 단기예측이 가능하고 비교적 정확한 경기상태를 반영한다.
> 다. 경제지표의 증감은 실제 발생한 경기변동의 진폭과는 관련성이 낮다.
> 라. 서로 다른 경제지표들이 경기에 대해 서로 다르거나 상반된 신호를 나타낼 수 있다.
> 마. 경제구조가 빠르게 변화하더라도 경기예측이 가능하다는 장점이 있다.

① 가, 나
② 다, 라
③ 가, 라, 마
④ 나, 다, 라
⑤ 다, 라, 마

해설
가. 경기종합지수의 증감률 크기에 의해 경기변동의 진폭까지도 알 수 있으므로 경기변동의 방향, 경기국면 및 경기전환점뿐만 아니라 그 속도까지도 분석할 수 있다.
마. 경제구조가 빠르게 변화할 경우 경제지표의 경기대응성이 저하될 가능성이 크므로 적절한 시기에 구성지표나 합성방법 등의 변경을 통해 경제지표를 개편해야 한다.

06 종합경기지표를 이용한 경기예측에 대한 설명으로 적절하지 않은 것은?

① 구성지표 선정기준에는 발표빈도, 수정 또는 변경, 일관성, 리드타임 등이 있다.
② 소매판매액지수와 내수출하지수는 대표적인 선행종합지수이다.
③ 지수가 현재까지와 반대방향으로 3개월 이상 연속하여 움직이면, 이 시점을 경기전환점 발생신호로 본다.
④ 경기변동의 방향, 경기국면 및 경기전환점뿐만 아니라 그 속도까지도 분석할 수 있다.
⑤ 서로 다른 경제지표들이 경기에 대해 서로 다르거나 상반된 신호를 나타낼 수 있다.

해설
소매판매액지수와 내수출하지수는 대표적인 동행종합지수이다. 선행종합지수에는 재고순환지표(제조업), 경제심리지수, 기계류내수출하지수, 건설수주액, 코스피, 장단기금리차, 수출입물가비율이 있다.

정답 05 ④ 06 ②

핵심테마 20 설문조사를 이용한 경기예측

> **출제포인트**
> - 기업경기실사지수
> - 소비자동향지수
> - 설문조사에 의한 경기예측의 장단점

1. 기업경기실사지수(BSI)

① 의 의
  ㉠ 경기에 대한 기업가의 판단, 예측에 대한 설문조사를 통해 전반적인 경기 동향을 파악하고자 하는 단기 경기예측 수단
  ㉡ 경기지수 및 계량경제모델에 의한 경기분석과 예측을 보완하는 수단으로 이용

② 기업실사지수의 산출방법

$$기업실사지수(BSI) = \frac{(긍정적\ 응답업체수) - (부정적\ 응답업체수)}{전체\ 응답업체수} \times 100 + 100$$

③ 기업실사지수에 의한 경기예측

- 100 < BSI ≤ 200 : 경기확장국면
- BSI = 100 : 경기전환점(정점 or 저점)
- 0 ≤ BSI < 100 : 경기수축국면

2. 소비자동향지수

① 소비자의 현재와 장래의 재정상태, 소비자가 보는 전반적인 경제상황, 물가와 구매조건 등을 설문조사하여 지수화한 것
② 소비주체인 소비자의 경기에 대한 인식에 기초해 산출 → 생산주체인 기업가의 경기에 대한 인식에 기초해 산출되는 BSI와 차이가 날 수도 있음
③ 양 지수를 비교·분석함으로써 경기상황에 대한 소비자와 기업가의 예측을 종합적으로 파악할 수 있어 경기예측력 향상 가능

3. 설문조사에 의한 경기예측의 장단점

① 비교적 손쉽게 경기 움직임을 판단할 수 있고 속보성 면에서 유리
② 결과치 해석이 분석자 주관에 좌우될 가능성이 크고 구체적인 경기전환점 파악이 어려움
③ 응답자가 호황에선 보다 낙관적, 불황에선 보다 비관적 반응을 보이는 경향 → 실제보다 과대 or 과소 예측 가능

적중문제

01 경기에 대한 기업가의 판단, 예측에 대한 설문조사를 통하여 긍정적 응답업체수가 58개, 부정적 응답업체수가 42개인 경우 기업실사지수(BSI)로 가장 적절한 것은?

① 101.6
② 116
③ 128
④ 142.5
⑤ 158

해설

• 기업실사지수(BSI) = $\dfrac{(긍정적\ 응답업체수 - 부정적\ 응답업체수)}{전체\ 응답업체수} \times 100 + 100 = \dfrac{(58-42)}{100} \times 100 + 100 = 116$

02 설문조사를 이용한 경기예측에 대한 설명으로 적절하지 않은 것은?

① 기업경기실사지수(BSI)가 100을 넘으면 경기확장국면으로 예측할 수 있다.
② 비교적 손쉽게 경기의 움직임을 판단할 수 있고 속보성 면에서 유리하다.
③ 설문조사에 의하므로 결과치의 해석이 다른 방법에 비해 객관적이다.
④ 구체적인 경기전환점의 파악이 어렵다는 단점을 가지고 있다.
⑤ 응답자가 호황에서는 보다 낙관적으로, 불황에서는 보다 비관적으로 반응을 보이는 경향이 있으므로 실제보다 과대 또는 과소 예측될 수 있다.

해설

설문조사에 의한 경기예측 방법은 비교적 손쉽게 경기의 움직임을 판단할 수 있고 속보성 면에서 유리한 점이 있으나, 결과치의 해석이 분석자의 주관에 좌우될 가능성이 크고 구체적인 경기전환점의 파악이 어렵다는 단점을 가지고 있다.

정답 01 ② 02 ③

핵심테마 21. 계량모형을 이용한 경기예측

출제포인트
- 시계열모형을 이용한 경기예측
- 거시계량모형을 이용한 경기예측

1. 시계열모형을 이용한 경기예측

(1) 의 의
종속변수를 예측하기 위해 특정한 설명변수를 사용하지 않고 시간변수나 당해 시계열의 과거 행태를 이용해 경기의 현재 상태와 미래 변화 방향을 예측하기 위한 모형

(2) 시계열모형을 이용한 예측의 장단점
① 비교적 간단하고 시간과 노력 측면에서 비용이 적게 들며, 과거 행태가 반복되고 경제의 외부충격이 없는 경우 단기예측에 유용한 예측 방법
② 지표에 영향을 미치는 경제 환경의 영향을 설명할 수 없으며, 이론적 근거가 취약하기 때문에 정책효과를 정교하게 측정하는 데에는 제약이 있음

2. 거시계량경제모형을 이용한 경기예측

(1) 의 의
경제이론을 바탕으로 상호 인과관계에 있는 현실 경제의 변수들을 여러 개의 연립방정식으로 축약하여 표현한 것

(2) 거시계량경제모형의 유용성 및 한계
① 유용성
  ㉠ 경제구조 전체를 파악함에 있어 일관성과 동시성을 유지할 수 있고 정립된 이론적 근거를 가지며 오차에 대한 통계적 관리 가능
  ㉡ 국가 경제 운용에 대한 이론적 지식과 경험적 지식을 결합해 경제에 대한 이해를 높일 수 있는 틀을 제공하고 경기예측 및 정책적 조언 제공 가능
  ㉢ 경제이론에 바탕을 두고 있어 GDP, 물가, 경상수지 등 관심 거시경제변수들의 움직임과 변수 간 파급효과 등을 구체적으로 측정 가능
② 한 계
  ㉠ 기초가 되는 경제이론이 맞지 않거나, 경제 여건이나 구조가 크게 바뀌게 되거나, 경제변수 간 관계가 변해 모형을 구성하고 있는 변수 간 관계가 안정적이지 않을 경우 예측력 저하

ⓒ 현실경제에 작용하는 모든 요인을 변수화할 수 없으므로 오차 발생은 필연적이며 모형에 표기되지 않은 변수의 충격이 클 경우 오차 발생 가능성 증가

ⓒ 모형의 작성 및 유지에 막대한 시간과 노력 소요

적중문제

01 시계열모형에 의한 경기예측에 대한 설명으로 적절하지 않은 것은?

① 통계적 모형에 기초를 두고 있다.
② 종속변수를 예측하기 위해 특정한 설명변수를 사용하지 않고 시간변수나 당해 시계열의 과거 행태를 이용하여 경기의 현재 상태와 미래의 변화 방향을 예측하기 위한 모형이다.
③ 비교적 간단하고 시간과 노력 측면에서 비용이 적게 든다.
④ 과거 행태가 반복되고 경제의 외부충격이 없는 경우 장기예측에 유용한 예측 방법이다.
⑤ 이론적 근거가 취약하기 때문에 정책효과를 정교하게 측정하는 데에는 제약이 있다.

[해설]
비교적 간단하고 시간과 노력 측면에서 비용이 적게 들며, 과거 행태가 반복되고 경제의 외부충격이 없는 경우 단기예측에 유용한 예측 방법이다.

02 거시계량경제모형의 유용성 및 한계에 대한 적절한 설명으로 모두 묶인 것은?

가. 경제이론에 바탕을 두고 있어 GDP, 물가, 경상수지 등 관심 거시경제변수들의 움직임과 변수 간의 파급효과 등을 구체적으로 측정할 수 있다.
나. 경제의 여건이나 구조가 크게 바뀌게 되더라도 정교한 예측이 가능하다.
다. 경제변수 간의 관계가 변하여 모형을 구성하고 있는 변수 간의 관계가 안정적이지 않을 경우 예측력이 떨어진다.
라. 현실경제에 작용하는 모든 요인을 변수화하여 모형을 구성하므로 오차가 발생하지 않는다.
마. 모형의 작성 및 유지에 막대한 시간과 노력이 소요된다.

① 가, 나
② 라, 마
③ 가, 다, 마
④ 나, 다, 라
⑤ 나, 라, 마

[해설]
나. 모형의 기초가 되는 경제이론이 맞지 않거나, 경제의 여건이나 구조가 크게 바뀌게 되거나, 경제변수 간의 관계가 변하여 모형을 구성하고 있는 변수 간의 관계가 안정적이지 않을 경우 예측력이 떨어진다.
라. 현실경제에 작용하는 모든 요인을 변수화할 수 없으므로 오차 발생은 필연적이며 모형에 표기되지 않은 변수의 충격이 클 경우 오차 발생 가능성이 높아진다.

정답 01 ④ 02 ③

03 거시계량경제모형을 이용한 경기예측에 대한 설명으로 적절하지 않은 것은?

중요도
●●○

① 경제이론을 바탕으로 상호 인과관계에 있는 현실 경제의 변수들을 여러 개의 연립방정식으로 축약하여 표현한 것이다.
② 경제구조 전체를 파악함에 있어 일관성과 동시성을 유지할 수 있고 정립된 이론적 근거를 가지며 오차에 대한 통계학적 관리가 가능하다.
③ 경제이론에 바탕을 두고 있어 GDP, 물가, 경상수지 등 관심 거시경제변수들의 움직임과 변수 간의 파급효과 등을 구체적으로 측정할 수 있다.
④ 모형의 기초가 되는 경제이론이 맞지 않거나 경제의 여건이나 구조가 크게 바뀌게 될 경우 예측력이 떨어진다.
⑤ 현실경제에 작용하는 모든 요인을 변수화하여 모형을 구성하므로 오차가 발생하지 않고 모형에 표기되지 않은 변수의 충격이 클 경우에도 오차 발생 가능성이 없다.

해설
현실경제에 작용하는 모든 요인을 변수화할 수 없으므로 오차 발생은 필연적이며 모형에 표기되지 않은 변수의 충격이 클 경우 오차 발생 가능성이 높아진다.

합격의 공식
시대에듀

계속 갈망하라.

언제나 우직하게.

- 스티브 잡스 -

CHAPTER 03
법률

출제경향 및 학습전략

- 물권의 개념과 종류 등 법률용어들의 기본 개념을 묻는 문제가 다수 출제되고 있어 법률용어에 대한 정확한 암기가 필요합니다.
- 주식회사, 은행거래 기본법률, 신탁법 관련 문제는 꾸준히 출제되고 있으며, 금융소비자보호와 금융분야 개인정보 보호 관련 내용들이 최근 많이 출제되고 있으므로 이에 대한 대비가 필요합니다.

CHAPTER 03
37.5%
출제문항 15문항

CHAPTER 02

CHAPTER 01

핵심테마	핵심개념	빈출도
01	민 법	★★☆
02	물 권	★★★
03	채 권	★★☆
04	주식회사	★★★
05	은행거래 기본법률	★★★
06	약관의 규제에 관한 법률	★★☆
07	신탁법	★★★
08	금융소비자보호	★★★
09	은행법	★★★
10	자본시장법	★★★
11	여신전문금융업법	★☆☆
12	혼인・이혼에 관한 법률	★★★
13	상속에 관한 법률	★★★
14	주식회사의 합병과 분할	★★☆
15	개인회생제도	★★☆
16	자금세탁방지제도	★★☆
17	투자권유 프로세스	★★★
18	금융분야 개인정보 보호	★★★

핵심테마 01 민법

출제포인트
- 민법의 개념
- 민법의 기본원리
- 민법의 기본구조

1. 민법의 개념
우리 생활관계 가운데서 핵심이 되는 시민적·민사적 법률관계를 규율하는 일반사법 → 사인 간의 생활관계와 법률관계를 규율하는 법

2. 민법의 기본원리
① **사유재산권 존중의 원칙** : 각 개인의 사유재산권에 대한 절대적 지배를 인정하고 국가나 다른 개인은 이에 간섭하거나 제한을 가하지 않는다는 원칙 → 소유자는 그가 소유하는 물건을 누구의 간섭도 받지 않고 사용·수익·처분 가능
② **사적자치의 원칙** : 개인이 법질서의 한계 내에서 자기의 의사에 기하여 법률관계를 형성할 수 있다는 원칙
③ **과실책임의 원칙** : 개인이 다른 사람에게 가한 손해에 대하여는 그 행위가 위법할 뿐만 아니라 고의 or 과실에 기한 경우에만 책임을 진다는 원칙
④ **사회적 조정의 원칙** : 불평등 조절 목적 → 신의성실의 원칙, 권리남용 금지, 폭리행위 금지

3. 민법의 기본구조
① **권리와 의무**
  ㉠ 법률관계에서 법에 의해 구속되는 사람의 지위를 의무, 보호되는 사람의 지위를 권리라고 함
  ㉡ 권리와 의무는 서로 대응하여 존재하는 것이 보통
② **법률관계의 주체(권리·의무의 주체)**
  ㉠ 권리능력 : 권리·의무의 주체가 될 수 있는 능력
  ㉡ 사법상 권리·의무의 주체는 자연인과 법인
  ㉢ 자연인은 생존하는 동안 권리능력을 갖고, 법인은 일정한 법적 요건을 구비한 경우(법인등기) 정관으로 정한 목적 범위 내에서 권리능력을 가짐
  ㉣ 법인은 설립 시부터 청산종결 시까지 권리능력을 가짐
③ **법률관계의 객체(대상)** : 물권의 객체는 원칙적으로 물건이고, 채권의 객체는 채무자의 일정한 행위이며, 친족법상 권리의 객체는 일정한 신분상의 지위임
④ **법률행위(법률관계 변동의 원인)** : 법률행위(예 계약)란 법률관계의 발생과 변경 or 소멸을 목적으로 하는 행위이며, 그 행위의 주된 요소는 법률사실인 의사표시임

적중문제

01 민법의 기본원리로 모두 묶인 것은?

> 가. 공신의 원칙
> 나. 사유재산권 존중의 원칙
> 다. 사적자치의 원칙
> 라. 과실책임의 원칙
> 마. 사회적 조정의 원칙

① 다, 마
② 가, 나, 라
③ 다, 라, 마
④ 가, 나, 라, 마
⑤ 나, 다, 라, 마

해설
공신의 원칙은 민법의 기본원리가 아니다. 민법의 기본원리로 사유재산권 존중의 원칙, 사적자치의 원칙, 과실책임의 원칙, 사회적 조정의 원칙이 있다.

02 사회적 조정의 원칙으로 모두 묶인 것은?

> 가. 과실책임의 원칙
> 나. 신의성실의 원칙
> 다. 권리남용 금지
> 라. 폭리행위 금지

① 나, 다
② 다, 라
③ 가, 다, 라
④ 나, 다, 라
⑤ 가, 나, 다, 라

해설
자유경쟁을 보호하기 위한 사유재산권 존중의 원칙, 사적자치의 원칙 및 과실책임의 원칙은 오히려 불평등을 야기할 수 있어 사회적 조정의 원칙인 신의성실의 원칙, 권리남용 금지, 폭리행위 금지 등으로 제한하고 있다.

정답 01 ⑤ 02 ④

03 민법의 기본원리에 대한 설명으로 적절하지 않은 것은?

① 공신의 원칙은 공시내용이 실제적 권리관계와 일치하지 않더라도 공시된 대로 권리의 존재를 확정하는 것이다.
② 사유재산권 존중의 원칙은 소유자는 그가 소유하는 물건을 누구의 간섭도 받지 않고 사용·수익·처분할 수 있다는 원칙이다.
③ 사적자치의 원칙은 개인이 법질서의 한계 내에서 자기의 의사에 기하여 법률관계를 형성할 수 있다는 원칙이다.
④ 과실책임의 원칙은 개인이 다른 사람에게 가한 손해에 대하여는 그 행위가 위법할 뿐만 아니라 고의 또는 과실에 기한 경우에만 책임을 진다는 원칙이다.
⑤ 자유경쟁을 보호하기 위한 민법의 기본원리들은 오히려 불평등을 야기할 수 있어 사회적 조정의 원칙인 신의성실의 원칙, 권리남용 금지, 폭리행위 금지 등으로 제한하고 있다.

해설
공신의 원칙은 민법의 기본원리가 아니다. 자본주의 형성과 시민사회가 성립되던 시기에 제정된 근대민법은 기본원리로 개인의 자유와 평등을 기본이념으로 하는 사유재산권 존중의 원칙, 사적자치의 원칙, 과실책임의 원칙을 인정하였다. 그러나 현대에 와서는 근대민법의 기본원리에 많은 문제점이 노출되어 사회적 조정의 원칙으로 신의성실의 원칙·권리남용 금지·폭리행위 금지 등이 제시되었다.

04 법률관계의 주체에 대한 설명으로 적절하지 않은 것은?

① 사법상 권리·의무의 주체는 자연인과 법인 두 종류가 있다.
② 자연인은 생존하는 동안 권리능력을 갖는다.
③ 법인은 일정한 법적 요건을 구비한 경우(법인등기) 정관으로 정한 목적의 범위 내에서 권리능력을 갖는다.
④ 법인은 설립 시부터 파산신청 시까지 권리능력을 가진다.
⑤ 종중, 교회 등 법인격이 없는 사단은 법인의 실질을 갖추고 있으나 법인등기를 하지 아니하여 권리능력을 자기지 않는 단체이다.

해설
법인은 설립 시부터 청산종결 시까지 권리능력을 가진다.

05 민법의 기본구조에 대한 설명으로 적절하지 않은 것은?

중요도
●●○

① 법률관계에서 법에 의하여 구속되는 사람의 지위를 의무라고 한다.
② 법률관계에서 법에 의하여 보호되는 사람의 지위를 권리라고 한다.
③ 법률관계의 주체는 권리·의무의 주체라고도 하며, 권리·의무의 주체가 될 수 있는 능력을 행위능력이라고 한다.
④ 물권의 객체는 원칙적으로 물건이고, 채권의 객체는 채무자의 일정한 행위이며, 친족법상 권리의 객체는 일정한 신분상의 지위이다.
⑤ 법률행위란 법률관계의 발생과 변경 또는 소멸을 목적으로 하는 행위이며, 그 행위의 주된 요소는 법률사실인 의사표시이다.

해설
법률관계의 주체는 권리·의무의 주체라고도 하며, 권리·의무의 주체가 될 수 있는 능력을 권리능력이라고 한다.

06 민법에 대한 설명으로 적절하지 않은 것은?

중요도
●●○

① 우리의 생활관계 가운데서 핵심이 되는 시민적·민사적 법률관계를 규율하는 일반사법으로 사인 간의 생활관계와 법률관계를 규율하는 법이다.
② 개인이 다른 사람에게 가한 손해에 대하여는 그 행위가 위법할 뿐만 아니라 고의에 기한 경우에만 책임을 진다.
③ 권리와 의무는 서로 대응하여 존재하는 것이 보통이다.
④ 모든 법률관계는 일정한 객체를 필요로 한다.
⑤ 법률행위란 법률관계의 발생과 변경 또는 소멸을 목적으로 하는 행위이며, 그 행위의 주된 요소는 법률사실인 의사표시이다.

해설
개인이 다른 사람에게 가한 손해에 대하여는 그 행위가 위법할 뿐만 아니라 고의 또는 과실에 기한 경우에만 책임을 진다.

핵심테마 02 물권

> **출제포인트**
> - 물권의 의의 및 물권의 효력
> - 물권 공시제도
> - 부동산물권의 변동
> - 물권의 소멸
> - 기본물권

1. 의의
① 특정한 물건을 직접 배타적으로 지배하는 것을 내용으로 하는 권리 → 특정의 독립된 물건(예 동산, 부동산) 자체를 객체로 하여 권리를 실현하는 재산권
② **기본물권** : 점유권, 소유권
③ **제한물권** : 지상권, 지역권, 전세권, 유치권, 질권, 저당권

2. 물권의 효력
① **물권 상호 간의 우선적 효력** : 소유권과 제한물권이 병존하는 경우 그 성질상 제한물권이 우선
② **채권에 우선하는 효력**
  ㉠ 동일물에 대해 물권과 채권이 병존하는 경우 그 성립시기를 불문하고 항상 물권이 우선
  ㉡ 등기와 같은 공시방법을 갖춘 부동산임차권, 주택 or 상가건물임대차보호법에 의해 대항력 요건과 확정일자를 갖춘 주택 or 상가건물 임차권은 채권이지만 물권과 대등한 효력

3. 물권 공시제도
① **공시제도의 의의**
  ㉠ 공시 : 물권의 귀속과 내용, 즉 물권의 현상을 외부에서 인식할 수 있는 일정한 징표
② **공시의 방법**
  ㉠ 부동산물권에 관해서는 등기를, 동산물권에 관해서는 점유를 그 공시방법으로 인정
  ㉡ 판례 : 수목의 집단·미분리의 과실 등의 공시방법으로 명인방법 인정
③ **부동산등기의 추정력**
  ㉠ 우리나라에서는 부동산등기의 공신력을 인정하지 않고 추정력만 인정
  ㉡ 부동산등기가 있으면 그 등기가 공시하는 실체적 권리관계가 존재한다고 추정 → 그 등기에 의한 물권변동도 유효하게 성립하였다고 추정

④ 공신의 원칙(공신력)
  ㉠ 공시방법에 의해 적정하게 공시된 물권을 신뢰하여 거래한 자가 있는 경우 비록 그 공시내용이 실체적 권리관계와 일치하지 않더라도 공시된 대로 권리의 존재를 확정하는 것
  ㉡ 우리민법 : 동산에 관해서만 인정, 부동산물권에 대해서는 불인정

4. 부동산물권의 변동
① **법률행위(계약)에 의한 부동산물권의 변동** : 등기해야 효력 발생
② **법률규정에 의한 부동산물권의 변동** : 상속·공용징수·판결·경매·기타 법률 규정에 의한 부동산에 관한 물권 취득 및 소멸은 등기하지 않아도 효력 발생 → 등기하지 않으면 처분 못함

5. 물권의 소멸
① 목적물의 멸실
② **소멸시효** : 20년(대상이 되는 물권 – 지상권·지역권·전세권)
③ **물권의 포기** : 물권자가 자기 물권을 포기한다는 의사표시를 하는 물권적 단독행위
④ **물권의 혼동**
  ㉠ 혼동 : 서로 대립하는 두 개의 법률적 지위 or 자격이 동일인에게 귀속되는 경우 어느 한쪽이 다른 한쪽에 흡수되어 소멸
  ㉡ 저당권자가 저당부동산의 소유권을 취득하면 동일한 부동산의 소유권과 제한물권이 동일인에게 귀속되어 저당권 소멸(단, 후순위저당권이 있는 상태에서 선순위저당권자가 소유권을 취득하면 혼동으로 저당권 소멸 ×)

6. 기본물권
① **점유권** : 물건에 대한 사실상의 지배에 부여되는 법적 지위 → 사실상의 지배(점유)를 법적으로 정당화할 수 있는 본권의 유무를 묻지 않고 사실상의 지배에 의해 성립하는 권리
② **소유권**
  ㉠ 소유물을 사용·수익·처분할 수 있는 권리이며, 본질적으로 물건이 갖는 가치를 전면적으로 지배할 수 있는 완전물권
  ㉡ 소유권의 객체는 물건에 한함
③ **용익물권** : 다른 사람의 물권을 일정한 범위 안에서 사용·수익할 수 있는 권리
  ㉠ 지상권 : 건물, 기타 공작물이나 수목을 소유하기 위해 타인의 토지를 사용할 수 있는 물권
  ㉡ 지역권 : 자기 토지(요역지) 가치를 증대시키기 위해 다른 사람 토지(승역지)를 이용하는 물권
  ㉢ 전세권 : 전세금을 지급하고 다른 사람 부동산을 점유해 그 부동산 용도에 따라 사용·수익하고, 전세권이 소멸하면 목적부동산으로부터 우선변제받을 수 있는 물권

④ **담보물권** : 목적물의 교환가치를 채권 담보로 제공하는 것을 내용으로 하는 물권

> **담보물권의 특성**
> - **부종성** : 담보물권은 담보하는 채권(피담보채권)이 있어야 담보물권도 존재 → 피담보채권이 소멸하면 담보물권도 소멸(저당권은 피담보채권이 소멸하면 소멸하는데, 근저당권은 부종성이 완화되어 피담보채권이 소멸해도 소멸 ×)
> - **수반성** : 피담보채권이 이전하면 담보물권도 따라서 이전 → 담보물권만은 이전 불가
> - **물상대위성** : 담보물권 목적물이 멸실·훼손·공용징수로 인해 그에 갈음하는 금전 기타 물건이 목적물 소유자에게 귀속되면, 담보물권은 그 금전 등에 존속
> - **불가분성**

㉠ 유치권 : 타인의 물건 or 유가증권을 점유한 자가 그 물건이나 유가증권에 관해 생긴 채권이 변제기에 있는 경우 그 채권 변제를 받을 때까지 그 물건 or 유가증권을 점유(유치)할 수 있는 물권 → 점유를 상실하면 유치권도 소멸

㉡ 질권 : 채권자가 채권 담보로서 채무자 or 제3자가 제공한 동산 or 재산권을 점유(유치)하고, 채무 변제가 없는 때에는 그 목적물로부터 우선변제를 받는 물권

㉢ 저당권 : 채무자 or 3채무자가 제공한 부동산, 기타 목적물의 교환가치를 채무의 담보로 운용하다가 채무 변제가 없는 경우 그 목적물을 경매해 그 매각대금으로부터 우선변제를 받는 물권

㉣ 근저당권 : 계속적 거래관계로부터 발생·소멸하는 불특정 다수의 장래 채무를 결산기에 계산한 후 잔존 채무를 채권 최고액 범위 내에서 담보하는 저당권

적중문제

01 물권에 대한 설명으로 적절하지 않은 것은?

중요도 ●●○

① 특정의 독립된 물건 자체를 객체로 하여 권리를 실현하는 재산권이다.
② 민법은 기본물권으로 점유권·소유권을 인정하고, 제한물권으로 지상권·지역권·전세권·유치권·질권·저당권을 인정하고 있다.
③ 소유권과 제한물권이 병존하는 경우에는 그 성질상 소유권이 우선한다.
④ 동일물에 대하여 물권과 채권이 병존하는 경우에는 그 성립시기를 불문하고 항상 물권이 우선한다.
⑤ 주택 또는 상가건물임대차보호법에 의해 대항력 요건과 확정일자를 갖춘 주택 또는 상가건물 임차권은 채권이지만 물권과 대등한 효력을 갖는다.

해설
소유권과 제한물권이 병존하는 경우에는 그 성질상 제한물권이 우선한다.

정답 01 ③

02 물권 공시제도 및 물권의 변동에 대한 설명으로 적절하지 않은 것은?

① 부동산물권에 관해서는 등기를 그 공시방법으로 하고 있다.
② 동산물권에 관해서는 점유를 그 공시방법으로 하고 있다.
③ 판례는 수목의 집단·미분리의 과실 등의 공시방법으로 명인방법을 인정하고 있다.
④ 취득자의 등기명의를 믿고 거래한 제3자는 법률행위가 무효·취소되더라도 항상 물권을 취득할 수 있다.
⑤ 상속에 의한 부동산에 관한 물권의 취득 및 소멸은 등기를 하지 않아도 효력이 발생한다.

> **해설**
> 법률행위로 인한 부동산물권의 득실변경은 등기하여야 효력이 발생한다. 그러나 등기의 공신력을 인정하지 않는 현행 민법하에서는 취득자의 등기명의를 믿고 거래한 제3자는 법률행위가 무효·취소되면, 별도로 선의의 제3자 보호규정이 없는 이상 무권리자로부터 물권을 취득한 것이 되어 물권변동의 효력이 발생하지 않는다.

03 다음에서 설명하고 있는 물권의 소멸원인으로 가장 적절한 것은?

> 서로 대립하는 두 개의 법률적 지위 또는 자격이 동일인에게 귀속되는 경우에는 어느 한쪽이 다른 한쪽에 흡수되어 소멸한다.

① 목적물의 멸실
② 소멸시효 완성
③ 물권의 포기
④ 물권의 혼동
⑤ 공용징수

> **해설**
> 서로 대립하는 두 개의 법률적 지위 또는 자격이 동일인에게 귀속되는 경우에는 어느 한쪽이 다른 한쪽에 흡수되어 소멸하는데, 이를 혼동이라 한다.

04 물권의 소멸에 대한 설명으로 적절하지 않은 것은?

① 물건이 멸실되면 물권도 소멸하게 됨은 명문의 규정이 없어도 당연하다.
② 채권 및 소유권 이외의 재산권은 20년간 행사하지 아니하면 소멸시효가 완성한다.
③ 물권의 포기는 물권자가 자기의 물권을 포기한다는 의사표시를 하는 물권적 단독행위이다.
④ 저당권자가 저당부동산의 소유권을 취득하면 저당권은 소멸한다.
⑤ 후순위저당권이 있는 상태에서 선순위저당권자가 소유권을 취득한 경우에는 혼동으로 저당권이 소멸한다.

> **해설**
> 서로 대립하는 두 개의 법률적 지위 또는 자격이 동일인에게 귀속되는 경우에는 어느 한쪽이 다른 한쪽에 흡수되어 소멸하는데, 이를 혼동이라 한다. 예를 들면 저당권자가 저당부동산의 소유권을 취득하면 동일한 부동산의 소유권과 제한물권이 동일인에게 귀속되어 저당권은 소멸한다. 다만, 후순위저당권이 있는 상태에서 선순위저당권자가 소유권을 취득한 경우에는 혼동으로 저당권이 소멸하지 않는다.

정답 02 ④ 03 ④ 04 ⑤

05 물권에 해당하지 않는 것은?

① 점유권
② 소유권
③ 지상권
④ 유치권
⑤ 상품권

해설
상품권은 무기명채권의 일종이다.

06 집합건물에 대한 소유권을 설명한 것으로 적절하지 않은 것은?

① 집합건물은 일반부동산과 달리 집합건물법에 의해서 별도로 규율된다.
② 집합건물의 전유부분에 대해서는 단독소유권을 인정한다.
③ 집합건물의 공용부분과 대지에 대해서는 전유부분에 따른 공유지분을 인정한다.
④ 집합건물법에 의해 구분 소유되는 구분건물은 근저당권의 목적물이 될 수 없다.
⑤ 대지권은 구분건물의 종물로 인정되어 구분건물의 소유권이 이전되면 대지권의 소유권도 함께 이전된다.

해설
집합건물법에 의해 구분 소유되는 구분건물(1동의 건물 중 구조상 구분된 여러 개의 부분이 독립한 건물이 집합건물법에 의해 각각 소유권 등기가 된 건물)도 근저당권의 목적물이 된다.

07 공동소유권에 대한 적절한 설명으로 모두 묶인 것은?

가. 공유는 공동의 목적을 위하여 수인이 물건을 소유하는 것을 말한다.
나. 합유는 일정한 사업 등 공동의 목적을 위하여 결합하였으나 그 결합체가 단체로서의 성질을 가지지 못하는 조합이 물건을 소유하는 것을 말한다.
다. 총유는 법인이 아닌 사단이 물건을 소유하는 것을 말한다.

① 가
② 나
③ 가, 다
④ 나, 다
⑤ 가, 나, 다

해설
가. 공유는 공동의 목적이 없이 수인이 물건을 소유하는 것을 말한다.

08 용익물권으로 모두 묶인 것은?

가. 지상권
나. 지역권
다. 전세권
라. 유치권
마. 저당권

① 가, 나
② 다, 마
③ 가, 나, 다
④ 가, 다, 마
⑤ 가, 나, 다, 마

해설

용익물권은 다른 사람의 물권을 일정한 범위 안에서 사용·수익할 수 있는 권리이며, 용익물권에는 다른 사람 소유의 토지를 건물, 기타 공작물 또는 수목을 소유할 목적으로 사용하는 지상권, 다른 사람 소유의 토지를 자기 토지의 편익에 이용하는 지역권, 전세금을 지급하고 다른 사람의 부동산을 사용·수익하는 전세권이 있다. 유치권, 질권, 저당권(근저당권)은 담보물권에 속한다.

09 담보물권이 공통적으로 가지고 있는 특성에 대한 적절한 설명으로 모두 묶인 것은?

가. 부종성이란 담보물권은 담보하는 채권이 있어야 담보물권도 존재할 수 있다는 것이다.
나. 근저당권은 수반성이 완화되어 있어서 피담보채권이 소멸해도 소멸하지 않는다.
다. 수반성이란 피담보채권이 이전하면 담보물권도 따라서 이전한다는 것이다.
라. 담보물권의 목적물이 멸실·훼손·공용징수로 인하여 그에 갈음하는 금전 기타의 물건이 목적물의 소유자에게 귀속하게 되면, 담보물권은 그 금전 등에 존속한다.

① 가, 나
② 나, 라
③ 가, 다, 라
④ 나, 다, 라
⑤ 가, 나, 다, 라

해설

나. 저당권은 피담보채권이 소멸하면 저당권도 소멸하는데, 근저당권은 부종성이 완화되어 있어서 피담보채권이 소멸해도 소멸하지 않는다.

10 저당권에 대한 설명으로 적절하지 않은 것은?

① 저당권이 성립하기 위해서는 당사자 사이의 저당권설정 합의와 등기를 하여야 한다.
② 저당권자는 경매절차에서 일반채권자보다 우선하여 배당받을 수 있다.
③ 동일한 부동산 위에 여러 개의 저당권이 설정되어 있는 경우에 그 순위는 설정등기의 선·후에 의한다.
④ 근저당권은 채권의 최고액만 등기되면 된다.
⑤ 동산은 원칙적으로 질권의 목적이 되나, 등기 또는 등록으로 공시하는 일정한 동산에 대하여는 저당권의 설정이 인정되고 있다.

해설
근저당권은 근저당설정 계약과 등기에 의하여 성립하며, 근저당권이라는 것과 채권의 최고액이 등기되어야 한다.

11 담보물권에 대한 적절한 설명으로 모두 묶인 것은?

가. 목적물의 교환가치를 채권의 담보로 제공하는 것을 내용으로 하는 물권이다.
나. 유치권, 질권, 저당권이 있다.
다. 저당권이 성립하기 위해서는 당사자 사이의 저당권설정의 합의와 등기를 하여야 한다.
라. 동산은 질권의 목적이 되며, 저당권의 설정은 인정되지 않는다.

① 나, 라
② 가, 나, 다
③ 가, 다, 라
④ 나, 다, 라
⑤ 가, 나, 다, 라

해설
라. 동산은 원칙적으로 질권의 목적이 되나, 등기 또는 등록으로 공시하는 일정한 동산에 대하여는 저당권의 설정이 인정되고 있다.

12 기본물권에 대한 설명으로 가장 적절한 것은?

① 소유권은 사실상의 지배를 법적으로 정당화할 수 있는 본권의 유무를 묻지 않고 사실상의 지배에 의하여 성립하는 권리이다.
② 공유는 일정한 사업 등 공동의 목적을 위하여 결합하였으나 그 결합체가 단체로서의 성질을 가지지 못하는 조합이 물건을 소유하는 것을 말한다.
③ 용익물권은 다른 사람의 물건을 일정한 범위 안에서 사용·수익할 수 있는 권리이다.
④ 지상권은 자기 토지의 가치를 증대시키기 위하여 다른 사람의 토지를 이용하는 용익물권의 일종이다.
⑤ 유치권은 목적물의 교환가치를 채권의 담보로 제공하는 것을 내용으로 하는 담보물권이며, 점유를 상실하여도 유치권은 존속한다.

해설
① 점유권에 대한 설명이다. 소유권은 소유물을 사용·수익·처분할 수 있는 권리이며, 소유권은 본질적으로 물건이 갖는 가치를 전면적으로 지배할 수 있는 완전물권이다.
② 공유는 공동의 목적이 없이 수인의 물건을 소유하는 것을 말하고, 합유는 일정한 사업 등 공동의 목적을 위하여 결합하였으나 그 결합체가 단체로서의 성질을 가지지 못하는 조합이 물건을 소유하는 것을 말하며, 총유는 법인이 아닌 사단이 물건을 소유하는 것을 말한다.
④ 지역권에 대한 설명이다. 지상권이란 건물, 기타의 공작물이나 수목을 소유하기 위하여 타인의 토지를 사용할 수 있는 물권이다.
⑤ 유치권은 타인의 물건 또는 유가증권을 점유한 자가 그 물건이나 유가증권에 관하여 생긴 채권이 변제기에 있는 경우에 그 채권의 변제를 받을 때까지 그 물건 또는 유가증권을 점유(유치)할 수 있는 물권이며, 점유를 상실하면 유치권도 소멸한다.

정답 12 ③

핵심테마 03 채권

출제포인트
- 채권 및 금전채권
- 채권양도 및 채무인수
- 채권의 소멸
- 계약

1. 채권
특정인(채권자)이 다른 특정인(채무자)에 대해 일정한 행위(급부 : 이행 · 지급 · 행위 · 급여 등)를 요구할 수 있는 권리

2. 금전채권
① 일정액의 금전 급부를 목적으로 하는 채권
② 금전채무를 불이행한 경우 손해배상액은 법정이율에 의하는 것이 원칙(법령의 제한에 위반하지 않는 약정이율이 있으면 그 이율에 의함)

3. 채권양도 및 채무인수
① **채권양도** : 채권을 그 동일성을 유지하면서 이전하는 계약
  ㉠ 지명채권의 양도
    - 지명채권 : 채권자가 특정되어 있는 채권
    - 지명채권의 양도 : 당사자인 양도인과 양수인의 합의에 의해 행해짐 → 양도인의 채무자에 대한 통지 or 채무자의 승낙이 없으면 채무자에게 채권양도를 가지고 대항하지 못하고, 제3자에게 대항하기 위해서는 이 통지 or 승낙이 확정일자 있는 증서(예 내용증명우편 등)에 의할 것이 요구됨
  ㉡ 지시채권의 양도
    - 지시채권 : 특정인 or 그가 지시(지정)한 자에게 변제해야 하는 증권적 채권(예 화물상환증 · 창고증권 · 선하증권 · 어음 · 수표 등)
    - 지시채권의 양도 : 그 증서(증권)에 배서하여 양수인에게 교부하는 방식으로 양도
  ㉢ 무기명채권의 양도
    - 무기명채권 : 특정한 채권을 특정인의 지정 없이 증서(증권) 소지인에게 변제해야 하는 증권적 채권(예 무기명사채 · 무기명식 수표 등 유가증권, 상품권 · 철도승차권 · 극장입장권 · 시중은행 양도성예금증서)
    - 무기명채권의 양도 : 증서를 교부하는 방법
② **채무인수** : 채무를 그 동일성을 유지하면서 인수인에게 이전시키는 계약

4. 채권의 소멸
① **변제** : 채무자(or 제3자)가 채무의 내용인 급부를 실현하는 것
② **대물변제** : 채무자가 채무의 목적물에 갈음하여 다른 물건으로 채무를 소멸시키는 변제당사자 사이의 계약 → 변제와 같은 효력 인정
③ **공탁** : 금전·유가증권, 기타 물건을 공탁소에 임치하는 것
④ **상계** : 채권자와 채무자가 서로 같은 종류를 목적으로 하는 채권·채무를 가지고 있는 경우 그 채무들을 대등액에서 소멸하게 하는 단독행위
⑤ **경개** : 채무의 중요한 부분을 변경함으로써 신채무를 성립시키는 동시에 구채무를 소멸시키는 계약
⑥ **면제** : 채권자가 일방적인 의사표시로 채무자의 채무를 대가 없이 면해 주는 것
⑦ **혼동** : 채권과 채무가 동일인에게 귀속하는 사실

5. 계 약
① **계 약**
  ㉠ 둘 이상의 서로 대립하는 의사표시 일치에 의해 성립하는 법률행위 → 원칙적으로 계약당사자의 청약과 승낙의 일치에 의해 성립
  ㉡ 계약이 성립하면 법률효과로서 권리·의무 발생
② **낙성계약·요물계약**
  ㉠ 낙성계약 : 당사자의 합의(의사표시의 일치)만으로 성립하는 계약
  ㉡ 요물계약 : 당사자의 합의 외에 물건의 인도 기타 급부가 있어야만 성립하는 계약
③ **거래약관** : 대량 거래를 신속하게 처리해야 할 때는 계약 내용을 미리 정해놓고 계약체결 시에 이를 제시
④ **계약의 해제·해지**
  ㉠ 계약 해제 : 유효하게 성립하고 있는 계약 효력을 당사자 일방의 의사표시에 의해 처음부터 없었던 상태로 되돌아가게 하는 것(소급효)
  ㉡ 계약 해지 : 계속적 계약(예 소비대차·임대차 등)의 효력을 장래를 향해 소멸하게 하는 단독행위(소급효 ×)
⑤ **계약금** : 일반적으로 계약금은 해약금으로 추정 → 계약금을 지급한 때에는 계약당사자 일방이 이행에 착수하기 전까지는 교부자는 이를 포기하고, 수령자는 그 배액을 상환하고 매매계약 해제 가능
⑥ **소비대차**
  ㉠ 당사자 일방이 금전 기타 대체물의 소유권을 상대방에게 이전할 것을 약정하고 상대방은 그와 같은 종류·품질·수량으로 반환할 것을 약정함으로써 성립하는 계약
  ㉡ 낙성계약이므로 당사자의 일정한 합의만 있으면 성립하며, 실제로 금전 등을 수수해야 하는 것은 아님
    예 은행과 A 사이에 대출약정만 하면 금전소비대차계약 성립
⑦ **소비임치**
  ㉠ 임치 : 당사자 일방이 상대방에 대해 금전이나 유가증권 기타 물건의 보관을 위탁하고 상대방이 이를 승낙함으로써 성립하는 계약
  ㉡ 소비임치 : 목적물의 소유권을 수치인에게 이전하기로 하고 수치인은 그것과 동종·동질·동량의 것을 반환하기로 약정(예 예금계약)

적중문제

01 채권양도에 대한 적절한 설명으로 모두 묶인 것은?

> 가. 지명채권의 양도는 양도인의 채무자에 대한 통지 또는 채무자의 승낙이 없으면 채무자에게 채권양도를 가지고 대항하지 못한다.
> 나. 지명채권의 양도에서 채무자의 승낙이 있으면 제3자에게 대항할 수 있다.
> 다. 지시증권은 그 증서에 배서하여 양수인에게 교부하는 방식으로 양도한다.
> 라. 무기명채권은 특정한 채권을 특정인의 지정이 없이 증서의 소지인에게 변제하여야 하는 증권적 채권이다.

① 가, 다
② 나, 라
③ 가, 나, 다
④ 가, 다, 라
⑤ 가, 나, 다, 라

[해설]
나. 지명채권은 채권자가 특정되어 있는 채권을 말하며, 지명채권의 양도는 양도인의 채무자에 대한 통지 또는 채무자의 승낙이 없으면 채무자에게 채권양도를 가지고 대항하지 못하고 채무자 이외의 제3자에게 대항하기 위해서는 이 통지 또는 승낙이 확정일자 있는 증서(예 내용증명우편 등)에 의할 것이 요구된다.

02 채권양도 및 채무인수에 대한 설명으로 적절하지 않은 것은?

① 채권양도라 함은 채권을 그 동일성을 유지하면서 이전하는 계약을 말한다.
② 지명채권의 양도는 양도인의 채무자에 대한 통지 또는 채무자의 승낙이 없으면 채무자에게 채권양도를 가지고 대항하지 못한다.
③ 지명채권의 양도에서 채무자 이외의 제3자에게 대항하기 위해서는 양도인의 채무자에 대한 통지 또는 채무자의 승낙이 요구된다.
④ 지시증권은 그 증권에 배서하여 양수인에게 교부하는 방식으로 양도한다.
⑤ 채무인수는 채무를 그 동일성을 유지하면서 인수인에게 이전시키는 계약이다.

[해설]
지명채권은 채권자가 특정되어 있는 채권을 말하며, 지명채권의 양도는 양도인의 채무자에 대한 통지 또는 채무자의 승낙이 없으면 채무자에게 채권양도를 가지고 대항하지 못하고 채무자 이외의 제3자에게 대항하기 위해서는 이 통지 또는 승낙이 확정일자 있는 증서(예 내용증명우편 등)에 의할 것이 요구된다.

정답 01 ④ 02 ③

03 민법에 규정된 채권의 소멸원인에 해당하지 않는 것은?

중요도 ●●○

① 변 제
② 대물변제
③ 공 유
④ 상 계
⑤ 혼 동

해설
공유는 공동소유권의 일종이다. 민법은 채권의 소멸원인으로 변제 · 대물변제 · 공탁 · 상계 · 경개 · 면제 · 혼동의 7가지를 규정하고 있다.

04 다음에서 설명하고 있는 채권의 소멸원인으로 가장 적절한 것은?

중요도 ●●○

> 채권자와 채무자가 서로 같은 종류를 목적으로 하는 채권 · 채무를 가지고 있는 경우 그 채무들을 대등액에서 소멸하게 하는 단독행위

① 변 제
② 공 탁
③ 상 계
④ 경 개
⑤ 혼 동

해설
상계란 채권자와 채무자가 서로 같은 종류를 목적으로 하는 채권 · 채무를 가지고 있는 경우 그 채무들을 대등액에서 소멸하게 하는 단독행위이다. 예를 들면 은행은 대출채무자 A에 대하여 1천만원의 대출채권을 가지고 있고, A는 은행에 정기예금 1천만원을 가지고 있는 경우에 A와 은행은 각각 상대방에 대한 일방적인 의사표시로 그들의 채권을 소멸시킬 수 있다.

정답 03 ③ 04 ③

05 채권의 소멸에 대한 적절한 설명으로 모두 묶인 것은?

> 가. 이해관계 없는 제3자는 채무자의 의사에 반하여 변제하지 못한다.
> 나. 대물변제는 변제와 같은 효력이 인정된다.
> 다. 상계란 채권자와 채무자가 서로 같은 종류를 목적으로 하는 채권·채무를 가지고 있는 경우 그 채무들을 대등액에서 소멸하게 하는 계약이다.
> 라. 채무자가 채권을 양수한 경우 혼동으로 인해 채권은 원칙적으로 소멸한다.

① 가, 라
② 나, 라
③ 가, 나, 라
④ 나, 다, 라
⑤ 가, 나, 다, 라

해설
다. 상계란 채권자와 채무자가 서로 같은 종류를 목적으로 하는 채권·채무를 가지고 있는 경우 그 채무들을 대등액에서 소멸하게 하는 단독행위이다. 예를 들면 은행은 대출채무자A에 대하여 1천만원의 대출채권을 가지고 있고, A는 은행에 정기예금 1천만원을 가지고 있는 경우에 A와 은행은 각각 상대방에 대한 일방적인 의사표시로 그들의 채권을 소멸시킬 수 있다.

06 계약에 대한 적절한 설명으로 모두 묶인 것은?

> 가. 계약이 성립하면 법률효과로서 권리·의무가 발생한다.
> 나. 해지가 있으면 계약은 소급하여 무효로 된다.
> 다. 소비대차는 당사자 일방이 금전 기타 대체물의 소유권을 상대방에게 이전할 것을 약정하고 상대방은 그와 같은 종류·품질·수량으로 반환할 것을 약정함으로써 성립하는 계약이다.
> 라. 소비대차는 낙성계약이므로 당사자의 일정한 합의만 있으면 성립하며, 실제로 금전 등을 수수해야 성립하는 것은 아니다.

① 가, 다
② 가, 라
③ 가, 나, 라
④ 가, 다, 라
⑤ 가, 나, 다, 라

해설
나. 계약의 해지란 계속적 계약(예 소비대차·임대차 등)의 효력을 장래를 향하여 소멸하게 하는 단독행위이다. 해지가 있으면 계약은 장래에 향하여 그 효력을 잃으며 소급하여 무효로 되지는 않는다.

정답 05 ③ 06 ④

핵심테마 04 주식회사

출제포인트
- 주식회사의 설립
- 주식회사의 기관
- 자본금의 증가 및 감소
- 이익배당

1. 주식회사

① 사원(주주) 지위가 균등한 비율적 단위로 세분화된 형식(주식)을 가지고 있으며, 사원은 주식 인수가액을 한도로 회사에 대해 출자의무 부담
② 사원 출자에 의한 자본금을 가진 영리법인이며, 주주는 회사채권자에 대해 아무런 책임을 지지 않는 전형적인 물적 회사임
③ **특징** : 자본금, 주식 및 주주의 유한책임

2. 주식회사의 설립

- 주식회사 설립사무를 담당하는 자는 특수한 지위를 가진 발기인
- 주식회사 설립방법
  - 발기설립 : 설립 시 발행주식 전부를 발기인만이 인수
  - 모집설립 : 설립 시 발행주식 중 그 일부는 발기인이 인수하고 나머지 주식은 주주를 모집해 인수시켜 회사 설립

① **정관의 작성** : 1인 이상의 발기인이 작성해야 하며, 원시정관은 공증인의 인증을 효력발생요건으로 하고 있음
② **출자이행** : 각 주식에 대하여 인수가액 전액 납입
③ 이사·감사의 선임
④ 설립등기
⑤ 주 주
  ㉠ 주주 : 주식회사의 사원으로서 주주가 될 수 있는 자격에는 제한이 없으며, 주주의 수는 회사설립 시에는 발기인 수와 같이 1인 이상이어야 하고, 성립 후에도 제한이 없으므로 주주가 1인인 회사도 인정
  ㉡ 주 식
    - 주식회사 자본금은 주식이라는 일정 비율로 분할되어 있으며, 1주의 금액은 최소 100원
    - 보통주 : 회사의 이익배당 or 잔여재산 분배에 대해 어떠한 제한이나 우선권도 주어지지 않고 그 표준이 되는 주식
    - 우선주 : 이익배당이나 잔여재산 분배에서 다른 주주에 우선하여 소정의 배당이나 분배를 받을 수 있는 주식
    - 후배주 : 이익배당이나 잔여재산 분배에 있어 보통주보다 불리하게 차등을 둔 주식
    - 혼합주 : 특정한 권리에 대해서는 우선적 지위에 있고, 다른 권리에 있어서는 열후적 지위에 있는 주식

ⓒ 주권 : 회사는 성립 후 or 신주 납입기일 후 지체 없이 주권 발행
  ② 주주명부 : 주식 양도는 주권 교부에 의해 가능하므로 주식 양수인은 주권 교부만 받으면 주주가 되지만, 그가 주주임을 회사에 대항하려면 주주명부에 그의 성명과 주소 기재

⑥ **전자증권제도**

> - 2019년 9월 전자증권법 시행 이후 증권시장에 상장된 회사는 의무적으로 예탁제도에서 전자증권제도로 전환
> - 실물증권 발행 없이 전자적 방법에 따라 증권을 등록발행하고, 전산장부상으로만 양도·담보·권리행사 등이 이루어지는 제도

  ㉠ 전자등록의 효과 : 권리추정력·효력발생요건·선의취득(단, 신탁의 경우 전자등록계좌부에 신탁재산이라는 사실을 표시하는 것이 신탁관계 효력발생요건은 아니고 제3자에 대한 대항요건)
  ㉡ 증권예탁제도와의 차이점 : 전자등록된 증권에 대해서는 실물발행이 금지되고 이를 위반해 실물을 발행해도 효력 불인정

3. 주식회사의 기관

(1) 주주총회

주주로 구성되며 회사 기본적 사항에 관해 회사의 의사를 결정하는 필요상설기관이며, 상법 or 정관이 정하는 사항에 한해서만 의결 가능

① **의결권** : 1주식마다 1개만이 부여되는 것이 원칙
② **결 의**
  ㉠ 보통결의
    - 원칙적으로 출석한 주주 의결권 과반수와 발행주식총수 1/4 이상의 수로써 하는 결의
    - 상법이나 정관에서 특별결의사항이나 특수결의사항으로 정한 이외의 모든 사항 결의
  ㉡ 특별결의
    - 출석한 주주 의결권 2/3 이상이며 발행주식총수 1/3 이상인 수로써 하는 결의
    - 상법상 규정된 특별결의사항 : 정관 변경, 자본 감소, 회사 해산, 회사 합병, 회사 분할, 회사 영업의 전부 or 중요한 일부 양도, 회사 영업에 중대한 영향을 미치는 다른 회사 영업 전부 or 일부 양수, 이사·감사 해임 등

(2) 이사회·대표이사 또는 집행임원(업무집행기관)

① **이사** : 주주총회에서 선임되어 이사회 구성원으로서 회사 업무집행에 관한 이사회 의사결정과 대표이사 업무집행을 감독하는 데 참여 권한을 갖는 자
② **대표이사** : 이사 중에서 이사회 결의로 선임되는 것이 원칙이며, 인원수에 관해 제한 없음
③ 회사는 대표이사에 갈음하여 집행임원을 둘 수 있으며, 집행임원 설치회사는 회사 업무집행기관(집행임원)과 업무감독기관(이사회)을 분리

(3) 감사 · 감사위원회 · 준법지원인(감사기관)
① **감사** : 이사(집행임원)의 업무집행과 회계를 감사할 권한을 가진 주식회사 기관
② **감사위원회**
  ㉠ 감사에 갈음하는 이사회 내 위원회의 하나인 필요상설기관
  ㉡ 반드시 3명 이상의 위원(이사)으로 구성되며, 2/3 이상은 사외이사로 구성
③ **준법지원인** : 임직원의 준법통제기준 준수 여부를 점검하고 결과를 이사회에 보고하는 자

4. 자본금

(1) 자본금
① 주식회사가 발행한 주식수 × 각 주식 액면가 = 발행주식의 액면총액
② 자본금은 회사가 보유하는 재산의 총액인 회사재산과 다름

(2) 자본금의 증가
① **신주발행** : 정관에서 정하지 않는 한 이사회 권한사항
② **신주인수권** : 신주인수권자는 신주인수권증서에 의해 신주인수권 양도 가능
③ **출자의 이행** : 신주 인수인은 납입기일에 그 인수가액 전액 납입
④ **등기** : 신주가 발행되면 발행주식총수 및 주식 종류와 수의 변경이 생기고 자본총액이 증가하므로 변경등기

(3) 자본금의 감소
① **의의** : 감소한 금액을 주주에게 반환함으로써 순재산도 같이 감소하는 실질적 자본 감소와 자본금 감소는 계산상으로만 자본금액을 줄이고 순재산은 사외에 유출하지 않는 명목상 자본금 감소로 나뉨
② **채권자 보호절차** : 주주총회 특별결의 필요, 채권자 보호를 위해 주주총회 결의일로부터 2주 내에 회사채권자에 대해 1월 이상 일정 기간 내에 자본금 감소에 대한 이의를 제출할 것을 공고 및 최고

5. 이익배당
① **요건** : 배당가능한 이익이 있어야 함
② **이익배당청구권** : 구체적 이익배당청구권은 독립된 채권으로서 주주 지위와 무관하게 양도 · 압류 · 입질할 수 있고, 전부명령의 목적이 되며, 소멸시효에 걸림
③ **배당금지급시기와 시효**
  ㉠ 배당금지급시기 : 이익배당 결의가 있은 날로부터 1월 내에 지급
  ㉡ 배당금지급청구권의 소멸시효 : 5년
④ **주식배당**
  ㉠ 금전 대신 새로 발행하는 주식으로 하는 이익배당
  ㉡ 배당가능이익이 자본화함에 따라 그만큼 발행주식총수가 증가하고 자본도 증가하지만 회사 자산에는 변동 없음

적중문제

01 주주에 대한 설명으로 적절하지 않은 것은?

① 주주란 주식회사의 사원으로서 주주가 될 수 있는 자격에는 제한이 없다.
② 주주가 1인인 회사는 인정되지 않는다.
③ 주식회사의 자본금은 주식이라는 일정한 비율로 분할되어 있으며, 1주의 금액은 최소 100원이다.
④ 회사는 성립 후 또는 신주의 납입기일 후 지체 없이 주권을 발행하여야 한다.
⑤ 주식의 양수인은 주권의 교부만 받으면 주주가 되지만, 그가 주주임을 회사에 대항하기 위해서는 주주명부에 그의 성명과 주소를 기재하여야 한다.

[해설]
주주란 주식회사의 사원으로서 주주가 될 수 있는 자격에는 제한이 없으며, 주주의 수는 회사설립 시에는 발기인의 수와 같이 1인 이상이어야 하고, 성립 후에도 제한이 없으므로 주주가 1인인 회사도 인정된다.

02 주식회사에 대한 설명으로 적절하지 않은 것은?

① 주주는 주식의 인수가액을 한도로 회사에 대하여 출자의무를 부담하며, 회사채권자에 대하여 아무런 책임을 지지 않는다.
② 주식회사의 설립사무를 담당하는 자는 특수한 지위를 가진 발기인이다.
③ 주식회사 설립방법은 발기설립과 모집설립이 있다.
④ 설립 중의 회사는 권리능력 없는 사단이며, 그 성립시기는 정관이 작성되고 발기인이 1주 이상의 주식을 인수한 때이다.
⑤ 발기인의 수는 1인 이상이어야 하고, 주주의 수는 3인 이상이어야 한다.

[해설]
주주란 주식회사의 사원으로서 주주가 될 수 있는 자격에는 제한이 없으며, 주주의 수는 회사설립 시에는 발기인의 수와 같이 1인 이상이어야 하고, 성립 후에도 제한이 없으므로 주주가 1인인 회사도 인정된다.

03 전자증권제도에 대한 설명으로 적절하지 않은 것은?

① 2019년 9월 전자증권법 시행 이후 증권시장에 상장된 회사는 의무적으로 예탁제도에서 전자증권제도로 전환된다.
② 실물증권의 발행 없이 전자적 방법에 따라 증권을 등록발행하고, 전산장부상으로만 양도·담보·권리행사 등이 이루어지는 제도를 말한다.
③ 전자등록의 효과에는 권리추정력·효력발생요건·선의취득이 있다.
④ 신탁의 경우에는 전자등록계좌부에 신탁재산이라는 사실을 표시하는 것이 신탁관계의 효력발생요건이다.
⑤ 기존 예탁제도와 달리 전자등록된 증권에 대해서는 실물발행이 금지되고 이를 위반해 실물을 발행해도 효력이 인정되지 않는다.

해설
신탁의 경우에는 전자등록계좌부에 신탁재산이라는 사실을 표시하는 것이 신탁관계의 효력발생요건은 아니고 제3자에 대한 대항요건이다.

04 상법상 규정된 주주총회 특별결의사항에 해당하지 않는 것은?

① 신주발행 ② 정관의 변경
③ 자본의 감소 ④ 회사의 분할
⑤ 이사·감사의 해임

해설
상법상 규정된 특별결의사항으로는 정관의 변경, 자본의 감소, 회사의 해산, 회사의 합병, 회사의 분할, 회사의 영업의 전부 또는 중요한 일부의 양도, 회사의 영업에 중대한 영향을 미치는 다른 회사의 영업 전부 또는 일부의 양수, 이사·감사의 해임 등이다. 보통결의사항으로는 상법이나 정관에서 특별결의사항이나 특수결의사항으로 정한 이외의 모든 사항이다.

05 주주총회에 대한 설명으로 가장 적절한 것은?

① 주주총회는 주주로 구성되며, 임의적 기관이다.
② 주주총회는 상법 또는 정관이 정하는 사항에 한해서만 의결할 수 있다.
③ 주주에 대한 소집통지는 원칙적으로 총회일의 3주간 전에 서면 또는 각 주주의 동의를 받아 전자문서로 발송되어야 한다.
④ 보통결의는 원칙적으로 출석한 주주의 의결권의 과반수와 발행주식총수의 1/3 이상의 수로써 하는 결의이다.
⑤ 특별결의는 출석한 주주의 의결권의 2/3 이상이며 발행주식총수의 1/2 이상의 수로써 하는 결의이다.

해설
① 주주총회는 주주로 구성되며, 회사의 기본적 사항에 관하여 회사의 의사를 결정하는 필요적 상설의 기관이며, 주주총회는 상법 또는 정관이 정하는 사항에 한해서만 의결할 수 있다.
③ 주주에 대한 소집통지는 원칙적으로 총회일의 2주간 전에 서면 또는 각 주주의 동의를 받아 전자문서로 발송되어야 한다.
④ 보통결의는 원칙적으로 출석한 주주의 의결권의 과반수와 발행주식총수의 1/4 이상의 수로써 하는 결의이다.
⑤ 특별결의는 출석한 주주의 의결권의 2/3 이상이며 발행주식총수의 1/3 이상의 수로써 하는 결의이다.

정답 03 ④ 04 ① 05 ②

06 주식회사의 감사기관에 대한 설명으로 적절하지 않은 것은?

① 감사는 이사의 업무집행을 감사하고 회계를 감사할 권한을 가진 주식회사의 기관이다.
② 자본금 총액이 10억원 미만인 소규모 주식회사는 감사를 선임하지 않을 수 있다.
③ 감사위원회는 이사회 내 위원회의 하나인 필요상설기관이므로, 감사위원회를 설치한 경우에도 별도로 감사를 둘 수 있다.
④ 감사위원회는 반드시 3명 이상의 위원으로 구성되며, 2/3 이상은 사외이사이어야 한다.
⑤ 준법지원인은 준법통제기준에 의하여 회사의 내부에서 임직원이 업무를 수행하기 이전에 관련법규 위반 등을 점검한다.

해설
감사위원회는 감사에 갈음하여 이사의 업무집행과 회계를 감사할 권한을 가진 이사회 내 위원회의 하나인 필요상설기관이다. 상법상 감사위원회는 원칙적으로 자율적으로 정관에 의하여 설치할 수 있는데, 감사위원회를 설치한 경우에는 감사를 둘 수 없다.

07 주식회사의 기관에 대한 설명으로 적절하지 않은 것은?

① 주주총회는 주주로 구성되며, 회사의 기본적 사항에 관하여 회사의 의사를 결정하는 필요적 상설의 기관이다.
② 주주의 의결권은 1주식마다 1개만이 부여되는 것이 원칙이다.
③ 이사는 이사회에서 선임되어 회사의 업무집행에 관한 이사회의 의사결정과 대표이사의 업무집행을 감독하는 데 참여할 권한을 갖는 자이다.
④ 회사는 대표이사에 갈음하여 집행임원을 둘 수 있다.
⑤ 감사는 이사의 업무집행을 감사하고 회계를 감사할 권한을 가진 주식회사의 기관이다.

해설
이사는 주주총회에서 선임되어 이사회의 구성원으로서 회사의 업무집행에 관한 이사회의 의사결정과 대표이사의 업무집행을 감독하는 데 참여할 권한을 갖는 자이다.

08 주식회사 자본금에 대한 설명으로 가장 적절한 것은?

① 신주발행은 타인자본으로 회사의 부채이므로 일정 기간이 지나면 상환하여야 하는 부담이 있다.
② 사채는 상환주식이 아닌 한 자기자본이다.
③ 정관에서 신주발행을 주주총회의 권한사항으로 정하지 않는 한 이사회의 권한사항이므로 이사회의 결정만으로 자본을 증가시킬 수 있다.
④ 신주가 발행되면 등기사항이 아니므로 변경등기가 필요 없다.
⑤ 자본금의 감소는 주주총회의 보통결의가 있어야 한다.

해설
① 사채에 대한 설명이다.
② 신주발행에 대한 설명이다.
④ 신주가 발행되면 발행주식총수 및 주식의 종류와 수의 변경이 생기고 자본의 총액이 증가하므로 변경등기를 하여야 한다.
⑤ 자본금의 감소는 주주의 이해관계에 중대한 영향을 미치는 행위이므로 정관변경의 경우와 마찬가지로 주주총회의 특별결의가 있어야 하고, 자본금 감소는 회사채권자의 이익에 중대한 영향을 주므로 채권자를 보호하기 위해 회사는 자본금 감소의 주주총회 결의일로부터 2주 내에 회사채권자에 대해 1월 이상의 일정 기간 내에 자본금 감소에 대한 이의를 제출할 것을 공고 및 최고하여야 한다.

09 주식회사 이익배당에 대한 설명으로 가장 적절한 것은?

① 구체적 이익배당청구권은 독립된 채권으로 볼 수 없다.
② 회사는 배당금을 주주총회나 이사회의 이익배당 결의가 있는 날로부터 3월 내에 지급하여야 한다.
③ 배당금지급청구권의 소멸시효는 3년이다.
④ 주식배당이란 금전 대신에 새로 발행하는 주식으로 하는 이익배당이다.
⑤ 주식배당을 하면 회사의 자산이 증가한다.

해설
① 구체적 이익배당청구권은 독립된 채권으로서 주주의 지위와 무관하게 양도·압류·입질할 수 있고, 전부명령의 목적이 되며, 소멸시효에 걸린다.
② 회사는 배당금을 주주총회나 이사회의 이익배당 결의가 있는 날로부터 1월 내에 지급하여야 한다.
③ 배당금지급청구권의 소멸시효는 5년이다.
⑤ 주식배당을 하면 배당가능이익이 자본화함에 따라 그만큼 발행주식총수가 증가하고 자본도 증가하지만 회사의 자산에는 변동이 없다.

핵심테마 05 은행거래 기본법률

출제포인트
- 수신업무
- 여신업무

1. 수신업무

(1) 예금계약
위탁자(예금주)가 은행에 금전 보관을 위탁해 은행이 예입금 소유권을 취득하고 위탁자(예금주)에 대해 이를 반환할 것을 약정하는 계약 → 법률적 성질은 소비임치

(2) 예금계약의 성립시기
① **현금 입금의 경우** : 예금자가 예금 의사표시와 함께 제공한 금전을 은행직원이 예금자가 청약한 금액과 일치함을 확인한 때(단, 현금으로 계좌송금하거나 계좌이체하는 경우 예금원장에 입금 기록이 된 때)

② **어음·수표 입금의 경우**
  ㉠ 유가증권으로 입금하거나 계좌송금한 경우 : 은행이 그 증권을 교환에 돌려 부도반환시한이 지나고 결제를 확인한 때
  ㉡ 자기앞수표인 경우 : 지급제시기간 안에 사고신고가 없으며 결제될 것이 틀림없음을 은행이 확인하고 예금원장에 입금기장을 마친 때

③ **전자자금이체의 경우** : 거래 지시된 금액 정보에 대해 수취인 계좌가 개설되어 있는 금융회사 계좌원장에 입금 기록이 끝난 때

(3) 착오송금과 수취은행의 상계권
① 수취은행은 착오송금 여부에 관해 조사할 의무 없음 → 수취인에 대한 대출채권 등을 자동채권으로 하여 수취인 계좌에 입금된 금원 상당의 예금채권과 상계는 원칙적으로 가능
② 송금은행은 수취인(or 수취은행)에게 착오 송금 사실과 반환 의무 등을 알리고, 송금인에게 수취인에 대한 연락 사실, 수취인의 반환 의사 유무, 수취인이 반환 의사가 없는 경우 그 사유 등을 알려야 함
③ 착오 송금이라고 하더라도 은행은 수취인 동의 없이 송금인에게 임의로 돈을 돌려줄 수 없고, 송금인은 은행이 아닌 수취인을 대상으로 부당 이득 반환 청구권을 가지며, 수취인이 착오 입금된 돈을 임의로 인출해 사용하는 경우 횡령죄에 해당
④ **착오송금 반환지원제도** : 착오송금액이 5만원에서 1억원 이하일 경우 예금보험공사에 신청 가능(착오송금일로부터 1년 이내 신청)

(4) 예금주의 변경
① **예금채권의 상속** : 상속인이 여러 명인 경우 공동상속재산에 대한 그들 사이의 법률관계 공유 → 각 공동상속인들은 단독으로 예금채권 중 자기 상속분에 따른 금액 지급 청구 가능 → 은행은 기본증명서 or 가족관계증명서 등을 징구해 상속인인 사실을 확인하고 그 법정상속분에 따라 지급하면 면책
② **예금채권의 양도** : 예금주 확인이 어려운 무기명식 예금을 제외하고는 은행 승낙 없이 예금채권 양도나 담보제공 금지

(5) 예금채권 소멸
① 예금채권은 일반채권의 소멸원인과 동일하게 변제, 상계 및 공탁 등에 의해 소멸
② 금융기관이 선의·무과실로 예금채권 준점유자로 인정되는 자에게 지급한 경우 변제로 인정 가능

(6) 차명예금에 대한 예금주의 판단
① **금융실명법** : 예금명의자 및 예금출연자 간 상호합의에 의한 차명거래도 금지
② 모든 계좌의 금융자산은 명의자 소유 → 예금출연자 등 실소유자가 예금소유권을 주장하려면 소송을 통해 입증

2. 여신업무

(1) 대출계약
① **대출의 의의** : 법률적으로 민법상 소비대차에 해당하며, 유상의 낙성·쌍무계약
② **대출의 종류**
  ㉠ 증서대출 : 대출 시 차주로부터 여신거래약정서를 받고 자금을 빌려 주는 형태의 대출이며, 거의 대부분의 대출
  ㉡ 어음대출 : 여신거래약정서 이외에 채무이행 담보를 위한 어음을 추가로 징구
  ㉢ 어음할인 : 상거래에 수반해 차주가 취득한 어음을 금융기관이 어음 만기일까지의 이자를 차감하고 매입함으로써 차주에게 자금을 공급하는 형식의 대출
  ㉣ 당좌대출 : 당좌계정거래에 수반해 거래처가 일정한도 범위 내에서 당좌예금잔액을 초과해 발행된 수표(어음)에 대해 은행이 자동대출 형태로 지급에 응하는 대출
③ **대출계약의 성립시기** : 차주가 금전소비대차약정서를 작성해 은행에 제출하고 은행이 이를 이의 없이 수리한 때
④ **대출계약의 주요내용** : 주요내용은 여신거래기본약관에서 규정, 세부적인 사항은 여신거래약정서 등을 이용
  ㉠ 이율 : 고정금리대출과 변동금리대출 중 하나를 선택
  ㉡ 기한이익의 상실

(2) 대출금 채권의 회수
① 변 제
② 상 계
  ㉠ 상계 : 채권자와 채무자가 서로 같은 종류를 목적으로 하는 채권·채무를 가지고 있는 경우(예 대출과 예금) 그 채무들을 대등액에서 소멸케 하는 단독행위

ⓒ 상계의 요건(상계적상)
- 동종의 채권이 서로 대립하고 있을 것
- 상계를 하는 자의 채권인 자동채권(예 은행의 대출채권)과 상계를 당하는 자의 채권인 수동채권(예 채무자의 예금채권)이 모두 변제기에 있을 것
- 채권의 성질상 상계가 허용될 것
- 서면에 의한 상계 통지를 할 것

ⓒ 지급금지명령과 상계 : 압류채권자 등 제3자에게 대항할 수 있지만, 지급금지명령(압류나 가압류 등)을 받은 후에 취득한 대출채권으로는 대항할 수 없음

ⓔ 상계권의 행사 : 상계의 의사표시를 해야 상계 효과 발생

ⓜ 상계의 효과 : 유효한 상계가 있으면 자동채권과 수동채권은 그 상계적상 시로 소급해 대등액에 관해 소멸

적중문제

01 예금계약의 성립시기가 적절하지 않게 연결된 것은?

① 현금 입금의 경우 : 예금자가 예금의 의사표시와 함께 제공한 금전을 은행직원이 예금자가 청약한 금액과 일치함을 확인한 때
② 현금 계좌송금의 경우 : 예금원장에 입금의 기록이 된 때
③ 어음 입금의 경우 : 예금원장에 입금의 기록이 된 때
④ 자기앞수표 입금의 경우 : 지급제시기간 안에 사고신고가 없으며 결제될 것이 틀림없음을 은행이 확인하고 예금원장에 입금기장을 마친 때
⑤ 전자자금이체의 경우 : 거래 지시된 금액의 정보에 대하여 수취인의 계좌가 개설되어 있는 금융회사의 계좌원장에 입금기록이 끝난 때

해설
유가증권으로 입금하거나 계좌송금한 경우는 현금 입금의 경우와 달리 은행이 그 증권을 교환에 돌려 부도반환시한이 지나고 결제를 확인한 때에 예금계약이 성립한다.

정답 01 ③

02 송금인의 착오로 인해 송금 금액, 수취 금융회사, 수취인 계좌번호 등이 잘못 입력되어 이체된 착오 송금이 발생할 경우에 대한 적절한 설명으로 모두 묶인 것은?

> 가. 송금은행은 수취인에게 착오 송금 사실, 반환 의무 등을 알리고, 송금인에게 수취인에 대한 연락 사실, 수취인의 반환 의사 유무, 수취인이 반환 의사가 없는 경우 그 사유 등을 알려야 한다.
> 나. 은행은 수취인의 동의 없이 송금인에게 임의로 돈을 돌려 줄 수 있다.
> 다. 송금인은 은행이 아닌 수취인을 상대로 부당 이득 반환 청구권을 가진다.
> 라. 수취인이 착오 입금된 돈을 임의로 인출하여 사용하는 경우 횡령죄에 해당한다.

① 가, 나
② 다, 라
③ 가, 다, 라
④ 나, 다, 라
⑤ 가, 나, 다, 라

해설
나. 착오 송금이라고 하더라도 은행은 수취인의 동의 없이 송금인에게 임의로 돈을 돌려 줄 수 없고, 송금인은 은행이 아닌 수취인을 상대로 부당 이득 반환 청구권을 가지며, 수취인이 착오 입금된 돈을 임의로 인출하여 사용하는 경우 횡령죄에 해당한다.

03 수신업무에 대한 설명으로 적절하지 않은 것은?

① 예금계약의 법률적 성질은 소비임치이다.
② 유가증권으로 입금하거나 계좌송금한 경우는 은행이 그 증권을 교환에 돌려 부도반환시한이 지나고 결제를 확인한 때에 예금계약이 성립한다.
③ 수취은행은 원칙적으로 수취인의 계좌에 입금된 금원이 송금의뢰인의 착오로 자금이체의 원인관계 없이 입금된 것인지 여부에 관하여 조사할 의무가 없다.
④ 예금거래기본약관은 예금채권의 양도나 담보제공을 자유롭게 허용하고 있다.
⑤ 금융기관이 선의·무과실로 예금채권의 준점유자로 인정되는 자에게 지급한 경우는 변제로 인정될 수 있다.

해설
예금거래기본약관은 예금주의 확인이 어려운 무기명식 예금을 제외하고는 은행의 승낙 없이 예금채권의 양도나 담보제공을 금지하고 있다.

정답 02 ③ 03 ④

04 차명예금에 대한 설명으로 적절하지 않은 것은?

중요도 ●●●

① 모든 계좌의 금융자산은 명의자 소유가 되므로, 예금출연자 등 실소유자가 예금의 소유권을 주장하려면 소송을 통해 입증해야 한다.
② 금융실명법이 개정되기 전에는 대법원도 금융기관과 예금출연자인 제3자 사이에서 예금출연자인 제3자에게 예금반환청구권을 귀속시키겠다는 명확한 의사의 합치가 있는 극히 예외적인 경우에는 제3자인 출연자를 예금계약의 당사자로 인정한 경우도 있었다.
③ 불법재산 은닉이나 자금 세탁, 탈세 등을 목적으로 다른 사람 명의로 된 계좌를 개설할 경우 5년 이하의 징역이나 5천만원 이하의 벌금을 받게 된다.
④ 개정 금융실명법에서는 명의를 빌린 사람만 처벌을 받게 된다.
⑤ 금융회사 임직원은 거래자에게 불법 차명거래가 금지된다는 사실을 설명해야 한다.

해설
개정 금융실명법은 불법 차명거래에 대한 처벌 규정을 강화하여, 불법재산 은닉이나 자금 세탁, 탈세 등을 목적으로 다른 사람 명의로 된 계좌를 개설할 경우 5년 이하의 징역이나 5천만원 이하의 벌금을 받게 되며, 명의를 빌린 사람과 함께 불법임을 알고 명의를 빌려 준 사람도 공범으로 처벌을 받게 된다.

05 대출계약에 대한 설명으로 적절하지 않은 것은?

중요도 ●●○

① 법률적으로는 민법상의 소비대차에 해당한다.
② 유상의 낙성·쌍무계약이다.
③ 어음대출은 상거래에 수반하여 차주가 취득한 어음을 금융기관이 어음 만기일까지의 이자를 차감하고 매입함으로써 차주에게 자금을 공급하는 형식의 대출이다.
④ 대출계약의 성립시기는 차주가 금전소비대차약정서를 작성하여 은행에 제출하고 은행이 이를 이의 없이 수리한 때에 성립한다.
⑤ 여신계약의 주요내용은 금융기관이 공통으로 사용하고 있는 여신거래기본약관에서 규정하고 있고, 나머지 세부적인 사항은 여신거래약정서 등을 이용하여 약정한다.

해설
③은 어음할인에 대한 설명이다. 어음대출은 증서대출과 마찬가지로 금전소비대차계약의 일종이다. 다만, 여신거래약정서 이외에 채무이행을 담보하기 위한 어음을 추가로 징구하는 것이 증서대출과 구별된다.

06 여신업무에 대한 설명으로 적절하지 않은 것은?

① 여신은 금융기관이 신용을 공여하는 일체의 금융거래를 포괄적으로 나타내기 위하여 사용되는 개념이다.
② 대출은 법률적으로는 민법상의 소비대차에 해당한다.
③ 대출은 유상의 낙성 · 쌍무계약이다.
④ 대출계약의 성립시기는 차주가 금전소비대차약정서를 작성하여 은행에 제출한 때에 성립한다.
⑤ 채무자가 기한의 이익을 상실한 경우라 하더라도 채무자의 악화되었던 신용이 회복되었거나 채권보전의 필요가 심각하지 않은 경우에는 채무자의 기한의 이익을 부활시킬 수 있다.

해설
대출계약의 성립시기는 차주가 금전소비대차약정서를 작성하여 은행에 제출하고 은행이 이를 이의 없이 수리한 때에 성립한다.

07 상계에 대한 적절한 설명으로 모두 묶인 것은?

가. 채권자와 채무자가 서로 같은 종류를 목적으로 하는 채권 · 채무를 가지고 있는 경우에 그 채무들을 대등액에서 소멸하게 하는 단독행위이다.
나. 상계가 유효하려면 당사자 쌍방의 채권이 일정한 요건을 갖추고 있어야 하는데, 이를 상계적상이라고 한다.
다. 상계를 할 수 있다고 하여도 당연히 상계의 효과가 발생하는 것은 아니고, 상계의 의사표시를 해야 상계의 효과가 발생한다.
라. 유효한 상계가 있으면 자동채권과 수동채권은 그 상계의 의사표시 당시의 대등액에 관하여 소멸한다.

① 가, 다
② 나, 라
③ 가, 나, 다
④ 나, 다, 라
⑤ 가, 나, 다, 라

해설
라. 유효한 상계가 있으면 자동채권과 수동채권은 그 상계적상 시로 소급하여 대등액에 관하여 소멸한다.

핵심테마 06 약관의 규제에 관한 법률

출제포인트
- 약관내용 명시 및 사본교부의무
- 중요내용 설명의무
- 약관의 해석원칙

1. 약관의 정의
그 명칭이나 형태 or 범위를 불문하고 계약의 일방 당사자가 다수의 상대방과 계약을 체결하기 위해 일정 형식에 의해 미리 마련한 계약의 내용이 되는 것 → 특별법인 약관의 규제에 관한 법률에 의해서 규율

2. 약관내용 명시 및 사본교부의무
① **명시의무** : 은행은 계약체결에 있어서 고객에게 약관 내용을 계약 종류에 따라 일반적으로 예상되는 방법으로 명시
② **사본교부의무** : 은행은 고객이 요구할 때 당해 약관 사본을 고객에게 교부
③ **의무위반의 효과** : 당해 약관을 계약 내용으로 주장 불가

3. 중요내용 설명의무
① **설명의무** : 설명은 직접 구두로 하는 것이 원칙(부득이한 경우에는 별도 설명문에 의해 성실하고 정확하게 고객에게 설명 가능)
② **중요내용** : 모든 내용 설명 ×, 중요한 내용만 설명
③ **의무위반의 효과** : 당해 약관을 계약 내용으로 주장 불가

4. 약관의 해석원칙
① **개별약정우선의 원칙** : 약관과 개별약정이 충돌할 때 충돌부분에 대해선 개별약정 우선
② **신의성실의 원칙** : 신의성실의 원칙에 따라 공정하게 해석
③ **객관적 해석의 원칙**
  ㉠ 거래에 참여하는 일반적 평균인의 이해능력과 언어관행을 기준으로 해석, 그 거래에 관여하는 집단의 총체적 이해관계를 고려의 대상으로 해야 함
  ㉡ 고객에 따라 다르게 해석되어선 안 되며, 모든 고객에게 통일적으로 해석
④ **작성자 불이익의 원칙** : 약관의 뜻이 명백하지 않아 둘 이상의 해석이 가능한 경우 고객에게 유리하게, 은행에게 불리하게 해석
⑤ **엄격해석의 원칙** : 고객 법률상 지위에 중대한 영향을 미치는 조항은 더욱 엄격하게 해석

5. 약관의 행정적 규제

은행이 금융거래약관을 제정·변경하고자 하는 경우 : 금융감독원장에게 사전 심사

적중문제

01 약관의 규제에 관한 법률을 설명한 것으로 적절하지 않은 것은?
중요도
●●○
① 약관은 그 명칭이나 형태 또는 범위를 불문하고 계약의 일방 당사자가 다수의 상대방과 계약을 체결하기 위해 일정한 형식에 의해 미리 마련한 계약의 내용이 되는 것이다.
② 은행은 고객이 요구할 때에는 당해 약관의 사본을 고객에게 교부하여 이를 알 수 있도록 해야 한다.
③ 은행이 약관내용 명시의무 및 사본교부의무에 위반하여 계약을 체결한 때에는 당해 계약은 무효이다.
④ 약관의 모든 내용을 설명해야 하는 것은 아니고, 중요한 내용만을 설명하면 된다.
⑤ 은행이 약관의 중요내용 설명의무에 위반하여 계약을 체결한 때에는 원칙적으로 당해 약관을 계약의 내용으로 주장할 수 없다.

해설
은행이 약관내용 명시의무 및 사본교부의무에 위반하여 계약을 체결한 때에는 당해 약관을 계약의 내용으로 주장할 수 없다.

02 약관의 규제에 관한 법률을 설명한 것으로 가장 적절한 것은?
중요도
●●○
① 약관이 계약의 내용으로 되기 위해서는 당사자 사이에서 편입에 관한 합의가 있어야 한다.
② 은행은 계약체결에 있어서 고객에게 약관의 내용을 명시하여 이를 알 수 있도록 하면 되고, 당해 약관의 사본을 교부할 필요는 없다.
③ 은행이 약관내용 명시의무에 위반하여 계약을 체결한 때에는 당해 계약은 무효가 된다.
④ 은행은 약관에 정해져 있는 중요한 내용을 고객이 이해할 수 있도록 반드시 직접 구두로 설명하여야 한다.
⑤ 약관과 개별약정이 충돌할 때에는 충돌부분에 대해서는 약관이 우선한다.

해설
② 은행은 고객이 요구할 때에는 당해 약관의 사본을 고객에게 교부하여 이를 알 수 있도록 하여야 하는 사본교부의무가 있다.
③ 은행이 약관내용 명시의무 및 사본교부의무에 위반하여 계약을 체결한 때에는 당해 약관을 계약의 내용으로 주장할 수 없다.
④ 설명은 직접 구두로 하는 것이 원칙이나, 부득이한 경우 약관 외에 별도의 설명문에 의해 성실하고 정확하게 고객에게 설명한 경우 설명의무를 다한 것으로 볼 수 있다.
⑤ 약관과 개별약정이 충돌할 때에는 충돌부분에 대해서는 개별약정이 우선한다.

정답 01 ③ 02 ①

03 약관의 해석원칙에 해당하지 않는 것은?

① 개별약정우선의 원칙
② 신의성실의 원칙
③ 객관적 해석의 원칙
④ 작성자 불이익의 원칙
⑤ 확대 해석의 원칙

> 해설
> 은행에게는 이익이 되고 고객에게는 부담이 되는 약관의 조항은 그 범위를 좁게 해석해야 한다. 이 외에 고객의 법률상의 지위에 중대한 영향을 미치는 약관 조항은 더욱 엄격하게 해석하여야 한다는 엄격해석의 원칙이 있다.

핵심테마 07 신탁법

출제포인트
- 신탁관계인
- 신탁재산
- 신탁목적의 제한(불법신탁의 설정 금지)
- 신탁의 종류
- 신탁상품의 종류
- 부동산 신탁

1. 신탁관계인

① **위탁자**

> 신탁을 설정하고 수탁자에 대해 일정 목적에 따라 재산 관리 or 처분을 하도록 재산권 이전, 기타 처분을 하는 자

② **수탁자**

> • 위탁자로부터 재산권 이전, 기타 처분을 받아 특정 목적에 따라 그 재산 관리 or 처분을 하는 자
> • 신탁재산 명의인이 됨과 동시에 신탁재산에 관해 관리 or 처분 권한이 있음

　㉠ 신탁재산 분별관리 의무 : 자신의 고유재산과 신탁재산 구분 관리
　㉡ 물적 유한책임의 원칙 : 신탁행위로 인해 수익자에게 부담하는 채무는 신탁재산 한도로 제한
　㉢ 수탁자의 충실의무 : 수익자 이익을 위해 신탁사무 처리

③ **수익자** : 신탁행위에 기해 신탁이익을 누리는 자
④ **수익권**
　㉠ 수익자로 지정된 자는 별도 수익 의사표시 없이 수익권 발생 시점에 당연히 수익권 취득
　㉡ 특별한 경우를 제외하고 민법상 지명채권

2. 신탁재산

① **신탁할 수 있는 재산** : 자본시장법에서 금전, 증권, 금전채권, 동산, 부동산, 지상권·전세권·부동산임차권·부동산소유권이전등기청구권·그 밖의 부동산 관련 권리, 무체재산권(지식재산권 포함)으로 제한
② **신탁재산의 분별관리** : 수탁자는 자신의 고유 재산과 신탁재산 구분 관리
③ **신탁재산의 독립성**
　㉠ 수탁자의 상속재산에 귀속되지 않고, 수탁자의 파산재단에 속하지 않음
　㉡ 신탁재산에 속하는 채권과 속하지 않는 채무와는 상계 금지
　㉢ 원칙적으로 강제집행 or 경매 불가
④ **실적배당의 원칙** : 이익보장 ×, 원금보장 × → 손실 발생은 모두 수익자에게 귀속(손실보전 ×)

3. 신탁목적의 제한(불법신탁의 설정 금지)

① 탈법행위를 목적으로 하는 신탁
② 소송을 목적으로 하는 신탁
③ 채권자 사해신탁

4. 신탁의 종류

① 계약신탁(대부분)과 유언신탁
② 사익신탁과 공익신탁
③ 자익신탁과 타익신탁
  ㉠ 자익신탁 : 위탁자 자신이 수익자가 되는 신탁
  ㉡ 타익신탁 : 위탁자 이외의 자가 수익자가 되는 신탁
④ 영업신탁과 비영업신탁
  ㉠ 영업신탁 : 자본시장법에 의한 인가 필요, 업무도 감독관청의 규제와 지시를 받음
  ㉡ 비영업신탁 : 무상성이 원칙(수탁자는 특약이 없는 경우 보수청구 불가)
⑤ 개별신탁과 집단신탁
  ㉠ 개별신탁 : 개별 위탁자마다 각각 체결 → 각 신탁재산마다 분별관리되는 신탁
  ㉡ 집단신탁 : 불특정다수의 위탁자와 정형화된 약관에 의해 체결 → 신탁재산 공동관리

5. 신탁상품의 종류

① **단독운용신탁과 합동운용신탁**
  ㉠ 단독운용신탁 : 신탁상품을 위탁자별로 구분 관리
  ㉡ 합동운용신탁 : 동일 신탁상품이라면 위탁자가 다수이더라도 하나의 신탁상품으로 보아 한꺼번에 모아서 집합적 운용
② **일임형 신탁과 비일임형 신탁**
  ㉠ 일임형 신탁 : 신탁재산 운용권한을 수탁자인 신탁회사가 가지고 있는 신탁
  ㉡ 비일임형 신탁 : 운용권한을 위탁자인 고객이 가지고 있는 신탁

6. 부동산 신탁

① **부동산신탁업의 내용**
  ㉠ 부동산관리신탁 : 부동산의 포괄적인 관리 · 보전을 목적으로 하는 신탁
  ㉡ 부동산처분신탁 : 수탁자는 처분가격의 결정, 매수인과의 교섭, 처분대금의 운용 등 모든 권한 보유 → 통상적인 대리인보다 넓은 권능
  ㉢ 부동산담보신탁 : 부동산 소유자가 자신 or 타인의 채무이행 담보를 위해 자기소유 부동산을 부동산신탁회사에게 이전하는 것
  ㉣ 토지신탁(개발신탁) : 부동산신탁회사가 수탁자로서 신탁된 토지상의 건물을 신축하는 등 개발행위를 하고, 토지 및 지상건물을 일체로 분양 or 임대하여 그 수입으로 신탁회사 투입비를 회수하고 수익을 교부하는 것

② **기타 유형의 부동산 신탁**
  ㉠ 부동산투자신탁 : 다수의 소액투자가로부터 공모에 의해 자금 조달해 부동산의 구입·운용·개발 등 부동산투자를 행하고, 그 운용수익을 투자자에게 배분
  ㉡ 부동산투자회사
    • 국토교통부장관의 인가를 받아 부동산투자에 관한 영업
    • 자기관리형 부동산투자회사, 위탁형 부동산투자회사 및 기업구조조정 부동산투자회사로 구분
  ㉢ 건축물의 분양관리신탁
  ㉣ 신탁방식에 의한 자산유동화 : 자산 담보로 자산담보부채권(ABS)을 발행하여 자금 조달
  ㉤ 담보부사채신탁 : 기업이 회사채를 발행할 때 금융기관에 유가증권이나 부동산 등의 담보물건을 신탁하고 담보가액 범위 내에서 사채를 발행하는 것
③ **부동산신탁의 공시** : 위탁자로부터 수탁자에게로 부동산소유권의 이전을 위하여 소유권이전등기와 그 부동산이 신탁재산임을 표시하는 신탁등기 필요

적중문제

01 신탁법에 대한 적절한 설명으로 모두 묶인 것은?

> 가. 신탁은 위탁자가 신탁계약 또는 유언에 의해 수탁자에게 재산권의 명의와 관리·처분권을 귀속시켜, 신탁목적에 따라 위탁자 본인 또는 수익자를 위해 수탁자로 하여금 그 재산권을 관리·처분·운용·개발 등을 위해 필요한 행위를 하게 하는 법률관계이다.
> 나. 신탁법과 자본시장법이 충돌하는 경우에는 특별법인 자본시장법이 우선하여 적용된다.
> 다. 수탁자는 자신의 고유한 재산과 신탁재산을 구분하여 관리하여야 한다.
> 라. 수탁자가 파산하는 경우 신탁재산은 수탁자의 파산재단에 속하지 않는다.

① 가, 다
② 나, 라
③ 가, 나, 다
④ 나, 다, 라
⑤ 가, 나, 다, 라

[해설]
모두 적절한 설명이다.

02 신탁법에 대한 설명으로 적절하지 않은 것은?

① 수탁자란 위탁자로부터 재산권의 이전, 기타 처분을 받아 특정의 목적에 따라 그 재산의 관리 또는 처분을 하는 자를 말한다.
② 수탁자는 자신의 고유한 재산과 신탁재산을 구분하여 관리하여야 한다.
③ 신탁행위에 의하여 수익자로 지정된 자는 별도의 수익의 의사표시를 통해서만 수익권을 취득한다.
④ 자본시장법에서 수탁할 수 있는 신탁재산의 종류에는 지식재산권을 포함한 무체재산권도 가능하다.
⑤ 신탁법은 탈법행위를 목적으로 하는 신탁을 금지하고 있다.

[해설]
신탁행위(신탁계약)에 의하여 수익자로 지정된 자는 별도의 수익의 의사표시 없이 수익권이 발생된 시점(신탁행위의 효력 발생 시점)에 당연히 수익권을 취득한다.

정답 01 ⑤ 02 ③

03 불특정금전신탁에 대한 적절한 설명으로 모두 묶인 것은?

가. 위탁자가 신탁재산의 운용방법을 특정하지 않고 수탁자에게 일임하는 금전신탁이다.
나. 다른 신탁상품과는 합동운용이 불가하다.
다. 금융사가 여러 고객의 돈을 모아 운용한 뒤 수익을 돌려주는 실적배당상품으로 펀드와 비슷하다.
라. 현재 신규 취급이 가능하다.

① 가, 다
② 다, 라
③ 가, 나, 라
④ 나, 다, 라
⑤ 가, 나, 다, 라

해설
나. 위탁자가 신탁재산의 운용방법을 특정하지 않고 수탁자에게 일임하는 금전신탁으로서 수탁자는 관계 법령에서 정하고 있는 방법과 대상의 제한 범위 내에서 자유롭게 자산운용을 하고 다른 신탁상품과도 합동운용할 수 있다.
라. 90년대 말 은행의 주요 상품이었지만 2004년 7월부터는 간접투자자산운용업법이 도입되면서 불특정금전신탁의 신규 취급이 금지됐다.

04 부동산 신탁에 대한 설명으로 적절하지 않은 것은?

① 부동산관리신탁은 부동산의 관리·보전을 목적으로 하는 신탁이다.
② 처분신탁의 수탁자는 처분가격의 결정, 매수인과의 교섭, 처분대금의 운용 등 모든 권한을 가지므로 통상적인 대리인의 권능보다 넓다.
③ 부동산담보신탁은 부동산의 소유자가 자신 또는 타인의 채무이행을 담보하기 위하여 자기소유의 부동산을 부동산신탁회사에게 이전하는 것이다.
④ 부동산투자신탁은 국토교통부장관의 인가를 받아 부동산투자에 관한 영업을 한다.
⑤ 부동산신탁의 경우 위탁자로부터 수탁자에게로 부동산소유권의 이전을 위하여 소유권이전등기와 그 부동산이 신탁재산임을 표시하는 신탁등기를 하여야 한다.

해설
④는 부동산투자회사에 대한 설명이다. 부동산투자신탁은 금융위원회로부터 인가받은 집합투자업자가 투자자로부터 자금을 모집하여 집합투자업자(위탁자)와 신탁업자(수탁자) 상호 간에 체결되는 신탁약관에 따라 그 자금을 수탁자에게 신탁재산으로 이전한 후 그 신탁재산에 속하는 자금을 사용하여 수탁자가 제3자로부터 부동산을 취득하여 신탁재산에 편입시키는 방식으로 거래가 이루어지고, 수익증권을 매입하는 투자자가 수익자로 되는 제3자를 위한 신탁(타익신탁)이다.

정답 03 ① 04 ④

핵심테마 08 금융소비자보호

출제포인트
- 금융소비자보호법의 주요내용
- 6대 판매규제의 주요내용

(1) 기능별 규제체계 도입

동일기능·동일규제 원칙이 적용될 수 있도록 금융상품 및 금융상품판매업 등 유형을 재분류해 기능별 규제체계 마련

(2) 금융상품

구 분	개 념	대상(예시)
예금성	은행 예금과 같이 이자수익이 발생하는 금융상품으로서 원금보장이 되는 상품	예·적금 등
투자성	펀드와 같이 투자수익이 발생하는 금융상품으로서 원금이 보장되지 않는 상품	펀드 등 금융투자상품, 신탁상품
보장성	보험상품과 같이 장기간 보험료 납입 후 장래 보험사고 발생 시 보험금을 지급받는 금융상품	보험상품 등
대출성	대출과 같이 먼저 금융회사 등에서 금전을 빌려 사용 후 원금과 이자를 상환하는 금융상품	대출상품, 신용카드 등

(3) 금융상품판매조직

구 분	개 념	대상(예시)
직접 판매업자	대리·중개업자를 거치지 않고 금융소비자에게 직접 금융상품 판매	은행, 보험사, 저축은행 등 금융법상 금융회사 등
판매대리· 중개업자	금융회사와 금융소비자의 중간에서 금융상품 판매를 중개하거나 금융회사 위탁을 받아 판매를 대리	투자권유대행인, 보험설계·중개사, 보험대리점, 카드·대출모집인 등
자문업자	금융소비자가 본인에게 적합한 상품을 구매할 수 있도록 자문 제공	투자자문업자

(4) 금융소비자

구 분	개 념	대상(예시)	판매규제 보호범위
전문 금융소비자	금융상품에 관한 전문성, 소유자산규모 등에 비춰 금융상품 계약에 따른 위험감수능력이 있는 금융소비자	국가·한국은행·금융회사· 주권상장법인 등	6대 판매규제 중 불공정영업· 부당권유금지, 광고규제의 보호 대상
일반 금융소비자	전문금융소비자가 아닌 금융소비자	대부분의 금융소비자	6대 판매규제 전부의 보호 대상

(5) 판매행위 규제(6대 판매원칙)

모든 유형	내용	대상 상품
적합성 원칙	금융소비자 재산상황 등에 비춰 부적합한 상품 구매 권유 금지	보장성 · 투자성 · 대출성 상품
적정성 원칙	금융소비자가 자발적으로 구매하려는 상품이 해당 소비자 재산상황 등에 비춰 적정하지 않을 경우 고지의무	대출성 · 투자성 · 보장성 상품 일부
설명의무	금융소비자가 반드시 알아야 할 상품 주요내용 설명	모든 유형
불공정영업 행위금지	소비자 의사에 반해 다른 상품 계약강요, 부당한 담보요구, 부당한 편익요구 등 금지	모든 유형
부당권유금지	단정적 판단 or 허위사실 제공 등 금지	모든 유형
광고규제	금융상품 광고 시 필수 포함 / 금지행위 규제	모든 유형

(6) 과징금 및 과태료

① **과징금** : 금융상품직접판매업자 및 금융상품자문업자를 대상으로 금전적 제재 필요성이 있는 규제위반(설명의무 · 부당권유행위금지 · 불공정영업행위 · 광고규제 위반)에 대해 해당 위반행위로 인해 발생한 수입의 50% 범위에서 부과 가능

② **과태료**
  ㉠ 6대 판매원칙 위반, 내부통제기준 미수립, 계약서류 제공의무 위반 등
  ㉡ 과태료 부과 대상을 '위반한 자'로 규정 → 관리책임이 있는 대리중개업자, 직접판매업자에 대한 과태료 부과 가능
  ㉢ 부과대상 행위별로 1억원 · 3천만원 · 1천만원 범위 이내에서 부과 가능

(7) 금융회사의 사용자 책임

대리 · 중개업자에 대한 금융회사의 관리책임 및 지휘 · 감독관계를 명시하고 사용자 책임을 일반화하여 모든 판매채널에 적용

(8) 위법계약해지권

금융회사가 5대 판매규제(적합성원칙, 적정성원칙, 설명의무, 불공정영업행위 금지, 부당권유행위 금지) 위반 시, 금융소비자는 금융상품 계약 체결일로부터 최대 5년 이내, 위법사실을 안 날로부터 1년 이내 계약해지 요구 가능

(9) 청약철회권

금융소비자가 대출성 · 보장성 상품과 투자성 상품 중 비금전신탁계약, 고난도금융투자상품, 고난도투자일임계약, 신탁계약(금전 신탁계약은 고난도금전신탁계약에 한정)에 대해 청약철회 숙려기간(대출성 상품 14일 이내, 보장성 상품 15일 이내, 투자성 상품 7일 이내) 내에 계약철회 요청 시, 판매자인 금융회사는 이미 받은 금전 · 재화 등 원본을 금융소비자에게 반환

(10) 조정이탈금지제도 · 소송중지제도

① **조정이탈금지제도** : 금융소비자가 소액분쟁(2천만원 이하)을 신청하는 경우, 분쟁조정 완료 시까지 금융회사 제소 금지
② **소송중지제도** : 소송진행 중인 사건에 대해 분쟁조정이 신청되면 법원이 소송 중지 가능

(11) 분쟁 소송 시 소비자의 금융회사에 대한 자료 요구

금융소비자가 분쟁조정·소송 등 목적으로 금융회사 관련 자료열람을 요청하면 금융회사는 요구받은 날부터 10일 이내에 금융소비자가 해당 자료를 열람할 수 있도록 해야 함

(12) 손해배상 입증책임 전환

금융소비자가 금융회사를 상대로 설명의무 위반에 따른 손해배상청구 소송을 제기하면, 설명의무 위반에 대한 고의·과실 입증책임이 금융회사로 전환

적중문제

01 금융소비자보호에 대한 설명으로 적절하지 않은 것은?

중요도 ●●○

① 금융소비자보호가 필요한 이유는 금융회사와 소비자 간에 존재하는 정보의 비대칭성으로 인하여 금융소비자가 금융상품의 공급자에 비해 교섭력이 떨어지기 때문이다.

② 적합성원칙은 금융상품판매업자등이 일반금융소비자에게 계약체결의 권유를 하고 난 후 금융상품의 계약체결 전에 일반금융소비자의 재산상황, 금융상품 취득 또는 처분경험 등에 비추어 적합성 여부를 확인하도록 하고 있다.

③ 금융상품판매업자는 계약체결의 권유가 없는 경우에도 일반금융소비자의 재산상황, 금융상품 취득 처분경험 등을 바탕으로 적정성을 파악하여야 하고, 만약 부적정한 경우에는 이를 금융소비자에게 알리고 확인을 받아야 한다.

④ 금융상품판매업자등은 금융상품에 관한 중요한 사항을 일반금융소비자가 이해할 수 있도록 설명하여야 하며, 중요사항 설명에 필요한 설명서를 일반금융소비자에게 제공하고 일반금융소비자가 설명 내용을 이해하였음을 확인받아야 한다.

⑤ 금융상품판매업자등이 금융상품에 관한 광고를 하는 경우에는 금융소비자가 금융상품의 내용을 오해하지 아니하도록 명확하고 공정하게 전달하여야 한다.

해설

적합성원칙이란 금융상품판매업자등이 일반금융소비자의 재산상황, 금융상품 취득 또는 처분 경험 등에 비추어 부적합한 계약체결의 권유를 금지하는 원칙이다. 적합성원칙은 금융상품에 관해 전문성을 갖춘 금융상품판매업자등이 일반금융소비자의 재산상황 등의 정보를 사전에 파악하여 적합한 금융상품의 계약체결을 권유하도록 유도하는 데 그 목적이 있다.

정답 01 ②

02 6대 판매규제의 주요내용에 대한 설명으로 적절하지 않은 것은?

① 적정성원칙은 전문금융소비자가 아닌 일반금융소비자에게만 적용되므로, 금융상품판매업자등은 계약체결 권유 등에 있어 금융상품 유형별로 일반금융소비자의 확인을 받아 이를 유지·관리하며, 확인받은 내용을 일반금융소비자에게 제공하여야 한다.
② 설명의무란 일반금융소비자에게 금융상품 계약체결을 권유하거나 일반금융소비자가 설명을 요청하는 경우, 금융상품에 관한 중요사항을 해당 일반금융소비자에게 이해할 수 있는 수준으로 설명해 주어야 하는 금융상품판매업자등의 의무를 말한다.
③ 금융소비자보호법은 금융상품을 판매함에 있어, 자신의 우월적 지위를 이용하여 금융소비자의 권익을 침해하는 행위를 불공정영업행위로 금지하고 있다.
④ 금융상품판매업자등과 일반금융소비자 간 '계약서류 제공 사실 및 그 시기'에 대해 다툼이 있는 경우, 금융상품판매업자등이 입증하도록 하였다.
⑤ 금융상품등에 관한 광고에는 계약체결 전 설명서 및 약관을 읽어볼 것을 권유하는 내용, 금융상품의 내용 등이 포함되어야 한다.

해설
①은 적합성원칙에 대한 설명이다. 적정성원칙은 일반금융소비자가 자발적으로 금융상품 계약체결을 하려는 경우, 즉 계약체결의 권유가 없어 적합성원칙이 적용되지 않을 때 적용되는 원칙이다. 금융상품판매업자는 계약체결의 권유가 없는 경우에도 일반금융소비자의 재산상황, 금융상품 취득·처분 경험 등을 바탕으로 적정성을 파악하여야 하고, 만약 부적정한 경우에는 이를 금융소비자에게 알리고 확인을 받아야 한다.

03 금융소비자보호법상 금융상품 판매행위에 따른 분류에 있어 판매대리·중개업자에 해당하지 않는 것은?

① 투자권유대행인
② 보험설계·중개사
③ 보험대리점
④ 카드·대출모집인
⑤ 투자자문업자

해설
투자자문업자는 자문업자에 해당한다.

정답 02 ① 03 ⑤

04 금융소비자보호법상 판매행위 규제에 대한 설명으로 적절하지 않은 것은?

① 적합성원칙은 모든 유형의 금융상품을 대상으로 한다.
② 적정성원칙은 금융소비자가 자발적으로 구매하려는 상품이 해당 소비자의 재산상황 등에 비추어 적정하지 않을 경우의 고지의무를 말한다.
③ 금융소비자가 반드시 알아야 할 상품의 주요내용을 설명하여야 한다.
④ 불공정영업행위금지는 소비자의 의사에 반하여 다른 상품의 계약강요, 부당한 담보요구, 부당한 편익요구 등을 금지하고 있다.
⑤ 금융소비자보호법은 6대 판매원칙 위반, 내부통제기준 미수립, 계약서류 제공의무 위반 등을 과태료 부과 대상으로 규정하였다.

[해설]
적합성원칙 대상 상품은 보장성·투자성·대출성 상품이다.

05 금융소비자보호법의 주요내용에 대한 설명으로 적절하지 않은 것은?

① 과징금은 금융상품직접판매업자 및 금융상품자문업자를 대상으로 금전적 제재 필요성이 있는 규제위반에 대해 해당 위반행위로 인해 발생한 수입의 50% 범위에서 부과할 수 있다.
② 과태료는 부과대상 행위별로 1억원·3천만원·1천만원 범위 이내에서 부과할 수 있다.
③ 대리·중개업자에 대한 금융회사의 관리책임 및 지휘·감독관계를 명시하고 현재 일부 금융법에서 준용하고 있는 사용자 책임을 일반화하여 모든 판매채널에 적용하고 있다.
④ 금융회사가 5대 판매규제를 위반한 경우, 금융소비자는 금융상품 계약을 체결한 날부터 1년 이내에 계약해지를 요구할 수 있다.
⑤ 금융소비자가 금융회사를 상대로 설명의무 위반에 따른 손해배상청구 소송을 제기하면, 설명의무 위반에 대한 고의·과실 입증책임이 금융회사로 전환된다.

[해설]
금융회사가 5대 판매규제를 위반한 경우, 금융소비자는 금융상품 계약을 체결한 날부터 최대 5년 이내, 위법사실을 안 날로부터 1년 이내에 계약해지를 요구할 수 있다.

06 금융소비자보호법의 주요내용에 대한 설명으로 적절하지 않은 것은?

① 과태료 부과대상을 위반한 자로 규정하여, 과징금과 달리 관리책임이 있는 대리중개업자, 직접판매업자에 대한 과태료를 부과할 수 있다.
② 청약철회권은 대출성·보장성 상품과 투자성 상품 중 비금전신탁계약, 고난도금융투자상품, 고난도투자일임계약, 신탁계약에 대해 적용된다.
③ 청약철회 숙려기간 내에 계약철회를 요청하는 경우, 판매자인 금융회사는 이미 받은 금전·재화 등 원본을 금융소비자에게 반환해야 한다.
④ 금융소비자가 3천만원 이하의 소액분쟁을 신청하는 경우, 분쟁조정이 완료될 때까지 금융회사의 제소를 금지하는 조정이탈금지제도가 도입되었다.
⑤ 소송진행 중인 사건에 대해서 분쟁조정이 신청되면 법원이 소송을 중지시킬 수 있는 소송중지제도가 도입되었다.

해설
소송에 대한 금융소비자 부담을 줄이기 위해 금융소비자가 소액분쟁(2천만원 이하)을 신청하는 경우, 분쟁조정이 완료될 때까지 금융회사의 제소를 금지하는 조정이탈금지제도와 소송진행 중인 사건에 대해 분쟁조정이 신청되면 법원이 소송을 중지시킬 수 있는 소송중지제도가 도입되었다.

07 금융소비자보호상 불공정영업행위에 해당하지 않는 것은?

① 금융소비자의 의사에 반하여 다른 금융상품의 계약체결을 강요하는 행위
② 부당하게 담보를 요구하거나 보증을 요구하는 행위
③ 금융상품판매업자등 또는 그 임직원이 업무와 관련하여 편익을 요구하거나 제공받는 행위
④ 자기 또는 제3자의 이익을 위하여 금융소비자에게 특정 대출상환방식을 강요하는 행위
⑤ 금융상품판매업자등이 적극적으로 금융투자상품을 광고하는 행위

해설
금융소비자보호법은 금융상품을 판매함에 있어, 자신의 우월적 지위를 이용하여 금융소비자의 권익을 침해하는 행위를 불공정영업행위로 금지하고 있다. 금융상품판매업자등은 대출성 상품, 그 밖에 시행령으로 정하는 금융상품에 관한 계약체결과 관련하여 금융소비자의 의사에 반하여 다른 금융상품의 계약체결을 강요하는 행위를 해서는 아니 된다.

핵심테마 09 은행법

출제포인트
- 은행의 건전성 감독기구
- 예금자 보호
- 신용질서 유지
- 이해상충규제

1. 은행의 건전성 감독기구
① **기획재정부** : 경제·재정정책 수립·총괄·조정권 및 화폐·외환·국고·정부회계·내국세제·관세·국제금융 등에 관한 사무 관장
② **금융위원회**
  ㉠ 국무총리 직속기관으로 기획재정부와 별개의 기관이며, 위원회의 의결로 소관업무 처리
  ㉡ 소관업무 : 금융정책 및 제도, 금융기관 감독 및 검사·제재, 금융기관 설립, 합병, 전환, 영업 양수·도 및 경영 등 인·허가, 자본시장 관리·감독 및 감시, 금융중심지 조성·발전, 금융 관련 법령과 규정의 제·개정 및 폐지, 금융 및 외국환업무취급기관의 건전성 감독에 관한 양자·다자간 협상 및 국제협력, 외국환업무취급기관의 건전성 감독에 관한 사항 등
③ **증권선물위원회** : 자본시장 불공정거래 조사, 기업회계 기준 및 회계감리 관련 업무, 금융위원회 소관사무 중 자본시장 관리·감독 및 감시 등과 관련된 주요사항에 대한 사전심의, 자본시장 관리·감독 및 감시 등을 위해 금융위로부터 위임받은 업무, 다른 법령에서 증선위에 부여된 업무 등 처리
④ **금융감독원** : 금융위 or 증선위의 지도·감독을 받아 금융기관에 대한 검사·감독업무 등을 수행하는 무자본특수법인 → 공적 사무를 위탁받아 처리하는 민간기구
⑤ **한국은행** : 통화정책이나 지급결제업무 관련 제한적인 영역에서 은행 감독

2. 예금자 보호
은행 파산 시 각 예금자에게 5천만원 한도에서 예금보호 → 예금자가 은행별로 예금을 분산 예치할 경우 5천만원 한도에서 각각 예금보호를 받게 됨(예금보호한도 1억원 상향안 국회 통과 → 1년 내 시행 예정)

3. 신용질서 유지
① 은행의 대출자산에 대해 상시 신용관리시스템을 구축하는 것이 가장 효율적
② 신용정보는 침해하거나 유용할 수 없는 것이 원칙이나, 신용정보집중기관인 한국신용정보원에 개인신용정보를 집적해 두고 회원(은행)에 한해 대출 관련 정보열람 허용

4. 이해상충규제
은행은 이해상충 공정 관리가 어렵다고 인정되는 경우 그 사실을 미리 해당 이용자 등에게 충분히 고지 → 그 이해상충 발생 가능성을 내부통제기준이 정하는 방법 및 절차에 따라 은행이용자 보호 등에 문제가 없는 수준으로 낮춘 후 거래 → 이해상충 발생 가능성을 낮추는 것이 어렵다고 판단되는 경우 거래 금지

적중문제

01 은행의 건전성 감독기구에 해당하지 않는 것은?

중요도 ●○○

① 행정안전부
② 금융위원회
③ 증권선물위원회
④ 금융감독원
⑤ 한국은행

[해설]
은행의 건전성 감독기구에는 기획재정부, 금융위원회, 증권선물위원회, 금융감독원, 한국은행이 있다.

02 은행법에 대한 적절한 설명으로 모두 묶인 것은?

중요도 ●○○

> 가. 현재 은행 파산 시 금융기관을 통합하여 1인당 5천만원 한도에서 예금보호를 받게 된다.
> 나. 은행의 대출자산에 대해 채무자들이 원리금의 상환을 하지 못할 경우 은행은 부실해지므로 상시 신용관리시스템을 구축하는 것이 가장 효율적이다.
> 다. 은행은 이해상충을 공정하게 관리하는 것이 어렵다고 인정되는 경우에는 그 사실을 미리 해당 이용자 등에게 충분히 알려야 한다.
> 라. 이해상충이 발생할 가능성을 낮추는 것이 어렵다고 판단되는 경우에는 거래를 하여서는 아니 된다.

① 가, 라
② 나, 라
③ 가, 나, 라
④ 나, 다, 라
⑤ 가, 나, 다, 라

[해설]
가. 현재 은행 파산 시 각 예금자에게 5천만원의 한도에서 예금을 보호해 주므로, 예금자가 은행별로 예금을 분산해서 예치할 경우에는 5천만원 한도에서 각각 예금보호를 받게 된다.

정답 01 ① 02 ④

핵심테마 10 자본시장법

> **출제포인트**
> - 금융투자상품의 구분
> - 투자자의 종류
> - 금융투자업
> - 영업행위 규제

1. 금융투자상품의 구분

〈금융상품의 경제적 실질에 따른 분류 체계〉

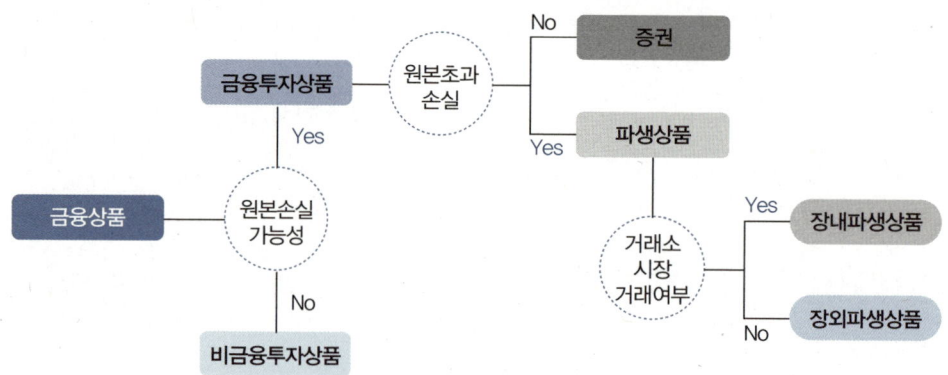

① **증권** : 투자원본 전부 or 일부 손해(원본손실) 가능성이 있는 금융투자상품
  ㉠ 채무증권 : 국채증권, 지방채증권, 특수채증권, 사채권, 기업어음증권, 기타 이와 유사한 것으로서 <u>지급청구권</u>이 표시된 것
  ㉡ 지분증권 : 주권, 신주인수권이 표시된 것, 법률에 의해 직접 설립된 법인이 발행한 출자증권, 합자회사·유한책임회사·유한회사·합자조합·익명조합 출자지분, 기타 이와 유사한 것으로서 <u>출자지분</u> or 출자지분 취득 권리가 표시된 것
  ㉢ 수익증권 : 금전계약신탁에 따른 수익증권, 집합투자기구 중 투자신탁에 따른 수익증권, 기타 이와 유사한 것으로서 <u>신탁 수익권</u>이 표시된 것
  ㉣ 투자계약증권 : 특정 투자자가 그 투자자와 타인 간의 <u>공동사업</u>에 금전 등을 투자하고 주로 타인이 수행한 공동사업 결과에 따른 손익을 귀속받는 계약상 권리가 표시된 것
  ㉤ 파생결합증권 : 기초자산가격·이자율·지표·단위 or 이를 기초로 하는 지수 등의 <u>변동과 연계해</u> 미리 정해진 방법에 따라 지급하거나 회수하는 금전 등이 결정되는 권리가 표시된 것(예 주식연계증권(ELS), 주식워런트증권(ELW), 환율연계증권, 역변동금리채 등)

     ⓑ 증권예탁증권(DR)
        • 채무증권, 지분증권, 수익증권, 투자계약증권, 파생결합증권을 예탁받은 자가 그 증권이 발행된 국가 외의 국가에서 발행한 것으로 그 예탁받은 증권 관련 권리가 표시된 것
        • 예탁 영수증(DR) → 해외거래소에 상장
  ② **파생상품** : 투자원본을 넘어서는 추가 손실(원본초과손실) 가능성이 있는 금융투자상품
     ㉠ 선도·선물
        • 선도 : 기초자산이나 기초자산가격·이자율·지표·단위 or 이를 기초로 하는 지수 등에 의해 산출된 금전 등을 장래 특정시점에 인도할 것을 약정하는 계약
        • 선물 : 선도거래를 표준화하여 거래소에서 거래시키는 것
     ㉡ 옵션 : 특정 자산을 미리 정해진 계약 조건에 의해 사거나 팔 수 있는 권리
     ㉢ 스왑
        • 장래 일정기간 동안 미리 정한 가격으로 기초자산이나 기초자산가격·이자율·지표·단위 or 이를 기초로 하는 지수 등에 의해 산출된 금전등을 교환할 것을 약정하는 계약
           예 금리스왑(고정금리와 변동금리의 교환), 통화스왑

2. 투자자의 종류

① **전문투자자**
   ㉠ 위험감수능력(금융투자상품에 대한 전문성 구비 여부, 소유자산 규모 등)을 가진 투자자
   ㉡ 국가, 한국은행, 금융기관, 주권상장법인 등
   ㉢ 투자권유규제에 관한 규정 적용 배제
② **일반투자자**
   ㉠ 전문투자자에 속하지 않는 투자자
   ㉡ 원칙적으로 전문투자자로 전환 불가

3. 금융투자업

① **투자매매업** : 누구 명의로 하든 투자매매업자의 계산으로 금융투자상품 매도·매수, 증권 발행·인수 or 그 청약 권유, 청약, 청약의 승낙을 영업으로 하는 것
② **투자중개업** : 누구 명의로 하든 타인의 계산으로 금융투자상품 매도·매수, 그 청약 권유, 청약, 청약의 승낙 or 증권 발행·인수에 대한 청약 권유, 청약, 청약의 승낙을 영업으로 하는 것
③ **집합투자업** : 2명 이상에게 투자권유를 하여 모은 금전 등을 투자자 or 각 기금관리주체로부터 일상적인 운용지시를 받지 않으면서 재산적 가치가 있는 투자대상자산을 취득·처분, 기타 방법으로 운용한 결과를 투자자 or 각 기금관리주체에게 배분해 귀속시키는 것
④ **투자자문업** : 금융투자상품 가치 or 금융투자상품에 대한 투자판단(금융투자상품 종류, 종목, 취득·처분, 취득·처분 방법·수량·가격 및 시기 등에 대한 판단)에 관한 자문에 응하는 것을 영업으로 하는 것
⑤ **투자일임업** : 투자자로부터 금융투자상품에 대한 투자판단 전부 or 일부를 일임받아 투자자별로 구분하여 금융투자상품을 취득·처분, 기타 방법으로 운용하는 것을 영업으로 하는 것
⑥ **신탁업** : 신탁을 영업으로 하는 것(신탁업자 : 신탁재산에 대한 운용·보관·관리업무)

4. 영업행위 규제

① **신의성실의 의무** : 금융투자업자는 신의성실 원칙에 따라 공정하게 금융투자업을 영위
② **이해상충 방지**
  ㉠ 이해상충의 관리 : 금융투자업자는 이해상충 발생 가능성을 파악·평가하고 내부통제기준이 정하는 방법 및 절차에 따라 이를 적절히 관리 → 이해상충 발생 가능성 있는 경우 그 사실을 미리 해당 투자자에게 고지
  ㉡ 정보교류 차단 : 투자매매업과 집합투자업 등 이해상충 가능성이 큰 금융투자업 간 금융투자상품 매매 관련 정보 등 이해상충 소지가 있는 정보 제공 금지, 임직원 겸직금지 및 사무공간·전산설비공동이용 등 금지
③ **투자권유의 규제** : 설명의무, 투자권유준칙 등
④ **손실보전·이익보장의 금지** : 전부 or 일부 ×, 사전 or 사후 ×

적중문제

01 자본시장법상 증권으로 모두 묶인 것은?

중요도
●●○

> 가. 지분증권
> 나. 수익증권
> 다. 투자증권
> 라. 파생결합증권
> 마. 예탁증권

① 라, 마
② 가, 나, 다
③ 가, 라, 마
④ 가, 나, 다, 마
⑤ 가, 나, 라, 마

해설
증권은 채무증권, 지분증권, 수익증권, 투자계약증권, 파생결합증권, 예탁증권으로 분류된다.

02 자본시장법상 다음에서 설명하는 금융투자상품으로 가장 적절한 것은?

> 국채증권, 지방채증권, 특수채증권, 사채권, 기업어음증권, 그 밖에 이와 유사한 것으로서 지급청구권이 표시된 것

① 채무증권
② 지분증권
③ 수익증권
④ 투자계약증권
⑤ 파생결합증권

해설
채무증권이란 국채증권, 지방채증권, 특수채증권, 사채권, 기업어음증권, 그 밖에 이와 유사한 것으로서 지급청구권이 표시된 것을 말한다.

03 자본시장법상 투자자에 대한 적절한 설명으로 모두 묶인 것은?

> 가. 투자자를 금융투자상품에 대한 전문성 구비 여부, 소유자산 규모 등 위험감수능력을 기준으로 전문투자자와 일반투자자로 분류한다.
> 나. 전문투자자에 대해서는 투자권유규제에 관한 규정의 적용을 배제하고 있다.
> 다. 전문투자자는 국가, 한국은행, 대통령령이 정하는 금융기관, 주권상장법인 기타 시행령이 정하는 투자자로 구분된다.
> 라. 전문투자자에 속하지 않는 투자자를 일반투자자라 한다.

① 가, 다
② 다, 라
③ 가, 다, 라
④ 나, 다, 라
⑤ 가, 나, 다, 라

해설
모두 적절한 설명이다.

정답 02 ① 03 ⑤

04 자본시장법상 금융투자업의 종류에 해당하지 않는 것은?

① 투자매매업
② 투자중개업
③ 집합투자업
④ 신탁업
⑤ 신용카드업

> [해설]
> 신용카드업은 여신전문금융업법상의 업이다. 자본시장법에서는 금융투자업을 투자매매업, 투자중개업, 집합투자업, 투자자문업, 투자일임업, 신탁업으로 분류하고 있다.

05 자본시장법상 다음에서 설명하는 금융투자업으로 가장 적절한 것은?

> 누구의 명의로 하든지 타인의 계산으로 금융투자상품의 매도·매수, 그 청약의 권유, 청약, 청약의 승낙 또는 증권의 발행·인수에 대한 청약의 권유, 청약, 청약의 승낙을 영업으로 하는 것

① 투자매매업　　　　　　　② 투자중개업
③ 집합투자업　　　　　　　④ 투자자문업
⑤ 투자일임업

> [해설]
> 투자중개업이란 누구의 명의로 하든지 타인의 계산으로 금융투자상품의 매도·매수, 그 청약의 권유, 청약, 청약의 승낙 또는 증권의 발행·인수에 대한 청약의 권유, 청약, 청약의 승낙을 영업으로 하는 것을 말한다.

정답 04 ⑤　05 ②

06 자본시장법상 금융투자업에 대한 설명으로 적절하지 않은 것은?

① 금융투자업은 이익을 얻을 목적으로 영업활동을 하는 경우에 한하여 인정된다.
② 자본시장법에서는 금융투자업을 투자매매업, 투자중개업, 집합투자업, 투자자문업, 투자일임업, 신탁업으로 분류하고 있다.
③ 증권회사의 장외파생상품 또는 파생결합증권 발행, 회사채 발행 및 인수업무도 투자매매업에 해당된다.
④ 대가 없이 다른 영업에 부수하여 금융투자상품의 가치나 금융투자상품에 대한 투자판단에 관한 자문에 응하는 경우에도 기능적으로 판단하여 투자자문업으로 본다.
⑤ 자본시장법에서는 기능별로 분류된 6개 금융투자업에 대해서 상호 간 겸영을 허용하고 있다.

해설
투자자문업이란 금융투자상품의 가치 또는 금융투자상품에 대한 투자판단(금융투자상품의 종류, 종목, 취득·처분, 취득·처분의 방법·수량·가격 및 시기 등에 대한 판단)에 관한 자문에 응하는 것을 영업으로 하는 것을 말한다. 따라서 대가 없이 다른 영업에 부수하여 금융투자상품의 가치나 금융투자상품에 대한 투자판단에 관한 자문에 응하는 경우에는 투자자문업으로 보지 않는다.

07 금융투자업의 영업행위 규제에 대한 설명으로 적절하지 않은 것은?

① 금융투자업자는 신의성실의 원칙에 따라 공정하게 금융투자업을 영위하여야 한다.
② 금융투자업자는 이해상충을 방지하기 위하여 이해상충이 발생할 가능성을 파악·평가하고 내부통제기준이 정하는 방법 및 절차에 따라 이를 적절히 관리하여야 한다.
③ 투자매매업과 집합투자업 등 이해상충 가능성이 큰 금융투자업 간에는 금융투자상품의 매매에 관한 정보 등 이해상충의 소지가 있는 정보의 제공을 금지하고 있다.
④ 금융투자업자가 법령 등에 위반하는 행위를 하거나 그 업무를 소홀히 하여 투자자에게 손해를 발생시킨 경우에는 그 손해를 배상할 책임이 있다.
⑤ 금융투자업자가 투자자가 입을 손실의 전부를 보전하여 줄 것을 사전에 약속하는 행위는 금지되나, 손실의 일부를 보전하여 줄 것을 사전에 약속하는 행위는 금지되지 않는다.

해설
금융투자업자가 투자자가 입을 손실의 전부 또는 일부를 보전하여 줄 것을 사전에 약속하는 행위, 투자자가 입은 손실의 전부 또는 일부를 사후에 보전하여 주는 행위, 투자자에게 일정한 이익을 보장할 것을 사전에 약속하는 행위, 투자자에게 일정한 이익을 사후에 제공하는 행위는 금지된다.

정답 06 ④ 07 ⑤

핵심테마 11 여신전문금융업법

출제포인트
- 주요업무 및 특징
- 규제 및 감독
- 건전성 감독

1. 주요업무 및 특징

(1) 신용카드업

① **신용카드**
  ㉠ 권리 or 재산권을 표창하는 증권 ×, 회원자격을 증명하는 증거증권 ○
  ㉡ 본인 신청에 의해서만 발급되며 길거리 모집 금지
  ㉢ 가맹점 : 카드 이용 대금결제를 이유로 물품 판매 or 용역 제공 거절 or 차별 금지, 가맹점수수료를 회원에게 전가 불가

② **도난·분실된 카드의 부정사용으로 인한 손해의 부담** : 분실·도난 등 통지일로부터 60일 전까지 발생한 카드 사용에 대해서도 신용카드업자가 책임

③ **위조·변조된 카드의 부정사용으로 인한 손해의 부담** : 신용카드업자 책임(예외 : 카드회원의 고의 or 중대한 과실을 입증하는 경우에 대한 사전 계약 체결 시)

④ **신용정보 보호** : 카드회원의 신용 관련 정보 or 제반 정보가 업무 외 목적에 사용되거나 외부에 유출되지 않도록 해야 하며, 카드회원의 신용정보를 제3자에게 제공하려면 신용정보제공동의서에 신용정보 제공목적별로 각각 카드회원 동의를 받아야 함

(2) 할부금융업

할부금융업자 : 할부금융업에 대해 금융위원회에 등록한 자로서 할부금융 이용자에게 재화와 용역의 구매자금을 공여하는 소비자금융을 취급하는 금융기관

(3) 시설대여업

시설대여업자가 하는 시설대여업(리스)과 연불판매업무로 구분

(4) 신기술사업금융업

신기술사업금융업자 : 신기술사업금융업에 대하여 금융위원회에 등록한 자이며, 기술력과 장래성은 있으나 자본과 경영기반이 취약한 기업에 대해 자금지원, 경영·기술지도 등 서비스를 제공하고 수익을 추구하는 금융회사

2. 규제 및 감독

① 전업카드사는 금융위원회의 허가 필요, 기타 여신전문금융회사는 금융위원회에 등록
② 여신전문금융회사는 차입, 사채나 어음 발행 등을 통해 자금조달이 가능 → 총자산이 자기자본의 10배의 범위에서 금융위가 정하는 배수(자기자본 대비 총자산 한도)에 해당하는 금액 초과 금지

3. 건전성 감독

① **여신전문금융회사의 자산건전성** : 정상, 요주의, 고정, 회수의문, 추정손실의 5단계로 분류 → 각 단계별 대손충당금 적립
② 여신전문금융회사는 부동산프로젝트파이낸싱 대출 취급 시 취급잔액이 여신성 자산의 30% 초과 금지

적중문제

01 신용카드업에 대한 설명으로 적절하지 않은 것은?

① 신용카드는 본인의 신청에 의해서만 발급되며 길거리 모집은 제한적으로 허용된다.
② 가맹점은 신용카드를 이용한 대금결제를 이유로 물품의 판매 또는 용역의 제공을 거절하거나 차별할 수 없다.
③ 가맹점은 신용카드 가맹점수수료를 신용카드회원에게 전가할 수 없다.
④ 신용카드업자는 신용카드회원의 신용에 관한 자료 또는 제반 정보가 업무 외의 목적에 사용되거나 외부에 유출되지 않도록 해야 한다.
⑤ 신용카드회원의 신용정보를 제3자에게 제공하기 위해서는 별도의 신용정보제공동의서에 신용정보의 제공목적별로 각각 신용카드회원의 동의를 받아야 한다.

[해설]
신용카드는 본인의 신청에 의해서만 발급되고 길거리 모집은 금지되며, 가맹점 모집을 위해서는 신용카드사가 실사업장을 방문하여 개별적인 가맹점계약을 체결하여야 한다.

02 여신전문금융업법에 대한 설명으로 적절하지 않은 것은?

① 신용카드사는 매 분기 말 대환대출채권을 제외한 현금대출채권의 분기평균잔액이 신용판매채권의 분기평균잔액을 초과할 수 없도록 부대업무의 비중이 제한된다.
② 분실·도난 등의 통지를 받은 날로부터 60일 전까지 발생한 신용카드의 사용에 대해서도 신용카드업자가 책임을 지도록 하여 발행인 책임부담주의를 따르고 있다.
③ 진입과 관련하여 여신전문금융회사는 일정요건을 갖추어 신청서를 금융위원회에 제출하여 허가를 받아야 한다.
④ 여신전문금융회사는 차입, 사채나 어음의 발행 등을 통해 자금조달이 가능하다.
⑤ 여신전문금융회사의 자산건전성은 정상, 요주의, 고정, 회수의문, 추정손실의 5단계로 분류되며, 각 단계별로 대손충당금을 적립하여야 한다.

[해설]
진입과 관련하여 전업카드사는 일정요건을 갖추어 신청서를 금융위원회에 제출하여 허가를 받아야 하나, 기타 여신전문금융회사는 금융위원회에 등록하면 업무영위가 가능하다.

정답 01 ① 02 ③

핵심테마 12. 혼인·이혼에 관한 법률

출제포인트
- 혼인 및 재산의 귀속·관리
- 이혼
- 친권
- 후견

1. 혼인 및 재산의 귀속·관리
① 혼인은 **민법상 계약** → 혼인이 성립하려면 당사자의 합의와 법에 정한 바에 의해 신고
② 민법은 부부재산 귀속에 관해 **별산제** 채용
③ 부부 중 누구에게 속하는 것인지 분명하지 않은 재산은 부부 **공유**로 추정
④ **일상 가사**에 관해 부부는 서로 **대리권**이 있으며, 법률행위로 인한 **채무**에 대해 연대책임

2. 이혼
① **협의이혼** : 넓은 의미에서 하나의 계약이며, 일정 방식으로 신고해야 하는 요식행위
② **재판상 이혼** : 일정 사유가 있을 때 당사자 일방 청구로 가정법원 판결에 의해 혼인 해소
  ㉠ **재산분할청구권** : 이혼한 날부터 2년이 지나면 소멸
  ㉡ 채권자취소권 행사 : 부부 일방이 다른 일방의 재산분할청구권 행사를 회피하기 위해 재산을 처분할 경우 다른 일방은 그 취소 및 원상회복을 가정법원에 청구(사해행위취소소송) 가능(단, 취소사유를 안 날로부터 1년, 처분행위(법률행위)가 있는 날로부터 5년 내)

3. 친권
① 부모가 미성년 자녀를 보호·교양하는 **권리임과 동시에 의무**
② 법정대리인인 친권자는 자녀 재산에 관한 **법률행위에 대해 그 자녀를 대리** → 이해상반행위에는 친권행사를 제한하고 가정법원이 선임한 **특별대리인**으로 하여금 대신하도록 함
③ 친권 행사는 부모가 혼인 중인 때는 부모가 공동으로 해야 하고, 부모 일방이 친권을 행사할 수 없을 때에는 다른 일방이 행사

4. 후견

후견이란 제한능력자나 그 밖에 보호가 필요한 사람을 보호하는 것을 의미

① **법정후견**
  ⊙ 미성년후견 : 친권자가 없는 경우와 친권자가 법률행위 대리권 및 재산관리권을 행사할 수 없는 경우에 활용할 수 있는 제도
  ⓒ 성년후견 : 장애·질병·노령 등으로 인해 사무처리 능력이 지속적으로 결여된 성인에게 가정법원 결정을 통해 선임된 후견인이 재산관리·일상생활 등과 관련된 신상보호를 지원하도록 하는 제도
  ⓒ 한정후견 : 질병·장애·노령·기타 사유로 인한 정신적 제약으로 사무처리 능력이 부족한 때에 활용할 수 있는 제도 → 원칙적으로 피한정후견인은 홀로 유효한 법률행위 가능
  ② 특정후견 : 질병·장애·노령·기타 사유로 인한 정신적 제약으로 일시적 후원 or 특정 사무 관련 후원이 필요한 경우 활용할 수 있는 제도 → 피특정후견인도 홀로 유효한 법률행위를 할 수 있고 후견인은 법원이 정한 범위 내에서 대리권을 가짐

② **임의후견** : 후견계약

적중문제

01 혼인에 대한 설명으로 적절하지 않은 것은?

중요도 ●●○

① 혼인은 민법상 계약에 해당한다.
② 민법은 부부재산의 귀속에 관하여 별산제를 채용하고 있다.
③ 부부의 일방이 혼인 전부터 가진 고유재산과 혼인 중 자기의 명의로 취득한 재산은 그의 특유재산으로 한다.
④ 부부 중 누구에게 속하는 것인지 분명하지 않은 재산은 재산 기여도에 따라 소유권을 결정한다.
⑤ 일상의 가사에 관하여 부부는 서로 대리권이 있다.

해설
부부 중 누구에게 속하는 것인지 분명하지 않은 재산은 부부의 공유로 추정한다.

정답 01 ④

02 이혼에 대한 적절한 설명으로 모두 묶인 것은?

> 가. 협의이혼은 넓은 의미에서 하나의 계약이며, 일정한 방식으로 신고해야 하는 요식행위이다.
> 나. 이혼이 성립하면 혼인이 해소되어 혼인에 의해 생긴 효과는 모두 소멸한다.
> 다. 이혼이 성립하면 혼인에 의해 배우자의 혈족과 사이에 생겼던 인척관계도 소멸한다.
> 라. 재산분할청구권은 이혼한 날부터 2년이 지나면 소멸한다.

① 나, 다
② 다, 라
③ 가, 다, 라
④ 나, 다, 라
⑤ 가, 나, 다, 라

[해설]
모두 적절한 설명이다.

03 혼인 및 이혼에 대한 설명으로 적절하지 않은 것은?

① 혼인이 성립하기 위해서는 당사자의 합의와 가족관계의 등록 등에 관한 법률에 정한 바에 의해 신고해야 한다.
② 민법은 부부재산의 귀속에 관해 합산제를 채용하고 있다.
③ 부부의 일방이 일상의 가사에 관해 제3자와 법률행위를 한 때에는 다른 일방은 이로 인한 채무에 대해 연대책임이 있다.
④ 우리 법상 이혼에는 협의이혼과 재판상 이혼 두 가지가 있다.
⑤ 재산분할청구권은 이혼을 한 당사자의 일방이 다른 일방에 대해 재산분할을 청구할 수 있는 권리이다.

[해설]
민법은 부부재산의 귀속에 관하여 별산제를 채용하고 있다. 즉 부부의 일방이 혼인 전부터 가진 고유재산과 혼인 중 자기의 명의로 취득한 재산은 그의 특유재산으로 한다. 예를 들어 부인이 상속 또는 증여받은 재산, 의복이나 장신구는 부인의 특유재산으로 한다.

04 친권에 대한 설명으로 적절하지 않은 것은?

중요도
●●○

① 친권은 부모가 미성년의 자녀를 보호·교양하는 권리임과 동시에 의무이다.
② 법정대리인인 친권자는 자녀의 재산에 관한 법률행위에 대해 그 자녀를 대리한다.
③ 이해상반행위에는 친권행사를 제한하고 가정법원이 선임한 특별대리인으로 하여금 대신하도록 하고 있다.
④ 친권의 행사는 부모가 혼인 중인 때에는 부모가 공동으로 해야 하고, 부모의 일방이 친권을 행사할 수 없을 때에는 다른 일방이 이를 행사한다.
⑤ 부모가 협의이혼을 한 경우에는 가정법원이 직권에 따라 친권자를 지정해야 한다.

[해설]
부모가 협의이혼을 한 경우에는 부모의 협의로 친권자를 정해야 한다. 협의가 이루어지지 않는 경우에는 가정법원이 직권 또는 당사자의 청구에 따라 지정해야 한다.

05 친권 및 후견에 대한 설명으로 적절하지 않은 것은?

중요도
●●○

① 친권은 부모가 미성년의 자녀를 보호·교양하는 권리임과 동시에 의무이다.
② 이해상반행위에는 친권행사를 제한하고 가정법원이 선임한 특별대리인으로 하여금 대신하도록 하고 있다.
③ 친권자가 미성년인 자녀와 이해상반되는 행위를 특별대리인에 의하지 않고 대리하여 한 경우, 그 행위는 무권대리행위로서 무효이다.
④ 성년후견은 질병·장애·노령·그 밖의 사유로 인한 정신적 제약으로 사무를 처리할 능력이 부족한 때에 활용할 수 있는 제도이다.
⑤ 원칙적으로 피한정후견인은 홀로 유효한 법률행위를 할 수 있다.

[해설]
④는 한정후견에 대한 설명이다. 성년후견은 장애·질병·노령 등으로 인해 사무처리 능력이 지속적으로 결여된 성인에게 가정법원의 결정을 통해 선임된 후견인이 재산관리·일상생활 등과 관련된 신상보호를 지원하도록 하는 제도이다.

정답 04 ⑤ 05 ④

핵심테마 13 상속에 관한 법률

출제포인트
- 상속
- 유언 및 유증
- 유류분

1. 상속

① **상속의 순위**
  ㉠ 제1순위 : 피상속인의 직계비속과 배우자
  ㉡ 제2순위 : 피상속인의 직계존속과 배우자
  ㉢ 제3순위 : 피상속인의 형제자매
  ㉣ 제4순위 : 4촌 이내의 방계혈족
  ㉤ 배우자상속인 : 혼인신고를 한 법률상 배우자만을 가리키며, 사실혼의 배우자는 포함 ×

② **상속의 효력** : 상속인은 상속이 개시된 때에 피상속인 재산에 관한 모든 권리 · 의무를 포괄적으로 승계

③ **상속분** : 같은 순위의 상속인의 상속분은 균분, 배우자의 상속분은 5할 가산

④ **상속재산의 분할** : 유언분할 → 협의분할 → 심판분할

⑤ **상속의 승인과 포기**
  ㉠ 상속인은 상속개시가 있음을 안 날로부터 3개월 내에 단순승인 · 한정승인 or 포기 가능
  ㉡ 상속인이 고려기간 내에 승인이나 포기를 하지 않으면, 단순승인으로 의제(단, 상속채무가 상속재산 초과 사실을 중대한 과실 없이 고려기간 내에 알지 못하고 단순승인을 했거나 단순승인으로 의제된 경우 그 사실을 안 날로부터 3개월 내에 특정한정승인 가능)
  ㉢ 어느 상속인이 상속을 포기한 경우 그 상속분은 다른 상속인의 상속분 비율로 귀속

2. 유언 및 유증

① **유언** : 상대방 없는 단독행위
② 일정한 방식에 따르지 않은 유언은 설사 유언자의 진정한 의사에 합치하더라도 무효
③ **유언 방식** : 자필증서 · 녹음 · 공정증서 · 비밀증서 · 구수증서
  ㉠ 자필증서 유언을 제외한 나머지 유언의 경우 증인 참여
  ㉡ 공정증서 유언 : 유언자 사망 후 유언장 존재를 입증하는 법원에의 검인절차 불필요
④ **유증** : 유언에 의해 재산상 이익을 타인에게 무상으로 주는 단독행위

3. 유류분
① 일정범위의 상속인에게는 최소한의 생활보장 내지 부양을 위해 유류분제도 인정
② **유류분권자의 유류분** : 피상속인의 직계비속과 배우자는 그 법정상속분의 1/2, 피상속인의 직계존속은 그 법정상속분의 1/3

적중문제

01 상속에 대한 설명으로 적절하지 않은 것은?

① 사망하는 자를 피상속인이라 하고, 사망자의 재산상의 지위를 승계하는 자를 상속인이라고 한다.
② 피상속인의 직계비속은 상속인의 순위 중 제1순위이다.
③ 직계존속이 여럿 있는 경우에는 최근친이 선순위가 된다는 점, 최근친인 직계존속이 여럿 있으면 공동상속인이 된다는 점은 직계비속의 경우와 마찬가지이다.
④ 형제자매이면 성별, 혼인 여부, 양자인지 등을 묻지 않고, 형제자매가 여럿 있으면 동순위로 상속인이 된다.
⑤ 4촌 이내의 방계혈족이 여럿 있는 경우에는 무조건 공동상속인이 된다.

> **해설**
> 4촌 이내의 방계혈족이 여럿 있는 경우에는 최근친자가 선순위로 되고, 선순위인 자가 여럿 있으면 공동상속인이 된다.

02 상속인의 순위에 대한 설명으로 가장 적절한 것은?

① 직계비속이면 피상속인의 자녀만을 의미한다.
② 자녀에는 양자녀는 포함되지 않는다.
③ 피상속인의 배우자는 피상속인의 직계비속이나 피상속인의 직계존속이 있는 때에는 그 상속인과 공동상속인이 되고, 그 상속인이 없는 때에는 단독상속인이 된다.
④ 배우자는 사실혼의 배우자도 포함된다.
⑤ 우리나라 민법은 대습상속을 인정하지 않는다.

> **해설**
> ① 직계비속이면 피상속인의 자녀 외에 손자녀·증손자녀 등도 포함된다. 다만, 직계비속이 여럿 있는 경우 최근친이 선순위가 되고 최근친인 직계비속이 여럿 있으면 공동상속인이 되므로, 피상속인의 자녀·손자녀가 있는 경우에는 자녀만이 상속하고 자녀가 여럿 있으면 그들이 공동으로 상속한다.
> ② 자녀에는 양자녀 및 그의 직계비속도 포함된다.
> ④ 배우자는 혼인신고를 한 법률상의 배우자만을 가리키며, 사실혼의 배우자는 포함되지 않는다.
> ⑤ 민법상 대습상속이란 상속이 개시되기 전에 상속인이 될 피상속인의 직계비속 또는 형제자매가 사망하거나 결격된 경우에, 그의 직계비속과 배우자가 사망 또는 결격된 자의 순위에 갈음하여 상속하는 것을 말한다.

03 A는 배우자 B와 결혼하여 슬하에 자녀 C가 있으며 홀로 사는 모친 D가 있다. 그러던 중 A가 사고로 사망하였을 경우, 상속인으로 가장 적절한 것은?

① B 단독상속
② C 단독상속
③ D 단독상속
④ B, C 공동상속
⑤ B, C, D 공동상속

해설
제1순위는 피상속인의 직계비속과 배우자이므로, B와 C가 공동상속인이 된다.

04 A는 가족으로 모친 B와 배우자 C, 출가한 장남 D와 출가하지 않은 딸 E, 양자 F가 있으며, D에게는 배우자 G와 자녀 H가 있다. D는 교통사고로 먼저 사망하였고 그 후 A가 사망하였을 경우, 상속인에 해당하지 않는 것은?

① B
② C
③ E
④ F
⑤ G, H

해설
- 상속은 상속순위대로 정해지며, 선순위에서 상속이 이루어지면 나머지 상속인은 후순위가 되어 상속받지 못한다. 제1순위 상속인으로 피상속인의 직계비속 E, F와 배우자 C가 있으므로, 제2순위에 해당하는 모친 B는 상속받지 못한다.
- 자녀에는 양자녀도 포함되므로 양자 F도 상속인이 된다.
- 대습상속이란 상속이 개시되기 전에 상속인이 될 피상속인의 직계비속 또는 형제자매가 사망하거나 결격된 경우에, 그의 직계비속과 배우자가 사망 또는 결격된 자의 순위에 갈음하여 상속하는 것을 말한다. 피상속인의 직계비속 D가 피상속인보다 먼저 사망하였으므로 그의 직계비속인 H와 배우자 G가 D의 순위에 갈음하여 대습상속하게 된다.

05 상속에 대한 설명으로 적절하지 않은 것은?

① 상속인의 순위 중 제1순위는 직계비속과 배우자이다.
② 배우자는 혼인신고를 한 법률상의 배우자만을 가리키며, 사실혼의 배우자는 포함되지 않는다.
③ 피상속인이 유언으로 상속재산의 분할방법을 정한 경우에는 그에 따르고, 유언이 없으면 공동상속인의 협의에 의해 분할하며, 협의가 성립되지 않은 때에는 가정법원의 심판에 의해 분할한다.
④ 상속인은 상속개시가 있음을 안 날로부터 6개월 내에 단순승인·한정승인 또는 포기를 할 수 있다.
⑤ 상속인이 일정 기간 내에 승인이나 포기를 하지 않으면, 단순승인을 한 것으로 의제된다.

해설
상속인은 상속개시가 있음을 안 날로부터 3개월 내에 단순승인·한정승인 또는 포기를 할 수 있다.

정답 03 ④ 04 ① 05 ④

06 유언 및 유증에 대한 설명으로 적절하지 않은 것은?

① 유언은 상대방 없는 단독행위이다.
② 일정한 방식에 따르지 않은 유언이더라도 유언자의 진정한 의사에 합치되면 유효하다.
③ 자필증서 유언을 제외한 유언의 경우에는 증인이 참여하게 되는데, 유언에 참여한 증인의 서명·기명날인·구술은 유언의 유효·무효를 판단하는 자료가 된다.
④ 유증이란 유언에 의해 재산상의 이익을 타인에게 무상으로 주는 단독행위이다.
⑤ 유증은 유증의 목적의 범위를 상속재산의 전부 또는 그에 대한 비율로 표시하는 포괄적 유증과 유증의 목적이 특정되어 있는 특정유증으로 구분된다.

해설
유언은 유언자가 사망하는 때에 효력이 발생하므로 유언의 존재 및 내용에 관해 다툼이 생기면 이를 확인할 수가 없기 때문에 일정한 방식에 따르지 않은 유언은 설사 유언자의 진정한 의사에 합치하더라도 무효이다.

07 유류분에 대한 적절한 설명으로 모두 묶인 것은?

> 가. 피상속인이 그의 재산을 상속인이 아닌 자에게 생전에 증여하거나 유증한 때에는 상속인이 되었을 자가 상속을 받지 못할 수 있기에 일정범위의 상속인에게는 최소한의 생활보장 내지 부양을 위해 유류분제도를 인정하고 있다.
> 나. 상속이 개시되면 피상속인의 직계비속·배우자·직계존속 중 최우선순위의 상속인은 상속재산에 대해 일정비율을 취득할 수 있는데, 이를 유류분권이라고 한다.
> 다. 유류분권자의 유류분은 그의 법정상속분의 1/2이다.
> 라. 반환청구권은 유류분권자가 상속의 개시와 반환해야 할 증여 또는 유증을 한 사실을 안 때부터 1년, 상속이 개시된 때부터 10년 내에 행사하지 않으면 시효에 의하여 소멸한다.

① 나, 다
② 다, 라
③ 가, 나, 라
④ 가, 다, 라
⑤ 가, 나, 다, 라

해설
다. 유류분권자의 유류분은 피상속인의 직계비속과 배우자는 그의 법정상속분의 1/2이고, 피상속인의 직계존속은 그의 법정상속분의 1/3이다.

핵심테마 14. 주식회사의 합병과 분할

출제포인트
- 주식회사의 합병
- 주식회사의 분할

1. 주식회사의 합병

① **의의** : 둘 이상의 회사가 경제적·법률적으로 하나의 회사로 통합되는 기업결합방식 → 합병으로 소멸회사의 권리·의무가 포괄적으로 승계되고 주주의 지위 이전이 이루어짐

② **합병의 유형** : 흡수합병과 신설합병

③ **합병의 자유와 제한**
　㉠ 회사는 원칙적으로 어떠한 종류의 회사와도 합병 가능
　㉡ 합병은 원칙적으로 자유

④ **합병의 절차** : 이사회결의 → 반대주주의 주주총회 전 서면으로 반대 의사 통지 → 주주총회 특별결의 → 주주총회 결의일로부터 20일 이내 반대주주의 주식매수청구

⑤ **채권자 보호절차**
　㉠ 이의제출의 공고 및 최고
　㉡ 이의채권자에게 변제 및 담보제공

⑥ **합병의 효과**
　㉠ 합병의 효과는 합병등기를 함으로써 발생
　㉡ 권리·의무의 포괄적 승계 : 소멸회사의 권리·의무에 대해 개별적인 이전행위를 하지 않아도 권리 이전 효력 발생(단, 포괄승계한 권리를 행사하기 위해서는 일정한 공시와 대항요건을 갖춰야 함)
　㉢ 주주의 지위 이전

⑦ **합병무효의 소** : 각 회사의 주주·이사·감사·청산인·파산관재인 or 합병 미승인 채권자에 한해 합병등기일로부터 6월 내에 소송으로 주장 가능

2. 주식회사의 분할

① **의의** : 주식회사에 한해 주주총회 특별결의로 가능 → 채권자 보호절차 필요

② **분할의 유형**

　㉠ 단순분할 : 분할에 의해 1개 or 여러 개의 회사 설립

　㉡ 분할합병 : 분할에 의해 분할된 부분을 1개 or 여러 개의 기존 회사와 합병

　㉢ 인적분할 : 분할부분에 해당하는 분할 후 회사 지분을 분할 전 회사 주주에게 배정하는 형태 → 원래 있었던 기업과의 연계성을 유지하면서 별도 회사로 가는 것이 경영전략이나 주가관리 차원에서 유리하다고 판단될 때 시행되는 경우가 많음

　㉣ 물적분할 : 분할부분에 해당하는 분할 후 회사 지분을 분할 전 회사 자신이 취득하는 형태 → 구조조정목적으로 실적이 나쁜 사업부문을 떼어내는 목적으로 많이 활용

③ **분할등기** : 회사의 분할은 등기를 함으로써 효력 발생

④ **분할의 효과**

　㉠ 권리·의무의 포괄적 승계

　㉡ 분할 및 분할합병 후의 회사의 책임 : 분할 or 분할합병 전의 회사채무에 관해 연대 책임

⑤ **채권자 보호절차**

　㉠ 채권자의 이의 절차 : 이의제출의 공고 및 최고, 이의채권자에게 변제 및 담보제공

　㉡ 회사분할 무효의 소 : 각 회사 주주·이사·감사·청산인·파산관재인 or 분할·분할합병 미승인 채권자에 한해 분할·분할합병등기일로부터 6월 이내에 소송으로 주장 가능

적중문제

01 주식회사의 합병에 대한 설명으로 적절하지 않은 것은?

중요도
●●○

① 합병에는 흡수합병과 신설합병이라는 두 가지 유형 내지 방법이 있다.
② 회사는 원칙적으로 어떠한 종류의 회사와도 합병할 수 있다.
③ 채권자가 합병 이의제출 기간 내에 이의를 제출하지 않으면 합병을 승인한 것으로 본다.
④ 합병으로 존속회사 또는 신설회사는 소멸회사의 모든 권리·의무를 포괄적으로 승계한다.
⑤ 합병에 의해서 소멸회사의 주주의 지위는 원칙적으로 소멸한다.

[해설]
합병에 의해서 소멸회사의 주주의 지위는 원칙적으로 존속회사 또는 신설회사의 주주의 지위로 이전된다.

02 주식회사의 분할에 대한 설명으로 적절하지 않은 것은?

중요도
●●○

① 회사의 분할은 회사가 둘 이상의 법인격으로 나누어지는 것이다.
② 상법에서는 회사분할을 주식회사에 한해 주주총회의 특별결의로 할 수 있도록 하고, 채권자 보호절차를 거치도록 하였다.
③ 단순분할은 분할에 의해 1개 또는 여러 개의 회사를 설립하는 것이다.
④ 분할합병은 분할에 의해 분할된 부분을 1개 또는 여러 개의 기존 회사와 합병하는 것이다.
⑤ 분할 또는 분할합병으로 인해 설립되는 회사 또는 존속하는 회사는 분할 또는 분할합병 전의 회사채무에 관해 연대하여 변제할 책임은 없다.

[해설]
분할 또는 분할합병으로 인해 설립되는 회사 또는 존속하는 회사는 분할 또는 분할합병 전의 회사채무에 관해 연대하여 변제할 책임이 있다.

03 주식회사의 합병과 분할에 대한 설명으로 적절하지 않은 것은?

중요도
●●○

① 합병이란 둘 이상의 회사가 경제적·법률적으로 하나의 회사로 통합되는 기업결합방식을 말한다.
② 합병의 시작은 합병에 대한 이사회의 결의이다.
③ 합병의 효과는 합병등기를 함으로써 발생한다.
④ 인적분할은 분할부분에 해당하는 분할 후 회사의 지분을 분할 전 회사의 주주에게 배정하는 형태의 회사분할이다.
⑤ 회사가 분할 또는 분할합병을 하는 때에는 분할계획서 또는 분할합병계약서를 작성하여 주주총회의 보통결의에 의한 승인을 얻어야 한다.

[해설]
분할 또는 분할합병도 이사회의 결의로부터 시작하며, 회사가 분할 또는 분할합병을 하는 때에는 분할계획서 또는 분할합병계약서를 작성하여 주주총회의 특별결의에 의한 승인을 얻어야 한다.

정답 01 ⑤ 02 ⑤ 03 ⑤

핵심테마 15

개인회생제도

출제포인트
- 신청권자
- 변제계획
- 면책

1. 개인회생제도
① 채무자에게 일정한 수입이 있는 것을 전제로 채무자가 원칙적으로 3년 이내(특별한 사정이 있는 때에는 5년)에 원금의 일부를 변제하면 나머지는 면책받을 수 있는 제도
② 개인회생절차를 신청해도 법률상 특별한 불이익 ×
③ 변제계획안이 인가되면 연체정보 등록이 해제, 채권자들로부터 추심도 받지 않음

2. 신청권자
① **자연인 채무자** : 채무자 중에서도 법인 아닌 자연인 개인(급여소득자 or 영업소득자)
② **재정적 파탄** : 파산 원인이 있거나 그러한 사실이 생길 염려가 있는 자
③ **채무액수의 제한** : 무담보채무는 10억원, 담보채무는 15억원 이하인 경우에만 신청 가능
④ 급여소득자 or 영업소득자

3. 관할법원
채무자의 주소지를 관할하는 지방법원본원

4. 보전처분 및 중지명령
개인회생절차 개시를 신청하고 법원이 개시 여부를 결정하기 전까지 채무자 재산이 임의적 변제나 담보 제공, 재산 처분, 자금 차입 등을 통해 흩어짐 방지

5. 개시신청에 대한 재판
① **재판기한** : 법원은 신청일로부터 1월 이내에 개시 여부 결정
② **개시결정** : 법원이 기각사유가 없다고 하여 개시결정을 한 경우 결정 시부터 효력 발생

③ 개시결정의 효력
  ㉠ 개인회생 재단의 성립 : 채무자가 가진 모든 재산과 장래에 행사할 청구권 및 회생절차 진행 중 취득한 재산 및 소득은 개인회생 재단 구성 → 인가된 변제계획에서 다르게 정한 때를 제외하고는 채무자가 개인회생재단을 관리하고 처분할 권한을 가짐
  ㉡ 다른 절차의 중지 or 금지
  ㉢ 시효의 중단

6. 채권의 조사·확정
① **채권의 조사절차**
  ㉠ 채권자들이 채권신고 절차를 두지 않고 채무자 신고에 의존
  ㉡ 채권자 고의 누락 방지 : 변제계획 인가 후 면책 결정 불허 가능, 면책된 후 밝혀지면 면책 취소 가능
  ㉢ 면책결정이 되더라도 비신고 채권은 비면책채권으로 취급
② **채권의 확정절차** : 확정된 채권은 개인회생채권자 전원에 대해 확정판결과 동일한 효력

7. 변제계획
① **변제계획안의 제출** : 변제계획안은 채무자만 신청 가능, 개시신청일로부터 14일 이내 제출
② **계획안의 내용**
  ㉠ 변제계획 : 변제계획인가일로부터 1월 이내에 변제를 개시 → 정기적 변제 내용을 포함해야 하고 그것이 어려운 경우에는 법원의 허가 필요
  ㉡ 변제기간 : 변제개시일부터 3년 초과 금지(특별한 사정이 있는 때에는 5년)

8. 면 책
① **면책결정**
  ㉠ 일정한 요건이 충족된 경우에 한해 면책결정을 받아야 비로소 면책
  ㉡ 변제계획에 따른 변제를 완료한 때 채무 당사자 신청이나 법원 직권으로 면책 결정
② **면책허가 결정의 효력**
  ㉠ 변제계획에 따라 변제한 것을 제외하고 개인회생채권자에 대한 채무 관련 책임 면제
  ㉡ 채무자의 보증인이나 제공한 담보에 영향을 미치지 않음

적중문제

01 개인회생제도에 대한 설명으로 적절하지 않은 것은?

① 개인회생 절차는 채무자만 신청할 수 있고 채무자 중에서도 법인 아닌 자연인 개인만이 신청할 수 있다.
② 무담보채무는 10억원, 담보채무의 경우에는 15억원 이하인 경우에만 개인회생을 신청할 수 있다.
③ 개인이 회생절차를 신청할 법원은 채무자의 주소지를 관할하는 지방법원본원이다.
④ 법원은 개시 결정 전에 이해관계인의 신청이나 직권으로 개인회생 재단에 대해 가압류, 가처분 또는 그 밖에 필요한 보전처분을 할 수 있다.
⑤ 법원은 신청일로부터 3월 이내에 개인회생절차의 개시 여부를 결정해야 한다.

해설
법원은 신청일로부터 1월 이내에 개인회생절차의 개시 여부를 결정해야 한다.

02 개인회생제도에 대한 설명으로 적절하지 않은 것은?

① 채무자에게 일정한 수입이 있는 것을 전제로 채무자가 원칙적으로 3년 이내에 원금의 일부를 변제하면 나머지를 면책받을 수 있게 하는 제도이다.
② 변제계획안이 인가되면 그 사실이 은행연합회에 통보되어 채무자에 대한 연체정보 등록이 해제되고, 채권자들로부터 추심도 받지 않을 수 있다.
③ 파산의 원인이 있거나 그러한 사실이 생길 염려가 있는 자가 신청할 수 있다.
④ 무담보채무는 10억원, 담보채무의 경우에는 15억원 이하인 경우에만 개인회생을 신청할 수 있다.
⑤ 변제계획안은 채무자만이 신청할 수 있고, 개인회생절차 개시신청일로부터 10일 이내에 제출하여야 한다.

해설
변제계획안은 채무자만이 신청할 수 있고, 개인회생절차 개시신청일로부터 14일 이내에 제출하여야 한다.

03 개인회생제도의 변제계획에 대한 다음 설명 중 (가)~(다)에 들어갈 내용이 적절하게 연결된 것은?

> 변제계획은 변제계획인가일로부터 (가) 이내에 변제를 개시하여 정기적으로 변제하는 내용을 포함하여야 하고 그것이 어려운 경우에는 법원의 허가를 받아야 하며, 변제계획에서 정하는 변제기간은 변제개시일부터 (나)을 초과하여서는 아니 된다. 다만, 특별한 사정이 있는 때에는 변제개시일부터 (다)을 초과하지 아니하는 범위에서 변제기간을 정할 수 있다.

	가	나	다
①	1월	3년	5년
②	1월	5년	7년
③	1월	7년	10년
④	3월	3년	5년
⑤	3월	5년	7년

[해설]
변제계획은 변제계획인가일로부터 1월 이내에 변제를 개시하여 정기적으로 변제하는 내용을 포함하여야 하고 그것이 어려운 경우에는 법원의 허가를 받아야 하며, 변제계획에서 정하는 변제기간은 변제개시일부터 3년을 초과하여서는 아니 된다. 다만, 특별한 사정이 있는 때에는 변제개시일부터 5년을 초과하지 아니하는 범위에서 변제기간을 정할 수 있다.

04 개인회생제도에 대한 설명으로 적절하지 않은 것은?

① 법원이 기각사유가 없다고 하여 개시결정을 한 경우 그 개시결정의 효력은 그 결정 시부터 효력이 발생한다.
② 인가된 변제계획에서 다르게 정한 때를 제외하고는 채무자가 개인회생재단을 관리하고 처분할 권한을 가진다.
③ 개인회생절차에서는 절차를 간이화하기 위해 채권자들의 채권신고 절차를 두지 않고 채무자의 신고에 의존하고 있다.
④ 확정된 채권은 개인회생채권자 전원에 대해 확정판결과 동일한 효력이 있다.
⑤ 회생계획안이 인가되면 인가의 효력에 기하여 채무자가 면책된다.

[해설]
(기업)회생절차의 경우는 회생계획안이 인가되면 인가의 효력에 기하여 채무자가 면책되나 개인회생절차의 경우는 일정한 요건이 충족된 경우에 한해 면책결정을 받아야 비로소 면책된다.

핵심테마 16 자금세탁방지제도

출제포인트
- 의심거래보고제도
- 고액현금거래보고제도
- 고객확인제도

1. 자금세탁의 정의
범죄행위로부터 얻은 불법재산을 합법재산으로 위장·변환하는 과정

2. 자금세탁방지제도

① **의심거래보고제도**
  ㉠ 불법재산 or 자금세탁행위를 하고 있다고 의심되는 합당한 근거의 판단주체는 금융회사 → 금융회사 종사자의 주관적 판단에 의존하는 제도
  ㉡ 의심되는 합당한 근거가 있는 경우 금액에 상관없이 금융정보분석원장에게 의심거래보고

② **고액현금거래보고제도** : 1일 거래일 동안 1천만원 이상 현금입금 or 출금 → 거래자 신원과 거래일시, 거래금액 등 객관적 사실을 금융정보분석원에 전산으로 자동 보고

③ **고객확인제도** : 금융회사가 고객과 거래 시 고객의 실지명의 이외에 주소·연락처 등을 추가로 확인하고, 실제 소유자 및 금융거래 목적을 확인하는 제도
  ㉠ 계좌신규개설 : 거래금액 상관없음
  ㉡ 일회성 금융거래 : 금융회사 등에 개설된 계좌에 의하지 않는 금융거래 → 무통장입금(송금), 외화송금 및 환전 외에 자기앞수표 발행 및 지급, 보호예수, 선불카드 매매 등도 포함

> **핵심 CHECK**
> **고객확인대상이 되는 일회성 금융거래**
> - 전신송금 : 1백만원 or 그에 상당하는 다른 통화로 표시된 금액 이상
> - 외국통화로 표시된 외국환 거래 : 1만 미합중국달러 상당액 이상
> - 기타 금융거래 : 1천만원 이상

④ **강화된 고객확인제도** : 위험중심 접근법에 기초해 고객별·상품별 자금세탁위험도 분류 → 자금세탁위험이 큰 경우 실제 당사자 여부 및 금융거래 목적을 확인하는 제도

3. 공중협박(테러)자금조달금지제도

① **테러자금금지법** : 공중협박자금조달 의심 금융거래는 금융정보분석원에 보고
② 모든 금융거래를 포괄하며, 외국환거래에도 당연히 적용

4. 금융회사의 자금세탁방지/테러자금조달금지 시스템 구축

① **자금세탁방지를 위한 내부통제 구축** : 금융기관 내부통제기준의 일부분
② **비밀보장 및 면책 규정**
　㉠ 비밀보장 : 의심거래 보고 사실을 금융거래 상대방 포함하여 타인에게 누설 금지
　㉡ 면 책
　　• 의심거래보고 관련 금융거래 상대방 및 그 관계자에 대해 손해배상책임 ×(단, 고의 or 중과실로 인한 허위보고 제외)
　　• 금융회사가 금융정보분석원장에게 보고한 사항 중 금융정보분석원장이 수사기관 등 법집행기관 등에 제공한 특정금융거래정보는 재판에서 증거 채택 금지

적중문제

01 고객확인제도에 대한 설명으로 적절하지 않은 것은?

① 금융회사가 고객과 거래 시 고객의 실지명의 이외에 주소·연락처 등을 추가로 확인하고, 실제소유자 및 금융거래 목적을 확인하는 제도이다.
② 계좌신규개설은 금액에 상관없이 적용대상이 된다.
③ 일회성 금융거래는 금융기관 등에 개설된 계좌에 의하지 아니하는 금융거래를 의미하는 것으로 무통장입금, 외화송금 및 환전 외에 자기앞수표 발행 및 지급, 보호예수, 선불카드 매매 등도 이에 포함된다.
④ 고객확인대상이 되는 일회성금융거래 중 전신송금은 1천만원 또는 그에 상당하는 다른 통화로 표시된 금액 이상이다.
⑤ 강화된 고객확인제도는 위험중심 접근법에 기초하여 고객별·상품별 자금세탁위험도를 분석한다.

해설
고객확인대상이 되는 일회성금융거래 중 전신송금은 1백만원 또는 그에 상당하는 다른 통화로 표시된 금액 이상이다.

정답 01 ④

02 자금세탁방지제도에 대한 설명으로 적절하지 않은 것은?

① 불법재산 또는 자금세탁행위를 하고 있다고 의심되는 합당한 근거의 판단주체는 금융회사이다.
② 의심거래보고제도는 금융회사 종사자의 주관적 판단에 의존하는 제도라는 특성이 있다.
③ 고액현금거래보고제도는 객관적 기준에 의해 일정금액 이상의 현금거래를 보고하도록 하여 불법자금의 유출입 또는 자금세탁혐의가 있는 비정상적 금융거래를 효율적으로 차단하려는 데 목적이 있다.
④ 1일 거래일 동안 2천만원 이상의 현금을 입금하거나 출금한 경우 거래자의 신원과 거래일시, 거래금액 등 객관적 사실을 전산으로 자동 보고하도록 하고 있다.
⑤ 금융회사는 고객의 거절 등으로 고객확인 및 검증이 충분히 수행되지 않았다고 판단될 경우 금융거래를 거절할 수 있으며, 의심스러운 거래 보고 여부를 검토하여야 한다.

해설
1일 거래일 동안 1천만원 이상의 현금을 입금하거나 출금한 경우 거래자의 신원과 거래일시, 거래금액 등 객관적 사실을 전산으로 자동 보고하도록 하고 있다.

03 자금세탁방지제도에 대한 설명으로 적절하지 않은 것은?

① 일반적으로 자금세탁은 범죄행위로부터 얻은 불법재산을 합법재산으로 위장·변환하는 과정을 의미한다.
② 금융회사는 금융거래와 관련하여 수수한 재산이 불법재산이라고 의심되는 합당한 근거가 있는 경우에는 금융거래의 금액에 상관없이 의심거래보고를 해야 한다.
③ 고객확인제도는 금융회사 입장에서 자신의 고객이 누구인지 정확하게 알고 범죄자에게는 금융서비스를 제공하지 않도록 하는 정책이라 하여 고객알기정책이라고도 한다.
④ 강화된 고객확인제도는 위험중심 접근법에 기초하여 자금세탁위험이 큰 경우에는 실제 당사자 여부 및 금융거래 목적을 확인하도록 하는 제도이다.
⑤ 금융회사는 의심거래보고를 한 경우 당해 보고와 관련된 금융거래의 상대방 및 그의 관계자에 대해 손해배상책임을 부담할 수 있다.

해설
금융회사(금융기관 등의 종사자 포함)는 의심거래보고를 한 경우 당해 보고와 관련된 금융거래의 상대방 및 그의 관계자에 대해 손해배상책임을 지지 않는다. 다만 고의 또는 중대한 과실로 인하여 허위보고를 한 경우에는 제외된다.

핵심테마 17

투자권유 프로세스

회독체크 1회□ 2회□ 3회□

출제포인트
- 투자권유 및 판매 일반 원칙
- 투자권유를 희망하지 않는 투자자에 대한 판매
- 투자권유희망자에 대한 판매

1. 투자권유 및 판매 일반 원칙

〈투자권유 관련 절차〉

① **고객정보 파악 (Know-Your Customer-Rule)** ▶ 투자권유를 하기 전에 면담, 질문 등을 통해 고객의 투자목적, 재산상황 및 투자경험 등의 정보를 파악

② **고객의 투자성향 파악** ▶ 면담, 질문 등을 통해 파악된 고객정보를 활용하여 고객의 투자성향을 분류
※ 표준투자권유준칙은 고객정보를 점수화(Scoring)하여 고객의 투자성향을 5단계로 분류 (안정형, 안정추구형, 위험중립형, 적극투자형, 공격투자형)

③ **금융투자상품의 투자위험도 분류** ▶ 금융투자업자는 자체 기준에 따라 금융투자상품의 투자위험도를 분류
※ 표준투자권유준칙은 금융투자상품의 투자위험도를 5단계로 분류 (초저위험, 저위험, 중위험, 고위험, 초고위험)

고객에게 적합한 금융투자상품 권유 (적합성 원칙) ▶ 금융투자업자는 고객의 투자성향(②)과 투자위험도(③)를 고려하여 고객에게 적합한 상품을 투자권유

파생상품 등에 대한 투자자 보호 강화 (적정성 원칙) ▶ 파생상품 등의 경우 투자권유가 없더라도 면담, 질문 등을 통해 고객정보를 반드시 파악해야 함

▶ 금융투자업자는 고객정보에 비추어 해당 파생상품 등이 고객에게 적정하지 않다고 판단되는 경우에는 그 사실을 고객에게 알려야 함

2. 투자권유를 희망하지 않는 투자자에 대한 판매

① 투자권유를 할 수 없음을 고지
② 적정성원칙 대상상품 거래를 희망하는 투자자가 투자자 정보 미제공 시 관련법령에 따른 거래 제한 사실 고지

3. 투자권유희망자에 대한 판매

① 투자자정보 파악 및 투자자성향 분석 등
② **투자권유 시 유의사항**

   ㉠ 금지사항

> - 거짓 내용을 알리는 행위
> - 불확실한 사항에 대해 단정적 판단을 제공 or 확실하다고 오인하게 할 소지가 있는 내용을 알리는 행위
> - 투자자로부터 투자권유요청을 받지 않고 방문·전화 등 실시간 대화 방법을 이용하는 행위(단, 증권과 장내파생상품에 대한 투자권유는 제외)
> - 투자권유를 받은 투자자가 거부 취지 의사표시를 했음에도 불구하고 투자권유를 계속하는 행위(단, 투자성 있는 보험계약에 대한 투자권유, 거부 취지 의사표시를 한 후 1개월이 지난 후 다시 투자권유, 다른 종류의 금융투자상품에 대한 투자권유는 제외)
> - 투자자로부터 금전 대여나 그 중개·주선 or 대리를 요청받지 않고 이를 조건으로 투자를 권유하는 행위
> - 관계법령 및 회사가 정한 절차에 따르지 않고 금전·물품·편익 등 재산상의 이익을 제공하거나 제공받는 행위

   ㉡ 계열회사가 운용하는 펀드를 투자권유하는 경우의 준수사항 : 그 집합투자업자가 회사와 계열회사에 해당한다는 사실 고지 → 계열회사가 아닌 집합투자업자가 운용하는 유사 펀드를 함께 투자권유

③ **설명의무** : 투자자가 주요 손익구조 및 손실위험을 이해하지 못하는 경우 투자권유를 계속해서는 안 됨

적중문제

01 투자권유를 희망하지 않는 투자자에 대한 판매를 설명한 다음 내용 중 (가)에 들어갈 내용으로 가장 적절한 것은?

> 금융회사는 투자자에게 (가) 대상 상품을 판매하려는 경우에는 투자권유를 하지 아니하더라도 면담·질문 등을 통해 그 투자자의 금융상품 취득 및 처분목적, 재산상황, 취득 및 처분경험 등의 정보를 파악해야 한다.

① 적합성원칙
② 적정성원칙
③ 설명의무
④ 불공정영업행위 금지
⑤ 부당권유 금지

해설
금융회사는 투자자에게 (적정성원칙) 대상 상품을 판매하려는 경우에는 투자권유를 하지 아니하더라도 면담·질문 등을 통해 그 투자자의 금융상품 취득 및 처분목적, 재산상황, 취득 및 처분경험 등의 정보를 파악해야 한다.

02 투자권유 시 금지사항에 대한 설명으로 적절하지 않은 것은?

① 거짓의 내용을 알리는 행위
② 불확실한 사항에 대해 단정적 판단을 제공하거나 확실하다고 오인하게 할 소지가 있는 내용을 알리는 행위
③ 투자자로부터 투자권유요청을 받지 아니하고 방문·전화 등 실시간 대화의 방법을 이용하는 행위
④ 투자권유를 받은 투자자가 이를 거부하는 취지의 의사표시를 한 경우 1개월이 지난 후에 다시 투자권유를 하는 행위
⑤ 관계법령 및 회사가 정한 절차에 따르지 아니하고 금전·물품·편익 등의 재산상의 이익을 제공하거나 제공받는 행위

해설
투자권유를 받은 투자자가 이를 거부하는 취지의 의사표시를 하였음에도 불구하고 투자권유를 계속하는 행위를 하여서는 아니 된다. 다만, 투자성 있는 보험계약에 대해 투자권유를 하는 행위, 투자권유를 받은 투자자가 이를 거부하는 취지의 의사표시를 한 후 1개월이 지난 후에 다시 투자권유를 하는 행위, 다른 종류의 금융투자상품에 대해 투자권유를 하는 행위는 제외한다.

정답 01 ② 02 ④

03 투자권유 시 유의사항에 대한 설명으로 적절하지 않은 것은?

① 거짓의 내용을 알리는 행위를 하여서는 아니 된다.
② 투자자로부터 투자권유요청을 받지 아니하고 방문·전화 등 실시간 대화의 방법을 이용하는 행위를 해서는 아니 되지만, 증권과 장내파생상품에 대해 투자권유를 하는 경우는 제외한다.
③ 투자권유를 받은 투자자가 이를 거부하는 취지의 의사표시를 한 경우 1개월이 지난 후에 다시 투자권유를 하는 행위는 가능하다.
④ 일반투자자에게 계열회사인 집합투자업자가 운용하는 펀드를 투자권유하는 경우에는 그 집합투자업자가 회사와 계열회사에 해당한다는 사실을 고지하여 투자권유하면 된다.
⑤ 투자자에게 투자권유를 하는 경우 투자자의 합리적인 투자판단 또는 해당 금융투자상품의 가치에 중대한 영향을 미칠 수 있는 중요사항을 거짓 또는 왜곡하여 설명하거나 누락하여서는 아니 된다.

해설

일반투자자에게 계열회사 또는 계열회사에 준하는 회사인 집합투자업자가 운용하는 펀드를 투자권유하는 경우에는 그 집합투자업자가 회사와 계열회사에 해당한다는 사실을 고지해야 하고, 계열회사가 아닌 집합투자업자가 운용하는 유사한 펀드를 함께 투자권유해야 한다.

핵심테마 18 금융분야 개인정보 보호

출제포인트
- 개인(신용)정보 수집·이용·제공
- 고유식별정보 및 민감정보의 처리
- 정보주체의 권리보장

1. 개인(신용)정보 수집·이용·제공
① **개인(신용)정보 수집** : 개인(신용)정보 중 정보주체와의 계약 체결 및 이행에 불가피한 정보와 거래 상대방 신용도와 거래능력 등을 판단할 때 필요한 정보는 정보주체의 동의를 받지 않아도 수집 가능
② **개인(신용)정보 이용** : 해당 신용정보주체가 신청한 금융거래 등 상거래관계 설정 및 유지 여부 등을 판단하기 위한 목적으로만 이용
③ **개인(신용)정보 제공** : 정보주체에게 제공받는 자, 제공받는 자의 이용목적, 제공하는 개인신용정보 내용, 제공받는 자의 개인신용정보 보유 및 이용기간을 모두 알리고 미리 동의

2. 고유식별정보 및 민감정보의 처리
① **고유식별정보의 처리** : 고유식별정보(주민등록번호, 외국인등록번호, 여권번호, 운전면허번호)가 포함된 개인신용정보(or 개인식별정보)를 이용·제공하는 경우 원칙적으로 해당 개인의 동의 필요
② **민감정보의 처리** : 민감정보(사상·신념, 노동조합·정당 가입탈퇴, 정치적 견해, 건강, 성생활 등 관련 정보, 유전정보, 범죄경력자료 해당 정보 등)는 정보주체의 별도 동의를 얻거나 법령에서 민감정보 처리를 요구하거나 허용하는 경우에 한해 처리 가능

3. 개인(신용)정보의 파기
① **개인신용정보의 삭제**
  ㉠ 금융거래 등 상거래 관계 종료일부터 3개월 이내에 해당 신용정보주체의 개인신용정보가 안전하게 보호될 수 있도록 관리
  ㉡ 원칙적으로 금융거래 등 상거래 관계 종료일부터 최장 5년 이내에 해당 신용정보주체의 개인신용정보를 관리대상에서 삭제 → 복구 or 재생되지 않도록 조치
② **그 밖의 개인정보의 파기** : 개인신용정보를 제외한 그 밖의 개인정보는 보유기간 경과, 개인정보 처리목적 달성 등으로 불필요하게 되었을 때는 지체 없이(5일 이내) 파기

4. 정보주체의 권리보장

① **개인신용정보에 대한 정보주체의 권리보장**
  ㉠ 개인신용정보 열람·정정 청구권 : 사실과 다르거나 확인불가한 개인신용정보는 삭제 or 정정 조치 후 그 처리결과를 7일 이내 통보
  ㉡ 개인신용정보 제공·이용 동의 철회권
  ㉢ 신용조회사실 통지 요청권
  ㉣ 개인신용정보의 삭제 요구권

② **그 밖의 개인정보에 대한 정보주체의 권리보장**
  ㉠ 개인정보 열람 : 요구 시 10일 이내 조치
  ㉡ 개인정보 정정·삭제 : 요구 시 지체 없이 조치 후 결과 통지
  ㉢ 개인정보 처리정지 : 요구 시 지체 없이 개인정보처리의 전부 or 일부 정지

5. 개인(신용)정보 유출 시 조치방법

① **개인신용정보 누설 시 통지 및 신고** : 지체 없이 통지
② **개인신용정보 외 그 밖의 개인정보 유출 시 통지** : 정당한 사유가 없는 한 5일 이내 통지
③ **개인신용정보 외 그 밖의 개인정보 유출 시 신고** : 1만명 이상 개인정보 유출 시 5일 이내 행안부 or 한국인터넷진흥원(KISA)에 신고

적중문제

01 금융분야 개인정보 보호에 대한 설명으로 적절하지 않은 것은?

① 개인정보란 살아 있는 개인에 관한 정보로서 성명, 주민등록번호 및 영상 등을 통해 개인을 알아볼 수 있는 정보를 말한다.
② 신용정보는 금융거래 등 상거래에 있어서 거래 상대방의 신용을 판단할 때 필요한 정보를 말한다.
③ 개인정보 처리 시에는 개인정보 보호법에 따라 정보주체의 개인정보 자기 결정권을 보장할 수 있도록 처리해야 한다.
④ 개인(신용)정보 중 정보주체와의 계약 체결 및 이행에 불가피한 정보라도 수집 시에는 반드시 정보주체의 동의를 받고 수집해야 한다.
⑤ 개인신용정보는 해당 신용정보주체가 신청한 금융거래 등 상거래관계의 설정 및 유지 여부 등을 판단하기 위한 목적으로만 이용해야 한다.

> **해설**
> 개인(신용)정보 중 정보주체와의 계약 체결 및 이행에 불가피한 정보와 거래 상대방의 신용도와 거래능력 등을 판단할 때 필요한 정보는 정보주체의 동의를 받지 않아도 수집 가능하다.

정답 01 ④

02 개인정보 보호법에 따른 고유식별정보로 모두 묶인 것은?

```
가. 주민등록번호
나. 운전면허번호
다. 여권번호
라. 외국인등록번호
마. 국내거소신고번호
```

① 나, 마
② 가, 다, 라
③ 나, 다, 마
④ 가, 나, 다, 라
⑤ 나, 다, 라, 마

해설
마. 국내거소신고번호는 신용정보법에 따른 개인식별정보에 해당된다. 개인정보 보호법에 따른 고유식별정보에는 주민등록번호, 외국인등록번호, 여권번호, 운전면허번호가 있다. 고유식별정보는 신용정보법에 따른 개인신용정보 중 개인식별정보에 포함된다.

핵심 CHECK

고유식별정보의 처리

개인정보보호법에 따른 고유식별정보	신용정보법에 따른 개인식별정보
주민등록번호, 운전면허번호, 여권번호, 외국인등록번호	개인의 성명, 주소, 주민등록번호, 외국인등록번호, 국내거소신고번호, 여권번호, 성별, 국적 등 개인을 식별할 수 있는 정보

03 정보주체의 권리보장에 대한 설명으로 적절하지 않은 것은?

① 금융회사는 정보주체의 열람·정정 청구의 내용을 조사하고, 사실과 다르거나 확인불가한 개인신용정보는 삭제 또는 정정 조치를 하며, 그 처리결과를 7일 이내에 통보해야 한다.
② 정보주체는 금융기관에게 개인의 신용도 등을 평가하기 위한 목적 외의 목적으로 행한 개인신용정보 제공 동의에 대해 철회 가능하다.
③ 정보주체는 신용정보제공·이용자에 대해 상품이나 용역을 소개하거나 구매를 권유할 목적으로 본인에게 연락하는 것을 중지하도록 청구 가능하다.
④ 정보주체가 자신의 개인정보에 대한 열람을 요구할 경우에는 7일 이내에 조치해야 한다.
⑤ 정보주체가 자신의 개인정보에 대해 정정·삭제를 요구할 경우, 개인정보처리자는 지체 없이 조치하고 그 결과를 통지해야 한다.

해설
정보주체가 자신의 개인정보에 대한 열람을 요구할 경우에는 10일 이내에 조치해야 한다. 금융회사는 정당한 사유가 있으면 그 사유를 알리고 열람을 연기할 수 있으며, 사유가 소멸하면 지체 없이 열람하게 해야 한다.

02 PART

세무설계

CHAPTER 1 소득세

CHAPTER 2 금융소득종합과세

CHAPTER 3 양도소득세

CHAPTER 4 상속·증여세

CHAPTER 5 취득세·재산세·종합부동산세

CHAPTER 01
소득세

출제경향 및 학습전략

- 소득세 과세이론, 거주자와 비거주자의 구분, 소득의 종류별 과세방법 등과 같은 소득세의 기본적인 내용을 묻는 문제가 출제되고 있습니다.
- 종합소득세 계산 구조를 이해하고, 종합소득공제와 세액공제를 구분하여 각각의 공제사유와 공제금액을 암기해야 합니다.
- 종합소득세 절세방안에 대해서는 반드시 출제가 예상되므로 소득의 종류별 절세방안에 대한 심화 내용까지 학습해 두어야 합니다.

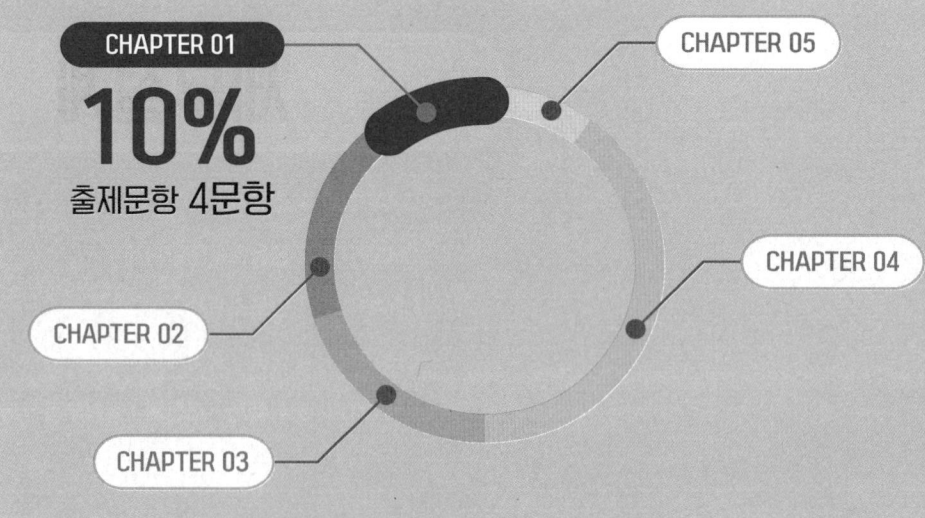

핵심테마	핵심개념	빈출도
01	소득세 개요	★★☆
02	종합소득금액	★★☆
03	종합소득공제	★★★
04	신용카드 등 사용금액 소득공제	★★☆
05	종합소득세의 신고 및 납부	★★☆
06	연금소득과 퇴직소득의 과세방법	★☆☆
07	종합소득세 절세방안	★★★

핵심테마 01 소득세 개요

> **출제포인트**
> - 거주자와 비거주자 구분의 실익
> - 소득의 구분
> - 과세기간 및 납세지

1. 소득세 총설
① 개인단위 과세
② 종합과세 원칙(일부 소득에 대해 분류과세 및 분리과세)
③ **분류과세** : 퇴직소득, 양도소득
④ **일부소득 분리과세** : 2천만원 이하의 금융소득, 일용근로자의 근로소득 등
⑤ **소득세 과세이론** : 소득원천설에 입각한 열거주의 과세방식(이자·배당·연금소득에 대해 유형별 포괄과세주의 도입)

2. 거주자와 비거주자 구분의 실익

구 분	거주자	비거주자
개 념	국내에 주소를 두거나 183일 이상 거소를 둔 개인	거주자가 아닌 개인
과세대상 소득	국내외에서 발생한 모든 소득(전 세계 소득)	국내에서 발생한 소득(국내원천소득)
과세방법	• 원칙 : 종합과세 • 예외 : 분리과세	• 원칙 : 분리과세(제한세율) • 예외 : 종합과세
소득공제 (종합과세되는 경우)	모든 소득공제 가능	• 기본공제는 본인공제만 인정 • 특별소득공제는 인정 안 됨

※ 거주자나 내국법인의 국외사업장 or 해외현지법인(내국법인이 발행주식총수 or 출자지분의 100%를 직접 or 간접 출자한 경우 한정) 등에 파견된 임원 or 직원이나 국외에서 근무하는 공무원은 거주자로 간주

3. 소득의 종류별 과세방법

구 분	내 용	과세방법
종합소득	소득세법상 열거된 다음 소득(이자소득, 배당소득, 사업소득, 근로소득, 연금소득, 기타소득)	• 종합과세 : 당해연도 발생소득을 합산하여 기본세율(6~45%) 적용 • 분리과세 : 2천만원 이하 금융소득, 300만원 이하 기타 소득금액 등
퇴직소득	퇴직 시 수령하는 일시금	• 연분연승법 적용 • 기본세율(6~45%) 적용
양도소득	소득세법상 열거된 자본이득(부동산 및 부동산에 관한 권리의 양도소득, 주식양도소득, 기타 자산의 양도소득 등)	• 일반적인 경우 : 기본세율(6~45%) 적용 • 단기보유, 다주택자 등에 대하여는 차등세율 적용

4. 과세기간 및 납세지

(1) 과세기간

① **원칙** : 매년 1월 1일부터 12월 31일까지 1년간의 소득금액에 대해 과세
② **연도 중에 거주자가 사망한 경우** : 1월 1일부터 사망한 날까지의 소득금액에 대해 과세
③ **거주자가 주소 or 거소의 국외이전으로 비거주자가 되는 경우** : 1월 1일부터 국외이전으로 출국한 날까지의 소득금액에 대해 과세

(2) 납세지

① **거주자** : 주소지(주소가 없는 때 : 거소지)
② **비거주자** : 국내사업장(국내사업장이 2개 이상 있는 경우 주된 국내사업장)의 소재지(국내사업장이 없는 경우 : 국내원천소득이 발생하는 장소)

적중문제

01 소득세에 대한 설명으로 적절하지 않은 것은?

① 소득세는 개인에게 부과되는 세금이므로 개인에게 귀속되는 모든 소득은 합산하여 종합과세하는 것이 원칙이다.
② 퇴직소득, 양도소득에 대해서는 종합과세되지 않는다.
③ 일부 소득에 대하여는 소득의 원천에 따라 구분하여 과세하는 분류과세 및 분리과세를 동시에 택하고 있다.
④ 우리나라 소득세법은 소득원천설에 입각한 열거주의 과세방식을 택하고 있다.
⑤ 종합과세되는 모든 세목에 대하여 유형별 포괄과세주의를 도입하였다.

해설
우리나라 소득세법은 소득원천설에 따라 세법에서 구체적으로 열거하고 있는 소득을 계속적·반복적인 것으로 보아 과세하는 소득원천설에 입각한 열거주의 과세방식을 택하고 있다. 다만, 이자·배당·연금소득에 대하여는 2002년부터 법령에 열거하지 않은 경우에도 유사한 소득은 동일하게 과세할 수 있도록 유형별 포괄과세주의를 도입하였다.

02 소득세법상 거주자에 해당하는 경우로 가장 적절한 것은?

① 외국국적을 가진 주한 외교관
② 외국의 영주권을 가지고 그 외국에 가족과 같이 거주하는 사람
③ 외국 국적을 가지고 그 외국에 직업 및 자산이 있는 사람
④ 국외에 주소가 있는 항공기 승무원
⑤ 국외에서 근무하는 공무원

해설
거주자나 내국법인의 국외사업장 또는 해외현지법인(내국법인이 발행주식총수 또는 출자지분의 100%를 직접 또는 간접 출자한 경우에 한정함) 등에 파견된 임원 또는 직원이나 국외에서 근무하는 공무원은 거주자로 본다.

03 소득세 납세의무자에 대한 설명으로 적절하지 않은 것은?

① 세법상 거주자는 국적에 의해 판단한다.
② 국내에 거주하는 개인이 계속하여 183일 이상 국내에 거주할 것을 통상 필요로 하는 직업을 가진 때에는 거주자로 본다.
③ 국내에 거주하는 개인이 국내에 생계를 같이하는 가족이 있고, 그 직업 및 자산상태에 비추어 계속하여 183일 이상 국내에 거주할 것으로 인정되는 때에는 거주자로 본다.
④ 거주자나 내국법인의 국외사업장 또는 해외현지법인(내국법인이 100% 직접 또는 간접 출자한 경우) 등에 파견된 임원 또는 직원이나 국외에서 근무하는 공무원은 거주자로 본다.
⑤ 세법상 거주자에 대하여는 그가 획득한 소득이 국내에서 발생한 것이든 국외에서 발생한 것이든 불문하고 모두 대한민국에서 합산하여 과세한다.

해설
국내에 주소를 두거나 183일 이상 거소를 둔 개인을 거주자라 한다. 세법상 거주자는 국적의 유무와는 관계가 없다. 비록 외국인이라고 하더라도 국내에 주소를 두거나 1과세기간 동안 국내에 183일 이상 거소를 두면 거주자가 된다.

정답 01 ⑤ 02 ⑤ 03 ①

04 비거주자에 대한 설명으로 적절하지 않은 것은?

① 우리나라 국적을 갖고 있는 자라도 비거주자가 될 수 있다.
② 거주자가 아닌 개인을 말한다.
③ 국내에서 발생한 소득만이 과세대상 소득이 된다.
④ 소득세법상 부양가족에 대한 기본공제가 인정된다.
⑤ 소득세법상 특별소득공제는 인정되지 않는다.

해설
기본공제는 본인공제만 인정된다. 비거주자는 국적과는 관계없다.

05 소득세의 납세기간 및 납세지에 대한 설명으로 적절하지 않은 것은?

① 소득세의 과세기간은 세무서의 승인을 받아 개인별로 변경이 가능하다.
② 소득세는 매년 1월 1일부터 12월 31일까지 1년간의 소득금액에 대하여 과세한다.
③ 연도 중에 거주자가 사망한 경우에는 1월 1일부터 사망한 날까지의 소득금액에 대하여 과세한다.
④ 거주자가 주소 또는 거소의 국외이전으로 비거주자가 되는 경우에는 1월 1일부터 국외이전으로 출국한 날까지의 소득금액에 대하여 소득세를 과세한다.
⑤ 거주자에 대한 소득세의 납세지는 주소지로 한다.

해설
소득세 과세기간은 개인별 선택이 불가하다. 소득세는 매년 1월 1일부터 12월 31일까지 1년간의 소득금액에 대하여 과세한다.

06 소득세에 대한 설명으로 적절하지 않은 것은?

① 소득세는 개인의 소득에 대하여 부과되는 세금이다.
② 개인에게 귀속되는 모든 소득은 합산하여 항상 종합과세한다.
③ 우리나라 소득세법은 종합소득, 퇴직소득, 양도소득의 3가지로 구분하여 과세한다.
④ 소득세는 매년 1월 1일부터 12월 31일까지 1년간의 소득금액에 대하여 과세한다.
⑤ 거주자에 대한 소득세의 납세지는 주소지로 한다.

해설
소득세는 개인에게 부과되는 세금이므로 개인에게 귀속되는 모든 소득은 합산하여 종합과세하는 것이 원칙이다. 그러나 소득세는 매 1년 단위로 부과되므로 소득의 발생이 장기간에 걸쳐 발생하는 일부 소득(퇴직소득, 양도소득)에 대해서는 종합과세가 합리적이지 않다. 또는 국가에서 정책적인 목적으로 일부 소득(2천만원 이하의 금융소득, 일용근로자의 근로소득 등)에 대하여 예외적으로 종합과세하지 않고 분리과세하는 경우도 있다. 따라서 우리나라 소득세법은 종합과세를 원칙으로 하되, 일부 소득에 대하여는 소득의 원천에 따라 구분하여 과세하는 분류과세 및 분리과세를 동시에 택하고 있다.

정답 04 ④ 05 ① 06 ②

핵심테마 02

종합소득금액

> **출제포인트**
> - 종합소득세 산출세액 계산구조
> - 종합소득금액

1. 종합소득세 산출세액 계산구조

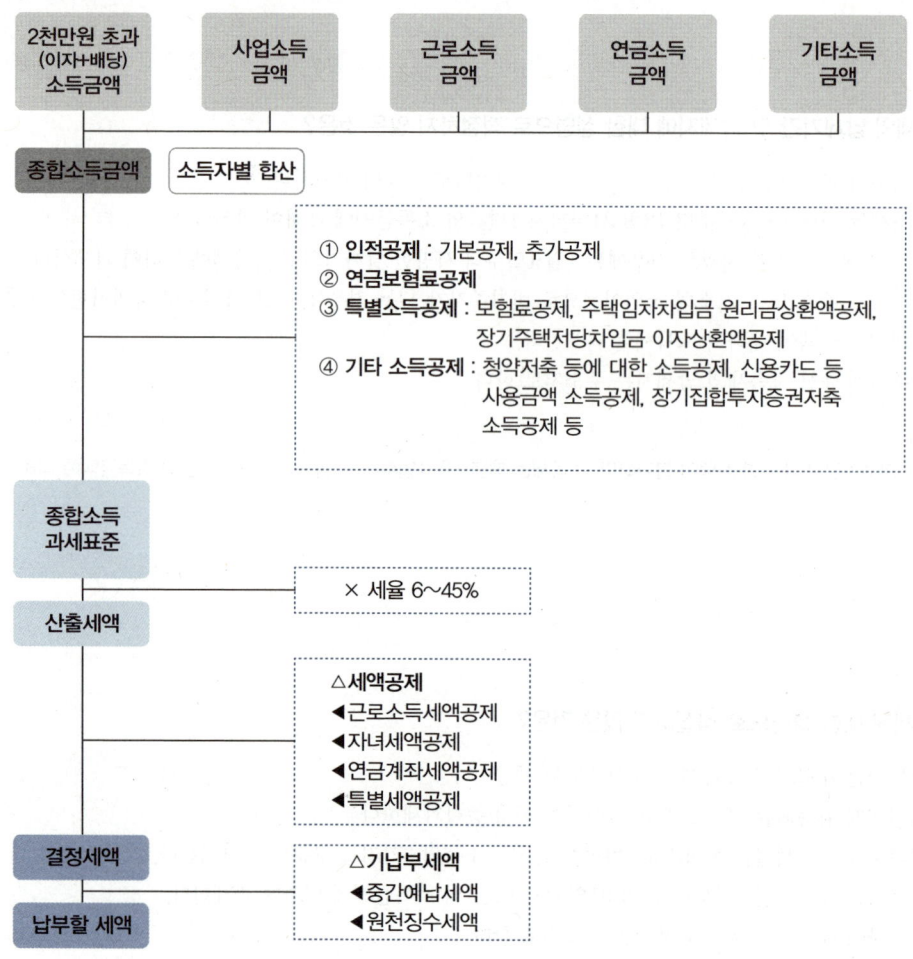

2. 종합소득금액

수입금액		차감항목		소득금액
이자수입금액	−	분리과세 이자소득	=	이자소득금액
배당수입금액	−	분리과세 배당소득	=	배당소득금액
사업수입금액 (부동산임대업 포함)	−	필요경비	=	사업소득금액
근로수입금액	−	필요경비적 소득공제 (근로소득공제)	=	근로소득금액
연금수입금액	−	연금소득공제, 분리과세 연금소득	=	연금소득금액
기타수입금액	−	분리과세 기타소득, 필요경비	=	기타소득금액

Σ 종합소득금액

① **이자소득금액과 배당소득금액** : 필요경비 인정 ×
② **간주임대료** : 부동산을 임대하고 임대료 외에 보증금을 받는 경우에도 임대소득 계산
③ **근로소득금액**
  ㉠ 근로소득공제액의 최고한도 : 2천만원
  ㉡ 일용근로자의 근로소득공제액 : 1일 15만원

> **핵심 CHECK**
>
> **근로소득금액의 계산**
> 근로소득금액 = 총급여액(근로소득으로 보는 것 포함) − 필요경비(근로소득공제)

④ **기타소득금액**
  ㉠ 소득세법에 기타소득으로 열거되어 있지 않은 것들은 소득세법상 기타소득 × → 과세 ×(예 교통사고 시 가해자로부터 수령하는 위자료 or 이혼 시 배우자로부터 수령하는 위자료)
  ㉡ 원고료, 강연료 등은 총수입금액의 60%를 필요경비로 인정

적중문제

01 종합소득금액에 합산하지 않는 소득으로 가장 적절한 것은?

중요도 ●●○

① 양도소득
② 사업소득
③ 근로소득
④ 연금소득
⑤ 기타소득

> 해설
> - 우리나라 소득세법은 퇴직소득과 양도소득을 다른 종합소득과 구분하여 별도로 과세한다.
> - 종합소득금액은 소득세법상 이자소득, 배당소득, 사업소득, 근로소득, 연금소득, 기타소득의 6가지 종합소득 수입금액에서 각 소득별 분리과세소득과 필요경비를 공제한 후의 금액을 모두 합산한 금액을 말한다.

02 근로소득자인 노태환씨가 20××년도 중 기타소득으로 보는 일시적 원고료 수입 500만원과 강연료 수입 500만원을 지급받았을 경우, 소득세법상 20××년 귀속 기타소득금액으로 가장 적절한 것은?

중요도 ●○○

① 100만원
② 200만원
③ 400만원
④ 600만원
⑤ 1,000만원

> 해설
> - 기타소득금액도 다른 종합소득과 마찬가지로 총수입금액에서 총수입금액을 얻는 데 소요된 필요경비를 차감한 금액으로 한다. 원고료, 강연료 등은 총수입금액의 60%를 필요경비로 인정해 준다.
> - 필요경비 : 1,000만원 × 60% = 600만원
> - 기타소득금액 = 총수입금액 − 필요경비 = 1,000만원 − 600만원 = 400만원

> 핵심 CHECK
>
> **기타소득금의 계산**
> 기타소득금액 = 총수입금액 − 필요경비

03 소득별 소득금액의 계산에 대한 설명으로 적절하지 않은 것은?

중요도
●●○

① 부동산을 임대하고 임대료 외에 보증금을 받는 경우에도 임대소득을 계산하는데, 이를 간주임대료라고 한다.
② 근로소득이란 근로자가 고용계약에 의하여 근로를 제공하고 그 대가로 받은 급여 등을 말한다.
③ 기타소득은 종합소득 외의 모든 소득을 의미한다.
④ 원고료, 강연료 등은 총수입금액의 60%를 필요경비로 인정해 준다.
⑤ 300만원 이하의 기타소득금액에 대하여는 분리과세와 종합과세를 선택할 수 있다.

해설
기타소득이라고 하여 종합소득 외의 모든 소득을 의미하는 것은 아니다. 소득세법에 기타소득으로 열거되어 있지 않은 것들은 소득세법상 기타소득이 아니므로 과세되지 않는다. 예컨대 교통사고 시 가해자로부터 수령하는 위자료라든지 이혼 시 배우자로부터 수령하는 위자료는 소득세법상 열거된 기타소득이 아니다. 따라서 소득세는 과세되지 않는다(위자료는 조세포탈의 목적이 있는 경우가 아니라면 증여세도 부과되지 않는다).

04 종합소득금액에 대한 설명으로 적절하지 않은 것은?

중요도
●●○

① 비과세소득은 종합소득금액에 포함하지 않는다.
② 종합소득금액은 소득세법상 6가지 종합소득 수입금액에서 각 소득별 분리과세소득과 필요경비를 공제한 후의 금액을 모두 합산한 금액을 말한다.
③ 이자소득과 배당소득은 필요경비가 인정되지 않는다.
④ 연금소득금액은 필요경비를 본인이 입증해야 한다.
⑤ 기타소득이라고 하여 종합소득 외의 모든 소득을 의미하는 것은 아니다.

해설
연금소득금액은 과세대상 연금소득의 합계액(분리과세 연금소득 제외)에서 연금소득공제를 한 금액으로 한다.

핵심테마 03 종합소득공제

출제포인트
- 인적공제

1. 인적공제

① **기본공제** : 본인, 배우자 및 부양가족에 대해 각각 1인당 연 150만원씩 공제
  ㉠ 거주자 및 배우자의 형제자매 : 기본공제대상에 포함
  ㉡ 직계비속의 배우자(며느리, 사위) 및 형제자매의 배우자(형수, 제수) : 기본공제대상 ×

구 분		공제대상	공제 요건	
			연령 요건	연간소득금액 요건
본인공제		본 인	—	—
배우자공제		배우자	—	100만원 이하 (근로소득만 있는 경우에는 총급여 500만원 이하)
부양가족공제 (생계를 같이 하는 것을 전제로 공제)		직계존속 (배우자의 직계존속 포함)	60세 이상	
		직계비속과 입양자	20세 이하	
		형제자매	20세 이하 or 60세 이상	
		국민기초생활보장법 수급자	—	
		아동복지법에 따른 위탁아동	18세 미만	

※ 연간소득금액 = 종합소득금액 + 퇴직소득금액 + 양도소득금액
※ 부양가족이 장애인인 경우 연령 제한 ×

② **추가공제**

구 분	추가공제 요건	소득공제액
경로우대공제	기본공제에 해당하는 자가 70세 이상인 경우	인당 100만원
장애인공제	기본공제에 해당하는 자가 장애인인 경우	인당 200만원
부녀자공제 (여성만)	종합소득금액이 3,000만원 이하이면서 • 배우자가 없는 여성으로서 기본공제대상인 부양가족이 있는 세대주 or • 배우자가 있는 여성인 경우	50만원
한부모공제	배우자가 없는 자로서 기본공제대상자인 직계비속 or 입양자가 있는 경우	100만원

※ 부녀자공제와 한부모공제 모두에 해당하는 경우 : 한부모공제만 적용

2. 연금보험료공제

종합소득이 있는 거주자가 공적연금 관련법에 따른 연금보험료(기여금 or 개인부담금)를 납부한 경우 : 그 과세기간에 납입한 연금보험료를 종합소득금액에서 공제

3. 특별소득공제

① 국민건강보험료, 고용보험료, 노인장기요양보험료 등 보험료공제
② 주택자금공제, 주택임차차입금 원리금상환액공제
③ 장기주택저당차입금 이자상환액공제

적중문제

01 종합소득공제 계산 시 인적공제 중 기본공제에 대한 설명으로 적절하지 않은 것은?

① 본인, 배우자 및 부양가족에 대하여 각각 1인당 연 150만원씩을 공제한다.
② 배우자의 연간소득금액이 100만원 이하인 경우 또는 근로소득만 있고 총급여액이 500만원 이하인 경우에는 배우자공제대상이 된다.
③ 거주자와 생계를 같이하는 직계존속으로서 만 60세 이상이면서 연간소득금액이 100만원 이하인 경우 또는 근로소득만 있고 총급여액이 500만원 이하인 경우에는 부양공제대상이 된다.
④ 기본공제대상자인 직계존속에는 장인, 장모 등도 포함된다.
⑤ 며느리, 사위 등은 기본공제 대상에 포함될 수 있으나 형수, 제수 등은 기본공제대상이 아니다.

> **해설**
> 거주자 및 배우자의 형제자매는 기본공제 대상에 포함될 수 있으나 직계비속의 배우자(며느리, 사위 등) 및 형제자매의 배우자(형수, 제수 등)는 기본공제대상이 아니다.

정답 01 ⑤

02 생계를 같이하는 다음 부양가족 중 기본공제대상자에 해당하지 않는 사람은?

중요도 ●●●

① 퇴직소득금액이 150만원인 만 61세 배우자
② 소득이 없는 만 18세 입양자
③ 근로소득만 있고 총급여액이 300만원인 만 30세 장애인 여동생
④ 금융소득만 2,000만원인 만 60세 장인
⑤ 소득이 없는 만 19세 대학생 처제

> 해설
>
> 배우자의 연간소득금액이 100만원을 초과하는 경우에는 공제대상에서 제외된다. 연간소득금액에는 종합소득 외에 퇴직소득 및 양도소득도 포함된다. 다만 배우자가 근로소득만 있고 총급여액이 500만원 이하라면 배우자공제대상이 된다.

03 생계를 같이하는 다음 부양가족 중 기본공제대상자에 해당하는 사람은?

중요도 ●●●

① 이자와 배당소득 합계액 2,000만원만 있는 만 65세 부친
② 퇴직소득금액이 200만원인 만 65세 모친
③ 소득이 없는 만 21세 남동생
④ 근로소득만 있고 총급여액이 900만원인 만 18세 여동생
⑤ 양도소득금액이 150만원인 만 28세 장애인 남동생

> 해설
>
> ② 거주자(배우자 포함)와 생계를 같이하는 부양가족으로서 연간소득금액이 100만원을 초과하는 경우에는 공제대상에서 제외된다. 연간소득금액에는 종합소득 외에 퇴직소득 및 양도소득도 포함된다.
> ③ 형제자매의 공제대상 요건은 만 20세 이하 또는 만 60세 이상이다.
> ④ 부양가족이 근로소득만 있고 총급여액이 500만원 이하라면 부양가족공제대상이 된다.
> ⑤ 부양가족이 장애인인 경우에는 연령의 제한이 없으나, 거주자(배우자 포함)와 생계를 같이하는 부양가족으로서 연간소득금액(종합소득 외에 퇴직소득 및 양도소득도 포함)이 100만원을 초과하는 경우에는 공제대상에서 제외된다.

04 종합소득공제 중 다음에 해당하는 경우 적용되는 인적공제와 공제금액이 적절하게 연결된 것은?

중요도 ●●○

> 해당 거주자가 배우자가 없는 여성으로서 기본공제대상자인 직계비속이 있는 세대주

① 부녀자공제 - 연 50만원
② 한부모가족공제 - 연 100만원
③ 부녀자공제와 한부모가족공제 - 연 150만원
④ 한부모가족공제 - 연 200만원
⑤ 부녀자공제와 한부모가족공제 - 연 250만원

> 해설
>
> 해당 거주자가 배우자가 없는 사람으로서 기본공제대상자인 직계비속 또는 입양자가 있는 경우에 한부모가족공제 연 100만원을 적용한다. 단, 부녀자공제와 중복되는 경우 부녀자공제는 받을 수 없다.

05 종합소득공제 계산 시 인적공제 중 추가공제에 대한 설명으로 적절하지 않은 것은?

① 기본공제대상자가 70세 이상이면 경로우대공제 1인당 연 100만원을 추가로 공제한다.
② 기본공제대상자가 장애인이면 장애인공제 1인당 연 200만원을 추가로 공제한다.
③ 당해 거주자가 배우자가 있는 여성인 경우 소득에 상관없이 연 50만원의 부녀자공제 대상이 된다.
④ 해당 거주자가 배우자가 없는 사람으로서 기본공제대상자인 직계비속 또는 입양자가 있는 경우에 한부모가족공제 연 100만원을 적용한다.
⑤ 한부모가족공제가 부녀자공제와 중복되는 경우 부녀자공제는 받을 수 없다.

해설
부녀자공제는 당해 거주자의 종합소득금액이 3,000만원 이하인 경우에 한한다.

06 종합소득공제 중 인적공제에 대한 설명으로 적절하지 않은 것은?

① 기본공제는 본인, 배우자 및 부양가족에 대하여 각각 1인당 연 150만원씩을 공제한다.
② 거주자와 생계를 같이하는 만 60세 이상 직계존속으로서 연간소득금액이 100만원 이하이거나 근로소득만 있고 총급여액이 500만원 이하라면 부양공제대상이 된다.
③ 거주자와 생계를 같이하는 며느리나 사위도 기본공제 대상에 포함될 수 있다.
④ 기본공제대상자가 70세 이상이면 경로우대공제 1인당 연 100만원을 추가로 공제한다.
⑤ 기본공제대상자가 장애인이면 장애인공제 1인당 연 200만원을 추가로 공제한다.

해설
거주자 및 배우자의 형제자매는 기본공제대상에 포함될 수 있으나 직계비속의 배우자(며느리, 사위 등) 및 형제자매의 배우자(형수, 제수 등)는 기본공제대상이 아니다.

정답 05 ③ 06 ③

07 종합소득공제 중 인적공제와 공제금액이 적절하지 않게 연결된 것은?

① 기본공제 – 1인당 연 150만원
② 경로우대공제 – 1인당 연 100만원
③ 장애인공제 – 1인당 연 200만원
④ 부녀자공제 – 연 100만원
⑤ 한부모가족공제 – 연 100만원

[해설]
부녀자공제 – 연 50만원

08 다음 사례를 토대로 근로소득자인 김세진(만 35세 남자)씨가 적용받을 수 있는 인적공제금액을 계산한 것으로 가장 적절한 것은?

- 배우자 : 만 33세, 총급여액 500만원
- 아들 : 만 12세, 소득 없음
- 딸(장애인) : 만 10세, 소득 없음
※ 자녀에 대한 인적공제는 김세진씨가 적용함

① 450만원
② 600만원
③ 650만원
④ 800만원
⑤ 900만원

[해설]
- 본인, 배우자 및 부양가족에 대하여 각각 1인당 연 150만원씩을 공제한다. 배우자가 근로소득만 있고 총급여액이 500만원 이하라면 배우자공제대상이 된다.
- 기본공제 : 4명 × 1인당 연 150만원 = 600만원
- 추가공제 : 장애인공제 1인당 연 200만원
- 인적공제 : 기본공제 600만원 + 추가공제 200만원 = 800만원

핵심테마 04 신용카드 등 사용금액 소득공제

> **출제포인트**
> - 공제대상 신용카드 등 사용액
> - 공제금액 및 한도액
> - 신용카드 등 사용금액에서 제외되는 것

1. 공제대상 신용카드 등 사용액

근로자(일용근로자 제외) 본인과 기본공제대상자 중 배우자 및 생계를 같이하는 직계존비속(배우자의 직계존속 및 입양자 포함)으로서 연간 종합소득금액이 100만원 이하인 자(총급여액 500만원 이하의 근로소득만 있는 자 포함)가 국내에서 사업자로부터 신용카드 등(현금영수증 포함)으로 재화나 용역을 구입하면서 사용한 금액 중 일정금액을 근로소득금액에서 공제

2. 공제금액 및 한도액

(1) 신용카드 등 사용금액
① 신용카드, 직불카드, 기명식선불카드 사용금액(외국에서 발행한 신용카드는 제외)
② 현금영수증 사용금액

(2) 공제액 계산 및 공제한도
① **공제대상**: 총급여액의 25%를 초과하는 신용카드 등 사용액
② **공제율**
  ㉠ 신용카드 사용분 × 15%
  ㉡ 체크카드·현금영수증 사용분 × 30%
  ㉢ 대중교통·전통시장 사용분 × 40%
  ㉣ 도서·신문·공연·박물관·미술관 사용분 × 30%(총급여 7천만원 이하인 경우에 한해 적용)
③ **한 도**
  ㉠ 총급여액이 7천만원 이하인 경우: MIN[300만원, 총급여액 × 20%]
  ㉡ 총급여액이 7천만원 초과 1.2억원 이하인 경우: 연간 250만원
  ㉢ 총급여액이 1.2억원 초과하는 경우: 연간 200만원

3. 신용카드 등 사용금액에서 제외되는 것

구 분	내 용
보험료 및 공제료	각종 보험료 및 공제료에 지출된 금액
교육비	보육비용, 유치원·초·중·고·대학(원)수업료·입학금
공과금	국세, 지방세, 전기료, 수도료, 가스료, 전화료, 아파트관리비, 텔레비전시청료, 고속도로통행료 등
상품권 구입비	상품권 등 유가증권 구입비
리스료	자동차리스 등 각종 리스료
재산구입비용	취득세, 등록면허세가 부과되는 재산구입비용
금융비용	이자상환액, 증권거래수수료 등
정치자금 기부금	세액공제 및 소득공제를 적용받는 기부금
월세지급액	소득공제를 적용받는 월세지급액
사업 관련 비용	사업소득 관련 비용 or 법인 비용
비정상적 사용액	가공거래 or 위장거래 관련 사용액
기 타	외국에서 사용한 금액, 현금서비스, 사용취소된 금액 등

적중문제

01 종합소득공제 중 신용카드 공제대상에 해당하는 것은?

① 병원 및 약국에서 사용한 금액
② 대학수업료
③ 제세공과금
④ 자동차 구입비용
⑤ 외국에서 사용한 금액

해설
② 보육비용, 유치원·초·중·고·대학(원)수업료·입학금 등 교육비는 신용카드 공제대상이 아니다.
③ 국세, 지방세, 전기료, 수도료, 가스료, 전화료, 아파트관리비, 텔레비전시청료, 고속도로통행료 등 공과금은 신용카드 공제대상이 아니다.
④ 취득세, 등록면허세가 부과되는 재산의 구입비용은 신용카드 공제대상이 아니다.
⑤ 외국에서 사용한 금액, 현금서비스, 사용취소된 금액 등은 신용카드 공제대상이 아니다.

02 신용카드 등 사용금액 소득공제에 대한 설명으로 적절하지 않은 것은?

① 소득이 없는 배우자의 신용카드 사용 금액도 공제대상이다.
② 현금영수증 사용금액도 공제대상이다.
③ 외국에서 발행한 신용카드는 공제대상이 아니다.
④ 공제액 최고한도는 300만원이다.
⑤ 자동차리스 등 각종 리스료를 신용카드로 결제하면 공제대상이 된다.

해설
신용카드 공제대상이 아닌 것 : 보험료 및 공제료, 교육비, 공과금, 상품권 구입비, 리스료, 재산구입비용, 금융비용, 정치자금 기부금, 월세지급액, 사업 관련 비용, 비정상적 사용액 등

정답 01 ① 02 ⑤

핵심테마 05 종합소득세의 신고 및 납부

출제포인트
- 종합소득세율
- 세액공제
- 신고납부기한
- 분 납

1. 종합소득세율

종합소득세 기본세율은 8단계 초과누진세율 구조임

과세표준	세 율
1,400만원 이하	6%
1,400만원 초과 5,000만원 이하	84만원 + 1,400만원 초과금액의 15%
5,000만원 초과 8,800만원 이하	624만원 + 5,000만원 초과금액의 24%
8,800만원 초과 1억 5천만원 이하	1,536만원 + 8,800만원 초과금액의 35%
1억 5천만원 초과 3억원 이하	3,760만원 + 1억 5천만원 초과금액의 38%
3억원 초과 5억원 이하	9,406만원 + 3억원 초과금액의 40%
5억원 초과 10억원 이하	1억 7,406만원 + 5억원 초과금액의 42%
10억원 초과	3억 8,406만원 + 10억원 초과금액의 45%

2. 세액공제

(1) 근로소득세액공제

근로소득에 대한 종합소득산출세액	공제액
130만원 이하	산출세액의 55%
130만원 초과	715,000원 + 130만원 초과금액의 30%

(2) 자녀세액공제

① **다자녀공제(기본공제)** : 종합소득이 있는 거주자의 기본공제대상자에 해당하는 자녀(입양자 및 위탁아동 포함)에 대해 종합소득산출세액에서 공제(8세 이상인 자녀에 한함)

자녀수	세액공제액
1명인 경우	연 25만원
2명인 경우	연 55만원
3명 이상인 경우	연 55만원 + 2명 초과 1명당 연 40만원

② **출산·입양자녀공제(추가공제)**

구 분	세액공제액
첫째 출산(입양)인 경우	연 30만원
둘째 출산(입양)인 경우	연 50만원
셋째 이상 출산(입양)인 경우	연 70만원

(3) 연금계좌세액공제

① 연금계좌에 납입한 금액의 12%를 종합소득산출세액에서 공제 → 종합소득금액 4,500만원(근로소득만 있는 경우 총급여액 5,500만원) 이하인 거주자는 15% 공제율 적용

② 소득세가 원천징수되지 않은 퇴직소득 등 과세이연된 소득 or 연금계좌에서 다른 연금계좌로 계약 이전함으로써 납입되는 금액은 공제대상에서 제외

(4) 특별세액공제

① **보험료세액공제**
  ⊙ 장애인전용 보장성보험료(한도액 100만원) : 지출금액의 15%
  ⓒ 기타 보장성보험료(한도액 100만원) : 지출금액의 12%

② **의료비세액공제** : 총급여액의 3%를 초과하는 금액의 15%(미숙아의료비 20%, 난임시술비 30%)

③ **교육비세액공제** : 지출금액의 15%

④ **기부금세액공제**

기부금액	세액공제액
1,000만원 이하	기부금액의 15%
1,000만원 초과	기부금액의 30%

⑤ **표준세액공제**
  ⊙ 근로소득이 있는 거주자로서 소득공제, 세액공제 신청을 하지 않은 사람 : 연 13만원
  ⓒ 성실사업자로서 의료비등 세액공제 신청을 하지 않은 사업자 : 연 12만원
  ⓒ 근로소득이 없는 거주자로서 종합소득이 있는 사람(성실사업자 제외) : 연 7만원

3. 신고납부기한

구 분	과세기간	신고납부기한
원 칙	1월 1일 ~ 12월 31일	다음 연도 5월 1일 ~ 5월 31일
사망한 경우	1월 1일 ~ 사망한 날	상속개시일이 속하는 달의 말일부터 6개월이 되는 날
출국한 경우	1월 1일 ~ 출국한 날	출국일 전날

4. 분 납

자진납부할 세액 or 중간예납세액이 1천만원을 초과하는 경우 납부할 세액의 일부를 납부기한이 지난 후 2개월 이내에 분할납부 가능

> 핵심 CHECK
>
> **분할납부**
>
> | 납부할 세액 | 분납할 수 있는 세액의 한도 |
> |---|---|
> | 2천만원 이하 | 1천만원 초과 금액 |
> | 2천만원 초과 | 50% 이하의 금액 |

5. 중간예납

1월 1일부터 6월 30일까지 기간을 중간예납기간으로 하여 전년도 종합소득에 대한 소득세의 1/2에 상당하는 금액을 11월 30일까지 납부

적중문제

01 종합소득세 기본세율은 8단계 초과누진세율 구조로 되어 있다. 가장 높은 세율이 적용되는 과세표준 구간과 세율이 적절하게 연결된 것은?

	과세표준	세율
①	5억원 초과	40%
②	5억원 초과	42%
③	10억원 초과	42%
④	10억원 초과	45%
⑤	10억원 초과	50%

해설
종합소득세 기본세율은 8단계 초과누진세율 구조로 되어 있다. 가장 높은 세율은 과세표준 10억원 초과 시 10억원을 초과하는 금액의 45%가 적용된다.

02 종합소득이 있는 거주자에게 기본공제대상자에 해당하는 8세 이상인 자녀가 3명인 경우 종합소득산출세액에서 공제하는 자녀세액공제액으로 가장 적절한 것은?

① 연 25만원
② 연 30만원
③ 연 55만원
④ 연 95만원
⑤ 연 135만원

해설
자녀세액공제 중 다자녀공제(기본공제)는 종합소득이 있는 거주자의 기본공제대상자에 해당하는 8세 이상인 자녀가 1명인 경우 연 25만원, 2명인 경우 연 55만원, 3명 이상인 경우 연 55만원 + 2명 초과 1명당 연 40만원을 종합소득산출세액에서 공제한다.

정답 01 ④ 02 ④

03 자녀세액공제에 대한 설명으로 적절하지 않은 것은?

① 종합소득이 있는 거주자의 기본공제대상자에 해당하는 8세 이상인 자녀가 1명인 경우 연 25만원을 종합소득산출세액에서 공제한다.
② 종합소득이 있는 거주자의 기본공제대상자에 해당하는 8세 이상인 자녀가 2명인 경우 연 55만원을 종합소득산출세액에서 공제한다.
③ 해당 과세기간에 출산한 공제대상자녀가 첫째인 경우 연 30만원을 추가로 공제한다.
④ 해당 과세기간에 출산한 공제대상자녀가 둘째인 경우 연 50만원을 추가로 공제한다.
⑤ 해당 과세기간에 출산한 공제대상자녀가 넷째인 경우 연 90만원을 추가로 공제한다.

[해설]
출산·입양자녀공제는 셋째 이상 출산(입양)인 경우 연 70만원을 추가공제한다.

04 기본공제대상자에 해당하는 8세의 첫째 자녀를 두고 있는 종합소득이 있는 거주자에게 해당 과세기간에 둘째 자녀를 출산한 경우 종합소득산출세액에서 공제하는 자녀세액공제액으로 가장 적절한 것은?

① 연 25만원
② 연 50만원
③ 연 65만원
④ 연 75만원
⑤ 연 105만원

[해설]
- 다자녀공제(기본공제) : 8세 이상인 자녀가 1명인 경우 연 25만원
- 출산·입양자녀공제(추가공제) : 둘째 출산(입양)인 경우 연 50만원
- 자녀세액공제 : 다자녀공제 25만원 + 출산·입양자녀공제 50만원 = 75만원

05 종합소득산출세액에서 공제하는 세액공제의 공제율이 적절하지 않게 연결된 것은?

① 연금계좌세액공제 : 납입한 금액의 12% 또는 15%
② 보험료세액공제 : 지출금액의 12%(장애인전용 보장성보험료의 경우 15%)
③ 의료비세액공제 : 총급여액의 3%를 초과하는 금액의 12%(미숙아의료비 20%, 난임시술비 30%)
④ 교육비세액공제 : 지출금액의 15%
⑤ 기부금세액공제 : 1,000만원 이하 기부금액의 15%(1,000만원 초과 시 기부금액의 30%)

[해설]
의료비세액공제 : 총급여액의 3%를 초과하는 금액의 15%(미숙아의료비 20%, 난임시술비 30%)를 세액공제한다.

정답 03 ⑤ 04 ④ 05 ③

06 종합소득세 과세기간과 신고납부기한에 대한 설명으로 적절하지 않은 것은?

① 소득세는 매년 1월 1일부터 12월 31일까지 1년간의 소득금액에 대하여 과세한다.
② 연도 중에 거주자가 사망한 경우에는 1월 1일부터 사망한 날까지의 소득금액에 대하여 과세한다.
③ 거주자가 주소 또는 거소의 국외이전으로 비거주자가 되는 경우에는 1월 1일부터 국외이전으로 출국한 날까지의 소득금액에 대하여 소득세를 과세한다.
④ 거주자가 사망한 경우 상속개시일이 속하는 달의 말일부터 6개월이 되는 날까지 사망일이 속하는 과세기간에 대한 거주자의 과세표준을 신고하여야 한다.
⑤ 과세표준 확정신고를 하여야 할 거주자가 주소 또는 거소의 국외이전을 위하여 출국하는 경우에는 출국일이 속하는 과세기간의 과세표준을 출국일까지 신고하여야 한다.

해설
과세표준 확정신고를 하여야 할 거주자가 주소 또는 거소의 국외이전을 위하여 출국하는 경우에는 출국일이 속하는 과세기간의 과세표준을 출국일 전날까지 신고하여야 한다.

07 소득세 분납에 대한 설명으로 가장 적절한 것은?

① 납부할 세액이 1,000만원인 경우에도 분납이 가능하다.
② 분납은 납부기한이 지난 후 3개월 이내에 분할납부할 수 있다.
③ 납부세액이 1,500만원인 경우 750만원을 분납할 수 있다.
④ 납부세액이 2,000만원인 경우 1,000만원을 분납할 수 있다.
⑤ 납부세액이 1억원인 경우 6,000만원을 분납할 수 있다.

해설
- 자진납부할 세액 또는 중간예납세액이 1천만원을 초과하는 경우 납부할 세액의 일부를 납부기한이 지난 후 2개월 이내에 분할납부할 수 있다.
- 납부할 세액이 2천만원 이하인 경우에는 1천만원을 초과하는 금액을 분할납부할 수 있다.
- 납부할 세액이 2천만원을 초과하는 경우에는 50% 이하의 금액을 분할납부할 수 있다.

정답 06 ⑤ 07 ④

핵심테마 06 연금소득과 퇴직소득의 과세방법

출제포인트
- 연금소득의 과세방법
- 퇴직소득의 과세방법

1. 연금소득의 과세방법

소득세법에서는 연금 납입단계와 운용단계에서는 과세하지 않고 과세이연하였다가 수령단계에서 과세하는 체계

(1) 연금소득의 종류

① **공적연금소득**
  ㉠ 국민연금법에 따라 받는 각종 연금
  ㉡ 공무원연금법, 공무원재해보상법, 군인연금법, 사립학교교직원 연금법 or 별정우체국법에 따라 지급받는 각종연금
  ㉢ 국민연금과 직역연금의 연계에 관한 법률에 따라 받는 연계노령연금·연계퇴직연금

② **사적연금소득** : 연금계좌(연금저축계좌 or 퇴직연금계좌)에서 연금형태로 인출하는 경우의 연금

(2) 분리과세 연금소득

다음과 같은 사적연금소득에 대해 원천징수세율로 분리과세
① **원천징수되지 않은 퇴직소득을 연금수령하는 연금소득** : 무조건분리과세
② **의료목적, 천재지변 or 기타 부득이한 사유 등으로 인출하는 연금소득** : 무조건분리과세
③ 위 ① 및 ② 외의 연금소득 합계액이 연 1,500만원 이하인 경우 그 연금소득(연금소득외의 다른 종합소득이 없거나 적어서 종합과세가 유리한 경우 종합과세 선택 가능)

(3) 연금소득금액의 계산

연금소득금액 = 총 연금액 − 연금소득공제액

- 연금소득공제액이 900만원을 초과하는 경우 900만원을 한도로 공제

(4) 연금소득 원천징수 세율

구 분		원천징수세율
공적연금	–	종합소득세 기본세율
사적연금	① 연금소득자 나이에 따른 세율 　－70세 미만 　－70세 이상 80세 미만 　－80세 이상	5% 4% 3%
	② 퇴직소득의 연금수령	• 연금 수령연차 10년 이하 : 연금외수령 원천징수세율의 70% • 연금 수령연차 10년 초과 : 연금외수령 원천징수세율의 60%
	③ 종신연금(사망 시까지 중도해지 불가능)	4%

2. 퇴직소득의 과세방법

(1) 퇴직소득의 종류

① 공적연금 관련법에 따라 받는 일시금
② 사용자 부담금을 기초로 하여 현실적인 퇴직을 원인으로 지급받는 소득
③ ① 및 ②와 유사한 소득

(2) 현실적인 퇴직의 범위(퇴직판정의 특례)

① **퇴직으로 보지 않는 경우** : 다음 사유가 발생했으나 퇴직급여를 실제로 받지 않음(퇴직소득 과세 ×)
　㉠ 종업원이 임원이 된 경우
　㉡ 합병·분할 등 조직변경, 사업양도 or 직·간접으로 출자관계에 있는 법인으로의 전출이 이루어진 경우 or 동일한 사업자가 경영하는 다른 사업장으로의 전출이 이루어진 경우
　㉢ 법인의 상근임원이 비상근임원이 된 경우
　㉣ 비정규직 근로자가 정규직 근로자로 전환된 경우
② **퇴직으로 보는 경우** : 계속근로기간 중에 다음 사유로 퇴직급여를 미리 지급받음(퇴직소득 과세)
　㉠ 퇴직금 중간정산 사유에 해당하는 경우
　㉡ 퇴직연금제도가 폐지되는 경우

(3) 퇴직소득 과세표준과 퇴직소득공제

① 퇴직소득 과세표준 = 퇴직급여 합계액 − 퇴직소득공제
② **퇴직소득공제액** : 근속연수에 따른 공제 + 환산급여에 따라 정한 일정한 금액의 합계액

(4) 퇴직소득 산출세액의 계산

퇴직소득 산출세액 = (퇴직소득 과세표준 × 기본세율) ÷ 12 × 근속연수

적중문제

01 연금소득에 대한 원천징수세율이 적절하지 않게 연결된 것은?

	구 분	원천징수세율
①	공적연금	종합소득세 기본세율
②	사적연금 중 연금소득자의 나이 70세 미만	5%
③	사적연금 중 연금소득자의 나이 80세 이상	4%
④	퇴직소득의 연금수령(연금수령연차 10년 이하)	연금외수령 원천징수세율의 70%
⑤	사적연금 중 종신연금 (사망 시까지 중도해지 불가능)	4%

해설
사적연금 연금소득자의 나이에 따른 세율은 70세 미만 5%, 70세 이상 80세 미만 4%, 80세 이상 3%이다.

02 퇴직판정의 특례에 대한 설명으로 적절하지 않은 것은?

① 종업원이 임원이 되었으나 퇴직급여를 실제로 받지 않은 경우 퇴직으로 보지 않는다.
② 법인의 상근임원이 비상근임원이 된 경우에는 퇴직급여 수령여부와 상관없이 퇴직으로 본다.
③ 비정규직 근로자가 정규직 근로자로 전환되었으나 퇴직급여를 실제로 받지 않은 경우 퇴직으로 보지 않는다.
④ 계속근로기간 중에 퇴직금 중간정산 사유에 해당하여 퇴직급여를 미리 지급받은 경우 퇴직으로 본다.
⑤ 계속근로기간 중에 퇴직연금제도가 폐지되어 퇴직급여를 미리 지급받은 경우 퇴직으로 본다.

해설
법인의 상근임원이 비상근임원이 되었으나 퇴직급여를 실제로 받지 않은 경우 퇴직으로 보지 않는다(퇴직소득 과세하지 않음).

03 연금소득과 퇴직소득의 과세방법에 대한 설명으로 적절하지 않은 것은?

① 소득세법에서는 연금의 납입단계와 운용단계에서는 과세하지 않고 과세이연하였다가 수령단계에서 과세하는 체계를 갖고 있다.
② 원천징수되지 않은 퇴직소득을 연금수령하는 사적연금소득에 대하여는 원천징수세율로 분리과세한다.
③ 의료목적, 천재지변이나 그 밖에 부득이한 사유 등으로 인출하는 사적연금소득에 대하여는 원천징수세율로 분리과세한다.
④ 연금소득공제액이 900만원을 초과하는 경우에는 900만원을 한도로 공제한다.
⑤ 퇴직소득공제액은 근속연수에 따른 공제와 환산급여에 따라 정한 일정한 금액 중 큰 금액으로 한다.

해설
퇴직소득공제액은 근속연수에 따른 공제와 환산급여에 따라 정한 일정한 금액의 합계액으로 한다.

정답 01 ③ 02 ② 03 ⑤

핵심테마 07 종합소득세 절세방안

출제포인트
- 근로소득 및 퇴직소득 관련 절세방안
- 부동산 임대소득 관련 절세방안
- 사업소득 관련 절세포인트

1. 근로소득 및 퇴직소득 관련

① **경정청구의 활용** : 연말정산 때 소득공제를 받지 못한 경우에는 확정신고기간(5월 1일부터 5월 31일까지)에 신고해 공제 가능 → 확정신고기간을 넘긴 경우 국세기본법상 경정청구제도(확정신고기한으로부터 5년 이내) 활용

② **맞벌이 부부의 소득공제** : 소득이 많은 쪽에서 부양가족공제 등 소득공제 선택

③ 현금영수증, 신용카드의 사용

④ **기부금공제** : 10만원을 정치자금으로 기부하면 전액(지방소득세 포함) 세액공제 가능

⑤ **연말정산 체크포인트**
  ㉠ 부모님과 함께 살지 않아도 부양가족공제 및 추가공제 가능
  ㉡ 암이나 중증환자는 장애인으로 추가공제 가능
  ㉢ 장애인전용 보장성보험은 보험료 100만원까지 15% 세액공제 가능
  ㉣ 동생, 처제, 처남의 등록금도 교육비세액공제 가능

⑥ **퇴직소득** : 퇴직금은 가능하면 연금 수령(일시금 수령에 비해 세부담 70% or 60%)

2. 부동산 임대소득 관련

① **주택을 임대한 경우** : 월세수입 소득세 과세, 전세보증금 소득세 과세 × (3주택자 or 고가주택 포함 2주택자 제외)

② **상가 취득 또는 신축의 경우**
  ㉠ 배우자증여 공제액 6억원 활용 → 소득이 없는 배우자명의로 취득 or 부부공동명의로 취득하는 것을 고려
  ㉡ 상가 신축 : 미리 사업자등록을 통해 부가가치세 환급(과세기간 종료 후 20일 이내에 사업자등록 신청도 가능)

3. 사업소득 관련 절세포인트

구 분	내 용
사업을 시작하면 반드시 사업자등록부터 할 것	미등록사업자는 지출한 비용 등에 대한 부가가치세 공제(환급) 불가
상가임차 시 확정일자를 받아둘 것	해당 상가가 경매가 되는 경우에도 소액임차보증금은 우선변제 가능
간편장부를 비치할 것	소규모 사업자는 간편장부를 비치하고 복식부기에 따라 기장하면 기장세액 공제를 받을 수 있음
적격증빙(세금계산서, 계산서, 신용카드 매출 전표 등)을 수취할 것	3만원 초과 비용 지출 시 적격증빙을 수취하지 않으면 세무상 불이익
법인 전환을 고려할 것	사업 규모가 커지면 법인으로 전환하는 것이 상대적으로 유리(성실신고확인 대상에서도 제외)
명의대여를 하지 말 것	친지가 사업을 하는 경우 명의를 대여(법인 지분을 명의수탁하는 경우 포함)하면 세무상 큰 불이익(예 친지의 주식을 본인명의로 명의신탁하면 명의수탁자인 본인에게 증여세 납부의무 있음)

4. 기 타

300만원 이하 기타 소득금액을 수령하는 경우 타 종합소득이 없거나 소득금액이 작은 경우에는 종합과세 선택으로 원천징수당한 세액을 환급 가능

적중문제

01 근로소득 관련 종합소득세 절세방안에 대한 설명으로 적절하지 않은 것은?

중요도
●●●

① 연말정산 때 소득공제를 받지 못한 경우에는 확정신고기간에 신고하여 공제를 받을 수 있다.
② 확정신고기간을 넘긴 경우에는 국세기본법상 경정청구제도를 활용하면 되는데, 경정청구기한은 확정신고기한으로부터 5년 이내이다.
③ 맞벌이 부부는 소득이 많은 쪽에서 부양가족공제 등 소득공제를 선택하도록 한다.
④ 물품의 구입이나 외식비 지출 등을 하는 경우 반드시 신용카드를 사용하거나 현금영수증을 받아서 신용카드 소득공제를 받도록 한다.
⑤ 부모님은 주민등록이 같이 되어 있는 경우에만 부양가족공제가 가능하므로 유의해야 한다.

해설
부모님과 함께 살지 않아도 부양가족공제 및 추가공제가 가능하다.

02 사업소득 관련 3만원 초과 비용 지출 시 수취해야 하는 적격증빙에 해당하지 않는 것은?

중요도
●○○

① 간이영수증
② 현금영수증
③ 세금계산서
④ 계산서
⑤ 신용카드 매출 전표

해설
3만원 초과 비용 지출 시 적격증빙(세금계산서, 계산서, 신용카드 매출 전표 등)을 수취하지 않으면 세무상 불이익이 있다. 간이영수증은 적격증빙에 해당하지 않는다.

정답 01 ⑤ 02 ①

03 근로소득자인 김은영씨는 고용관계가 없는 곳에서 일시적으로 다수인에게 강연을 하고 받은 강연료 수입이 있다. 강연료 수입이 무조건 종합과세되기 위해 넘어야 하는 최소한의 수입으로 가장 적절한 것은?

중요도 ●○○

① 300만원
② 500만원
③ 600만원
④ 750만원
⑤ 900만원

해설
- 300만원 이하의 기타 소득금액을 수령하는 경우에는 분리과세와 종합과세 선택이 가능하지만 기타 소득금액이 300만원을 초과하는 경우에는 무조건 종합과세대상이 된다.
- 원고료, 강연료 등은 총수입금액의 60%를 필요경비로 인정해 주므로, 기타 소득금액이 300만원을 초과하기 위해서는 총수입금액이 750만원을 초과해야 한다.

04 종합소득세 절세방안에 대한 설명으로 적절하지 않은 것은?

중요도 ●●●

① 근로소득 관련 경정청구기한은 확정신고기한으로부터 5년 이내이다.
② 연말정산 시 암이나 중증환자는 장애인으로 추가공제 가능하다.
③ 상가 취득의 경우 배우자증여 공제액이 6억원이므로 이를 활용하여 소득이 없는 배우자명의로 취득하거나 부부공동명의로 취득하는 것을 고려한다.
④ 상가 신축의 경우 신축시점에 사업자등록을 하지 못하였더라도 과세기간 종료 후 20일 이내에 사업자등록을 신청하면 적법하게 사업자등록신청을 한 것으로 본다.
⑤ 1,200만원 이하의 기타 소득금액을 수령하는 경우에도 타 종합소득이 없거나 소득금액이 작은 경우에는 종합과세를 선택하여 원천징수당한 세액을 환급받을 수 있도록 한다.

해설
300만원 이하의 기타 소득금액을 수령하는 경우에도 타 종합소득이 없거나 소득금액이 작은 경우에는 종합과세를 선택하여 원천징수당한 세액을 환급받을 수 있도록 한다.

합격의 공식
시대에듀

모든 전사 중 가장 강한 전사는

이 두 가지, 시간과 인내다.

- 레프 톨스토이 -

CHAPTER 02
금융소득종합과세

출제경향 및 학습전략

- 금융소득종합과세의 주요내용을 정리하고, 이자소득과 배당소득의 범위에 대해 꼼꼼히 학습하면서, 특히 배당소득에 대해서는 Gross-up 제도에 대한 명확한 이해가 필요하며 계산문제에 대해서도 대비해야 합니다.
- 금융소득별 원천징수세율은 출제빈도가 매우 높아 반드시 암기해야 하며, 금융소득의 수입시기도 자주 출제되므로 원칙과 예외를 나눠 암기해야 합니다.
- 금융소득종합과세 절세전략에 대해서는 반드시 출제가 예상되므로 내용에 대한 이해와 함께 핵심사항에 대한 정리가 필요합니다.

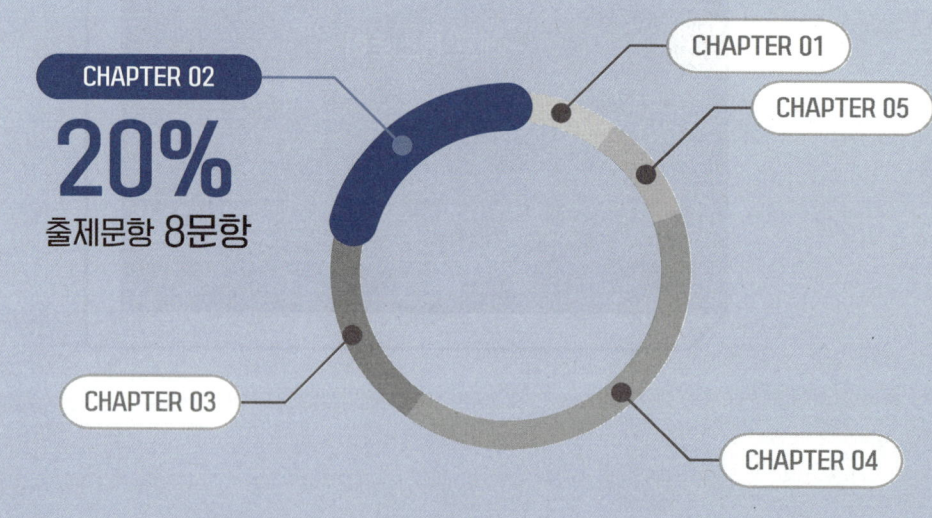

CHAPTER 02
20%
출제문항 8문항

CHAPTER 01
CHAPTER 05
CHAPTER 04
CHAPTER 03

핵심테마	핵심개념	빈출도
01	금융소득종합과세의 주요내용	★★★
02	금융소득	★★★
03	비과세·세금우대 및 분리과세저축	★★☆
04	채권이자 과세제도	★☆☆
05	원천징수	★★★
06	세액의 계산	★☆☆
07	비거주자 및 임의단체의 금융소득에 대한 과세	★☆☆
08	금융소득종합과세 절세전략	★★★

핵심테마 01 금융소득종합과세의 주요내용

출제포인트
- 금융소득종합과세의 주요내용

1. 금융소득종합과세 주요내용 정리

구 분	내 용
금융소득의 범위	금융소득이란 이자소득과 배당소득을 말함
2천만원(기준금액) 초과 금융소득만 종합과세됨	2천만원까지는 14%의 원천징수세율로 분리과세하고 2천만원 초과 금융소득만 다른 종합소득과 합산하여 종합과세됨
Gross-up 제도	종합과세되는 배당소득에 대하여는 이중과세를 방지하기 위해 Gross-up을 하고, 동 Gross-up 금액을 배당세액공제함
채권이자에 대해 보유기간 과세	중도양도가 가능한 채권에 대하여는 보유기간별로 이자소득을 계산하여 과세함
비과세저축과 분리과세저축	비과세저축과 분리과세저축은 금융소득종합과세 기준금액을 따질 때에 제외됨
원천징수당한 세액 공제해 줌	종합과세대상이 되면 당초 원천징수당한 세액은 공제해 줌(이중과세가 아님)
부부 별도과세	2002년 소득부터 부부의 금융소득을 합산하지 않음

적중문제

01 금융소득종합과세의 주요내용으로 적절하지 않은 것은?

① 금융소득종합과세 대상이 되는 것은 이자소득과 배당소득이다.
② 금융소득이 있는 모든 사람에 대해 종합과세를 하는 것이다.
③ 부부합산 과세하지 않고, 부부의 금융소득을 별도로 계산한다.
④ 비과세상품의 이자나 분리과세상품의 이자 등에 대하여는 처음부터 금융소득 2천만원 초과여부를 따질 때에 포함되지 않는다.
⑤ 매번 금융회사에서 이자소득이나 배당소득을 수령할 때에 원천징수당한 세액은 종합과세 신고 시 기납부세액을 공제해 주므로, 금융소득종합과세 대상이 되었다고 해서 이중과세를 하는 것은 아니다.

해설
금융소득이 있는 모든 사람에 대해 종합과세를 하는 것이 아니고 이자소득과 배당소득의 합계액이 2천만원을 초과하는 사람에 대해서만 적용된다. 따라서 금융소득이 2천만원 이하인 사람은 금융회사에서 원천징수당한 것으로 납세의무가 종결되는 것이다.

핵심 CHECK

금융소득종합과세의 주요내용
- 금융소득은 이자소득과 배당소득을 말한다.
- 2천만원 초과 금융소득만 종합과세한다.
- 부부합산 과세하지 않는다.
- 채권이자에 대하여는 보유기간과세를 한다.
- 비과세·분리과세 금융소득은 2천만원을 따질 때에 제외된다.
- 원천징수당한 세액은 종합과세 신고 시 공제하여 계산한다.

02 금융소득종합과세 주요내용으로 적절하지 않은 것은?

① 금융소득이란 이자소득과 배당소득을 말한다.
② 2천만원까지는 14%의 원천징수세율로 분리과세하고 2천만원 초과 금융소득만 다른 종합소득과 합산하여 종합과세된다.
③ 중도양도가 가능한 채권에 대하여는 보유기간별로 이자소득을 계산하여 과세한다.
④ 비과세저축과 분리과세저축도 금융소득종합과세 기준금액을 따질 때에 포함된다.
⑤ 부부의 금융소득은 합산하지 않는다.

해설
비과세저축과 분리과세저축은 금융소득종합과세 기준금액을 따질 때에 제외된다.

정답 01 ② 02 ④

핵심테마 02 금융소득

회독체크 1회☐ 2회☐ 3회☐

출제포인트
- 이자소득
- 배당소득

---

1. 이자소득(포괄주의 과세방법)

필요경비 불인정 → 총수입금액이 바로 소득금액

> 이자소득금액 = 총수입금액 = 수령이자(원천징수 전 금액)

핵심 CHECK

소득세법상 이자소득의 종류
- 채권 or 증권의 이자와 할인액
- 예금의 이자와 할인액
- 신용계 or 신용부금으로 인한 이익
- 채권 or 증권의 환매조건부 매매차익
- 저축성보험의 보험차익
- 직장공제회 초과반환금
- 비영업대금의 이익
- 신종금융상품에서 발생하는 이자

2. 배당소득(포괄주의 과세방법)

필요경비 불인정

> 배당소득금액 = 총수입금액(원천징수 전 금액) + 배당가산액(gross-up 금액)
> ※ 배당가산액은 금융소득이 2천만원을 초과하여 종합과세대상이 되는 경우에만 적용

핵심 CHECK

소득세법상 배당소득의 종류
- 이익배당 or 건설이자배당
- 법인으로 보는 단체로부터 받는 배당 or 분배금
- 국내 or 국외에서 받는 집합투자기구로부터의 이익
- 배당으로 처분된 금액
- 의제배당
- 출자공동사업자에 대한 손익분배비율에 상당하는 금액
- 신종금융상품에서 발생하는 배당

3. 배당소득의 Gross-up

① **Gross-up** : 배당소득에 당초 배당소득에 부과되었던 법인세를 합산하여 배당소득금액으로 하고, 그 법인세를 납부할 소득세에서 공제(배당세액공제)해 주는 것
② **Gross-up을 하는 이유** : 이중과세 조정

- 배당소득금액 = 배당소득 + 배당소득 × 10%(Gross-up)
- 배당세액공제액 = 배당소득 × 10%

핵심 CHECK

Gross-up 요건

요건	내용
(1) 종합과세되는 배당소득	배당소득이 다른 금융소득과 합산해 2,000만원을 초과해야 함
(2) 법인세가 과세된 소득	법인세가 과세된 소득을 재원으로 하는 배당소득이어야 함(① 집합투자기구로부터의 이익, ② 유동화전문회사의 배당, ③ 자기주식소각익을 2년 내에 자본전입하는 경우 및 시가가 취득가액을 초과하는 경우의 의제배당, ④ 토지의 재평가차액을 자본전입한 의제배당, ⑤ 법인이 자기지분상당액무상주를 다른 주주에게 배정받게 하는 경우의 의제배당은 대상이 되지 않음)
(3) 내국법인으로부터 받는 배당소득	외국법인으로부터 받은 배당은 법인세가 외국정부에 귀속되었으므로 정책적으로 Gross-up 대상에서 배제

핵심 CHECK

이자소득과 배당소득이 혼재한 경우의 Gross-up 방법

종합과세 기준금액(2천만원)을 산정할 때에는 다음과 같은 순서로 금융소득을 순차적으로 합산
① 이자소득과 배당소득이 함께 있는 경우에는 이자소득부터 먼저 합산
② 배당소득 중에서는 세액공제대상이 아닌 배당소득
③ 세액공제대상이 되는 배당소득

적중문제

01 이자소득의 종류에 해당하지 않는 것은?
중요도
●●○
① 채권 또는 증권의 환매조건부 매매차익
② 10년 미만 저축성보험의 보험차익
③ 직장공제회 초과반환금
④ 비영업대금의 이익
⑤ 국내 또는 국외에서 받는 집합투자기구로부터의 이익

해설
⑤는 현행 소득세법상 배당소득의 종류에 해당한다.

핵심 CHECK

저축성보험 중 보험차익이 과세제외되는 보험의 요건
- 계약자 1명당 납입할 보험료 합계액이 1억원(2017년 3월 31일까지는 2억원) 이하인 저축성보험계약으로서 최초 납입일부터 만기일 or 중도해지일까지의 기간이 10년 이상인 것
- 다음 요건을 모두 충족하는 월적립식 저축성보험계약
  − 최초납입일부터 납입기간이 5년 이상인 월적립식 보험계약일 것
  − 최초납입일부터 매월 납입하는 기본보험료가 균등하고, 기본보험료의 선납기간이 6개월 이내일 것
  − 계약자 1명당 매월 납입하는 보험료가 150만원 이하일 것
- 다음 요건을 모두 갖춘 종신형 연금보험
  − 계약자가 보험료 납입 계약기간 만료 후 55세 이후부터 사망시까지 보험금·수익 등을 연금으로 지급받을 것
  − 연금 외의 형태로 보험금·수익 등을 지급하지 아니할 것
  − 사망 시 보험계약 및 연금재원이 소멸할 것
  − 계약자와 피보험자 및 수익자가 동일하고 최초 연금지급개시 이후 사망일 전에 중도해지할 수 없을 것

02 소득세법상 이자소득의 종류에 해당하지 않는 것은?

중요도 ●●○

① 금융회사와 '사전약정이자율'을 적용하여 환매수 또는 환매도하는 조건으로 매매하는 채권 또는 증권의 매매차익
② 최초 납입일부터 만기일 또는 중도해지일까지의 기간이 10년 미만인 저축성보험의 보험차익
③ 근로자가 퇴직이나 탈퇴로 인하여 그 규약에 따라 직장공제회로부터 받는 반환금에서 납입공제료를 차감한 금액
④ 금전의 대여를 영업으로 하지 않고 일시적·우발적으로 금전을 대여하여 받은 이익
⑤ 외상매입금이나 미지급금을 약정기일 전에 지급함으로써 받는 할인액

해설
⑤는 경제적으로 보면 이자소득과 유사하나 소득세법상 이자소득으로 보지 않는다.

> **핵심 CHECK**
>
> **이자소득으로 보지 않는 것**
> - 물품을 매입할 때 대금의 결제방법에 따라 에누리되는 금액
> - 외상매입금이나 미지급금을 약정기일 전에 지급함으로써 받는 할인액
> - 물품을 판매하고 대금의 결제방법에 따라 추가로 지급받는 금액
> - 외상매출금이나 미수금의 지급기일을 연장해 주고 추가로 지급받는 금액(그 외상매출금이나 미수금이 소비대차로 전환된 경우 예외)
> - 장기할부조건으로 판매함으로써 현금거래 or 통상적인 대금 결제방법에 의한 거래의 경우보다 추가로 지급받는 금액(단, 당초 계약내용에 의해 매입가액이 확정된 후 그 대금 지급지연으로 실질적인 소비대차로 전환되어 발생되는 이자는 이자소득으로 간주)

03 이자소득에 대한 설명으로 적절하지 않은 것은?

중요도 ●●●

① 이자소득에 대해 적격증빙을 수취한 경우 필요경비를 공제받을 수 있다.
② 채권 또는 증권의 환매조건부 매매차익은 소득세법상 이자소득에 해당한다.
③ 보험차익 중 장기저축성보험차익은 정책적으로 과세제외시키고 있으며, 단기저축성보험의 보험차익만 과세대상 이자소득으로 본다.
④ 비영업대금의 이익은 이자소득으로 구분하고, 영업대금의 이익은 사업소득으로 구분한다.
⑤ 외상매입금이나 미지급금을 약정기일 전에 지급함으로써 받는 할인액은 이자소득으로 보지 않는다.

해설
이자소득은 배당소득과 더불어 다른 종합소득과 달리 필요경비가 인정되지 않는다. 즉 총수입금액이 바로 소득금액이 된다.

> **핵심 CHECK**
>
> **영업대금의 이익과 비영업대금의 이익**
>
> | 구 분 | 소득구분 | 원천징수 | 필요경비공제 |
> |---|---|---|---|
> | 비영업대금의 이익 | 이자소득 | 25% 세율 적용 | 공제 없음 |
> | 영업대금의 이익 | 사업소득 | 원천징수하지 않음 | 공제 가능 |

정답 02 ⑤ 03 ①

04 Gross-up 요건에 해당하지 않는 것은?

① 종합과세되는 배당소득이어야 한다.
② 이자소득을 제외한 배당소득 합계액이 2,000만원을 초과하여야 한다.
③ 배당소득이 다른 금융소득과 합산하여 2,000만원을 초과하여야 한다.
④ 법인세가 과세된 소득을 재원으로 하는 배당소득이어야 한다.
⑤ 내국법인으로부터 받는 배당소득이어야 한다.

해설
배당소득금액 자체가 2,000만원을 초과할 필요는 없다. 배당소득이 다른 금융소득과 합산하여 2,000만원을 초과하여 종합과세되는 배당소득이어야 한다.

05 배당소득의 Gross-up에 대한 설명으로 적절하지 않은 것은?

① 배당세액공제액은 배당소득의 11%이다.
② Gross-up하여 배당세액공제를 받기 위해서는 종합과세되는 배당소득이어야 한다.
③ Gross-up하여 배당세액공제를 받기 위해서는 법인세가 과세된 소득을 재원으로 하는 배당소득이어야 한다.
④ 외국법인으로부터 받은 배당은 법인세가 외국정부에 귀속되었기 때문에 정책적으로 Gross-up 대상에서 배제한다.
⑤ 종합과세 기준금액(2천만원)을 산정할 때 이자소득과 배당소득이 함께 있는 경우에는 이자소득부터 먼저 합산한다.

해설
배당세액공제액은 배당소득의 10%이다.

06 다음 정보를 토대로 Gross-up 대상이 되는 금액으로 가장 적절한 것은?

중요도 ●●●

〈20××년 금융소득〉
- 은행이자 : 500만원
- 집합투자기구로부터의 이익 : 500만원
- 주식배당(국내상장주식) : 4,000만원

① 1,000만원
② 2,000만원
③ 3,000만원
④ 4,000만원
⑤ 5,000만원

해설

- Gross-up하여 배당세액공제를 받기 위해서는 법인세가 과세된 소득을 재원으로 하는 배당소득이어야 한다. 따라서 집합투자기구로부터의 이익은 대상이 되지 않는다.
- 종합과세 기준금액(2천만원)을 산정할 때에는 이자소득과 배당소득이 함께 있는 경우에는 이자소득부터 먼저 합산 → 배당소득 중에서는 세액공제대상이 아닌 배당소득 → 세액공제대상이 되는 배당소득과 같은 순서로 금융소득을 순차적으로 합산해야 한다.

구 분	금융소득	종합과세 기준금액	초과금액	G-up 대상여부
은행이자	500만원	① 500만원	—	×
집합투자기구로부터의 이익	500만원	② 1,000만원	—	×
주식배당(국내상장주식)	4,000만원	③ 2,000만원	3,000만원	○
계	5,000만원	2,000만원	3,000만원	

정답 06 ③

07 다음 정보를 토대로 계산된 종합과세 대상 배당소득금액으로 가장 적절한 것은?

중요도
●●●

> 〈20××년 금융소득〉
> • 정기예금이자 : 1,000만원
> • 현금배당(국내상장주식) : 3,000만원

① 200만원
② 1,000만원
③ 2,200만원
④ 3,200만원
⑤ 3,300만원

해설

- 종합과세 기준금액(2천만원)을 산정할 때에는 이자소득과 배당소득이 함께 있는 경우에는 이자소득부터 먼저 합산 → 배당소득 중에서는 세액공제대상이 아닌 배당소득 → 세액공제대상이 되는 배당과 같은 순서로 금융소득을 순차적으로 합산해야 한다.
- Gross-up 금액을 가산하기 전의 금융소득이 2,000만원을 초과하므로 전액 종합과세대상 금융소득이며 Gross-up 금액을 가산하여 종합과세대상 배당소득금액을 산정해야 함

구 분	금융소득	종합과세 기준금액	초과금액	G-up 대상여부
정기예금이자	1,000만원	① 1,000만원	–	×
현금배당(국내상장주식)	3,000만원	② 2,000만원	2,000만원	○
계	4,000만원	2,000만원	2,000만원	

- Gross-up 금액 = 2,000만원 × 10% = 200만원
- 배당소득금액 : 3,000만원 + 200만원 = 3,200만원

정답 07 ④

핵심테마 03 비과세·세금우대 및 분리과세저축

출제포인트
- 분리과세저축

1. 비과세저축
① **소득세법** : 공익신탁의 이익
② **조세특례제한법** : 장기주택마련저축, 농어가목돈마련저축, 선박투자회사에 대한 투자, 부동산집합투자기구에 대한 투자, 노인·장애인 등 생계형 저축, 우리사주조합의 보유주식, 농·어민의 조합출자금 등에서 발생하는 이자소득과 배당소득

2. 개인종합자산관리계좌

구 분	내 용
가입대상	근로자, 사업자 및 농어민(단, 금융소득종합과세자는 제외)
과세특례	• 비과세특례 : ① 총급여 5,000만원 이하인 거주자 ② 종합소득금액 3,800만원 이하인 거주자 및 ③ 농어민(종합소득금액 3,800만원 초과자 제외)은 금융소득 400만원까지 비과세하고 ④ 위 ①, ②, ③에 해당되지 않는 경우는 200만원까지 비과세함 • 위 비과세특례를 초과하는 경우 : 9%의 세율로 분리과세
의무가입기간	3년
편입상품	예금, 적금, 예탁금, 펀드, 파생결합상품(ELS 등)
납입한도	• 총납입한도 1억원 • 연간납입한도 2,000만원 × [1 + 가입 후 경과 연수(경과 연수가 4년 이상인 경우 4년)] − 누적 납입금액

3. 분리과세저축

① 임의단체의 금융소득 : 임의단체(법인으로 보는 단체 외의 단체) 중 수익을 구성원에게 배분하지 않는 단체로서 단체명을 표기하여 금융거래를 하는 단체가 금융실명법에 의한 금융회사로부터 받는 이자소득 및 배당소득
  → 원천징수로 납세의무 종결
② 비실명금융자산에서 발생하는 금융소득
  ㉠ 금융회사가 지급하는 경우 : 90%의 원천징수세율을 적용하고 분리과세
  ㉡ 비금융회사가 지급하는 경우 : 45%의 원천징수세율을 적용하고 분리과세
③ 직장공제회 초과반환금 : 기본세율(6~45%의 초과누진세율)로 분리과세
④ 부동산 경매입찰을 위한 법원보증금 등의 이자소득 : 14%로 분리과세

적중문제

01 금액의 크기와 상관없이 무조건 분리과세하고 과세를 종결하는 금융소득에 해당하지 않는 것은?

① 비영업대금의 이익
② 임의단체의 금융소득
③ 비실명금융자산에서 발생하는 금융소득
④ 직장공제회 초과반환금
⑤ 부동산 경매입찰을 위한 법원보증금 등의 이자소득

해설
비영업대금의 이익은 종합과세대상 금융소득에 해당한다.

정답 01 ①

핵심테마 04 채권이자 과세제도

출제포인트
- 채권이자 과세제도의 주요내용
- 채권의 범위

1. 채권이자 과세제도 주요내용 정리

구 분	내 용
이자소득의 귀속	보유기간별 이자상당액을 보유자에게 각각 귀속시킴
원천징수의무자	• 만기상환 or 이자지급 시 채권발행기관 or 지급대행자 • 중도매도 시 채권을 매수 or 매도하는 법인
원천징수세율	• 원칙 : 14% • 비거주자 : 20%(채권 14%) or 제한세율 • 비실명자 : 90% or 45%
원천징수방법	채권의 중도매매 시마다 보유자별 원천징수세율에 의해 실제 원천징수
채권의 보유기간 및 이자상당액 계산	• 보유기간 일수 : 매수일부터 매도일까지(한편 넣기) • 보유기간 이자상당액 : 원금 × 이자계산기간의 발행수익률 × 보유기간 • 매도라 함은 증여·변제 및 출자 등 채권 등의 소유권 변동이 있는 경우와 위탁·중개·알선을 포함 • 매도를 위탁·중개·알선시킨 경우에는 실제 매도된 날을 말함 • 금융기관의 승낙을 받아 채권 등을 매도하는 경우에는 중개로 봄 • 발행수익률 계산 시 할인액은 가산하고 할증액은 차감함 • 교환사채 or 전환사채의 경우 상환할증률을 포함
보유기간 입증방법	• 계좌거래의 경우 : 전산시스템 or 통장원장에 의해 확인 • 실물거래의 경우 : 채권 등 매출확인서 or 공정증서에 의해 확인
공제할 원천세액의 계산	실제원천징수당한 금액을 종합소득신고 시 기납부세액으로 공제

2. 채권의 범위

① **채권, 증권** : 국채, 공채, 금융채, 회사채(단, 소득세가 면제된 채권은 제외)

② **양도가능한 증권**

㉠ 금융회사가 발행한 예금증서 및 이와 유사한 증서
- CD(양도성예금증서)는 물론이고, 정기예금증서도 제3자에게 양도 가능하므로 포함
- 금융회사가 해당증서(CD 제외)의 발행일부터 만기까지 보유한 것에 대하여는 보유기간 이자상당액 대상 채권의 범위에서 제외

㉡ 어 음
- 속성상 전전 유통될 뿐만 아니라 중도매매과정에서 만기까지의 이자를 감안하여 할인하여 거래가 되기 때문에 양도가능한 채권의 범위에 포함
- 어음의 범위 : 금융회사가 발행·매출 or 중개하는 어음을 포함하고, 상업어음은 채권의 범위에서 제외

적중문제

01 채권이자 과세제도에 대한 설명으로 적절하지 않은 것은?

중요도 ●○○

① 채권의 양도가 있더라도 채권에서 발생하는 이자소득은 최종소지자의 소득으로 보아 소득금액을 계산한다.
② 채권이자의 원천징수세율은 원칙적으로 14%이다.
③ 채권이자를 비금융회사가 지급하는 경우 비실명자의 원천징수세율은 45%이다.
④ 비거주자에 대한 원천징수세율은 20% 또는 제한세율이 적용된다.
⑤ 실제 원천징수당한 금액을 종합소득신고 시 기납부세액으로 공제한다.

해설
금융소득종합과세 최초 시행 전에는 채권의 양도가 있더라도 채권에서 발생하는 이자소득은 최종소지자의 소득으로 보아 소득금액을 계산하도록 되어 있었으므로 중도매도자의 경우 그 보유기간의 이자상당액도 이자소득이 아닌 매매차익이 되었다. 그러나 금융소득종합과세가 처음 시행되면서 채권의 만기상환 전(또는 이자지급 전)에 중도매매가 있는 경우에는 발생이자를 각각의 중도보유자별로 보유기간에 비례하여 안분계산한 금액을 각자의 이자소득으로 귀속시키도록 하고 있다. 이렇게 하지 않으면 채권의 보유자는 채권을 중도매매함으로써 자기의 이자소득을 매매차익으로 전환시켜 종합과세를 피할 수 있기 때문이다.

02 보유기간이자 과세대상이 되는 채권의 범위에 대한 설명으로 가장 적절한 것은?

중요도 ●○○

① 국채, 공채, 회사채만 해당 채권의 범위에 포함된다.
② 회사채만 해당 채권의 범위에 포함된다.
③ 양도성예금증서(CD)는 해당 채권의 범위에 포함된다.
④ 표지어음은 해당 채권의 범위에 포함되지 않는다.
⑤ 상업어음은 해당 채권의 범위에 포함된다.

해설
- 중도매매 시 보유기간 이자상당액을 계산하여 보유자의 소득으로 귀속시키는 채권 등의 범위에는 국채, 공채, 금융채, 회사채뿐만 아니라 양도가 가능한 증권도 채권의 범위에 포함시키고 있다. 단 소득세가 면제된 채권은 제외된다.
- 금융회사가 발행한 예금증서도 양도가 가능하면 채권의 범위에 포함된다. 예컨대 CD(양도성예금증서)는 물론이고, 정기예금증서도 제3자에게 양도가 가능하므로 여기에 포함된다. 그런데 금융회사가 해당증서(CD 제외)의 발행일부터 만기까지 보유한 것에 대하여는 보유기간 이자상당액 대상 채권의 범위에서 제외된다.
- 어음은 속성상 다른 채권이나 증권과 마찬가지로 전전 유통될 뿐만 아니라 중도매매과정에서 만기까지의 이자를 감안하여 할인하여 거래가 되기 때문에 양도가능한 채권의 범위에 포함된다. 이때 어음의 범위에는 금융회사가 발행·매출 또는 중개하는 어음을 포함하고, 상업어음은 채권의 범위에서 제외된다.

핵심테마 05 원천징수

출제포인트
- 원천징수세율
- 원천징수시기와 수입시기

1. 원천징수세율

① 거주자에게 지급하는 경우

구 분	원천징수세율
일반적인 경우	14%
분리과세신청을 한 3년 이상의 장기채권의 이자·할인액 (2018년 1월 1일 이전 발행채권에 한함)	30%
비영업대금의 이익	25%
출자공동사업자의 배당소득	25%
직장공제회 초과반환금	기본세율(6~45%)로 분리과세
금융회사가 지급하는 비실명금융소득	90%
비금융회사가 지급하는 비실명금융소득	45%

② 비거주자에게 지급하는 경우

구 분	원천징수세율
조세협약 체결 국가의 거주자에 대한 금융소득	제한세율(10~15%)
조세협약 비체결 국가의 거주자에 대한 금융소득 (단, 채권에서 발생한 이자소득의 경우 14%)	20%

③ 법인에게 지급하는 경우
　㉠ 법인은 이자소득에 대하여만 원천징수
　㉡ 집합투자기구로부터의 이익 중 투자신탁의 이익에 대하여는 배당소득이라도 원천징수

구 분	원천징수세율
비영업대금의 이익	25%
기타이자소득	14%
집합투자기구로부터의 이익 중 투자신탁의 이익	14%

2. 원천징수시기와 수입시기

① 이자소득의 수입시기와 원천징수시기(원칙 : 실제 지급일, 예외 : 약정일)

이자소득의 종류	수입시기(귀속시기)	원천징수시기
무기명의 공채 or 사채의 이자와 할인액	지급받은 날	좌 동
기명의 공채 or 사채의 이자와 할인액	약정에 의한 이자지급개시일	좌 동
채권·어음·기타 증권의 이자와 할인액	약정에 의한 상환일 (기일 전 상환의 경우 그 상환일)	• 일반적인 경우 : 좌동 • 금융기관이 매출·중개하는 어음 및 은행·상호저축은행이 매출하는 표지어음 : 할인 매출일(고객이 선택하는 경우)
보통예금·정기예금·적금·부금의 이자	• 실제로 이자를 지급받는 날 • 원본에 전입된 날(특약이 있는 경우) • 해약일 • 계약기간 연장일	좌 동
정기예금연결정기적금의 정기예금이자	정기예금·정기적금의 해약일 or 정기적금의 만기일	좌 동
통지예금의 이자	인출일	좌 동
채권 or 증권의 환매조건부 매매차익	약정에 의한 채권 or 증권의 환매수일 or 환매도일(기일 전 환매수 or 환매도의 경우 그 날짜)	좌 동
저축성보험의 보험차익	보험금 or 환급금의 지급일 (기일 전 해지의 경우 그 해지일)	좌 동
직장공제회 초과반환금	약정에 따른 납입금 초과이익 및 반환금 추가이익 지급일	좌 동
비영업대금의 이익	약정에 의한 이자지급일(약정이 없거나 약정일 전에 이자를 지급받는 경우 or 회수불능으로 인해 총수입금액 계산에서 제외했던 이자를 지급받는 경우 그 이자지급일)	좌 동
채권 등의 보유기간 이자상당액	• 당해 채권 등의 매도일 • 이자지급일	• 원칙 : 이자지급일 • 예외 : 당해 채권 중도매도일
개인연금저축을 중도해지하거나 연금 외의 형태로 지급받는 경우의 원본에 산입된 이자	중도해약일 or 연금외의 형태로 지급받는 날	좌 동
위 이자소득이 발생하는 금융자산이 상속되거나 증여되는 경우	상속개시일 or 증여일	당해 이자소득의 원천징수일

② 배당소득의 수입시기와 원천징수시기(원칙 : 실제 지급일)

배당소득의 종류		수입시기(귀속시기)	원천징수시기
실지배당	무기명주식의 이익이나 배당	지급받은 날	좌 동
	잉여금처분에 의한 배당	잉여금처분 결의일	• 원칙 : 지급을 받은 날 • 결의일부터 3개월 경과 시에도 지급하지 않는 경우 : 3개월이 경과한 날(예외)
	출자공동사업자의 배당	과세기간 종료일	• 원칙 : 지급을 받은 날 • 결의일부터 3개월 경과 시에도 지급하지 않는 경우 : 3개월이 경과한 날(예외)
	유사배당	지급을 받는 날	좌 동
의제배당	감자, 퇴사, 탈퇴로 인한 의제배당	감자결의일, 퇴사일·탈퇴일	좌 동
	법인의 해산으로 인한 의제배당	잔여재산가액 확정일	좌 동
	법인의 합병·분할로 인한 의제배당	합병등기일·분할등기일	좌 동
	잉여금의 자본전입으로 인한 의제배당	자본전입결의일	좌 동
인정배당	법인세법에 의해 처분된 배당	당해법인의 결산확정일	• 법인이 소득금액을 신고하는 경우 : 법인세과세표준 및 세액의 신고기일 • 세무서장이 소득금액을 결정(경정)하는 경우 : 소득금액변동통지서를 받은 날
집합투자기구로부터의 이익		• 집합투자기구로부터의 이익을 지급받는 날 • 원본에 전입된 날(특약이 있는 경우)	좌 동

적중문제

01 금융소득에 대한 원천징수세율이 적절하게 연결된 것은?

① 비영업대금의 이익 : 25%
② 출자공동사업자의 배당소득 : 14%
③ 직장공제회 초과반환금 : 14%
④ 금융회사가 지급하는 비실명금융소득 : 45%
⑤ 비금융회사가 지급하는 비실명금융소득 : 90%

해설
② 출자공동사업자의 배당소득 : 25%
③ 직장공제회 초과반환금 : 기본세율(6~45%)로 분리과세
④ 금융회사가 지급하는 비실명금융소득 : 90%
⑤ 비금융회사가 지급하는 비실명금융소득 : 45%

02 금융소득에 대한 원천징수세율이 적절하지 않게 연결된 것은?

① 일반적인 경우 : 14%
② 비영업대금의 이익 : 30%
③ 직장공제회 초과반환금 : 기본세율(6~45%)로 분리과세
④ 금융회사가 지급하는 비실명금융소득 : 90%
⑤ 법인에게 지급하는 투자신탁의 이익 : 14%

해설
비영업대금의 이익 : 25%

03 금융소득의 수입시기에 대한 설명으로 가장 적절한 것은?

① 금융자산을 금융회사에서 인출하는 시기를 말한다.
② 금융소득을 수령하는 시기를 말한다.
③ 금융소득의 원천징수시기와 수입시기는 항상 일치한다.
④ 금융소득의 원천징수시기와 수입시기는 항상 다르다.
⑤ 금융소득의 귀속연도를 결정하는 시기를 말한다.

해설
수입시기란 이자·배당소득의 귀속연도를 결정하는 시기를 말한다. 대부분의 경우 원천징수시기는 수입시기와 일치한다. 그러나 경우에 따라 원천징수시기와 수입시기가 일치하지 않는 것도 있다.

정답 01 ① 02 ② 03 ⑤

04 금융소득의 원천징수시기와 수입시기에 대한 설명으로 적절하지 않은 것은?

① 원천징수시기는 소득지급자가 원천징수를 해야 하는 시기를 의미한다.
② 수입시기는 소득수령자가 소득세 신고를 해야 하는 연도를 결정하는 시기를 의미한다.
③ 원천징수시기는 수입시기와 항상 일치한다.
④ 무기명의 공채 또는 사채의 이자와 할인액의 수입시기는 지급받은 날이다.
⑤ 이자소득이 발생하는 금융자산이 상속되는 경우의 수입시기는 상속개시일이다.

해설
대부분의 경우 원천징수시기는 수입시기와 일치한다. 원천징수시기와 수입시기가 일치하면 세무상 별 문제는 없다. 그러나 경우에 따라 원천징수시기와 수입시기가 일치하지 않는 것도 있다. 이때에는 비록 원천징수는 당하지 않았더라도 수입시기를 기준으로 당해연도의 금융소득을 합산하여 2천만원 초과여부를 판단하여야 한다는 점에 유의할 필요가 있다.

05 법인이 잉여금의 처분에 의한 배당소득을 그 처분을 결정한 날부터 일정 기간이 되는 날까지 지급하지 아니한 경우 원천징수시기로 가장 적절한 것은?

① 잉여금처분 결의일
② 결의일부터 1개월이 경과한 날
③ 결의일부터 2개월이 경과한 날
④ 결의일부터 3개월이 경과한 날
⑤ 결의일부터 4개월이 경과한 날

해설
결의일부터 3개월 경과 시에도 지급하지 않는 경우 : 3개월이 경과한 날

정답 04 ③ 05 ④

06 이자소득의 수입시기에 대한 연결이 적절하지 않은 것은?

중요도 ●●○

① 무기명의 공채 또는 사채의 이자와 할인액 : 지급받은 날
② 기명의 공채 또는 사채의 이자와 할인액 : 약정에 의한 이자지급개시일
③ 만기일 이후에 지급받는 정기적금의 이자 : 만기일
④ 저축성보험의 보험차익 : 보험금 또는 환급금의 지급일
⑤ 이자소득이 발생하는 금융자산이 상속되거나 증여되는 경우 : 상속개시일 또는 증여일

해설

보통예금 · 정기예금 · 적금 · 부금의 이자 : 실제로 이자를 지급받는 날

07 배당소득의 수입시기에 대한 연결이 적절하지 않은 것은?

중요도 ●●○

① 무기명주식의 이익이나 배당 : 지급을 받은 날
② 잉여금처분에 의한 배당 : 잉여금처분 결의일
③ 감자로 인한 의제배당 : 감자결의일
④ 법인의 해산으로 인한 의제배당 : 해산등기일
⑤ 집합투자기구로부터의 이익 : 집합투자기구로부터의 이익을 지급받는 날

해설

법인의 해산으로 인한 의제배당 : 잔여재산가액 확정일

08 금융소득의 수입시기에 대한 연결이 적절하지 않은 것은?

중요도 ●●○

① 무기명의 공채 또는 사채의 이자와 할인액 : 지급받은 날
② 잉여금처분에 의한 배당 : 잉여금처분 결의일
③ 법인의 해산으로 인한 의제배당 : 해산등기일
④ 법인의 합병으로 인한 의제배당 : 합병등기일
⑤ 법인세법에 의해 처분된 배당 : 당해법인의 결산확정일

해설

법인의 해산으로 인한 의제배당 : 잔여재산가액 확정일

핵심테마 06 세액의 계산

출제포인트
- 종합소득 산출세액과 세율
- 비교과세제도

1. 종합소득세 기본세율

8단계 초과누진세율 구조임

과세표준	세 율	누진공제액
1,400만원 이하	6%	−
1,400만원 초과 5,000만원 이하	15%	126만원
5,000만원 초과 8,800만원 이하	24%	576만원
8,800만원 초과 1억 5,000만원 이하	35%	1,544만원
1억 5,000만원 초과 3억원 이하	38%	1,994만원
3억원 초과 5억원 이하	40%	2,594만원
5억원 초과 10억원 이하	42%	3,594만원
10억원 초과	45%	6,594만원

2. 비교과세제도

① **비교과세제도의 의의** : 금융소득이 2천만원을 초과하는 종합과세의 경우 세액계산방법
  ㉠ 소득세 최저세율이 6%이기 때문에 금융소득이 2천만원을 약간 상회한다면 2천만원 초과분에 대한 세율을 6%로 적용받아 원천징수당한 세액 중 8%만큼 국가에서 환급해 줘야 하는 문제 발생
  ㉡ 금융소득에 대해 종합과세가 되더라도 최소한 14%의 원천징수세율만큼은 부담하도록 하기 위한 방법
② **산출세액** : 금융소득이 2천만원을 초과하는 종합과세의 경우 세액계산방법
  ㉠ 산출세액 : 종합과세방식(A)과 분리과세방식(B) 중 큰 금액

> - A : [(기준금액초과 금융소득 + 기타의 종합소득 − 소득공제) × 기본세율] + 기준금액 × 14%
> - B : (기타의 종합소득 − 소득공제) × 기본세율 + 모든 금융소득 × (14%, 25%)

적중문제

01 거주자 김밝은씨의 20××년 근로소득금액이 4억원(한계세율 40%)이고 정기예금이자가 3천만원(원천징수세율 14%)인 경우 종합소득세 신고 시 금융소득종합과세로 인한 종합소득세 추가 납부세액으로 가장 적절한 것은?

① 0원
② 260만원
③ 400만원
④ 780만원
⑤ 1,200만원

해설

금융소득 2천만원까지는 14%의 원천징수세율로 분리과세하고 2천만원 초과금융소득만 다른 종합소득과 합산하여 종합과세된다. 따라서 정기예금이자 3천만원 중 2천만원 초과금융소득인 1천만원만 기본세율(사례는 한계세율 40%)을 적용하므로 400만원이 부담세액이다. 그러나 그중 이미 140만원은 원천징수되어 있기 때문에 추가적인 납부세액은 260만원이 된다.

02 다음 자료를 토대로 계산한 홍범도씨의 종합소득에 대한 산출세액으로 가장 적절한 것은?

- 채권이자 : 4,000만원
- 정기예금이자 : 4,000만원
- 사업소득금액 : 4,000만원
- 종합소득공제 : 600만원

[종합소득세 기본세율]

과세표준	세 율	누진공제액
1,400만원 초과 5,000만원 이하	15%	126만원
5,000만원 초과 8,800만원 이하	24%	576만원
8,800만원 초과 1억 5,000만원 이하	35%	1,544만원

① 1,504만원
② 1,630만원
③ 2,026만원
④ 2,446만원
⑤ 3,570만원

해설

- 종합과세방식 : [(기준금액초과 금융소득 + 기타의 종합소득금액 − 소득공제) × 기본세율] + 기준금액 × 14% = [(6,000만원 + 4,000만원 − 600만원) × 기본세율 + 2,000만원 × 14% = 9,400만원 × 35% − 1,544만원 + 280만원 = 2,026만원
- 분리과세방식 : (기타의 종합소득 − 소득공제) × 기본세율 + 모든 금융소득 × 14% = (4,000만원 − 600만원) × 기본세율 + 8,000만원 × 14% = 3,400 × 15% − 126만원 + 1,120만원 = 1,504만원
- 종합소득 산출세액 = Max[종합과세방식, 분리과세방식] = 2,026만원

핵심테마 07 비거주자 및 임의단체의 금융소득에 대한 과세

출제포인트
- 비거주자에 대한 과세방법
- 임의단체에 대한 과세방법

1. 비거주자에 대한 과세방법

(1) 비거주자에 대한 과세방법

과세방법		비거주자 구분	
		국내사업장에 귀속되거나 부동산소득이 있는 비거주자	국내사업장에 귀속되지 않고 부동산소득이 없는 비거주자
국내원천소득	이자소득, 배당소득, 부동산소득, 선박등의 임대소득, 사업소득, 인적용역소득, 근로소득, 연금소득, 사용료소득, 유가증권양도소득, 기타소득	종합과세	분리과세
	퇴직소득, 양도소득	거주자와 동일한 방법으로 분류과세	거주자와 동일한 방법으로 분류과세

(2) 비거주자의 금융소득과세방법

구 분	과세방법	원천징수세율
국내사업장 or 부동산소득과 관련 있는 금융소득	금융소득의 크기에 관계없이 종합과세	거주자와 동일한 세율 적용
국내사업장 or 부동산소득과 관련 없는 금융소득	금융소득의 크기에 관계없이 분리과세	• 조세협약체결국가 : 제한세율 • 조세협약비체결국가 : 20% (단, 채권의 경우 14%)

2. 임의단체의 금융소득에 대한 과세방법

구 분	종 류	과세방법	예 시
법인으로 보는 단체	• 당연히 법인으로 보는 단체 • 신청에 의해 법인으로 보는 단체	• 법인세 과세 • 공익성 단체의 경우 고유목적사업준비금 설정 가능	• 미등기 주택조합 • 미등기 노동조합 • 직장 사우회 • 종 중 • 종교단체 • 학교동창회 등
개인으로 보는 단체	하나의 거주자로 보는 단체	• 소득세 과세 • 금융소득 2,000만원 초과 여부 불문하고 분리과세	
	공동사업자로 보는 단체	• 소득세 과세 • 구성원에 대해 과세	

적중문제

01 비거주자의 금융소득과세방법에 대한 설명으로 적절하지 않은 것은?

① 국내사업장이 있거나 부동산소득이 있는 비거주자로서 금융소득이 당해 국내사업장 또는 부동산에 실질적으로 관련되거나 귀속되는 경우에는 금융소득이 2천만원을 초과하는 경우에 한해 종합과세한다.
② 국내사업장이 없는 비거주자 및 부동산소득이 없는 비거주자는 각 소득별로 구분하여 그 발생단계에서 원천징수로 납세의무가 종결된다.
③ 국내사업장이 있거나 부동산소득이 있는 비거주자도 금융소득이 당해 국내사업장이나 부동산에 실질적으로 관련되지 않거나 귀속되지 않는 경우에는 원천징수로 납세의무가 종결된다.
④ 분리과세되는 경우에도 한국과 당해 비거주자의 국가 간에 조세협약이 체결되어 있는 경우에는 제한세율이 우선 적용된다.
⑤ 분리과세되는 경우에도 한국과 당해 비거주자의 국가 간에 조세협약이 체결되어 있지 않은 경우에는 국내원천징수세율(20%)이 적용된다.

해설
국내사업장이 있거나 부동산소득이 있는 비거주자로서 금융소득이 당해 국내사업장 또는 부동산에 실질적으로 관련되거나 귀속되는 경우에는 다른 국내원천소득(부동산임대·사업·근로·기타소득 등)과 금융소득을 합산하여 과세한다. 즉 금융소득이 2천만원을 초과하지 않더라도 종합과세한다는 뜻이다.

02 임의단체의 금융소득에 대한 과세방법을 설명한 것으로 적절하지 않은 것은?

① 당연히 법인으로 보는 단체는 법인설립등기가 되어 있지 않아도 세법상 법인으로 보아 법인세를 부과한다.
② 일정 요건을 모두 갖춘 단체 중에서 대표자 또는 관리인이 관할세무서장에게 법인으로 신청하여 승인을 얻은 단체에 대하여는 세법상 법인으로 보아 법인세를 과세한다.
③ 금융회사에서 공동사업자로 보는 단체의 예금에 대하여 원천징수를 할 때에는 그 구성원들 간의 지분에 비례하여 금융소득이 발생하는 것으로 하여 원천징수를 하여야 하며, 그 지분을 모를 때에는 지분이 균등하다고 보아 원천징수를 하여야 한다.
④ 공동사업자로 보는 단체 이외의 경우 국내에 주사무소 또는 사업의 실질적 관리장소를 둔 경우에는 1거주자로 그 밖의 경우에는 1비거주자로 보아 소득세 납세의무를 부담한다.
⑤ 법인으로 보는 단체 외의 단체 중 수익을 구성원에게 배분하지 아니하는 단체는 금융회사와 거래할 때 단체명의를 표기하여 거래하면 금융소득이 금융소득이 2천만원을 초과하는 경우에 한해 종합과세한다.

해설
법인으로 보는 단체 외의 단체 중 수익을 구성원에게 배분하지 아니하는 단체는 금융회사와 거래할 때 단체명의를 표기하여 거래하면 이자소득과 배당소득에 대하여 분리과세된다. 임의단체가 금융기관에 계좌를 개설하는 경우에는 금융회사는 대표자(금융거래상의 대표자로서 회장, 총무, 간사 등)의 성명 및 주민등록번호를 확인하고, 임의단체가 제출한 서류에 의해 임의단체임을 확인하도록 하고 있다. 이러한 요건을 갖춘 임의단체가 금융자산을 금융회사에 예치하여 수령하는 이자·배당소득은 14%의 원천징수 후 분리과세된다.

핵심테마 08 금융소득종합과세 절세전략

출제포인트

- 금융소득종합과세 절세전략

1. 금융소득종합과세 절세전략

① **주거래 금융회사의 선정** : 자료 취합 용이
② **비과세저축과 분리과세저축의 활용** : 종합과세 기준금액 초과 여부를 가릴 때 미포함
③ **예금 등 금융자산의 분산 증여** : 개인별 과세, 부부 합산 ×, 배우자 증여공제 6억원 활용
④ **연간 금융소득의 평준화** : 1년 단위로 과세 → 만기에 일시에 받는 것보다 매년 받는 것이 유리하므로 이자수령조건 조절
⑤ **중도해지 이자소득감액분에 대한 처리는 세부담이 적은 방법을 선택** : 중도해지일이 속하는 과세기간의 종합소득금액에서 빼는 방법과 당초 신고한 과세기간의 소득을 감액하는 방법(경정청구) 중 세부담이 적은 쪽 선택
⑥ **타익신탁의 활용** : 원본의 수익자는 본인으로 하고 신탁수익의 수익자를 자녀로 하여 금융소득 분산 → 자녀에 대한 증여공제 5천만원(미성년자 2천만원) 활용
⑦ **주식형 펀드상품의 활용** : 펀드의 수익 중 주식매매차익 및 장내파생상품의 이익 등은 비과세 → 금융자산 분산효과와 절세효과 기대
⑧ **장기저축성보험의 활용** : 비과세 혜택 활용
⑨ 소득이 작은 개인에게 채권을 양도하여 조세전가

적중문제

01 금융소득종합과세 절세전략으로 적절하지 않은 것은?

① 은행, 증권회사, 보험회사, 상호저축은행 등 금융회사와 거래를 할 때에는 가능하면 많은 금융회사와 거래하는 것이 좋다.
② 비과세저축과 분리과세저축의 가입요건을 확인하고 이에 해당되는 경우에는 이를 최대한 활용하여야 한다.
③ 금융자산의 규모가 커서 금융소득이 많이 발생한다면 금융자산을 가족에게 분산 증여하는 것을 고려할 필요가 있다.
④ 3년 만기 정기예금의 이자수령조건을 매년 지급식으로 조절할 필요가 있다.
⑤ 타익신탁을 활용하여 원본의 수익자는 본인으로 하고 신탁수익의 수익자를 소득이 적은 자녀로 지정하여 금융소득을 분산시킬 수 있다.

해설
은행, 증권회사, 보험회사, 상호저축은행 등 금융회사와 거래를 할 때에는 그 목적에 맞게 주거래 금융회사를 정해 놓은 것이 좋다. 금융회사에서도 고객서비스 차원에서 재테크, 세무 등 분야별 전문가에 의한 서비스를 무료로 제공하는데 주거래 고객은 이를 활용하기가 수월하다.

정답 01 ①

02 금융소득종합과세 절세전략으로 적절하지 않은 것은?

① 비과세저축과 분리과세저축의 금융소득은 기준금액 초과 여부를 가릴 때에 포함되지 않으므로, 가입요건을 확인하고 이에 해당되는 경우에는 이를 최대한 활용하여야 한다.
② 예금 등 금융자산을 가족에게 분산 증여하는 것을 고려할 필요가 있으나, 배우자에게 증여하는 경우 부부 합산과세로 절세효과가 없으므로 주의하여야 한다.
③ 금융소득이 어느 한 해에 편중된다면 이를 평준화하는 것이 세부담을 줄이는 방법이므로, 본인의 모든 금융소득을 파악하고 이자수령조건을 조절할 필요가 있다.
④ 증권회사 등에서 취급하는 주식형펀드에 가입한 경우에는 펀드의 수익 중 주식매매차익 및 장내파생상품의 이익 등은 과세되지 않으므로, 금융자산 분산효과와 절세효과를 기대할 수 있다.
⑤ 장기간 자금을 투자할 여유가 있는 경우라면 장기저축성보험 상품에 가입하는 것도 절세방법이 될 수 있다.

> **해설**
> 금융소득종합과세는 개인별로 과세되며, 부부인 경우에도 합산되지 않는다. 따라서 금융자산의 규모가 커서 금융소득이 많이 발생한다면 금융자산을 가족에게 분산시키는 것을 고려할 필요가 있다. 고액자산가라면 사전증여가 상속세 절세의 방법인데, 이 경우 금융재산을 미리 가족에게 분산 증여하면 금융소득종합과세의 누진과세 부담도 피할 수 있을 것이다. 특히 배우자에게 증여하는 경우 6억원까지는 증여공제되어 증여세 부담이 없으므로 적극 활용할 만하다.

핵심 CHECK

보험차익이 비과세되는 장기저축성보험

종류	요건
일시납 보험	• 계약자당 보험료 합계액이 1억원 이하일 것 • 최초 납입일부터 만기일 or 중도해지일까지 기간이 10년 이상일 것
월적립식 저축성보험	• 최초 납입일부터 만기일 or 중도해지일까지 기간이 10년 이상일 것 • 최초 납입일부터 납입기간이 5년 이상일 것 • 기본보험료가 균등하고, 기본보험료의 선납기간이 6개월 이내일 것 • 계약자당 매월 납입하는 보험료가 150만원 이하일 것
종신형 연금보험	• 계약자가 보험료 납입 계약기간 만료 후 55세 이후부터 연금을 받을 것 • 연금 외의 형태로 보험금·수익 등을 받지 않을 것 • 사망 시 보험계약 및 연금재원이 소멸할 것 • 연금수령개시 후 사망일 전에 계약을 중도해지할 수 없을 것

정답 02 ②

CHAPTER 03
양도소득세

출제경향 및 학습전략

- 전체적인 계산구조를 이해하고, 양도차익·양도소득금액·과세표준·산출세액까지 각 계산단계별 요건과 내용에 대해 확실하게 암기하는 것이 매우 중요합니다.
- 양도소득세 과세대상과 취득의 시기에 대해서도 꾸준히 출제되고 있고, 특히 양도소득세율은 자주 출제되므로 정확한 암기가 필요하며, 양도소득세 예정신고기한은 사례를 통해 출제되는 경우가 많으므로 이에 대한 정리가 필요합니다.
- 1세대 1주택의 양도에 따른 비과세 규정은 깊이 있는 내용과 함께 구체적인 사례로 이해하는 것이 매우 중요하며, 특히 양도소득세 절세방안과 연계해서 출제되는 경우가 많으니 이에 대한 대비가 필요합니다.

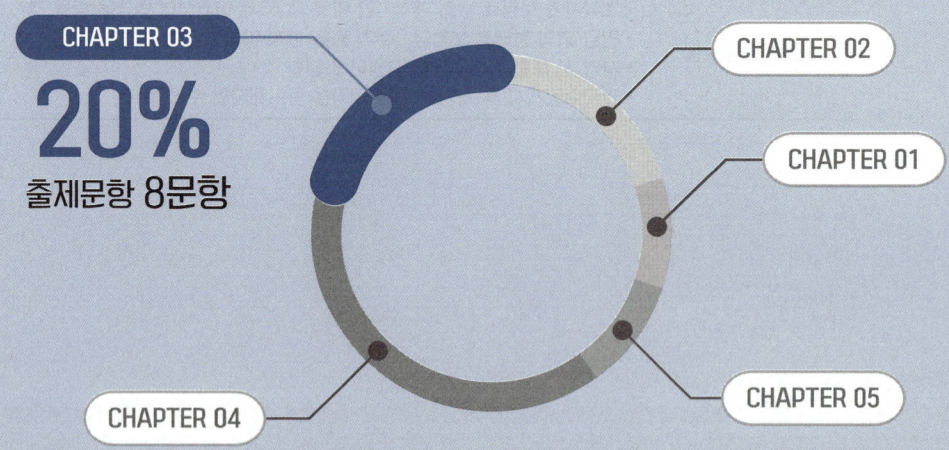

CHAPTER 03
20%
출제문항 8문항

핵심테마	핵심개념	빈출도
01	양도소득세 과세대상	★★★
02	양도 또는 취득의 시기	★★☆
03	양도차익의 계산	★★★
04	양도소득금액의 계산	★★★
05	과세표준금액과 산출세액의 계산	★★★
06	1세대 1주택의 양도	★★★
07	양도소득세액의 감면	★☆☆
08	양도소득세 절세방안	★★★

핵심테마 01 양도소득세 과세대상

출제포인트
- 양도소득세 과세대상

1. 양도소득세 과세대상

> - 소득세법상 양도 : 자산에 대한 등기 or 등록과 관계없이 매도, 교환, 법인에 대한 현물출자 등으로 인해 그 자산이 유상으로 사실상 이전되는 것
> - 양도소득세 : 소득세법상 양도소득이라고 열거하고 있는 자산의 양도로 발생하는 양도차익에 대해 과세 → 열거되지 않은 자산은 과세 ×

(1) 토지 : 지적공부에 등록해야 할 지목에 해당하는 것

(2) 건물 : 건물에 부속된 시설물과 구축물 포함

(3) 부동산에 관한 권리 : 지상권, 전세권과 등기된 부동산임차권 및 부동산을 취득할 수 있는 권리(예 아파트당첨권, 토지상환채권 및 주택상환사채, 부동산 매매계약을 체결한 자가 계약금만 지급한 상태에서 양도하는 권리, 주택의 분양권 등)

(4) 주식 또는 출자지분
   ① **주권상장법인의 주식** : 주권상장법인의 주식 등으로서, 지분율 기준 1%(코스닥시장 2%, 코넥스시장 4%) 이상 or 시가총액 기준 50억원 이상인 대주주에 해당하거나 증권시장에서 양도하지 않고 장외에서 양도하는 것
   ② **주권상장법인이 아닌 법인의 주식 등**
      ㉠ 지분율 or 시가총액과 관계없이 양도소득세 과세
      ㉡ 소액주주가 협회장외시장(K-OTC)을 통해 양도한 중소·중견기업의 주식 양도소득세는 비과세

(5) 기타자산
   ① **사업용 고정자산과 함께 양도하는 영업권**
      ㉠ 사업용 고정자산(토지, 건물 및 부동산에 관한 권리)과 함께 양도하는 영업권 : 양도소득세 과세
      ㉡ 사업용 고정자산의 양도 없이 점포임차권 및 영업권만 단독으로 양도하는 경우 : 기타소득으로 보아 종합소득세 과세
   ② 특정시설물 이용권·회원권

③ **특정법인의 주식 등** : 다음 요건에 모두 해당하는 법인 주주가 그 법인 주식 등 합계액 50% 이상을 해당 과점주주 외의 자에게 양도하는 경우의 당해 주식 등
  ㉠ 부동산 등 가액이 법인 자산총액에서 차지하는 비중이 각각 50% 이상인 법인
  ㉡ 주주 1인 & 특수관계인 소유 주식 등 합계액이 차지하는 비율이 50% 이상인 과점주주

④ **부동산 과다보유법인의 주식 등** : 다음 요건에 모두 해당하는 법인 주식 등을 양도하는 경우 당해 주식 등
  ㉠ 부동산 등 자산가액 합계액이 차지하는 비율이 80% 이상인 법인
  ㉡ 체육시설업 및 휴양시설관련업과 부동산업·부동산개발업으로서 골프장, 스키장, 휴양콘도미니엄 및 전문휴양시설을 건설 or 취득하여 직접 경영하거나 분양 or 임대하는 사업

⑤ **부동산 이축권** : 부동산(토지와 건물)과 함께 양도하는 이축권

(6) 파생상품 거래이익

(7) 신탁수익권의 양도

적중문제

01 양도소득세 과세대상에 해당되지 않는 것은?

중요도 ●●○

① 토 지
② 지상권
③ 주택의 분양권
④ 주권상장법인이 아닌 법인의 주식
⑤ 사업용 고정자산의 양도 없이 양도하는 영업권

해설
사업용 고정자산(토지, 건물 및 부동산에 관한 권리)과 함께 양도하는 영업권에 대해서는 양도소득세를 과세한다. 다만, 사업용 고정자산의 양도 없이 점포임차권 및 영업권만 단독으로 양도하는 경우에는 이를 기타소득으로 보아 종합소득세를 과세한다.

02 양도소득세 과세대상으로 적절하지 않은 것은?

중요도 ●●○

① 무허가 건물을 양도하는 것
② 주권상장법인의 주식을 소액주주가 유가증권시장에서 양도하는 것
③ 코스닥상장법인의 주식을 대주주가 코스닥시장에서 양도하는 것
④ 주권상장법인이 아닌 법인의 주식을 양도하는 것
⑤ 골프회원권을 양도하는 것

해설
주권상장법인의 주식 등으로서, 대주주에 해당하거나 증권시장에서 양도하지 않고 장외에서 양도하는 것에 대해서는 양도소득세를 과세한다.

정답 01 ⑤ 02 ②

핵심테마 02 양도 또는 취득의 시기

출제포인트
- 양도 또는 취득의 시기(원칙적인 경우와 예외적인 경우)
- 양도자산의 취득시기에 대한 의제

1. 원칙적인 경우

당해 자산의 양도대금을 청산한 날(실지로 잔금을 수수한 날)

2. 예외적인 경우

① **대금청산일이 불분명한 경우** : 등기부·등록부 or 명부 등에 기재된 등기·등록 접수일 or 명의개서일
② **대금청산 전에 등기 등을 한 경우** : 등기부·등록부 or 명부 등에 기재된 등기 등 접수일
③ **장기할부조건 양도** : 소유권이전등기 등 접수일, 인도일 or 사용수익일 중 빠른 날
④ **자기가 건설한 건축물** : 사용승인서 교부일
  ㉠ 사용승인서 교부일 전에 사실상 사용하거나 임시사용승인을 얻은 경우 : 그 사실상 사용일 or 임시사용승인일 중 빠른 날
  ㉡ 건축허가를 받지 않고 건축하는 건축물 : 그 사실상의 사용일
⑤ **상속 또는 증여의 경우 취득시기**
  ㉠ 상속 : 상속개시일
  ㉡ 증여 : 자산을 증여받은 날(부동산은 등기부상 소유권이전 접수일)

3. 양도자산의 취득시기에 관한 의제

① **부동산(토지, 건물)·부동산에 관한 권리 및 기타 자산** : 1984년 12월 31일 이전에 취득한 자산은 1985년 1월 1일자에 취득한 것으로 간주
② **상장 및 비상장 주식** : 1985년 12월 31일 이전에 취득한 자산은 1986년 1월 1일자에 취득한 것으로 간주

적중문제

01 양도 또는 취득의 시기가 적절하지 않게 연결된 것은?

① 원칙적인 경우 : 당해 자산의 양도대금을 청산한 날
② 대금청산일이 불분명한 경우 : 등기부·등록부 또는 명부 등에 기재된 등기·등록 접수일 또는 명의개서일
③ 장기할부조건 양도의 경우 : 소유권이전등기 등의 접수일, 인도일 또는 사용수익일 중 빠른 날
④ 자기가 건설한 건축물의 경우 : 소유권이전 등기 접수일
⑤ 상속의 경우 취득시기 : 상속개시일

> **해설**
> 재개발, 재건축 등 자기가 건설한 건축물에 있어서는 사용승인서 교부일로 한다. 다만, 사용승인서 교부일 전에 사실상 사용하거나 임시사용승인을 얻은 경우에는 그 사실상의 사용일 또는 임시사용승인일 중 빠른 날로 하고 건축허가를 받지 않고 건축하는 건축물에 있어서는 그 사실상의 사용일로 한다.

02 부동산의 양도 또는 취득의 시기에 대한 설명으로 적절하지 않은 것은?

① 매매계약서 등에 기재된 잔금청산약정일보다 잔금을 앞당기거나 늦추는 경우에도 매매계약서 등에 기재된 잔금청산약정일을 원칙으로 한다.
② 대금을 청산하기 전에 소유권이전등기를 한 경우에는 등기부에 기재된 등기접수일로 한다.
③ 장기할부조건의 경우에는 소유권이전등기 접수일, 인도일 또는 사용수익일 중 빠른 날로 한다.
④ 자기가 건설한 건축물에 있어서는 사용승인서 교부일로 한다.
⑤ 상속은 상속개시일, 증여는 자산을 증여받은 날을 각각의 취득시기로 한다.

> **해설**
> 원칙적인 경우 양도 또는 취득의 시기는 당해 자산의 양도대금을 청산한 날로 한다. 여기에서 청산일은 매매계약서상 기재된 잔금청산약정일이 아니라, 실지로 잔금을 수수한 날을 말한다. 따라서 매매계약서 등에 기재된 잔금청산약정일보다 잔금을 앞당기거나 늦추는 경우에는 실지로 대금을 수수한 날이 잔금청산일이 된다.

03 다음 자료를 토대로 부동산 양도거래의 양도시기로 가장 적절한 것은?

- 부동산 매매계약 체결일 : 20××년 4월 5일
- 계약서상 기재된 잔금청산약정일 : 20××년 6월 8일
- 실지로 잔금을 수수한 날 : 20××년 11월 29일
- 소유권이전등기 접수일 : 20××년 10월 1일

① 4월 5일
② 6월 8일
③ 10월 1일
④ 11월 29일
⑤ 12월 31일

> **해설**
> 양도 또는 취득의 시기는 당해 자산의 양도대금을 청산한 날로 한다. 그러나 대금을 청산하기 전에 소유권이전등기 등을 한 경우에는 등기부·등록부 또는 명부 등에 기재된 등기 등의 접수일로 한다.

정답 01 ④ 02 ① 03 ③

04 1982년 2월 10일에 부동산과 주식을 각각 양도했을 경우 취득시기가 적절하게 연결된 것은?

	부동산	주식
①	1982년 2월 10일	1982년 2월 10일
②	1985년 1월 1일	1985년 1월 1일
③	1985년 1월 1일	1986년 1월 1일
④	1986년 1월 1일	1985년 1월 1일
⑤	1986년 1월 1일	1986년 1월 1일

해설
- 1984년 12월 31일 이전에 취득한 부동산(토지, 건물)·부동산에 관한 권리 및 기타 자산은 1985년 1월 1일자에 취득한 것으로 본다.
- 1985년 12월 31일 이전에 취득한 상장 및 비상장 주식은 1986년 1월 1일자에 취득한 것으로 본다.

05 부동산의 양도 또는 취득의 시기에 대한 설명으로 적절하지 않은 것은?

① 원칙적인 경우 실지로 잔금을 수수한 날로 한다.
② 대금을 청산하기 전에 소유권이전등기를 한 경우에는 등기부에 기재된 등기 접수일로 한다.
③ 장기할부조건의 경우에는 계약서상 기재된 잔금청산약정일로 한다.
④ 재개발, 재건축 등 자기가 건설한 건축물에 있어서는 사용승인서 교부일로 한다.
⑤ 1984년 12월 31일 이전에 취득한 부동산은 1985년 1월 1일자에 취득한 것으로 본다.

해설
장기할부조건의 경우에는 소유권이전등기 접수일, 인도일 또는 사용수익일 중 빠른 날로 한다.

정답 04 ③ 05 ③

핵심테마 **03** 양도차익의 계산

회독체크 1회☐ 2회☐ 3회☐

출제포인트
- 양도 및 취득가액
- 기타의 필요경비
- 부동산 양도차익 계산에 관한 특례

1. 양도소득세의 계산구조

2. 양도차익의 계산

(1) 양도 및 취득가액

① **원칙**: 양도 및 취득 당시 양도자와 양수자 간에 실제로 거래한 가액

② **실지거래가액을 확인할 수 없는 경우**: 매매사례가액 → 감정가액 → 환산취득가액 → 기준시가를 순차로 적용하여 산정한 가액

> **핵심 CHECK**
>
> **환산취득가액**
>
> 양도 당시의 실지거래가액, 매매사례가액 or 감정가액 × $\dfrac{\text{취득 당시 기준시가}}{\text{양도 당시 기준시가}}$

③ 감정가액 적용 등에 따른 가산세 : 건물 취득일 or 증축일로부터 5년 이내에 해당 건물을 양도하는 경우로서 감정가액 or 환산취득가액을 그 취득가액으로 하는 경우 해당 건물 감정가액 or 환산취득가액의 5% 추징(양도소득 산출세액이 없는 경우에도 가산세 적용)

(2) 기타의 필요경비

- 원칙 : 실제 지출증빙 등에 근거한 취득 부대비용 + 자본적 지출액 + 양도비
- 취득 당시 실지 취득가액을 확인할 수 없어 매매사례가액, 감정가액, 환산취득가액 등을 실지 취득가액으로 보는 경우 : 개산공제액(취득 당시 기준시가의 3%)

① **취득부대비용** : 취득세와 등록세(납부영수증이 없는 경우에도 인정), 부가가치세(공제 or 환급받은 경우 제외), 법무사 및 부동산 중개업자 수수료 등
② **자본적 지출액** : 양도자산의 내용연수를 증가시키거나 그 가치를 현실적으로 증가시키는 데 소요된 비용
③ **양도비** : 양도 시 직접 지출한 계약서 작성비용, 공증비용, 인지대, 소개비 등 제비용과 증권거래세, 취득 시 매입한 국민주택채권 및 토지개발채권을 만기 전 금융기관 등에 양도함으로써 발생한 매각차손

(3) 부동산 양도차익 계산에 관한 특례

① **부담부증여에 대한 취득 및 양도가액의 계산** : 당해 자산의 가액에 증여가액 중 채무액에 상당하는 부분이 차지하는 비율을 곱하여 계산한 가액
② **배우자 등 증여재산에 대한 양도 시 취득가액의 계산(배우자 등 이월과세)**
   ㉠ 거주자가 양도일로부터 소급하여 10년 이내에 그 배우자(양도 당시 혼인관계가 소멸된 경우를 포함하되, 사망의 경우는 제외) or 직계존비속으로부터 증여받은 토지·건물, 특정시설물이용권·회원권 및 부동산을 취득할 수 있는 권리 등을 양도하고 양도차익을 계산함에 있어서 취득가액은 당해 배우자 등의 최초 취득 당시의 가액으로 함
   ㉡ 증여자가 지출한 자본적 지출액 및 거주자가 증여받은 자산에 대해 납부하였거나 납부할 증여세 상당액이 있는 경우 기타 필요경비에 산입
   ㉢ 수증자가 이월과세 적용으로 1세대 1주택에 따른 양도소득세 비과세를 적용받는 경우 및 사업인정고시일로부터 소급하여 2년 이전에 증여받은 경우로서 법에 따라 협의매수 or 수용된 경우 및 이월과세 적용 양도세액이 적용하지 않은 양도세액보다 적은 경우 미적용
   ㉣ 2025.1.1. 이후 증여받은 주식 등도 증여받은 날로부터 1년 이내 양도 시 이월과세 적용대상에 추가

적중문제

01 금번 양도하는 상가건물의 당초 취득계약서를 분실하여 실제 취득가액을 환산하고자 한다. 다음 자료를 이용하여 구한 환산취득가액으로 가장 적절한 것은?

중요도
●●●

- 실제 양도가액 : 6억원
- 양도 당시 상가건물의 토지, 건물 기준시가 : 4억원
- 취득 당시 상가건물의 토지, 건물 기준시가 : 1억원

① 0.5억원
② 1억원
③ 1.25억원
④ 1.5억원
⑤ 2억원

해설

- 환산취득가액 = 실제 양도가액 $\times \dfrac{\text{취득 당시 기준시가}}{\text{양도 당시 기준시가}}$ = 6억원 $\times \dfrac{1억원}{4억원}$ = 1.5억원

02 금번 양도하는 상가건물의 당초 취득계약서를 분실하여 실제 취득가액을 환산하고자 한다. 다음 자료를 이용하여 구한 환산취득가액과 기타 필요경비가 적절하게 연결된 것은?

중요도
●●○

- 실제 양도가액 : 3.5억원
- 양도 당시 상가건물의 토지, 건물 기준시가 : 1.4억원
- 취득 당시 상가건물의 토지, 건물 기준시가 : 8천만원

	환산취득가액	기타의 필요경비
①	1억원	2백4십만원
②	1억원	3백만원
③	2억원	2백4십만원
④	2억원	3백만원
⑤	2억원	6백만원

해설

- 환산취득가액 = 실제 양도가액 $\times \dfrac{\text{취득 당시 기준시가}}{\text{양도 당시 기준시가}}$ = 3.5억원 $\times \dfrac{0.8억원}{1.4억원}$ = 2억원
- 기타의 필요경비(개산공제) = 취득 당시 기준시가의 3% = 8천만원 × 3% = 2백4십만원(환산취득가액의 3%가 아님에 유의)

정답 01 ④ 02 ③

03 실지거래가액에 의한 토지의 양도차익 계산 시 필요경비에 해당하지 않는 것은?

① 취득 당시 기준시가의 3%
② 부동산 취득 시 부담한 취득세와 등록세(납부영수증이 없음)
③ 부동산 취득 시 매매상대방이 징수한 부가가치세(공제 또는 환급받지 않음)
④ 양도자산의 내용연수를 연장시키거나 그 가치를 현실적으로 증가시키는 데 소요된 비용
⑤ 토지 및 건물을 취득함에 있어서 법령 등의 규정에 따라 매입한 국민주택채권 및 토지개발채권을 만기 전에 금융기관 등에 양도함으로써 발생한 매각차손

해설
취득 당시의 실지 취득가액을 확인할 수 없어 매매사례가액, 감정가액, 환산취득가액 등을 실지 취득가액으로 보는 경우에는 개산공제액(취득 당시 기준시가의 3%)을 기타 필요경비로 공제한다.

04 양도차익의 계산에 대한 설명으로 적절하지 않은 것은?

① 양도 및 취득가액은 양도 및 취득 당시의 양도자와 양수자 간에 실제로 거래한 가액에 따른다.
② 취득 또는 양도 당시의 실지거래가액을 확인할 수 없는 경우에는 매매사례가액, 감정가액, 환산취득가액 또는 기준시가를 순차로 적용하여 산정한 가액에 의한다.
③ 취득세와 등록세는 납부영수증이 없는 경우에도 필요경비로 인정되나 지방세법 등에 의하여 취득세와 등록세가 감면된 경우의 당해 감면세액을 공제하지 아니한다.
④ 자본적 지출액이라 함은 양도자산의 내용연수를 연장시키거나 그 가치를 현실적으로 증가시키는 데 소요된 비용을 말한다.
⑤ 주식의 거래에 대한 양도차손과 부동산의 양도차익은 서로 상계가 가능하다.

해설
주식 및 파생상품 등의 거래에 대한 양도차손과 그 밖의 일반자산(토지, 건물, 부동산에 관한 권리 및 기타 자산)의 양도차익은 이를 상계하지 아니한다.

05 배우자 등 증여재산에 대한 양도 시 취득가액의 계산(배우자 등 이월과세)에 대한 설명으로 적절하지 않은 것은?

① 거주자가 양도일로부터 소급하여 10년 이내에 그 배우자 또는 직계존비속으로부터 증여받은 경우 적용한다.
② 양도 당시 혼인관계가 소멸된 경우를 포함하되, 사망의 경우는 제외한다.
③ 토지·건물, 특정시설물이용권·회원권 및 부동산을 취득할 수 있는 권리 등을 양도하고 양도차익을 계산함에 있어서 적용한다.
④ 취득가액은 당해 배우자 등의 최초 취득 당시의 가액으로 한다.
⑤ 거주자가 증여받은 자산에 대하여 납부한 증여세 상당액이 있는 경우 이를 취소하여 환급한다.

해설
증여자가 지출한 자본적 지출액 및 거주자가 증여받은 자산에 대하여 납부하였거나 납부할 증여세 상당액이 있는 경우 이를 기타의 필요경비에 산입한다.

정답 03 ① 04 ⑤ 05 ⑤

핵심테마 04 양도소득금액의 계산

> **출제포인트**
> - 장기보유특별공제액
> - 기타의 필요경비
> - 부동산 양도차익 계산에 관한 특례

1. 양도소득금액의 계산

> 양도소득금액 = 양도차익 − 장기보유특별공제액

2. 장기보유특별공제액

① **대상자산** : 3년 이상 보유한 토지와 건물 또는 조합원 입주권(조합원으로부터 취득한 것은 제외)

② **장기보유특별공제율**

㉠ 양도자산이 1세대 1주택에 해당되는 경우 : 보유기간 중 2년 이상 거주요건을 채운 경우에 한해 '보유기간 4%/년 + 거주기간 4%/년'의 장기보유특별공제율 적용(최대 10년 이상 보유 및 거주 시 '40% + 40% = 80%' 한도)

㉡ 양도자산이 1세대 1주택 외의 다른 자산인 경우 : 3년 이상 보유기간 × 2%(최대 15년, 30% 한도)

핵심 CHECK

장기보유특별공제율

토지·건물		1세대 1주택			
보유기간	공제율	보유기간	공제율	거주기간	공제율
3년 이상 4년 미만	6%	3년 이상 4년 미만	12%	2년 이상 3년 미만 (보유기간 3년 이상에 한정)	8%
				3년 이상 4년 미만	12%
4년 이상 5년 미만	8%	4년 이상 5년 미만	16%	4년 이상 5년 미만	16%
5년 이상 6년 미만	10%	5년 이상 6년 미만	20%	5년 이상 6년 미만	20%
6년 이상 7년 미만	12%	6년 이상 7년 미만	24%	6년 이상 7년 미만	24%
7년 이상 8년 미만	14%	7년 이상 8년 미만	28%	7년 이상 8년 미만	28%
8년 이상 9년 미만	16%	8년 이상 9년 미만	32%	8년 이상 9년 미만	32%
9년 이상 10년 미만	18%	9년 이상 10년 미만	36%	9년 이상 10년 미만	36%
10년 이상 11년 미만	20%	10년 이상	40%	10년 이상	40%
11년 이상 12년 미만	22%				
12년 이상 13년 미만	24%				
13년 이상 14년 미만	26%				
14년 이상 15년 미만	28%				
15년 이상	30%				

③ 장기보유특별공제의 적용 배제

㉠ 미등기자산 : 장기보유특별공제 적용 배제

㉡ 비사업용 토지 : 장기보유특별공제 적용

㉢ 1세대 2주택 이상 다주택자가 조정대상지역 내에 있는 주택을 양도하는 경우 : 장기보유특별공제 적용 배제 (2026.5.9.까지 유예 → 2026.5.9.까지 적용 가능)

3. 결손금의 통산

주식과 파생상품 등의 양도로 인한 양도소득과 그 밖의 일반자산(토지·건물, 부동산에 관한 권리 및 기타자산)의 양도로 인한 양도소득은 구분하여 계산하고, 각 소득금액을 계산함에 있어서 발생한 양도차손은 이를 다른 소득금액에서 상계하지 못함

적중문제

01 다음 양도자산 중 장기보유특별공제의 대상이 되는 자산으로 가장 적절한 것은?

중요도
●●○

① 1년 보유한 등기된 상가건물
② 4년 보유한 비상장주식
③ 5년 보유한 등기된 부동산임차권
④ 5년 보유한 1세대 1주택 고가주택
⑤ 2년 보유한 등기된 비사업용 토지

해설

장기보유특별공제의 대상이 되는 자산은 3년 이상 보유한 토지와 건물 또는 조합원 입주권(조합원으로부터 취득한 것은 제외)에 한한다.

02 양도자산에 대한 장기보유특별공제율이 적절하지 않게 연결된 것은?

중요도
●●○

① 5년 보유한 등기된 부동산임차권 : 10%
② 8년 보유 및 거주한 등기된 1세대 1주택 고가주택 : 64%
③ 10년 보유(미거주)한 등기된 1세대 1주택 고가주택 : 20%
④ 5년 보유한 미등기 사업용 토지 : 0%
⑤ 3년 보유한 등기된 비사업용 토지 : 6%

해설

장기보유특별공제의 대상이 되는 자산은 3년 이상 보유한 토지와 건물 또는 조합원 입주권(조합원으로부터 취득한 것은 제외)에 한한다. 5년 보유한 등기된 부동산임차권은 장기보유특별공제의 대상이 아니다.

03 1과세기간에 2 이상의 자산을 양도함으로써 양도자산별로 양도차익과 양도차손이 각각 발생한 경우 서로 상계할 수 없는 것은?

① 비상장주식 A의 양도차손과 비상장주식 B의 양도차익
② 토지의 양도차손과 건물의 양도차익
③ 토지의 양도차손과 아파트 당첨권의 양도차익
④ 주택 분양권의 양도차손과 특정시설물 이용권의 양도차익
⑤ 비상장주식의 양도차손과 건물의 양도차익

[해설]
양도소득금액을 계산함에 있어서 주식과 파생상품 등의 양도로 인한 양도소득과 그 밖의 일반자산(토지·건물, 부동산에 관한 권리 및 기타자산)의 양도로 인한 양도소득은 구분하여 계산하고, 각 소득금액을 계산함에 있어서 발생한 양도차손은 이를 다른 소득금액에서 상계하지 못한다. 왜냐하면 주식과 파생상품 등의 양도차익은 일반자산의 양도소득과 별도로 분리하여 각각 다른 세율을 적용하기 때문이다.

04 증여자산 양도 시의 부당행위계산 부인에 대한 설명으로 적절하지 않은 것은?

① 양도소득세를 부당히 감소시키기 위해 특수관계자에게 자산을 증여한 후 그 자산을 증여받은 자가 10년 이내에 이를 다시 타인에게 양도한 경우 적용한다.
② 취득가액 이월과세를 적용받는 배우자 및 직계존비속 간 증여는 제외한다.
③ 자산을 증여받은 자가 10년 이내에 이를 다시 타인에게 양도한 경우에는 항상 당초 증여자가 그 자산을 직접 양도한 것으로 본다.
④ 당초 증여받은 자산에 대하여는 증여세를 부과하지 아니한다.
⑤ 부당행위계산 부인대상에 해당된다 하더라도 양도소득이 실질적으로 수증자에게 귀속되는 경우에는 당초 증여자가 아닌 수증자의 양도로 인정한다.

[해설]
양도소득세를 부당히 감소시키기 위해 특수관계자(취득가액 이월과세를 적용받는 배우자 및 직계존비속 간 증여는 제외)에게 자산을 증여한 후 그 자산을 증여받은 자가 10년 이내에 이를 다시 타인에게 양도한 경우로서 '수증자의 증여세 + 수증자의 양도소득세'가 '증여자의 양도소득세'보다 적은 경우에는 당초 증여자가 그 자산을 직접 양도한 것으로 본다.

정답 03 ⑤ 04 ③

과세표준금액과 산출세액의 계산

출제포인트
- 양도소득 기본공제
- 양도소득세율
- 양도소득세 신고·납부

1. 과세표준금액과 산출세액의 계산

- 양도소득 과세표준 = 양도소득금액 − 양도소득 기본공제
- 산출세액 = 과세표준금액 × 양도소득세율

2. 양도소득 기본공제

양도소득이 있는 거주자에 대해 ① 부동산, 부동산에 관한 권리 or 기타자산 ② 상장 or 비상장주식 및 ③ 파생상품 ④ 신탁수익권 등의 거래에 대한 양도소득금액에서 각각 연 250만원 공제(단, 미등기 양도자산 미적용)

3. 양도소득세율

① 부동산등 양도소득세율

구 분		세 율
토지, 건물 및 부동산에 관한 권리	보유기간 1년 미만	50% (주택, 조합원입주권 및 분양권 : 70%)
	보유기간 1년 이상 2년 미만	40% (주택, 조합원입주권 및 분양권 : 60%)
	보유기간 2년 이상	기본세율
	1세대 2주택(조정대상지역 내)	기본세율 + 20%p
	1세대 3주택(조정대상지역 내)	기본세율 + 30%p
	비사업용 토지	기본세율 + 10%p
	미등기 양도자산	70%
기타 자산	영업권, 특정시설물이용권, 특정주식, 특정법인의 주식	기본세율
	자산총액 중 비사업용 토지의 비율이 50% 이상인 특정주식	기본세율 + 10%
신탁수익권	과세표준 3억원 이하	20%
	과세표준 3억원 초과	6천만원 + (3억원 초과금액 × 25%)

② 주식양도소득에 대한 세율

구 분		세 율
중소기업	소액주주	10%
	대주주	20%(과세표준 3억원 초과분은 25%)
중소기업 외의 기업	소액주주	20%
	대주주 1년 이상 보유	20%(과세표준 3억원 초과분은 25%)
	대주주 1년 미만 보유	30%

4. 양도소득세 예정신고·납부

① **부동산 등** : 양도일이 속하는 달의 말일로부터 2월 이내
② **주식** : 양도일이 속하는 반기의 말일로부터 2월 이내
③ **부담부증여** : 수증일이 속하는 달의 말일부터 3개월 이내(증여세 신고기한과 동일)

적중문제

01 양도소득 기본공제에 대한 설명으로 적절하지 않은 것은?

중요도 ●●●
① 양도소득이 있는 거주자별로 공제한다.
② 보유기간과는 관계가 없다.
③ 1과세기간에 양도소득세 과세대상 부동산과 주식을 각각 양도한 경우 최대 250만원을 공제한다.
④ 양도소득세 과세대상 부동산을 올해 말에 양도하고, 그 외 다른 부동산을 내년 초에 양도할 경우 각각 250만원의 기본공제 적용이 가능하다.
⑤ 미등기 양도자산의 경우에는 양도소득 기본공제를 적용하지 않는다.

[해설]
양도소득이 있는 거주자에 대하여는 (1) 부동산, 부동산에 관한 권리 또는 기타자산 (2) 상장 또는 비상장주식 및 (3) 파생상품 (4) 신탁수익권 등의 거래에 대한 양도소득금액에서 각각 연 250만원을 공제하는데, 이를 양도소득 기본공제라 한다.

정답 01 ③

02 부동산의 양도소득세율이 적절하지 않게 연결된 것은?

① 1년 미만 보유한 등기된 상가 : 60%
② 1년 이상 2년 미만 보유한 등기된 사업용 토지 : 40%
③ 1년 미만 보유한 등기된 주택 : 70%
④ 2년 이상 보유한 등기된 주택(조정대상지역 외) : 기본세율
⑤ 미등기 양도부동산 : 70%

해설
1년 미만 보유한 경우에는 50%, 1년 이상 2년 미만 보유한 경우에는 40%의 단일세율을 각각 적용하고, 2년 이상 보유한 경우에는 누진세율(기본세율)을 적용한다. 주택과 조합원 입주권 및 2021.1.1. 이후 취득한 분양권은 1년 미만 보유한 경우 70%, 1년 이상 2년 미만 보유한 경우에는 60%, 2년 이상 보유한 경우에는 기본세율을 적용한다.

03 양도소득세율이 적절하지 않게 연결된 것은?

① 양도 당시 1세대 2주택자가 양도하는 3년 보유한 등기된 주택 : 기본세율
② 대주주가 10개월 보유한 중소기업 외의 법인 주식 : 30%
③ 대주주가 2년 보유한 중소기업의 법인 주식 : 20%(과세표준 3억원 초과금액은 25%)
④ 1년 보유한 미등기 상가 : 50%
⑤ 3년 보유한 등기된 비사업용 토지 : 기본세율 + 10%p

해설
토지, 건물 또는 부동산에 관한 권리를 취득한 자가 그 자산취득에 관한 등기를 하지 아니하고 양도하는 경우에는 70%의 양도소득세율을 적용한다.

핵심 CHECK

미등기 양도자산
- 장기보유특별공제 및 양도소득 기본공제 적용 배제
- 70%의 최고 양도소득세율 적용
- 각종 비과세 및 감면제도의 적용 배제 등

04 20××년 4월 6일에 부동산을 양도한 거주자가 주소지 관할세무서장에게 신고납부해야 하는 예정신고기한으로 가장 적절한 것은?

중요도 ●○○

① 4월 30일
② 5월 31일
③ 6월 30일
④ 7월 31일
⑤ 8월 31일

해설
부동산 등 양도소득세가 과세되는 자산을 양도한 거주자는 양도일이 속하는 달의 말일로부터 2월(주식의 경우 양도일이 속하는 반기의 말일로부터 2월) 이내에 주소지 관할세무서장에게 양도소득세 예정신고를 하고 세액을 납부하여야 한다.

05 양도소득세 과세대상 부동산과 주식을 20××년 2월 6일에 각각 양도한 거주자가 주소지 관할세무서장에게 신고납부해야 하는 예정신고기한이 적절하게 연결된 것은?

중요도 ●○○

	부동산	주식
①	2월 말일	2월 말일
②	4월 말일	4월 말일
③	4월 말일	8월 말일
④	8월 말일	4월 말일
⑤	8월 말일	8월 말일

해설
부동산 등 양도소득세가 과세되는 자산을 양도한 거주자는 양도일이 속하는 달의 말일로부터 2월(주식의 경우 양도일이 속하는 반기의 말일로부터 2월) 이내에 주소지 관할세무서장에게 양도소득세 예정신고를 하고 세액을 납부하여야 한다.

정답 04 ③ 05 ③

핵심테마 06 1세대 1주택의 양도

출제포인트
- 1세대의 요건 및 1주택의 요건(2년 보유요건)
- 1세대 1주택 관련 특례조항
- 고가주택

1. 1세대 1주택의 양도

① **1세대 1주택** : 거주자 및 그 배우자가 그들과 동일한 주소 or 거소에서 생계를 같이하는 가족과 함께 구성하는 1세대가 양도일 현재 국내에 1주택을 보유하고 있는 경우로서 당해 주택 보유기간이 2년 이상인 것

② **고가주택(양도가액 12억원 초과)에 해당하는 경우** : 1세대 1주택에 해당한다 하더라도 양도소득세 전부를 비과세하는 것이 아니고 일정부분에 대해서는 양도소득세 과세

> **핵심 CHECK**
>
> **1세대 1주택으로서 양도소득세가 완전 비과세되기 위한 요건(모두 충족)**
> - 양도일 현재 1세대가 국내에 1주택만을 보유할 것
> - 주택의 취득일로부터 2년 이상 보유할 것(조정대상지역 내의 주택을 취득하는 경우에는 2년 이상 거주)
> - 미등기 주택 및 고가주택에 해당되지 않을 것
> - 주택부수 토지면적이 도시지역 내의 경우 수도권의 주거·상업·공업지역은 건물이 정착된 면적의 3배, 녹지지역과 수도권 밖의 지역은 5배, 도시지역 밖의 경우에는 10배를 넘지 않을 것

2. 1세대의 요건

① **1세대** : 거주자 및 그 배우자(법률상 이혼했으나 생계를 같이하는 등 사실상 이혼으로 보기 어려운 경우 포함) 가 그들과 동일한 주소 or 거소에서 생계를 같이하는 가족과 함께 구성하는 하나의 생활단위

② 1세대는 배우자를 포함하여 판정 → 원칙적으로 배우자가 없는 때에는 1세대로 인정 ×

> **핵심 CHECK**
>
> **배우자가 없는 때에도 예외적으로 1세대로 인정하는 경우**
> - 당해 거주자의 연령이 30세 이상인 경우
> - 배우자가 사망하거나 이혼한 경우
> - 기준중위소득 40% 수준 이상으로서 소유하고 있는 주택 or 토지를 관리·유지하면서 독립된 생계를 유지할 수 있는 경우(미성년자 제외)

3. 예외적으로 보유기간 및 거주기간의 제한 없이 양도소득세가 비과세되는 경우

① 특별법에 따른 임대주택의 임차일로부터 해당 주택의 양도일까지의 기간 중 세대전원이 거주한 기간이 5년 이상인 경우
② 사업인정고시일 이전 취득한 주택 및 그 부수토지 전부 or 일부가 관련 법률에 의해 수용되는 경우(양도일 or 수용일부터 5년 이내에 양도하는 그 잔존주택 및 부수토지 포함)
③ 해외 이주로 세대 전원이 출국하는 경우로서, 출국일 현재 1주택을 보유하고 출국일 이후 2년 이내 양도하는 주택
④ 1년 이상 계속하여 국외거주를 필요로 하는 취학 or 근무상 형편으로 세대 전원이 출국하는 경우로서, 출국일 현재 1주택을 보유하고 출국일 이후 2년 이내 양도하는 주택
⑤ 1년 이상 거주한 주택을 취학(유치원, 초·중학교는 제외), 직장 변경이나 전근 등 근무상 형편, 1년 이상 치료나 요양을 필요로 하는 질병 요양, 학교폭력으로 인한 전학 등 부득이한 사유로 세대 전원이 다른 시·군으로 주거를 이전하기 위해 양도하는 경우

4. 1세대 1주택 관련 특례조항

① **일시적인 2주택** : 국내에 1주택을 보유한 1세대가 종전주택 양도 전에 다른 신규주택을 취득함으로써 일시적으로 2주택이 된 경우 ㉠ 종전주택 취득일로부터 1년 이상 지난 후 신규주택을 취득하고 ㉡ 신규주택 취득일로부터 3년 이내에 종전주택을 양도하면 비과세
② **상속으로 인한 2주택** : 상속받은 주택과 일반주택을 국내에 각각 1개씩 소유한 1세대가 일반주택을 양도하는 경우 국내에 1개의 주택을 소유하고 있는 것으로 보아 비과세
③ **세대합가로 인한 2주택** : 1주택을 보유하고 1세대를 구성하는 자가 1주택을 보유하고 있는 60세 이상 직계존속(배우자의 직계존속 포함, 직계존속 중 어느 한 사람이 60세 미만인 경우 포함)을 동거봉양하기 위해 세대를 합침으로써 1세대 2주택이 되는 경우 합가일로부터 10년 이내에 먼저 양도하는 주택은 비과세
④ **혼인으로 인한 2주택** : 1주택 보유자가 1주택 보유자와 혼인함으로써 1세대 2주택이 된 경우 or 1주택 보유 60세 이상 직계존속을 동거봉양하는 무주택자가 1주택 보유자와 혼인함으로써 1세대 2주택이 되는 경우 각각 그 혼인일로부터 10년 이내에 먼저 양도하는 주택은 비과세
⑤ **농어촌주택과 일반주택을 동시에 소유한 경우** : 농어촌주택(일정 요건 충족)과 그 외 일반주택을 국내에 각각 1채씩 소유한 1세대가 일반주택을 양도하는 경우 비과세
⑥ **다가구 주택의 경우** : 가구별로 분양하지 않고 하나의 매매단위로 양도하거나, 취득(자가 건설 취득 포함)하는 경우 단독주택으로 간주 → 취득 후 2년 이상 보유(조정대상지역은 2년 이상 거주)하다 양도하면 비과세
⑦ **겸용주택(고가겸용주택 제외)**
  ㉠ 하나의 건물이 주택과 주택 외의 부분으로 복합되어 있는 경우와 주택에 부수되는 토지에 주택 외의 건물이 있는 경우 그 전부를 주택으로 간주(주택 면적 > 주택 외의 면적)
  ㉡ 주택 면적 ≤ 주택 외의 면적 : 주택 외의 부분은 주택으로 간주 × → 건물에 부수되는 토지면적은 주택부분과 주택 외의 부분으로 안분 계산

$$\text{주택부수 토지면적} = \text{전체 토지면적} \times \frac{\text{주택의 연면적}}{\text{건물 전체 연면적}}$$

5. 고가주택

① **고가주택에 대한 양도차익** : 실지거래가액에 의한 양도차익 × $\dfrac{(양도가액 - 12억원)}{양도가액}$

② **고가주택에 대한 장기보유특별공제액** : 실지거래가액에 의한 장기보유특별공제액 × $\dfrac{(양도가액 - 12억원)}{양도가액}$
or 고가주택에 대한 양도차익 × 장기보유특별공제율

적중문제

01 1세대 1주택으로서 양도소득세가 완전 비과세되기 위한 요건으로 적절하지 않은 것은?

중요도 ●●○

① 양도일 현재 1세대가 국내에 1주택만을 보유할 것
② 주택의 취득일로부터 2년 이상 보유할 것(조정대상지역 내의 주택을 취득하는 경우에는 2년 이상 거주)
③ 미등기 주택 및 고가주택(양도가액 12억원 초과)에 해당되지 않을 것
④ 주택부수 토지면적이 도시지역 내의 경우에는 건물이 정착된 면적의 10배를 넘지 않을 것
⑤ 실제용도가 영업용이 아닌 주거용일 것

[해설]
주택부수 토지면적이 도시지역 내의 경우 수도권의 주거·상업·공업지역은 건물이 정착된 면적의 3배, 녹지지역과 수도권 밖의 지역은 5배, 도시지역 밖의 경우에는 10배를 넘지 않을 것

02 1세대가 양도소득세를 비과세받기 위해서는 1주택을 당초 취득일로부터 2년 이상 보유하여야 한다. 다음 중 그 불가피성을 인정하여 예외적으로 보유기간 및 거주기간의 제한 없이 양도소득세가 비과세되는 경우로 적절하지 않은 것은?

중요도 ●●○

① 공공건설임대주택의 임차일로부터 해당 주택의 양도일까지의 기간 중 세대전원이 거주한 기간이 5년 이상인 경우
② 사업인정고시일 이전에 취득한 주택 및 그 부수토지의 전부 또는 일부가 관련 법률에 의해 수용되는 경우
③ 해외 이주로 세대 전원이 출국하는 경우로서, 출국일 현재 1주택을 보유하고 출국일 이후 2년 이내 양도하는 주택
④ 1년 이상 계속하여 국외거주를 필요로 하는 근무상의 형편으로 세대 전원이 출국하는 경우로서, 출국일 현재 1주택을 보유하고 출국일 이후 2년 이내 양도하는 주택
⑤ 10개월 거주한 주택을 근무상의 형편으로 세대 전원이 다른 시·군으로 주거를 이전하기 위하여 양도하는 경우

[해설]
1년 이상 거주한 주택을 취학(유치원, 초·중학교는 제외), 직장의 변경이나 전근 등 근무상의 형편, 1년 이상 치료나 요양을 필요로 하는 질병의 요양, 학교폭력으로 인한 전학 등의 부득이한 사유로 세대 전원이 다른 시·군으로 주거를 이전하기 위하여 양도하는 경우(광역시 안에서 구지역과 읍·면지역 간에 주거를 이전하는 경우 및 도농복합형태의 시지역 안에서 동지역과 읍·면지역 간의 주거를 이전하는 경우 포함)

03 1세대 1주택 비과세 관련 특례조항에 대한 설명으로 가장 적절한 것은?

① 주택의 취득일로부터 2년 이상 보유한 1세대 1주택을 양도하면 양도가액과 무관하게 양도소득세가 완전 비과세된다.
② 국내에 1주택을 보유한 1세대가 종전주택을 양도하기 전에 다른 신규주택을 취득함으로써 일시적으로 2주택이 된 경우에는 신규주택을 취득한 날로부터 3년 이내에 종전주택을 양도하기만 하면 비과세가 가능하다.
③ 1주택을 여러 상속인들이 공동상속받는 경우 당해 상속주택은 상속지분이 가장 큰 상속인 → 당해 상속주택에 거주하는 상속인 → 최연장자의 순서로 해당자를 상속주택의 소유자로 본다.
④ 1주택을 보유하고 1세대를 구성하는 자가 1주택을 보유하고 있는 60세 이상의 직계존속을 동거봉양하기 위하여 세대를 합침으로써 1세대 2주택이 되는 경우 합가한 날로부터 10년 이내에 직계존속이 보유한 주택을 양도해야 양도소득세가 비과세된다.
⑤ 겸용주택(고가겸용주택은 제외)은 주택의 면적이 주택 외의 면적보다 크거나 같을 때에는 그 전부를 주택으로 본다.

> 해설
① 소득세법상 고가주택(양도가액 12억원 초과)에 해당하는 경우에는 1세대 1주택에 해당한다 하더라도 양도소득세 전부를 비과세하는 것이 아니고 일정부분에 대해서는 양도소득세를 과세한다.
② 국내에 1주택을 보유한 1세대가 종전주택을 양도하기 전에 다른 신규주택을 취득함으로써 일시적으로 2주택이 된 경우에는 종전주택을 취득한 날로부터 1년 이상이 지난 후 신규주택을 취득하고, 신규주택을 취득한 날로부터 3년 이내에 종전주택을 양도하면 비과세가 가능하다.
④ 1주택을 보유하고 1세대를 구성하는 자가 1주택을 보유하고 있는 60세 이상의 직계존속(배우자의 직계존속을 포함하며, 직계존속 중 어느 한 사람이 60세 미만인 경우를 포함)을 동거봉양하기 위하여 세대를 합침으로써 1세대 2주택이 되는 경우 합가한 날로부터 10년 이내에 먼저 양도하는 주택은 이를 1세대 1주택으로 보아 양도소득세를 비과세한다.
⑤ 하나의 건물이 주택과 주택 외의 부분으로 복합되어 있는 경우와 주택에 부수되는 토지에 주택 외의 건물이 있는 경우에는 그 전부를 주택으로 본다. 다만, 주택의 면적이 주택 외의 면적보다 적거나 같을 때에는 주택 외의 부분은 주택으로 보지 아니한다.

04 1세대 1주택의 양도에 대한 적절한 설명으로 모두 묶인 것은?

> 가. 소득세법상 고가주택(양도가액 12억원 초과)에 해당하는 경우에는 1세대 1주택에 해당한다 하더라도 양도소득세 전부를 비과세하는 것이 아니고 일정부분에 대해서는 양도소득세를 과세한다.
> 나. 배우자가 없는 30세 이상인 단독세대는 소득이 없는 경우에도 예외적으로 1세대로 인정한다.
> 다. 조합원 입주권과 2021년 1월 1일 이후 취득하는 주택의 분양권도 이를 주택으로 보아 주택수에 포함한다.
> 라. 1세대 1주택 이상을 보유한 경우 다른 주택을 모두 처분하고 최종적으로 1주택만 보유하게 된 날로부터 2년 이상 추가로 보유해야 비과세를 받도록 하고 있다.
> 마. 겸용주택은 양도가액의 크기와 상관없이 주택의 면적이 주택 외의 면적보다 클 때에는 그 전부를 주택으로 본다.

① 가, 나, 다
② 가, 나, 마
③ 가, 라, 마
④ 나, 다, 라
⑤ 다, 라, 마

> 해설
라. 세법 개정에 따라 1세대 1주택 이상을 보유한 경우 다른 주택을 모두 처분하고 최종적으로 1주택만 보유하게 된 날로부터 2년 이상 추가로 보유해야 비과세를 받도록 한 규정은 폐지되어, 양도하고자 하는 주택의 당초 취득일로부터 보유기간을 계산하도록 변경되었다.
마. 겸용주택에 대한 특례조항은 고가겸용주택은 제외한다.

정답 03 ③ 04 ①

05 1세대 1주택 양도소득세 비과세요건에 해당하는 다음 겸용주택에 대해 양도소득세가 비과세되는 주택 및 부수토지 면적이 적절하게 연결된 것은?

- 주택의 면적 : 300m²
- 주택 외의 면적 : 700m²
- 건물에 부수되는 토지면적 : 2,000m²

	주택 면적	주택부수 토지면적
①	300m²	600m²
②	300m²	1,400m²
③	300m²	2,000m²
④	1,000m²	600m²
⑤	1,000m²	2,000m²

해설

- 겸용주택(고가겸용주택은 제외)은 주택의 면적이 주택 외의 면적보다 적거나 같을 때에는 주택 외의 부분은 주택으로 보지 아니한다. 이 경우 건물에 부수되는 토지면적은 주택부분과 주택 외의 부분으로 안분하여 계산한다.
- 주택부수 토지면적 = 전체 토지면적 × $\dfrac{\text{주택의 연면적}}{\text{건물 전체 연면적}}$ = 2,000m² × $\dfrac{300}{1,000}$ = 600m²

06 다음 자료를 이용하여 1세대 1주택 양도소득세 비과세대상 고가주택에 대한 양도차익으로 가장 적절한 것은?

- 실지거래가액에 의한 양도가액 : 14억원
- 취득가액(기타의 필요경비 포함) : 12.6억원

① 0원
② 2천만원
③ 1억원
④ 1.4억원
⑤ 2억원

해설

- 실지거래가액에 의한 양도차익 = 14억원 − 12.6억원 = 1.4억원
- 양도차익 = 1.4억원 × $\dfrac{(14\text{억원} - 12\text{억원})}{14\text{억원}}$ = 2천만원

07 다음 자료를 이용하여 1세대 1주택 양도소득세 비과세대상 고가주택에 대한 양도소득금액으로 가장 적절한 것은?

- 실지거래가액에 의한 양도가액 : 20억원
- 취득가액(기타의 필요경비 포함) : 15억원
- 보유기간 : 15년(2년 이상 거주)

① 1억 4백만원
② 1.4억원
③ 2억원
④ 3.5억원
⑤ 5억원

해설
- 실지거래가액에 의한 양도차익 = 20억원 − 15억원 = 5억원
- 양도차익 = 5억원 × $\dfrac{(20억원 - 12억원)}{20억원}$ = 2억원
- 장기보유특별공제율 = 보유기간 최대 10년 × 4% + 거주기간 2년 × 4% = 48%
- 장기보유특별공제액 = 2억원 × 48% = 0.96억원
- 양도소득금액 = 2억원 − 0.96억원 = 1억 4백만원

핵심테마 07 양도소득세액의 감면

출제포인트
- 8년 이상 자경농지에 대한 감면
- 공익사업용 토지 등의 양도

1. 8년 이상 자경농지에 대한 감면

농지소재지에 거주하면서 8년 이상 자경한 농지를 양도하는 경우 양도로 인한 양도소득세 중 매 5년간 2억원(매 과세기간별 1억원)을 한도로 100% 감면

> **핵심 CHECK**
>
> **8년 이상 자경농지에 대한 양도소득세 감면조항 요건(모두 충족)**
> - 농지요건 : 양도하는 토지가 농지여야 한다.
> - 거주요건 : 농지소재지에 거주하여야 한다.
> - 8년 이상 자경요건 : 8년 이상 자경했어야 한다.

2. 농지의 대토

양도소득세 100% 감면

① 4년 이상 종전 농지소재지(농지 소재 시·군·구, 연접한 시·군·구 농지로부터 직선거리 30km 이내의 지역)에 거주하면서 자경(농작업에 상시 종사하거나 농작업의 1/2 이상을 자기의 노동력에 의해 경작 or 재배)한 자가 종전 농지 양도일로부터 1년(수용의 경우 2년) 내에 다른 농지를 취득(상속·증여받은 경우 제외)하여 종전 농지, 대체 농지 소재지에 거주 및 경작한 기간이 합산 8년 이상인 경우

② 4년 이상 종전 농지소재지에 거주하면서 자경한 자가 새로운 농지 취득일로부터 1년 내에 종전 농지를 양도하고 종전 농지, 대체 농지 소재지에 거주 및 경작한 기간이 합산 8년 이상인 경우

3. 공익사업용 토지 등의 양도

① 사업인정고시일로부터 소급하여 2년 이전에 취득한 토지 등을 양도하는 경우 양도소득세의 15%[양도대금을 채권으로 받는 경우는 20%, 공공주택 특별법에 따라 협의매수 or 수용됨으로써 발생하는 소득으로서 해당 채권을 3년 이상의 만기까지 보유하기로 특약을 체결하는 경우에는 35%(만기가 5년 이상인 경우에는 45%)]에 해당하는 세액 감면

② 해당 채권을 만기까지 보유하기로 특약을 체결하고 양도소득세의 35% or 45%에 상당하는 세액을 감면받은 자가 그 특약을 위반하게 된 경우에는 즉시 감면받은 세액 중 양도소득세의 15%(만기가 5년 이상인 경우에는 25%)에 상당하는 금액과 이자상당액을 가산하여 징수

적중문제

01 자경농지에 대한 양도소득세 감면을 설명한 것으로 적절하지 않은 것은?

① 양도로 인한 양도소득세 중 매 5년간 2억원(매 과세기간별 1억원)을 한도로 100% 감면한다.
② 양도하는 토지가 농지여야 한다.
③ 농지소재지에 거주하여야 한다.
④ 5년 이상 자경했어야 한다.
⑤ 자경이라 함은 농작업에 상시 종사하거나 농작업의 1/2 이상을 자기의 노동력에 의해 경작 또는 재배하는 것을 말하며, 근로소득 및 사업소득이 연간 3,700만원 이상인 경우에는 자경기간에서 제외한다.

해설
8년 이상 자경했어야 한다(8년 이상 자경요건).

02 토지보상금으로 수령한 5년 만기 채권을 만기까지 보유하기로 특약을 체결하고 양도소득세 4,500만원을 감면받았으나 이를 위반한 경우 추징당할 양도소득세로 가장 적절한 것은?

① 1,250만원
② 1,500만원
③ 2,250만원
④ 2,500만원
⑤ 3,125만원

해설
- 해당 채권을 만기까지 보유하기로 특약을 체결하고 양도소득세의 35% 또는 45%에 상당하는 세액을 감면받은 자가 그 특약을 위반하게 된 경우에는 즉시 감면받은 세액 중 양도소득세의 15%(만기가 5년 이상인 경우에는 25%)에 상당하는 금액과 이자상당액을 가산하여 징수한다.
- 45% 감면세액이 4,500만원이므로 양도소득세는 1억원(= 4,500만원 ÷ 45%)이고, 이 금액의 25%를 추징당하므로 추징세액은 2,500만원이다.

정답 01 ④ 02 ④

핵심테마 08 양도소득세 절세방안

출제포인트

- 양도소득세 절세방안

1. 양도소득세 절세방안

① **부동산 보유기간별 변곡점을 명심하라** : 보유기간에 따라 과세 및 공제방법이 다르게 적용 → 양도부동산의 보유기간을 잘 따져 봐서 양도시기를 잡는 것이 중요

② **금년 or 내년 중 언제 양도해야 할 것인가** : 세법 개정초안을 살펴보고 언제 양도하는 것이 유리한지 판단

③ **연중 중복양도는 가급적 피하라**
  ㉠ 매년 1.1~12.31 사이에 발생한 양도차익을 모두 합산해 누진세율로 과세 → 양도차익이 발생한 두 건 이상의 부동산을 같은 연도에 중복양도하면 불리 → 한 건은 금년에 양도하고 나머지 한 건은 내년 이후로 분산 양도하는 것이 절세방법
  ㉡ 양도차손을 본 부동산이 있다면 양도차익을 본 부동산과 같은 연도에 중복 양도해야 절세

④ **주택 양도 전에 1세대 1주택자임을 다시 한 번 확인하라** : ㉠ 소수지분 주택 ㉡ 무허가 주택 ㉢ 고향에 있는 주택 ㉣ 공동보유 상속주택 ㉤ 단독보유 상속주택 ㉥ 재개발·재건축 조합원 입주권 및 분양권 확인

⑤ **1세대 1주택 양도소득세 비과세제도를 이용한 양도전략**
  ㉠ 일시적 1세대 2주택자에 대한 3년간의 양도유예기간이 지나가 버린 2주택자라면 1주택을 멸실한 상태에서 나머지 주택을 양도하면 비과세
  ㉡ 1세대가 1주택과 1나대지를 보유하고 있다면 나대지에 주택을 신축한 후 주택 신축취득일로부터 일시적인 2주택자의 양도세 비과세 시한 이내에 종전 보유주택을 양도하면 비과세
  ㉢ 보유주택 중 양도차익이 큰 고가주택에 대해서 1세대 1주택 양도세 비과세혜택을 받을 수 있도록 맨 마지막에 양도함으로써 절대적인 절세금액 극대화
  ㉣ 양도차익이 적은 주택 먼저 양도하고 양도차익이 가장 큰 주택을 맨 마지막에 양도할 경우 양도차익이 큰 주택에 대해 1세대 1주택 비과세혜택으로 절세효과 극대화

⑥ **1세대 1주택 양도세 비과세제도를 이용한 증여전략** : ㉠ 부담부증여 ㉡ 저가양도

⑦ **오래 보유한 부동산은 배우자 우회양도를 고려하라** : 부동산가격이 많이 상승한 오래 전에 취득한 부동산을 배우자에게 증여하고 증여받은 날로부터 10년이 지난 후에 배우자에게 양도하게 한다면 양도세 절세 가능(배우자등 이월 과세 회피)

적중문제

01 부동산에 대한 양도소득세 계산 시 보유기간의 영향을 받지 않는 것은?

중요도 ●●○

① 양도소득세율 차등 적용 여부
② 1세대 1주택 양도소득세 비과세 혜택 적용 여부
③ 양도소득 기본공제 적용 여부
④ 장기보유특별공제 적용 여부
⑤ 장기보유특별공제율의 변화 여부

> 해설
> 양도소득 기본공제는 보유기간에 관계없이 등기된 부동산에 대해 모두 적용된다.

02 양도소득세 계산 시 양도시기의 영향을 받지 않는 것은?

중요도 ●●○

① 기타의 필요경비 공제 여부 판단
② 보유기간에 따른 장기보유특별공제율 판단
③ 양도소득세 귀속연도
④ 양도소득세 신고·납부기한
⑤ 1세대 1주택 양도소득세 비과세 요건 충족 여부 판단

> 해설
> 기타의 필요경비 공제 여부는 양도시기와 관련 없다.

03 양도소득세 절세방안으로 적절하지 않은 것은?

① 부동산은 장기보유할수록 공제 혜택이 커져 유리하다.
② 양도차익이 발생한 두 건의 부동산을 같은 연도에 중복양도하면 공제를 많이 받을 수 있어 유리하다.
③ 1세대가 1주택을 2년 이상 보유하다 양도하는 경우에는 양도세가 비과세되므로, 1주택을 양도하고자 할 때 혹시 동일 세대원이 보유하고 있는 다른 주택이 있는지 다시 한 번 확인할 필요가 있다.
④ 일시적인 1세대 2주택자에 대한 3년간의 양도유예기간이 지나가 버린 2주택자라면 1주택을 멸실한 상태에서 나머지 주택을 양도하면 양도세가 비과세된다.
⑤ 일반적으로 양도차익이 적은 주택을 먼저 양도하고 양도차익이 가장 큰 주택을 맨 마지막에 양도할 경우 양도차익이 큰 주택에 대해 1세대 1주택 혜택을 받을 수 있어 절세효과가 극대화된다.

해설
우리나라 양도세율은 양도차익이 커질수록 양도세도 따라 증가하는 누진세율 구조이므로 양도차익이 발생한 두 건 이상의 부동산을 같은 연도에 중복양도하면 양도세가 커질 수밖에 없어 불리하다. 따라서 두 건 모두 양도차익이 발생한 부동산이라면 한 건은 금년까지 양도하고 나머지 한 건은 해를 넘겨 내년 이후로 분산 양도하는 것이 절세방법이다.

04 양도소득세 절세방안으로 적절하지 않은 것은?

① 두 건 모두 양도차익이 발생한 부동산이라면 한 건은 금년까지 양도하고 나머지 한 건은 해를 넘겨 내년 이후로 분산 양도하는 것이 절세방법이다.
② 무허가주택은 1세대 1주택 비과세 여부 판단 시 주택 수에서 제외된다.
③ 보유주택 중에서 양도차익이 큰 고가주택이 포함되어 있다면 고가주택에 대해서 1세대 1주택 양도세 비과세 혜택을 받을 수 있도록 맨 마지막에 양도함으로써 절대적인 절세금액을 극대화하는 것이 절세방법이 된다.
④ 증여자가 1세대 1주택 양도세 비과세요건을 모두 갖춘 주택을 부담부증여의 대상으로 한다면 양도세가 비과세되므로 증여세 절세효과를 극대화할 수 있다.
⑤ 배우자등에게 증여받은 부동산은 적어도 증여취득일로부터 10년이 지난 후에 양도해야 배우자등 이월과세 적용이 배제되어 세무상 불이익이 없다.

해설
건축허가를 받지 않고 신축하여 부동산 공부상 등재되어 있지 않은 무허가주택도 주택으로 본다.

합격의 공식
시대에듀

훌륭한 가정만한 학교가 없고,
덕이 있는 부모만한 스승은 없다.

- 마하트마 간디 -

CHAPTER 04
상속·증여세

출제경향 및 학습전략

- 전체적인 계산구조를 이해하고, 각 부문별 세부내용에 대해 법적 취지를 생각하며, 중요하고 핵심적인 내용 위주로 학습하는 것이 중요합니다.
- 상속세 과세가액 및 증여세 과세가액에 대해 명확하게 이해하고 있어야 하며, 특히 상속세 및 증여세의 과세표준 계산에 있어 상속공제와 증여재산공제가 매우 중요하므로 각 항목별 세부내용을 깊이 있게 학습해야 합니다.
- 상속설계 및 증여설계에서는 상속세와 증여세를 비교하여 공통점과 차이점을 이해하고, 절세전략에 대해 잘 정리하시기 바랍니다.

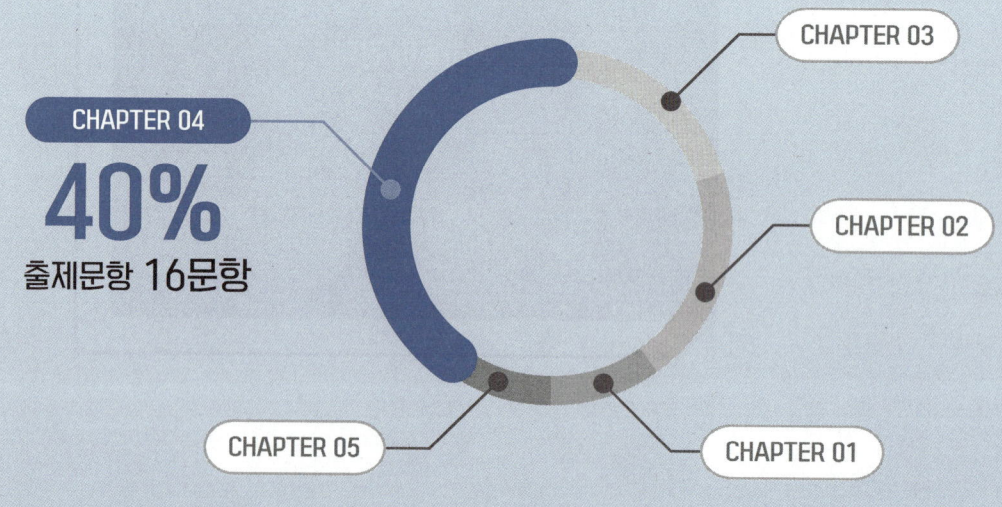

CHAPTER 04
40%
출제문항 16문항

핵심테마	핵심개념	빈출도
01	민법상의 상속	★★☆
02	상속세 과세가액	★★☆
03	상속세 과세표준	★★★
04	상속세의 계산 및 신고와 납부	★★★
05	증여세 총설	★★☆
06	증여세 과세가액	★★★
07	증여세 과세표준신고 및 납부	★★★
08	상속재산 및 증여재산의 평가	★★★
09	상속설계 및 증여설계	★★★

핵심테마 01 민법상의 상속

출제포인트
- 상속개시의 시기
- 유류분 제도

1. 일반규정

(1) 상속개시의 시기
① **자연적 사망** : 현실적으로 사망 사실이 발생한 시점 → 일반적으로 호적부에 기재된 사망 연월일로 추정
② **간주 사망** : 실종선고에 의해 사망으로 간주되는 경우 민법상 실종기간이 만료되는 시점이나, 상증법상 실종선고일을 사망일로 간주

(2) 민법에서 규정하고 있는 상속인의 순위
① 피상속인의 직계비속(태아 포함) + 배우자
② 피상속인의 직계존속 + 배우자
③ 피상속인의 형제자매
④ 피상속인의 4촌 이내 방계혈족

(3) 대습상속
상속인이 될 직계비속 or 형제자매가 상속개시 전에 사망하거나 결격된 자가 된 경우 사망하거나 결격된 자의 직계비속이나 배우자가 있는 때에는 그 직계비속과 배우자가 사망하거나 결격된 자의 순위에 갈음하여 상속인이 되는 것

(4) 유증
유언에 의해 유산의 전부 or 일부를 무상으로 타인에게 주는 행위
① **포괄적 유증** : 적극재산 및 소극재산(부채)을 포괄하는 상속재산 전부 or 그 부수적 부분 or 비율에 의한 유증 (예 사실혼 관계의 배우자에게 상속재산의 1/2 유증)
② **특정적 유증** : 하나하나의 특정재산을 구체적으로 특정한 유증(예 사실혼 관계의 배우자에게 상속개시 당시 거주하던 주택 유증)
  ※ 민법이 정하는 유언 방식 : 자필증서, 녹음, 공정증서, 비밀증서, 구수증서

(5) 사인증여
증여자가 생전에 증여계약을 맺되 증여자의 사망을 법정요건으로 하여 효력을 발생하는 증여

2. 상속의 효력과 상속재산

(1) 상속의 일반적 효력
상속인은 상속이 개시된 때부터 피상속인의 재산에 관한 권리·의무를 포괄적으로 승계(단, 피상속인의 일신에 전속하는 것은 승계 ×)

(2) 상속분
① **지정상속분** : 피상속인이 유언에 의해 임의로 정한 상속분
② **법정상속분**
　㉠ 피상속인이 상속분을 지정하지 않은 경우 민법이 정한 방법에 따라 정해지는 상속분
　㉡ 법정상속분은 상속인 간 균등(단, 배우자의 경우 5할 가산)

(3) 유류분 제도
피상속인이 지정상속을 통해 재산을 상속인 외의 자에게 전 재산을 유증한다고 하더라도 상속재산의 일정비율까지는 상속인에게 승계되도록 하는 제도 → 피상속인 재산처분 자유에 일정한 비율 제한을 가해 그 비율액만큼은 상속인에게 승계될 수 있도록 보장하려는 제도
① **피상속인의 배우자&직계비속** : 법정상속분의 1/2
② **피상속인의 직계존속** : 법정상속분의 1/3

(4) 상속의 승인과 포기
① **단순승인** : 피상속인의 권리·의무를 무제한·무조건적으로 승계하는 형태
② **한정승인** : 상속재산 한도 내에서 피상속인의 채무와 유증을 변제할 것을 조건으로 상속하는 것
③ **상속 포기** : 피상속인 재산에 대한 모든 권리·의무의 승계를 부인하고 상속개시 당시부터 상속인이 아니었던 효력을 발생하게 하는 의사표시

적중문제

01 실종선고에 의하여 사망한 것으로 간주되는 경우 상증법상 사망일로 간주되는 날로 가장 적절한 것은?

중요도 ●●○
① 호적부에 기재된 사망의 연월일
② 실종신고 접수일
③ 실종기간이 만료되는 시점
④ 실종선고일
⑤ 실종사체 발견일

해설
간주 사망 : 실종선고에 의하여 사망한 것으로 간주되는 경우에는 실종선고일자에 불구하고 민법상 실종기간이 만료되는 시점이다. 그러나 상증법에서는 실종선고일을 사망일로 간주하고 있다.

02 민법이 정하는 유언의 방식에 해당하지 않는 것은?

중요도 ●○○
① 자필증서 방식
② 녹음 방식
③ 공정증서 방식
④ 비밀증서 방식
⑤ 사실증명 방식

해설
민법이 정하는 유언의 방식은 자필증서, 녹음, 공정증서, 비밀증서와 구수증서의 다섯 가지가 있다.

03 상속인의 유류분이 적절하지 않게 연결된 것은?

중요도 ●●○
① 피상속인의 배우자 : 법정상속분의 1/2
② 피상속인의 직계비속 : 법정상속분의 1/2
③ 피상속인의 직계존속 : 법정상속분의 1/2
④ 피상속인의 형제자매 : 유류분권 없음
⑤ 피상속인의 4촌 이내 방계혈족 : 유류분권 없음

해설
피상속인의 직계존속 : 법정상속분의 1/3

정답 01 ④ 02 ⑤ 03 ③

핵심테마 02 상속세 과세가액

출제포인트
- 상속재산가액(본래의 상속재산, 간주상속재산, 증여재산, 상속추정재산)
- 과세가액 공제액(공과금, 장례비용, 채무)

1. 상속세 과세가액 계산구조

항 목	내 역
상속재산가액	
(+)본래의 상속재산 (+)간주상속재산 (+)사전증여재산 (+)상속추정재산 (−)비과세재산 (−)과세가액 불산입 재산	• 피상속인에게 귀속되는 재산(유증·사인증여재산 포함) • 보험금·신탁재산·퇴직금 • 10년 이내 상속인에게, 5년 이내 상속인 외의 자에게 증여한 재산 • 1년(2년) 내 처분재산가액·인출금액·부담채무액 2억원(5억원) 이상 • 전사자 재산, 족보와 제구, 문화재 등 • 공익법인 등에의 출연재산, 공익신탁재산
(=)과세재산	
(−)과세가액공제액	공과금·장례비(500만원 최저한, 1천만원 한도)·채무(단, 10년 이내 상속인에게, 5년 이내 상속인 외의 자에게 진 증여채무 제외)
(=)과세가액	

2. 상속세 과세가액

(1) 본래의 상속재산

피상속인에게 귀속되는 재산으로서, 금전으로 환가할 수 있는 경제적 가치가 있는 모든 물건과 재산적 가치가 있는 법률상 or 사실상 모든 권리

(2) 간주상속재산

① **보험금** : 피상속인 사망으로 인해 받는 생명보험 or 손해보험 보험금으로서 피상속인이 부담한 보험료에 해당하는 보험금(보험계약자가 피상속인이 아니라도 피상속인이 실질적으로 보험료를 납부하였을 때에는 피상속인을 보험계약자로 간주)

> **핵심 CHECK**
>
> **상속재산으로 보는 보험금 계산**
>
> 간주상속재산(보험금) = 보험금수령액 × ($\dfrac{\text{피상속인이 부담한 보험료의 합계액}}{\text{피상속인 사망 시까지 보험료의 총합계액}}$)

② **신탁재산** : 피상속인이 위탁한 신탁재산
③ **퇴직금 등** : 퇴직금, 퇴직수당, 공로금, 연금 or 이와 유사한 것으로서 피상속인에게 지급되어야 하나 피상속인이 사망하여 상속인에게 지급되는 것

(3) 증여재산

피상속인이 사망 전에 미리 증여한 재산도 상속인에게 증여한 것은 10년 이내의 것을, 상속인이 아닌 자에게 증여한 것은 5년 이내의 것을 상속세 계산 시 합산

(4) 상속추정재산

구 분	요 건
피상속인의 재산처분 및 예금 등 인출의 경우	① 상속개시일 전 1년(2년) 이내에 피상속인이 재산을 처분하거나 피상속인 재산에서 인출한 경우 ② 그 금액이 재산종류별로 계산하여 2억원(5억원) 이상으로서 그 용도가 객관적으로 명백하지 않은 금액은 상속받은 것으로 추정(재산종류별이란 ⓐ 현금·예금 및 유가증권, ⓑ 부동산 및 부동산에 관한 권리, ⓒ 무체재산권 등 ⓐ, ⓑ 외의 재산의 3가지로 나누는 것을 말하며 각각에 대해 상속추정재산 계산)
피상속인이 채무를 부담한 경우	상속개시일 전 1년(2년) 이내에 피상속인이 부담한 채무의 합계액이 2억원(5억원) 이상으로서 그 용도가 객관적으로 명백하지 아니한 금액은 상속받은 것으로 추정

> **핵심 CHECK**
>
> **과세가액에 산입되는 상속추정액**
>
> 상속추정액 = 처분재산가액·부담채무액 – 사용처 소명액 – 20% 상당액(최고 2억원)

(5) 비과세 재산

① 상속세 신고기한 내에 국가, 지방자치단체 등에 기증한 재산
② 제사를 주제하는 상속인이 상속받은 족보와 제구

(6) 과세가액·불산입재산

① 공익법인 등에 출연한 재산
② 공익신탁을 통한 출연재산

(7) 과세가액 공제액

① **공과금** : 상속개시일 현재 피상속인이 납부할 의무가 있는 것으로서 상속인에게 승계된 조세·공공요금, 기타 이와 유사한 것
② **장례비용**
  ㉠ 일반 장례비용 : 최저 500만원, 500만원 초과금액은 세금계산서·계산서 및 영수증 등 증빙서류에 의해 지출이 확인되는 것만 인정(최대 1,000만원 한도)
  ㉡ 봉안시설 또는 자연장지 사용비용 : 500만원 한도 내에서 추가로 인정
③ **채 무**
  ㉠ 명칭 여하에 불구하고 상속개시 당시 피상속인이 부담해야 할 확정된 채무로서 공과금 이외의 모든 부채
  ㉡ 보증채무·연대채무·증여채무라도 피상속인이 부담할 확정채무인 경우 채무로 인정(구상권을 행사할 수 있는 보증채무는 공제대상에서 제외)

적중문제

01 상속세 과세가액에 합산되는 증여재산에 해당되지 않는 것은?

중요도 ●●○

① 상속개시 9년 전에 피상속인의 아들에게 증여한 토지
② 상속개시 1년 전에 피상속인의 아버지에게 증여한 예금
③ 상속개시 2년 전에 피상속인의 외할머니에게 증여한 채권
④ 상속개시 6년 전에 피상속인의 동생에게 증여한 주택
⑤ 상속개시 3년 전에 피상속인의 친구에게 증여한 현금

해설
피상속인이 사망하기 전에 미리 증여한 재산도 상속인에게 증여한 것은 10년 이내의 것을, 상속인이 아닌 자에게 증여한 것은 5년 이내의 것을 상속세 계산 시에 합산하여야 한다. 동생은 상속인이 아니므로 동생에게 증여한 것은 5년 이내의 것을 상속세 계산 시에 합산하여야 하나, 6년 전에 증여한 것은 상속세 과세가액에 합산되지 않는다.

02 상속세 과세가액 계산 시 포함되는 내역으로 가장 적절한 것은?

중요도 ●●○

① 상속개시 6년 전에 상속인이 아닌 자에게 증여한 토지가액 4억원
② 피상속인의 사망으로 인하여 받는 생명보험의 보험금 1억원(상속인이 보험료 전액 부담)
③ 피상속인에게 지급되어야 하나 피상속인이 사망하여 상속인에게 지급된 퇴직금 3억원
④ 상속개시일 6개월 전 피상속인이 처분한 토지 양도가액 1억원의 용도가 객관적으로 명백하지 않은 경우
⑤ 상속개시일 1년 6개월 전 피상속인이 부담한 채무 4억원의 용도가 객관적으로 명백하지 않은 경우

해설
① 피상속인이 사망하기 전에 미리 증여한 재산도 상속인에게 증여한 것은 10년 이내의 것을, 상속인이 아닌 자에게 증여한 것은 5년 이내의 것을 상속세 계산 시에 합산하여야 한다.
② 피상속인의 사망으로 인하여 받는 생명보험 또는 손해보험의 보험금으로서 피상속인이 부담한 보험료에 해당하는 보험금을 말한다. 보험계약자가 피상속인이 아니라도 피상속인이 실질적으로 보험료를 납부하였을 때에는 피상속인을 보험계약자로 본다.
④ 상속개시일 전 1년(2년) 이내에 피상속인이 재산을 처분하거나 피상속인의 재산에서 인출한 경우, 그 금액이 재산종류별로 계산하여 2억원(5억원) 이상으로서 그 용도가 객관적으로 명백하지 아니한 금액은 상속받은 것으로 추정한다. 이때 재산종류별이란 ⓐ 현금·예금 및 유가증권, ⓑ 부동산 및 부동산에 관한 권리, ⓒ 무체재산권 등 ⓐ, ⓑ 외의 재산의 3가지로 나누는 것을 말하며 각각에 대하여 상속추정재산을 계산한다.
⑤ 상속개시일 전 1년(2년) 이내에 피상속인이 부담한 채무의 합계액이 2억원(5억원) 이상으로서 그 용도가 객관적으로 명백하지 아니한 금액은 상속받은 것으로 추정한다.

정답 01 ④ 02 ③

03 상속세 과세가액에 대한 설명으로 적절하지 않은 것은?

중요도
●●○

① 피상속인의 저작권도 상속재산에 포함된다.
② 피상속인이 사망하기 전에 미리 증여한 재산도 상속인에게 증여한 것은 10년 이내의 것을 상속개시 시점에 재평가하여 상속세 계산 시에 합산한다.
③ 피상속인의 사망으로 인해 받는 생명보험 또는 손해보험의 보험금으로서 피상속인이 부담한 보험료에 해당하는 보험금은 보험계약자가 피상속인이 아니라도 피상속인이 실질적으로 보험료를 납부하였을 때에는 피상속인을 보험계약자로 본다.
④ 피상속인이 위탁한 신탁재산은 상속재산으로 본다.
⑤ 상속개시일 전 피상속인의 재산에서 인출한 금액이 1년 이내에 2억원 또는 2년 이내에 5억원 이상으로서 그 용도가 객관적으로 명백하지 아니한 금액은 상속받은 것으로 추정한다.

해설
피상속인이 상속인에게 사전증여한 후 10년 이내에 상속이 개시되어 사전증여재산을 상속재산에 합산하더라도 사전증여재산은 증여 당시의 평가액을 그대로 합산한다. 즉 상속개시 시점에 증여재산을 재평가하지 않는다.

04 김밝은씨가 사망일 전 1년 이내에 처분한 재산 및 그 용도가 불분명한 금액이 다음과 같은 경우 상속세과세가액에 합산되는 금액으로 가장 적절한 것은?

중요도
●●○

- 예금 인출액 : 8천만원(전액 용도불분명)
- 주식 양도액 : 6천만원(전액 용도불분명)
- 토지 양도가액 : 2억원(용도불분명금액 1억원)
- 아파트분양권 양도가액 : 1억원(용도불분명금액 5천만원)

① 0.9억원
② 1.4억원
③ 1.5억원
④ 2.9억원
⑤ 4.4억원

해설
- 재산의 종류별로 2억원 이상이 되어야 대상이 된다.
- 현금·예금 및 유가증권 : 예금 인출액 8천만원 + 주식 양도액 6천만원 = 1.4억원으로 2억원에 미달하므로 사용처를 입증하지 않아도 된다.
- 부동산 및 부동산에 관한 권리 : 토지 양도가액 2억원 + 아파트분양권 양도가액 1억원 = 3억원이므로 사용처를 입증해야 한다. 합산되는 금액은 용도가 불분명한 금액인 1.5억원에서 6천만원을 차감한 9천만원이다.
- 상속추정액 = 처분재산가액·부담채무액 − 사용처 소명액 − 20% 상당액(최고 2억원) = 3억원 − 1.5억원 − min(3억원 × 20% = 6천만원, 2억원) = 1.5억원 − 6천만원 = 0.9억원

05
김밝은씨가 사망일 전 2년 이내에 처분한 재산 및 그 용도가 불분명한 금액이 다음과 같은 경우 상속세과세가액에 합산되는 금액으로 가장 적절한 것은?

- 예금 인출액 : 5억원(용도불분명금액 1억원)
- 주식 양도액 : 1억원(용도불분명금액 5천만원)
- 토지 양도가액 : 2억원(용도불분명금액 5천만원)
- 아파트분양권 양도가액 : 2억원(용도불분명금액 5천만원)

① 0.3억원 ② 1억원
③ 1.5억원 ④ 2.5억원
⑤ 6억원

해설
- 재산의 종류별로 5억원 이상이 되어야 대상이 된다.
- 현금·예금 및 유가증권 : 예금 인출액 5억원 + 주식 양도액 1억원 = 6억원이므로 사용처를 입증해야 한다. 합산되는 금액은 용도가 불분명한 금액인 1.5억원에서 1.2억원을 차감한 3천만원이다.
- 상속추정액 = 처분재산가액·부담채무액 − 사용처 소명액 − 20% 상당액(최고 2억원) = 6억원 − 4.5억원 − min(6억원 × 20% = 1.2억원, 2억원) = 1.5억원 − 1.2억원 = 0.3억원
- 부동산 및 부동산에 관한 권리 : 토지 양도가액 2억원 + 아파트분양권 양도가액 2억원 = 4억원으로 5억원에 미달하므로 사용처를 입증하지 않아도 된다.

06
장례비용으로 지출된 금액 4,000만원 중 증빙서류에 의해 지출이 확인되는 것이 1,900만원(봉안시설 사용비용 700만원 포함)일 경우, 상속세 과세가액 공제액으로 인정되는 장례비용으로 가장 적절한 것은?

① 700만원 ② 1,000만원
③ 1,500만원 ④ 1,700만원
⑤ 1,900만원

해설
- 장례비용은 지출된 금액이 500만원 미만인 경우에는 500만원으로 하고, 500만원을 초과하는 경우에는 세금계산서·계산서 및 영수증 등 증빙서류에 의하여 지출이 확인되는 것만을 인정한다. 다만 그 금액이 1,000만원을 초과하는 경우에는 1,000만원까지만 인정한다.
- 500만원 한도 내에서 봉안시설 또는 자연장지의 사용에 소요되는 금액을 추가로 인정한다.

07
상속세 과세가액 공제액으로 인정되지 않는 것은?

① 피상속인이 납부할 의무가 있는 것으로서 상속인에게 승계된 부가가치세
② 피상속인이 탈루한 종합소득세 추징세액
③ 증빙서류에 의하여 지출이 확인되지 않는 일반 장례비용 500만원
④ 증빙서류에 의하여 지출이 확인되는 봉안시설 사용비용 300만원
⑤ 구상권을 행사할 수 있는 피상속인의 보증채무

해설
채무란 명칭 여하에 불구하고 상속개시 당시 피상속인이 부담하여야 할 확정된 채무로서 공과금 이외의 모든 부채를 말한다. 보증채무·연대채무·증여채무라도 피상속인이 부담할 확정채무인 경우에는 채무로 인정한다. 구상권을 행사할 수 있는 보증채무는 공제대상에서 제외된다.

정답 05 ① 06 ③ 07 ⑤

핵심테마 03 상속세 과세표준

출제포인트
- 기초공제 + 기타 인적공제 또는 일괄공제(5억원)
- 배우자상속공제
- 금융재산상속공제

1. 상속세 과세표준 계산구조

항 목		내 역
상속세 과세가액		
(−) 상속공제	기초공제	2억원(가업상속공제 최고 600억원 or 영농상속공제 추가공제)
	기타인적공제	자녀(1인당 5천만원), 연로자(1인당 5천만원), 장애인(연 1천만원), 미성년자(연 1천만원)
	배우자공제	Min[① 배우자실제상속분, ② 법정상속분, ③ 30억원], 최저 5억원
	동거주택상속공제	상속주택가액의 100%(6억원 한도)
	금융재산공제	Min[순금융재산가액 × 20%, 2억원], 최저 2천만원
	재해손실공제	재해손실액 − 보험보전액
(−)감정평가수수료 공제		
(=)상속세 과세표준		

2. 인적공제

(1) 기초공제
① 거주자 or 비거주자의 사망으로 상속 개시되는 경우 2억원 공제
② 비거주자는 기초공제 외의 다른 상속공제는 허용 ×

(2) 기타 인적공제

구 분	공제대상자	공제액
자녀공제	자녀(태아 포함)	1인당 5천만원
연로자공제	상속인(배우자 제외) 및 동거가족 중 65세 이상인 자	1인당 5천만원
장애인공제	상속인(배우자 포함) 및 동거가족 중 장애인	기대여명 연수 × 1천만원
미성년자공제	상속인(배우자 제외) 및 동거가족 중 미성년자(태아포함)	19세 도달 연수 × 1천만원

> **핵심 CHECK**
>
> **인적공제 중복적용 여부**
> - 자녀가 미성년자인 경우 자녀공제와 미성년자공제 중복적용 가능
> - 장애인공제는 배우자공제 및 다른 인적공제와 중복적용 가능
> - 자녀가 연로자인 경우 자녀공제와 연로자공제 중복적용 불가

(3) 일괄공제(5억원)

① ㉠ 기초공제와 ㉡ 기타인적공제 합계액이 5억원에 미달하는 경우 일괄공제 5억원 선택 가능 → 기초공제가 2억원이므로 기타인적공제가 3억원 미달 시 일괄공제 5억원 적용
② 일괄공제는 피상속인이 거주자인 경우에만 적용
③ **피상속인의 배우자가 단독으로 상속받는 경우** : 일괄공제 5억원 선택 불가 → 기초공제와 기타인적공제 각각 적용
④ 상속인 간 협의분할에 의해 배우자가 단독으로 상속받거나 다른 공동상속인의 상속포기 등으로 배우자가 단독으로 상속받는 경우 : 일괄공제 선택 가능

(4) 배우자상속공제

① '배우자상속재산 분할기한'까지 상속재산을 분할한 경우
   ㉠ 최고 30억원까지의 배우자상속공제 가능
   ㉡ '배우자상속재산 분할기한' : 상속세 신고기한으로부터 9월 → 상속개시일의 말일로부터 1년 3월 내에 배우자의 상속재산 분할

> **핵심 CHECK**
>
> **배우자상속공제액 계산 산식**
> Min[① 배우자가 실제 상속받은 금액, ② 상속재산가액 × 배우자의 법정상속지분비율 – 상속재산에 가산한 증여재산 중 배우자에게 증여한 재산에 대한 과세표준, ③ 30억원]

② '배우자상속재산 분할기한'까지 상속재산을 분할하지 않은 경우 : 최저 5억원 공제 적용
③ **배우자상속공제액의 최저한** : 배우자가 실제 상속받은 재산이 없거나 상속받은 가액이 5억원 미만인 경우 5억원 공제

3. 물적공제

(1) 가업상속공제

① 요 건

가업의 범위	피상속인의 요건	상속인의 요건
• 10년 이상 계속 경영한 중소기업 or 직전 3년간 평균 매출액 5천억원 미만 기업 • 중소기업 최대주주이면서 지분율 40% 이상(상장·코스닥기업은 20% 이상)	• 피상속인이 가업 영위 기간 중 다음 어느 하나에 해당되는 기간을 대표이사(개인사업자는 대표자)로 재직할 것 – 50% 이상의 기간 – 10년 이상의 기간 – 상속개시일로부터 소급하여 10년 중 5년 이상의 기간	• 상속개시일 현재 18세 이상 • 상속개시일 2년 전부터 계속 가업에 종사 • 상속세 신고기한 내에 임원으로 취임하고 2년 내에 대표이사에 취임

② 공제액

구 분	공제율	한도액
피상속인이 10년 이상 경영한 경우	100%	300억원
피상속인이 20년 이상 경영한 경우	100%	400억원
피상속인이 30년 이상 경영한 경우	100%	600억원

(2) 영농상속공제

영농상속인이 농지 등을 전부 상속받는 경우 농지 등의 가액 공제(최고한도 30억원)

(3) 동거주택 상속공제

다음 요건을 갖춘 상속주택에 대해 주택가액(주택에 담보된 피상속인의 채무액을 차감한 가액)의 100%를 상속세 과세가액에서 공제(최고한도 6억원)

① 피상속인과 직계비속인 상속인(대습상속의 경우 직계비속의 배우자 포함)이 10년 이상(상속인이 미성년자인 기간은 제외) 동거할 것
② 피상속인이 1주택 보유자(일시적 2주택자 포함)일 것
③ 상속개시일 현재 무주택자이거나 피상속인과 공동으로 1세대 1주택을 보유한 자로서 피상속인과 동거한 상속인이 상속받은 주택일 것

(4) 금융재산 상속공제

① 거주자의 상속재산 중 금융재산이 포함되어 있는 경우 그 금융재산가액에서 금융채무를 공제한 순금융재산가액의 20%를 상속세 과세가액에서 공제(공제 최고한도 2억원)
② **금융재산** : 금융실명법상 예금, 적금, 부금, 계금, 출자금, 신탁재산(금전신탁재산), 보험금, 공제금, 주식, 채권, 수익증권, 출자지분, 어음 등의 금전 및 유가증권을 말하며 최대주주(출자자)가 보유하고 있는 주식(출자지분)은 제외
③ 자기앞수표는 공제대상 금융재산 ×

핵심 CHECK

금융재산 상속공제 산식

순금융재산가액	공제액
2천만원 초과	• 당해 순금융재산가액 × 20%(공제액이 2천만원에 미달하면 2천만원 공제) • 최고한도 2억원
2천만원 이하	당해 순금융재산가액

4. 상속공제의 종합한도

① 종합한도 = 상속세과세가액 − ㉠ 상속인이 아닌 자에게 유증·사인증여한 재산가액 − ㉡ 상속인의 상속포기로 그 다음 순위의 상속인이 상속받은 재산가액 − ㉢ 상속세과세가액에 가산한 증여재산의 과세표준
② 상속재산을 상속인이 아닌 손자에게 전액 유증한다면 상속공제액은 0이 되어 상속공제액을 적용 불가

5. 감정평가수수료 공제

① 감정평가업자의 평가에 따른 수수료 : 공제한도 500만원
② 판매용이 아닌 서화·골동품 등 예술적 가치가 있는 유형재산의 평가 수수료 : 공제한도 500만원
③ 국세청 평가심의위원회의 규정에 의한 평가 수수료 : 평가대상 법인의 수 및 평가를 의뢰한 신용평가기관의 수별로 각각 1천만원 한도

적중문제

01 다음 자료에 의하여 계산한 거주자 김은영씨의 배우자상속공제액으로 가장 적절한 것은? (단, 상속인으로는 배우자 및 자녀 1인이고 배우자는 '배우자상속재산 분할기한' 내에 신고 예정)

- 상속재산가액 : 25억원
- 배우자가 실제 상속받은 금액 : 20억원
※ 배우자가 사전에 증여받은 재산은 없다고 가정

① 5억원
② 15억원
③ 20억원
④ 25억원
⑤ 30억원

해설
배우자상속공제액 : MIN[ⓐ 배우자가 실제 상속받은 금액, ⓑ 상속재산가액 × 배우자의 법정상속지분비율, ⓒ 30억원] = MIN[ⓐ 20억원, ⓑ 25억원 × $\frac{3}{5}$, ⓒ 30억원] = 15억원

정답 01 ②

02 배우자상속공제에 대한 설명으로 가장 적절한 것은?

① 배우자가 재산을 상속받는 경우 '배우자상속재산 분할기한'까지 배우자의 상속재산을 분할한 경우에 한하여 최고 50억원까지 배우자상속공제가 가능하다.
② 배우자상속공제액은 배우자가 실제 상속받은 금액을 공제액으로 하되, 법정상속지분액과 30억원 중 작은 금액을 한도로 한다.
③ 사실혼관계의 배우자도 배우자상속공제 적용 대상이다.
④ 배우자가 실제 상속받은 재산이 없는 경우에는 배우자상속공제액이 0원이다.
⑤ 배우자가 상속받은 가액이 3억원이라면 법정상속지분액을 한도로 3억원 공제가 가능하다.

해설
① 배우자가 재산을 상속받는 경우 '배우자상속재산 분할기한'까지 배우자의 상속재산을 분할한 경우에 한하여 최고 30억원까지 배우자상속공제가 가능하다.
③ 배우자란 법률상 배우자만을 의미한다.
④ 배우자가 실제 상속받은 재산이 없는 경우에는 5억원을 공제한다.
⑤ 배우자가 실제 상속받은 가액이 5억원 미만인 경우에는 5억원을 공제한다.

03 상속공제 중 기타 인적공제에 대한 설명으로 적절하지 않은 것은?

① 자녀공제에서 자녀는 친생자뿐만 아니라 법률상 자녀도 포함된다.
② 상속개시 당시 상속인 및 동거가족 중 장애인이 있는 경우에는 과세가액에서 장애인의 80세까지의 연수에 1천만원을 곱한 금액을 공제한다.
③ 자녀가 미성년자인 경우 자녀공제와 미성년자공제의 중복적용이 가능하다.
④ 장애인공제는 배우자공제 및 다른 인적공제와 중복적용이 가능하다.
⑤ 자녀가 연로자인 경우 자녀공제와 연로자공제를 중복하여 적용받을 수 없다.

해설
상속개시 당시 상속인 및 동거가족 중 장애인이 있는 경우에는 과세가액에서 장애인의 기대여명의 연수에 1천만원을 곱한 금액을 공제한다. 기대여명이란 상속개시일 현재 통계청장이 고시하는 통계표에 따른 성별·연령별 기대여명을 말한다.

04 상속공제 중 인적공제에 대한 설명으로 적절하지 않은 것은?

① 비거주자의 사망으로 상속이 개시되는 경우에도 배우자상속공제 적용이 가능하다.
② 법률상 배우자 사망 후, 사실혼 관계의 배우자만 있는 경우에는 배우자상속공제가 적용되지 않는다.
③ 자녀공제는 1인당 5천만원으로, 공제대상 자녀의 수에는 제한이 없다.
④ 상속개시 당시 상속인(배우자 제외) 및 동거가족 중 65세 이상인 자가 있는 경우에는 1인당 5천만원을 공제한다.
⑤ 상속개시 당시 상속인(배우자 제외) 및 동거가족 중 미성년자(태아 포함)가 있는 경우에는 미성년자가 19세에 달할 때까지 1년당 1천만원씩을 공제하며, 공제대상 미성년자의 수에는 제한이 없다.

해설
비거주자는 기초공제 2억원 외의 다른 상속공제는 허용되지 않는다.

정답 02 ② 03 ② 04 ①

05 상속공제 중 일괄공제에 대한 설명으로 적절하지 않은 것은?

① 기초공제와 기타 인적공제의 합계액이 5억원에 미달하는 경우에는 일괄공제 5억원을 선택할 수 있다.
② 기초공제와 기타 인적공제의 합계액이 5억원을 초과하는 경우에는 일괄공제를 선택할 필요가 없다.
③ 일괄공제는 피상속인이 거주자인 경우에만 적용된다.
④ 일괄공제는 배우자가 없는 경우에도 선택할 수 있다.
⑤ 피상속인의 직계비속도 없고 직계존속도 없어 배우자가 단독으로 상속받는 경우에도 일괄공제 5억원을 선택할 수 있다.

해설
피상속인의 배우자가 단독으로 상속받는 경우에는 일괄공제 5억원을 선택할 수 없으며, 기초공제와 기타 인적공제를 각각 적용받아야 한다.

06 상속공제 중 인적공제에 대한 설명으로 적절하지 않은 것은?

① 비거주자의 사망으로 상속이 개시되는 경우에도 상속세과세가액에서 기초공제 2억원을 공제한다.
② 배우자가 상속을 포기한 경우에도 5억원의 배우자상속공제가 적용된다.
③ 기타인적공제가 2억원인 경우 일괄공제 5억원을 적용하게 된다.
④ 피상속인의 배우자가 단독으로 상속받는 경우에도 일괄공제 5억원을 선택할 수 있다.
⑤ 다른 공동상속인의 상속포기로 배우자가 단독으로 상속받는 경우에는 일괄공제를 선택할 수 있다.

해설
피상속인의 배우자가 단독으로 상속받는 경우에는 일괄공제 5억원을 선택할 수 없으며, 기초공제와 기타 인적공제를 각각 적용받아야 한다. 단독으로 상속받는다는 것은 배우자가 단독상속인이 되는 것을 말하는데, 예컨대 피상속인의 직계비속(아들, 딸)도 없고 직계존속(부모, 조부모)도 없는 경우가 여기에 해당한다. 따라서 상속인 간 협의분할에 의하여 배우자가 단독으로 상속받거나 다른 공동상속인의 상속포기 등으로 배우자가 단독으로 상속받는 경우에는 일괄공제를 선택할 수 있다.

정답 05 ⑤ 06 ④

07 동거주택 상속공제에 대한 설명으로 적절하지 않은 것은?

① 상속주택가액(주택에 담보된 피상속인의 채무액을 차감한 가액)의 100%를 상속세 과세가액에서 공제하며, 공제 최고한도는 6억원이다.
② 피상속인과 직계비속인 상속인이 5년 이상 동거해야 한다.
③ 피상속인과 상속인의 동거기간 산정 시 상속인이 미성년자인 기간은 제외한다.
④ 피상속인이 1주택 보유자(일시적 2주택자 포함)이어야 한다.
⑤ 상속개시일 현재 무주택자이거나 피상속인과 공동으로 1세대 1주택을 보유한 자로서 피상속인과 동거한 상속인이 상속받은 주택이어야 한다.

해설
피상속인과 직계비속인 상속인(대습상속의 경우 직계비속의 배우자 포함)이 10년 이상(상속인이 미성년자인 기간은 제외) 동거해야 한다.

08 거주자 김밝은씨의 상속재산 중 금융재산이 각각 다음과 같은 경우 계산한 금융재산 상속공제액으로 적절하지 않은 것은?

① 금융재산가액 : 1억원, 금융채무 : 3천만원, 금융재산 상속공제액 : 1.4천만원
② 금융재산가액 : 3억원, 금융채무 : 2억원, 금융재산 상속공제액 : 2천만원
③ 금융재산가액 : 10억원, 금융채무 : 4억원, 금융재산 상속공제액 : 1.2억원
④ 금융재산가액 : 12억원, 금융채무 : 7억원, 금융재산 상속공제액 : 1억원
⑤ 금융재산가액 : 12억원, 금융채무 : 1억원, 금융재산 상속공제액 : 2억원

해설
① (1억원 − 3천만원) × 20% = 1.4천만원 → 2천만원에 미달하므로 금융재산 상속공제액은 2천만원이다.
② (3억원 − 2억원) × 20% = 2천만원
③ (10억원 − 4억원) × 20% = 1.2억원
④ (12억원 − 7억원) × 20% = 1억원
⑤ (12억원 − 1억원) × 20% = 2.2억원 → 최고한도 2억원을 초과하므로 금융재산 상속공제액은 2억원이다.

09 거주자 김밝은씨의 상속재산 중 금융재산이 다음과 같은 경우 계산한 금융재산 상속공제액으로 가장 적절한 것은?

- 은행예금 : 5억원
- 주식(최대주주에 해당) : 3억원
- 자기앞수표 : 2억원
- 은행차입금 : 1억원

① 0.8억원
② 1억원
③ 1.2억원
④ 1.4억원
⑤ 1.8억원

해설
- 금융재산이란 금융실명법상 예금, 적금, 부금, 계금, 출자금, 신탁재산(금전신탁재산), 보험금, 공제금, 주식, 채권, 수익증권, 출자지분, 어음 등의 금전 및 유가증권을 말하며 최대주주(출자자)가 보유하고 있는 주식(출자지분)은 제외된다. 자기앞수표는 공제대상 금융재산이 아니다.
- 순금융재산가액 : 금융재산 5억원 − 금융채무 1억원 = 4억원
- 금융재산 상속공제액 : 순금융재산가액 4억원 × 20% = 0.8억원

10 상속공제에 대한 설명으로 적절하지 않은 것은?

① 배우자가 재산을 상속받는 경우 '배우자상속재산 분할기한'까지 배우자의 상속재산을 분할한 경우에 한하여 최고 30억원까지 배우자상속공제가 가능하다.
② 기초공제와 기타 인적공제의 합계액이 5억원에 미달하는 경우에는 일괄공제 5억원을 선택할 수 있다.
③ 일괄공제는 피상속인이 비거주자인 경우에도 적용된다.
④ 피상속인의 배우자가 단독으로 상속받는 경우에는 일괄공제 5억원을 선택할 수 없으며, 기초공제와 기타 인적공제를 각각 적용받아야 한다.
⑤ 순금융재산가액이 3천만원인 경우 공제받을 수 있는 금융재산 상속공제액은 2천만원이다.

해설
③ 일괄공제는 피상속인이 거주자인 경우에만 적용된다. 비거주자는 기초공제 외의 다른 상속공제는 허용되지 않는다.
⑤ 3천만원 × 20% = 0.6천만원 → 2천만원에 미달하므로 금융재산 상속공제액은 2천만원이다.

핵심테마 04 상속세의 계산 및 신고와 납부

출제포인트
- 세 율
- 세대생략 할증과세
- 신고세액공제
- 분납 및 연부연납과 물납

1. 상속세 계산구조

항 목		내 역
상속세 과세표준 (×)세율		• 10~50%의 5단계 초과누진세율 • 세대생략상속 시 30% 가산
(=)상속세산출세액		
(−) 세액 공제	단기재상속세액 공제	10년 이내 사망 시 1년에 10%씩 공제
	외국납부세액 공제	국외재산에 대해 국외에서 납부한 세액공제
	증여세액공제	10년(5년) 내 증여재산합산 시 당초납부한 증여세액공제
	신고세액공제	자진납부세액 상당액 × 3%
(+)가산세		신고불성실(10%, 20%, 40%), 납부불성실 1일당 2.2/10,000
(=)신고납부 상당세액		
(−)분납신청세액 or (−)연부연납 신청세액 (−)물납신청세액		• 납부세액 1,000만원 초과 시 • 납부세액 2,000만원 초과 시 • 납부세액 2,000만원 초과 시
(=)신고납부세액		신고납부기한 : 상속개시일의 말일부터 6월 내(국외에 주소를 둔 경우 9개월 내)

2. 상속세의 계산

(1) 상속 · 증여세 세율

과세표준	세 율
1억원 이하	10%
1억원 초과 5억원 이하	1천만원 + 1억원 초과금액의 20%
5억원 초과 10억원 이하	9천만원 + 5억원 초과금액의 30%
10억원 초과 30억원 이하	2억 4천만원 + 10억원 초과금액의 40%
30억원 초과	10억 4천만원 + 30억원 초과금액의 50%

(2) 세대생략 할증과세

① 상속인 or 수유자가 피상속인의 자녀를 제외한 직계비속인 경우 상속세 산출세액의 30% 할증 과세(상속인이 미성년자이고 상속재산가액 20억원 초과 시 40%의 할증률 적용)
② 민법 규정에 의한 대습상속의 경우에는 할증과세 × (증여세와 동일)

(3) 신고세액공제

① 상속세(증여세) 신고기한 이내에 과세표준신고를 하는 경우 산출세액의 3% 공제
② 신고만 하고 세금납부를 하지 않은 경우에도 정당한 신고로 인정 → 신고세액공제 적용

3. 상속세의 신고와 납부

(1) 신고납부기한(6월, 9월)

상속세 납부의무가 있는 상속인 or 수유자는 상속개시일이 속하는 달의 말일로부터 6월(피상속인 or 상속인이 외국에 주소를 둔 경우 9월) 이내에 상속세 과세가액 및 과세표준을 납세지 관할 세무서장에게 신고하고 세액 자진납부

(2) 분 납

- 상속세 납부세액이 1천만원을 초과하는 경우 납부기한 경과 후 2개월 내에 분납 허용
- 분납을 신청한 경우에는 연부연납 신청 불가

① **납부세액 2천만원 이하** : 1천만원을 초과하는 금액
② **납부세액 2천만원 초과** : 세액의 50% 이하

(3) 연부연납

대 상	• 상속세 납부세액이 2천만원을 초과해야 함 • 세무서장이 허가해야 함 • 납세의무자는 납세담보를 제공해야 함
연부연납기간	• 가업상속재산 : 20년(or 10년 거치 후 10년) • 일반상속재산 : 10년
연부연납 가산금	국세환급가산금의 이자율로서 기획재정부령으로 정하는 이자율 적용

(4) 물 납

① 상속재산 중 부동산과 유가증권(원칙적으로 비상장주식 제외) 가액이 상속재산가액의 1/2을 초과하고 상속세 납부세액이 2천만원을 초과하는 경우
② 상속받은 금융재산이 상속세 납부세액에 미달해야 함
③ 세무서장이 허가해야 함

적중문제

01 상속·증여세 세율 중 가장 높은 세율로서 과세표준이 30억원을 초과할 경우 적용되는 세율로 가장 적절한 것은?

① 38% ② 40%
③ 42% ④ 45%
⑤ 50%

해설
상속세는 최저 10%에서 최고 50%의 5단계 누진세율 구조로 되어 있으며, 증여세의 세율과도 같다.

02 상속세 세율에 대한 설명으로 적절하지 않은 것은?

① 5단계 초과누진세율 구조로 되어 있다.
② 과세표준이 50만원 미만이면 상속세를 부과하지 아니한다.
③ 최저 세율은 10%이다.
④ 증여세의 세율보다 높다.
⑤ 과세표준 30억원 초과 시 최고 50% 세율이 적용된다.

해설
상속세는 최저 10%에서 최고 50%의 5단계 누진세율 구조로 되어 있으며, 증여세의 세율과도 같다.

03 세대생략 할증과세에 대한 설명으로 적절하지 않은 것은?

① 상속인 또는 수유자가 피상속인의 자녀를 제외한 직계비속인 경우에는 상속세 산출세액의 20%를 할증하여 과세한다.
② 상속인이 미성년자이고 상속재산가액이 20억원을 초과하면 40%의 할증률을 적용한다.
③ 민법의 규정에 의한 대습상속의 경우에는 할증과세되지 않는다.
④ 세대를 건너뛴 증여재산에 대하여도 할증과세를 적용한다.
⑤ 할증과세액을 부담하더라도 손자나 손녀에게 직접 상속을 하는 것이 유리한 경우도 있다.

해설
상속인 또는 수유자가 피상속인의 자녀를 제외한 직계비속인 경우에는 상속세 산출세액의 30%를 할증하여 과세한다.

정답 01 ⑤ 02 ④ 03 ①

04 연부연납제도에 대한 설명으로 적절하지 않은 것은?

① 분납을 신청한 경우에는 연부연납을 신청할 수 없다.
② 상속세 납부세액이 1천만원을 초과하여야 하고, 세무서장이 허가하여야 한다.
③ 납세의무자는 납세담보를 제공하여야 한다.
④ 일반상속재산의 경우 연부연납기간은 10년이다.
⑤ 연부연납금액에 대하여 기획재정부령으로 정하는 이자율을 적용한 연부연납 가산금을 추가로 납부해야 한다.

해설
상속세 납부세액이 2천만원을 초과하여야 하고, 세무서장이 허가하여야 한다.

05 상속세의 신고와 납부에 대한 설명으로 적절하지 않은 것은?

① 상속세 신고만 하고 세금납부를 하지 않은 경우에는 신고세액공제 3%를 적용받을 수 없다.
② 상속세 납부의무가 있는 상속인 또는 수유자는 상속개시일이 속하는 달의 말일로부터 6월(피상속인 또는 상속인이 외국에 주소를 둔 경우에는 9월) 이내에 상속세 과세가액 및 과세표준을 납세지 관할 세무서장에게 신고하고 세액을 자진납부하여야 한다.
③ 분납을 신청한 경우에는 연부연납을 신청할 수 없다.
④ 분납은 상속세의 납부세액이 1천만원을 초과하는 경우 허용하고 있으며, 연부연납과 물납은 상속세 납부세액이 2천만원을 초과해야 한다.
⑤ 연부연납이나 물납을 하려면 세무서장이 허가하여야 한다.

해설
상속세 신고만 하고 세금납부를 하지 않은 경우에도 정당한 신고로 인정되므로 신고세액공제를 받을 수 있다.

06 상속세의 신고와 납부에 대한 설명으로 적절하지 않은 것은?

① 상속세의 납부세액이 1천만원을 초과하는 경우에는 납부기한 경과 후 2개월 내에 분납을 허용하고 있다.
② 분납과 연부연납을 동시에 신청할 수 있다.
③ 연부연납은 상속세 납부세액이 2천만원을 초과하여야 하고, 세무서장이 허가하여야 한다.
④ 연부연납은 납세담보를 제공하여야 하며, 연부연납금액에 대하여 기획재정부령으로 정하는 이자율을 적용한 연부연납 가산금을 추가로 납부해야 한다.
⑤ 상속재산 중 부동산과 유가증권의 가액이 상속재산가액의 1/2을 초과하고, 상속세 납부세액이 2천만원을 초과하며, 상속받은 금융재산이 상속세 납부세액에 미달하는 경우 세무서장의 허가를 받아 물납을 할 수 있다.

해설
분납을 신청한 경우에는 연부연납을 신청할 수 없다.

07 고액상속인의 재산사후관리에 대한 다음 설명 중 (가)~(나)에 들어갈 내용이 적절하게 연결된 것은?

> 세무서장 등에 의하여 결정된 상속재산의 가액이 (가) 이상인 경우로서 상속개시일로부터 (나)이 되는 날까지의 기간 내에 상속인이 보유한 부동산 · 주식, 기타 주요재산의 가액이 상속개시 당시에 비하여 현저히 증가한 때에는 세무서장 등은 그 결정한 과세표준과 세액에 탈루 또는 오류가 있는지의 여부를 조사하여야 한다.

	가	나
①	20억원	3년
②	20억원	5년
③	30억원	3년
④	30억원	5년
⑤	50억원	3년

해설
세무서장 등에 의하여 결정된 상속재산의 가액이 30억원 이상인 경우로서 상속개시일로부터 5년이 되는 날까지의 기간 내에 상속인이 보유한 부동산 · 주식, 기타 주요재산의 가액이 상속개시 당시에 비하여 현저히 증가한 때에는 세무서장 등은 그 결정한 과세표준과 세액에 탈루 또는 오류가 있는지의 여부를 조사하여야 한다.

정답 06 ② 07 ④

핵심테마 05 증여세 총설

출제포인트
- 세법상 증여의 개념
- 증여세 납세의무

1. 민법상 증여의 개념

당사자 일방(증여자)이 대가 없이, 즉 무상으로 재산을 상대방에게 준다는 의사표시를 하고 상대방이 그것을 승낙함으로써 성립하는 계약
① 계약, ② 무상계약, ③ 낙성계약, ④ 불요식계약

2. 세법상 증여의 개념

① **증여개념의 포괄적 정의** : 그 행위 or 거래 명칭·형식·목적 등과 관계없이 직접 or 간접적인 방법으로 타인에게 무상으로 유형·무형의 재산 or 이익을 이전(현저히 낮은 대가를 받고 이전하는 경우 포함)하거나 타인의 재산가치를 증가시키는 것(타인의 기여에 의해 재산가치가 증가하는 경우 포함)
② **경제적 실질에 의하여 증여를 판단함** : 제3자를 통한 간접적인 방법이나 2 이상의 행위 or 거래를 거치는 방법에 의해 상속세 or 증여세를 부당하게 감소시킨 것으로 인정되는 경우 그 경제적인 성질에 따라 당사자가 직접 거래한 것으로 보거나 연속된 하나의 행위 or 거래로 보아 '증여' 여부 판단

3. 증여세 납세의무 : 수증자가 납세의무자

① **영리법인** : 수증된 재산에 대해서 법인세 부담 → 증여세 납세의무 ×
② **비영리법인** : 법인세 납세의무 × → 수증받은 재산에 대해 증여세 납세의무 ○
③ **비거주자** : 국내에 있는 수증재산에 대해 증여세 납부의무

4. 증여세 연대납세의무자 : 다음과 같은 경우 증여자도 연대 납부 의무

① 수증자가 주소 or 거소가 분명하지 아니한 경우로서 조세채권 확보가 곤란한 경우
② 수증자가 증여세 납부 능력이 없다고 인정되는 경우로서 강제징수를 해도 조세채권 확보가 곤란한 경우
③ 수증자가 비거주자인 경우

5. 증여세의 납세관할

수증자의 주소지를 관할하는 세무서장 등이 관할(단, 수증자가 비거주자인 경우 or 수증자의 주소 및 거소가 분명하지 않은 경우 증여자의 주소지를 관할하는 세무서장 등이 과세)

적중문제

01 증여세에 대한 설명으로 적절하지 않은 것은?

① 세법에서는 증여의 개념을 민법과 달리 포괄적으로 정의하고 있다.
② 증여세는 수증자가 납세의무자이다.
③ 영리법인의 경우에는 수증된 재산에 대해서 법인세를 부담하기 때문에 증여세 납세의무가 없다.
④ 증여세는 수증자가 증여세를 납부할 능력이 없다고 인정되는 경우에도 증여자는 연대하여 납부할 의무를 지지 않는다.
⑤ 증여세는 수증자의 주소지를 관할하는 세무서장 등이 관할한다.

해설
증여세는 수증자가 납세의무를 지는 것이 원칙이나, ⓐ 수증자가 주소 또는 거소가 분명하지 아니한 경우로서 조세채권의 확보가 곤란한 경우, ⓑ 수증자가 증여세를 납부할 능력이 없다고 인정되는 경우로서 강제징수를 하여도 조세채권의 확보가 곤란한 경우, ⓒ 수증자가 비거주자인 경우에는 증여자도 연대하여 납부할 의무를 진다. 이때 세무서장은 증여자에게 그 사유를 알려야 한다.

핵심테마 06 증여세 과세가액

출제포인트
- 증여로 보지 않는 경우
- 예시규정된 증여재산(증여의제)

1. 증여세 과세가액 계산구조

항 목	내 역
증여재산가액	
(+)재차증여 재산가액 (+)증여의제금액 (+)증여추정금액 (-)비과세재산 (-)과세가액불산입재산	• 동일인으로부터 증여받은 경우 10년간 합산 과세 • 명의신탁재산을 증여로 간주 • 자금출처를 입증 못하는 경우 등 증여추정 • 축하금, 부의금 등 • 공익재산출연 등
(=)과세가액	

2. 재차증여재산의 합산과세

① 동일인으로부터 수회에 걸쳐 증여를 받은 경우 10년간 합산하여 1천만원 이상인 경우 합산과세하고 당초 납부한 증여세는 공제
② 증여자가 직계존속인 경우 그 배우자도 동일인으로 간주

3. 부담부증여의 경우

① **증여세과세가액**: 증여재산가액의 합계액에서 당해 증여재산에 담보된 채무로서 수증자가 인수한 금액을 차감한 금액(담보된 채무의 범위에 증여자가 당해 재산을 타인에게 임대한 경우의 임대보증금도 포함)
② 배우자 간 or 직계존비속 간 부담부증여에 있어서는 수증자가 채무를 인수한 경우에도 인수하지 않은 것으로 우선 추정(단, 계약서, 이자지급 증빙 등 객관적 서류에 의해 채무사실이 입증되는 경우 채무를 인수한 것으로 간주)
③ 인수한 채무에 대해 증여자에게 양도소득세 과세(부담부증여대상 부동산이 증여자의 1세대 1주택으로 인한 양도소득세 비과세 대상인 경우 양도소득세 역시 비과세)

4. 증여로 보지 않는 경우

① **사인증여** : 상속세 과세 → 증여세 과세 ×

② **증여재산의 반환(금전 제외)**

구 분	당초증여	증여재산반환
신고기한 내 반환	비과세	비과세
신고기한 경과 후 3월 내 반환	과 세	비과세
신고기한 후 3월 경과 후 반환	과 세	과 세

※ 반환하기 전 과세표준과 세액 결정을 받은 경우 과세

③ **위자료** : 이혼 등에 의해 정신적 or 재산상 손해배상 대가로 받는 위자료는 조세포탈 목적이 있다고 인정되는 경우를 제외하고는 증여 × (단, 위자료를 현물로 주는 경우 양도소득세 과세)

④ **민법에 의한 재산분할청구권의 행사에 의한 재산의 분할** : 증여 ×

⑤ **취득원인무효에 의한 권리말소** : 증여 ×

⑥ **상속재산의 협의분할**

　㉠ 상속인의 상속재산 협의분할 : 법정상속분 초과 취득에도 초과분 증여 ×

　㉡ 각 상속인의 상속분이 확정되어 등기 등이 된 후 그 상속재산에 대해 공동상속인 사이의 새로운 협의분할에 의해 특정 상속인이 당초 상속분을 초과 취득하는 재산가액은 증여 O → 협의분할에 의해 상속분 감소된 상속인이 상속분 증가된 상속인에게 증여한 것으로 봄(단, 상속세과세표준 신고기한 이내에 재분할은 증여 ×)

　㉢ 당초 상속재산의 재분할에 대해 무효 or 취소 등의 사유가 있는 경우에도 증여 ×

5. 예시규정된 증여재산(증여의제)

(1) 보험금의 증여

① **타익보험** : 생명보험 or 손해보험에 있어 보험금 수취인과 보험료 납부자가 다른 경우 보험사고 발생 시 보험료 납부자가 보험금 상당액을 보험금 수취인에게 증여한 것으로 간주(보험사고 : 만기보험금 지급 포함)

> **핵심 CHECK**
>
> **타익보험의 증여재산가액 산식**
>
> $$증여재산가액 = 보험금 \times \frac{타인\ 납부\ 보험료}{납부보험료\ 합계액}$$

② **자익보험** : 보험계약기간 안에 보험금 수취인이 타인으로부터 재산을 증여받아 보험료를 납부한 경우 그 보험료 납부액에 대한 보험금 상당액에서 당해 보험료 납부액을 차감한 가액을 보험금 수취인의 증여재산가액으로 간주

> **핵심 CHECK**
>
> **자익보험의 증여재산가액 산식**
>
> $$증여재산가액 = 보험금 \times \frac{증여받아\ 납부한\ 보험료\ 합계액}{납부보험료\ 합계액} - 증여받아\ 납부한\ 보험료$$

(2) 저가양수 · 고가양도 시 증여
① 특수관계가 있는 자 간의 거래(시가와 대가의 차액이 30% or 3억원 이상 차이)
㉠ 저가양수 시 증여가액 = (시가 - 대가) - MIN(시가의 30%, 3억원)
㉡ 고가양도 시 증여가액 = (대가 - 시가) - MIN(시가의 30%, 3억원)
② 특수관계가 없는 자 간의 거래(시가와 대가의 차액이 30% 이상 차이)
㉠ 저가양수 시 증여가액 = (시가 - 대가) - 3억원
㉡ 고가양도 시 증여가액 = (대가 - 시가) - 3억원

6. 증여추정
① 배우자 또는 직계존비속에 대한 양도 시의 증여추정
② **우회양도 시 증여추정** : 배우자 or 직계존비속에 대한 양도 시의 증여추정을 피하기 위해 ㉠ 특수관계자에게 먼저 양도한 후 ㉡ 그 특수관계자가 3년 이내에 당초 양도자의 배우자 or 직계존비속에게 양도한 경우 ㉢ 그 특수관계자가 양도한 당시의 가액으로 당초 양도자가 배우자 or 직계존비속에게 증여한 것으로 추정(단, 당초 양도자 및 양수자가 부담한 양도소득세 합계액이 배우자 등에 대한 증여세액보다 큰 경우 증여추정 ×)
③ 재산취득자금 및 채무상환액의 증여추정
㉠ 재산취득액(채무상환액) 중 자금출처가 입증되지 않은 금액을 증여로 추정
㉡ 입증되지 않은 금액이 취득재산가액(채무상환액)의 20%에 상당하는 금액과 2억원 중 적은 금액에 미달하는 경우 증여추정 ×

7. 비과세
① 국가 or 지방자치단체로부터 재산을 증여받는 경우
② 장애인을 보험금 수취인으로 하는 보험으로서 연간 4천만원 이하의 보험금
③ 정당이나 사내근로복지기금 등이 재산을 증여받은 경우
④ 이재구호금품, 치료비, 피부양자의 생활비, 교육비 등 사회통념상 인정되는 것

8. 과세가액불산입
① 공익신탁에 대한 과세가액불산입
② 공익법인 출연재산의 과세가액불산입
③ **장애인이 증여받은 재산의 과세가액불산입**
㉠ 장애인이 재산을 증여받고 본인을 수익자로 하여 재산을 신탁하거나(자익신탁) 타인이 장애인을 위해 재산을 신탁한 경우(타익신탁)로서 증여세 신고기한 이내에 일정 요건을 모두 갖춘 때에는 당해 증여받은 재산가액을 증여세과세가액에 불산입
㉡ 신탁재산은 금전, 유가증권, 부동산에 한정하고 과세가액불산입금액은 5억원 한도

적중문제

01 김밝은씨가 토지(시가 10억원, 취득가액 5억원, 은행차입금 4억원)를 자녀 김세진씨에게 부담부증여를 한 경우에 대한 설명으로 적절하지 않은 것은?

① 증여세과세가액은 증여재산가액의 합계액에서 당해 증여재산에 담보된 채무로서 수증자가 인수한 금액을 차감한 금액으로 한다.
② 김세진씨가 채무를 인수한 것으로 보는 경우 인수한 채무에 대해서는 양도소득세가 과세된다.
③ 증여세는 수증자인 김세진씨에게 납세의무가 있다.
④ 양도소득세는 수증자인 김세진씨에게 납세의무가 있다.
⑤ 부담부증여대상 부동산이 증여자의 1세대 1주택으로 인한 양도소득세 비과세 대상인 경우에는 양도소득세 역시 비과세된다.

해설
- 김세진씨의 증여세과세가액 : 토지시가 10억원 − 채무액 4억원 = 6억원
- 김밝은씨의 양도차익 : 전체 양도차익 × $\frac{채무양도액}{증여한 재산가액}$ = 5억원 × $\frac{4억원}{10억원}$ = 2억원
- 김밝은씨는 토지를 증여하면서 채무를 면제받았으므로 토지가액 10억원 중 4억원에 대해서는 유상이전에 해당하므로 양도소득세 과세대상이며, 양도소득세는 증여자인 김밝은씨에게 납세의무가 있다.

02 증여재산의 반환에 대한 과세여부에 대한 연결이 적절하지 않은 것은?

구 분	당초증여	증여재산반환
신고기한 내 반환	① 비과세	② 비과세
신고기한 경과 후 3월 내 반환	③ 비과세	④ 비과세
신고기한 후 3월 경과 후 반환	⑤ 과 세	과 세

해설
〈증여재산의 반환에 대한 과세여부〉

구 분	당초증여	증여재산반환
신고기한 내 반환	비과세	비과세
신고기한 경과 후 3월 내 반환	과 세	비과세
신고기한 후 3월 경과 후 반환	과 세	과 세

정답 01 ④ 02 ③

03 증여로 보지 않는 경우에 해당하지 않는 것은?

중요도 ●●○

① 사인증여
② 증여받은 지 1년 후 증여재산의 반환
③ 교통사고 가해자로부터 손해배상의 대가로 받는 위자료
④ 민법에 의한 재산분할청구권의 행사에 의한 재산의 분할
⑤ 증여받은 재산에 대한 취득원인무효에 의한 권리말소

해설

증여를 받은 후 그 증여받은 재산(금전 제외)을 당사자 사이의 합의에 의하여 증여세과세표준 신고기한 내에 반환하는 경우에는 처음부터 증여가 없었던 것으로 본다. 다만 반환하기 전에 과세표준과세액의 결정을 받은 경우에는 그러하지 아니하다. 증여받은 지 1년 후에 반환한다면 신고기한 후 3월 경과 후 반환이므로 당초증여와 증여재산반환 모두 증여세가 과세된다.

04 증여세가 과세되는 경우로 가장 적절한 것은?

중요도 ●●●

① 부담부증여 시 수증자가 인수한 채무액
② 신고기한 내 증여재산(금전 제외)의 반환
③ 손해배상의 대가로 받는 위자료
④ 취득원인무효에 의한 권리말소
⑤ 상속세 신고기한 이후 공동상속인 간 재분할에 의해 특정 상속인이 당초 상속분을 초과하여 취득하는 재산가액

해설

상속재산을 상속인이 협의분할하는 경우에는 법정상속분을 초과하여 재산을 취득하는 경우에도 그 초과분을 증여로 보지 않는다. 그러나 상속재산에 대하여 등기 · 등록 · 명의개서 등에 의하여 각 상속인의 상속분이 확정되어 등기 등이 된 후 그 상속재산에 대하여 공동상속인 사이의 새로운 협의분할에 의하여 특정 상속인이 당초 상속분을 초과하여 취득하는 재산가액은 증여로 본다. 즉 협의분할에 의하여 상속분이 감소된 상속인이 상속분이 증가된 상속인에게 증여한 것으로 보는 것이다. 그러나 이 경우에도 상속세과세표준 신고기한 이내에 재분할하는 것은 증여로 보지 않는다. 또한 당초 상속재산의 재분할에 대하여 무효 또는 취소 등의 사유가 있는 경우에도 증여로 보지 않는다.

정답 03 ② 04 ⑤

05 증여세 과세가액에 대한 설명으로 적절하지 않은 것은?

① 동일인으로부터 수회에 걸쳐 증여를 받은 경우에는 10년간 이를 합산하여 1천만원 이상인 경우에는 이를 합산과세하고 당초 납부한 증여세는 이를 공제한다.
② 부담부증여의 경우 증여세과세가액은 증여재산가액의 합계액에서 당해 증여재산에 담보된 채무로서 수증자가 인수한 금액을 차감한 금액으로 한다.
③ 증여자의 사망으로 인하여 효력이 발생하는 사인증여에 대하여는 상속세가 과세되므로 증여세는 과세되지 않는다.
④ 이혼한 자 일방이 민법에 의하여 재산분할청구권을 행사하여 취득하는 재산은 이를 증여로 보지 아니한다.
⑤ 상속재산에 대하여 각 상속인의 상속분이 확정되어 등기 등이 된 후 그 상속재산에 대하여 공동상속인 사이의 새로운 협의분할에 의하여 특정 상속인이 당초 상속분을 초과하여 취득하는 재산가액도 증여로 보지 않는다.

해설
상속재산을 상속인이 협의분할하는 경우에는 법정상속분을 초과하여 재산을 취득하는 경우에도 그 초과분을 증여로 보지 않는다. 그러나 상속재산에 대하여 등기·등록·명의개서 등에 의하여 각 상속인의 상속분이 확정되어 등기 등이 된 후 그 상속재산에 대하여 공동상속인 사이의 새로운 협의분할에 의하여 특정 상속인이 당초 상속분을 초과하여 취득하는 재산가액은 증여로 본다. 즉 협의분할에 의하여 상속분이 감소된 상속인이 상속분이 증가된 상속인에게 증여한 것으로 보는 것이다. 그러나 이 경우에도 상속세과세표준 신고기한 이내에 재분할하는 것은 증여로 보지 않는다. 또한 당초 상속재산의 재분할에 대하여 무효 또는 취소 등의 사유가 있는 경우에도 증여로 보지 않는다.

06 증여세 과세대상으로 가장 적절한 것은?

① 증여를 받은 1억원 상당의 주식을 당사자 사이의 합의에 의하여 증여세과세표준 신고기한 내에 반환하는 경우
② 이혼에 의하여 정신적 또는 재산상 손해배상의 대가로 받는 1억원의 위자료로 조세포탈의 목적이 있다고 인정되지 않는 경우
③ 증여받은 1억원 상당의 상가가 취득원인무효의 판결에 의하여 그 재산상의 권리가 말소되는 경우
④ 상속재산을 상속인 간 협의분할을 통해 법정상속분을 1억원 초과하여 재산을 취득하는 경우
⑤ 자녀가 계약자 및 수익자인 생명보험계약의 보험료를 아버지가 대납하고 만기보험금 1억원을 자녀가 수령하는 경우

해설
생명보험 또는 손해보험에 있어서 보험금 수취인과 보험료 납부자가 다른 경우에는 보험사고가 발생한 경우에 보험료 납부자가 보험금 상당액을 보험금 수취인에게 증여한 것으로 본다. 이때 보험사고란 만기보험금 지급의 경우를 포함한다. 이와 같이 보험계약자(보험료 납부자)와 보험수익자(보험금 수취인)가 다른 보험을 타익보험이라 한다. 즉 타익보험의 경우 보험료 납부자가 보험수익자에게 보험사고 발생 시 보험금상당액을 증여한 것으로 본다는 뜻이다.

정답 05 ⑤ 06 ⑤

07
황정민씨가 가입한 생명보험계약의 내용이 다음과 같을 경우, 피보험자의 사망으로 수익자가 수령한 보험금에 과세되는 세금에 대한 설명으로 가장 적절한 것은?

- 계약자 : 황정민(39세)
- 수익자 : 자녀(11세)
- 피보험자 : 처(36세)

① 상속세 과세
② 증여세 과세
③ 상속세와 증여세 동시에 과세
④ 보험료에 대해 증여세 과세, 보험금에서 납입보험료를 차감한 금액에 대해 상속세 과세
⑤ 과세 없음

해설
생명보험 또는 손해보험에 있어서 보험금 수취인과 보험료 납부자가 다른 경우에는 보험사고가 발생한 경우에 보험료 납부자가 보험금 상당액을 보험금 수취인에게 증여한 것으로 본다. 이때 보험사고란 만기보험금 지급의 경우를 포함한다. 이와 같이 보험계약자(보험료 납부자)와 보험수익자(보험금 수취인)가 다른 보험을 타익보험이라고 한다. 즉 타익보험의 경우 보험료 납부자가 보험수익자에게 보험사고 발생 시 보험금상당액을 증여한 것으로 본다는 뜻이다.

08
김세진씨가 보유하고 있던 상가(20억원 상당)를 자녀 김밝은씨에게 15억원에 양도하였을 경우 증여재산가액으로 가장 적절한 것은? (김밝은씨는 대가인 15억원의 지급사실을 입증하였음)

① 0원
② 2억원
③ 3억원
④ 5억원
⑤ 15억원

해설
특수관계가 있는 자 간의 저가양수 시 증여가액 = (시가 − 대가) − MIN(시가의 30%, 3억원) = (20억원 − 15억원) − MIN(20억원 × 30% = 6억원, 3억원) = 5억원 − 3억원 = 2억원

09
김밝은씨가 보유하고 있던 시가 7억원 상당의 상가를 아버지 김세진씨에게 10억원에 양도하였을 경우 증여에 해당되는지 여부 및 해당된다면 그 가액으로 적절하게 연결된 것은? (김세진씨는 대가인 10억원의 지급사실을 입증하였음)

	증여 해당 여부	증여재산가액
①	증여에 해당되지 않음	0원
②	증여에 해당	0.9억원
③	증여에 해당	3억원
④	증여에 해당	7억원
⑤	증여에 해당	10억원

해설
특수관계가 있는 자 간의 고가양도 시 증여가액 = (대가 − 시가) − MIN(시가의 30%, 3억원) = (10억원 − 7억원) − MIN(7억원 × 30% = 2.1억원, 3억원) = 3억원 − 2.1억원 = 0.9억원

정답 07 ② 08 ② 09 ②

증여세 과세표준신고 및 납부

회독체크 1회☐ 2회☐ 3회☐

출제포인트
- 증여재산공제액
- 세대생략 할증과세

1. 증여세 계산구조

항 목	내 역
증여세 과세가액	
(−)증여공제 (−)재해손실 공제	• 배우자 6억원, 직계존비속 5천만원(미성년자 2천만원), 기타 친족 1천만원 • 재해손실액 − 보험보전액
(=)증여세과세표준	• 과세표준 50만원 미만인 경우 증여세 부과 × (상속세와 동일)
(×)세율	• 10~50%(상속세와 동일)
(=)증여세 산출세액	
(−)기납부 세액공제 (−)외국납부 세액공제 (−)신고세액공제 (+)가산세	• 재차증여재산을 합산과세하는 경우 증여재산에 대한 증여세 산출세액 • 외국증여재산에 대한 외국납부세액 • 자진납부세액상당액 × 3% • 상속세 준용
(=)신고납부세액	신고납부기한 : 증여받은 달의 말일로부터 3월 이내

2. 증여재산공제액

① 10년간 합산 계산하며 2 이상 증여가 증여시기를 달리하는 경우 최초의 증여가액부터 순차 공제
② 동시에 2 이상 증여가 있는 경우 각각의 증여세과세가액으로 안분하여 공제액 계산

핵심 CHECK

항목별 증여재산공제액

증여자	증여재산공제액
배우자	6억원
직계존속(수증자의 직계존속과 혼인 중인 배우자 포함)	5천만원 (미성년자가 증여받는 경우 : 2천만원)
직계비속(수증자와 혼인 중인 배우자의 직계비속 포함)	5천만원
기타 친족(6촌 이내의 혈족, 4촌 이내의 인척)	1천만원

3. 혼인·출산 증여재산공제

① 직계존속으로부터 재산을 증여받는 경우 적용(증여재산공제와 별개로 적용)
② 혼인증여공제는 혼인신고일 이전 2년부터 이후 2년간 1억원 한도로 적용받을 수 있으며, 출산증여공제는 자녀 출생일부터 2년 이내에 1억원 한도로 적용 가능(단, 혼인공제와 출산공제를 합해 공제한도 1억원)

4. 세대생략 할증과세(상속세와 동일)

① 세대를 건너뛴 증여재산에 대해 30% 할증 과세 적용(수증자가 미성년자이고 증여재산가액 20억원 초과 시 40%의 할증률 적용)
② 최근친 직계비속이 사망하여 그 사망자의 최근친 직계비속이 증여받은 경우 할증과세 ×(예 부친이 사망한 경우 조부가 손자에게 증여)

적중문제

01 친족 간 증여재산공제액이 적절하지 않게 연결된 것은? (혼인·출산공제는 해당사항 없음)
중요도
●●●
① 조부가 성년 외손자에게 증여 : 5천만원
② 계부가 성년 자녀에게 증여 : 5천만원
③ 부친이 미성년 자녀에게 증여 : 2천만원
④ 자녀가 부친에게 증여 : 5천만원
⑤ 장인이 사위에게 증여 : 5천만원

해설
기타 친족공제(6촌 이내의 혈족, 4촌 이내의 인척) : 1천만원

02 미성년자인 손정윤씨가 할아버지로부터 현금 1억원을 증여받을 경우 증여세 산출세액으로 가장 적절한 것은? (손정윤씨의 부친은 생존해 있고, 손정윤씨는 생애최초로 증여받으며, 혼인·출산공제는 해당하지 않음)

<증여세율>

과세표준	세 율
1억원 이하	10%

① 500만원
② 650만원
③ 800만원
④ 1,000만원
⑤ 1,040만원

해설
- 증여세 과세표준 : 증여재산가액 1억원 - 증여재산공제액 2천만원(미성년자) = 8천만원
- 증여세 산출세액 : 과세표준 8천만원 × 세율 10% × 세대생략 할증과세 1.3 = 1,040만원

03 금년 7월 14일 부친으로부터 부동산을 증여받은 경우 증여세 신고납부기한으로 가장 적절한 것은?

① 금년 9월 14일
② 금년 9월 말일
③ 금년 10월 14일
④ 금년 10월 말일
⑤ 금년 11월 말일

해설
증여세 납세의무가 있는 자는 증여받은 날이 속하는 달의 말일로부터 3월 이내에 증여세의 과세가액 및 과세표준을 납세지관할 세무서장에게 신고하고 세액을 자진납부하여야 한다.

핵심테마 08 상속재산 및 증여재산의 평가

회독체크 1회☐ 2회☐ 3회☐

출제포인트
- 재산평가의 원칙(시가로 인정하는 경우)
- 보충적 평가방법

1. 재산평가의 원칙

① **원칙** : 상속개시일 or 증여일 현재의 시가
② **예외** : 시가를 산정하기 어려운 경우 보충적 평가방법

핵심 CHECK

시가로 인정하는 경우

구 분	내 용
상장(코스닥) 주식 및 출자지분	평가기준일 전후 2개월간에 공표된 한국거래소 종가평균액
상속개시일 전후 6개월(증여일 전 6개월부터 증여일 후 3개월) 이내의 기간 중 ① 매매, ② 감정, ③ 수용·경매·공매가 있는 경우	① 매매 : 그 거래가액 ② 감정 : 당해 재산에 대한 2 이상 감정기관의 감정가액 평균액(기준시가 10억 원 이하 제외) ③ 수용·경매·공매 : 그 보상가액·경매가액 or 공매가액
유사매매사례가액(상속·증여일 전 6개월부터 상속·증여세 신고기한까지의 가액만 인정)	위 ①, ②, ③ 규정 적용에 있어 당해 재산과 면적·위치 및 용도 등이 동일하거나 유사한 다른 재산에 대한 감정 or 매매사례가액 등도 시가로 볼 수 있음

2. 보충적 평가방법

구 분	평가방법
토지(기준시가)	개별공시지가
공동주택(기준시가)	공동주택가격(토지·건물 일괄)
단독주택(기준시가)	개별주택가격(토지·건물 일괄)
오피스텔 및 상업용 건물(기준시가)	국세청장 고시가액(토지·건물 일괄)
부동산을 취득할 수 있는 권리	평가기준일까지 불입한 금액 + 프리미엄 상당액
특정시설물 이용권 (골프회원권, 콘도미니엄회원권, 종합체육시설이용회원권, 승마회원권 등)	평가기준일까지 불입한 금액 + 프리미엄 상당액 (고시한 시가표준액이 있는 경우 시가표준액)
상장(코스닥) 주식·출자지분	평가기준일 전후 2개월간에 공표된 매일의 한국거래소 최종시세가액 평균액 (거래실적 유무 불문)

CHAPTER 04 상속·증여세

비상장주식	1주당 순손익가치와 1주당 순자산가치를 각각 3과 2의 비율(부동산과다보유법인의 경우 각각 2와 3의 비율)로 가중평균한 가액
예금 · 적금 · 저금 등	예입총액 + 미수이자 상당액 − 원천징수 상당액
저당권 등이 설정된 재산	MAX[평가기준일 당시의 시가(보충적 평가방법에 의한 평가액), 당해 재산이 담보하는 채권액 등]

적중문제

01 상속재산 및 증여재산의 평가기준일이 적절하게 연결된 것으로 모두 묶인 것은?

> 가. 상속재산 : 사망일(실종선고일)
> 나. 상속재산에 가산하는 증여재산 : 당초의 증여일
> 다. 증여재산 : 증여일
> 라. 합산되는 증여재산 : 각각의 증여일

① 가
② 가, 다
③ 나, 다
④ 가, 다, 라
⑤ 가, 나, 다, 라

해설
모두 적절하게 연결된 것이다.

핵심 CHECK

재산평가 기준일

구 분		평가기준일
상속재산	사망(실종선고)	사망일(실종선고일)
	상속재산에 가산하는 증여재산	당초의 증여일
증여재산	일반적인 경우	증여일
	합산되는 증여재산	각각의 증여일

02 상증법상 비상장주식(일반법인)의 보충적 평가방법에 대한 설명으로 가장 적절한 것은?

① 1주당 순손익가치와 1주당 순자산가치를 각각 1과 1의 비율로 가중평균한 가액을 1주당 평가액으로 한다.
② 1주당 순손익가치와 1주당 순자산가치를 각각 1과 4의 비율로 가중평균한 가액을 1주당 평가액으로 한다.
③ 1주당 순손익가치와 1주당 순자산가치를 각각 2와 3의 비율로 가중평균한 가액을 1주당 평가액으로 한다.
④ 1주당 순손익가치와 1주당 순자산가치를 각각 3과 2의 비율로 가중평균한 가액을 1주당 평가액으로 한다.
⑤ 1주당 순손익가치와 1주당 순자산가치를 각각 4와 1의 비율로 가중평균한 가액을 1주당 평가액으로 한다.

해설
1주당 순손익가치와 1주당 순자산가치를 각각 3과 2의 비율(부동산과다보유법인의 경우 각각 2와 3의 비율)로 가중평균한 가액을 1주당 평가액으로 한다.

03 상증법상 보충적 평가방법이 적절하지 않게 연결된 것은?

① 부동산을 취득할 수 있는 권리 : 평가기준일까지 불입한 금액 + 평가기준일 현재의 프리미엄 상당액
② 골프회원권 : 지방세법에 따라 고시한 시가표준액
③ 상장주식·출자지분 : 평가기준일 전후 3개월간에 공표된 매일의 한국거래소 최종시세가액의 평균액
④ 비상장주식 : 1주당 순손익가치와 1주당 순자산가치를 가중평균한 가액
⑤ 예금 : 예입총액 + 미수이자 상당액 − 원천징수 상당액

해설
상장주식·출자지분 : 평가기준일 전후 2개월간에 공표된 매일의 한국거래소 최종시세가액의 평균액

04 상증법상 재산의 평가에 대한 설명으로 가장 적절한 것은?

① 상속재산에 가산하는 증여재산에 대하여는 당초의 증여일을 평가기준일로 한다.
② 상장주식 및 출자지분은 평가기준일의 한국거래소 종가를 시가로 인정한다.
③ 상속받은 토지를 상속일 후 1년 만에 처분하면 처분가액을 시가로 인정한다.
④ 증여받은 토지를 증여일 후 6개월 만에 처분하면 처분가액을 시가로 인정한다.
⑤ 상속받은 비상장주식은 상속일 현재의 1주당 순자산가액을 평가액으로 한다.

해설
② 상장(코스닥)주식 및 출자지분은 평가기준일 전후 2개월간에 공표된 한국거래소 종가평균액을 시가로 인정한다.
③ 평가기준일 전후 6개월 이내의 기간 중 매매가 있는 경우에는 그 거래가액을 시가로 인정한다.
④ 평가기준일 전 6개월부터 평가기준일 후 3개월 이내의 기간 중 매매가 있는 경우에는 그 거래가액을 시가로 인정한다.
⑤ 비상장주식은 1주당 순손익가치와 1주당 순자산가치를 각각 3과 2의 비율(부동산과다보유법인의 경우 각각 2와 3의 비율)로 가중평균한 가액을 1주당 평가액으로 한다.

정답 02 ④ 03 ③ 04 ①

05 상속재산 및 증여재산의 평가에 대한 설명으로 적절하지 않은 것은?

중요도 ●●●

① 상속재산 및 증여재산의 평가는 상속개시일 또는 증여일 현재의 시가에 의한다.
② 시가를 산정하기 어려운 경우에는 해당 재산의 종류·규모·거래상황 등을 고려한 보충적 평가방법에 의한 가액을 시가로 본다.
③ 상장(코스닥)주식 및 출자지분은 평가기준일 전 2개월간에 공표된 한국거래소 종가평균액을 시가로 인정한다.
④ 평가기준일 전후 6개월(증여재산의 경우 평가기준일 전 6개월부터 평가기준일 후 3개월) 이내의 기간 중 수용·경매·공매가 있는 경우 그 보상가액·경매가액 또는 공매가액을 시가로 인정한다.
⑤ 저당권 등이 설정된 재산은 평가기준일 현재의 시가와 당해 재산이 담보하는 채권액 중 큰 금액으로 한다.

해설

상장(코스닥)주식 및 출자지분은 평가기준일 전후 2개월간에 공표된 한국거래소 종가평균액을 시가로 인정한다.

정답 05 ③

핵심테마 09 상속설계 및 증여설계

출제포인트

- 상속세와 증여세의 계산구조 비교
- 상속설계 및 증여설계

1. 상속세와 증여세의 계산구조 비교

구 분	상속세		증여세
과세방법	유산세방식		유산취득세방식
과세대상	• 피상속인이 거주자인 경우 : 국내외 모든 재산 • 피상속인이 비거주자인 경우 : 국내 재산		• 수증자가 거주자 or 비영리 내국법인인 경우 : 국내외 모든 재산 • 수증자가 비거주자 or 비영리 외국법인인 경우 : 국내 재산 및 국외 예·적금
납세 의무자	상속인	• 상속재산 한도 내에서 납세의무를 짐 • 영리법인은 납세의무 없음	수증자	• 수증자가 주소불명 or 재산이 없는 경우 등은 증여자가 예외적으로 연대납세의무를 짐 • 영리법인은 납세의무 없고 법인세 과세(자산수증익) • 법인격 없는 사단·재단·기타 단체는 비영리법인으로 봄
세 율	초과 누진세율 (10~50%)	• 1억원 이하 : 10% • 1억원~5억원 : 20% • 5억원~10억원 : 30% • 10억원~30억원 : 40% • 30억원 초과 : 50%		좌 동
각종 공제	• 공제폭이 큼 - 일괄공제 : 5억원 - 배우자공제 : 최저 5억원~최고 30억원 - 금융재산공제 : 순금융자산의 20%(최고 2억원) - 가업상속공제 : 최고 600억원 - 동거주택상속공제 : 최고 6억원		• 공제폭이 작음(10년간 한도) - 배우자공제 : 6억원 - 직계존속 : 5천만원(미성년자 : 2천만원) - 직계비속 : 5천만원 - 기타 친족 : 1천만원
관할 세무서	피상속인 주소지		수증자 주소지
기 타	• 피상속인의 모든 재산이 합산과세되나 공제폭이 큼 • 세대생략 시 할증과세 30%(or 40%)		• 수증자·증여자별로 나누어 과세하나 공제폭이 작음 • 세대생략 시 할증과세 30%(or 40%)

2. 상속설계

(1) 보유재산의 파악(부동산과 금융재산 : 자산 구성 시 고려해야 할 사항)

① 적어도 상속세 이상에 해당하는 금액은 금융재산으로 보유 → 상속세 납부액이 부족한 경우 보험상품에 가입할 필요가 있음
② 금융재산의 비율이 크다면 부동산을 취득하는 것도 절세방법 : 기준시가로 평가
③ 보유기간이 오래된 부동산은 처분하지 않고 상속재산으로 남겨 두기

(2) 사전증여

① 사전증여는 최대한 많이 할수록 좋다 → 가능하면 합산기간 10년 이전에 증여
② 저평가된 재산증여
③ 상속재산이 10억원 이하인 경우는 사전증여를 하면 안 됨

> **핵심 CHECK**
>
> **상속세 면세점**
>
> | 상속인의 구성 | 면세점 | 비 고 |
> |---|---|---|
> | 배우자와 자녀 | 10억원 | • 배우자상속공제 최저액 : 5억원
• 일괄공제액 : 5억원 |
> | 자녀(배우자 없음) | 5억원 | • 배우자상속공제액 : 없음
• 일괄공제액 : 5억원 |
> | 배우자 단독상속
(배우자 외 법정상속인이 없는 경우) | 32억원 | • 배우자상속공제액 : 30억원
• 기초공제액 : 2억원 |

(3) 재산의 처분 또는 채무의 부담

① 피상속인이 재산을 처분 or 예금을 인출하거나 채무를 부담하면 그 대금 사용처를 반드시 상속인이 챙겨서 알고 있어야 함 → 그 사용처를 모르는 경우 상속추정재산으로 간주
② **소명해야 하는 금액** : 재산처분대금 or 인출액이나 부담채무의 80% → 처분대금 or 인출액이나 부담채무의 20%(최고 2억원)까지는 상속추정재산으로 보지 않으므로 합법적인 절세방법
③ 피상속인 임종이 임박할 때 피상속인 예금계좌에서 예금인출 금지 → 그 사용처를 밝혀야 할 뿐만 아니라 금융재산공제 대상에서도 제외됨에 유의

(4) 상속인별 재산분할의 검토

① **배우자상속공제의 활용** : 법정지분까지 상속을 받는 것이 상속세 절세
② **동거주택상속공제의 활용** : 실제 피상속인과 동거한 무주택자이고 직계비속인 상속인
③ 손자(손녀)에게 직접 상속하는 방법 검토
④ 협의분할 후 재산재분할의 검토

(5) 상속재산에 대한 저당권 설정 시 주의할 것

(6) 전문가의 검증

① 상속공제 종합한도의 검토
② 재산재분할에 대한 검토
③ 상속개시 후 6개월 내에 부동산 처분 시 주의할 것
④ **고액상속인의 재산사후관리 검토** : 상속재산가액 30억원 이상 → 5년간 사후관리

3. 증여설계

(1) 현행 상증법상 증여 관련 규정의 특징
① 상속세와 세율이 같음
② 증여는 상속과 달리 공제폭이 작고 공제의 종류도 작음
③ 증여는 수증자별 및 증여자별로 과세
④ 동일인으로부터의 재차증여는 10년간 합산 계산
⑤ 증여세신고기한 내에 증여재산을 반환하면 증여가 없었던 것으로 간주
⑥ 민법상 증여가 아니지만 세법상 증여로 간주하는 규정이 있음
⑦ 재산취득자금을 소명하지 못하면 증여로 추정

(2) 충분한 시간을 두고 10년 단위로 증여할 것

(3) 증여는 수증자별, 증여자별로 과세되는 것을 활용할 것 → 명의분산

(4) 세대생략증여를 활용할 것

(5) 저평가된 재산을 증여할 것

(6) 증여재산의 반환도 고려할 것

(7) 증여세 과세특례 규정의 활용
① **가업승계에 대한 과세특례** : 18세 이상인 거주자가 가업을 10년 이상 계속 경영한 60세 이상 부모로부터 해당 가업 승계 목적으로 주식 or 출자지분을 증여받아 가업을 승계하면 증여세 과세가액(600억원 한도)에서 10억원을 공제하고 10%(과표 120억 초과분 20%)의 낮은 세율로 증여세 과세 후, 증여한 부모가 사망한 경우 증여 당시 가액을 증여시기와 관계없이 상속재산에 가산하면서 상속세로 정산
② **창업자금에 대한 과세특례** : 18세 이상인 거주자가 중소기업 창업 목적으로 60세 이상 부모로부터 창업자금을 증여받는 경우 증여세 과세가액(50억원 한도 단, 창업을 통해 10명 이상 신규 고용한 경우 100억원 한도)에서 5억원을 공제하고 10%의 낮은 세율로 증여세 과세 후, 증여한 부모가 사망한 경우 증여 당시 가액을 증여시기와 관계없이 상속재산에 가산하면서 상속세로 정산

(8) 배우자 증여공제액(6억원)의 활용
배우자로부터 증여받은 부동산 등 양도는 반드시 10년이 지난 후에 양도해야 함에 주의(배우자등 이월과세)

(9) 부담부증여의 활용

(10) 전문가의 검증을 받도록 할 것

적중문제

01 상속세와 증여세의 비교 설명이 적절하지 않은 것은?

중요도 ●●○
① 상속세의 과세방법은 유산세방식이고, 증여세의 과세방법은 유산취득세방식이다.
② 피상속인이 거주자인 경우 국내외 모든 재산이 상속세 과세대상이고, 수증자가 거주자 또는 비영리 내국법인인 경우 국내외 모든 재산이 증여세 과세대상이다.
③ 상속세 납세의무자는 상속인이고, 증여세 납세의무자는 수증자이다.
④ 세율은 상속세와 증여세가 동일하다.
⑤ 상속세는 세대생략 시 할증과세 30%(또는 40%) 제도가 있으나 증여세는 세대생략 할증과세 제도가 없다.

[해설]
세대생략 시 할증과세는 상속세와 증여세의 공통점이다.

02 상속세와 증여세에 공통적으로 적용되는 내용에 해당하지 않는 것은?

중요도 ●○○
① 신고세액공제
② 분 납
③ 세 율
④ 금융재산공제
⑤ 세대생략 할증과세

[해설]
금융재산공제는 상속세에서만 적용하는 제도이다.

03 상속세 부담을 완화하기 위한 상속설계에 대한 설명으로 적절하지 않은 것은?

중요도 ●●●
① 고액재산가인 경우 사전증여는 최대한 많이 할수록 좋다.
② 상대적으로 저평가된 재산을 미리 증여하게 되면 10년 이내에 상속이 이루어져 상속재산에 합산하더라도 상속세를 절세할 수 있다.
③ 상속재산이 10억원 이하인 경우는 사전증여를 하면 안 된다.
④ 피상속인의 임종이 임박할 때에는 피상속인의 예금계좌에서 예금을 인출하여 현금으로 보관한다.
⑤ 상속이 이루어지면 배우자는 법정지분까지 상속을 받는 것이 상속세를 줄이는 길이다.

[해설]
피상속인의 임종이 임박할 때 피상속인의 예금계좌에서 예금을 인출하여서는 안 된다. 피상속인의 사망 직전 예금을 인출하게 되면 그 사용처를 밝혀야 할 뿐만 아니라 금융재산공제 대상에서도 제외되는 것에 유의할 필요가 있다.

정답 01 ⑤ 02 ④ 03 ④

04 창업자금에 대한 과세특례를 설명한 것으로 적절하지 않은 것은?

① 증여세 과세가액(30억원 한도)에서 5억원을 공제하고 20%의 세율로 증여세를 과세한다.
② 증여한 부모가 사망한 경우에는 증여 당시의 가액을 증여시기와 관계없이 상속재산에 가산하면서 상속세로 정산한다.
③ 60세 이상의 부모가 증여하여야 하고, 수증자는 18세 이상이어야 한다.
④ 창업자금은 현금(예금 포함)증여를 원칙으로 한다.
⑤ 수증자는 중소기업을 창업하여야 한다.

[해설]
18세 이상인 거주자가 중소기업을 창업할 목적으로 60세 이상의 부모로부터 창업자금을 증여받는 경우에 증여세 과세가액(50억원 한도 단, 창업을 통하여 10명 이상을 신규 고용한 경우에는 100억원 한도)에서 5억원을 공제하고 10%의 낮은 세율로 증여세를 과세한 후, 증여한 부모가 사망한 경우에는 증여 당시의 가액을 증여시기와 관계없이 상속재산에 가산하면서 상속세로 정산한다.

[핵심 CHECK]

창업자금에 대한 과세특례의 요건
- 60세 이상의 부모가 증여해야 하고, 수증자는 18세 이상
- 창업자금은 현금(예금 포함)증여가 원칙
- 수증자는 중소기업을 창업해야 함
- 창업자금을 증여받은 수증자는 증여일로부터 2년 이내에 창업해야 함
- 수증자는 증여일로부터 4년 이내에 창업자금을 모두 목적에 맞게 사용해야 함

05 고액자산가에 대한 상속설계 및 증여설계에 대한 설명으로 적절하지 않은 것은?

① 보유기간이 오래되어 양도차익이 큰 부동산, 특히 토지는 처분하지 않고 상속재산으로 남겨 둔다.
② 피상속인의 사망 직전 예금을 최대한 인출하여 현금으로 보관한다.
③ 할증과세액을 부담하더라도 손자나 손녀에게 직접 상속을 하는 것이 유리한 경우도 있다.
④ 상속개시 후 6개월 내에 부동산 처분 시 그 처분가액을 시가로 보는 세법의 특례규정이 있으므로 주의해야 한다.
⑤ 부담부증여를 활용하고 전문가의 검증을 받도록 한다.

[해설]
피상속인의 임종이 임박할 때 피상속인의 예금계좌에서 예금을 인출하여서는 안 된다. 피상속인의 사망 직전 예금을 인출하게 되면 그 사용처를 밝혀야 할 뿐만 아니라 금융재산공제 대상에서도 제외되는 것에 유의할 필요가 있다.

CHAPTER 05
취득세 · 재산세 · 종합부동산세

출제경향 및 학습전략

- 취득세 과세표준 산정방식과 사실상의 취득가액에 의하는 경우에 대해 반드시 암기하고, 신고 및 납부기한에 대한 암기도 필요합니다.
- 재산세 과세대상과 주택, 토지, 건축물 각각의 납부기한에 대해 반드시 암기해야 합니다.
- 종합부동산세는 과세기준금액에 따른 납세의무자와 납부방식에 대한 이해가 필요합니다.

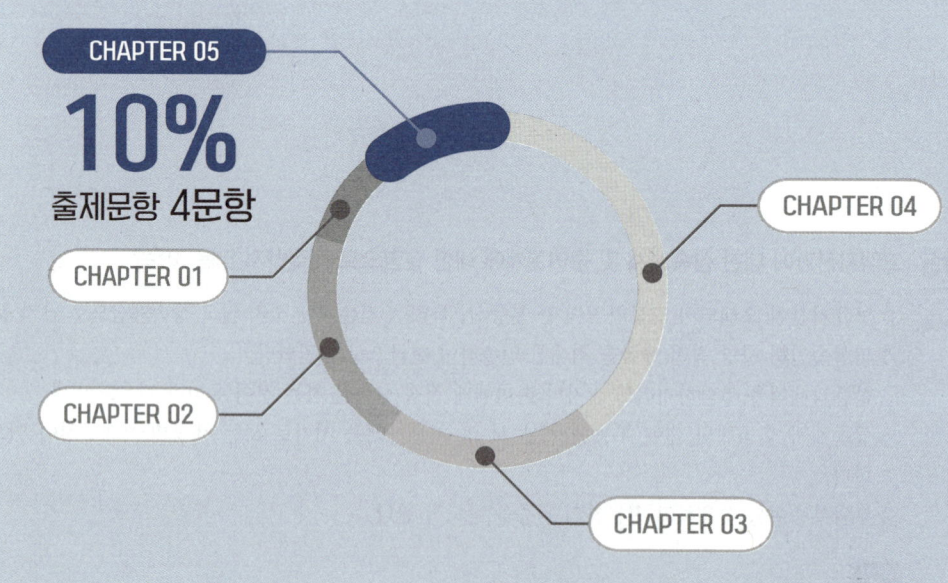

핵심테마	핵심개념	빈출도
01	취득세	★★☆
02	재산세	★★★
03	종합부동산세	★★☆
04	부동산 취득세와 보유세의 절세방안	★★★

핵심테마 01 취득세

출제포인트
- 취득세 과세대상
- 취득의 시기
- 취득세 과세표준

1. 과세대상

토지, 건축물, 차량, 기계장비, 입목, 항공기, 선박, 광업권, 어업권, 양식업권, 골프회원권, 콘도미니엄 회원권, 승마회원권, 요트회원권 및 종합체육시설 이용회원권 취득에 대해 당해 취득물건 소재지의 도에서 그 취득자에게 과세

2. 취득의 시기

(1) 유상승계취득

① **국가·지방자치단체 등으로부터의 유상취득, 해외 수입에 의한 유상취득, 판결문·법인장부 등에 의해 취득가격이 입증되는 유상취득 및 공매방법에 의한 유상취득** : 사실상 잔금지급일, 사실상 잔금지급일 전에 등기 or 등록이 이행된 경우 그 등기일 or 등록일

② **그 외 유상승계취득** : 계약상 잔금지급일(계약상 잔금지급일이 명시되지 않은 경우 계약일로부터 60일이 경과한 날), 계약상 잔금지급일 전에 등기 or 등록이 이행된 경우 그 등기일 or 등록일

(2) 무상승계취득

그 계약일(상속 or 유증으로 인한 취득의 경우 상속 or 유증개시일), 그 계약일 전에 등기 or 등록이 이행된 경우 그 등기일 or 등록일

(3) 기타의 경우

① **건축 중인 건축물** : 그 사용승인서 교부일(그 이전에 임시사용승인을 받은 경우 임시사용승인일)과 사실상의 사용일 중 빠른 날

② **연부취득** : 그 사실상 연부금(매회 사실상 지급되는 금액을 말하며, 취득금액에 포함되는 계약보증금 포함) 지급일, 취득일 전에 등기 or 등록을 한 경우 그 등기일 or 등록일

③ **토지 지목변경 등** : 토지 지목이 사실상 변경된 날과 공부상 변경된 날 중 빠른 날(단, 지목변경일 전에 사용하는 부분에 대하여는 그 사실상 사용일)

3. 취득세 과세표준

(1) 원 칙

취득 당시 가액(= 취득자가 신고한 가액), 신고가 없거나 신고가액이 지방세법상 시가표준액에 미달하는 경우 시가표준액

(2) 사실상의 취득가액에 의하는 경우

① 국가 · 지방자치단체 및 지방자치단체조합으로부터의 취득
② 외국으로부터의 수입에 의한 취득
③ 판결문 · 법인장부에 의하여 실제 취득가격이 입증되는 취득
④ 공매방법에 의한 유상취득
⑤ 공인중개사의 업무 및 부동산 거래신고에 관한 법률에 의한 신고서를 제출하여 검증이 이루어진 취득

(3) 기타의 경우

① **지목변경** : 토지 지목변경으로 인해 증가한 가액, 즉 지목이 사실상 변경된 때를 기준으로 하여 지목변경 전의 시가표준액과 지목변경 후의 시가표준액의 차액
② **연부취득** : 그 사실상 연부금(매회 사실상 지급되는 금액을 말하며, 취득금액에 포함되는 계약보증금 포함)

4. 납부 및 가산세

(1) 세 율

① **부동산 표준세율(종전의 취득세율 + 등록세율)** : 4%(농특세 등 불포함)
② **중과기준세율(종전의 취득세율)** : 2%(농특세 등 불포함)

(2) 신고 및 납부기한

취득일로부터 60일[상속취득은 상속개시일이 속하는 달의 말일로부터, 실종취득은 실종선고일이 속하는 달의 말일로부터 각각 6개월(납세자가 외국에 주소를 둔 경우는 각각 9개월)]

(3) 취득세 면세점 : 취득가액 50만원 이하인 경우

(4) 가산세

① **일반가산세** : 신고불성실가산세 20%, 납부불성실가산세 1일당 2.2/1만
② **중가산세** : 취득세 과세물건을 사실상 취득한 후 취득세를 신고하지 않고 매각한 때 미납부세액의 80%를 가산한 금액을 중가산세로 징수

적중문제

01 취득세 과세대상에 해당하지 않는 것은?

① 토 지
② 차 량
③ 기계장비
④ 특허권
⑤ 콘도미니엄 회원권

해설
취득세는 토지, 건축물, 차량, 기계장비, 입목, 항공기, 선박, 광업권, 어업권, 양식업권, 골프회원권, 콘도미니엄 회원권, 승마회원권, 요트회원권 및 종합체육시설 이용회원권의 취득에 대하여 당해 취득물건 소재지의 도에서 그 취득자에게 과세한다.

02 취득세 납세의무가 성립하는 취득의 시기에 대한 다음 설명 중 ㈎~㈏에 들어갈 내용이 적절하게 연결된 것은?

- 취득일로부터 (가) 이내에 취득세를 신고·납부하도록 하고 있고, 동 기일까지 신고·납부하지 않을 때에는 가산세를 부담하도록 하고 있어 취득시기의 판정은 대단히 중요한 의미를 가지고 있다.
- 일반적인 유상승계취득인 경우에는 계약상의 잔금지급일, 계약상 잔금지급일이 명시되지 아니한 경우에는 계약일로부터 (나)이 경과한 날, 계약상의 잔금지급일 전에 등기 또는 등록이 이행된 경우에는 그 등기일 또는 등록일에 취득한 것으로 본다.

	가	나
①	60일	60일
②	60일	3개월
③	6개월	60일
④	6개월	3개월
⑤	9개월	60일

해설
- 취득일로부터 60일 이내에 취득세를 신고·납부하도록 하고 있고, 동 기일까지 신고·납부하지 않을 때에는 가산세를 부담하도록 하고 있어 취득시기의 판정은 대단히 중요한 의미를 가지고 있다.
- 일반적인 유상승계취득인 경우에는 계약상의 잔금지급일(계약상 잔금지급일이 명시되지 아니한 경우에는 계약일로부터 60일이 경과한 날), 계약상의 잔금지급일 전에 등기 또는 등록이 이행된 경우에는 그 등기일 또는 등록일에 취득한 것으로 본다.

정답 01 ④ 02 ①

03 취득세 납세의무가 성립하는 취득의 시기가 적절하지 않게 연결된 것은?

① 국가·지방자치단체 등으로부터의 유상취득 : 사실상의 잔금지급일, 사실상의 잔금지급일 전에 등기 또는 등록이 이행된 경우에는 그 등기일 또는 등록일
② 무상승계취득 : 그 계약일, 그 계약일 전에 등기 또는 등록이 이행된 경우에는 그 등기일 또는 등록일
③ 건축 중인 건축물 : 그 사용승인서 교부일, 임시사용승인일, 사실상의 사용일 중 빠른 날
④ 연부취득 : 그 사실상의 연부금(취득금액에 포함되는 계약보증금 제외) 지급일
⑤ 토지 지목변경 : 토지의 지목이 사실상 변경된 날, 공부상 변경된 날, 그 사실상의 사용일 중 빠른 날

> **해설**
> 연부취득의 경우 그 사실상의 연부금(매회 사실상 지급되는 금액을 말하며, 취득금액에 포함되는 계약보증금 포함) 지급일에 취득한 것으로 보며, 취득일 전에 등기 또는 등록을 한 경우에는 그 등기일 또는 등록일에 취득한 것으로 본다.

04 취득세가 완전 비과세 또는 완전 감면되는 것이 아닌 것은?

① 국가·지방자치단체 등의 취득에 대한 비과세
② 신탁법에 따라 신탁등기가 병행되는 신탁재산의 취득으로서 위탁자와 신탁자 간에 신탁재산을 서로 이전하는 경우에 대한 비과세
③ 천재·지변·소실·도괴, 기타 불가항력으로 인하여 멸실 또는 파손된 경우 2년 이내에 이를 복구하기 위하여 건축 또는 개수하거나 대체취득하는 경우
④ 법령에 의하여 토지 등을 수용할 수 있는 사업인정을 받은 자에게 부동산 등이 매수 또는 수용되거나 철거된 자가 그 보상금을 마지막으로 받은 날로부터 1년 이내에 대체 부동산 등을 취득한 때
⑤ 1가구 1주택 및 그 부속토지의 상속으로 인한 취득

> **해설**
> 형식적인 소유권 취득에 해당하는 1가구 1주택 및 그 부속토지의 상속으로 인한 취득(지방세법상 고급주택은 제외하며 배우자와 미혼인 30세 미만 직계비속은 동일한 주민등록에 등재되지 않더라도 동일가구로 봄), 법인합병의 경우, 민법 제839조의2 등에 따른 재산분할로 인한 취득, 환매등기를 병행하는 부동산의 매매로서 환매기간 내에 매도자가 환매한 경우의 그 매도자와 매수자의 취득에 대하여는 표준세율에서 중과기준세율(종전의 취득세율)을 뺀 세율을 적용하여 취득세를 과세한다.

05 취득세 과세표준을 사실상의 취득가액에 의하는 경우에 해당되지 않는 것은?

① 국가로부터의 취득
② 외국으로부터의 수입에 의한 취득
③ 법인장부에 의하여 실제 취득가격이 입증되는 취득
④ 공매방법에 의한 유상취득
⑤ 공인중개사의 중개로 이루어진 취득

> **해설**
> 공인중개사의 업무 및 부동산 거래신고에 관한 법률 제27조에 의한 신고서를 제출하여 동법 제28조에 의하여 검증이 이루어진 취득에 대하여는 사실상의 취득가액을 과세표준으로 한다.

정답 03 ④ 04 ⑤ 05 ⑤

06 취득세 과세표준에 대한 설명으로 가장 적절한 것은?

① 취득세 과세표준은 무조건 실거래가에 의한다.
② 취득세 과세표준은 지방세법상 시가표준액에 의한다.
③ 국가 등으로부터의 취득에 대하여는 사실상의 취득가액과 시가표준액 중 작은 금액을 과세표준으로 한다.
④ 공매방법에 의한 유상취득의 경우 시가표준액을 과세표준으로 한다.
⑤ 토지의 지목변경으로 인하여 증가한 가액, 즉 지목이 사실상 변경된 때를 기준으로 하여 지목변경 전의 시가표준액과 지목변경 후의 시가표준액의 차액을 과세표준으로 한다.

해설
- 취득세 과세표준은 취득 당시의 가액이고, 취득 당시의 가액은 취득자가 신고한 가액에 의한다. 그러나 신고가 없거나 신고가액이 지방세법상 시가표준액에 미달하는 경우에는 시가표준액에 의한다.
- 국가·지방자치단체 및 지방자치단체조합으로부터의 취득, 외국으로부터의 수입에 의한 취득, 판결문·법인장부 등에 의하여 실제 취득가격이 입증되는 취득, 공매방법에 의한 유상취득, 공인중개사의 업무 및 부동산 거래신고에 관한 법률 제27조에 의한 신고서를 제출하여 동법 제28조에 의하여 검증이 이루어진 취득에 대하여는 사실상의 취득가액을 과세표준으로 한다(무상취득 제외).

07 취득 부대비용 중 취득세 과세표준에 포함되지 않는 것은?

① 건설자금에 충당한 차입금의 이자 또는 이와 유사한 금융비용
② 농지보전부담금, 대체산림자원조성비 등 법령상 의무적 부담비용
③ 취득대금 외에 당사자의 약정에 따른 취득자 조건부담액과 채무인수액
④ 부동산을 취득하는 경우 주택법에 따라 매입한 국민주택채권을 해당 부동산 취득 이전에 양도함으로써 발생하는 매각차손
⑤ 매입 부가가치세

해설
매입 부가가치세는 매출 부가가치세에서 공제받기 때문에 실질적으로 지급하였거나 지급하여야 할 취득가격에 해당하지 아니하므로 과세표준에서 제외된다.

08 취득세에 대한 설명으로 적절하지 않은 것은?

① 취득세는 도세이므로 당해 취득세 과세물건의 소재지를 관할하는 도와 특별시·광역시에서 그 취득자에게 부과한다.
② 상속받은 부동산의 경우 취득세가 비과세된다.
③ 별장, 골프장, 고급주택 등 사치성재산의 취득은 표준세율 + 중과기준세율의 4배인 12%의 세율이 적용된다.
④ 취득세 과세물건을 취득한 자는 취득일로부터 60일 이내에 취득사실을 신고하고 취득세를 자진 납부하여야 한다.
⑤ 취득세 신고 및 납부기한을 넘기는 경우 신고불성실가산세와 납부불성실가산세를 추징한다.

해설
상속받은 부동산의 경우에도 취득세가 부과된다. 농지의 경우 2.56%(농특세 등 포함), 농지 외의 부동산의 경우 3.16%(농특세 등 포함)의 취득세율이 적용된다.

정답 06 ⑤ 07 ⑤ 08 ②

핵심테마 02 재산세

출제포인트
- 과세대상 및 납세의무자
- 납부기한
- 재산세 세부담 상한선

1. 과세대상 및 납세의무자

재산세 과세기준일(매년 6월 1일) 현재 토지, 건축물, 주택, 선박 및 항공기를 사실상 보유하고 있는 자

2. 납부기한

① **주택** : 재산세 산출세액 1/2은 매년 7월 16일부터 7월 31일까지 1차로 납부하고, 나머지 1/2의 세액은 매년 9월 16일부터 9월 30일까지 납부(단, 재산세 부과세액이 20만원 이하인 경우 7월 16일부터 7월 31일까지 한꺼번에 부과·징수 가능)

② **주택 외의 건물** : 매년 7월 16일부터 7월 31일까지 산출세액 100%를 한꺼번에 납부

③ **주택 부속토지 외의 토지** : 매년 9월 16일부터 9월 30일까지 산출세액 100%를 한꺼번에 납부

3. 과세표준 및 세액

(1) 토지

종합합산 과세대상, 별도합산 과세대상 및 분리 과세대상의 3가지로 구분해 각각 세율을 적용하되, 토지 소유자별로 동일 시·군·구 관할 구역 안에 소재하는 토지를 종합합산 or 별도합산하여 과세표준을 산정한 후 세율 적용

핵심 CHECK

토지
- 종합합산 과세대상 : 별도합산 및 분리 과세대상 토지를 제외한 토지
- 별도합산 과세대상 : 건축물의 부속토지 등
- 분리 과세대상
    - 저율분리 과세대상 : 공장용지, 농지, 목장용지 등
    - 고율분리 과세대상 : 골프장용 토지 등

(2) 주택

① 주택별로 각각 세율 적용

② 주택을 2인 이상 공동 소유하거나 주택 토지와 건물 소유자가 다를 경우 당해 주택 통합 공시 가격을 기준으로 과세표준 및 세율 적용

③ 주택을 부부 공동 소유하더라도 납부해야 할 재산세는 단독 소유하는 경우와 동일
④ **재산세 분납** : 재산세 납부세액이 250만원을 초과하는 경우 납부세액 일부를 납부기한이 지난 날부터 3개월 이내에 분할 납부 가능

4. 재산세 세부담 상한선 : 150%

적중문제

01 재산세 과세대상에 해당하지 않는 것은?

중요도 ●●○

① 토 지
② 건축물
③ 주 택
④ 선 박
⑤ 자동차

[해설]
재산세 과세기준일(매년 6월 1일) 현재 토지, 건축물, 주택, 선박 및 항공기를 사실상 보유하고 있는 자는 재산세를 납부할 의무가 있다.

02 재산세 과세기준일과 토지에 대한 재산세 납부기한이 적절하게 연결된 것은?

중요도 ●●●

	재산세 과세기준일	토지에 대한 재산세 납부기한
①	5월 1일	7.16.~7.31.
②	5월 1일	9.16.~9.30.
③	6월 1일	7.16.~7.31.
④	6월 1일	9.16.~9.30.
⑤	7월 1일	9.16.~9.30.

[해설]
재산세 과세기준일은 매년 6월 1일이고, 주택 부속토지 외의 토지는 매년 9월 16일부터 9월 30일까지 산출세액의 100%를 한꺼번에 납부한다.

정답 01 ⑤ 02 ④

03 가장 높은 재산세 세율이 적용되는 부동산으로 적절한 것은?

① 건축물의 부속토지
② 공장용지
③ 농 지
④ 골프장용 토지
⑤ 주 택

> 해설
> • 건축물의 부속토지 등은 별도합산 과세대상 토지이다.
> • 공장용지, 농지, 목장용지 등은 저율분리 과세대상 토지이다.
> • 골프장용 토지 등은 고율분리 과세대상 토지이다.

04 재산세에 대한 설명으로 적절하지 않은 것은?

① 재산세 과세기준일 현재 토지, 건축물, 주택, 선박 및 항공기를 사실상 보유하고 있는 자는 재산세를 납부할 의무가 있다.
② 재산세 과세기준일은 매년 6월 1일이다.
③ 재산세의 납세지는 과세대상 부동산의 소재지를 관할하는 시 · 군 · 구이다.
④ 주택 부속토지 외의 토지는 매년 9월 16일부터 9월 30일까지 산출세액의 100%를 한꺼번에 납부한다.
⑤ 주택을 부부 공동으로 소유할 경우 재산세 절세효과가 있다.

> 해설
> 주택은 토지와 달리 합산하지 않고 주택별로 각각 세율을 적용한다. 또한 주택을 2인 이상이 공동으로 소유하거나 주택의 토지와 건물의 소유자가 다를 경우에는 당해 주택을 통합하여 공시한 가격을 기준으로 과세표준 및 세율을 적용한다. 따라서 주택을 부부 공동으로 소유하더라도 납부하여야 할 재산세는 단독 소유하는 경우와 동일하다.

05 재산세에 대한 설명으로 적절하지 않은 것은?

① 재산세 과세기준일은 매년 6월 1일이다.
② 주택은 매년 12월 1일부터 12월 15일까지 산출세액의 100%를 한꺼번에 납부한다.
③ 주택 외의 건물은 매년 7월 16일부터 7월 31일까지 산출세액의 100%를 한꺼번에 납부한다.
④ 주택 부속토지 외의 토지는 매년 9월 16일부터 9월 30일까지 산출세액의 100%를 한꺼번에 납부한다.
⑤ 당해 재산에 대한 재산세의 산출세액이 직전 연도의 당해 재산에 대한 재산세액 상당액의 150%를 초과하는 경우에는 150%에 해당하는 금액을 당해 연도에 징수할 세액으로 한다.

해설

재산세 산출세액의 1/2은 매년 7월 16일부터 7월 31일까지 1차로 납부하고, 나머지 1/2의 세액은 매년 9월 16일부터 9월 30일까지 납부한다. 다만 재산세 부과세액이 20만원 이하인 경우에는 7월 16일부터 7월 31일까지로 하여 한꺼번에 부과·징수할 수 있다.

핵심테마 03 종합부동산세

출제포인트
- 과세대상 및 납세의무자
- 종합부동산세 부과·징수

1. 종합부동산세의 개요

(1) 과세대상 및 납세의무자

재산세 과세대상 재산 중 주택과 토지 → 매년 6월 1일(과세기준일) 현재 종합부동산세 과세 기준금액을 초과하여 주택과 토지를 보유하고 있는 개인 or 법인(법인주택은 종합부동산세 과세 기준금액 없음)

(2) 과세구분 및 세액

> 종합부동산세 = 토지분 종합부동산세액 + 주택분 종합부동산세액
> = (종합합산 토지세액 + 별도합산 토지세액) + 주택분 종합부동산세액

2. 토지에 대한 과세

(1) 과세기준금액

과세대상	과세기준금액	합산방법
종합합산과세대상 토지(나대지 등)	5억원	인별 합산
별도합산과세대상 토지(건축물 부속토지 등)	80억원	

(2) 세부담 상한선 : 150%(종합합산 및 별도합산 토지별로 각각 계산)

3. 주택에 대한 과세

(1) 과세기준금액

과세대상	과세기준금액	합산방법
주 택	9억원 (단독명의 1세대 1주택자 12억원)	인별 합산

※ 임대주택 합산배제 신고서를 제출한 임대주택, 모든 어린이집용 주택, 종업원 주거 제공을 위한 기숙사 및 사원용 주택, 주택건설업자가 건축하고 소유하고 있는 미분양주택, 주택건설사업자 등의 취득 후 3년 이내 멸실 예정 주택 등은 합산대상에서 제외

(2) 공제세액

다음의 ②와 ③은 단독 명의로 소유한 1세대 1주택자에 한해 공제율 합계 80% 범위 내에서 중복 공제
① 재산세 이중계산분 공제
② 단독명의 1세대 1주택자 고령자 세액공제
③ 단독명의 1세대 1주택자 장기보유 세액공제

(3) 공동명의 1주택자의 납세의무 등에 관한 특례

① 공동명의로 종합부동산세 과세 기준금액(9억원)을 각각 공제받아 납부하는 방법과 ② 부부 중 1인을 단독명의 1주택자로 신청하여 12억원의 과세기준금액과 고령자 및 장기보유 세액공제를 적용받아 납부하는 방법 중에 절세 여부를 비교해보고 유리한 쪽으로 납부방법 결정

(4) 세부담 상한선

150%(납세의무자가 법인인 경우 세부담 상한선 미적용)

4. 종합부동산세 부과·징수 등

(1) 부과·징수 등

① 부과·징수가 원칙이지만, 신고납부방식으로 납부 가능
② **신고납부 기한** : 당해 연도 12월 1일부터 12월 15일까지

(2) 분납

납부해야 할 세액이 250만원을 초과하는 경우 6개월 이내에 분납 가능

적중문제

01 종합부동산세 과세대상으로 모두 묶인 것은?
중요도 ●●○

> 가. 주 택
> 나. 나대지
> 다. 임대용 건축물의 부속토지
> 라. 농지 및 임야
> 마. 골프장용 토지

① 가, 나, 다
② 가, 나, 마
③ 가, 라, 마
④ 나, 다, 라
⑤ 다, 라, 마

해설
종합부동산세 과세대상은 입법목적에 따라 납세의무자 개인별로 주택과 토지로 구분하여 판정하되, 토지는 종합합산 과세대상과 별도합산 과세대상으로 구분한다. 농지 및 임야 등은 저율분리 과세대상 토지이며, 골프장용 토지 등은 고율분리 과세대상 토지이다.

02 종합부동산세 과세대상 과세기준금액이 적절하게 연결된 것은?
중요도 ●○○

	주 택	단독명의 1세대 1주택자
①	5억원	12억원
②	5억원	9억원
③	9억원	12억원
④	9억원	9억원
⑤	12억원	5억원

해설
〈종합부동산세 과세대상 및 과세기준금액〉

과세대상	과세기준금액	합산방법
주 택	9억원(단독명의 1세대 1주택자 12억원)	인별 합산
종합합산과세대상 토지	5억원	
별도합산과세대상 토지	80억원	

정답 01 ① 02 ③

03 종합부동산세에 대한 설명으로 적절하지 않은 것은?

① 매년 6월 1일 현재 종합부동산세 과세 기준금액을 초과하여 주택과 토지를 보유하고 있는 개인 또는 법인(법인주택은 종합부동산세 과세 기준금액 없음)은 종합부동산세를 납부할 의무가 있다.
② 재산세 과세대상 중 분리 과세대상 토지와 건축물은 종합부동산세 과세대상에 해당하지 않는다.
③ 토지 및 주택에 대한 과세표준은 각각 인별로 합산하여 산정한다.
④ 단독명의 1세대 1주택자인 경우 과세기준일 현재 주택분 재산세 납세의무자로서 주택의 공시가격을 합한 금액이 9억원을 초과하는 자는 납세의무자가 된다.
⑤ 배우자와 공동명의 1주택자인 경우 공동명의로 종합부동산세 과세 기준금액을 각각 공제받아 납부하는 방법과 부부 중 1인을 단독명의 1주택자로 신청하여 납부하는 방법 중에 비교해보고 유리한 쪽으로 납부방법을 결정하는 것이 좋다.

해설
과세기준일 현재 주택분 재산세 납세의무자로서 주택의 공시가격을 합한 금액이 9억원(단독명의 1세대 1주택자는 12억원)을 초과하는 자는 납세의무자가 된다.

04 종합부동산세에 대한 설명으로 적절하지 않은 것은?

① 과세기준일 현재 주택분 재산세 납세의무자로서 주택의 공시가격을 합한 금액이 9억원을 초과하는 자는 납세의무자가 된다.
② 고령자 세액공제와 장기보유 세액공제는 단독명의로 소유한 1세대 1주택자에 한하며 공제율 합계 80% 범위 내에서 중복하여 공제한다.
③ 주택분 세부담 상한선은 300%이며, 납세의무자가 법인인 경우에는 세부담 상한선을 적용하지 않는다.
④ 종합부동산세는 부과·징수가 원칙이지만, 신고납부방식으로 납부하고자 하는 납세의무자는 종합부동산세의 과세표준과 세액을 당해 연도 12월 1일부터 12월 15일까지 관할 세무서장에게 신고하고 납부하여야 한다.
⑤ 납부하여야 할 세액이 250만원을 초과하는 경우 관할 세무서장은 그 세액의 일부를 납부기한 경과 후 6개월 이내에 분납하게 할 수 있다.

해설
주택분 종합부동산세 납세의무자가 해당 연도에 납부하여야 할 주택분 재산세액 상당액과 종합부동산세 상당액의 합계액이 해당 납세의무자에게 직전 연도에 해당 주택에 부과된 합계액의 150%를 초과하는 경우 그 초과하는 세액은 없는 것으로 한다. 다만, 납세의무자가 법인인 경우에는 세부담 상한선을 적용하지 않는다.

핵심테마 04 부동산 취득세와 보유세의 절세방안

> **출제포인트**
> ■ 부동산 취득세와 보유세의 절세방안

1. 부동산 취득세는 실제 취득금액을 기준으로 과세함

2. 서민주택은 취득세를 감면함

무주택자가 전용면적 40m² 이하 주거용 건축물 및 그 부속토지로서 취득가액 1억원 미만 주택을 취득함으로써 1가구 1주택자가 되는 경우 취득세를 2027.12.31.까지 면제(상속·증여 취득과 원시취득은 제외되며, 유주택자도 새 주택 취득일부터 60일 내에 종전 주택을 증여 외의 방법으로 매각함으로써 1가구 1주택자가 된 경우도 포함)

3. 부동산 양도에도 길일이 있음
① 재산세와 종합부동산세의 과세기준일은 매년 6월 1일로 동일
② 부동산 매매계약 잔금수령일을 5월 말 이전으로 정한다면 재산세와 종합부동산세 절세
③ 부동산을 취득하는 입장이라면 6월 2일 이후에 잔금을 지급해야 양도자에게 전가

4. 부동산을 부부 공동으로 취득·등기하면 이런 이익이 있음
① 취득세와 재산세는 단독으로 취득하나 공동으로 취득하나 관계없이 세액 동일
② **양도소득세와 종합부동산세 및 상속세 절세**
  ㉠ 양도소득세는 양도차익을, 상속세는 상속재산을 부부가 보유지분대로 분여 → 누진세율 구조에서의 세율을 낮게 적용받을 수 있기 때문에 절세 가능
  ㉡ 종합부동산세 : 부부 각각 인별로 종합부동산세 기준금액(예 주택은 9억원) 적용 → 부동산을 단독으로 보유하고 있는 것보다 공동으로 보유하는 것이 더 유리
③ 새로운 부동산 취득 시 배우자 간 증여세 면세점(매 10년마다 6억원)을 고려해 부부간 일정지분을 공동 등기하면 향후 제세금을 줄일 수 있어 유리

적중문제

01 재산세와 종합부동산세의 과세기준일로 가장 적절한 것은?

중요도
●●○

	재산세	종합부동산세
①	매년 1월 1일	매년 1월 1일
②	매년 1월 1일	매년 6월 1일
③	매년 6월 1일	매년 1월 1일
④	매년 6월 1일	매년 6월 1일
⑤	매년 12월 31일	매년 12월 31일

해설
재산세와 종합부동산세의 과세기준일은 매년 6월 1일로 동일하다.

02 부동산을 취득할 때 부부 공동으로 취득 및 등기하면 절세되는 세금으로 모두 묶인 것은?

중요도
●●●

① 양도소득세, 종합부동산세, 상속세
② 양도소득세, 종합부동산세, 재산세
③ 양도소득세, 종합부동산세, 상속세, 재산세
④ 양도소득세, 상속세, 취득세, 재산세
⑤ 양도소득세, 종합부동산세, 상속세, 취득세, 재산세

해설
부동산을 취득할 때 부부 공동으로 취득 및 등기하면 양도소득세와 종합부동산세 및 상속세가 절세된다. 취득세와 재산세는 단독으로 취득하나 공동으로 취득하나 관계없이 세액이 동일하다. 양도소득세는 양도차익을, 상속세는 상속재산을 부부가 보유지분대로 분여하므로 누진세율 구조에서의 세율을 낮게 적용받을 수 있기 때문에 절세가 가능하다. 종합부동산세 역시 부부 각각 인별로 종합부동산세 기준금액(예 주택은 9억원)을 적용받기 때문에 부동산을 단독으로 보유하고 있는 것보다 공동으로 보유하는 것이 더 유리한 것이다. 따라서 새로운 부동산을 취득할 때는 배우자 간의 증여세 면세점(매 10년마다 6억원)을 고려하여 꼭 1/2의 지분이 아니더라도 부부간에 일정지분을 공동으로 등기하면 향후의 제세금을 줄일 수 있어 유리하다.

03 고가주택을 부부 공동으로 취득·등기하여 월세로 임대료를 받을 경우 절세 가능한 세금으로 적절하지 않은 것은?

중요도
●●○

① 종합소득세　　　　　　　　　　② 상속세
③ 양도소득세　　　　　　　　　　④ 취득세
⑤ 종합부동산세

해설
취득세와 재산세는 단독으로 취득하나 공동으로 취득하나 관계없이 세액이 동일하다.

정답 01 ④　02 ①　03 ④

03 PART

보험 및 은퇴설계

CHAPTER 1 보험설계

CHAPTER 2 은퇴설계

CHAPTER 01
보험설계

출제경향 및 학습전략

- 위험과 보험에서는 위험관리기법의 선택, 보험의 기본원칙, 보험료의 구성원리, 보험계약의 체결과 관련한 내용을 묻는 문제가 출제되고 있습니다.
- 연금보험, 유니버셜보험, 변액보험 등 생명보험 상품과 상해보험, 질병보험 등 제3보험, 주택화재보험, 자동차보험 등 손해보험에 대한 난이도 있는 문제가 꾸준히 출제되고 있기 때문에 주요 보험상품에 대한 깊이 있는 이해가 필요합니다.
- 보험상담 프로세스 순서를 나열하는 문제와 각 단계별 내용에 대해 묻는 문제도 꾸준히 출제되므로 이에 대한 대비도 필요하겠습니다.

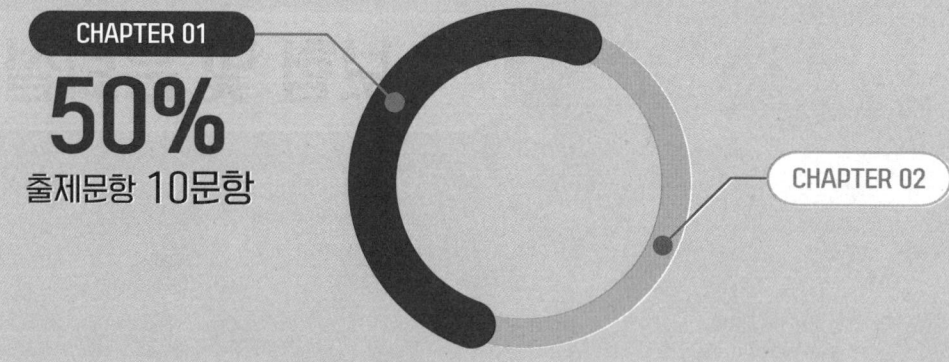

CHAPTER 01
50%
출제문항 10문항

CHAPTER 02

핵심테마	핵심개념	빈출도
01	보험의 필요성	★☆☆
02	위험관리	★★★
03	보험의 원리	★★★
04	보험계약법	★★☆
05	보험약관	★★☆
06	생명보험 상품의 구성 및 분류	★★★
07	생명보험 상품	★★★
08	제3보험	★★★
09	화재보험	★★★
10	특종보험	★☆☆
11	장기손해보험	★★☆
12	자동차보험	★★★
13	공적보장제도	★★☆
14	금융세제	★★☆
15	상속증여세제	★★☆
16	보험상담 프로세스	★★★
17	특정시장 발굴	★★☆

핵심테마 01 보험의 필요성

> **출제포인트**
> - 라이프 사이클
> - 위험의 확인

1. 보험의 필요성

〈개인 및 가족의 재정적 안정을 위해 해결해야 할 문제〉

① 질병이나 사고로 인해 주소득자의 소득이 중단되더라도 생활이 이어질 수 있도록 준비
② 주택의 화재나 사업체에서의 배상책임사고 등 언제 발생할지 모르는 재산위험이나 배상책임위험에 대비
③ 자녀들의 대학 교육비나 은퇴 후 생활자금 등 인생의 주요 이벤트에 대비하기 위한 저축

2. 불확정적 사건(위험)

구분	내용
인적위험	• 주된 소득자의 조기사망 • 가족구성원의 질병과 상해 • 부모 or 배우자의 노후간병
재산위험	• 부동산, 동산의 직접손해(화재, 도난 등) • 임시 거주비용, 영업손실 등의 간접손해
배상책임위험	• 부동산, 동산(자동차 등) 소유에 따른 배상책임위험 • 직업 or 사업활동에 따른 배상책임위험 • 일상활동에 따른 배상책임위험

3. 위험의 구분

구분	내용
치명적 위험	• 개인을 파산으로 이끌 수 있는 잠재적 손실의 노출 예 조기사망, 장기생존, 주택의 화재, 배상책임위험
중요한 위험	• 손실을 회복하기 위해서는 외부 자금을 차입해야 하는 위험 예 실업이나 별장의 화재, 자동차의 파손 등
일반적 위험	• 현재의 소득이나 자산으로 보전할 수 있는 손실의 노출 예 유리창의 파손 등

적중문제

01 보험이 필요한 이벤트로서 적절하지 않은 것은?

① 주된 소득자의 조기사망
② 가족구성원의 질병과 상해
③ 주택의 화재
④ 사업체에서의 배상책임사고
⑤ 배우자의 대학 교육비

해설
자녀들의 대학 교육비나 은퇴 후 생활자금 등 인생의 주요 이벤트에 사용하기 위한 저축도 해야 한다.

02 다음에서 설명하는 의미의 용어로 가장 적절한 것은?

> 사람의 생애는 일반적으로 출생·성장·결혼·육아·노후의 단계를 거치는데, 이러한 단계적 변화를 (　　)이라고 한다.

① 인생설계
② 위험설계
③ 라이프 사이클
④ 위험관리
⑤ 생애설계

해설
사람의 생애는 일반적으로 출생·성장·결혼·육아·노후의 단계를 거치는데, 이러한 단계적 변화를 라이프 사이클(Life Cycle, 인생주기)이라고 한다.

03 위험의 확인에 대한 설명으로 적절하지 않은 것은?

① 위험확인 방법에는 질문표, 체크리스트, 플로우차트, 현장검사 등이 있다.
② 위험을 확인하는 가장 큰 목적은 무의식적인 위험보유를 최소화하는 것이다.
③ 잠재적 손실의 크기 및 발생 가능성에 따라 위험을 구분하고, 우선순위를 정해야 한다.
④ 심각한 위험은 그렇지 않은 위험에 비해 우선적으로 대비해야 한다.
⑤ 손실을 회복하기 위해서 외부 자금을 차입해야 하는 위험을 치명적 위험으로 구분한다.

해설
⑤는 중요한 위험으로 구분한다. 개인을 파산으로 이끌 수 있는 잠재적 손실의 노출은 치명적 위험으로 구분한다.

04 보험의 필요성에 대한 설명으로 적절하지 않은 것은?

① 불확실한 미래를 살아가는 현대인에게 보험은 비상시를 대비한 합리적 경제준비로서의 의미를 지닌다.
② 영업손실 등의 간접손해는 불확정적 사건으로 인적위험에 해당한다.
③ 대부분의 사람들이 가지고 있는 이벤트들의 달성수준은 개인마다 다를 수 있으나, 이벤트가 발생하기 전에 미리 계획해야 한다.
④ 위험확인 방법에는 질문표, 체크리스트, 플로우차트, 현장검사 등이 있다.
⑤ 개인을 파산으로 이끌 수 있는 잠재적 손실의 노출은 치명적 위험으로 구분한다.

해설
임시 거주비용, 영업손실 등의 간접손해는 불확정적 사건으로 재산위험에 해당한다.

정답 01 ⑤ 02 ③ 03 ⑤ 04 ②

핵심테마 02 위험관리

출제포인트
- 위험통제기법
- 손해통제기법
- 위험재무기법
- 위험관리기법의 선택

1. 위험관리기법

(1) 위험통제기법
① **위험회피** : 새로운 위험을 회피하거나, 기존의 위험을 제거하는 형식
② **위험보유** : 소극적 위험보유와 적극적 위험보유

(2) 손해통제기법
① **손해빈도통제** : 사고가 발생하기 전에 사고의 원인을 개선하여 발생빈도를 줄이는 것
② **손해강도통제** : 사고가 발생했을 때를 대비하여 피해규모를 줄이려는 노력
   예 건물에 화재경보기, 자동소화기 등을 설치하는 것 등

(3) 위험재무기법
① **자체조달**
   ㉠ 경상비의 활용
   ㉡ 별도의 위험기금 적립
② **외부조달**
   ㉠ 외부로부터의 차입
   ㉡ 보험가입

2. 위험관리기법의 선택

구 분		손해빈도	
		저	고
손해강도	고	외부조달(보험)	위험회피
	저	• 기법 필요 × • 경상비 등 활용 자체복구	• 손해빈도통제 • 위험재무 중 자체조달(경상비 활용)

적중문제

01 위험관리에 대한 설명으로 적절하지 않은 것은?

① 위험회피에 대한 예는 홍수가 자주 발생하는 지역에 공장신축을 포기하면 홍수라는 위험을 피할 수 있다.
② 위험보유도 위험관리기법에 해당한다.
③ 손해빈도통제를 효과적으로 수행하면 사고는 발생하지 않는다.
④ 손해통제기법으로는 건물에 화재경보기, 자동소화기 등을 설치하는 것 등이 있다.
⑤ 위험재무기법에는 경상비의 활용, 별도의 위험기금 적립과 같은 자체조달과 외부로부터의 차입, 보험가입과 같은 외부조달이 있다.

해설
손해빈도통제를 아무리 효과적으로 수행하더라도 사고는 발생할 수 있다. 따라서 사고가 발생했을 때를 대비하여 피해규모를 줄이려는 노력이 손해강도통제이다.

02 위험관리기법의 선택 시 위험 그 자체를 회피하는 위험회피기법으로 가장 적절한 것은?

① 고빈도 · 고강도 위험
② 저빈도 · 고강도 위험
③ 고빈도 · 저강도 위험
④ 저빈도 · 저강도 위험
⑤ 해당되는 위험이 없음

해설
개인과 기업의 생존을 위협할 수 있는 심각한 위험인 고빈도 · 고강도 위험의 경우 발생빈도를 낮추거나 손해강도를 낮추는 손해통제기법을 적용하기는 어려우며, 손해의 심각성으로 인해 위험재무기법을 적용하기도 어려우므로, 위험 그 자체를 회피하는 위험회피기법이 가장 바람직하다.

03 위험관리에 대한 설명으로 적절하지 않은 것은?

① 손해빈도통제를 위해서는 건물에 화재경보기, 자동소화기 등을 설치하는 것이 적절하다.
② 일상적인 소규모 손해를 복구하기 위한 자금으로는 경상비를 활용하는 것이 적절하다.
③ 빈도와 강도가 모두 높은 위험에 대해서는 위험 그 자체를 회피하는 위험회피기법이 가장 바람직하다.
④ 빈도는 낮으나 강도가 높은 위험의 경우 효과성 및 효율성 측면 모두에서 보험이 가장 바람직하다.
⑤ 빈도와 강도가 모두 낮은 위험은 특별한 위험통제기법이나 손해통제기법이 필요 없어 위험보유가 적합하다.

해설
건물에 화재경보기, 자동소화기 등을 설치하는 것 등 사고가 발생했을 때를 대비하여 피해규모를 줄이려는 노력은 손해강도통제이다. 손해빈도통제는 사고가 발생하기 전에 사고의 원인을 개선하여 발생빈도를 줄이는 것이다.

정답 01 ③ 02 ① 03 ①

04 위험관리기법에 대한 설명으로 적절하지 않은 것은?

중요도 ●●●

① 위험은 잠재적 손실의 크기 및 발생 가능성에 따라 위험을 구분하고, 우선순위를 정해야 한다.
② 고빈도·고강도 위험은 위험 그 자체를 회피하는 위험회피기법이 가장 바람직하다.
③ 저빈도·고강도 위험은 사고발생빈도를 줄이는 노력이 필요하다.
④ 고빈도·저강도 위험은 경상비를 활용하여 손해복구자금을 자체조달하는 것이 바람직하다.
⑤ 저빈도·저강도 위험은 특별한 위험통제기법이나 손해통제기법이 필요 없다.

해설

③은 고빈도·저강도 위험에 대한 설명이다. 저빈도·고강도 위험의 경우 효과성 및 효율성 측면 모두에서 보험이 가장 바람직하다.

정답 04 ③

핵심테마 03 보험의 원리

출제포인트
- 보험의 기본 원칙
- 보험료의 구성원리

1. 보험의 기본 원칙

① **수지상등의 원칙**
  ㉠ 전체적인 관점에서 보험료 구성에서의 순보험료 총액과 지급보험금 총액이 같아야 하는 것
  ㉡ 순보험료 총액이 지급보험금 총액보다 많으면 보험료는 인하 조정
  ㉢ 순보험료 총액이 지급보험금 총액보다 적으면 보험료는 인상 조정

② **급부반대급부 균등의 원칙**
  ㉠ 개별 보험계약자 입장에서 자신의 위험에 상응하는 보험료를 납부해야 한다는 것
  ㉡ 연령이나 병력 등 개별 계약자의 위험을 측정한 후 개별 위험에 상응하는 보험료가 산출되어야 한다는 것

③ **대수의 법칙**
  ㉠ 어떠한 사건의 발생확률은 1회나 2회의 관찰로는 예측이 어렵지만 관찰의 횟수를 늘려가면 일정한 발생확률이 나오는 것
  ㉡ 보험제도의 운영을 위해서는 동일한 성질의 위험을 가진 다수의 가입자가 존재해야만 하고, 그 가입자 수가 많을수록 보험단체의 안정성도 높아지게 됨
  ㉢ 우리나라 생명보험회사는 2024년 4월부터 제10회 경험생명표를 표준위험률로 사용

④ **실손보상의 원칙**
  ㉠ 손해의 보상에 목적이 있으므로 피보험자는 그가 입은 손해만큼 보상받는 것이 합리적
  ㉡ 손해보험에서는 실손보상의 원칙 적용

2. 예정기초율 변화에 따른 보험료의 변화

보험료의 구성		예정기초율	보험료와의 관계
순보험료	위험보험료	예정위험률(예정사망률)	예정사망률↓ ⇒ 사망보험료↓, 생존보험료↑
	저축보험료	예정이율	• 예정이율↓ ⇒ 보험료↑ • 보험기간↑, 납입기간↓ ⇒ 보험료 변동폭 大 • 순수보장형보다 만기환급형의 보험료 변동폭 大
부가보험료	신계약비 유지비 수금비	예정사업비율	예정사업비율↓ ⇒ 보험료↓

적중문제

01 다음에서 설명하고 있는 보험의 기본원칙으로 가장 적절한 것은?

- 개별 보험계약자 입장에서 자신의 위험에 상응하는 보험료를 납부하여야 한다.
- 연령이나 병력 등 개별 계약자의 위험을 측정한 후 개별 위험에 상응하는 보험료가 산출되어야 한다.

① 수지상등의 원칙
② 급부반대급부 균등의 원칙
③ 대수의 법칙
④ 실손보상의 원칙
⑤ 단체위험 대응의 법칙

[해설]
개별 보험계약자 입장에서는 자신의 위험에 상응하는 보험료를 납부하여야 한다는 것이 급부반대급부 균등의 원칙이다.

02 보험의 기본원칙에 대한 설명으로 적절하지 않은 것은?

① 보험료 구성에서 수지상등의 원칙은 순보험료 총액과 지급보험금 총액이 같아야 하는 것을 말한다.
② 개별 보험계약자 입장에서는 자신의 위험에 상응하는 보험료를 납부하여야 한다는 것이 급부반대급부 균등의 원칙이다.
③ 연령이나 병력 등 개별 계약자의 위험을 측정한 후 개별 위험에 상응하는 보험료가 산출되어야 한다.
④ 우리나라 보험에서는 표준위험률을 사용할 수 없다.
⑤ 피보험자는 그가 입은 손해만큼 보상받는 것이 합리적이다.

[해설]
우리나라 생명보험회사는 경험생명표를 표준위험률로 사용하고 있다.

정답 01 ② 02 ④

03 예정기초율 변화에 따른 보험료의 변화에 대한 설명으로 적절하지 않은 것은?

중요도 ●●●

① 예정사망률이 낮아지면 사망보험료는 낮아지게 되고, 생존보험의 보험료는 높아지게 된다.
② 예정이율이 낮아지면 보험료는 높아지게 된다.
③ 예정이율에서 보험기간이 길수록, 납입기간이 짧을수록 보험료 변동폭이 작다.
④ 예정이율에서 순수보장형보다 만기환급형의 보험료 변동폭이 크다.
⑤ 예정사업비율이 낮아지면 보험료는 낮아지게 된다.

해설
예정이율에서 보험기간이 길수록, 납입기간이 짧을수록 보험료 변동폭이 크다.

핵심 CHECK

예정기초율 변화에 따른 보험료의 변화

구 분	보험료와의 관계
예정위험률 (예정사망률)	예정사망률이 낮아지면 사망보험료는 낮아지고, 생존보험료는 높아진다.
예정이율	• 예정이율이 낮아지면 보험료는 높아진다. • 보험기간이 길수록, 납입기간이 짧을수록 보험료 변동폭이 크다. • 순수보장형보다 만기환급형의 보험료 변동폭이 크다.
예정사업비율	예정사업비율이 낮아지면 보험료는 낮아진다.

04 보험료의 구성원리에 대한 설명으로 적절하지 않은 것은?

중요도 ●●●

① 예정위험률이 높아지면 사망보험료는 높아지게 된다.
② 예정이율이 낮아지면 보험료는 낮아진다.
③ 예정사업비율이 낮아지면 보험료는 낮아진다.
④ 저축보험료는 순보험료에 해당하는 보험료이다.
⑤ 부가보험료는 예정사업비율을 기초로 계산된 보험료이다.

해설
예정이율이 낮아지면 보험료는 높아진다.

핵심 CHECK

보험료의 구성

- 순보험료 : 피보험자의 사망 · 장해 · 만기 등 보험금 지급사유 발생 시에 보험금으로 충당할 수 있도록 계산된 보험료로, 대수의 법칙에 따라 예정위험률과 예정이율을 기초로 하여 수지상등의 원칙에 따라 산출
  - 위험보험료 : 사망보험금, 장해급여금 등의 지급재원이 되는 보험료
  - 저축보험료 : 만기생존보험금, 해약환급금 등의 지급재원이 되는 보험료
- 부가보험료 : 예정사업비율을 기초로 계산된 보험료로서, 보험회사가 보험계약을 체결 · 유지 · 관리하기 위한 비용에 해당되는 보험료
  - 신계약비 : 모집수당, 보험가입증서 발행 등 신계약 체결이 필요한 제경비
  - 유지비 : 계약유지 및 자산운용 등에 필요한 인건비, 관리비 등 제경비
  - 수금비 : 보험료 수금에 필요한 수금사무비 등 제경비

정답 03 ③ 04 ②

05 보험의 원리에 대한 설명으로 적절하지 않은 것은?

중요도

① 보험료 구성에서 수지상등의 원칙은 순보험료 총액과 지급보험금 총액이 같아야 하는 것을 말한다.
② 관찰의 횟수를 늘려가면 일정한 발생확률이 나오는데, 이를 대수의 법칙이라 한다.
③ 보험료 계산의 기초에는 예정위험률, 예정이율, 예정사업비율이 있다.
④ 예정사망율이 낮아지면 사망보험료는 높아지고, 생존보험의 보험료는 낮아진다.
⑤ 순보험료는 위험보험료와 저축보험료로 구성된다.

[해설]
예정사망율이 낮아지면 사망보험료는 낮아지고, 생존보험의 보험료는 높아진다.

핵심테마 04 보험계약법

출제포인트
- 보험계약법
- 보험계약의 요소
- 보험계약의 체결
- 고지의무와 통지의무

1. 보험계약자 보호를 위한 배려(상대적 강행법성)
① **보험계약자 등의 불이익변경금지의 원칙**
  ㉠ 보험계약자 등의 불이익변경금지의 원칙 : 상법 제4편(보험)의 규정은 보험계약자 또는 피보험자나 보험수익자에게 불리하게 변경하지 못함
  ㉡ 상대적 강행규정 : 이익이 되게 변경하는 것은 가능
② **보험계약자에게 불리하게 변경된 약관의 효력**
  ㉠ 보험계약자에게 불리하게 변경한 보험약관은 그 범위 내에서 무효
  ㉡ 약관조항이 무효가 될 뿐 계약 자체가 무효가 되는 것은 아님
③ **적용배제** : 보험회사에 비해 열등한 지위에 있는 가계보험에 적용되는 것으로 기업보험, 즉 재보험과 해상보험 등에는 적용되지 않음

2. 보험계약관계자
① **보험계약당사자**
  ㉠ 보험자(보험회사) : 보험계약자로부터 보험료를 받고 보험계약을 인수하는 자
  ㉡ 보험계약자 : 보험자와 계약을 체결하는 상대방 당사자로서, 보험계약의 자격에는 제한이 없고 자연인이든 법인이든 무관하며, 대리인을 시켜 계약을 체결할 수도 있음
② **이해관계자**
  ㉠ 피보험자 : 인보험에서는 생명이나 신체에 관하여 보험에 부쳐진 대상을 말하지만, 손해보험에서는 피보험이익의 주체로서 보험금 청구권자를 지칭
  ㉡ 보험수익자 : 인보험에만 있는 보험계약요소로서, 보험사고 발생 시 보험금청구권을 갖는 자

3. 보험기간과 보험계약기간, 보험료기간
① **보험기간(책임기간, 위험기간)** : 보험자의 책임이 개시·종료하는 기간, 즉 그 기간 안에 보험사고가 발생함으로써 보험자가 책임을 지게 되는 기간
② **보험계약기간** : 보험계약이 성립해서 소멸할 때까지의 기간
③ **보험료기간** : 위험을 측정하여 보험료를 산출하는 기초가 되는 단위기간

4. 보험계약의 체결

① **보험계약의 주요 특성** : ㉠ 불요식 낙성계약 ㉡ 유상 쌍무계약 ㉢ 사행계약 ㉣ 부합계약
② **보험약관의 해석원칙** : ㉠ 신의성실의 원칙 ㉡ 계약당사자 의사우선의 원칙 ㉢ 작성자 불이익의 원칙
③ **보험약관의 교부·명시의무** : 위반 시 보험계약자는 보험계약이 성립한 날로부터 3개월 이내에 계약 취소 가능
④ **보험료 지급의무** : 보험금액의 청구권과 보험료 or 계약자 적립금의 반환청구권은 3년, 보험료의 청구권은 2년 간 행사하지 않으면 소멸시효 완성

5. 고지의무

① **내용** : 계약 성립 시까지, 서면이든 구두이든 상관없이 고지 → 전문적 지식을 가진 보험자가 서면으로 질문한 사항은 중요한 사항으로 추정
② **고지의무 위반의 효과**
  ㉠ 보험자가 계약 해지 가능
  ㉡ 해지 불가 사유
    • 보험자가 계약체결 당시 고지의무 위반 사실을 알았거나 중대한 과실로 알지 못한 때
    • 보험자가 고지의무 위반 사실을 안 날로부터 1월, 계약을 체결한 날로부터 3년 경과

적중문제

01 다음에서 설명하는 보험계약관계자로 가장 적절한 것은?

> 인보험에서는 생명이나 신체에 관하여 보험에 부쳐진 대상을 말하지만, 손해보험에서는 피보험이익의 주체로서 보험금 청구권자를 지칭한다.

① 보험자
② 보험회사
③ 보험계약자
④ 피보험자
⑤ 보험수익자

해설
피보험자는 인보험에서는 생명이나 신체에 관하여 보험에 부쳐진 대상을 말하지만, 손해보험에서는 피보험이익의 주체로서 보험금 청구권자를 지칭한다.

정답 01 ④

02 보험계약의 요소에 대한 설명으로 적절하지 않은 것은?

① 보험자는 보험계약을 인수하는 자로서 금융위원회의 허가를 받아야 한다.
② 보험계약자의 자격에는 제한이 없고 자연인이든 법인이든 무관하다.
③ 인보험 중 생명보험에서는 만 15세 미만자·심신상실자·심신박약자는 사망보험의 피보험자가 될 수 없다.
④ 손해보험의 경우에는 물건이나 재산이, 생명보험의 경우에는 생명이나 신체가 보험에 부쳐진 자, 즉 피보험자가 보험의 목적이 된다.
⑤ 손해보험에서 보험가입금액이 보험가액을 초과한 경우에는 보험금액을 한도로 지급한다.

> 해설
> 보험가입금액이 보험가액을 초과한 경우(초과보험)에는 보험가액을 한도로 지급하고, 보험가입금액이 보험가액에 미달된 경우(일부보험)에는 보험금액을 한도로 지급하게 된다.

> 핵심 CHECK
> **보험계약 용어**
> • 보험가액 : 피보험이익의 평가액으로서 손해보상에 있어서는 법률상 최고한도
> • 보험가입금액 : 계약체결 시 계약당사자 간에 임의로 정하는 금액이기 때문에 계약상 최고한도
> • 초과보험 : 보험가입금액이 보험가액을 초과한 경우에는 보험가액을 한도로 지급
> • 일부보험 : 보험가입금액이 보험가액에 미달된 경우에는 보험금액을 한도로 지급

03 보험계약의 요소 중 다음에서 설명하는 기본 용어로 가장 적절한 것은?

> 위험을 측정하여 보험료를 산출하는 기초가 되는 단위기간

① 보험기간
② 책임기간
③ 위험기간
④ 보험계약기간
⑤ 보험료기간

> 해설
> 위험을 측정하여 보험료를 산출하는 기초가 되는 단위기간을 보험료기간이라 한다.

04 보험계약의 주요 특성에 해당하지 않는 것은?

① 요식 낙성계약
② 유상계약
③ 쌍무계약
④ 사행계약
⑤ 부합계약

> 해설
> 요식 낙성계약 → 불요식 낙성계약

정답 02 ⑤ 03 ⑤ 04 ①

05 다음에서 설명하는 보험계약의 주요 특성으로 가장 적절한 것은?

> 계약당사자 일방이 결정한 바에 따라 타방이 사실상 따를 수밖에 없는 계약

① 불요식 낙성계약
② 유상 쌍무계약
③ 사행계약
④ 부합계약
⑤ 선의계약

[해설]
부합계약이란 계약당사자 일방이 결정한 바에 따라 타방이 사실상 따를 수밖에 없는 계약을 말한다. 보험은 대수의 법칙을 기초로 성립하는 것이기 때문에 다수인과 계약체결이 불가피하고, 이 경우 개개인과 보험계약조건을 협상한다는 것은 실무상 매우 어렵다. 따라서 보험자는 미리 정한 정형화된 보험약관에 의하여 보험계약을 체결하게 되는데, 이 때문에 보험계약은 부합계약의 성질을 가진다.

06 보험약관의 해석원칙으로 적절하게 연결된 것은?

① 수지상등의 원칙, 대수의 법칙, 실손보상의 원칙
② 수지상등의 원칙, 급부반대급부 균등의 원칙, 보험료불가분의 원칙
③ 급부반대급부 균등의 원칙, 보험료불가분의 원칙, 작성자 불이익의 원칙
④ 보험료불가분의 원칙, 신의성실의 원칙, 작성자 불이익의 원칙
⑤ 신의성실의 원칙, 계약당사자 의사우선의 원칙, 작성자 불이익의 원칙

[해설]
보험약관의 해석원칙으로는 신의성실의 원칙, 계약당사자 의사우선의 원칙, 작성자 불이익의 원칙이 있다.

07 보험계약법에 대한 설명으로 적절하지 않은 것은?

① 보험계약자 등에게 이익이 되게 변경하는 것은 가능하며 이를 상대적 강행규정이라 한다.
② 보험계약자에게 불리하게 변경한 보험약관은 그 범위 내에서 무효가 된다.
③ 약관은 신의성실의 원칙에 따라 공정하게 해석되어야 한다.
④ 약관의 해석은 고객에 따라 다르게 해석되어서는 안 된다.
⑤ 보험약관의 문구가 애매하여 판단하기 어려운 경우에는 보험자에게 유리하게 해석하여야 한다.

[해설]
보험약관의 문구가 애매하여 판단하기 어려운 경우에는 작성자, 즉 보험자에게 불이익하게 해석하여야 한다.

정답 05 ④ 06 ⑤ 07 ⑤

08 보험료 지급의무에 대한 다음 설명 중 (가)~(나)에 들어갈 내용이 적절하게 연결된 것은?

> 보험금액의 청구권과 보험료 또는 계약자 적립금의 반환청구권은 (가), 보험료의 청구권은 (나)간 행사하지 않으면 소멸시효가 완성된다.

	가	나
①	3년	1년
②	3년	2년
③	5년	2년
④	5년	3년
⑤	7년	5년

[해설]
보험금액의 청구권과 보험료 또는 계약자 적립금의 반환청구권은 3년, 보험료의 청구권은 2년간 행사하지 않으면 소멸시효가 완성된다.

09 고지의무에 대한 적절한 설명으로 모두 묶인 것은?

> 가. 고지의무는 계약의 청약 시가 아니라 계약 성립 시까지 하여야 한다.
> 나. 고지 방법은 반드시 서면이어야 한다.
> 다. 우리나라 상법은 전문적 지식을 가진 보험자가 서면으로 질문한 사항은 중요한 사항으로 추정한다고 규정하고 있다.
> 라. 보험계약자의 고의, 중과실에 의한 고지의무 위반이 있는 경우 보험자는 계약을 해지할 수 있다.
> 마. 보험자가 고지의무 위반 사실을 안 날로부터 1월이 경과하면 계약을 해지할 수 있다.

① 가, 나, 라
② 가, 다, 라
③ 가, 다, 마
④ 나, 다, 마
⑤ 나, 라, 마

[해설]
나. 고지 방법은 서면이든 구두이든 상관이 없다.
마. 보험자가 고지의무 위반 사실을 안 날로부터 1월, 계약을 체결한 날로부터 3년이 경과하면 계약을 해지할 수 없다.

핵심테마 05 보험약관

출제포인트
- 보험계약의 성립과 유지
- 보험료의 납입(계약자의 주된 의무)
- 보험금의 지급(보험회사의 주된 의무)
- 보험금 지급 등의 절차

1. 약관교부 및 설명의무 등

① 약관 및 계약자 보관용 청약서를 계약자에게 전달하지 않았을 때
② 약관의 중요한 내용을 설명하지 않은 때
③ 계약자가 청약서에 자필서명(날인)을 하지 않은 때
④ 계약자는 계약성립일로부터 3개월 이내에 계약 취소 가능

2. 보험금의 지급(보험회사의 주된 의무)

(1) 보험금의 종류 및 지급사유

- **① 만기보험금 및 중도보험금** : 보험회사는 생존보험금의 지급시기가 도래할 때에는 도래일 7일 이전에 그 사유와 보험회사가 지급하여야 할 금액을 알려야 하며, 이를 알린 경우 보험금 지급사유 발생일로부터 유형별 적용이율을 연단위 복리로 계산한 금액을 가산하여 지급
- **② 사망보험금**
  - ㉠ 보험기간 중 사망하였을 경우
  - ㉡ 보험기간 중 생사가 분명하지 않은 경우로서 실종선고가 있거나 약관에서 정하는 재해로 인하여 사망한 것으로 정부기관이 인정하였을 경우
- **③ 장해보험금**
  - ㉠ 보험기간 중 발생한 질병 or 재해로 장해분류표에서 정한 장해상태가 되었을 경우 장해보험금 지급
  - ㉡ 동일한 원인으로 두 가지 이상의 장해가 생긴 때에는 각각에 해당하는 장해지급률을 더하여 최종 장해지급률 결정
  - ㉢ 동일한 신체부위에 장해분류표상 두 가지 이상의 장해가 발생한 경우에는 더하지 않고 그 중 높은 장해지급률 적용
  - ㉣ 장해지급률이 재해일부터 180일 이내에 확정되지 않은 경우에는 재해일로부터 180일이 되는 날의 의사진단에 기초하여 고정될 것으로 인정되는 상태를 장해지급률로 결정

(2) 보험금을 지급하지 않는 보험사고
① **피보험자가 고의로 자신을 해친 경우** : 기납입보험료를 계약자에게 반환
② **수익자가 고의로 피보험자를 해친 경우** : 해약환급금을 계약자에게 지급
③ **계약자가 고의로 피보험자를 해친 경우** : 미지급

(3) 보험금 청구권, 보험료 or 환급금 반환청구권 소멸시효 : 3년

3. 보험금 지급 등의 절차
① **보험수익자** : 계약자가 보험수익자를 지정하지 않은 때에는 보험수익자를 피보험자로 하며, 피보험자의 사망 시는 피보험자의 상속인으로 함
② **대표자의 지정** : 계약자 or 수익자가 2인 이상인 경우 대표자 1인 지정
③ **보험금 등의 지급**
  ㉠ 보험회사는 접수한 날로부터 3영업일 이내에 보험금 or 해약환급금 지급
  ㉡ 지급사유의 조사나 확인이 필요한 때에는 서류접수 후 10영업일 이내에 지급
  ㉢ 지급기일 이내에 미지급 시 약관대출이율을 연단위 복리로 계산한 금액 가산 지급
④ **보험금 수령 방법의 변경** : 사망보험금의 전부 or 일부에 대해 일시금 이외에 다른 지급방법 선택 가능

적중문제

01 약관교부 및 설명의무 등에 대한 다음의 설명 중 ㈎에 들어갈 내용으로 가장 적절한 것은?
중요도
●●○

> 약관 및 계약자 보관용 청약서를 계약자에게 전달하지 않았거나 약관의 중요한 내용을 설명하지 않은 때 또는 계약자가 청약서에 자필서명을 하지 않은 때에는 계약자는 계약성립일로부터 (가) 이내에 계약을 취소할 수 있다.

① 1개월
② 2개월
③ 3개월
④ 4개월
⑤ 5개월

해설
약관 및 계약자 보관용 청약서를 계약자에게 전달하지 않았거나 약관의 중요한 내용을 설명하지 않은 때 또는 계약자가 청약서에 자필서명을 하지 않은 때에는 계약자는 계약성립일로부터 3개월 이내에 계약을 취소할 수 있다.

정답 01 ③

02 해지계약의 부활에 대한 다음의 설명 중 ㈎에 들어갈 내용으로 가장 적절한 것은?

> 보험계약이 해지되었으나 해약환급금을 받지 않은 경우 보험계약자는 해약된 날부터 (가) 이내에 보험회사가 정한 절차에 따라 계약의 부활을 청약할 수 있다.

① 2년
② 3년
③ 4년
④ 5년
⑤ 10년

해설
보험계약이 해지되었으나 해약환급금을 받지 않은 경우 보험계약자는 해약된 날부터 3년 이내에 보험회사가 정한 절차에 따라 계약의 부활을 청약할 수 있으며, 보험회사가 이를 승낙한 때에는 부활을 청약한 날까지의 연체보험료에 평균공시이율 +1% 범위 내에서 각 상품별로 회사가 정하는 이율로 계산한 금액을 가산하여 납입하여야 한다.

03 보험약관상 장해보험금에 대한 다음의 설명 중 ㈎에 들어갈 내용으로 가장 적절한 것은?

> 장해지급률이 재해일부터 (가) 이내에 확정되지 않은 경우에는 재해일로부터 (가)이 되는 날의 의사진단에 기초하여 고정될 것으로 인정되는 상태를 장해지급률로 결정한다.

① 30일
② 90일
③ 120일
④ 180일
⑤ 365일

해설
장해지급률이 재해일부터 180일 이내에 확정되지 않은 경우에는 재해일로부터 180일이 되는 날의 의사진단에 기초하여 고정될 것으로 인정되는 상태를 장해지급률로 결정한다.

04 계약자가 고의로 피보험자를 해친 경우 지급하는 것으로 가장 적절한 것은?

① 계약자 적립금을 반환한다.
② 계약자에게 이미 납입한 보험료를 반환한다.
③ 수익자에게 해당 보험금을 지급한다.
④ 해약환급금을 보험계약자에게 지급한다.
⑤ 아무 것도 지급하지 않는다.

해설
계약자가 고의로 피보험자를 해친 경우 계약자에게 이미 납입한 보험료도 반환되지 않으며, 해약환급금도 지급되지 않는다.

05 다음의 사례에서 보험회사가 지급하는 보험금으로 가장 적절한 것은?

생활고에 시달리던 이보영씨는 장해보험금을 수령하기 위해 고의로 자신의 눈에 상처를 입혀 한쪽 눈이 실명되어 장해지급률 50%가 결정되었으나 보험회사가 이보영씨의 고의성을 밝혀내었다. 보험계약의 피보험자와 수익자는 이보영씨이며, 계약자는 김은영씨이다.

① 이보영씨에게 장해보험금을 지급한다.
② 김은영씨에게 이미 납입한 보험료를 반환한다.
③ 해약환급금을 김은영씨에게 지급한다.
④ 김은영씨에게 이미 납입한 보험료를 반환하지 않는다.
⑤ 이보영씨에게 책임준비금을 지급한다.

해설
피보험자가 고의로 자신을 해친 경우 계약자에게 이미 납입한 보험료를 반환한다.

06 보험금 청구권, 보험료 또는 환급금 반환청구권의 소멸시효로 가장 적절한 것은?

① 2년 ② 3년
③ 5년 ④ 7년
⑤ 10년

해설
보험금 청구권, 보험료 또는 환급금 반환청구권은 3년간 행사하지 않으면 소멸된다.

07 보험금 지급 등의 절차에 대한 설명으로 적절하지 않은 것은?

① 계약자가 보험수익자를 지정하지 않은 때에는 보험수익자를 피보험자로 한다.
② 보험수익자가 2인 이상인 경우에는 대표자 1인을 지정하여야 한다.
③ 보험금 지급사유의 조사나 확인이 필요한 때에는 서류접수 후 10영업일 이내에 지급한다.
④ 보험회사가 지급기일 이내에 지급하지 않았을 때에는 그 지급기일의 다음날로부터 지급기일까지의 기간에 대하여 1년 만기 정기예금이율로 계산한 금액을 가산하여 지급한다.
⑤ 보험계약자는 보험회사의 사업방법서에서 정하는 바에 따라 사망보험금의 전부 또는 일부에 대하여 일시금으로 지급받는 것 이외에 다른 지급방법을 선택할 수 있다.

해설
보험회사가 지급기일 이내에 지급하지 않았을 때에는 그 지급기일의 다음날로부터 지급기일까지의 기간에 대하여 보험회사의 약관대출이율을 연단위 복리로 계산한 금액을 가산하여 지급한다.

핵심테마 06 생명보험 상품의 구성 및 분류

출제포인트
- 주계약과 특약
- 상품의 분류

1. 주계약과 특약

① **주계약** : 주보험(기본보장보험) + 의무 부가특약
② **특 약**

구 분	내 용
보장을 추가·확대하기 위한 특약	• 암보장특약, 성인병특약 등 질병 관련 특약 • 재해사망특약, 휴일재해보장특약 등 재해 관련 특약 • 기타 입원특약, 수술특약, 정기특약 등
가입자의 편의를 위한 제도성 특약	• 우량체 할인특약 • 선지급서비스특약 • 연금전환특약

2. 상품의 분류

(1) 일반계정보험과 특별계정보험

① 대부분의 생명보험 상품은 일반계정에서 운용
② **특별계정에서 별도로 관리되고 있는 보험** : 연금저축, 퇴직보험, 퇴직연금, 변액보험, 자산연계형보험

(2) 개인보험과 단체보험

① **개인보험** : 피보험자를 개인으로 한정하여 체결하는 보험
② **단체보험** : 일정조건을 구비한 단체의 구성원을 주피보험자로 하여 단체 or 단체의 대표자가 가입하는 보험

(3) 보장성보험과 저축성보험

① **보장성보험** : 생존 시 지급되는 보험금의 합계액 ≤ 이미 납입한 보험료
 (순수보장형과 만기환급형으로 구분, 제3보험 상품도 해당)
② **저축성보험** : 생존 시 지급되는 보험금의 합계액 > 이미 납입한 보험료
 예 연금보험, 저축보험, 각종 금융형 보험

(4) 생존보험과 사망보험

① **생존보험** : 피보험자가 보험기간이 끝날 때까지 생존했을 때에만 보험금이 지급되는 보험
　　예 연금보험, 교육보험 등
② **사망보험** : 피보험자가 보험기간 중에 사망했을 때 보험금이 지급되는 보험
　　예 정기보험, 종신보험 등

(5) 상품의 특징에 따른 분류

① **확정금리형 · 금리연동형 · 실적배당형 · 자산연계형 보험**
　㉠ 확정금리형보험 : 최초 가입 시 정한 이율로 만기까지 이자를 적립하는 보험
　㉡ 금리연동형보험 : 보험회사의 자산운용수익률 및 시장금리에 따라 일정기간마다 적립이율을 변동하므로 이자금액 증감
　㉢ 실적배당형보험 : 보험료적립금을 유가증권 등에 투자하고 이의 실적을 매일 평가하여 보험금에 반영하는 보험(예 변액보험)
　㉣ 자산연계형보험 : 특정자산의 운용실적에 연계하여 투자성과를 지급하는 상품

② **배당보험과 무배당보험**
　㉠ 우리나라의 경우 모든 보험회사는 주식회사 형태 → 주로 무배당보험상품 판매
　㉡ 보험회사의 성격상 배당보험은 상호회사, 무배당보험은 주식회사가 주로 판매

③ **단생보험과 연생보험(피보험자 수에 따른 분류)**
　㉠ 단생보험 : 특정한 1인을 피보험자로 하는 보험
　㉡ 연생보험 : 2인 이상을 피보험자로 하는 보험(주피보험자, 종피보험자)

적중문제

01 생명보험의 주계약과 특약에 대한 설명으로 가장 적절한 것은?

① 보험상품의 특성에 따라 주보험에 의무적으로 특약을 부가하여 상품을 설계하는 경우에는 주보험과 의무 부가특약을 합쳐 주계약이라 한다.
② 특약은 보장성 보험으로만 개발할 수 있다.
③ 보험계약자들의 다양한 욕구를 충족시키기 위한 부분을 기본보장보험이라고 한다.
④ 주계약을 가입하지 않고 특약만의 상품판매도 가능하다.
⑤ 암보장특약은 가입자의 편의를 위한 제도성 특약이다.

해설
② 특약을 보장성에 한해 개발하도록 한 규정은 삭제되었다.
③ 주계약 자체만으로도 보험계약은 성립될 수 있으나 보험계약자들의 다양한 욕구를 충족시키기 위해 여러 가지 특약을 주계약에 부가하여 판매하고 있다. 기본보장보험(주보험)은 보험계약에서 기본이 되는 중심적인 보장내용 부분을 말한다.
④ 주계약을 가입하지 않고 특약만의 상품판매는 불가능하다.
⑤ 가입자 편의를 위한 제도성 특약에는 우량체 할인특약, 선지급서비스특약, 연금전환특약 등이 있다. 암보장특약, 성인병특약 등 질병 관련 특약, 재해사망특약, 휴일재해보장특약 등 재해 관련 특약, 기타 입원특약, 수술특약, 정기특약 등은 보장을 추가·확대하기 위한 특약이다.

02 보장을 추가·확대하기 위한 특약의 종류에 해당하지 않는 것은?

① 암보장특약
② 휴일재해보장특약
③ 입원특약
④ 정기특약
⑤ 선지급서비스특약

해설
선지급서비스특약은 가입자의 편의를 위한 제도성 특약에 해당한다.

핵심 CHECK

특약의 종류

구 분	내 용
보장을 추가·확대하기 위한 특약	• 암보장특약, 성인병특약 등 질병 관련 특약 • 재해사망특약, 휴일재해보장특약 등 재해 관련 특약 • 기타 입원특약, 수술특약, 정기특약 등
가입자의 편의를 위한 제도성 특약	• 우량체 할인특약 • 선지급서비스특약 • 연금전환특약

정답 01 ① 02 ⑤

03 최초 가입 시 정한 이율로 만기까지 이자를 적립하는 보험으로 가장 적절한 것은?

중요도 ●●●

① 일반계정보험
② 확정금리형보험
③ 금리연동형보험
④ 실적배당형보험
⑤ 자산연계형보험

[해설]
확정금리형보험은 최초 가입 시 정한 이율로 만기까지 이자를 적립하는 보험이다.

04 단생보험과 연생보험에 대한 설명으로 적절하지 않은 것은?

중요도 ●○○

① 피보험자 수에 따른 분류이다.
② 단생보험은 특정한 1인을 피보험자로 하는 보험이다.
③ 연생보험은 2인 이상을 보험계약자로 하는 보험이다.
④ 피보험자 중 주된 보장의 대상이 되는 피보험자를 주피보험자라 한다.
⑤ 주피보험자에 종속되어 보장을 받는 피보험자를 종피보험자라고 한다.

[해설]
연생보험은 2인 이상을 피보험자로 하는 보험이다.

05 다음에서 설명하는 보험상품의 분류가 적절하지 않은 것은?

중요도 ●●○

- 고객 강인영씨는 보험기간이 80세인 암보험에 가입하였다.
- 예정이율로 부리가 되며, 만기가 되면 그동안 납입했던 보험료를 돌려받는 조항이 있다.

① 개인보험
② 저축성보험
③ 단생보험
④ 제3보험
⑤ 질병보험

[해설]
생존 시 지급되는 보험금의 합계액이 이미 납입한 보험료를 초과하지 않는 보험이므로 저축성보험이 아니라 보장성보험이다.

정답 03 ② 04 ③ 05 ②

핵심테마 07 생명보험 상품

출제포인트
- 연금보험
- 유니버셜보험
- 변액보험

1. 연금보험의 지급방법
① **종신연금형** : 피보험자가 생존 시 평생 동안 지급(보증기간 동안은 연금지급 보장)
② **확정연금형** : 연금지급기간을 확정하여 지급
③ **상속연금형** : 생존기간에 적립금의 이자만 지급
④ **혼합연금형** : 계약자가 2개 이상의 급부를 병행 선택 가능

2. 유니버셜 보험
① **장 점**
  ㉠ 인플레이션에 대응 → 보험금의 미래가치를 높일 수 있음
  ㉡ 보험금액 증액 or 감액 가능
  ㉢ 보험료를 자유롭게 추가로 내거나 줄여서 낼 수 있음
  ㉣ 적립금 중도인출, 부분해지 가능
② **단 점**
  ㉠ 저금리시대에는 수익률이 낮아질 수 있음
  ㉡ 보험료 자유납입이 가능하여 경제사정이 좋지 않을 경우 보험해약률이 높아질 수 있음

3. 변액보험의 상품구조
① **기본보험계약**
  ㉠ 최초 가입 시 상품내용
  ㉡ 보험료 산출의 기초가 되는 계약
  ㉢ 최저보장액
② **변동보험계약**
  ㉠ 특별계정의 운용실적에 따라 추가로 계산되는 계약
  ㉡ 추가보험료의 부담 없음
③ **선택특약**
  ㉠ 일반계정에서 운용
  ㉡ 예정이율로부터 적립

4. 변액보험에 납입된 보험료의 처리

(1) 특별계정 투입보험료
① 계약자가 납입한 보험료는 '이체사유가 발생한 날'의 기준가격을 적용하여 일반계정에서 특별계정으로 이체
② 기본보험료에서 수금비를 공제한 금액
③ 추가납입보험료에서 부가보험료를 공제한 금액

(2) 이체사유 발생일
① 제1회 보험료
　㉠ 청약철회기간 내에 승낙된 경우 : 청약철회기간이 종료한 날의 다음날
　㉡ 청약철회기간이 지난 후 승낙된 경우 : 승낙일
② 제2회 이후의 보험료
　㉠ '납입기일 − 2영업일' 이전에 납입한 경우 : '납입기일'
　㉡ '납입기일 − 1영업일'에 납입한 경우 : '납입기일 + 제1영업일'
　㉢ 납입기일 이후에 납입한 경우 : '납입기일 + 제2영업일'

5. 일반보험과 변액보험의 비교

구 분	일반보험상품	변액보험상품
보험금	보험가입금액 (보험금 확정 or 공시이율 연동)	투자실적에 따라 변동 (최저사망보험금, 최저연금적립금 보증)
예금자보호	예금자보호법 적용대상	최저사망보험금, 최저연금적립금 등 최저보증만 적용
투자위험부담	보험회사	보험계약자
자산운용	일반계정	특별계정
적용이율	공시이율(예정이율)	실적배당률

6. 변액유니버설보험

① 변액보험과 유니버설보험이 결합된 상품
② **보험기간** : 종신
③ 유니버설보험처럼 보험료 추가납입 or 중도인출 가능

적중문제

01 연금보험에 대한 설명으로 적절하지 않은 것은?

① 연금의 지급방법은 종신연금형과 확정연금형, 상속연금형 등이 있다.
② 계약자가 2개 이상의 급부를 병행 선택할 수 있는 혼합연금형도 있다.
③ 종신연금형의 경우 연금개시 이후에도 계약을 해지할 수 있다.
④ 종신형 연금의 경우 보증기간 동안은 연금지급을 보장하며, 보장기간을 초과한 경우라도 피보험자가 생존해 있으면 계속 지급한다.
⑤ 지급보증금액은 연금 개시 시점의 책임준비금을 지급 보증하는 제도로, 보험사에 따라 적용 여부가 다를 수 있다.

> 해설
> 종신연금형이나 종신연금형을 포함한 혼합연금형의 경우 연금개시 이후에는 계약을 해지할 수 없다.

02 고객 김세진씨는 자신의 생존기간 동안 적립금의 이자만 수령하다가 자신이 사망하면 유가족에게 사망보험금이 지급되는 상품을 가입하고자 한다. 이 경우 추천할 수 있는 연금보험으로 가장 적절한 것은?

① 종신연금형
② 확정연금형
③ 상속연금형
④ 혼합연금형
⑤ 자유연금형

> 해설
> 생존기간에 적립금의 이자만 지급하는 것은 상속연금형이다.

03 유니버설보험의 장점에 대한 설명으로 적절하지 않은 것은?

① 인플레이션에 대응할 수 있게 되므로 보험금의 미래가치를 높일 수 있다.
② 보험계약자가 마음대로 보험금액을 증액하거나 감액할 수 있다.
③ 보험료를 자유롭게 추가로 내거나 줄여서 낼 수 있다.
④ 적립금액을 중도인출할 수 있으며, 부분 해지가 가능하다.
⑤ 투자실적에 따라 보험금과 해약환급금이 변동된다.

> 해설
> ⑤는 변액보험의 특징이다.

정답 01 ③ 02 ③ 03 ⑤

04 변액보험상품에 대한 설명으로 가장 적절한 것은?

① 보험가입금액을 보험금으로 한다.
② 예금자보호법 적용대상이다.
③ 보험회사가 투자위험을 부담한다.
④ 특별계정에서 자산을 운용한다.
⑤ 이율은 공시이율 또는 예정이율이 적용된다.

> 해설
> 〈일반보험과 변액보험의 비교〉

구 분	일반보험상품	변액보험상품
보험금	보험가입금액 (보험금 확정 or 공시이율 연동)	투자실적에 따라 변동 (최저사망보험금, 최저연금적립금 보증)
예금자보호	예금자보호법 적용대상	최저사망보험금, 최저연금적립금 등 최저보증만 적용
투자위험부담	보험회사	보험계약자
자산운용	일반계정	특별계정
적용이율	공시이율(예정이율)	실적배당률

[05~06] 다음 지문을 읽고 문항에 답하시오.

> 최근 자녀를 출산한 김밝은씨는 자녀의 대학교육자금 용도로 변액유니버셜보험에 가입하였다. 김밝은씨가 보험계약을 체결한 날은 20××년 11월 3일이지만 보험가입과 관련한 진단과 서류보완 등의 이유로 보험계약의 승낙은 청약철회기간이 지난 20××년 12월 8일에 이루어졌다.

05 김밝은씨가 납입한 보험료의 특별계정 이체사유 발생일로 적절한 것은?

① 20××년 11월 3일
② 20××년 11월 4일
③ 20××년 12월 3일
④ 20××년 12월 8일
⑤ 20××년 12월 9일

> 해설
> 제1회 보험료의 경우 청약철회기간 내에 승낙된 경우에는 청약철회기간이 종료한 날의 다음날로, 청약철회기간이 지난 후 승낙된 경우에는 승낙일로 한다.

정답 04 ④ 05 ④

06 김밝은씨가 가입한 보험상품에 대한 설명으로 적절하지 않은 것은?

① 보험금은 투자실적에 따라 변동된다.
② 예금자보호법 적용대상이다.
③ 투자위험은 보험계약자가 부담한다.
④ 자산운용은 특별계정에서 운용된다.
⑤ 적용이율은 실적배당률이다.

해설
최저사망보험금, 최저연금적립금 등 최저보증만 적용한다.

07 생명보험 상품에 대한 설명으로 적절하지 않은 것은?

① 유니버설보험은 인플레이션에 대응할 수 있게 되므로 보험금의 미래가치를 높일 수 있다.
② 변액보험은 원금의 손실이 발생할 수도 있다.
③ 변액종신보험은 예금자보호법 적용대상이다.
④ 변액연금보험은 계약자가 선택한 연금지급방식으로 연금이 지급된다.
⑤ 변액유니버설보험은 보험료를 추가납입하거나 해약환급금의 일정범위 내에서 중도인출이 가능하다.

해설
③은 일반보험상품에 대한 설명이다. 변액보험상품은 예금자보호가 되지 않으며, 최저사망보험금, 최저연금적립금 등 최저보증만 예금자보호법이 적용된다.

핵심테마 08 제3보험

출제포인트
- 제3보험의 특징
- 상해보험
- 질병보험
- 간병보험

1. 보험종류별 특징 구분

구 분	생명보험	제3보험	손해보험
보험사고	사람의 생존 or 사망	신체의 상해, 질병, 간병	재산상의 손해
피보험이익	없 음	원칙적으로 없으나 일부 인정	존 재
중복보험 (보험가액 초과)	없 음	실손보상급부에는 존재	존 재
보상방법	정액보상	정액보상, 실손보상	실손보상
피보험자 (보험대상자)	보험사고의 대상	생명보험과 동일	손해의 보상을 받을 권리가 있는 자
보험기간	장 기	장 기	단 기

2. 상해보험

① **상해사고의 요건** : ㉠ 우연성 ㉡ 외래성 ㉢ 급격성
② **주요 내용**
  ㉠ 만기환급금의 유무에 따라 순수보장형과 만기환급형으로 구분
  ㉡ 각종 특약의 부가로 수술·입원·생활비보장 등 추가보장 가능
  ㉢ 주보험에 일반사망을 부가할 수 없고, 특약을 통해서만 질병사망 보장 가능
  ㉣ 포괄주의 방식 적용 : 보장하지 않는 보험사고로 명시되지 않는 한 재해로 인정
  ㉤ 보험기간 : 일반적으로 1년 이상
  ㉥ 일부 위험직을 제외하면 고령자도 가입 가능

3. 질병보험

(1) 질병보험

① 질병의 진단·수술·입원·요양으로 인한 필요자금 보장
② 생명보험과는 달리 일반사망 급부가 없음에 따라 저렴한 보험료로 각종 질병에 대한 보장 가능
③ **보험기간** : 대부분 10년 이상
④ 나이가 들수록 보험료는 올라가며, 고연령 및 건강상태에 따라 가입 제한 가능
⑤ 특정 질병만을 보장하는 상품은 보험료가 저렴한 반면, 보장하지 않는 질병이 많을 수 있음에 유의

CHAPTER 01 보험설계

(2) 실손의료보험

구 분	1세대 실손 구실손	2세대 실손 표준화 1차	2세대 실손 표준화 2차	2세대 실손 표준화 3차	3세대 실손 착한 실손	4세대 실손
갱신주기	3년, 5년	3년	1년	1년	1년	1년
가입금액	3천만원~1억원	5천만원	5천만원	5천만원	5천만원	5천만원
보험기간	80세, 100세	100세	15년 재가입	15년 재가입	15년 재가입	5년 재가입
보장비율 자기 부담금 한도	100%, 80%, 200만원	90%, 200만원	표준형 80%, 선택형 90%, 200만원	선택형 급여 90%, 비급여 80%, 200만원	선택형 급여 90%, 비급여 80%, 200만원	선택형 급여 90%, 비급여 80%, 3대비급여 70%, 200만원
입원산출 방식 (면책일)	연간입원한도 (면책 180일)	입원일부터 1사고당 연간입원한도 (면책 90일)	입원일부터 1사고당 연간입원한도 (면책 90일)	입원일부터 1사고당 연간입원한도 (면책 90일) 2016.1.1. 사고당 보장한도 전부소진까지	사고당 보장한도 금액 5천만원 전부소진까지 (275일 초과, 90일 미만 – 최초입 원부터 1년까지)	급여, 비급여 → 면책기간 없음 3대 비급여, 실손 의료비 → 각 50회 한도
통원 의료비 공제	10만~50만원 (사고일 30회) 5천원(80%)	1만원~2만원 (100%)	1만원~2만원 or 의료비 20% 중 큰 금액	1만원~2만원 or 급여 10%, 비 급여 20% 중 큰 금액	1만원~2만원 or 급여 10%, 비 급여 20% 중 큰 금액	• 급여 : 1만원~ 2만원 or 20% 중 큰 금액 • 비급여 : 3만원 or 30% 중 큰 금액
처방전 공제	5천원(100%) 3천원(80%)	8천원(100%)	8천원 or 조제비 20% 중 큰 금액	8천원 or 조제비 20% 중 큰 금액	8천원 or 조제비 20% 중 큰 금액	8천원 or 조제비 20% 중 큰 금액
특 징	• 치매, 무사고 할인→ 상품마 다 상이 • 치질, 한방병 의원→ 보장 안 됨	• 치매, 치질(급 여), 한방병의원 (급여)→ 보장 • 무사고할인 → 10%	치매, 치질 (급 여), 한방병의원 (급여) → 보장	치매, 치질(급여), 한방병의원(급여) → 보장	• 치매, 치질(급 여), 한방병의원 (급여)→ 보장 • 무사고할인 → 할증 금액의 10%	2년 무사고할인 10%

※ 보상책임액 : (실제부담액 – 보상제외금액) × 회사부담률(단, 보상한도 이내)

(3) 암보험

면책기간 설정 : 보험계약일로부터 90일이 지난 날의 다음날부터 보장 가능

4. 간병보험

① **의의** : 신체적, 정신적 장애로 인해 장기간병이 필요한 상황이 발생한 경우 간병서비스나 비용을 보장하는 상품
② **주요 내용**
  ㉠ 위험률 산출을 위한 경험적 자료가 충분하지 않아 위험률 변동제도 채택
  ㉡ 면책기간(부담보) 설정
  ㉢ 일상생활장해상태 : 90일
  ㉣ 치매상태 : 2년

적중문제

01 제3보험에 대한 설명으로 적절하지 않은 것은?

① 손해보험의 실손보상적 특성을 가지고 있지 않다.
② 생명보험·손해보험 고유영역을 제외한 상해보험, 질병보험, 간병보험으로 구분할 수 있다.
③ 상법 측면에서 대부분 인보험을 준용하면서 일부 조항에 대해 특수한 지위를 갖는 형태이다.
④ 손해보험뿐만 아니라 생명보험에서도 실손보험상품을 판매하고 있다.
⑤ 신체의 질병, 상해 등을 보장하는 보험이므로 원칙적으로는 사망보장이 불가능하다.

해설
제3보험은 생명보험의 정액보상적 특성과 손해보험의 실손보상적 특성을 동시에 가지는 보험을 말한다.

02 상해보험의 주요 내용에 대한 설명으로 적절하지 않은 것은?

① 일반적으로 상해보험의 종류는 만기환급금의 유무에 따라 순수보장형과 만기환급형으로 구분된다.
② 각종 특약의 부가로 수술·입원·생활비보장 등 추가보장이 가능하다.
③ 주보험에 일반사망을 부가할 수 있다.
④ 보장하지 않는 보험사고로 명시되지 않은 한 재해로 인정하는 포괄주의 방식을 적용하고 있다.
⑤ 보험기간은 일반적으로 1년 이상이며, 일부 위험직을 제외하면 고령자도 가입이 가능하다.

해설
주보험에 일반사망을 부가할 수 없고, 특약을 통해서만 질병사망을 보장할 수 있다.

03 질병보험에 대한 설명으로 적절하지 않은 것은?

① 생명보험과는 달리 일반사망급부가 없음에 따라 저렴한 보험료로 각종 질병에 대한 보장이 가능하다.
② 보험기간은 대부분 10년 이상이다.
③ 일반적으로 나이가 들수록 보험료는 올라간다.
④ 연령 및 건강상태를 이유로 가입을 제한할 수 없다.
⑤ 특정 질병만을 보장하는 상품은 보험료가 저렴한 반면, 보장하지 않은 질병이 많을 수 있다.

해설
고연령 및 건강상태에 따라 가입이 제한될 수 있다.

정답 01 ① 02 ③ 03 ④

04 다음의 사례에서 계산되는 실손 의료보험의 지급 보험금으로 가장 적절한 것은?

> 고승완씨는 입원의료비 보상한도 1억원의 실손의료보험(자기부담금 20%)에 가입하였다. 이후 질병으로 인해 500만원의 입원의료비가 발생하였고, 이 중 100만원은 보상되지 않는 금액이다.

① 200만원
② 300만원
③ 320만원
④ 400만원
⑤ 500만원

해설
- 보상책임액 = (실제부담액 − 보상제외금액) × 회사부담률(단, 보상한도 이내)
  = (500만원 − 100만원) × 80% = 320만원

05 제3보험에 대한 설명으로 적절하지 않은 것은?

① 보험업법상 독립된 하나의 보험업으로서의 지위를 갖는다.
② 우연성, 외래성, 급격성은 상해보험에서 상해사고로 인정받기 위한 요건이다.
③ 의료실비보험은 통원의료비에 대해서만 자기부담금제도가 적용된다.
④ 암보험은 일반적으로 보험계약일로부터 90일이 지난날의 다음날부터 보장을 받을 수 있는 면책기간이 설정되어 있다.
⑤ 간병보험은 신체적 장애뿐만 아니라 정신적 장애로 인한 활동장애도 보장한다.

해설
의료실비보험은 입원의료비와 통원의료비 모두에 자기부담금제도가 적용된다.

정답 04 ③ 05 ③

핵심테마 09 화재보험

출제포인트
- 주택화재보험
- 화재보험

1. 주택화재보험

(1) 보험목적의 범위

① 가입대상 물건
   ㉠ 주택으로만 쓰이는 건물(단독주택, 연립주택, 아파트 등)과 가재
   ㉡ 주택병용 물건으로서 교습소(피아노, 꽃꽂이, 국악, 재봉 등), 치료(안수, 침질, 뜸질, 정골, 조산원 등) 용도로 사용하는 건물 및 가재
   ㉢ 콘도미니엄, 오피스텔, 기숙사 건물, 공장 내 기숙사는 주택물건이 아님

② 명기물건(보험증권에 기재하여야 보험의 목적이 됨)
   ㉠ 통화, 유가증권, 인지, 우표 등
   ㉡ 귀금속, 귀중품, 보석, 그림, 골동품, 조각 등
   ㉢ 원고, 설계서, 물건의 원본, 모형, 증서, 금형, 목형, 소프트웨어 등
   ㉣ 실외 및 옥외에 쌓아 둔 동산

③ 자동담보물건(다른 약정이 없으면 보험의 목적에 포함됨)
   ㉠ 건물의 경우
      - 건물의 부속물 : 피보험자의 소유인 칸막이, 대문, 담, 곳간 등
      - 건물의 부착물 : 피보험자의 소유인 간판, 네온사인, 안테나, 선전탑 등
   ㉡ 가재인 경우 : 피보험자와 같은 세대에 속하는 사람의 소유물

(2) 보상하는 손해

① 재산손해
   ㉠ 화재에 의한 직접손해
   ㉡ 벼락으로 인한 충격손해 or 전기 기기로부터의 파급손해
   ㉢ 폭발 or 파열에 따른 직접손해(수도관의 동결에 따른 파열손해는 보상불가)
   ㉣ 소방손해 or 피난손해(피난 중에 발생한 도난 or 분실 손해는 보상불가)

② 비용손해
   ㉠ 잔존물 제거비용 : 보험가입금액 범위 내에서 재산손해액의 10%를 한도로 보상
   ㉡ 손해방지 비용 : 화재, 벼락, 폭발, 파열 시 손해 방지 or 경감을 위해 지출한 필요 or 유익한 비용
   ㉢ 대위권 보전비용 : 제3자로부터 손해배상을 받을 수 있는 경우 그 권리의 보전 or 행사를 위해 지출한 필요 or 유익한 비용

ⓔ 잔존물 보전비용 : 회사가 잔존물을 취득한 경우 보전을 위해 지출한 필요 or 유익한 비용
ⓜ 기타 협력비용 : 보험회사의 요구에 따르기 위해 지출한 필요 or 유익한 비용

③ **보상하지 않는 주요 손해**
ⓐ 계약자, 피보험자 or 이들의 법정대리인의 고의나 중대한 과실로 생긴 손해
ⓑ 피보험자가 보험금을 받도록 하기 위해 피보험자와 세대를 같이 하는 친족 및 고용인이 고의로 일으킨 손해
ⓒ 화재, 폭발 or 파열이 발생했을 때 도난 or 분실로 생긴 손해
ⓓ 보험목적물의 발효, 자연발열 or 자연발화로 생긴 손해
ⓔ 화재, 폭발, 파열과 상관없는 수도관, 수관, 수압기 등의 파열로 생긴 손해
ⓕ 발전기, 변압기, 배전반 등 전기 기기의 전기적 사고로 생긴 손해(그 결과로 생긴 화재, 폭발, 파열 손해는 보상)

(3) 지급보험금 계산

① **재산보험금(화재보험금)** : 주택물건 및 일반물건의 보험가입금액이 보험가액의 80% 이상인 경우 보험사고 시 비례보상을 하지 않고 보험가입금액 한도 내에서 손해액 전액을 보험금으로 지급
ⓐ 보험가입금액이 보험가액의 80% 해당액과 같거나 클 때

$$지급보험금 = 손해액$$
(보험가입금액과 보험가액 중 작은 금액을 지급한도로 함)

ⓑ 보험가입금액이 보험가액의 80% 해당액보다 작을 때

$$지급보험금 = 손해액 \times \left[\frac{보험가입금액}{보험가액 \times 80\%}\right]$$

② **잔존물 제거비용 보험금**
ⓐ 재산보험금 계산방법에 따라 지급하되 재산손해액의 10% 초과금지
ⓑ 재산손해보험금과 잔존물제거비용의 합계액은 보험가입금액 한도

③ **손해방지비용, 대위권보전비용, 잔존물 보전비용**
ⓐ 재산보험금 계산방법에 따라 산정
ⓑ 합계액이 보험가입금액을 초과하더라도 지급

④ **기타 협력비용** : 보험가입금액을 초과한 경우에도 전액 지급

2. 화재보험

(1) 보험목적의 범위

① **가입대상물건**
ⓐ 일반물건 : 주택물건, 공장물건을 제외한 모든 물건, 병용주택, 점포, 사무실 및 이들의 부속건물 및 장치, 공작물, 가재, 집기비품 등
ⓑ 공장물건 : 공장 or 작업장 구내에 있는 건물(기숙사 포함), 장치, 집기비품 등

② **명기물건 및 자동담보물건** : 주택화재보험과 동일

(2) 보상하는 손해

① **재산손해** : 주택화재보험과 동일. 단, 폭발 or 파열에 따른 직접손해는 보상불가

② **비용손해** : 주택화재보험과 동일

(3) 보상하지 않는 손해 : 주택화재보험과 동일

(4) 계약 후 알릴 의무(통지의무) : 통지의무 위반 시 보험회사에 계약해지권 발생

① 다른 보험회사와 동일한 손해를 보장하는 보험계약을 체결할 때

② 보험의 목적을 양도할 때

③ 건물을 계속하여 30일 이상 비워 두거나 휴업할 때

④ 건물구조를 변경·개축·증축하거나 계속하여 15일 이상 수선할 때 등

(5) 특별약관

① **도난위험담보특약** : 강도·절도로 생긴 도난, 훼손

② **구내폭발위험담보특약** : 화학적 폭발이나 발열

③ **풍수재위험담보특약** : 태풍, 회오리바람, 폭풍우, 해일 등

④ **기업휴지손해담보특약** : 재산손해에 기인한 휴업손해

⑤ **신체손해배상책임담보특약** : 화재로 인해 타인의 사망, 후유장해, 부상 시 건물소유자의 손해배상책임담보

적중문제

01 주택화재보험 가입대상 물건 중 주택으로만 쓰이는 건물에 해당하는 것은?

① 연립주택
② 콘도미니엄
③ 오피스텔
④ 기숙사 건물
⑤ 공장 내 기숙사

해설
주택으로만 쓰이는 건물은 단독주택, 연립주택, 아파트 등이다.

02 주택화재보험에서 보상하는 재산손해에 해당하지 않는 것은?

① 화재에 의한 직접손해
② 벼락으로 인한 충격손해 또는 전기 기기로부터의 파급손해
③ 폭발 또는 파열에 따른 직접손해
④ 소방손해
⑤ 피난 중에 발생한 도난 또는 분실 손해

해설
소방손해 또는 피난손해는 보상하는 재산손해에 해당하나, 피난 중에 발생한 도난 또는 분실 손해는 보상하지 않는 재산손해에 해당한다.

핵심 CHECK

보상하는 손해와 보상하지 않는 손해 예시

사고 유형	보상 여부
옆집의 화재사고로 주택 내 가재도구가 불에 타서 파손되었다.	○
벼락으로 인하여 냉장고가 파손되었다.	○
갑작스러운 추위로 수도관이 파열되어 가재도구가 침수되었다.	×
화재 시 가재도구를 앞길에 내놓았으나 밤중에 도난을 당했다.	×
피보험자의 채무자가 악의를 품고 방화하여 건물의 일부가 소실되었다.	○

03 주택화재보험에서 보상하는 손해에 해당하지 않는 것은?

① 폭발에 따른 직접손해
② 소방손해
③ 추위로 인한 수도관 파열로 생긴 손해
④ 잔존물 제거비용
⑤ 기타 협력비용

해설
소방손해 또는 피난손해는 보상하는 손해에 해당하나, 화재, 폭발, 파열과 상관없는 수도관, 수관, 수압기 등의 파열로 생긴 손해는 보상하지 않는다.

정답 01 ① 02 ⑤ 03 ③

04 다음의 사례의 경우 주택화재로 인한 지급보험금으로 적절한 것은?

- 보험가입금액 : 8,000만원
- 보험가액 : 1억원
- 손해액 : 2,000만원

① 1,000만원
② 2,000만원
③ 3,000만원
④ 4,000만원
⑤ 8,000만원

해설

주택물건 및 일반물건의 보험가입금액이 보험가액의 80% 해당액과 같거나 클 때의 지급보험금은 다음과 같다.
- 지급보험금 = 손해액(보험가입금액과 보험가액 중 작은 금액을 지급한도로 함)

핵심 CHECK

주택화재보험 유형별 보험금 계산 예시

구 분	보험가입금액	보험가액	손해액	지급보험금
전부보험	1,000만원	1,000만원	800만원	800만원
일부보험	500만원	1,000만원	1,000만원	$1,000 \times (\frac{500}{800}) = 625$만원 (보험가입금액이 한도이므로 500만원만 지급)
	400만원	1,000만원	100만원	$100 \times (\frac{400}{800}) = 50$만원
초과보험	1,200만원	1,000만원	1,000만원	1,000만원

정답 04 ②

05 다음의 사례에서 주택화재로 인한 지급보험금으로 가장 적절한 것은?

- 보험가입금액 : 8,000만원
- 보험가액 : 2억원
- 손해액 : 1억원

① 4,000만원
② 5,000만원
③ 7,000만원
④ 8,000만원
⑤ 1억원

해설
주택물건 및 일반물건의 보험가입금액이 보험가액의 80% 해당액보다 작을 때의 지급보험금은 다음과 같다.
- 지급보험금 = 손해액 $\times \left[\dfrac{\text{보험가입금액}}{\text{보험가액} \times 80\%}\right]$ = 1억원 $\times \left[\dfrac{8,000만원}{2억원 \times 80\%}\right]$ = 5,000만원

06 보험가액이 1억원, 보험가입금액이 5천만원으로 주택화재보험 계약 후 손해액이 1천만원, 잔존물 제거비용이 400만원 발생 시 주택화재보험에서 지급되는 잔존물 제거비용 보험금으로 가장 적절한 것은?

① 100만원
② 200만원
③ 250만원
④ 300만원
⑤ 400만원

해설
- 잔존물제거비용 보험금 : 400만원 $\times \dfrac{5천만원}{1억원 \times 80\%}$ = 250만원. 그러나 손해액(1,000만원)의 10%인 100만원을 한도로 하므로 잔존물제거비용 보험금은 100만원이다.

[07~08] 다음 지문을 읽고 문항에 답하시오.

> 자산관리사인 노태환씨가 고객 박미진씨와 화재보험가입과 관련하여 상담 중이다.
> • 박미진씨의 영위업종 : 제조업
> • 가입대상물건 : 본인 소유의 공장 및 기계설비, 공장 내 기숙사
> • 건물의 급수 : 공장 및 기숙사 모두 1급 건물

07 자산관리사 노태환씨가 보험가입과 관련하여 고객 박미진씨에게 설명한 내용으로 적절하지 않은 것은?

① 공장 내 기숙사도 공장물건에 해당합니다.
② 공장의 간판은 보험증권에 기재하지 않아도 자동담보되는 물건입니다.
③ 폭발에 따른 직접손해는 보상하지 않습니다.
④ 건물을 계속하여 30일 이상 비워 두거나 휴업할 때에는 보험회사에 알려야 합니다.
⑤ 건물구조를 변경·개축·증축하거나 계속하여 20일 이상 수선할 때에는 보험회사에 알려야 합니다.

해설
건물구조를 변경·개축·증축하거나 계속하여 15일 이상 수선할 때에 보험회사에 알려야 한다.

08 고객 박미진씨가 화재로 인한 공장 및 기계설비의 훼손으로 생산에 차질이 생겨 매출이 감소할 것을 우려하고 있다면 매출감소로 인한 손실보상을 목적으로 화재보험에 부가할 특별약관으로 적절한 것은?

① 구내폭발위험담보특약
② 기업휴지손해담보특약
③ 시설소유관리자 특별약관
④ 건설기계업자 특별약관
⑤ 물적손해확장담보 추가특별약관

해설
기업휴지손해담보특약 : 재산손해에 기인한 휴업손해를 담보한다.

정답 07 ⑤ 08 ②

핵심테마 10 특종보험

출제포인트
- 배상책임보험

1. 배상책임보험

① **임의배상책임보험과 의무(강제)배상책임보험**

임의배상책임보험	의무(강제)배상책임보험
• 선주배상책임보험 • 생산물배상책임보험 • 임원배상책임보험 등	• 가스사고배상책임보험 • 체육시설업자배상책임보험 • 유도선사업자배상책임보험 등

② **손해사고기준 배상책임보험과 배상청구기준 배상책임보험**

손해사고기준 배상책임보험	배상청구기준 배상책임보험
• 시설소유관리자배상책임보험 • 선주배상책임보험 • 경비업자배상책임보험	• 임원배상책임보험 • 전문인배상책임보험

③ **영업배상책임보험의 주요 특별약관** : 시설소유관리자 특별약관, 도급업자 특별약관, 생산물 특별약관, 주차장 특별약관, 임차자 특별약관

④ **다중이용업소 화재배상보험(의무가입)**
  ㉠ 주요 의무가입대상과 기준 : 휴게음식점, 일반음식점, 제과점, 게임제공업, PC방, 단란주점, 유흥주점, 영화상영관, 비디오물 감상실업, 실내스크린 골프연습장, 안마시술소, 노래연습장, 산후조리원, 고시원, 전화방, 수면방, 학원
  ㉡ 담보 및 가입금액

담 보		가입금액
화재배상책임보험	대 인	• 1인당 : 1억원 한도 • 1사고당 : 무한
	대 물	1사고당 : 1억원 한도

적중문제

01 임의배상책임보험과 의무(강제)배상책임보험에 대한 설명으로 가장 적절한 것은?

① 선주배상책임보험은 의무(강제)배상책임보험에 해당한다.
② 가스사고배상책임보험은 임의배상책임보험에 해당한다.
③ 생산물배상책임보험은 의무(강제)배상책임보험에 해당한다.
④ 임원배상책임보험은 의무(강제)배상책임보험에 해당한다.
⑤ 유도선사업자배상책임보험은 의무(강제)배상책임보험에 해당한다.

해설
- 임의배상책임보험 : 선주배상책임보험, 생산물배상책임보험, 임원배상책임보험 등
- 의무(강제)배상책임보험 : 가스사고배상책임보험, 체육시설업자배상책임보험, 유도선사업자배상책임보험 등

02 일반음식점을 운영하는 업주가 의무 가입해야 하는 보험으로 화재로 인해 타인의 신체나 재물에 손해를 입혔을 때 보상해 주는 보험으로 가장 적절한 것은?

① 생산물배상책임보험
② 가스사고배상책임보험
③ 영업배상책임보험
④ 시설소유관리자 배상책임보험
⑤ 다중이용업소 화재배상책임보험

해설
휴게음식점, 일반음식점, 제과점, 게임제공업, PC방, 단란주점, 유흥주점, 영화상영관, 비디오물 감상실업, 실내스크린 골프연습장, 안마시술소, 노래연습장, 산후조리원, 고시원, 전화방, 수면방, 학원 등 다중이용업소 업주는 화재배상책임보험에 의무적으로 가입해야 하며, 가입하지 않은 경우 최대 200만원의 벌금이 부과된다.

정답 01 ⑤ 02 ⑤

핵심테마 11 장기손해보험

> **출제포인트**
> - 장기손해보험

1. 장기손해보험의 특징

① **보험기간** : 15년 이내
② **만기환급금** : 저축보험료 부분 운용
③ **자동복원** : 1회 보험금이 보험가입금액의 80% 미만 시
④ 보험료 납입방법 다양
⑤ 보험료의 납입최고(독촉)와 계약의 해지
⑥ **해지계약의 부활(효력회복)** : 2016년 3월 31일 이전 계약은 해지 2년 이내, 2016년 4월 1일 이후 계약은 3년 이내
⑦ 보험계약대출

적중문제

01 장기손해보험의 자동복원에 대한 설명으로 가장 적절한 것은?

중요도
●●○

① 장기손해보험은 1회의 사고로 지급되는 보험금이 보험가입금액의 50% 미만이면 3회의 사고까지는 보험가입금액이 감액되지 않고 보험계약도 그대로 존속된다.
② 장기손해보험은 1회의 사고로 지급되는 보험금이 보험가입금액의 50% 미만이면 몇 번의 사고가 발생하더라도 보험가입금액이 감액되지 않고 보험계약도 그대로 존속된다.
③ 장기손해보험은 1회의 사고로 지급되는 보험금이 보험가입금액의 80% 미만이면 3회의 사고까지는 보험가입금액이 감액되지 않고 보험계약도 그대로 존속된다.
④ 장기손해보험은 1회의 사고로 지급되는 보험금이 보험가입금액의 80% 미만이면 몇 번의 사고가 발생하더라도 보험가입금액이 감액되지 않고 보험계약도 그대로 존속된다.
⑤ 장기손해보험은 1회의 사고로 지급되는 보험금이 보험가입금액의 100% 미만이면 몇 번의 사고가 발생하더라도 보험가입금액이 감액되지 않고 보험계약도 그대로 존속된다.

해설
일반손해보험은 보험사고가 발생하면 보험가입금액에서 지급보험금을 차감한 잔존금액에 한해 보장되나, 장기손해보험은 1회의 사고로 지급되는 보험금이 보험가입금액의 80% 미만이면 몇 번의 사고가 발생하더라도 보험가입금액이 감액되지 않고 보험계약도 그대로 존속된다.

02 해지계약의 부활(효력회복)에 대한 다음 설명 중 (가)~(나)에 들어갈 내용으로 적절하게 연결된 것은?

중요도
●○○

> 보험계약이 보험료납입 지연 등의 사유로 해지된 경우, 보험계약자는 2016년 3월 31일 이전 계약의 경우는 해지 (가) 이내에, 2016년 4월 1일 이후 계약의 경우 (나) 이내에 그 기간에 대한 연체보험료와 약관에서 정한 이자를 납입하고 계약의 부활(효력회복)을 청구할 수 있다.

	가	나
①	2년	3년
②	3년	2년
③	2년	5년
④	5년	2년
⑤	3년	5년

해설
해지계약의 부활(효력회복) : 보험계약이 보험료납입 지연 등의 사유로 해지된 경우, 보험계약자는 2016년 3월 31일 이전 계약의 경우는 해지 2년 이내에, 2016년 4월 1일 이후 계약의 경우 3년 이내에 그 기간에 대한 연체보험료와 약관에서 정한 이자를 납입하고 계약의 부활(효력회복)을 청구할 수 있다.

정답 01 ④ 02 ①

핵심테마 12 자동차보험

출제포인트
- 자동차보험의 관계법
- 자동차보험의 담보
- 주요 특약
- 보험회사의 면책사유

1. 자배법과 민법의 비교

구 분	민 법	자배법
배상책임의 주체	운전자, 사용자 등	운행자(법 제3조)
배상책임발생요건	구체적 · 제한적	객관적 · 추상적
과실책임	과실책임주의	조건부 무과실책임주의
입증책임	피해자	가해자(운행자)
손해배상보장제도	없 음	강제보험, 직접청구권, 정부보장사업 등
적용사고	대인 · 대물사고	대인 · 대물사고

2. 자동차보험의 담보

① 보험기간
  ㉠ 자동차보험 보험자의 책임은 첫날 24시에 시작하여, 마지막 날 24시에 끝남
  ㉡ 의무보험(대인Ⅰ, 대물)과 보험을 처음으로 가입한 자동차는 첫날 보험료영수 시부터 마지막 날 24시에 종료

② 담보별 보상한도

담보종목	보상받는 금액
대인배상Ⅰ (의무가입, 1.5억원)	• 사망보험금 : 사망 1인당 실제손해액(최고 1.5억 ~ 최저 2천만원) • 부상보험금 : 1급~14급까지의 부상등급별 한내액(최고 3천만원 ~ 최저 80만원) 내에서 실제 손해액 지급 • 후유장해보험금 : 1급~14급까지의 후유장애 등급별 한내액(1.5억 ~ 최저 1,630만원) 내에서 실제 손해액 지급
대인배상Ⅱ	• 대인배상Ⅰ을 초과하는 손해를 배상 • 보험가입시 정한금액(예 무한 등)을 한도로 사망보험금, 부상보험금, 후유장해보험금 보상
대물보상 (의무가입, 2,000만)	1사고당 보험가입금액을 한도로 수리비용, 대차료, 영업손실 등 보상
자기신체사고 or 자동차상해 중 선택	• 자기신체사고 : 사망보험금, 후유장해 or 상해 • 자동차상해(과실상계없이 보상) : 사망 or 후유장해, 상해

무보험자동차	• 보험가입금액(2억 or 5억원) 한도 내에서 실제 손해액 보상 • 대인배상Ⅱ 지급기준에 따라 산출한 금액 지급
자기차량손해	보험가입자동차에 생긴 손해액과 비용을 합한 액수에서 자기부담금을 공제한 후 지급

3. 주요 특약

① **가족운전자 한정특약** : 가족의 범위에는 기명피보험자 및 그의 부모, 양부모, 배우자(사실혼 포함), 자녀(사실혼 관계에서 출생한 자녀, 양자, 양녀 포함), 며느리, 사위, 기명피보험자 배우자의 부모 및 양부모가 포함(단, 형제 · 자매는 가족의 범위에서 배제)

② **운전자연령 한정운전특약**
  ㉠ 선택한 연령 미만인 자가 피보험자동차를 운전하던 중 발생한 사고는 보상하지 않음
  ㉡ 운전자 연령은 사고 당시 만 나이 기준

③ **다른 자동차 운전담보특약** : 무보험자동차에 의한 상해에 가입하면 기명피보험자는 다른 자동차 운전담보특약에 별도 가입 가능

4. 자동차보험의 면책사유

① **대인배상Ⅰ의 면책사유** : '고의' 하나뿐(고의로 인한 사고에도 피해자직접청구권은 인정되므로 피해자는 언제든지 책임보험보상 가능)

② **공통 면책사유(대인Ⅰ 제외)**
  ㉠ 고의로 인한 손해
  ㉡ 지진, 분화, 태풍, 홍수, 해일 or 이들과 유사한 천재지변으로 인한 손해(자기차량 손해에서는 태풍, 홍수, 해일은 보상)
  ㉢ 비사업용 자동차의 유상운송(자가용 영업 행위)
  ㉣ 음주운전 또는 음주운전을 승인한 사고로 인한 손해 중 대인배상은 300만원, 대물배상은 100만원(자기신체사고, 플러스보험의 자동차상해, 운전자보험의 상해담보부분 등은 보험회사의 책임이 발생함)
  ㉤ 무면허운전 또는 무면허운전을 승인한 경우(자기신체사고, 플러스보험의 자동차상해, 운전자보험의 상해담보부분 등은 보험회사의 책임이 발생함) 등

적중문제

01 자배법상 피해자 보호를 위한 법적 제도로 적절하지 않은 것은?

① 민법상 불법행위자 이외에도 자배법상의 운행자도 배상의무자에 포함되어 배상책임의 주체가 확대되었다.
② 운행자의 면책사유를 두고, 운행자가 그 면책요건을 입증하지 못하면 과실이 없어도 책임을 지도록 하고 있는 것이 조건부 무과실책임주의이다.
③ 입증책임을 전환하여 운행자가 면책요건을 입증하도록 하고, 이를 입증하지 못하면 피해자에 대한 배상책임을 면하지 못하게 하고 있다.
④ 피해자 직접청구권 및 가불금청구권을 인정하고 있다.
⑤ 반의사불벌 및 보험가입의 특례가 적용된다.

[해설]
⑤는 교통사고처리특례법상 처벌의 특례이다.

02 의무보험(대인Ⅰ, 대물)과 자동차보험을 처음으로 가입한 자동차의 보험기간으로 가장 적절한 것은?

① 보험자의 책임은 첫날 16시에 시작하여, 마지막 날 16시에 끝난다.
② 보험자의 책임은 첫날 16시에 시작하여, 마지막 날 24시에 끝난다.
③ 보험자의 책임은 첫날 24시에 시작하여, 마지막 날 16시에 끝난다.
④ 보험자의 책임은 첫날 24시에 시작하여, 마지막 날 24시에 끝난다.
⑤ 보험자의 책임은 첫날 보험료영수 시부터 마지막 날 24시에 종료한다.

[해설]
자동차보험의 보험자의 책임은 첫날 24시에 시작하여, 마지막 날 24시에 끝나나, 의무보험(대인Ⅰ, 대물)과 보험을 처음으로 가입한 자동차는 첫날 보험료영수 시부터 마지막 날 24시에 종료한다.

03 자동차보험에 대한 설명으로 적절하지 않은 것은?

① 대인배상Ⅰ은 의무보험이다.
② 대물보상은 타인의 재물을 손괴시킨 경우 가해자가 지는 법률상 손해배상책임을 가입금액 한도로 보상한다.
③ 자기신체사고는 피보험자동차의 사고로 피보험자가 상해를 입은 경우 가입금액을 한도로 보상한다.
④ 무보험자동차에 의한 상해는 무보험자동차에 의해 피보험자가 죽거나 다친 경우에 보상한다.
⑤ 고의로 인한 사고의 경우 피해자는 대인배상Ⅰ에서도 보상받지 못한다.

[해설]
고의로 인한 사고의 경우에도 피해자직접청구권은 인정되므로 피해자는 언제든지 책임보험보상을 받을 수 있다.

정답 01 ⑤ 02 ⑤ 03 ⑤

핵심테마 13 공적보장제도

출제포인트
- 국민건강보험
- 노인장기요양보험
- 산업재해보상보험

1. 국민건강보험

(1) 건강보험제도의 특성
① 강제성
② **보험료 차등부과(형평부과)** : 사회보험 방식
③ **보험급여의 균등한 수혜** : 사회보험 방식
④ 보험료 납부의 강제성

(2) 보험료
① **직장가입자**
　㉠ 보수월액보험료 : 동일사업장에서 당해연도에 지급받은 보수총액을 근무월수로 나눈 보수월액에 보험료율을 곱하여 산정 후 가입자 단위로 부과
　㉡ 2025년 기준 건강보험료율은 7.09%이며, 장기요양보험료율은 건강보험료의 12.95%임
　㉢ 소득월액보험료 : 보수를 제외한 소득이 연 2,000만원 초과 시 부과

② **지역가입자**
　㉠ 가입자의 소득, 재산(전월세 포함), 생활수준 및 경제활동참가율을 참작하여 정한 보험료 부과점수에 점수당 금액을 곱하여 보험료 산정 후 세대 단위로 부과
　㉡ 2025년 기준 부과점수당 금액은 208.4원이며, 장기요양보험료율은 건강보험료의 12.95%

2. 노인장기요양보험

(1) 개요
고령이나 치매·중풍의 노인성 질환 등으로 6개월 이상 혼자 일상생활을 영위하기 어려운 대상자에게 요양시설이나 재가 장기요양기관을 통해 신체활동 or 가사지원 등의 서비스를 제공하는 제도

(2) 신청 대상
65세 이상의 노인 or 65세 미만으로서 치매, 뇌혈관질환 등 대통령령으로 정한 노인성 질병을 가진 자

(3) 장기요양 등급판정 기준

구 분	기능상태	장기요양 인정점수
1등급	일상생활에서 전적으로 다른 사람의 도움이 필요한 상태	95점 이상
2등급	일상생활에서 상당 부분 다른 사람의 도움이 필요한 상태	75점 이상 95점 미만
3등급	일상생활에서 부분적으로 다른 사람의 도움이 필요한 상태	60점 이상 75점 미만
4등급	심신의 기능 상태 장애로 일상생활에서 일정부분 다른 사람의 도움이 필요한 사람	51점 이상 60점 미만
5등급	치매(노인장기요양보험법 제2조에 따른 노인성질병으로 한정) 환자	45점 이상 51점 미만

(4) 급여의 종류

① **재가급여** : 방문요양, 방문목욕, 방문간호, 주·야간보호, 단기보호, 복지용구
② **시설급여** : 노인의료복지시설에 장기간 입소하여 신체활동 지원, 심신기능의 유지·향상을 위한 교육·훈련 등을 제공하는 요양급여
③ **특별현금급여** : 장기요양기관이 현저히 부족한 지역에 거주하는 자, 천재지변 등으로 장기요양기관이 실시하는 장기요양급여 이용이 어렵다고 인정되는 자, 신체·정신·성격 등의 사유로 가족 등으로부터 장기요양을 받아야 하는 자에게 지급

3. 산업재해보상 보험급여

① **요양급여** : 업무상 부상 or 질병이 3일 이내의 요양으로 치유될 수 있으면 미지급

> **공단이 부담하지 않는 치료비(비급여 항목으로 산재환자 본인부담)**
> - 업무상 부상 or 질병의 치료목적이 아닌 진료 or 투약
> - 국민건강보험 기준에 의한 비급여 대상
> - 상급병실 사용료 차액(단, 종합병원 이상에서 응급 진료, 수술 등으로 부득이 특실을 제외한 상급병실을 사용하는 경우 7일의 범위 내에서 인정)
> - 선택진료에 관한 규칙에 의해 실시한 선택진료

② **휴업급여**
  ㉠ 1일당 지급액은 평균임금의 70%에 상당하는 금액
  ㉡ 취업하지 못한 기간이 3일 이내인 근로자에게는 미지급
③ **장해급여**
  ㉠ 장해등급 제1급~제3급 : 장해보상연금으로만 지급
  ㉡ 장해등급 제4급~제7급 : 일시금과 연금 중에서 선택 가능
  ㉢ 장해등급 제8급~제14급 : 일시금으로만 지급
④ **유족급여**
  ㉠ 연금지급 원칙
  ㉡ 연금수급권자가 원하는 경우 유족일시금의 50%를 일시금으로 지급하고, 유족보상연금은 50% 감액하여 지급
  ㉢ 유족급여를 받을 권리의 순위 : 배우자, 자녀, 부모, 손자녀, 조부모 및 형제자매의 순
⑤ **기타** : 간병급여, 장해(유족)특별급여, 상병보상연금, 장의비, 직업재활급여

적중문제

01 국민건강보험제도의 특성에 해당하지 않는 것은?

① 강제성
② 보험료 차등부과
③ 민간보험
④ 보험급여의 균등한 수혜
⑤ 보험료 납부의 강제성

해설
- 보험료 차등부과(형평부과) : 민간보험은 급여의 내용, 위험의 정도, 계약의 내용 등에 따라 보험료를 부담하지만, 사회보험방식인 건강보험에서는 사회적인 연대를 기초로 의료비 문제를 해결하는 것이 목적이므로 소득수준 등 보험료 부담능력에 따라 차등적으로 부담한다.
- 보험급여의 균등한 수혜 : 민간보험은 보험료 부과수준·계약기간 및 내용에 따라 차등급여를 받지만, 사회보험은 보험료 부과수준에 관계없이 관계법령에 의하여 균등하게 보험급여가 이루어진다.

02 국민건강보험제도에 대한 설명으로 적절하지 않은 것은?

① 보험료 부과수준에 따라 균등하지 않게 보험급여가 이루어진다.
② 건강보험은 직장가입자와 지역가입자로 적용 대상자를 구분하고 있다.
③ 직장가입자의 보수월액보험료는 당해연도 보수월액을 기준으로 산정한다.
④ 2025년 기준 건강보험료율은 7.09%이며, 장기요양보험료율은 건강보험료의 12.95%이다.
⑤ 지역가입자의 건강보험료는 보험료 부과점수에 점수당 금액을 곱하여 보험료를 산정한 후, 경감률 등을 적용하여 세대 단위로 부과한다.

해설
사회보험방식인 건강보험은 보험료 부과수준에 관계없이 관계법령에 의하여 균등하게 보험급여가 이루어진다.

핵심 CHECK

직장가입자 보험료 산정방법
- 건강보험료 = 보수월액* × 건강보험료율
- 장기요양보험료 = 건강보험료 × $\dfrac{\text{장기요양보험료율}}{\text{건강보험료율}}$

*동일사업장에서 당해연도에 지급받은 보수총액을 근무월수로 나눈 금액

지역가입자 보험료 산정방법
- 건강보험료 = 보험료 부과점수 × 점수당 금액
- 장기요양보험료 = 건강보험료 × $\dfrac{\text{장기요양보험료율}}{\text{건강보험료율}}$

정답 01 ③ 02 ①

03 노인장기요양보험에 대한 다음 설명 중 ㈎~㈏에 들어갈 내용이 적절하게 연결된 것은?

- 고령이나 치매·중풍의 노인성 질환 등으로 (가) 이상 혼자서 일상생활을 영위하기 어려운 대상자에게 요양시설이나 재가 장기요양기관을 통해 신체활동 또는 가사지원 등의 서비스를 제공하는 제도이다.
- (나)세 이상의 노인 또는 (나)세 미만으로서 치매, 뇌혈관질환 등 대통령령으로 정한 노인성 질병을 가진 자가 신청 대상이다.

	가	나
①	3개월	60
②	3개월	65
③	6개월	60
④	6개월	65
⑤	6개월	70

- 고령이나 치매·중풍의 노인성 질환 등으로 6개월 이상 혼자서 일상생활을 영위하기 어려운 대상자에게 요양시설이나 재가 장기요양기관을 통해 신체활동 또는 가사지원 등의 서비스를 제공하는 제도이다.
- 65세 이상의 노인 또는 65세 미만으로서 치매, 뇌혈관질환 등 대통령령으로 정한 노인성 질병을 가진 자가 신청 대상이다.

04 노인장기요양보험에서 제공하는 재가급여에 해당하지 않는 것은?

① 방문요양
② 방문목욕
③ 방문간호
④ 주·야간 보호
⑤ 장기보호

장기보호 → 단기보호

05 노인장기요양보험에 대한 설명으로 적절하지 않은 것은?

① 65세 이상의 노인만이 신청 대상이다.
② 재가급여는 방문요양, 방문목욕, 방문간호, 주·야간 보호, 단기보호 등에 대한 급여이다.
③ 시설급여는 노인의료복지시설에 장기간 동안 입소하여 신체활동 지원, 심신기능의 유지·향상을 위한 교육·훈련 등을 제공하는 요양급여이다.
④ 국민기초생활수급권자는 본인 일부부담금을 부담하지 않는다.
⑤ 급여비용은 등급별로 다르게 적용한다.

> 해설
> 65세 이상의 노인 또는 65세 미만으로서 치매, 뇌혈관질환 등 대통령령으로 정한 노인성 질병을 가진 자가 신청 대상이다.

> **핵심 CHECK**
>
> **본인 일부부담금**
> - 일반 수급자
>   - 재가급여 : 당해 장기요양급여비용의 15%를 본인이 부담
>   - 시설급여 : 당해 장기요양급여비용의 20%를 본인이 부담
> - 국민기초생활수급권자
>   - 의료급여수급권자 및 감경적용 대상자 : 일반 수급자 본인 일부부담금의 50% 부담
>   - 국민기초생활수급권자 : 본인 일부부담금을 부담하지 않음

06 산업재해보상보험에서 지급하는 보험급여에 해당하지 않는 것은?

① 재가급여
② 요양급여
③ 휴업급여
④ 간병급여
⑤ 장해급여

> 해설
> 재가급여는 노인장기요양보험 급여의 종류에 해당한다.

07 산업재해보상 보험급여에 대한 설명으로 적절하지 않은 것은?

① 업무상 부상 또는 질병이 3일 이내의 요양으로 치유될 수 있으면 요양급여를 지급하지 않는다.
② 국민건강보험 기준에 의한 비급여 대상은 공단이 부담하지 않는 치료비인 비급여 항목으로 산재환자 본인이 부담한다.
③ 휴업급여 1일당 지급액은 평균임금의 50%에 상당하는 금액으로 한다.
④ 장해등급 제1급부터 제3급까지는 장해보상연금으로만 지급한다.
⑤ 유족급여를 받을 권리의 순위는 배우자, 자녀, 부모, 손자녀, 조부모 및 형제자매의 순으로 한다.

> 해설
> 휴업급여 1일당 지급액은 평균임금의 70%에 상당하는 금액으로 한다.

정답 05 ① 06 ① 07 ③

핵심테마 14 금융세제

출제포인트
- 금융소득종합과세
- 보험차익에 대한 과세

1. 금융소득종합과세

개인별 연간금융소득(이자·배당소득)이 2천만원을 초과하는 경우 금융소득을 다른 종합소득(사업, 근로, 연금, 기타소득)과 합산하여 종합소득세율로 누진과세하는 제도

〈세제혜택 금융상품〉

구 분	비과세종합저축	조합원예탁금	조합원출자금	ISA
가입조건	만 65세 이상 장애인 등	(간주)조합원	조합원	만 19세 이상
가입한도	원금 5천만원, 은행·증권	원금 3천만원, 농·수·신협·새마을금고	원금 1천만원, 농·수·신협·새마을금고	매년 2천만원 (최대 1억원)
가입제한	한도 이내 다수계좌 개설가능	한도 이내 다수계좌 개설가능	한도 이내 다수계좌 개설가능	1인당 1계좌
세금혜택	비과세	1.4% (농특세)	비과세 (배당소득)	200만원 비과세 (서민형은 400만원), 초과금액은 9.9% 분리과세 적용 (단, 3년 이상 유지 시)

2. 보험차익에 대한 과세

(1) 만기보험금

만기 10년 이상인 저축성보험은 이자소득세 비과세 → 10년 이내에 원금의 일부를 중도 인출하더라도 원 계약이 10년 이상 유지되면 이자소득세 비과세

(2) 과세 제외되는 장기 저축성보험의 요건

① 일시납
  ㉠ 2013년 2월 15일 이후 가입분 : 계약자 1인당 납입보험료 합계액이 2억원 이하, 계약기간이 10년 이상인 경우
  ㉡ 2017년 4월 1일 이후 가입분 : 계약자 1인당 납입보험료 합계액이 1억원 이하, 계약기간이 10년 이상인 경우

② **월 납**
  ⊙ 2013년 2월 15일 이후 가입분 : 납입기간이 5년 이상인 월 납입식 계약으로 계약기간이 10년 이상인 경우(기본보험료 균등, 기본보험료의 선납기간은 6개월 이내)
  ⊙ 2017년 4월 1일 이후 가입분 : 납입기간이 5년 이상인 월 납입식 계약으로, 월 보험료가 150만원 이하, 계약기간이 10년 이상인 경우(기본보험료 균등, 기본보험료의 선납기간은 6개월 이내)

③ **종신형 연금보험**
  ⊙ 사망 시 보험계약 및 연금재원이 소멸할 것(통계청장이 고시하는 기대여명 이내 보증기간이 설정된 경우로서 계약자가 해당 보증기간 이내에 사망한 경우에는 해당 보증기간 종료 시 보험계약 및 연금재원이 소멸할 것)
  ⊙ 55세 이후 사망 시까지 연금형태로 지급받을 것
  ⊙ 연금 외의 형태로 보험금·수익 등을 지급하지 않을 것
  ⊙ 계약자와 피보험자 및 수익자가 동일한 계약으로서 연금지급개시 이후 사망일 전에 중도해지 불가

적중문제

01 금융소득종합과세에 대한 다음 설명 중 (가)에 들어갈 내용으로 가장 적절한 것은?

> 금융소득종합과세는 개인별 연간금융소득이 (가)을 초과하는 경우 금융소득을 다른 종합소득과 합산하여 종합소득세율로 누진과세하는 제도이다.

① 1천만원　　　　　　　　　② 2천만원
③ 3천만원　　　　　　　　　④ 4천만원
⑤ 5천만원

[해설]
금융소득종합과세는 개인별 연간금융소득(이자·배당소득)이 2천만원을 초과하는 경우 금융소득을 다른 종합소득(사업, 근로, 연금, 기타소득)과 합산하여 종합소득세율(6~45%)로 누진과세하는 제도이다.

02 ISA에 대한 설명으로 적절하지 않은 것은?

① 만 19세 이상 국내 거주자라면 소득이 없어도 누구든지 계좌를 개설할 수 있다.
② 금융기관을 통틀어 1인당 1계좌만 개설할 수 있으며, 의무가입 기간은 5년이다.
③ 가입한도는 연간 2,000만원으로 5년간 최대 1억원까지 납입 가능하다.
④ 가입기간 중 손익을 통산해 200만원까지는 비과세가 적용되고 200만원 초과금액에 대해서는 9.9%의 분리과세가 적용된다.
⑤ 서민형은 비과세 한도가 400만원이고 400만원 초과분에 대해서는 9.9%의 분리과세가 적용된다.

[해설]
금융기관을 통틀어 1인당 1계좌만 개설할 수 있으며, 의무가입 기간은 3년이다.

03 만기보험금 보험차익에 대한 과세 내용 중 (가)에 공통적으로 들어갈 내용으로 가장 적절한 것은?

> 만기 (가) 이상인 저축성보험은 이자소득세를 비과세한다. 이 경우 (가) 이내에 원금의 일부를 중도 인출하더라도 원 계약이 (가) 이상 유지되면 이자소득세는 비과세된다.

① 1년　　　　　　　　　② 3년
③ 5년　　　　　　　　　④ 7년
⑤ 10년

[해설]
만기 10년 이상인 저축성보험은 이자소득세를 비과세한다. 이 경우 10년 이내에 원금의 일부를 중도 인출하더라도 원 계약이 10년 이상 유지되면 이자소득세는 비과세된다.

정답　01 ②　02 ②　03 ⑤

04 과세 제외되는 장기 저축성보험의 요건으로 적절하지 않은 것은? (가입일 : 2013년 5월, 이외 가입한 보험은 없음)

① 계약자 1인당 납입보험료 합계액이 2억원 이하이고 계약기간이 10년 이상인 저축성보험
② 납입기간이 5년 이상인 월 납입식 계약으로 계약기간이 10년 이상인 저축성보험
③ 50세 이후 사망 시까지 연금형태로 지급받지 않는 종신형 연금보험
④ 연금 외의 형태로 보험금·수익 등을 지급하지 않는 종신형 연금보험
⑤ 사망 시까지 중도해지가 불가한 종신형 연금보험

해설
55세 이후 사망 시까지 연금형태로 지급받는 종신형 연금보험

05 과세 제외되는 종신형 연금보험의 조건으로 적절하지 않은 것은?

① 사망 시 계약·연금재원이 소멸할 것
② 보증기간이 10년 이상일 것
③ 55세 이후 사망 시까지 연금형태로 지급받을 것
④ 연금 외의 형태로 보험금·수익 등을 지급하지 않을 것
⑤ 사망 시까지 중도해지 불가

해설
통계청장이 고시하는 기대여명 이내 보증기간이 설정된 경우에는 보증기간 종료 시까지 소멸

06 다음 각 사례 중 과세 제외되는 장기 저축성보험으로 가장 적절한 것은? (가입일 : 2017년 5월, 이외 가입한 보험은 없음)

① 1억원을 일시납보험료로 납입하고, 10년 후 만기 환급받는 장기 저축성보험
② 5억원을 일시납보험료로 납입하고, 매월 연금으로 받는 10년 만기 상속형 즉시연금보험
③ 매월 100만원씩 3년간 납입하고, 10년 후 만기 환급받는 장기 저축성보험
④ 매월 100만원씩 5년간 납입 후 바로 만기 환급받는 장기 저축성보험
⑤ 연 1회 600만원씩 10년간 납입 후 바로 만기 환급받는 장기 저축성보험

해설
계약자 1인당 납입보험료 합계액이 1억원 이하이고 계약기간이 10년 이상인 경우(1억원의 계산은 월 납입식 저축성보험과 종신형 연금보험을 제외하고, 계약자가 가입한 모든 저축성보험의 납입보험료 합계로 한다) 또는 납입기간이 5년 이상인 월 납입식 계약으로, 월 보험료가 150만원 이하, 계약기간이 10년 이상인 경우 과세 제외된다.

정답 04 ③ 05 ② 06 ①

핵심테마 15. 상속증여세제

출제포인트
- 보험금의 증여
- 증여받은 재산 원본으로 보험료 납부
- 장애인 비과세
- 정기금을 받을 권리(연금)의 상속

1. 보험금의 증여

① **과세원칙** : 보험금 수령인(수익자)과 보험료 납부자(계약자)가 다른 경우 보험금 상당액을 보험금 수령인의 증여재산가액으로 함

$$증여재산가액 = 보험금 \times \frac{보험금\ 수령인\ 외의\ 자가\ 납부한\ 보험료}{총불입보험료}$$

② **증여시기** : 보험사고 발생일

2. 증여받은 재산 원본으로 보험료 납부

① **과세원칙** : 보험계약 기간에 보험금 수령인이 타인으로부터 재산을 증여받아 보험료를 납부한 경우에는 그 보험료 납부액에 대한 보험금 상당액에서 그 보험료 납부액을 뺀 가액을 보험금 수령인의 증여재산가액으로 함 → 즉, 보험차익을 증여로 보아 과세

② **보험계약기간 전에 증여받은 재산으로 보험가입**
  ㉠ 증여받은 현금으로 보험료를 납부하는 경우 보험차익을 증여로 보아 증여세 과세(보험계약기간 전에 증여받은 재산으로 보험료를 납입하는 경우에도 증여로 보아 과세)
  ㉡ 부모로부터 자금을 차입하여 보험에 가입한 경우 5년 이내에 보험사고가 발생하여 보험차익이 30% 이상 or 3억원 이상 발생한 경우 보험차익을 증여로 보아 과세

3. 장애인 비과세

① **적용대상 장애인**
  ㉠ 장애인복지법에 의해 등록한 장애인
  ㉡ 국가유공자 등 예우 및 지원에 관한 법률에 따라 등록한 상이자
② **수익자가 장애인인 보험금** : 연간 4,000만원 한도로 증여세 비과세
③ **장애인이 증여받은 재산의 과세가액 불산입** : 5억원 한도
  ㉠ 증여받은 재산 전부를 신탁회사에 신탁할 것
  ㉡ 당해 장애인이 신탁의 이익 전부를 받는 수익자일 것

ⓒ 신탁기간의 만료일이 당해 장애인이 사망할 때까지로 되어 있을 것(단, 신탁기간이 장애인의 사망 전에 만료되는 경우에는 신탁기간을 장애인이 사망할 때까지 계속 연장해야 함)

4. 정기금을 받을 권리(연금)의 상속

① **유기정기금** : 정기금을 수령하다가 기간이 남아 있는 상태에서 계약자가 사망한 경우 잔존 기간 동안 각 연도에 받을 정기금액을 기획재정부령으로 정하는 이자율로 할인한 금액의 합계액으로 평가(단, 1년분 정기금액의 20배 초과 불가)

② **종신정기금** : 정기금을 수령하다가 계약자가 피보험자보다 먼저 사망한 경우 피보험자의 기대여명(통계청장이 고시하는 통계표)까지의 기간 동안 각 연도에 받을 정기금액을 기획재정부령으로 정하는 이자율로 할인한 금액의 합계액으로 평가(최저보증기간이 있는 경우 기대여명의 연수와 보험상품의 최저보증기간의 잔존연수 중 긴 기간 동안 정기금을 받을 것으로 보아 평가)

③ **불입보험료에 대한 상속재산 평가** : 사망일 현재의 불입보험료 총액과 사망일 현재의 책임준비금 중 큰 금액으로 평가(단, 상속세 신고기간 내에 보험계약을 해지한 경우에는 해지환급금으로 평가)

적중문제

01 다음 각 사례 중 만기 시 증여세가 과세되지 않는 보험으로 가장 적절한 것은?

	계약자	피보험자	수익자
①	부	모	모
②	모	부	부
③	모	자	부
④	자	부	모
⑤	부	모	부

해설
보험금 수령인(수익자)과 보험료 납부자(계약자)가 다른 경우 보험금 상당액을 보험금 수령인의 증여재산가액으로 한다.

02 다음의 보험계약에 대한 증여재산가액으로 가장 적절한 것은?

- 납입기간 10년, 보험만기 10년인 저축성보험
- 계약자 : 아버지
- 수익자 : 아들
- 총불입보험료 : 1억원
- 만기보험금 : 1.3억원
- 보험료 납입 : 아버지가 5,000만원 납입 이후 아들이 5,000만원 납입

① 0원　　② 5,000만원
③ 6,500만원　　④ 1억원
⑤ 1.3억원

해설
보험금 수령인(수익자)과 보험료 납부자(계약자)가 다른 경우 보험금 상당액을 보험금 수령인의 증여재산가액으로 한다. 이 경우 보험료 중 일부를 보험금 수령인이 납부하였을 경우에는 다음 산식에 의한 금액을 증여재산가액으로 한다.

- 증여재산가액 = 보험금 × (보험금 수령인 외의 자가 납부한 보험료 / 총불입보험료) = 1.3억원 × (5,000만원 / 1억원) = 6,500만원

03 수익자가 장애인인 보험금에 대한 다음 설명 중 ㈎에 들어갈 내용으로 가장 적절한 것은?

장애인 또는 상이자를 수익자로 하는 장애인 전용 보험금에 대하여 (가) 한도로 증여세를 비과세한다.

① 연간 1,000만원　　② 연간 2,000만원
③ 연간 3,000만원　　④ 연간 4,000만원
⑤ 연간 5,000만원

해설
장애인 또는 상이자를 수익자로 하는 장애인 전용 보험금에 대하여 연간 4,000만원 한도로 증여세를 비과세한다.

04 상속증여세제에 대한 설명으로 적절하지 않은 것은?

① 보험금 수령인과 보험료 납부자가 다른 경우 보험금 상당액을 보험금 수령인의 증여재산가액으로 한다.
② 보험금의 증여시기는 보험계약일이 아닌 보험사고 발생일에 증여한 것으로 본다.
③ 보험사고 발생일 현재 계약자와 수익자가 다르면 계약자가 수익자에게 보험금을 증여한 것으로 간주하여 증여세를 과세한다.
④ 다른 사람으로부터 자금을 차입하여 보험에 가입한 경우 발생한 보험차익은 증여로 보지 않는다.
⑤ 장애인 또는 상이자를 수익자로 하는 장애인 전용 보험금에 대하여 연간 4,000만원 한도로 증여세를 비과세한다.

[해설]
부모로부터 자금을 차입하여 보험에 가입한 경우 5년 이내에 보험사고가 발생하여 보험차익이 30% 이상 또는 3억원 이상 발생한 경우 보험차익을 증여로 보아 과세한다.

05 보험 관련 세무에 대한 설명으로 가장 적절한 것은?

① 보험상품은 이자소득에 대한 세금우대 혜택을 받을 수 없다.
② 종신보험은 보험계약일로부터 10년 미만이라 할지라도 중도 해지로 인하여 발생한 보험차익에 대해 비과세한다.
③ 수익자와 계약자가 다른 경우 보험금 상당액의 증여시기는 보험계약일에 증여한 것으로 본다.
④ 장애인 또는 상이자를 수익자로 하는 장애인 전용 보험금에 대하여 연간 4,000만원 한도로 증여세를 비과세한다.
⑤ 연금의 상속 시 상속세 신고기간 내에 보험계약을 해지한 경우에는 불입보험료 총액을 상속재산으로 평가한다.

[해설]
① 보험상품도 이자소득에 대한 세금우대 혜택을 받을 수 있다.
② 만기 10년 이상인 저축성보험은 이자소득세를 비과세한다. 이 경우 10년 이내에 원금의 일부를 중도 인출하더라도 원 계약이 10년 이상 유지되면 이자소득세는 비과세된다.
③ 보험사고 발생일에 증여한 것으로 본다. 보험사고 발생일이란 저축성보험은 만기일을, 종신보험은 사망일을 의미한다. 즉, 보험료를 낼 때가 아니라 만기일에 보험금을 증여한 것으로 보아 증여세를 과세한 것이다. 또한 중도해지는 보험사고의 발생으로 볼 수 없다.
⑤ 상속세 신고기간 내에 보험계약을 해지한 경우에는 해지환급금으로 평가한다.

정답 04 ④ 05 ④

핵심테마 16. 보험상담 프로세스

출제포인트
- 보험상담 프로세스
- 정보수집 및 분석
- 고객 발굴
- 프리젠테이션 & 클로징
- 고객 접근

1. 보험상담 프로세스
① 상담 프로세스 1단계 : 가망고객 발굴
② 상담 프로세스 2단계 : 고객접근
③ 상담 프로세스 3단계 : 정보수집 및 분석
④ 상담 프로세스 4단계 : 프리젠테이션 & 클로징
⑤ 상담 프로세스 5단계 : 증권전달 및 소개확보

2. 고객의 4가지 조건
① 접근이 가능한 사람
② 보험에 니즈가 있는 사람
③ 보험료 납입 능력이 있는 사람
④ 가입자격을 갖춘 사람

3. 고객유형별 핵심 needs
① **단기 정기예금만 선호하는 고객**
  ㉠ 자산관리의 가장 큰 관심사는 수익률이 아닌 안정성임
  ㉡ 금융기관별 예금 금리에 대한 정보가 밝으나 기간 분산에 대한 개념이 약함
② **자녀교육에 관심이 많은 고객**
  ㉠ 자녀교육비 등 주요 필요자금에 대한 명확한 금액제시를 원함
  ㉡ 어떤 금융상품을 활용하는 것이 가장 효율적인지에 대한 궁금증이 많음
③ **금융지식이 부족한 고소득 전문직**
  ㉠ 자산관리에 대한 니즈가 강하며, 구체적인 포트폴리오를 원함
  ㉡ 수익률 증대와 안정성을 동시에 추구함
④ **투자상품에 관심이 많은 고객**
  ㉠ 투자의 성공과 실패를 모두 경험하였으나, 여전히 자산관리의 중심을 투자에 두고 있음
  ㉡ 투자를 하되 손실에 대한 위험은 최소화하기를 원함
⑤ **특정자산(부동산 등) 과다 보유 고객**
  ㉠ 부동산에 편중되어 있는 자산을 금융으로 분산시키고자 함
  ㉡ 자산을 분산 투자하여 위험을 최소화하고자 함

⑥ 절세 및 상속(증여)에 관심이 많은 고객
　㉠ 금융소득 종합과세에 대한 부담을 느낌
　㉡ 자산의 증식보다는 자산 관리를 통한 자산이전에 관심을 보임
⑦ 은퇴플랜에 관심이 많으며, 은퇴 후 연금생활 선호고객
　㉠ 은퇴플랜에 대한 관심은 많으나, 어떻게 준비해야 하는지 구체적인 계획은 없음
　㉡ 원하는 노후자금을 위한 명확한 금액제시를 원함

4. 질문에 의한 정보수집

① **개방형 질문** : 주제에 대한 고객의 생각을 묻는 개방형 질문을 통해 고객의 생각·느낌·견해 등을 확인하는 질문으로서, 상담 초기에 주로 사용할 수 있는 기법
② **대화의 일시적 멈춤**
　㉠ 고객의 집중을 유도하는 가장 강력한 수단
　㉡ 주도권을 가질 수 있을 뿐 아니라, 고객으로 하여금 대화를 하고 싶다는 느낌을 가지게 할 수 있음
　㉢ 주의점 : 상담자가 진지하게 답변을 원하고 있다는 인상을 주어야 함
③ **현상파악 질문**
　㉠ 특정 정보를 확인하거나 고객의 결심을 요구할 때 활용하는 기법
　㉡ 답변은 "예" or "아니오"라든가, or 답변이 있다 해도 한정되어 있는 것이 특징
　㉢ 질문이 너무 많거나 계속적으로 질문하게 되면 고객이 심문받는 듯한 느낌을 줄 수 있으니 주의
④ **투사화법**
　㉠ 거울처럼 감정의 개입이 없이 느낀 그대로를 상대에게 표출하는 것
　㉡ 의견에 대한 동의나 거절을 요구하는 것이 아니라, 상대가 느끼는 감정을 읽고 알아차렸다는 것을 확인하는 말
　㉢ 대화 중 느껴지는 당혹감, 혼란, 실망 등의 불편한 감정들을 드러내고 제거 가능
⑤ **요점화법** : 대화의 주요내용을 간략하게 요약 설명하는 것으로서, 주요내용이 복잡하고 길게 이어지는 것을 새로운 정보와 접목시키기 위해 활용

5. 프리젠테이션

① 프리젠테이션 3단계
　㉠ 1단계 : 대부분의 사람이 직면하고 있는 문제점을 지적한다.
　㉡ 2단계 : 문제점을 고객 개인에게 적용시킨다.
　㉢ 3단계 : 효과적인 해결책으로써 상품을 제시한다.
② 효과적인 프리젠테이션을 위한 요소
　㉠ 논리를 이용하되, 감정에 호소한다.
　㉡ 가입해야 하는 모든 이유를 열거한다.
　㉢ 이야기의 흐름을 지킨다.
　㉣ 즉시 행동이 필요한 문제점을 지적한다.

적중문제

01 보험상품 구매 프로세스 4단계가 순서대로 나열된 것은?

중요도 ●○○

① 불만족 → 욕구 → 결정 → 구매
② 불만족 → 욕구 → 구매 → 결정
③ 불만족 → 결정 → 구매 → 욕구
④ 욕구 → 불만족 → 결정 → 구매
⑤ 욕구 → 불만족 → 구매 → 결정

해설
일반적으로 상품구매는 크게 불만족 → 욕구 → 결정 → 구매의 4가지 단계로 이루어진다.

02 보험상담 프로세스에 대한 연결이 적절하지 않은 것은?

중요도 ●●●

① 상담 프로세스 1단계 : 고객관계 관리
② 상담 프로세스 2단계 : 고객접근
③ 상담 프로세스 3단계 : 정보수집 및 분석
④ 상담 프로세스 4단계 : 프리젠테이션 & 클로징
⑤ 상담 프로세스 5단계 : 증권전달 및 소개확보

해설
상담 프로세스 1단계 : 가망고객 발굴

03 보험상담 프로세스가 순서대로 나열된 것은?

중요도 ●●●

가. 가망고객 발굴
나. 프리젠테이션 & 클로징
다. 정보수집 및 분석
라. 고객접근
마. 증권전달 및 소개확보

① 가 – 나 – 다 – 라 – 마
② 가 – 다 – 라 – 마 – 나
③ 가 – 라 – 다 – 나 – 마
④ 다 – 가 – 나 – 라 – 마
⑤ 라 – 나 – 가 – 마 – 다

해설
• 상담 프로세스 1단계 : 가망고객 발굴
• 상담 프로세스 2단계 : 고객접근
• 상담 프로세스 3단계 : 정보수집 및 분석
• 상담 프로세스 4단계 : 프리젠테이션 & 클로징
• 상담 프로세스 5단계 : 증권전달 및 소개확보

정답 01 ① 02 ① 03 ③

04 보험상담을 위한 고객 발굴 시 고객으로 분류되기 위한 조건으로 적절하지 않은 것은?

중요도 ●●○
① 접근이 가능한 사람
② 보험에 니즈가 있는 사람
③ 보험료 납입 능력이 있는 사람
④ 가입자격을 갖춘 사람
⑤ 보험금을 받을 자격이 있는 사람

해설
고객으로 분류되기 위해서는 접근이 가능한 사람, 보험에 니즈가 있는 사람, 보험료 납입 능력이 있는 사람, 가입자격을 갖춘 사람의 4가지 조건을 충족해야 한다.

05 단기 정기예금만 선호하는 고객에 대한 설명으로 적절하지 않은 것은?

중요도 ●○○
① 불확실성을 기피한다.
② 예금상품에 치중하다 보니 과세위험에 노출되어 있다.
③ 인플레이션에 대한 방어책을 갖추지 못하고 있다.
④ 자산관리의 가장 큰 관심사는 수익률이다.
⑤ 금융기관별 예금 금리에 대한 정보가 밝으나 기간 분산에 대한 개념이 약하다.

해설
자산관리의 가장 큰 관심사는 수익률이 아닌 안정성이다.

06 질문에 의한 정보수집 방법 중 다음에서 설명하는 방법으로 가장 적절한 것은?

중요도 ●●●

> 대화의 주요내용을 간략하게 요약 설명하는 것으로서, 주요내용이 복잡하고 길게 이어지는 것을 새로운 정보와 접목시키기 위해 활용된다.

① 개방형 질문
② 대화의 일시적 멈춤
③ 현상파악 질문
④ 투사화법
⑤ 요점화법

해설
요점화법은 대화의 주요내용을 간략하게 요약 설명하는 것으로서, 주요내용이 복잡하고 길게 이어지는 것을 새로운 정보와 접목시키기 위해 활용된다.

정답 04 ⑤ 05 ④ 06 ⑤

07 프리젠테이션 3단계가 순서대로 나열된 것은?

> 가. 문제점을 고객 개인에게 적용시킨다.
> 나. 효과적인 해결책으로써 상품을 제시한다.
> 다. 대부분의 사람이 직면하고 있는 문제점을 지적한다.

① 가 – 나 – 다
② 가 – 다 – 나
③ 나 – 가 – 다
④ 나 – 다 – 가
⑤ 다 – 가 – 나

해설
- 1단계 : 대부분의 사람이 직면하고 있는 문제점을 지적한다.
- 2단계 : 문제점을 고객 개인에게 적용시킨다.
- 3단계 : 효과적인 해결책으로써 상품을 제시한다.

08 효과적인 프리젠테이션을 위한 요소에 해당하지 않는 것은?

① 논리를 이용하되, 감정에 호소한다.
② 가입해야 하는 모든 이유를 열거한다.
③ 이야기의 흐름을 지킨다.
④ 즉시 행동이 필요한 문제점을 지적한다.
⑤ 여담을 많이 한다.

해설
이야기에 일관성이 없고 여담이 많으면 혼란스러워지고 상담자 역시 강조해야 할 부분을 강조하지 못한 채 끝나게 되므로, 충분한 준비를 하되, 특히 정해 둔 프리젠테이션 순서에서 벗어나지 않도록 진행한다.

핵심테마 17 특정시장 발굴

출제포인트
- 특정시장의 개념
- 특정시장 고객관리 요령

1. 특정시장의 개념

(1) 특정시장의 이점
① 구성원 간 군중심리, 모방심리, 경쟁심리가 있어 판매활동이 상대적으로 용이
② 다양한 관계(위계, 학연, 취미 등)를 기반으로 한 시장 확대 가능
③ 보험가입 성향도 비슷하기 때문에 동일 자료를 활용할 수 있어 준비시간을 단축할 수 있을 뿐만 아니라, 성공확률도 높아지게 됨

(2) 특정시장 고객의 특징
① 자신의 분야에 대한 직업적 만족도가 높다.
② 자신의 전공분야 외에 다른 분야에 대해서는 잘 모르는 경우가 많다.
③ 접근하기가 어려운 반면 신뢰를 쌓아놓으면 협력자가 될 수 있다.
④ 대부분 고학력의 엘리트로서 자부심이 강하다.
⑤ 동료 및 동창 의식이 강하다.
⑥ 사회단체에 가입하여 지역유지로서 활약한다.
⑦ 자녀에 대한 강한 교육열을 가지고 있다.
⑧ 보수적인 경향도 있지만 의외로 단순한 면도 있다.

2. 특정시장 고객관리 요령
① 고객의 성격을 우선 파악한다.
② 고객의 니즈를 정확히 파악하고 기계약에 대한 분석을 철저히 한다.
③ 단체의 일원이 된다.
④ 사후관리로 소개를 확보한다.

적중문제

01 특정시장의 개념에 대한 설명으로 적절하지 않은 것은?

① 동일한 일과 성향을 갖고 있는 경우 소비생활 및 삶의 패턴이 비슷한 경향을 보이게 된다.
② 구성원 간 군중심리, 모방심리, 경쟁심리가 있어 판매활동이 상대적으로 용이하다.
③ 다양한 관계를 기반으로 한 시장 확대가 가능하다.
④ 보험가입 성향도 비슷하기에 동일 자료를 활용할 수 있어 준비시간을 단축할 수 있다.
⑤ 동일한 계약체결 기법을 활용하면 성공확률이 낮아지게 된다.

해설
동일한 계약체결 기법을 활용하면 성공확률도 높아지게 된다.

02 보험상담에 있어 특정시장 고객의 특징으로 적절하지 않은 것은?

① 자신의 분야에 대한 직업적 만족도가 높다.
② 자신의 전공분야 외에 다른 분야에 대해서는 잘 모르는 경우가 많다.
③ 접근하기가 쉽다.
④ 대부분 고학력의 엘리트로서 자부심이 강하다.
⑤ 동료 및 동창 의식이 강하다.

해설
접근하기가 어려운 반면 신뢰를 쌓아 놓으면 협력자가 될 수 있다.

03 특정시장 고객관리 요령으로 적절하지 않은 것은?

① 이성보다는 감성에 호소한다.
② 고객의 성격을 우선 파악한다.
③ 고객의 니즈를 정확히 파악하고 기계약에 대한 분석을 철저히 한다.
④ 단체의 일원이 된다.
⑤ 사후관리로 소개를 확보한다.

해설
①은 현장계통 종사자의 특징이다.

정답 01 ⑤ 02 ③ 03 ①

합격의 공식 시대에듀

교육은 우리 자신의 무지를
점차 발견해 가는 과정이다.

- 윌 듀란트 -

CHAPTER 02
은퇴설계

출제경향 및 학습전략

- 은퇴설계에 대한 기본이해가 필요하며, 은퇴설계의 필요성과 관련하여 기대수명 증가에 대한 개념, 노후빈곤 문제 등이 출제되고 있고, 은퇴설계의 비재무적인 요소에서 고령자 주거와 관련한 유니버설 디자인을 묻는 문제가 출제되고 있습니다.

- 은퇴 관련 제도에서는 국민연금제도, 특수직역연금제도 중 공무원연금, 퇴직연금제도는 매 시험마다 깊이 있는 문제가 꾸준히 출제되고 있기 때문에 주요 제도에 대한 깊이 있는 이해가 필요합니다.

- 은퇴설계 프로세스 각 단계별 내용에 대해 묻는 문제도 꾸준히 출제되므로 이에 대한 대비도 필요하겠습니다.

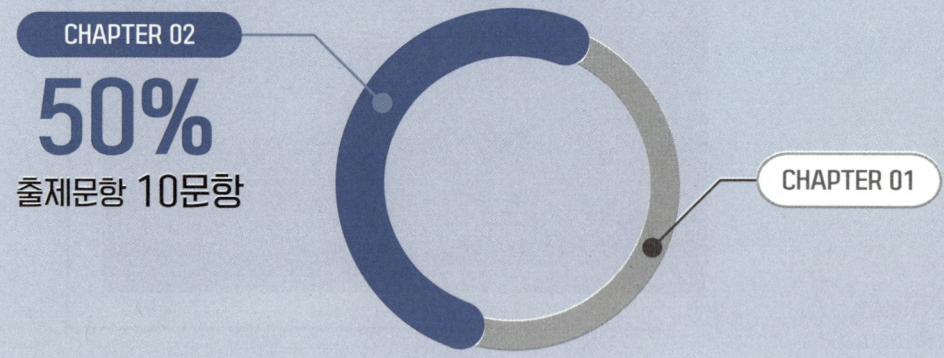

CHAPTER 02
50%
출제문항 10문항

CHAPTER 01

핵심테마	핵심개념	빈출도
01	은퇴설계의 정의 및 필요성	★★☆
02	은퇴환경 변화	★★★
03	노후에 대한 인식 전환	★★☆
04	은퇴생활 위험요소	★★★
05	은퇴자금 설계 주요 포인트	★★★
06	은퇴설계의 비재무적 요소	★★★
07	연령대별 은퇴설계	★★★
08	우리나라 노후소득보장 체계	★☆☆
09	국민연금제도	★★★
10	특수직역연금제도	★★★
11	퇴직연금제도	★★★
12	개인연금제도	★★☆
13	은퇴 관련 기타 제도	★★★
14	은퇴설계 프로세스 개요	★★★
15	은퇴설계 프로세스 1단계	★★★
16	은퇴설계 프로세스 2단계	★★★
17	은퇴설계 프로세스 3단계	★☆☆

핵심테마 01 은퇴설계의 정의 및 필요성

출제포인트
- 은퇴설계의 정의
- 은퇴설계의 필요성
- 은퇴설계의 3대 축

1. 은퇴설계의 정의 및 필요성

① **은퇴설계의 정의**: 근로소득이 없는 은퇴 이후의 삶을 행복하게 영위하기 위해 재무적인 요소와 비재무적인 요소를 균형 있게 설계하는 것 → 특정 시점이 아닌 전 생애에 걸쳐 이루어짐

② **은퇴설계의 필요성**
  ㉠ 기대수명의 급속한 증가
  ㉡ 급속한 고령화에 사회경제시스템이 대응하지 못함
  ㉢ 개인의 인식과 노후준비 정도 부족

③ **은퇴설계의 3대 축**
  ㉠ 경제(재무)
  ㉡ 건강
  ㉢ 삶의 보람(비재무)

적중문제

01 은퇴설계 필요성에 대한 설명으로 적절하지 않은 것은?

① 기대수명의 급속한 증가
② 체계적인 재무관리를 통한 고령화 사회 준비
③ 급속한 고령화에 대한 사회경제시스템의 불완전 대응
④ 개인의 인식과 노후준비 정도의 부족
⑤ 연금제도의 짧은 역사로 인한 낮은 수준의 연금수령액

해설
과거에는 은퇴 후 15~20년의 노후를 보내고 인생을 마무리하는 경우가 대부분이었지만, 100세 시대가 다가온 지금은 은퇴 이후 짧게는 30년, 길게는 50년 가까운 시간을 보낸다. 그러한 긴 시간을 보내기 위한 재무적 · 비재무적 은퇴설계는 노후 삶의 질을 결정하는 중요한 요소라고 할 수 있다.

02 은퇴설계의 정의 및 필요성에 대한 설명으로 적절하지 않은 것은?

① 은퇴설계는 근로소득이 없는 은퇴 이후의 삶을 행복하게 영위하기 위해 재무적인 요소와 비재무적인 요소를 균형 있게 설계하는 것을 말한다.
② 은퇴설계는 전 생애에 걸쳐 이루어지는 것이 아니라 은퇴 이전 특정 시점에 이루어진다고 할 수 있다.
③ 은퇴설계가 필요한 배경에는 기대수명의 급속한 증가를 들 수 있다.
④ 급속한 고령화에 사회경제시스템이 대응하지 못하고 있고 개인의 인식과 노후준비 정도도 매우 부족한 상황이어서 은퇴설계가 필요하게 되었다.
⑤ 은퇴설계의 3가지 기본 축은 경제적인 부분과 건강, 그리고 보람되고 의미 있는 삶을 말한다.

해설
은퇴설계는 두 가지 측면이 있다. 하나는 은퇴 이후의 삶을 구체적으로 설계하는 것이고, 다른 하나는 은퇴 이전에 노후를 위해 재무적 · 비재무적으로 준비하는 것이다. 즉 은퇴설계는 특정 시점이 아닌 전 생애에 걸쳐 이루어진다고 할 수 있다. 그런 의미에서 최근에는 전 생애에 걸친 라이프 플랜이 필요하다는 생애설계 개념이 주목을 받고 있다.

정답 01 ② 02 ②

핵심테마 02 은퇴환경 변화

출제포인트
- 기대수명 증가
- 고령화 전망
- 고령화에 따른 문제점

1. 기대수명 증가
① **기대수명** : 성별·연령별 사망률이 현재 수준으로 유지된다고 가정했을 때 0세 출생자가 향후 몇 년을 더 생존할 것인가를 통계적으로 추정한 기대치 → 0세에 대한 기대여명
② **기대여명** : 현재 특정 연령에 있는 사람이 향후 얼마나 더 생존할 것인가 기대되는 연수
③ **최빈사망연령** : 가장 많은 사람이 사망한 연령 → 최빈사망연령이 90대가 되는 시점을 '100세 시대'로 정의
④ **건강수명** : '수명의 질'이라고 할 수 있는 건강상태를 반영한 것으로, 평균수명에서 질병이나 부상 등으로 몸이 아픈 기간을 제외한 기간 → 사망할 때까지 순수하게 건강한 삶을 사는 기간

2. 고령화 전망
① **고령화 사회** : 65세 이상 고령인구가 전체인구의 7% 이상(2000년 진입)
② **고령 사회** : 65세 이상 고령인구가 전체인구의 14% 이상(2018년 진입)
③ **초고령 사회** : 65세 이상 고령인구가 전체인구의 20% 이상(2025년 진입)

3. 고령화에 따른 문제점
① **노후준비 부족** : 기대수명의 증가와 급속한 고령화에 비해 노후준비 수준은 매우 미흡
② **노후빈곤 문제**
  ㉠ 노후자금 준비 부족 : 본인 및 배우자가 직접 부담 > 자녀 or 친척지원 > 정부 및 사회단체 지원
  ㉡ 우리나라 노인빈곤율(소득이 중위소득의 50% 미만에 해당하는 노인가구의 비율)은 OECD 국가 중 상당히 높은 수준 → 고령층의 높은 자살률로 이어짐
③ 노후의료비 증가
④ **노인 간병 문제** : 연령이 높을수록 간병 위험에 노출

적중문제

01 수명에 대한 다음 설명 중 (가)에 들어갈 내용으로 가장 적절한 것은?

(가)은 현재 특정 연령에 있는 사람이 향후 얼마나 더 생존할 것인가 기대되는 연수이다.

① 기대수명
② 기대여명
③ 최빈사망연령
④ 건강수명
⑤ 평균수명

해설
기대여명은 현재 특정 연령에 있는 사람이 향후 얼마나 더 생존할 것인가 기대되는 연수이다.

02 기대수명 증가에 대한 설명으로 적절하지 않은 것은?

① 기대수명은 성별·연령별 사망률이 현재 수준으로 유지된다고 가정했을 때 0세 출생자가 향후 몇 년을 더 생존할 것인가를 통계적으로 추정한 기대치로, 0세에 대한 기대여명이다.
② 기대여명은 현재 특정연령에 있는 사람이 향후 얼마나 더 생존할 것인가 기대되는 연수이다.
③ 2023년 생명표에 따르면 2023년에 태어난 아이의 기대수명은 여자가 평균 84세, 남자가 78세로, OECD 회원국 평균보다 낮은 편이다.
④ 우리나라의 기대수명은 꾸준히 높아지고 있으며, 남녀 기대수명의 차이는 1980년에는 8.5년이었지만 점차 축소되고 있다.
⑤ 최빈사망연령이란 가장 많은 사람이 사망한 연령을 말한다.

해설
2023년 생명표에 따르면 2023년에 태어난 아이의 기대수명(출생 시 남은 기대여명)은 남녀 평균 83.5세이다. 성별로는 여자가 평균 86.4세, 남자가 80.6세이다. 기대수명을 OECD 회원국과 비교해 보면 OECD 남자 평균보다 2.2세 높고, 여자는 2.8세 높다.

03 은퇴환경 변화에 대한 설명으로 적절하지 않은 것은?

① 기대수명은 0세에 대한 기대여명을 말한다.
② 우리나라 기대수명은 여자가 남자보다 높다.
③ 우리나라는 2018년에 65세 이상 인구가 전체인구의 14% 이상인 고령화 사회에 진입했다.
④ 기대수명의 증가와 급속한 고령화에 비해 우리나라의 노후준비 수준은 매우 미흡한 실정이다.
⑤ 기대수명 증가에 따른 노후 의료비 증가는 은퇴설계 시 고려해야 할 매우 중요한 요소다.

해설
우리나라는 2000년에 65세 이상 인구가 전체인구의 7.3%인 고령화 사회에 진입했고, 2018년에는 고령 사회(고령인구 14% 이상)로, 2025년에는 고령인구가 20%를 넘는 초고령 사회로 진입했다.

 정답 01 ② 02 ③ 03 ③

핵심테마 03 노후에 대한 인식 전환

회독체크 1회☐ 2회☐ 3회☐

출제포인트
- 노년기에 대한 성인 발달학의 관점
- 액티브 에이징

1. 노년기에 대한 성인 발달학의 관점
① **프로이드** : 출생에서 사춘기에 이르는 발달단계 이론을 제시하며, 성인이 되면 발달이 종료됨을 가정
② **융** : 전 생애에 걸친 지속적인 발달 강조
③ **에릭슨** : 전 생애를 발달과정으로 정의 → 심리 사회학적 관점에서 생애 8단계 이론을 통해 노년기를 '자아통합감 대 절망감'으로 표현하고, 자신의 지난 삶을 돌이켜보면서 만족감을 느끼고 '자아통합감'을 얻는 시기로 규정

2. 액티브 에이징
① 세계보건기구가 2002년 마드리드에서 개최한 제2차 세계고령화 회의에서 인구고령화 문제의 해법으로 제시
② 개인이 행복한 노년기를 보내려면 심신이 건강하고 생산적인 활동을 하며, 안전한 노후생활을 보낼 수 있어야 한다는 것

적중문제

01 노년기에 대한 성인 발달학 관점에서 다음의 내용을 주장한 학자로 적절한 것은?

> 심리 사회학적 관점에서 생애 8단계 이론을 통해 노년기를 '자아통합감 대 절망감'으로 표현하고, 자신의 지난 삶을 돌이켜보면서 만족감을 느끼고 자아통합감을 얻는 시기로 규정했다.

① 프로이드
② 융
③ 에릭슨
④ 피터 라스렛
⑤ 윌리엄 새들러

해설
전 생애를 발달과정으로 정의한 에릭슨은 심리 사회학적 관점에서 생애 8단계 이론을 통해 노년기를 '자아통합감 대 절망감'으로 표현하고, 자신의 지난 삶을 돌이켜보면서 만족감을 느끼고 자아통합감을 얻는 시기로 규정했다.

02 노후에 대한 인식을 설명하고 있는 다음의 용어로 가장 적절한 것은?

> - 세계보건기구가 2002년 마드리드에서 개최한 제2차 세계고령화 회의에서 인구고령화 문제의 해법으로 제시한 것이다.
> - 개인이 행복한 노년기를 보내려면 심신이 건강하고, 생산적인 활동을 하며, 안전한 노후생활을 보낼 수 있어야 한다는 것이다.

① 액티브 에이징
② 서드 에이지
③ 앙코르 커리어
④ 시니어 무브먼트
⑤ 스마트 에이징

해설
액티브 에이징은 활동적 노화를 의미하는 단어로, 세계보건기구가 2002년 마드리드에서 개최한 제2차 세계고령화 회의에서 인구고령화 문제의 해법으로 제시한 것이다. 즉 개인이 행복한 노년기를 보내려면 심신이 건강하고, 생산적인 활동을 하며, 안전한 노후생활을 보낼 수 있어야 한다는 것이다. 또한 고령자가 자신이 갖고 있는 경험과 자원을 활용하여 사회발전에 기여할 수 있다는 인식의 전환이 필요하다.

정답 01 ③ 02 ①

핵심테마 04 은퇴생활 위험요소

출제포인트
- 장수 리스크
- 인플레이션 리스크
- 노후 건강 리스크

1. 은퇴생활의 위험요소

① 예상보다 더 오래 살게 되는 '장수 리스크'
② 투자수익률이 물가상승률을 따라가지 못해 자산가치가 감소하는 '인플레이션 리스크'
③ 노후에 건강이 악화되어 의료비 및 간병비 증가에 직면하는 '노후 건강 리스크'

적중문제

01 은퇴생활 위험요소로 적절한 것을 모두 묶은 것은?

> 가. 장수 리스크
> 나. 인플레이션 리스크
> 다. 노후 건강 리스크

① 가
② 나
③ 다
④ 가, 나
⑤ 가, 나, 다

해설
은퇴생활 위험요소에는 예상보다 더 오래 살게 되는 장수 리스크, 투자수익률이 물가상승률을 따라가지 못해 자산가치가 감소하는 인플레이션 리스크, 노후에 건강이 악화되어 의료비 및 간병비 증가에 직면하는 노후 건강 리스크가 있다.

정답 01 ⑤

02 은퇴생활의 위험요소에 대한 적절한 설명으로 모두 묶인 것은?

> 가. 은퇴설계에서 장수 리스크란 은퇴를 위해 준비한 자산이 기대수명의 증가로 충분하지 않을 위험이라고 할 수 있다.
> 나. 현재 기대수명을 기준으로 은퇴설계를 하면 향후 늘어난 수명만큼의 자금부족이 발생할 가능성이 크다.
> 다. 인플레이션 리스크란 물가 상승으로 실질 자산가치가 하락하는 리스크를 말한다.
> 라. 노후소득의 준비수단이 되는 3층 연금제도 중 국민연금만이 물가상승을 반영한 연금액을 지급하며, 나머지 퇴직연금이나 개인연금은 이러한 기능이 없다.
> 마. 노후 건강 리스크란 질병 등으로 막대한 의료비를 지출하여 노후에 경제적으로 어려운 상황에 빠질 위험이라고 할 수 있다.

① 가
② 가, 나
③ 가, 나, 다
④ 가, 나, 다, 라
⑤ 가, 나, 다, 라, 마

[해설]
모두 적절한 설명이다.

03 은퇴생활 위험요소에 대한 설명으로 적절하지 않은 것은?

① 장수 리스크란 은퇴를 위해 준비한 자산이 기대수명의 증가로 충분하지 않을 위험이라고 할 수 있다.
② 미래의 수명 증가를 충분히 반영하고 있는 현재 생명표를 기준으로 은퇴설계를 하는 것이 바람직하다.
③ 인플레이션 리스크란 물가 상승으로 실질 자산가치가 하락하는 리스크를 말한다.
④ 인플레이션을 고려할 때 노후소득의 준비수단이 되는 3층 연금제도 중 국민연금만이 물가 상승을 반영한 연금액을 지급한다.
⑤ 노후 생활비 마련에만 집중하고 의료비·간병비 등에 대한 준비가 소홀하면 노후 건강 리스크에 직면할 수 있으므로, 의료비와 간병비에 대한 재무목표를 세워 준비해야 한다.

[해설]
건강증진과 의료기술의 발전 등으로 기대수명이 꾸준히 증가하고 있지만 현재 생명표는 미래의 수명 증가를 충분히 반영하지 못하고 있다. 이 때문에 현재 기대수명을 기준으로 은퇴설계를 하면 향후 늘어난 수명만큼의 자금부족이 발생할 가능성이 크다. 따라서 통계청에서 발표하는 기대수명 및 기대여명에 5~6살을 더한 나이를 이용해 은퇴설계를 하는 것이 바람직하다.

04 은퇴생활 위험요소에 대한 설명으로 적절하지 않은 것은?

① 예상보다 오래 살게 됨에 따라 발생할 수 있는 위험을 수명 리스크라고 한다.
② 물가 상승으로 실질 자산가치가 하락하는 리스크를 인플레이션 리스크라 한다.
③ 노후에 신체적, 정신적인 질병 등으로 건강하지 못한 상태에 있게 됨으로써 막대한 의료비를 지출하여 노후에 경제적으로 어려운 상황에 빠질 위험을 노후 건강 리스크라고 한다.
④ 부동산을 활용해 노후자금을 준비할 때 가장 큰 리스크가 유동성 리스크이다.
⑤ 소유한 주택을 매각하려고 하는데 가격이 계속해서 내려가는 가격하락 리스크로 인해 심리적으로 위축되어 매각하지 못하고 필요한 자금도 확보하지 못할 수 있다.

[해설]
예상보다 오래 살게 됨에 따라 발생할 수 있는 위험을 장수 리스크라고 한다.

핵심테마 05 은퇴자금 설계 주요 포인트

> **출제포인트**
> - 은퇴 크레바스
> - 적립과 인출
> - 부동산과 은퇴설계
> - 부부 중심의 은퇴설계
> - 노후 필수 자금

1. 은퇴 크레바스 : 은퇴 후 연금을 받기까지의 소득공백기 → 재취업 or 사적연금 활용

2. 적립과 인출
　① **적립** : 노후자금 준비는 작은 금액이라도 젊을 때부터 빨리 시작하는 것이 중요
　　㉠ 목적별로 계좌를 만들어 따로 관리 : 소비용 계좌, 투자용·노후자금 준비용 계좌, 예비용 계좌
　　㉡ 재무 목표별로 투자 및 저축을 동시에 실행 → 미리 계획을 세워 대비
　② **인출** : 가능한 인출시기를 최대한 늦춰 장수 리스크에 대비
　　㉠ 잘못된 인출 습관으로 노후자금이 일찍 소진되는 리스크 제거
　　㉡ 사적 연금상품에서 노후자금 인출 시 세제 변화 등 파악 → 절세 혜택 범위 내에서 인출금액 설정 전략

3. 부동산과 은퇴설계
　① 유동성 리스크와 가격하락 리스크 대비
　② **부동산 자산에 편중된 자산구조 재조정** : 부동산 규모를 줄여 노후자금 확보, 주택연금 고려

4. 부부 중심의 은퇴설계
　① 부부형 연금
　② 남편을 피보험자로 하는 종신보험에 가입
　③ 주택연금 활용

5. 노후 필수 자금
　① 노후생활비
　② 의료비
　③ 장기 간병비용

적중문제

01 은퇴자금 설계 주요 포인트로 적절하지 않은 것은?

① 은퇴 후 연금을 받기까지의 소득공백기인 은퇴 크레바스
② 적립과 인출 시 주의점
③ 부동산을 활용한 은퇴설계의 유의점
④ 경제활동을 하는 남성 위주의 은퇴설계
⑤ 노후 필수자금에 대한 검토

해설
부부 중심의 은퇴준비가 필요하다.

02 은퇴자금 설계에 대한 설명으로 적절하지 않은 것은?

① 은퇴 크레바스란 은퇴 후 연금을 받기 전까지 생기는 소득공백 기간을 말한다.
② 적립 단계를 넘어 은퇴시기에 들어서면 인출 단계에 들어서게 되므로, 적절한 인출전략을 세워 보유 자산을 관리해야 한다.
③ 우리나라의 가계보유 자산을 보면 부동산에 편중된 것이 가장 큰 특징이다.
④ 노후에 적정 생활을 유지하는 데 필요로 하는 적정 노후 생활비는 부부기준 약 297만원, 개인기준 약 192만원이다.
⑤ 우리나라 국민 1인당 평생 의료비는 약 1억원으로 남성과 여성이 비슷한 수준이다.

해설
우리나라 국민 1인당 평생 의료비는 약 1억원이다. 성별로 보면 여성이 1억 2,332만원이고, 남성은 1억 177만원으로 여성이 약 2,000만원 정도 더 사용한다.

03 은퇴자금 설계에 대한 다음 설명 중 적절하지 않은 것은?

① 재취업 혹은 사적연금을 활용한 은퇴 크레바스 극복 전략이 필요하다.
② 부동산 규모를 줄여 노후자금을 확보하거나 이를 담보로 매월 고정적인 연금을 받는 주택연금을 고려해 볼 필요가 있다.
③ 우리나라 국민 1인당 평생 의료비는 약 1억원으로 여성이 남성보다 더 높은 편이다.
④ 취미·여가활동은 은퇴자금 설계에 포함되지 않는다.
⑤ 우리나라의 국민연금 수령액은 평균 100만원으로 수준이 높은 편이다.

해설
아쉽게도 우리나라의 연금 수령액 수준은 매우 낮다. 20만원 미만 수급자가 전체의 9.3%를 차지하고 20~40만원이 41.0%를 차지하여, 40만원 미만이 전체의 50.3%를 차지하고 있다. 현재의 연금 수급자는 가입기간이 짧았기 때문에 당연한 귀결이라고 할 수 있지만 낮은 연금 수령액은 가입자로 하여금 또다른 노후자금 수단을 확보해야 한다는 부담을 주고 있다.

정답 01 ④ 02 ⑤ 03 ⑤

은퇴설계의 비재무적 요소

> **출제포인트**
> - 은퇴 이후 변화
> - 관 계
> - 고령자 주거
> - 사회활동과 시간활용
> - 웰다잉

1. 은퇴 이후 변화

① 생활리듬의 변화

② 자신의 입장 변화

③ 가정 내 역할 변화

④ 경제 감각의 변화

⑤ 체력 및 운동 능력의 변화

2. 은퇴설계의 비재무적 요소

(1) 관 계

① **호위대 모델(Convoy Model)** : 노후의 건강과 행복에 영향을 미치는 인간관계

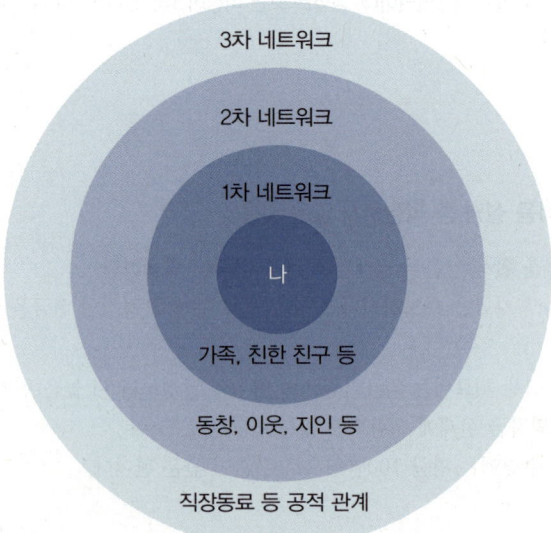

② 현역시절 가장 소홀했던 가족 관계망(특히 부부관계)에 대해 많은 신경을 써야 함

(2) 고령자 주거

① 병원 접근성이 좋은 지역 선택
② 본인의 사회활동을 고려해서 선택
③ 관리하기에 적당한 주택 선택
④ 유니버설 디자인
  ㉠ 장애의 유무나 연령 등에 관계없이 모든 사람들이 보다 편리하고 안전하게 이용할 수 있도록 제품, 건축, 환경, 서비스 등을 설계하는 포괄적인 개념
  ㉡ 배리어 프리(Barrier Free) : 거동이 불편한 고령자나 장애인들도 편하게 살아갈 수 있도록 주택이나 건물, 도시의 물리적·제도적 장벽을 제거하는 것
  ㉢ 기존 주택에서 은퇴 이후에도 거주를 계속하는 고객에게 배리어 프리 관점에서 주택을 리모델링하도록 권유하는 것이 필요

(3) 사회활동과 시간활용

① 협동조합
  ㉠ 5명 이상이 모이면 금융과 보험업을 제외한 다양한 분야에서 협동조합 설립 가능
  ㉡ 영리 활동과 비영리 활동이 가능하지만 사회적 기업이나 비영리 단체와는 그 성격이 다름
  ㉢ 투자금의 액수와 상관없이 1인 1표의 의결권 → 주식회사와도 다른 지배구조
② 취미·여가활동

(4) 웰다잉

① 인간으로서 품위를 지키며 행복하게 죽는 것
② 사전연명 의료의향서 작성
③ 자신의 삶을 되돌아보며 정리하는 방법으로 자서전을 쓰는 것도 좋은 방법
④ 사후에 유족 간 유산상속 분쟁을 피하기 위해 유언장을 미리 작성해 두는 것도 필요

적중문제

01 은퇴설계의 비재무적 요소에 해당하지 않는 것은?

① 부부 중심의 은퇴설계
② 은퇴 이후 변화
③ 관 계
④ 고령자 주거
⑤ 사회활동과 시간활용

해설
부부 중심의 은퇴설계는 은퇴자금 설계 주요 포인트에 해당한다.

02 은퇴 이후에 나타나는 일반적 변화로 적절하지 않은 것은?

① 생활리듬의 변화
② 타인의 사회적 입장 변화
③ 가정 내 역할 변화
④ 경제 감각의 변화
⑤ 체력 및 운동 능력의 변화

해설
자신의 사회적 입장 변화이다. 사회에서 부여받은 명함이나 직함이 없어지고 직장인에서 지역사회의 구성원으로 적응하는 것이 필요해진다. 지역사회의 모임이나 행사에 적극적으로 참여해 새로운 네트워크를 구축해야 한다.

03 은퇴 이후 변화에 대한 설명으로 적절하지 않은 것은?

① 일과 집을 중심으로 형성된 생활리듬이 깨지기 때문에 가능한 빨리 새로운 생활리듬을 만들기 위해 노력해야 한다.
② 사회에서 부여받은 명함이나 직함이 없어지기 때문에 지역사회의 모임이나 행사에 적극적으로 참여해 새로운 네트워크를 구축해야 한다.
③ 가정 내 역할 변화는 혼란을 가져오기에 과거 아내와 남편의 역할 분담을 유지해야 한다.
④ 정기적으로 들어오던 월급이 없어지면서 수입과 소비의 형태가 변하는 것에 대비하여 은퇴 직전부터 소비 수준을 낮추는 습관을 만들어 나가야 한다.
⑤ 체력 및 운동능력의 변화에 대해 인식하고 대비하는 것이 필요하다.

해설
가정 내 역할 변화는 가정 안에서 아내와 남편의 역할이 변하는 것이다. 외벌이인 경우 남편은 밖에서 경제활동을 하고 아내는 가정을 지켜 왔다면, 은퇴 이후에는 부부가 상의해서 새로운 역할 분담을 해야 한다. 과거의 역할 분담을 고집한다면 원활한 부부관계를 유지하기 어려울 수 있다.

04 협동조합에 대한 적절한 설명으로 모두 묶인 것은?

중요도

> 가. 2명 이상이 모이면 협동조합을 설립할 수 있다.
> 나. 금융과 보험업을 포함한 다양한 분야에서 협동조합을 설립할 수 있다.
> 다. 영리 활동과 비영리 활동 모두 가능하다.
> 라. 투자금의 액수와 상관없이 1인 1표의 의결권을 갖는다.
> 마. 상법상 주식회사와 동일한 지배구조이다.

① 가, 나
② 가, 마
③ 나, 다
④ 다, 라
⑤ 라, 마

해설
사회성 여가활동을 지원하기 위해 2012년 12월 '협동조합기본법'이 만들어져서, 5명 이상이 모이면 금융과 보험업을 제외한 다양한 분야에서 협동조합을 설립할 수 있게 되었다. 협동조합은 공동으로 소유하고 민주적으로 운영해 서로 같은 경제, 사회, 문화적 필요와 욕구를 충족하고자 하는 사람들이 자율적으로 결성하는 조직이다. 영리 활동과 비영리 활동 모두 가능하지만 사회적 기업이나 비영리단체와는 그 성격이 다르다. 또 투자금의 액수와 상관없이 1인 1표의 의결권을 갖기 때문에 주식회사와도 다른 지배구조이다.

05 은퇴설계의 비재무적 요소에 대한 설명으로 적절하지 않은 것은?

중요도

① 은퇴 이후 일과 집을 중심으로 형성된 생활리듬이 깨지기 때문에 가능한 빨리 새로운 생활리듬을 만들기 위해 노력해야 한다.
② 나이가 들면서 체력과 운동 능력이 점점 떨어지고 행동범위도 좁아지기 시작하므로, 이러한 변화에 대해 인식하고 대비하는 것이 필요하다.
③ 사회관계망이 축소되지 않도록 가족과 친한 친구들뿐만 아니라 여러 지인들과의 관계도 신경 써야 한다.
④ 노후의 거주지는 병원 접근성이 좋으면서도 가벼운 운동을 할 수 있는 자연 친화적인 곳이면서, 대중교통 이용이 편리한 역세권이나 노인복지관 등 공공시설 접근성이 좋은 주거지를 우선 검토해야 한다.
⑤ 웰다잉이라고 해서 인간으로서 품위를 지키며 행복하게 죽는 것에 대해 생각해 본다.

해설
현역시절 가장 소홀했던 가족관계망에 대해서 많은 신경을 써야 한다. 은퇴 전 바쁜 일상으로 배우자나 자녀들과 대화가 많지 않았고 공감대를 형성하지 못한 사람은 은퇴 이후 가족들과 융화하기가 쉽지 않다. 은퇴 이전부터 천천히 배우자와 자녀들과 대화를 통해 관계를 개선해 나가야 한다. 특히 부부관계에 신경을 많이 써야 한다. 무엇보다 인생의 동반자로서 서로 돕는 자세가 필요하다.

정답 04 ④ 05 ③

핵심테마 07 연령대별 은퇴설계

> **출제포인트**
> - 은퇴설계 시 중요한 5가지
> - 20~30대 / 40대 / 50대 / 60대 이상 은퇴설계

1. 연령과 직업에 관계없이 선행적으로 검토해야 할 이슈

① 100세 시대에 맞게 인생지도의 재설계
② 재무와 비재무의 균형적인 은퇴설계
③ 부부 중심의 은퇴설계
④ 은퇴 이후의 시간 활용에 대해서도 염두에 두어야 함
⑤ 매월 정기적으로 소득이 들어오는 '평생 소득' 확보 : 연금수급권 중요

2. 연령대별 은퇴설계

(1) 20~30대 은퇴설계

젊다고 방관하지 말고 가능한 빨리 노후준비 시작

> **3층 연금제도의 최대 활용**
> - 국민연금 가입 후 기초생활자금 확보, 퇴직연금은 중도 인출 없이 노후자금으로 활용
> - 퇴직연금의 DC형 퇴직연금이나 IRP or 개인연금을 이용해 노후자금을 만들어 나갈 때는 투자형 상품 활용 → 국내만이 아니라 해외에도 분산투자하는 펀드나 변액연금상품 등
> - 노후자금 외에 결혼자금 등 다른 재무목표를 달성하기 위해 선저축·후소비 습관 강조

(2) 40대 은퇴설계

① **현명한 가계관리**
  ㉠ 선저축·후소비 패턴 → 당장 저축할 여유가 없다면 급여가 오를 때마다 상승분을 저축하고 현 소비 수준을 유지하는 방법 제안 가능
  ㉡ 재무목표별로 동시에 저축 : 노후자금 준비와 다른 재무목표를 동시에 추구
② **노후자금과 목돈 만들기 동시 추구**
  ㉠ 노후자금 준비를 위해서는 기본적으로 3층 연금제도를 활용, 퇴직연금이나 개인연금의 추가 납입을 통해 노후에 필요한 생활비를 커버하도록 설계

(3) 50대 은퇴설계

① 자녀지원과 자신의 노후준비에 대한 적절한 조화
② 부동산과 금융자산에 관한 선택의 문제
③ 투기와 자산운용에 대해 고려
④ 3층 연금제도 적극적으로 활용
    ㉠ 국민연금 : 반환일시금 반납 or 추가 납입, 임의 계속 가입 활용
    ㉡ 퇴직연금 및 개인연금 : 최대한 늦게 인출
    ㉢ 재취업을 통한 은퇴 크레바스 극복

(4) 60대 이상 은퇴설계

① 기존 자산으로 노후자금을 활용하는 방법
    ㉠ 금융자산 : 인출과 동시에 자산운용 추구
    ㉡ 부동산 : 주택 다운사이징 or 주택연금 활용으로 부동산 현금화
② 70대 이후의 장기 간병에 대한 준비도 필요
③ 상속 및 증여에 대한 준비도 고려

적중문제

01 FP가 고객에게 은퇴설계 서비스를 제공할 때 연령과 직업에 관계없이 선행적으로 검토해야 할 이슈로 적절하지 않은 것은?

① 은퇴설계를 할 때에는 100세 시대에 맞게 인생지도를 재설계해야 한다.
② 재무와 비재무의 균형적인 은퇴설계를 해야 한다.
③ 부부 중심의 은퇴설계를 해야 한다.
④ 은퇴설계를 할 때 은퇴 이후의 시간 활용에 대해서도 염두에 두어야 한다.
⑤ 목돈마련을 위한 투자에 초점을 둔다.

해설
매월 정기적으로 소득이 들어오는 '평생소득'을 확보해야 한다. 일시적인 목돈보다 평생 월급을 받을 수 있는 연금 수급권이 중요하다. 곶감 빼 먹듯 생활비나 병치레 등으로 목돈을 쓰다보면, 줄어드는 돈만큼 심리적 불안감이 커질 수밖에 없다. 따라서 고객 상황에 맞게 목돈과 연금소득을 균형 있게 컨설팅해 줄 필요가 있다.

02 FP가 고객에게 은퇴설계 서비스를 제공할 때 연령과 직업에 관계없이 선행적으로 검토해야 할 이슈로 적절하지 않은 것은?

① 기존 세대처럼 수명을 막연하게 80세로 잡았다가는 장수 리스크 등의 문제에 직면할 수 있으므로, 은퇴설계를 할 때는 100세 시대에 맞게 인생지도를 재설계해야 한다.
② 은퇴설계에 있어 중요한 것은 노후자금 마련이므로 비재무적인 요소는 가급적 배제하고 재무적 준비를 강조해야 한다.
③ 부부 중심의 은퇴설계를 해야 한다.
④ 다양한 활동을 통해 삶의 보람을 느끼고 행복감을 느낄 수 있도록 은퇴 이후의 시간 활용에 대해서도 염두에 두어야 한다.
⑤ 일시적인 목돈보다 평생 월급을 받을 수 있는 연금 수급권이 중요하므로, 매월 정기적으로 소득이 들어오는 평생 소득을 확보해야 한다.

[해설]
재무와 비재무의 균형적인 은퇴설계를 해야 한다. 고객에게 심리적 부담을 주는 재무적 준비만을 강조하지 말고 노후자금이 다소 부족해도 행복하게 은퇴생활을 영위할 수 있는 비재무적인 방법에 대해서도 제시해야 한다.

03 연령대별 은퇴설계에 대한 설명으로 적절하지 않은 것은?

① 20대에는 아직 은퇴준비를 할 필요가 없다.
② 30대에는 3층 연금제도를 최대한 활용해 노후자금 준비를 시작해야 한다.
③ 40대는 생애 중 소득수준이 매우 높은 시기로 자녀양육비 등 목돈 만들기와 노후자금 만들기를 동시에 추구해야 한다.
④ 50대는 자녀지원과 자신의 노후준비에 대한 적절한 조화를 통해 보유자산을 최대한 노후자금으로 활용해야 한다.
⑤ 60대 이상에게 필요한 은퇴설계는 기존 자산을 활용한 노후생활비 확보와 장기 간병에 대한 준비 및 상속증여가 초점이 된다.

[해설]
20~30대 은퇴설계 시 중요한 것은 젊다고 방관하지 말고 가능한 빨리 노후준비를 시작하도록 하는 것이다. 특히, 재무적인 준비가 가장 중요한데, 가장 좋은 방법은 3층 연금제도를 최대한 활용하도록 조언하는 것이다.

04 60대 이상 은퇴설계에 대한 설명으로 적절하지 않은 것은?

① 국내만이 아니라 해외에도 분산투자하는 펀드나 변액연금상품 등을 검토하는 것도 좋은 방법이다.
② 기존 자산을 노후자금으로 활용하는 방법은 금융자산과 부동산으로 나눠 생각할 수 있다.
③ 70대 이후의 장기 간병에 대한 준비도 필요하다.
④ 상속 및 증여에 대한 준비도 고려해야 한다.
⑤ 고객이 사망 후 배우자가 남아 있다면 누가 어떻게 돌볼 것인지, 재산을 남은 가족에게 어떤 방식으로 공정하게 분배할 것인지, 사회에 재산을 기부할 생각이라면 어떤 방식으로 할 것인지 등도 고려해야 한다.

[해설]
투자형 상품을 활용하는 것은 20~30대 은퇴설계에 대한 설명이다. 60대 이상은 이미 은퇴시기에 접어든 세대이다. 60대 이상에게 필요한 은퇴설계는 기존 자산을 활용한 노후생활비 확보와 장기 간병에 대한 준비 및 상속증여가 초점이 된다.

정답 02 ② 03 ① 04 ①

핵심테마 08 우리나라 노후소득보장 체계

출제포인트
- 우리나라 노후소득보장 체계
- 기초연금제도

1. 우리나라 노후소득보장 체계

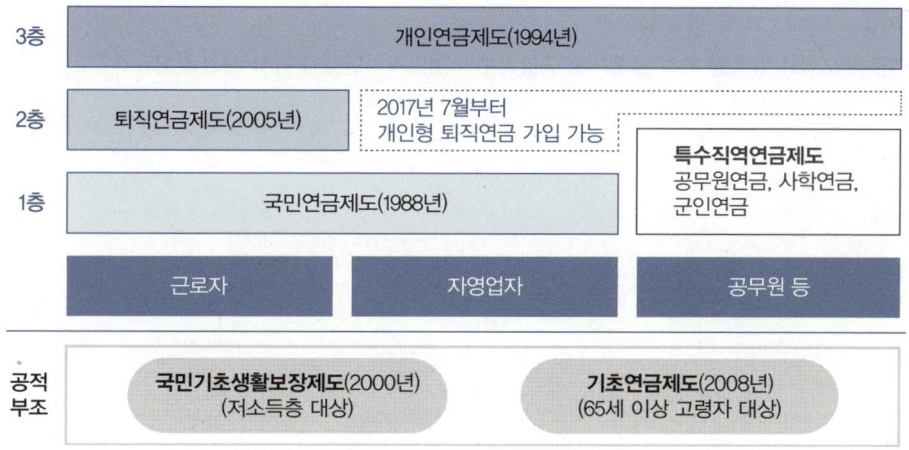

2. 기초연금제도

① 65세 이상 고령자 중 소득하위 70%에게 연금을 지급하는 공적부조제도
② **지급대상** : 한국 국적을 갖고 국내에 거주하는 만 65세 이상 고령자 중 소득과 재산을 합한 금액(소득인정액)이 해당 연도 선정기준액 이하인 자
③ **선정기준액** : 65세 이상 인구 중 기초연금 수급자가 70% 수준이 되도록 설정하는 기준선으로, 노인가구의 소득, 재산수준과 생활실태, 주택 공시가격, 물가상승률 등을 고려하여 매년 조정(2025년 기준 단독가구 2,280,000원, 부부가구 3,648,000원)
④ **소득인정액** : 소득평가액(근로, 사업, 재산, 공적이전소득 등을 반영해 계산)과 재산의 소득환산액(일반재산과 금융재산 등을 반영해 계산)을 합한 금액

- 소득평가액 : (근로소득 − 112만원 공제) × 70% + 기타소득
- 재산의 소득환산액 : {(일반재산 − 기본재산액 공제[*1]) + (금융재산 − 2,000만원 공제) − 부채} × 소득환산율(4%) ÷ 12개월 + P[*2]

[*1] 기본재산액 : 주거유지 비용 공제(대도시 1억 3,500만원, 중소도시 8,500만원, 농어촌 7,250만원)
[*2] P값 : 사치품으로 분류되는 고급 회원권(골프, 승마, 콘도 등) 및 고급 자동차는 가액 전액을 소득 반영

⑤ 공무원연금, 사립학교교직원연금, 군인연금, 별정우체국연금 수급권자 및 그 배우자는 원칙적으로 기초연금 수급대상에서 제외(일부 예외 있음)
⑥ **기준연금액** : 월 최대 342,510원, 소득인정액과 가구유형 등에 따라 감액
⑦ **기준연금액을 전액받기 위한 요건**
  ㉠ 국민연금을 받지 않고 있는 자(무연금자)
  ㉡ 국민연금 월 급여액이 513,760원(기준연금액의 150%) 이하인 자
  ㉢ 국민연금의 유족연금이나 장애연금을 받고 있는 자
  ㉣ 국민기초생활 보장 수급권자, 장애인연금을 받고 있는 자 등
⑧ 부부가 모두 기초연금을 받는 경우 각각에 대해 산정된 기초 연금액의 20% 감액
⑨ **소득역전 방지 감액** : 소득인정액과 기초연금액(부부 2인 수급가구는 부부감액 이후)을 합한 금액과 선정기준액의 차이만큼 감액(단, 단독가구는 기준연금액의 10%, 부부 2인 수급 가구는 기준연금액의 20%를 최저연금액으로 지급)
⑩ 기초연금은 보험료 납부를 하지 않으므로 중앙정부와 지방자치단체가 각각 재원 분담

적중문제

01 우리나라 노후소득보장 체계에 대한 설명으로 적절하지 않은 것은?

① 공적연금의 취약성을 해소하기 위해 사적연금제도를 추가로 도입해 다층 연금체계를 구축하고 있다.
② 1층 보장은 국민연금과 특수직역연금으로 구성되며, 2층 보장은 기업이 제공하는 퇴직연금, 3층 보장은 개인이 가입하는 개인연금이다.
③ 제일 먼저 1988년 국민연금이 도입되었고, 개인연금이 1994년 도입되었으며, 퇴직연금제도가 2005년 12월 도입되어 3층 연금체계가 완성되었다.
④ 2017년 7월부터 퇴직연금제도 중 IRP에 자영업자와 특수직역연금 가입자도 가입할 수 있게 되었다.
⑤ 공적부조의 성격으로 65세 이상 고령자 중 저소득층을 대상으로 한 국민기초생활보장제도가 2000년 도입되었다.

해설

공적부조의 성격으로 저소득층을 대상으로 한 국민기초생활보장제도가 2000년 도입되었고, 65세 이상 고령자 중 소득 하위 70%에게 지급하는 기초연금제도가 2008년 도입되었다.

02 노후소득보장제도에 대한 설명으로 적절하지 않은 것은?

① 기초연금은 대한민국 국적을 갖고 국내에 거주하는 만 65세 이상 고령자 중 소득과 재산을 합한 금액인 소득인정액이 해당 연도 선정기준액 이하인 자에게 지급한다.
② 국민연금은 국가가 운영하는 공적연금으로, 1988년에 근로자 10인 이상이 근무하는 사업장을 대상으로 도입되었으며, 이후 단계적으로 확대되어 1999년 4월부터는 자영업자까지 가입할 수 있게 되었다.
③ 전업주부나 학생, 군복무 등으로 소득이 없는 자도 국민연금이나 개인연금에 가입할 수 있다.
④ 퇴직연금제도는 크게 확정급여형제도, 확정기여형제도, 개인형퇴직연금제도의 3가지 유형으로 구성된다.
⑤ 개인연금제도는 개인이 스스로 노후자금을 준비하는 것을 지원하기 위해 세제혜택을 부여한 연금 상품으로 모든 상품이 세액공제를 받을 수 있다.

해설

개인연금은 크게 두 가지로 분류되는데 '세제적격 연금저축계좌'와 '세제비적격 연금보험'이다. 세제적격 연금저축은 연말정산에서 세액공제 혜택이 부과되는 상품이고 세제 비적격 연금보험은 세액공제 혜택은 없지만 별도의 세제 혜택을 부여한 연금상품이다.

정답 01 ⑤ 02 ⑤

03 기초연금제도에 대한 설명으로 적절하지 않은 것은?

① 기초연금제도는 고령자들에게 연금을 지급해 안정적인 소득기반을 제공함으로써 고령자의 생활안정을 지원하고 복지를 증진하는 데 있다.
② 기초연금은 대한민국 국적을 갖고 국내에 거주하는 만 65세 이상 고령자 중 소득과 재산을 합한 금액인 소득인정액이 해당 연도 선정기준액 이하인 자에게 지급한다.
③ 선정기준액은 65세 이상 인구 중 기초연금 수급자가 60% 수준이 되도록 설정하는 기준선이다.
④ 선정기준액은 노인가구의 소득, 재산수준과 생활실태, 주택 공시가격, 물가상승률 등을 고려하여 매년 조정하는데, 2025년 기준 단독가구 2,280,000원, 부부가구 3,648,000원이다.
⑤ 소득인정액은 소득평가액과 재산의 소득환산액을 합한 금액으로 소득평가액은 근로, 사업, 재산, 공적이전소득 등을 반영해 계산하고 재산의 소득 환산액은 일반재산과 금융재산 등을 반영해 계산한다.

해설
선정기준액은 65세 이상 인구 중 기초연금 수급자가 70% 수준이 되도록 설정하는 기준선이다.

04 기초연금제도에 대한 설명으로 적절하지 않은 것은?

① 재산의 소득환산액 계산 시 금융재산에서 차감하는 기본공제액은 부부 개인별 2,000만원이다.
② 재산의 소득환산액 계산 시 소득환산율은 4%를 적용한다.
③ 소득평가액 계산 시 근로소득에서 공제되는 기본공제액은 112만원이다.
④ 공무원연금, 사립학교교직원연금, 군인연금, 별정우체국연금 수급권자 및 그 배우자는 원칙적으로 기초연금 수급대상에서 제외된다.
⑤ 부부가 모두 기초연금을 받는 경우에는 각각에 대해 산정된 기초연금액의 20%를 감액한다.

해설
재산의 소득환산액 계산 시 금융재산에서 차감하는 기본공제액은 가구 단위당 2,000만원이다.

핵심 CHECK

소득인정액의 계산
소득인정액 = 소득평가액[*1] + 재산의 소득환산액[*2]
*1 소득평가액 : (근로소득 - 112만원 공제) × 70% + 기타소득
*2 재산의 소득환산액 : {(일반재산 - 기본재산액 공제) + (금융재산 - 2,000만원 공제) - 부채} × 소득환산율(4%) ÷ 12개월 + P

정답 03 ③ 04 ①

핵심테마 09 국민연금제도

출제포인트
- 가입 대상 및 가입자 유형
- 국민연금 보험료
- 급여 종류와 산정 방법
- 수급개시 연령
- 가입자 대출제도

1. 제도 개요
① 1988년 근로자 10인 이상 사업장 대상 도입
② 연금액을 매년 물가변동률을 반영해 지급하여 실질 가치 보전

2. 가입 대상 및 가입자 유형
① 만 18세 이상 60세 미만 국민
② 최소 가입기간 10년을 채웠을 때 연금수급권 발생
③ **사업장 가입자** : 국민연금에 가입한 사업장의 사용자 및 근로자로서 국민연금에 가입한 자
④ **지역가입자** : 사업장 가입자가 아닌 자영업자 등
⑤ **임의가입자** : 사업장 가입자와 지역가입자가 될 수 없는 사람 중에 60세 이전에 본인 희망에 따라 가입신청을 한 자 → 주로 전업주부나 18세 이상 27세 미만의 학생, 군복무 등으로 소득이 없는 자
⑥ **임의계속가입자** : 60세에 도달해 국민연금 가입 자격을 상실했으나, 가입기간이 부족해 연금 수급권이 없거나 가입기간을 연장해 더 많은 연금을 받고자 하는 경우 65세에 달할 때까지 연장 가입한 자

3. 국민연금 보험료
① 기준소득월액 × 연금보험료율(9%)
② 사업장가입자는 회사와 본인이 절반씩 부담, 지역가입자는 전액 본인 부담

4. 급여 종류와 산정 방법
① 연금급여액 = 기본연금액 × 지급률 + 부양가족 연금액
② **기본연금액** : 균등부분 A값(연금수급 직전 3개년도의 전체가입자 평균소득월액의 평균액)과 소득비례부분 B값(가입자 개인이 생애기간 동안 실현한 기준소득월액의 평균액)에 의해 좌우됨
③ **지급률**
  ㉠ 노령연금 지급률 : 가입기간 10년 기준 50%(가입기간 10년을 초과하는 1년마다 5% 가산)
  ㉡ 장애연금 지급률 : 장애 1급 100%, 2급 80%, 3급 60%, 4급(일시금) 225%
  ㉢ 유족연금 지급률 : 가입기간 10년 미만 40%, 10년~20년 미만 50%, 20년 이상 60%

④ **부양가족 연금액** : 수급권자를 기준으로 배우자, 자녀 or 부모로서 수급권자가 생계를 책임지는 자에 대해 지급하는 일종의 가족수당 성격의 부가급여

5. 출생연도별 국민연금 수급개시 연령

출생연도	수급개시 연령		
	노령연금	조기노령연금	분할연금
1952년생 이전	60세	55세	60세
1953–56년생	61세	56세	61세
1957–60년생	62세	57세	62세
1961–64년생	63세	58세	63세
1965–68년생	64세	59세	64세
1969년생 이후	65세	60세	65세

- 연기연금제도 : 노령연금 수급자가 희망할 경우 1회에 한해 최대 5년간 연금액의 전부 or 일부의 지급을 연기할 수 있는 제도 → 지급 연기를 신청한 금액에 대해 매 1년당 7.2%(월 0.6%)의 연금액을 더 추가해서 지급
- 조기노령연금 : 퇴직 이후 근로소득이 없어 연금 수급개시 연령보다 최대 5년간 연금을 앞당겨 받을 경우 5년 동안 연령별 감액률(1년당 6%)이 적용되어 적은 연금액을 받게 됨

6. 국민연금과 세금

① **연금보험료 소득공제** : 가입자 본인이 부담한 연금보험료 전액에 대해 소득공제 혜택(추납보험료 포함, 사용자가 부담한 부분, 연체금, 반납금 제외)
② 2002년 1월 1일 이후 가입기간에 의해 산정된 노령연금 및 반환일시금에 대해 과세(장애연금과 유족연금은 과세대상에 포함 ×)

7. 가입자 대출제도(국민연금 실버론 : 노후 긴급자금 대부)

① **대상** : 만 60세 이상 국민연금수급자
② **대출금액** : 연간 연금수령액의 2배 이내에서 실소요비(최고 1,000만원 한도)
③ **대출용도** : 의료비, 배우자 장제비, 전·월세자금, 재해복구비
④ **이자율** : 5년 만기 국고채권 수익률 기준으로 분기별 변동금리
⑤ **상환조건** : 5년간 원금균등분할상환, 거치기간(1년 or 2년) 선택 시 최장 7년

적중문제

01 국민연금제도에 대한 설명으로 적절하지 않은 것은?

① 연금 수령 기간 중에는 연금액을 매년 물가변동률을 반영해 지급하기 때문에 실질 가치가 보전된다는 장점이 있다.
② 국민연금은 만 18세 이상 만 60세 미만 국민이 가입대상이고, 최소 가입기간인 20년을 채웠을 때 연금 수급권이 발생한다.
③ 기준소득월액에 적용하는 연금보험료율은 현재 9%이며 사업장가입자는 회사와 본인이 절반씩 부담한다.
④ 자영업자 등 지역가입자는 9% 전액을 본인이 부담한다.
⑤ 노령연금의 수급개시 연령은 과거에는 만 60세부터 지급했으나 단계적으로 수급개시 연령을 올리고 있어 1969년생 이후 출생자는 65세부터 노령연금을 수령할 수 있다.

해설
국민연금은 만 18세 이상 만 60세 미만 국민이 가입대상이고, 최소 가입기간 10년을 채웠을 때 연금 수급권(연금을 받을 권리)이 발생한다.

02 국민연금의 노령연금 수급개시에 대한 다음 설명 중 (가)~(나)에 들어갈 내용으로 적절하게 연결된 것은?

- 연기연금제도는 노령연금 수급자가 희망할 경우 1회에 한해 최대 5년간 연금액의 전부 또는 일부의 지급을 연기할 수 있는 제도이다. 이 경우 지급 연기를 신청한 금액에 대해 매 1년당 (가)의 연금액을 더 추가해서 지급한다.
- 퇴직 이후 근로소득이 없어 연금 수급개시연령보다 최대 5년간 연금을 앞당겨 받을 수 있는데 이 경우는 5년 동안 연령별 감액률이 적용되어 1년당 (나) 적은 연금액을 받게 된다.

	가	나
①	6%	5%
②	6%	6%
③	7.2%	5%
④	7.2%	6%
⑤	7.2%	7%

해설
- 연금 수급개시 연령을 5년 한도로 늦추거나(연기연금제도), 5년 한도로 더 빨리 수령할 수도 있다(조기노령연금).
- 연기연금제도는 노령연금 수급자가 희망할 경우 1회에 한해 최대 5년간 연금액의 전부 또는 일부의 지급을 연기할 수 있는 제도다. 이 경우 지급 연기를 신청한 금액에 대해 매 1년당 7.2%(월 0.6%)의 연금액을 더 추가해서 지급한다.
- 퇴직 이후 근로소득이 없어 연금 수급개시 연령보다 최대 5년간 연금을 앞당겨 받을 수 있는데 이 경우는 5년 동안 연령별 감액률이 적용되어 1년당 6% 적은 연금액을 받게 된다.

정답 01 ② 02 ④

[03~04] 다음 지문을 읽고 문항에 답하시오.

> 1966년 출생인 고객 김세진씨는 1995년에 취업하여 꾸준히 국민연금을 납부하였으며, 국민연금 수급이 가능한 연령이 되었을 때 받을 수 있는 연금예상액은 월 150만원이다.

03 김세진씨가 퇴직 후에도 소득이 있어 연금 수급개시 연령을 늦추고자 할 때, 최대한도로 적절한 것은?

중요도 ●●●

① 1년
② 3년
③ 5년
④ 10년
⑤ 15년

해설
연기연금제도는 노령연금 수급자가 희망할 경우 1회에 한해 최대 5년간 연금액의 전부 또는 일부의 지급을 연기할 수 있는 제도다. 이 경우 지급 연기를 신청한 금액에 대해 매 1년당 7.2%(월 0.6%)의 연금액을 더 추가해서 지급한다.

04 김세진씨가 퇴직 후 은퇴생활비 부족으로 조기노령연금을 최대한 빨리 수령하고자 할 때, 수급개시 가능한 연령으로 가장 적절한 것은?

중요도 ●●●

① 55세
② 56세
③ 57세
④ 58세
⑤ 59세

해설
출생연도별 국민연금 수급개시 연령

출생연도	수급개시 연령		
	노령연금	조기노령연금	분할연금
1952년생 이전	60세	55세	60세
1953–56년생	61세	56세	61세
1957–60년생	62세	57세	62세
1961–64년생	63세	58세	63세
1965–68년생	64세	59세	64세
1969년생 이후	65세	60세	65세

정답 03 ③ 04 ⑤

[05~06] 다음 지문을 읽고 문항에 답하시오.

- 출생연도 : 1958년생
- 가입기간 : 20년
- 월 100만원씩 지급예정

05 위 고객의 국민연금 노령연금 수급개시 연령으로 가장 적절한 것은?

중요도
●●●

① 만 60세
② 만 61세
③ 만 62세
④ 만 63세
⑤ 만 64세

해설
1952년생까지는 만 60세, 1953~56년생은 만 61세, 1957~60년생은 만 62세, 1961~64년생은 만 63세, 1965~68년생은 만 64세, 그리고 1969년생 이후 출생자는 만 65세부터 노령연금을 수령할 수 있다.

06 위 고객이 의료비 용도로 1,000만원이 필요하여 국민연금 실버론을 활용할 경우 대출가능금액으로 적절한 것은?

중요도
●○○

① 100만원
② 600만원
③ 750만원
④ 800만원
⑤ 1,000만원

해설
2012년 5월부터 국민연금 수급자를 대상으로 '국민연금 실버론'이라는 대출제도를 실시하고 있다. 만 60세 이상 국민연금 수급자에게 의료비, 배우자 장제비, 전·월세자금, 재해복구비 등 긴급한 자금이 필요한 경우 일정한도 내에서 저리로 대출해 노후생활안정을 지원하고 있다. 대출금액은 연간 연금수령액의 2배 이내에서 실 소요비(최고 1,000만원 한도)를 대출해 준다.

정답 05 ③ 06 ⑤

핵심테마 10 특수직역연금제도

출제포인트
- 공무원연금
- 사립학교교직원연금제도
- 군인연금제도
- 공적연금 연계제도

1. 공무원연금 급여 종류

① 장기급여

종류		지급요건
퇴직 급여	퇴직연금	공무원이 10년 이상 재직하고 퇴직한 때
	퇴직연금일시금	10년 이상 재직 후 퇴직한 공무원이 퇴직연금에 갈음하여 일시금으로 지급받고자 할 때
	퇴직연금공제일시금	10년 이상 재직 후 퇴직한 공무원이 10년을 초과하는 재직기간 중 일부기간을 일시금으로 지급받고자 할 때
	퇴직일시금	공무원이 10년 미만 재직하고 퇴직한 때
유족 급여	유족연금	• 10년 이상 재직한 공무원이 재직 중 사망한 때 • 퇴직연금 or 조기퇴직연금 수급자가 사망한 때 • 장해연금 수급자가 사망한 때
	유족연금부가금	10년 이상 재직한 공무원이 재직 중 사망하여 유족연금을 청구한 때
	유족연금특별부가금	퇴직연금수급권자가 퇴직 후 3년 이내에 사망한 때
	유족연금일시금	10년 이상 재직한 공무원이 재직 중 사망하여 유족연금에 갈음하여 일시금으로 지급받고자 할 때
	유족일시금	10년 미만 재직한 공무원이 사망한 때
재해 보상 급여	장해급여 - 장해연금	공무상 질병·부상으로 인해 장애상태로 되어 퇴직한 경우
	장해급여 - 장해보상금	장해연금에 갈음하여 일시금으로 지급받고자 할 때
	유족급여 - 순직유족연금	공무상 질병, 부상으로 사망 시
	유족급여 - 순직유족보상금	
	유족급여 - 위험직무순직유족연금	위험직무 수행 중 사망 시
	유족급여 - 위험직무순직유족보상금	
퇴직 수당	퇴직수당	공무원이 1년 이상 재직하고 퇴직 or 사망한 때

② 단기급여

종류		지급요건
재해보상급여	요양급여 공무상요양비	공무상 질병·부상으로 인해 요양기관에서 요양을 할 때 or 공무상 질병 부상 치유 후 재발한 때(재요양)
	재해부조금	공무원의 주택이 수재·화재 기타 재해로 인해 재해를 입은 때(공무원, 공무원의 배우자 or 공무원이 상시 거주하는 직계존비속 소유의 주택)
부조급여	사망조위금	공무원의 배우자, 부모(배우자의 부모 포함), 자녀가 사망한 때 공무원이 사망한 때

2. 군인연금제도

① 군인이 재직기간에 납부한 기여금을 토대로 퇴역할 때 연금 및 일시금 지급, 공무 중 질병 or 불의의 사고로 부상당하거나 사망한 때에 군인 or 그 유족에게 급여 지급
② 원칙적으로 기여금을 납부하는 군인에게 적용되지만, 납부하지 않는 병사에 대해서도 사유 발생 시 사망보상금·장애보상금 등의 형식으로 지급
③ **퇴역연금** : 복무기간이 20년 이상일 때 수급 가능
④ **퇴직일시금** : 20년 미만 복무하고 퇴역할 때 수급

3. 공적연금 연계제도

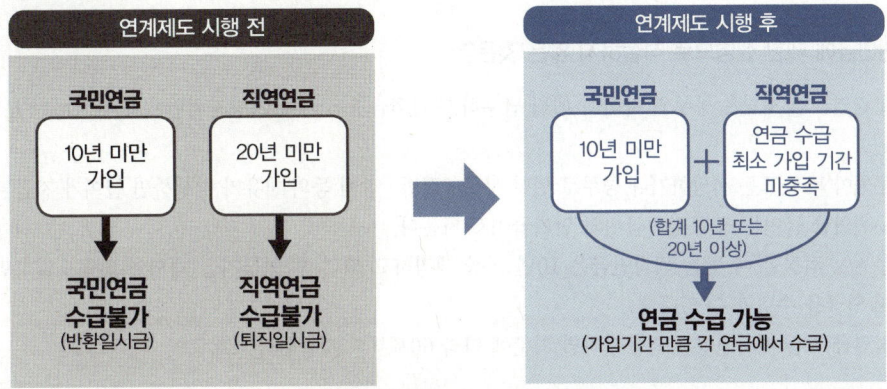

① 연계제도 신청은 강제사항은 아니며 본인이 희망할 경우 각 연금관리기간에 신청해서 연계연금 수령 가능
② **연계제도 수급 요건** : 각 제도별 가입 기간을 합산해 10년(직역기관에서 퇴직일이 2016년 1월 1일 이전인 경우와 연계기간에 군인연금 복무기간이 포함된 경우는 20년) 이상
③ **연계제도를 통해 지급되는 급여** : 연계노령연금, 연계퇴직연금, 연계노령유족연금, 연계퇴직유족연금

적중문제

01 공무원연금 유족급여에 대한 설명으로 가장 적절한 것은?

① 유족연금 지급요건을 충족하려면 10년 이상 재직하여야 한다.
② 10년 이상 재직한 공무원이 재직 중 사망한 때에는 유족연금특별부가금을 지급한다.
③ 퇴직연금수급권자가 퇴직 후 3년 이내에 사망한 때에는 유족연금부가금을 지급한다.
④ 유족연금일시금은 유족연금 지급요건에 해당되지 않을 때 지급한다.
⑤ 5년간 재직한 공무원이 사망한다면 유족일시금을 지급한다.

해설
① 유족연금의 지급요건은 10년 이상 재직한 공무원이 재직 중 사망한 때, 퇴직연금 또는 조기퇴직연금수급자가 사망한 때, 장해연금 수급자가 사망한 때이다.
② 10년 이상 재직한 공무원이 재직 중 사망한 때에는 유족연금을 지급하며, 유족연금을 청구한 때 유족연금부가금도 지급된다.
③ 퇴직연금수급권자가 퇴직 후 3년 이내에 사망한 때에는 유족연금특별부가금을 지급한다.
④ 유족연금일시금은 10년 이상 재직한 공무원이 재직 중 사망하여 유족연금에 갈음하여 일시금으로 지급받고자 할 때 지급한다. 유족일시금은 10년 미만 재직한 공무원이 사망한 때 지급한다.

02 공무원연금에 대한 설명으로 적절하지 않은 것은?

① 공무원연금의 재원은 공무원 자신이 매월 납부하는 기여금과 국가나 지방자치단체가 부담하는 부담금으로 구성된다.
② 공무원이 퇴직 또는 사망하거나 공무로 인한 부상·질병·장애 등의 사유가 발생하면 급여가 지급된다.
③ 공무원연금 급여는 크게 장기급여와 단기급여로 나눈다.
④ 공무원이 퇴직할 때 받는 퇴직연금은 10년 이상 재직하고 퇴직 후 연금지급 개시연령에 도달하면 사망할 때까지 연금을 수령할 수 있다.
⑤ 퇴직연금 지급 개시연령은 임용시기별 기준에 따라 60세부터 지급한다.

해설
퇴직연금 지급 개시연령은 2016년 제도개혁으로 크게 변경되었다. 과거에는 임용시기별 기준이 있었지만 2016년부터는 임용시기 구분 없이 60세부터 연금지급 시기를 단계적으로 상향해 2033년에는 65세부터 지급할 예정이다.

〈연도별 지급개시 연령〉

퇴직연도	퇴직연도 지급개시 연령
2016~2021년	60세
2022~2023년	61세
2024~2026년	62세
2027~2029년	63세
2030~2032년	64세
2033년 이후	65세

정답 01 ⑤ 02 ⑤

03 사립학교교직원연금제도에 대한 설명으로 적절하지 않은 것은?

중요도
●○○

① 가입대상자는 초등학교부터 대학교에 이르는 모든 사립학교와 사립특수학교, 그리고 이를 운영하는 기관에서 근무하는 정규 교직원 등이 해당된다.
② 사립학교 중 유치원, 각종 학교, 기술학교, 공민학교 등의 정규 교직원과 법률에 의해 대학원을 설치·운영하는 연구기관의 교직원 등도 소속기관이 교육부 장관의 지정을 받으면 그 대상이 될 수 있다.
③ 가입자 개인의 경우 매월 기준소득월액의 9%를 부담하고, 법인은 교원에 대해 5.294%, 직원에 대해 9%를 부담한다.
④ 교직원이 퇴직할 때 받는 퇴직연금은 10년 이상 재직하고 퇴직 후 연금 지급 개시연령에 도달하면 사망할 때까지 연금을 받을 수 있다.
⑤ 퇴직연금 지급개시 연령은 임용시기별 기준에 따라 60세부터 지급한다.

해설
사립학교교직원의 퇴직연금 지급개시 연령도 공무원연금 개혁 내용과 동일해 1996년 이후 임용자부터는 연금개시 연령이 60세부터 단계적으로 상향되어 2033년에는 65세부터 지급할 예정이다.

04 군인연금제도에 대한 설명으로 적절하지 않은 것은?

중요도
●○○

① 국가와 특수한 관계에 있는 직종 종사자를 대상으로 하는 특수직역연금제도에 해당한다.
② 급여종류는 퇴직급여, 유족급여, 재해보상 급여, 퇴직수당 등이 있다.
③ 직업군인이 재직기간에 납부한 기여금을 토대로 퇴역할 때 연금 및 일시금을 지급한다.
④ 군인연금은 기여금을 납부하는 군인에게만 적용된다.
⑤ 복무 기간이 20년 이상일 경우 퇴역연금이 지급되며, 복무 기간이 20년 미만일 경우는 퇴직일시금을 지급한다.

해설
군인연금은 원칙적으로 기여금을 납부하는 군인에게 적용되지만, 납부하지 않는 병사에 대해서도 사유 발생 시 사망보험금·장해보상금 등의 형식으로 지급된다.

정답 03 ⑤ 04 ④

05 공적연금 연계제도에 대한 설명으로 적절하지 않은 것은?

① 연계제도 신청은 강제사항은 아니며 본인이 희망할 경우 각 연금관리기간에 신청해서 연계연금을 수령할 수 있다.
② 연계제도의 수급 요건은 각 제도별 가입 기간을 합산해 10년 이상이어야 하지만, 연계기간에 군인연금 복무 기간이 포함된 경우는 20년 이상이기에 주의가 필요하다.
③ 연계제도를 통해 지급되는 급여는 연계노령연금, 연계퇴직연금, 연계노령유족연금, 연계퇴직유족연금의 4종류가 있다.
④ 연계노령연금은 국민연금 가입기간에 대해 국민연금공단에서 지급하는 연금이고, 연계퇴직연금은 특수직역연금 가입기간에 대해 각 직역연금공단에서 지급하는 연금이다.
⑤ 연금 지급개시 연령은 최종적으로는 60세부터 지급할 예정이다.

[해설]
연금 지급개시 연령은 출생연도별로 다른데 60세부터 단계적으로 상향되어 최종적으로는 65세부터 지급할 예정이다. 출생연도별 연금 지급개시 연령은 아래와 같다.

출생연도	~'52년까지	'53년~'56년	'57년~'60년	'61년~'64년	'65년~'68년	'69년 이후
수급연령	60세	61세	62세	63세	64세	65세

정답 05 ⑤

핵심테마 11 퇴직연금제도

출제포인트
- 제도유형과 선택
- 퇴직연금 과세체계
- 중도인출과 담보대출

1. 퇴직급여제도 변화

2005년 11월까지

퇴직금 제도
퇴직금의 사외적립방법으로 퇴직보험·퇴직신탁이 있었으나 2010년 12월 말 폐지

2005년 12월

근로자퇴직 급여보장법

2005년 12월 이후

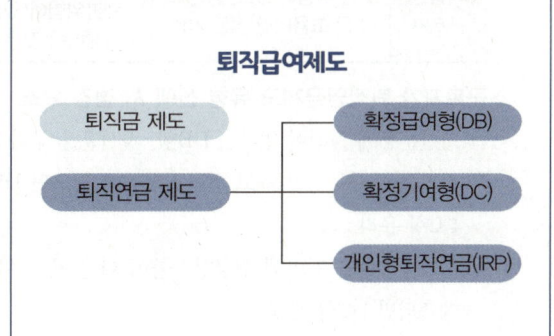

2. 제도유형과 선택

① 퇴직연금제도별 특징

구 분	확정급여형(DB형)	확정기여형(DC형)	개인형퇴직연금(IRP)	
			기업형 IRP	개인형 IRP
개 념	• 퇴직 시 지급할 급여수준을 노사가 사전에 약정 • 사용자가 적립금 운용방법을 결정 • 사용자는 근로자 퇴직 시 사전에 약정된 퇴직급여를 지급 • 계속근로기간 1년에 대해 30일분의 평균임금에 상당하는 금액 이상	• 기업이 부담할 기여금 수준을 노사가 사전에 확정 • 근로자가 적립금 운용방법을 결정 • 근로자는 일정연령에 도달하면 운용 결과에 따라 퇴직급여를 수령	• 10인 미만의 사업장의 경우 개별 근로자의 동의를 받아 IRP에 가입하면 퇴직급여제도를 설정한 것으로 인정 • 근로자가 적립금 운용방법을 결정 • DC형 준용 : 근로자는 일정연령에 도달하면 운용결과에 따라 퇴직급여를 수령	• 근로자 직장이전 시 퇴직연금 유지를 위한 연금통산 장치 • 근로자가 적립금 운용방법을 결정 • 퇴직일시금 수령자가 가입 시 일시금에 대해 퇴직소득세 과세 이연 • DB형, DC형 가입자도 연간 1,800만원의 한도 내에서 추가 불입 가능

CHAPTER 02 은퇴설계 465

구분	DB	DC	기업형 IRP	개인형 IRP
기업 부담	• 산출기초율에 따라 부담금 변동 • 규정에서 정한 최소 수준 이상을 납부 • 퇴직연금사업자는 기업의 부담금이 최소수준을 상회하는지 매년 재정건전성 검증 실시	• 매년 기업의 부담금은 근로자 임금의 일정비율로 확정 ※ 가입자의 연간 임금총액의 1/12에 해당하는 금액 이상	• 매년 기업의 부담금은 근로자 임금의 일정비율로 확정 ※ 가입자의 연간 임금총액의 1/12에 해당하는 금액 이상	없음
연금 수급 요건	• 연령 : 55세 이상 • 가입기간 : 10년 이상 • 연금수급 : 5년 이상			• 연령 : 55세 이상 • 연금수급 : 5년 이상
일시금 수급 요건	• 연금수급 요건을 갖추지 못한 경우 • 일시금 수급을 원하는 경우			55세 이상으로 일시금 수급을 원하는 경우
제도 간 이전	• 어려움 • 퇴직 시 IRP로 이전	직장이동 시 이전 용이		연금이전 용이
적합한 근로자	도산 위험이 없고, 정년 보장 등 고용이 안정된 기업	• 연봉제 도입기업 • 체불위험이 있는 기업 • 직장이동 잦은 근로자	10인 미만의 영세사업장	퇴직일시금 수령자

② 근로자가 퇴직연금제도 유형 선택 시 점검 요소
  ㉠ 자산운용에 자신이 없다면 DB형, 자산운용에 자신이 있는 근로자라면 DC형 고려
  ㉡ 장기근속 가능성이 높고 임금인상률이 높으면 DB형 유리, 이직과 전직이 예상되는 경우라면 이동성이 높은 DC형 유리
  ㉢ 물가상승률을 감안해 임금상승률이 더 높을 것이라고 예측되면 DB형, 자산운용수익률이 더 높을 것이라고 예측되면 DC형 선택

3. 퇴직연금 과세체계

① 퇴직연금과 연금저축계좌의 세액공제 한도와 세액공제율

연간소득 구간		세액공제 한도(만원)			세액공제율
총급여(근로자)	종합소득금액	전체	연금저축계좌	IRP/DC추가납입	
5,500만원 이하	4,500만원 이하	900	600	900	16.5%
5,500만원 초과	4,500만원 초과	900	600	900	13.2%

② 퇴직급여의 과세체계

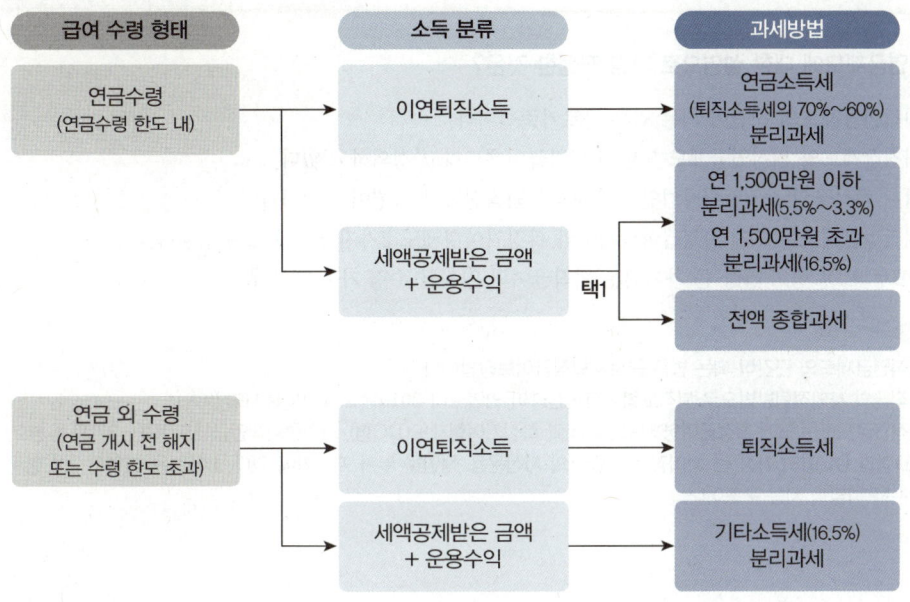

③ 연금소득에 대한 세율

연금수령 개시 연령	확정형(수령기간)		종신형	
	한도 내 금액	한도 초과액	한도 내 금액	한도 초과액
만 70세 미만	5.5%	16.5%	4.4%	16.5%
만 70세 이상~만 80세 미만	4.4%			
만 80세 이상	3.3%		3.3%	

4. 퇴직연금의 중도인출(DB형 불가)과 담보대출 사유

① 무주택자인 가입자가 본인 명의로 주택을 구입하는 경우
② 무주택자인 근로자가 주거를 목적으로 전세금 or 보증금을 부담하는 경우(근로자가 하나의 사업 or 사업장에 근로하는 동안 1회로 한정)
③ 근로자, 근로자의 배우자 or 생계를 같이하는 부양가족이 질병 or 부상으로 6개월 이상 요양을 필요로 하고 근로자가 본인 연간 임금 총액의 125/1,000를 초과하여 의료비를 부담하는 경우
④ 신청하는 날부터 역산하여 5년 이내에 근로자가 파산선고 or 개인회생절차개시 결정을 받은 경우
⑤ 천재지변 등으로 피해를 입는 등 고용노동부장관이 정하여 고시하는 사유와 요건에 해당하는 경우

적중문제

01 퇴직연금제도에 대한 설명으로 가장 적절한 것은?

① 퇴직연금제도의 근간이 되는 법은 근로기준법이다.
② 퇴직금제도와 퇴직연금제도를 합해 퇴직급여제도라고 정의하고 있다.
③ 현재 퇴직금의 사외적립방법인 퇴직보험·퇴직신탁과 병행이 가능하다.
④ 퇴직연금제도는 크게 확정급여형제도와 확정기여형제도 2가지 유형으로 구성된다.
⑤ DB형과 DC형의 가장 큰 차이점은 퇴직급여의 일시금 수령 가능 여부에 있다.

해설
① 퇴직연금제도의 근간이 되는 법은 근로자퇴직급여보장법이다.
③ 퇴직금의 사외적립방법으로 퇴직보험·퇴직신탁이 있었으나 2010년 12월 말 폐지되었다.
④ 퇴직연금제도는 크게 확정급여형제도(DB형)와 확정기여형제도(DC형), 개인형퇴직연금제도(IRP) 3가지 유형으로 구성된다.
⑤ DB형과 DC형의 가장 큰 차이점은 적립금의 자산운용 책임을 누가 지는가에 있다. DB형은 기업이, DC형은 근로자가 자산운용 책임을 지는 구조이다.

02 퇴직연금제도별 특징에 대한 설명으로 적절하지 않은 것은?

	구 분	확정급여형(DB형)	확정기여형(DC형)
①	개 념	퇴직 시 지급할 급여수준을 노사가 사전에 약정	기업이 부담할 기여금 수준을 노사가 사전에 약정
②	적립금 운용책임	근로자	사용자
③	퇴직급여	계속근로기간 1년에 대하여 30일분의 평균임금에 상당하는 금액 이상	근로자는 일정 연령에 도달하면 운용 결과에 따라 퇴직급여를 수령
④	기업부담	산출기초율에 따라 부담금 변동	가입자의 연간 임금총액의 1/12에 해당하는 금액 이상
⑤	제도 간 이전	퇴직 시 IRP로 이전	직장이동 시 이전 용이

해설
퇴직연금제도별 특징

구 분	확정급여형(DB형)	확정기여형(DC형)
개 념	• 퇴직 시 지급할 급여수준을 노사가 사전에 약정 • 사용자가 적립금 운용방법을 결정 • 사용자는 근로자 퇴직 시 사전에 약정된 퇴직급여를 지급 • 계속근로기간 1년에 대해 30일분의 평균임금에 상당하는 금액 이상	• 기업이 부담할 기여금 수준을 노사가 사전에 확정 • 근로자가 적립금 운용방법을 결정 • 근로자는 일정 연령에 도달하면 운용 결과에 따라 퇴직급여를 수령
기업 부담	• 산출기초율에 따라 부담금 변동 • 규정에서 정한 최소 수준 이상을 납부 • 퇴직연금사업자는 기업의 부담금이 최소수준을 상회하는지 매년 재정건전성 검증 실시	• 매년 기업의 부담금은 근로자 임금의 일정비율로 확정 ※ 가입자의 연간 임금총액의 1/12에 해당하는 금액 이상

정답 01 ② 02 ②

03 확정급여형, 확정기여형 가입자가 개인형 IRP에 연간 추가 불입이 가능한 한도로 가장 적절한 것은?

중요도 ●●●

① 70만원
② 100만원
③ 400만원
④ 1,200만원
⑤ 1,800만원

해설
확정급여형, 확정기여형 가입자도 연간 1,800만원의 한도 내에서 추가 불입 가능하다.

04 확정급여형(DB형) 퇴직연금에 대한 적절한 설명으로 모두 묶인 것은?

중요도 ●●●

가. 퇴직 시 지급할 급여수준을 노사가 사전에 약정
나. 기업이 부담할 기여금 수준을 노사가 사전에 확정
다. 퇴직 시 IRP로 이전
라. 직장이동이 빈번한 근로자에게 적합
마. 중도인출 가능

① 가, 다
② 가, 라
③ 나, 라
④ 나, 마
⑤ 다, 마

해설
나. 라. 마. 확정기여형(DC형)에 대한 설명이다.

정답 03 ⑤ 04 ①

05 확정급여형(DB형) 퇴직연금제도에 대한 설명으로 적절하지 않은 것은?

① 퇴직연금제도는 기존에 일시금으로 받던 퇴직금을 퇴직 후 일정 연령부터 본인의 선택에 따라 연금 또는 일시금으로 받을 수 있도록 한 제도로 2005년 12월에 도입되었다.
② DB형은 노사합의를 통해 퇴직급여의 수준을 사전에 확정하는 것이 핵심이다.
③ 근로자의 퇴직급여를 회사가 모두 책임지는 유형으로 퇴직연금 적립금의 운용방식을 기업이 결정한다.
④ 퇴직급여액도 기존의 퇴직금제도와 동일하게 퇴직 전 평균임금에 근로연수를 곱하여 산출한다.
⑤ 기업이 부담하는 부담금의 수준은 연간 임금총액의 12분의 1 정도로 일정하다.

해설
DC형의 경우 기업이 부담하는 부담금의 수준은 연간 임금총액의 12분의 1 정도로 일정하지만 근로자가 어떻게 운용하느냐에 따라 추후에 퇴직급여는 달라질 수 있다. DB형에서는 기업의 책임하에 적립금이 운용되기 때문에 운용실적에 따라 기업의 부담금 수준은 변동될 수 있다. 반면, 근로자는 운용에 대한 모든 책임을 회사가 부담하기 때문에 상대적으로 안전하게 노후자금을 확보할 수 있다.

06 근로자가 퇴직연금제도 유형을 선택할 때 점검할 필요가 있는 요소로 적절하지 않은 것은?

① 자산운용에 자신이 없다면 DB형을, 자산운용에 자신이 있는 근로자라면 DC형을 고려해 볼 수 있다.
② 장기근속 가능성이 높고 임금인상률이 높으면 DB형이 유리하다.
③ 이직과 전직이 예상되는 경우라면 이동성이 높은 DC형이 유리하다.
④ 물가상승률을 감안해 임금상승률이 더 높을 것이라고 예측되면 DB형을 선택하는 것이 좋다.
⑤ 자산운용수익률보다 물가상승률이 더 높을 것이라고 예측되면 DC형을 선택하는 것이 좋다.

해설
물가상승률을 감안해 임금상승률이 더 높을 것이라고 예측되면 DB형을, 자산운용수익률이 더 높을 것이라고 예측되면 DC형을 선택하는 것이 좋다.

07 DC형 퇴직연금과 IRP 가입자가 중도인출이 가능한 경우로 적절하지 않은 것은?

① 무주택자인 가입자가 본인 명의로 주택을 구입하는 경우
② 근로자, 근로자의 배우자 또는 부양가족이 질병 또는 부상으로 3개월 이상 요양을 필요로 하고 근로자가 본인 연간 임금 총액의 125/1,000를 초과하여 의료비를 부담하는 경우
③ 신청하는 날부터 역산하여 5년 이내에 근로자가 파산선고를 받은 경우
④ 신청하는 날부터 역산하여 5년 이내에 근로자가 개인회생절차개시 결정을 받은 경우
⑤ 천재지변 등으로 피해를 입는 등 고용노동부장관이 정하여 고시하는 사유와 요건에 해당하는 경우

해설
근로자, 근로자의 배우자 또는 부양가족이 질병 또는 부상으로 6개월 이상 요양을 필요로 하고 근로자가 본인 연간 임금 총액의 125/1,000를 초과하여 의료비를 부담하는 경우

08 개인형 퇴직연금(IRP)에 대한 설명으로 적절하지 않은 것은?

① 사용자가 적립금 운용방법을 결정한다.
② 연간 1,800만원의 한도 내에서 추가 불입 가능하다.
③ IRP는 가입 기간에 대한 조건은 없고 55세 이상이면 수령할 수 있으며 연금 수령기간은 DB, DC형과 같이 5년 이상이다.
④ 적립금 운용단계에서는 운용수익에 대한 과세가 연금을 수령할 때까지 이연되기 때문에 복리효과를 누릴 수 있다는 장점이 있다.
⑤ 고객 스스로 IRP에 추가 납입한 금액 중 연말정산에서 세액공제를 받은 금액과 자금을 운용하면서 얻은 운용수익금을 연금 외 수령할 경우 기타소득세로 분리과세된다.

해설
①은 확정급여형(DB형)에 대한 설명이다. 개인형 퇴직연금(IRP)은 근로자가 적립금 운용방법을 결정한다.

09 퇴직연금제도에 대한 설명으로 적절하지 않은 것은?

① DB형은 기업이, DC형은 근로자가 자산운용 책임을 지는 구조이다.
② 퇴직연금 가입자가 중도 퇴직 시 기업이 근로자에게 직접 퇴직일시금을 지급한다.
③ 퇴직연금 미가입 근로자나 자영업자 등도 2017년 7월부터 IRP 가입이 가능해졌다.
④ DC형과 IRP는 가입자가 직접 자산운용을 하는데 운용상품에는 예금 등 원리금 보장상품과 펀드 등 원리금 비보장상품이 있다.
⑤ 퇴직연금제도는 1년에 1회 이상 퇴직연금 가입자에 대해 교육을 실시하도록 법으로 규정하고 있다.

해설
과거에는 퇴직연금 가입자가 중도 퇴직 시 기업이 근로자에게 직접 퇴직일시금을 지급했지만 2012년 7월부터는 근로자의 IRP 계좌에 퇴직일시금을 이전하도록 강제화했다. 또한 2022년 4월부터는 퇴직연금 미도입 기업도 근로자 퇴직 시 퇴직금을 IRP 계좌로 이전하는 것을 의무화했다. 근로자는 금융기관의 IRP계좌에서 퇴직일시금을 인출할 수도 있고, 계속해서 운용해 55세 이후 연금으로 수령할 수도 있다.

정답 08 ① 09 ②

핵심테마 12 개인연금제도

출제포인트
- 세제적격 연금저축계좌
- 세제적격 연금저축계좌의 세제
- 세제비적격 연금보험

1. 세제적격 연금저축계좌

① 세제적격 개인연금 상품 변천

구 분	개인연금저축	연금저축	연금저축계좌
판매기간	94.6월~00.12월	01.1월~13.2월	13.3월~현재
가입대상	만 18세 이상 국내거주자		제한 없음
납입요건	납입기간 : 10년 이상 납입금액 : 분기별 300만원(연 1,200만원) 한도		가입기간 : 5년 이상 납입금액 : 연 1,800만원 한도
연금수령요건	적립 후 10년 경과 및 만 55세 이후 수령, 5년 이상 분할 수령	만 55세 이후 수령, 5년 이상 연금으로 받을 것	만 55세 이후 수령, 연간 연금수령한도 내에서 수령할 것
연금수령한도	없 음		$\dfrac{\text{연금계좌의 평가액}}{(11 - \text{연금수령연차})} \times 120\%$
세제혜택(한도)	소득공제 = MIN (연간 납입액 × 40%, 72만원)	소득공제 = MIN (연간 납입액 × 100%, 400만원) ※ 세액공제(14년부터)	소득공제 = 세액공제 한도금액 × 세율 ※ 세액공제(14년부터)
중도해지과세	이자소득세(15.4%)	기타소득세(16.5%)	기타소득세(16.5%)
연금수령 세율 (연 1,500만원 이하)	—	연금소득세(3.3%~5.5%) 및 종합과세 中 택 1	
연금수령 세율 (연 1,500만원 초과)	—	종합과세 or 16.5% 분리과세 中 택 1	

② 연금저축계좌 상품별 특성

상품구분	연금저축신탁	연금저축펀드	연금저축보험
주요 판매사	은 행	증권사, 은행, 보험사	증권사, 은행, 보험사
납입방식	자유적립식	자유적립식	정기납입
적용금리	실적배당	실적배당	공시이율
연금수령 방식	확정기간형	확정기간형	확정기간형, 종신형(생보만)
원금보장	비보장	비보장	보 장
예금자보호	보 호	비보호	보 호

2. 세제적격 연금저축계좌의 중도인출 및 중도해지 시 과세

구 분	세 율
부득이한 사유	인출액* × 5.5%~3.3%
그 외 사유	인출액* × 16.5%

*인출액 = 세액공제받은 납입금액 + 운용수익

3. ISA계좌 만기 도래 시 연금저축계좌로 이체 허용

① 2020년부터 개인종합자산관리계좌(ISA)의 만기 도래 시 ISA 만기자금을 연금계좌(연금저축계좌와 IRP)로 이체 허용
② 이체 금액에 제한이 없으며 연금계좌 연간 납입한도 금액 1,800만원에도 포함되지 않음
③ ISA 만기자금을 연금계좌로 이체 시 이체 금액의 10%, 최대 300만원에 대해 세액공제 혜택

4. 부동산 양도금액 연금계좌 납입 시 양도소득세 과세특례 (2027.12.31.까지)

① **대상** : 기초연금 수급자
② 해당 부동산 양도소득세액에서 연금계좌 납입액(1억원 한도)의 10% 세액공제
③ 다음 조건 모두 충족(사후에 연금 수령 외의 방식으로 전부 or 일부 인출 시 세액공제액 추징)
　㉠ 부동산 양도 당시 1주택 or 무주택 세대
　㉡ 양도 부동산을 10년 이상 보유
　㉢ 부동산 양도금액을 연금계좌에 납입

5. 세제 비적격 연금보험

① 세액공제 혜택은 없지만 납입기간 5년 이상 계약 10년 이상 유지하는 등 관련 세법상 요건을 충족할 경우 보험차익 비과세(일시납 1억원 한도, 월납 150만원 한도)
② **운용방법에 따른 구분**
　㉠ 일반 연금보험 : 매월 납입한 보험료를 공시이율로 운용
　㉡ 변액연금보험 : 납입 보험료에서 사업비와 위험보험료를 공제하고 남은 금액을 특별계정에 투입해 펀드로 운용하는 실적배당형 보험상품
　㉢ 즉시연금 : 일시금을 납입한 다음 달부터 연금 수령
③ **연금 수령방법**
　㉠ 종신연금형 : 생존기간 동안 연금이 평생 지급
　㉡ 확정연금형 : 연금지급 기간을 5년이나 10년 등 확정해서 지급
　㉢ 상속연금형 : 생존기간에는 적립금의 이자만 지급하고 사망 후에 원금을 상속인에게 상속
　㉣ 혼합연금형 : 연금 개시 전 계약자가 2개 이상의 지급방식을 병행 선택
④ 종신연금형이나 종신연금형을 포함한 혼합연금형의 경우, 연금지급 개시 이후에는 계약 해지 불가

적중문제

01 연금저축계좌에 대한 다음 설명 중 (가)~(나)에 들어갈 내용이 적절하게 연결된 것은?

- 가입기간은 5년 이상이고 연간 납입한도는 IRP와 합산해 연간 (가)이다.
- 세액공제 한도는 연간 (나)이다.

	가	나
①	1,200만원	300만원
②	1,500만원	400만원
③	1,800만원	600만원
④	2,000만원	600만원
⑤	2,400만원	600만원

해설

- 먼저 가입대상에는 제한이 없다. 가입기간은 5년 이상이고 연간 납입한도는 IRP와 합산해 연간 1,800만원이다. 이전 상품과 다른 점은 소득공제가 아닌 세액공제로 전환한 점이다.
- 세액공제 한도는 2022년까지는 연간 400만원이었는데 2023년 납입분부터 연간 600만원으로 인상되었다.

핵심 CHECK

퇴직연금과 연금저축계좌의 세액공제 한도와 세액공제율

연간소득 구간		세액공제 한도(만원)			세액공제율
총급여(근로자)	종합소득금액	전 체	연금저축계좌	IRP/DC추가납입	
5,500만원 이하	4,500만원 이하	900	600	900	16.5%
5,500만원 초과	4,500만원 초과	900	600	900	13.2%

02 연금저축계좌에 대한 적절한 설명으로 모두 묶인 것은?

가. 가입기간은 5년 이상이고 연간 납입한도는 IRP와 합산해 연간 1,500만원이다.
나. 근로소득만 있는 경우 총급여액이 5,500만원 이하면 13.2%를 공제받는다.
다. 연간 연금수령액이 1,500만원 이하인 경우는 저율의 연금소득세(5.5%~3.3%) 분리과세와 종합과세 중에서 선택이 가능하다.
라. 연간 연금수령액이 1,500만원을 초과하는 경우는 16.5%의 연금소득세 분리과세 또는 종합과세 중에서 선택해야 한다.

① 가, 나
② 가, 라
③ 나, 다
④ 다, 라
⑤ 가, 나, 다, 라

해설

가. 가입기간은 5년 이상이고 연간 납입한도는 IRP와 합산해 연간 1,800만원이다.
나. 세액공제율은 소득 수준에 따라 다른데 근로소득만 있는 경우 총급여액이 5,500만원을 초과하면 13.2%, 5,500만원 이하면 16.5%를 공제받는다.

정답 01 ③ 02 ④

03 연금수령 요건을 갖춘 사람이 만 75세에 확정형 연금으로 수령할 경우 원천징수되는 연금소득세 세율로 가장 적절한 것은?

① 3.3%
② 4.4%
③ 5.5%
④ 7.7%
⑤ 15.4%

해설
저율의 연금소득세(5.5%~3.3%)를 적용받기 위해서는 연금수령액이 1,500만원 이하에 더해 다음 요건을 충족해야 한다. 만 55세 이후 연금수령할 것, 가입일로부터 5년이 경과한 후에 인출할 것(단, 이연퇴직소득이 연금계좌에 있는 경우에는 5년 경과요건 미적용), 연금수령 한도에 따라 계산된 금액 이내에서 인출할 것이다. 이 요건을 충족할 경우 만 70세 이상 80세 미만일 경우는 4.4%가 부과된다.

핵심 CHECK

연금소득에 대한 세율

연금수령 개시 연령	확정형(수령기간)		종신형	
	한도 내 금액	한도 초과액	한도 내 금액	한도 초과액
만 70세 미만	5.5%	16.5%	4.4%	16.5%
만 70세 이상~만 80세 미만	4.4%			
만 80세 이상	3.3%		3.3%	

04 세제 비적격 연금보험에 대한 설명으로 적절하지 않은 것은?

① 세액공제 혜택이 없다.
② 계약 후 10년 이내 중도해지 시 기타소득세가 부과된다.
③ 일시금을 납입한 다음 달부터 연금을 수령할 수 있는 즉시연금이 있다.
④ 변액연금은 실적배당형 보험상품이기 때문에 지급받는 보험금과 중도해지 시 지급받는 환급금이 투자실적에 따라 달라진다.
⑤ 종신연금형이나 종신연금형을 포함한 혼합연금형의 경우, 연금지급 개시 이후에는 계약을 해지할 수 없다.

해설
세제 비적격 연금보험은 연금저축계좌와 같은 세액공제 혜택은 없지만 보험료 납입기간이 5년 이상이고 계약을 10년 이상 유지하는 등 관련 세법상 요건을 충족할 경우 보험차익이 비과세된다. 보험차익은 납부한 보험료와 지급한 보험금의 차액으로 이자소득세가 면세되는 상품이라고 할 수 있다. 다만 2017년 4월부터 연금보험 비과세 한도가 개정되어 일시납은 2억원에서 1억원으로 줄고, 월납은 150만원 한도가 신설되었다. 계약 후 10년 이내 중도해지 시에는 이자소득세가 부과된다.

핵심테마 13 은퇴 관련 기타 제도

출제포인트
- 주택연금제도
- 노란우산공제제도
- 노인장기요양보험제도
- 성년후견제도

1. 주택연금제도

(1) 제도 개요

① 주택금융공사가 신청자에게 보증서를 발급해 주고 은행이 공사의 보증서에 근거해 신청자에게 주택연금을 지급하는 구조

② **장점** : 계약기간 동안 거주를 보장해 주고, 부부 중 한 명이 사망해도 연금 감액 없이 동일 금액을 배우자에게 지급

(2) 가입조건

① 주택소유자 or 배우자가 대한민국 국민 & 근저당권 설립일 기준 부부 중 1명이 만 55세 이상
② 부부 기준 공시가격 12억원 이하 주택 한 채만 소유했거나, 다주택 보유자의 경우 보유주택 합산 공시가격 12억원 이하면 가입 가능(공시가격 12억원 초과 2주택자는 3년 이내 1주택 팔면 가입 가능)
③ 주상복합건물도 이용 가능하나 등기사항 증명서상 주택이 차지하는 면적이 1/2 이상
④ 노인복지법상의 노인복지주택도 해당 지자체에 신고된 주택은 이용 가능
⑤ 가입자 or 배우자가 주택연금 가입 주택을 실제 거주지로 이용하고 있어야 함
⑥ **담보 제공방식** : 저당권방식과 신탁방식

(3) 지급방식

종신방식, 확정기간방식, 대출상환방식, 우대방식

2. 농지연금제도

(1) 제도 개요
① 만 60세 이상 고령 농업인이 소유한 농지를 담보로 노후생활자금을 매월 연금형식으로 지급받는 제도
② **장점** : 농지연금을 받던 농업인이 사망할지라도 배우자가 연금을 승계해 배우자 사망 시까지 계속해서 농지연금 수령 가능
③ 6억원 이하 농지는 재산세 전액 감면, 농지연금을 받으면서 담보농지를 직접 경작하거나 임대할 수 있어 연금 이외의 추가소득을 얻을 수 있음

(2) 가입조건
① 신청 연도 말일 기준 농지소유자 본인이 만 60세 이상이며 신청일 기준 농업인
② 농지연금 신청일 기준 과거 5년 이상 영농경력

(3) 지급방식
종신형(정액종신형, 전후후박형, 일시인출형), 기간형(기간정액형, 경영이양형)

3. 노란우산공제제도

(1) 제도 개요
① 공제회에 납입금액에 대해 복리 이자가 적용되고 추후에 공제금을 일시금이나 연금처럼 분할해서 지급 가능
② 공제금은 법에 의해 압류가 금지되어 폐업 등의 경우에도 안전
③ 납부금액에 대해 연간 최대 600만원까지 소득공제 혜택(소득금액별로 소득공제 한도액이 다름)

(2) 가입조건 및 방법
① **가입조건** : 사업체가 소기업, 소상공인 범위에 포함되는 개인사업자 or 법인의 대표
② **공제부금** : 월 5만원부터 100만원까지 월납 or 분기납 납부 가능

(3) 공제금 지급
① 노령, 폐업이나 사망, 자연재난, 사회재난 or 법인 대표가 질병 등으로 퇴임할 경우 청구 가능
② 만 60세 이상으로 10년 이상 부금을 납부한 가입자 청구 가능

4. 노인장기요양보험제도
① 고령이나 노인성 질병 등의 사유로 혼자서 일상생활을 수행하기 어려운 노인 등에게 신체활동 or 가사활동 지원 등의 장기요양급여 제공
② 노후의 건강증진 및 생활안정을 도모하고 가족의 부담을 덜어 줌으로써 국민의 삶의 질을 향상하기 위한 제도
③ 건강보험제도와 별개의 제도로 도입·운영되고 있는 한편, 제도운영의 효율성을 도모하기 위하여 보험자 및 관리운영기관을 국민건강보험공단으로 일원화
④ 국고지원이 가미된 사회보험방식 채택, 수급대상자는 65세 이상 고령자 중심 운영

⑤ **장기요양인정 신청자격** : 장기요양보험 가입자 및 피부양자 or 의료급여 수급권자 중 65세 이상의 노인 or 65세 미만인 자로서 치매, 뇌혈관성 질환 등 노인성 질병을 가진 자
⑥ 노인장기요양보험의 보험급여 주요 내용

급여 종류		내 용
시설급여		노인의료복지시설(노인전문병원 제외)에 장기간 동안 입소하여 신체활동 지원, 심신기능의 유지·향상을 위한 교육·훈련 등을 제공
재가급여	방문요양	요양보호사가 가정에 방문하여 신체활동 및 가사활동 등 필요한 각종 서비스 제공
	방문목욕	요양보호사가 가정에 방문하여 목욕 서비스 제공
	방문간호	의사나 간호사가 가정에 방문하여 간호 서비스 제공
	주야간보호	주야간 보호시설에 입소하여 필요한 각종 편의를 제공하여 생활 안정 및 심신기능을 유지·향상을 도모
	단기보호	단기보호시설에 보호하여 신체활동 지원과 심신기능의 유지·향상을 위한 교육·훈련 등을 제공
특별현금급여	가족요양비	도서, 벽지 지역이나 천재지변 등 요양기관이 실시하는 요양급여 이용이 어려운 경우 장기요양을 받아야 하는 자에게 현금 지급

5. 성년후견제도

① 장애·질병·노령 등으로 사무처리 능력이 부족한 성인에게 가정법원의 결정을 통해 선임된 후견인이 재산관리 및 일상생활과 관련된 신상보호를 지원하도록 하는 제도로 2013년 7월 1일 도입
② 고령자의 재산을 더 효과적으로 보호하고, 잔존능력과 자기결정권 존중
③ **후견인** : 법률행위의 대리 or 동의권한의 행사, 피후견인의 신상보호와 복리를 위한 포괄적인 권한과 책임 보유
④ 법원이 후견인을 적극적으로 감독할 책임이 있음

〈성년후견제도의 종류〉

내 용	법정후견			임의후견
	성년후견	한정후견	특정후견	
개시 사유	정신적 제약으로 사무처리 능력의 지속적 결여	일상생활은 가능하지만 정신적 제약으로 사무처리능력의 부족	정신적 제약으로 일시적 후원 or 특정사무원 필요	장래 정신적 제약으로 사무처리능력의 부족이나 결여에 대비해 미리 후견인을 지정
후견개시 청구권자	본인, 배우자, 4촌 이내의 친족, 미성년후견인, 미성년후견감독인, 한정후견인, 한정후견감독인, 특정후견인, 특정후견감독인, 검사 or 지방자치단체의장	본인, 배우자, 4촌 이내의 친족, 미성년후견인, 미성년후견감독인, 성년후견인, 성년후견감독인, 특정후견인, 특정후견감독인, 검사 or 지방자치단체의장	본인, 배우자, 4촌 이내의 친족, 미성년후견인, 미성년후견감독인, 검사 or 지방자치단체의장	본인, 배우자, 4촌 이내의 친족, 임의후견인, 검사 or 지방자치단체의장 (※임의후견개시요건인 임의후견감독인 선임 청구권자)
본인의 행위능력	원칙적 행위능력상실자	원칙적 행위능력자	행위능력자	행위능력자
후견인의 권한	원칙적으로 포괄적인 대리권, 취소권	법원이 정한 범위 내에서 대리권, 동의권, 취소권	법원이 정한 범위 내에서 대리권	각 계약에서 정한 바에 따름

적중문제

01 주택연금제도의 가입조건에 대한 설명으로 가장 적절한 것은?

중요도 ●●●

① 주택소유자와 배우자 모두가 근저당권 설립일 기준으로 부부 모두 만 55세 이상이어야 한다.
② 상가의 경우 공시가격 12억원 이하인 무주택자만 가입이 가능하다.
③ 다주택 보유자는 가입이 불가하다.
④ 주상복합건물은 이용이 불가하다.
⑤ 노인복지법상 노인복지주택도 해당 지자체에 신고된 주택은 주택연금을 이용할 수 있다.

해설
① 주택소유자 또는 배우자가 대한민국 국민이고 근저당권 설립일 기준으로 부부 중 1명이 만 55세 이상이어야 한다.
② 상가의 경우 가입이 불가하다.
③ 다주택 보유자의 경우 보유주택 합산 공시가격이 12억원 이하이면 가입이 가능하다. 공시가격이 12억원을 초과하는 2주택자는 3년 이내에 1주택을 팔면 가입이 가능하다.
④ 주상복합건물도 이용 가능하나 등기사항증명서상 주택이 차지하는 면적이 1/2 이상이어야 한다.

02 주택연금제도에 대한 설명으로 적절하지 않은 것은?

중요도 ●●●

① 주택금융공사가 신청자에게 보증서를 발급해주고 은행이 공사의 보증서에 근거해 신청자에게 주택연금을 지급하는 구조이다.
② 계약기간 동안 거주를 보장해 주지는 않는다.
③ 주택소유자 또는 배우자가 대한민국 국민이고 근저당권 설립일 기준으로 부부 중 1명이 만 55세 이상이어야 한다.
④ 부부 기준 공시가격 12억원 이하 주택 한 채만 소유했거나, 다주택 보유자의 경우 보유주택 합산 공시가격이 12억원 이하이면 가입이 가능하다.
⑤ 지급방식은 크게 종신방식, 확정기간방식, 대출상환방식, 우대방식이 있다.

해설
주택연금은 계약기간 동안 거주를 보장해 주고, 부부 중 한 명이 사망해도 연금 감액 없이 동일 금액을 배우자에게 지급한다는 장점이 있다.

03 노란우산공제제도에 대한 설명으로 적절하지 않은 것은?

중요도 ●●○

① 공제회에 납입하는 금액에 대해 복리 이자가 적용되고 추후에 공제금을 일시금이나 연금처럼 분할해서 지급받을 수 있다.
② 공제금은 법에 의해 압류가 금지되어 폐업 등의 경우에도 안전하다는 장점이 있다.
③ 납부금액에 대해서는 연간 최대 300만원까지 세액공제 혜택이 있다.
④ 가입자가 납부하는 공제부금은 월 5만원부터 100만원까지 월납 또는 분기납으로 납부할 수 있다.
⑤ 만 60세 이상으로 10년 이상 부금을 납부한 가입자라면 공제금 지급 청구를 할 수 있다.

해설
납부 금액에 대해서는 연간 최대 600만원까지 소득공제 혜택이 있다(소득금액별로 소득공제 한도액이 다름).

정답 01 ⑤ 02 ② 03 ③

04 노인장기요양보험제도에 대한 설명으로 적절하지 않은 것은?

① 고령이나 노인성 질병 등의 사유로 혼자서 일상생활을 수행하기 어려운 노인 등에게 신체활동 또는 가사활동 지원 등의 장기요양급여를 제공한다.
② 노후의 건강증진 및 생활안정을 도모하고 가족의 부담을 덜어 줌으로써 국민의 삶의 질을 향상하기 위한 제도로 2008년 7월에 도입되었다.
③ 제도운영의 효율성을 도모하기 위하여 건강보험제도와 합산하여 운영되고 있다.
④ 장기요양인정 신청자격은 장기요양보험 가입자 및 피부양자 또는 의료급여 수급권자 중 65세 이상의 노인 또는 65세 미만인 자로서 치매, 뇌혈관성 질환 등 노인성 질병을 가진 자이다.
⑤ 등급 인정자는 요양시설 이용 비용 일부나 방문 요양, 간호, 목욕 등 재택 서비스 비용의 일부를 제공받을 수 있다.

해설
노인장기요양보험제도는 건강보험제도와 별개의 제도로 도입·운영되고 있는 한편, 제도운영의 효율성을 도모하기 위하여 보험자 및 관리운영기관을 국민건강보험공단으로 일원화하고 있다.

05 성년후견제도에 대한 적절한 설명으로 모두 묶인 것은?

가. 임의후견인의 권한은 각 계약에서 정한 바에 따른다.
나. 성년후견인을 선임하기 위해서는 피후견인 주소지의 가정법원에 청구할 필요가 있다.
다. 후견인은 변호사, 법무사 같은 전문가로서 한 명만 선임이 가능하다.
라. 사무 범위는 재산관리가 주 업무가 된다.
마. 후견감독인은 언제든지 후견인에게 임무수행에 관한 보고와 재산목록의 제출을 요구할 수 있고 피후견인의 재산 상황을 조사할 수 있다.

① 가, 나, 마
② 가, 다, 라
③ 가, 다, 마
④ 나, 다, 라
⑤ 나, 라, 마

해설
다. 후견인은 한 명이 될 수도 있고 여러 명이 될 수도 있으며 가족, 친척, 친구 등은 물론 변호사, 법무사, 세무사, 사회복지사 등 전문가도 될 수 있다.
라. 후견인의 사무 범위는 심판 내용에 따라 권한과 사무 내용이 달라지는데 크게 재산관리와 신상보호가 주 업무가 된다. 재산관리는 피후견인의 재산을 관리하고 법률행위의 대리권, 동의권 등을 행사할 수 있으며 후견의 종류에 따라 법원의 심판에서 구체적인 사무 범위가 정해진다. 신상보호는 의료, 개호, 재활, 교육, 주거의 확보 등 신상에 관한 사항에 대해 피후견인 스스로 결정하기 어려운 경우에 법원으로부터 부여받은 권한 범위 내에서 결정을 할 수 있다.

06 성년후견제도에 대한 설명으로 가장 적절한 것은?

① 2010년 1월 1일 도입되었다.
② 성년후견인을 선임하기 위해서는 임의로 하는 것이 아니라 피후견인 주소지의 가정법원에 청구할 필요가 있다.
③ 후견인 선임은 한 명만 가능하다.
④ 후견인은 변호사, 법무사 같은 전문가만이 선임 가능하다.
⑤ 후견인의 사무 범위는 재산관리로 제한된다.

해설

① 성년후견제도는 장애·질병·노령 등으로 사무처리 능력이 부족한 성인에게 가정법원의 결정을 통해 선임된 후견인이 재산관리 및 일상생활과 관련된 신상보호를 지원하도록 하는 제도로 2013년 7월 1일 도입되었다.
③ 후견인은 한 명이 될 수도 있고 여러 명이 될 수도 있다.
④ 후견인은 가족, 친척, 친구 등은 물론 변호사, 법무사, 세무사, 사회복지사 등 전문가도 될 수 있다.
⑤ 후견인의 사무 범위는 심판 내용에 따라 권한과 사무 내용이 달라지는데 크게 재산관리와 신상보호가 주 업무가 된다.

07 성년후견제도에 대한 설명으로 적절하지 않은 것은?

① 법원은 피후견인의 건강, 생활관계, 재산상황 등 여러 사정을 고려하고 본인의 의사를 존중해 적합한 자를 후견인으로 선임하게 된다.
② 후견인은 한 명이 될 수도 있고 여러 명이 될 수도 있다.
③ 후견인은 가족이나 친척 중에서만 선임이 가능하다.
④ 후견인의 사무 범위는 심판 내용에 따라 권한과 사무 내용이 달라지는데 크게 재산관리와 신상보호가 주 업무가 된다.
⑤ 후견인은 법원의 후견사무감독에 응하여야 하고, 이에 불응하거나 후견사무를 불성실하게 수행한 경우에는 법원이 직권으로 후견인을 변경할 수 있다.

해설

후견인은 한 명이 될 수도 있고 여러 명이 될 수도 있으며 가족, 친척, 친구 등은 물론 변호사, 법무사, 세무사, 사회복지사 등 전문가도 될 수 있다.

정답 06 ② 07 ③

핵심테마 14

은퇴설계 프로세스 개요

회독체크 1회☐ 2회☐ 3회☐

출제포인트
- 1단계 고객과의 관계정립 및 정보수집
- 2단계 고객 분석 및 은퇴설계 제안
- 3단계 실행 지원 및 사후 관리

1. 1단계 고객과의 관계정립 및 정보수집

(1) 고객과의 관계를 정립할 때 미리 고객에게 설명해 두어야 하는 사항
① 은퇴설계의 목적과 컨설팅 프로세스 전체 흐름에 대한 설명
② 고객에게 제공하는 서비스 내용과 은퇴설계 제안서 작성을 위해 필요한 고객 정보
③ 고객과 FP의 책임에 대한 사항
④ 컨설팅 보수와 관련된 사항

(2) 고객 정보의 수집 순서
① 고객과 직접 면담하거나 질문지 작성을 통해 기본적인 정보 수집
② 고객의 은퇴생활 목표를 명확히 함
③ 은퇴설계용 라이프 이벤트 표를 작성해 재무목표 구체화

2. 2단계 고객 분석 및 은퇴설계 제안

(1) 고객정보 분석과 평가
① 현재 현금흐름표와 노후자금 준비 현황을 작성하고 문제점 분석
② 가계 대차대조표를 작성해 문제점 분석
③ 보험상품의 가입현황 분석
④ 금융자산의 포트폴리오 분석

(2) 은퇴설계 제안서 작성
① 문제 해결을 위한 대안을 가능한 많이 검토 → 다양한 각도에서 할 수 있는 한 많은 대안을 나열해 봄
② 최선의 대안 선택 → 여러 대안 중에서 가장 좋은 대안을 선택해 다각도로 고찰하며, 필요에 따라 복수의 대안도 준비
③ 대안을 실행한 경우의 효과와 영향에 대해 검토 → 대안 실행 후 현금흐름, 대차대조표상의 변화 분석
④ 최종적인 제안 결정
⑤ 제안서를 고객에게 제시

3. 3단계 실행 지원 및 사후 관리
① 제안 내용을 실행하는 데 있어 고객의 이익을 최우선으로 한 상품을 소개하고 관련 정보 제공
② 실행 지원과 함께 정기적으로 사후 관리 실시

적중문제

01 은퇴설계 프로세스에 대한 설명으로 적절하지 않은 것은?

중요도 ●●○
① 은퇴설계 프로세스는 크게 3단계로 구성된다.
② 1단계는 고객과의 관계를 정립하고 은퇴설계에 필요한 정보를 수집하는 단계이다.
③ 2단계는 고객의 정보를 분석해 은퇴설계 제안서를 작성하고 고객에게 제안하는 단계이다.
④ 3단계는 제안한 내용을 고객이 실행하는 것을 지원하고 사후관리를 하는 단계이다.
⑤ 은퇴설계 프로세스 3단계는 순서에 상관없이 필요에 따라 진행하면 된다.

[해설]
은퇴설계 프로세스는 고객에게 최적의 은퇴설계 컨설팅 서비스를 제공하기 위해 순서를 지켜 실시하는 것이 효과적이다.

02 은퇴설계 프로세스 1단계에서 고객과의 관계를 정립할 때 미리 고객에게 설명을 해 두어야 하는 사항으로 적절하지 않은 것은?

중요도 ●●●
① 은퇴설계의 목적과 컨설팅 프로세스 전체 흐름에 대한 설명
② 고객에게 제공하는 서비스 내용과 은퇴설계 제안서 작성을 위해 필요한 고객 정보
③ 고객과 FP의 책임에 대한 사항
④ 컨설팅 보수와 관련된 사항
⑤ 가계 대차대조표를 작성해 문제점 분석

[해설]
가계 대차대조표를 작성해 문제점을 분석하는 것은 은퇴설계 프로세스 2단계 고객의 정보 분석과 평가 작업 과정이다.

03 은퇴설계 프로세스 1단계 고객과 관계정립 및 정보수집 과정에서 수행하는 업무로 가장 적절한 것은?

중요도 ●●●

① 컨설팅 보수와 관련된 사항을 미리 고객에게 설명해 둔다.
② 현재 현금흐름표와 노후자금 준비현황을 작성하고 문제점을 분석한다.
③ 가계 대차대조표를 작성해 문제점을 분석한다.
④ 문제해결을 위한 대안을 가능한 많이 검토해본다.
⑤ 최종적인 제안을 결정하고, 제안서를 고객에게 제시한다.

해설
①을 제외한 나머지는 모두 2단계 고객 분석 및 은퇴설계 제안 과정에서 수행하는 업무이다.

04 은퇴설계 제안서 작성에 대한 설명으로 적절하지 않은 것은?

중요도 ●●●

① 고객정보 분석을 바탕으로 제안서 작성에 들어간다.
② 제안서는 FP의 전문성을 드러내기 위해 전문용어를 많이 사용한다.
③ 제안서는 고객과의 신뢰관계를 유지하는 데 중요한 자료이므로 꼼꼼히 체크해 오타나 오류가 없도록 해야 한다.
④ 노후자금 부족 등 문제점이 있을 경우 복수의 대안을 마련해 고객이 선택하도록 한다.
⑤ 대안은 고객의 의견을 충분히 반영할 수 있도록 고객과의 면담을 통해 최종적으로 결정한다.

해설
문장을 읽기 쉽고, 알기 쉽고, 간결하게 작성하고, 전문용어는 가능한 피한다.

05 은퇴설계 프로세스에 대한 설명으로 적절하지 않은 것은?

중요도 ●●○

① 1단계는 고객과의 관계를 정립하고 은퇴설계에 필요한 정보를 수집하는 단계이다.
② 2단계는 고객 정보를 분석해 은퇴설계 제안서를 작성하고 고객에게 제안하는 단계이다.
③ 3단계는 제안한 내용을 고객이 실행하는 것을 지원하고 사후관리를 하는 단계이다.
④ 고객과 기본적인 관계가 정립되면 다음 단계로 고객의 현재 상황을 파악하고 고객의 은퇴생활의 희망과 목표를 명확히 한다.
⑤ 2단계에서는 은퇴설계용 라이프 이벤트 표를 작성해 재무목표를 구체화한다.

해설
⑤는 1단계에서 고객 정보를 수집할 때 실시하는 과정이다.

정답 03 ① 04 ② 05 ⑤

핵심테마 15 은퇴설계 프로세스 1단계

출제포인트
- 고객과의 관계정립
- 고객 정보수집
- 라이프 이벤트 표 작성

1. 고객과의 관계정립

(1) 고객과 관계정립 단계에서 사전 준비와 주의사항

① 전문가다운 몸가짐, 매너, 언행을 가져야 한다.
② 자리에서 일어나 고객에게 밝게 인사하고 명함을 건넨다.
③ 성실성과 전문성, 중립성을 가지고 고객 의견에 공감하는 자세로 대응한다.
④ 상담 장소는 비밀보장이 되는 곳이어야 하고, 밝고 청결해야 한다.
⑤ 수수료 등 제반 비용에 대해서는 구체적으로 공개한다.
⑥ 상담할 때는 핸드폰을 끄고 고객만을 위해 시간을 투자한다는 인상을 주는 것이 좋다.

(2) 고객의 니즈를 정확히 파악하기 위해서 주의해야 할 점

① 고객의 희망사항이나 문제 등을 진지하게 경청하는 것이 필요하다.
② 다양한 질문을 통해 문제를 정리하고 명확히 해야 한다.
③ 고객의 말, 표정, 행동 등을 통해 느끼는 것도 매우 중요하므로 잘 관찰한다.
④ 일반적으로 고객은 처음부터 문제의 핵심을 말하고 싶어 하지 않는다.
⑤ 고객 중에는 자기 스스로 마음속에 답을 가지고 있는 경우도 있다.
⑥ 고객이 느끼지 못한 잠재적인 요구사항을 효과적인 질문으로 이끌어 내는 것도 중요하다.

2. 고객 정보수집

(1) 면담의 의의와 효과

① 면담을 통해 고객의 성격이나 은퇴생활에 대한 생각, 투자에 대한 자세, 인생 목표나 희망 등을 보다 구체적으로 이해할 수 있다.
② 질문지로는 파악하기 힘든 미묘한 뉘앙스를 파악할 수 있다.
③ 면담을 통해 고객과의 신뢰를 쌓을 수 있다.
④ 면담을 통해 고객에게 FP의 전문성을 보여 줄 수 있고 신뢰감을 높일 수 있다.

3. 라이프 이벤트 표 작성

(1) 라이프 이벤트 표 개요
① 고객 자신과 그 가족의 장래 예정이나 희망, 목표 등을 시계열로 나타낸 표
② 라이프 이벤트 표 작성을 통해 고객은 막연하게 생각했던 자신과 가족의 장래 이벤트를 재확인할 수 있고, 지금부터 은퇴 이후까지를 한눈에 파악 가능
③ **내용** : 연도, 경과연수, 가족 이름, 연령, 이벤트, 현재가치로 생각한 예산 or 필요자금 등

(2) 라이프 이벤트 표 작성 시 유의점
① 라이프 이벤트별로 필요한 금액은 현재가치로 기입
② 일시적인 수입에 대해서도 기입(예 보험 만기금, 퇴직금, 부모로부터 받은 증여 등)
③ 데이터 수치 이용

적중문제

01 은퇴설계 프로세스 1단계 중 고객과 관계정립 단계에서 고객과의 첫 대면에서 주의해야 하는 항목으로 적절하지 않은 것은?

① 전문가다운 몸가짐, 매너, 언행을 가져야 한다.
② 자리에서 일어나 고객에게 밝게 인사하고 명함을 건넨다.
③ 성실성과 전문성, 중립성을 가지고 고객 의견에 공감하는 자세로 대응한다.
④ 상담장소는 비밀보장이 되는 곳이어야 하고, 밝고 청결해야 한다.
⑤ 수수료 등 제반 비용에 대해서는 가급적 공개하지 않는다.

해설
수수료 등 제반 비용에 대해서는 구체적으로 공개한다.

02 고객의 니즈를 정확히 파악하기 위해서 주의해야 할 점으로 적절하지 않은 것은?

① 고객의 희망사항이나 문제 등을 진지하게 경청하는 것이 필요하다.
② 다양한 질문을 통해 문제를 정리하고 명확히 해야 한다.
③ 고객의 말, 표정, 행동 등을 통해 느끼는 것도 매우 중요하므로 잘 관찰한다.
④ 일반적으로 고객은 처음부터 문제의 핵심을 말하고 싶어 하므로 알고 싶은 것을 먼저 물어본다.
⑤ 고객 자신이 느끼지 못한 잠재적인 요구사항이나 문제를 효과적인 질문을 통해 이끌어 내는 것도 중요하다.

해설
일반적으로 고객은 처음부터 문제의 핵심을 말하고 싶어 하지 않는다. 예를 들어 가족문제, 부채의 정확한 금액, 부부나 형제 관계, 부모와 자식 간의 갈등 등을 들 수 있다. 그렇기 때문에 문제해결을 위해 "실례가 안 된다면 말씀해 주시겠습니까?"라는 질문을 고객에게 해보는 것도 효과적이다.

03 은퇴설계 프로세스 1단계에서 면담의 의의와 효과로 적절하지 않은 것은?

① 면담을 통해 고객의 성격이나 은퇴생활에 대한 생각, 투자에 대한 자세, 인생 목표나 희망 등을 보다 구체적으로 이해할 수 있다.
② 질문지로는 파악하기 힘든 미묘한 뉘앙스를 파악할 수 있다.
③ 면담을 통해 고객과의 신뢰를 쌓을 수 있다.
④ 면담을 통해 고객에게 FP의 전문성을 보여 줄 수 있고 신뢰감을 높일 수 있다.
⑤ 면담은 고객의 수입·지출 상황, 자산·부채 상황, 보험상품의 보장 내용, 노후자금 준비현황 등 현재 상황에 관한 정확한 수치를 파악하는 데 매우 효과적이다.

해설
질문지를 활용하면 필요한 정보를 고객에게 구체적으로 요청할 수 있어 정확한 정보를 얻을 수 있다. 질문지는 고객의 수입·지출 상황, 자산·부채 상황, 보험상품의 보장 내용, 노후자금 준비현황 등 현재 상황에 관한 정확한 수치를 파악하는 데 매우 효과적이다.

04 라이프 이벤트 표에 대한 설명으로 적절하지 않은 것은?

① 고객 자신과 그 가족의 장래 예정이나 희망, 목표 등을 시계열로 나타낸 표이다.
② 은퇴설계를 위한 제안서 작성 시 현금흐름표와 함께 빠져서는 안 되는 중요한 자료 중 하나이다.
③ 라이프 이벤트 표 작성을 통해 고객은 막연하게 생각했던 자신과 가족의 장래 이벤트를 재확인할 수 있고, 지금부터 은퇴 이후까지를 한 눈에 파악할 수 있다.
④ 라이프 이벤트 표에 들어가는 내용은 연도, 경과 연수, 가족 이름, 연령, 이벤트, 현재가치로 생각한 예산 혹은 필요 자금 등이다.
⑤ 보험 만기금, 퇴직금, 부모로부터 받은 증여 등 일시적인 수입에 대해서는 기입하지 않아도 된다.

해설
라이프 이벤트 표 작성 시 보험 만기금, 퇴직금, 부모로부터 받은 증여 등 일시적인 수입에 대해서도 기입한다.

정답 02 ④ 03 ⑤ 04 ⑤

핵심테마 16 은퇴설계 프로세스 2단계

출제포인트
- 고객 현황 분석
- 현금흐름표 작성
- 가계 대차대조표 작성
- 제안서 작성 및 고객에게 설명

1. 고객 현황 분석 개요

① **현금흐름표 분석**
  ㉠ 은퇴 이후의 현금흐름이 고객의 목표나 장래 이벤트에 대응해 적자가 없는지 or 적자가 지속되는지, 장기적인 관점에서 현금흐름 분석
  ㉡ 현재의 노후자금 준비로 은퇴생활의 목표를 달성할 수 있는지 점검
② 가계 대차대조표 분석
③ 보장 분석
④ 금융자산의 포트폴리오 분석
⑤ 세금 분석

2. 현금흐름표 작성

(1) 현금흐름표 개요

① **현금흐름표** : 자금의 유동성(지불능력)
② **현금흐름표 작성** : ㉠ 라이프 이벤트 부분 ㉡ 수입과 지출 ㉢ 수지 부분으로 구분
③ 작성기간(경과연수)은 고객의 현재 연령을 기준으로 70~80세까지 작성

(2) 현금흐름표 작성 이유

① 각 연도별 가계수지 및 저축잔액 추이를 통해 가계 지불 및 저축 능력에 대해 중장기적 트렌드 파악
② 고객의 은퇴생활 목표가 자금 면에서 달성 가능한지 예측 가능(예상 문제점도 파악)

(3) 현금흐름표의 항목별 기입 방법

① 라이프 이벤트 부분
② **수입과 지출**
  ㉠ 수입항목 : 지속적인 수입(급여소득 및 사업소득, 공적 연금, 사적 연금, 기타 수입)과 일시적인 수입으로 구분
  ㉡ 지출항목 : 지속적인 지출(기본 생활비, 주거비, 교육비, 보험료, 기타 지출)과 일시적인 지출로 분류

③ 수지 부분
　㉠ 수입금액 : 수입 항목별로 해마다 현재가치로 계산한 실질소득(가처분소득, 세후소득) 기입
　㉡ 지출금액 : 기준년의 각 항목별 지출금액과 라이프 이벤트에 소요되는 지출금액을 모두 기준년 가격으로 기입
　㉢ 연간수지 : 매년 변동률을 반영한 수입금액에서 지출금액을 빼서 연간수지 계산
　㉣ 저축잔액과 운용수익률 설정

3. 가계 대차대조표 분석
① 안전자산에 너무 편중되어 있지는 않은가?
② 노후자금 준비를 위한 연금상품에는 가입해 있나?
③ 주식이나 주식형 펀드 등 위험자산의 비중이 너무 많지 않나?
④ 분산투자는 실행하고 있나?
⑤ 자산이 부동산에 너무 편중되어 있지는 않나?
⑥ 고령자일 경우 증여나 상속을 감안한 자산구성이 되어 있나?

4. 제안서 작성 및 고객에게 설명

(1) 제안내용 검토
① 노후 준비자금 재검토
② 목돈 지출에 대한 재검토
③ 가계수지 전체나 보유자산의 재검토
④ 수입을 늘리는 대책 검토
⑤ 라이프 플랜 변경에 따른 재검토
⑥ 고객에게 추천할 대안 검토

(2) 제안서 작성 시 주의점
① 문장을 읽기 쉽게 작성한다.
　㉠ 전문용어는 가능한 한 피한다.
　㉡ 긴 문장은 가능한 짧게 한다.
　㉢ 서술어를 통일한다.
　㉣ 애매한 표현을 피한다.
　㉤ 주어와 술어를 명확히 한다.
② 표나 데이터 작성의 주의점
　㉠ 표나 데이터는 반드시 제목을 붙인다.
　㉡ 반드시 전제 조건을 기입한다.
　㉢ 표나 데이터는 고객에게 설명하기 쉬운 방법을 사용한다.

③ 제안 내용의 명확화
　㉠ 문제 해결을 위해 여러 대안을 제시할 경우 작성자인 FP는 가장 중요한 대책을 명확히 표시하고, 추천 근거를 알기 쉽고 적절하게 설명해야 한다(다양한 대책의 단순 나열 ×).
　㉡ 중요한 부분이나 결론에 대해서는 밑줄이나 색깔로 표시해서 강조한다.

④ 레이아웃
　㉠ 중고령자는 작은 글씨는 읽기 어려우므로 글씨를 크게 하는 배려도 잊지 말아야 하며, 항목별로 페이지를 바꿔서 작성한다.
　㉡ 표나 각종 그래프는 시각적인 효과가 나도록 표현한다.

(3) 고객에게 제안서 설명

① 고객이 이해할 수 있도록 전문용어를 피하고, 알기 쉽게 설명한다.
② 고객의 의문점이나 질문에 대해서 정중하게 대응한다.
③ 고객이 확신과 편안함을 가지고 실행하도록 방향을 제시한다.
④ 고객이 만족감을 얻도록 노력한다.

적중문제

01 현금흐름표 작성에 대한 설명으로 적절하지 않은 것은?

① 은퇴 이후의 현금흐름이 고객의 목표나 장래 이벤트에 대응해 적자가 없는지 혹은 적자가 지속되는지, 장기적인 관점에서 현금흐름을 분석해야 하며, 현재의 노후자금 준비로 은퇴생활의 목표를 달성할 수 있는지 점검해야 한다.
② 현금흐름표 작성은 라이프 이벤트 부분과 수입과 지출, 수지 부분으로 나눌 수 있다.
③ 수입항목 중 지속적인 수입은 급여소득 및 사업소득, 공적 연금, 사적 연금, 기타 수입으로 구분한다.
④ 지출항목은 기본 생활비, 주거비, 교육비, 보험료, 기타 지출 등 지속적인 지출과 일시적인 지출로 분류하는 것이 일반적이다.
⑤ 수입금액은 수입 항목별로 해마다 현재가치로 계산한 세전소득을 기입한다.

해설
수입금액은 수입 항목별로 해마다 현재가치로 계산한 실질소득(가처분소득, 세후소득)을 기입한다.

02 제안서 작성 시 제안 내용 검토사항으로 적절하지 않은 것은?

① 노후 준비자금 재검토
② 생활수준에 영향을 주지 않는 수입 재검토
③ 가계수지 전체나 보유자산의 재검토
④ 라이프 플랜 변경에 따른 재검토
⑤ 고객에게 추천할 대안 검토

해설
목돈 지출에 대한 재검토, 수입을 늘리는 대책 검토 등이 필요하다.

03 은퇴설계 제안서 작성 시 주의점으로 적절하지 않은 것은?

① 문장은 읽기 쉽고, 알기 쉽고, 간결하게 작성한다.
② 전문용어는 가능한 피한다.
③ 표나 데이터는 반드시 제목을 붙인다.
④ 다양한 대책을 단순히 나열하는 것도 좋은 방법이다.
⑤ 중요한 부분이나 결론에 대해서는 밑줄이나 색깔로 표시해서 강조한다.

해설
문제 해결을 위해 여러 대안을 제시할 경우 작성자인 FP는 가장 중요한 대책을 명확히 표시해야 한다. 그리고 추천 근거를 알기 쉽고 적절하게 설명하는 것도 필요하다. 다양한 대책을 단순히 나열하는 방법은 좋지 않다.

정답 01 ⑤ 02 ② 03 ④

핵심테마 17 은퇴설계 프로세스 3단계

출제포인트
- 제안내용의 실행지원
- 사후관리

1. 제안내용의 실행지원
① **실행지원 방법** : FP가 직접 연금상품이나 보험상품을 선택해 고객이 가입하는 것을 돕거나 부동산 매각·구입 등의 계약을 대행해 주는 방법
② 고객이 제안내용을 실행하려고 하는데 적당한 상품이 없을 경우에는 유사 상품을 찾아서 조언
③ 제안내용이 실제적으로 효과를 발휘하는지 여부는 구체적인 실행 여부에 달려 있으므로, 실행 지원은 고객이나 FP에게 매우 중요한 단계
④ 고객에게 추천하는 상품은 고객의 이익을 최우선

2. 사후관리
① 고객의 가족구성이나 생각의 변화, 법률이나 세제의 개정, 금리동향이나 시장의 변화 등 환경변화에 따른 평가·수정 필요
② 적어도 매년 1~2회 정도의 사후관리가 바람직

적중문제

01 은퇴설계 프로세스 3단계에서 제안내용의 실행지원에 대한 설명으로 적절하지 않은 것은?

① 제안한 내용의 실행을 지원하는 것도 FP의 중요한 임무이다.
② 실행지원 방법으로 FP가 직접 연금상품이나 보험상품을 선택해 고객이 가입하는 것을 돕거나 부동산 매각·구입 등의 계약을 대행해 주는 방법이 있다.
③ 고객이 제안내용을 실행하려고 하는데 적당한 상품이 없을 경우에는 유사상품을 찾아서 조언을 해주는 것도 FP의 역할이다.
④ 제안내용이 실제적으로 효과를 발휘하는지 여부는 구체적인 실행 여부에 달려 있으므로, 실행지원은 고객이나 FP에게 매우 중요한 단계라고 할 수 있다.
⑤ 자사상품이나 판매 수수료가 높은 상품을 추천해 FP의 수익확대를 추구해야 한다.

해설
FP는 수수료 수익이 높은 상품을 강요하는 행위를 해서는 안 되며, 고객에게 추천하는 상품은 고객의 이익을 최우선으로 해야 한다. 고객에게 좀 더 유리한 상품이 있다는 것을 알면서도 자신의 이익을 위해 자사상품이나 판매 수수료가 높은 상품만 추천한다면 FP 윤리에 어긋난다고 할 수 있다.

정답 01 ⑤

합격공식
시대에듀

실전모의고사

제1회 실전모의고사
제2회 실전모의고사
정답 및 해설

우리 인생의 가장 큰 영광은
결코 넘어지지 않는 데 있는 것이 아니라
넘어질 때마다 일어서는 데 있다

-넬슨 만델라-

제1회

실전모의고사

● 문항 및 시험시간 ●

평가영역	문항 수	시험시간	비고
은행FP 자산관리사 1부	100문항	100분	

제1회 실전모의고사

은행FP 자산관리사 1부

문항수 100문항
응시시간 100분

자산관리 기본지식 (40문항)

01 개인 재무설계의 필요성에 대한 다음 설명 중 사회 경제적 배경이 아닌 것은?

① 최근 자산의 증가속도에 비해 가계부채의 증가 속도가 역대 최대치를 돌파함에 따라 가계부채의 위험성에 대한 우려가 고조되고 있다.
② 금융시장 개방 및 국제화로 인해 개인 재무설계를 필요로 하는 소비자들의 요구가 급속히 증가하게 되었다.
③ 금융기관들의 개인 재무설계에 대한 관심이 증가되면서 소비자들의 다양한 요구에 부응하는 금융상품이 출시되었다.
④ 일반투자자를 위한 투자자 보호 제도가 강화되면서 금융 관련 법규도 더욱 세분화되고 강화되어 개인이 이를 파악하고 적용하기에는 한계가 있다.
⑤ 베이비 붐 세대의 대량 퇴직으로 제2의 인생설계 및 노후준비에 관심이 많아지고 있다.

02 노년부양비와 노령화지수 공식이 적절하게 연결된 것은?

	노년부양비	노령화지수
①	(노년인구/생산가능인구)×100	(노년인구/유년인구)×100
②	(노년인구/생산가능인구)×100	(노년인구/전체인구)×100
③	(노년인구/전체인구)×100	(노년인구/유년인구)×100
④	(노년인구/전체인구)×100	(노년인구/생산가능인구)×100
⑤	(노년인구/유년인구)×100	(노년인구/생산가능인구)×100

03 재무설계의 6단계 절차 중 2~5단계에 해당하는 것으로 모두 묶인 것은?

가. 자산관리사는 기 계약자와 매우 긴밀한 관계를 유지해야 한다.
나. 고객의 정보를 수집하고 재무목표를 설정한다.
다. 고객의 재무상태를 분석하고 평가한다.
라. 제안서 작성 시 고객의 목표 달성과 이익을 최우선으로 고려해야 한다.
마. 재무설계안에 대한 정기점검과 사후관리를 수행한다.

① 가, 나, 다 ② 가, 나, 마
③ 가, 라, 마 ④ 나, 다, 라
⑤ 다, 라, 마

04 유망고객의 4가지 조건에 해당하지 않는 것은?

① 재무목표가 있는 사람
② 금융상품에 가입할 경제적 능력이 있는 사람
③ 대화가 재치 있는 사람
④ 만남이 가능한 사람
⑤ 실행력이 있는 사람

05 면담준비를 위한 접촉 채널 중 DM의 장점으로 적절하지 않은 것은?

① 심리적 부담을 줄여준다.
② 동시에 많은 사람과의 접촉이 가능하다.
③ 면담을 매끄럽게 진행 가능하게 해준다.
④ 고객과의 친밀한 관계를 만들 수 있다.
⑤ 모든 고객에게 동일한 DM을 제작 발송해야 한다.

06 최초 면담 시 자산관리사가 활용할 수 있는 유용한 질문 중 문제인식 질문으로 모두 묶인 것은?

가. 고객님은 어떤 노후를 보내고 싶으신지요?
나. 노후에 대한 특별한 준비가 없다고 말씀하셨는데 노후에 대해 불안하지는 않은지요?
다. 100세 시대에 준비 없는 노후를 맞이하면 고객님의 노후 모습은 어떨까요?
라. 저금리 시대에 저축으로만 노후자금을 마련하시면 고객님이 필요한 노후자금 준비가 가능할까요?
마. 노후에도 월급처럼 생활비가 지급되는 상품이 있다면 가입하시겠습니까?

① 가, 나
② 가, 마
③ 나, 다
④ 다, 라
⑤ 라, 마

07 자산부채상태표와 현금흐름표에 대한 설명으로 가장 적절한 것은?

① 자산부채상태표는 특정 시점에서 고객의 자산, 부채, 순자산 등을 한눈에 보여 준다.
② 금융투자자산이란 금융자산 중에서 투자 목적이 1년 이상인 금융상품의 잔액, 주식, 채권, 뮤추얼 펀드 등을 지칭하는 것이다.
③ 부동산은 투자 목적과 거주 목적의 부동산을 구분하여 분류한다.
④ 자산관리사는 현금흐름표를 통해 개인자산의 구성, 부채의 규모, 유동성 등을 파악할 수 있다.
⑤ 정기적금은 매월 또는 매년 고정적으로 발생하는 것으로 고객이 통제가 어려운 지출 항목이므로 고정지출로 분류한다.

08 재무설계 절차 중 제안서 작성 및 대안 수립 제시 단계에 대한 설명으로 적절하지 않은 것은?

① 대안은 고객의 생활방식이나 추구하는 가치가 반영되도록 최선을 다하여야 하며, 고객의 목표 달성과 이익을 최우선으로 고려해야 한다.
② 제안서는 표준화된 양식을 사용하되, 고객의 상황 변화를 고려한 유연성 있는 대안을 제시해야 한다.
③ 자신의 의견이 주관적이므로 다른 자산관리사에 의해 내용이 달라질 수 있음을 고려해야 한다.
④ 개인사업자에게는 개인사업과 관련된 세금 안내 및 법인사업자로의 전환 고려 방안을 제안할 수 있다.
⑤ 60대 임대사업자에게는 금융상품을 활용한 상속세 납부 대책 마련 방안을 제안할 수 있다.

09 자산관리사가 다음 사례에서 활용한 계약체결기법으로 가장 적절한 것은?

> ○○건설 김과장님도 지난달 이 상품에 가입하셨습니다.

① 묵시적 동의법
② 양자택일법
③ 행동유도법
④ 예화법
⑤ 손해암시법

10 재무설계 절차 6단계 정기점검 및 사후관리에 대한 설명으로 가장 적절한 것은?

① 고객에 관한 사항으로는 재무목표, 고객의 건강상태 및 수입원 변화 등을 점검하되, 가족의 신상 변화 등은 개인정보 보호 차원에서 제외하는 것이 바람직하다.
② 투자 관련 점검사항으로 새로운 투자상품의 특징 및 수익률을 포함시키는 것은 바람직하지 않다.
③ 자산관리사는 실행 중인 대안들을 정기적으로 점검하고 있다는 것을 고객에게 알릴 필요는 없다.
④ 자산관리사는 정기적으로 고객의 투자 결과를 점검하여 고객의 자신감을 강화시켜 주는 긍정적 피드백과 개선을 요하는 발전적 피드백을 고객의 상황에 맞게 시의적절하게 해 주어야 한다.
⑤ 투자상품으로 재무설계를 실행한 경우에는 가급적 투자 포트폴리오를 변경하지 않는 것이 바람직하다.

11 개방경제하의 거시경제 모형의 가정에 대한 설명으로 적절하지 않은 것은?

① 명시적으로 장기라는 언급이 없으면 단기를 가정한다.
② 재고, 저축, 투자, 조세, 수입, 수출 등 거시경제 변수들과 정부부문, 중앙은행, 해외부문 등 모형의 구성요소들은 모형에서 언급되지 않을 때에는 그 변수나 구성요소를 모형에서 고려한다.
③ 단기에 실물과 화폐의 교환비율은 1:1이라고 가정하고 실물의 흐름과 반대방향으로 동액의 화폐의 흐름이 있다.
④ 거시경제 변수와 변수의 관계를 설명할 때 설명되는 변수 이외의 다른 변수 등은 일정한 것으로 가정한다.
⑤ 다르게 정의하지 않는 한 환율은 가격표시방법(자국통화표시환율 또는 지급환율)으로 표시한다.

12 국내총생산과 총지출이 같을 경우 다음 정보를 토대로 구한 가계소비액으로 가장 적절한 것은?

- 국민소득 : 12.49조
- 국내투자 : 8.75조
- 재정지출 : 2.36조
- 순수출 : −0.72조

① 0.66조
② 2.1조
③ 10.39조
④ 12.49조
⑤ 22.88조

13 단기 총공급곡선이 우측으로 이동하는 요인에 해당하지 않는 것은?

① 경제활동인구의 증가 또는 질의 향상
② 투자를 통한 자본량 증가 또는 질의 향상
③ 기술향상 또는 혁신에 의한 요소생산성 향상
④ 총수요 증가 예상
⑤ 환율 상승에 따른 수입 원자재 등 생산 요소가격 상승

14 가계의 소비지출에 영향을 미치는 요인 중 총수요가 증가하는 결과를 나타내는 요인으로 모두 묶인 것은?

> 가. 가계의 부채 감소
> 나. 실질이자율 상승
> 다. 소득세 등 조세부담 증가
> 라. 물가상승 기대
> 마. 실질소득 증가 기대

① 가, 라   ② 가, 마
③ 가, 다, 마   ④ 가, 라, 마
⑤ 가, 나, 라, 마

15 인플레이션의 문제점에 대한 설명으로 적절하지 않은 것은?

① 주로 문제가 되는 것은 변동성이 크며 예측 가능 범위를 벗어난 인플레이션이다.
② 수요와 공급에 관한 정보를 전달해 주는 가격기구의 기능을 저하시켜 효율적 자원배분을 어렵게 한다.
③ 조세 체계를 변화시켜 근로의욕과 저축, 투자에 관한 의사결정을 왜곡, 경제의 효율성과 경제성장을 저하시킨다.
④ 현금보유에 따른 기회비용을 줄이기 위한 비용을 발생시킨다.
⑤ 예기치 못한 인플레이션의 경우 채무자로부터 채권자에게 또는 기업가로부터 노동자에게 부가 재분배된다.

16 인구 현황이 다음과 같다고 가정할 경우 경제활동참가율과 실업률이 적절하게 연결된 것은?

> • 전체인구 : 1,000만명
> • 비노동가능인구 : 200만명
> • 비경제활동인구 : 300만명
> • 취업자 : 400만명

	경제활동참가율	실업률
①	50%	25%
②	60.5%	20%
③	60.5%	25%
④	62.5%	20%
⑤	62.5%	25%

17 구축효과에 대한 설명으로 가장 적절한 것은?

① 국가신용등급 하락으로 해외로부터 투자자금 유입이 감소하는 현상
② 대부자금시장에서 이자율이 상승하여 민간부문의 소비지출과 투자지출이 감소하는 현상
③ 상품수지 호전으로 상품수지 적자가 감소하거나 흑자가 증가하는 현상
④ 실질이자율 상승으로 국채 등 채권가격이 하락하는 현상
⑤ 재정적자에 따라 노동시장에서 비자발적 실업이 감소하는 현상

18 통화지표 중 M_2(광의통화)가 늘어나는 금융상품으로 가장 적절한 것은?

① 정기예금
② 2년 이상 장기금융상품
③ 증권금융예수금
④ 국 채
⑤ CP

19 중앙은행의 통화정책 수단 중 통화량 증가정책으로 가장 적절한 것은?

① 지급준비율 인상
② 통화안정증권 발행
③ 금융기관으로부터 국공채 매입
④ 중앙은행이 금융기관에 빌려 주는 자금의 대출금리 인상
⑤ 외환시장에서 외환 매도

20 실질이자율의 변동원인에 대한 적절한 설명으로 모두 묶인 것은?

> 가. 향후 이자율이 상승할 것으로 기대하면 현재 시점에 변동금리로 자금을 차입하는 것이 유리할 것이다.
> 나. 무위험이자율이 높을수록 현재 소비를 줄이고 저축을 많이 할 것이다.
> 다. 조세는 실질이자율을 하락시키는 요인이고, 정부보조는 실질이자율을 상승시키는 요인이다.
> 라. 기대이론과 시장분할이론은 서로 다른 만기의 이자율이 같은 방향으로 움직이며 통상 수익률곡선이 우상향한다는 것을 설명하지 못한다.
> 마. 유동성프리미엄이론에 의하면 수평의 수익률곡선으로부터는 미래 단기이자율이 변동이 없을 것으로 기대하고 있다는 것을 추론할 수 있다.

① 다
② 나, 라
③ 다, 마
④ 가, 다, 라
⑤ 나, 라, 마

21 환율 하락(원화평가 절상) 요인으로 가장 적절한 것은?

① 국내 물가 하락
② 수입수요 증가
③ 국내 투자수요 감소
④ 외환투기수요 증가
⑤ 외환수요 증가

22 경제가 침체국면에 있을 경우 확장적 재정정책에 따른 거시경제 변수의 변동에 대한 설명으로 적절하지 않은 것은?

① 물가는 상승하고 실질GDP와 명목GDP는 증가한다.
② 명목임금과 실질임금도 상승하지만 실질임금 상승률은 물가상승률보다 낮아 고용량이 증가한다.
③ 대부자금시장에서 대부자금 수요가 증가하여 실질이자율이 상승하고 물가가 상승하여 기대인플레이션율도 상승하므로 명목이자율도 상승한다.
④ 본원통화에 영향을 미치지 않지만, 통화 공급량은 늘어난다.
⑤ 대부자금시장에서 실질이자율의 상승은 투자 감소 요인이지만 실질GDP의 증가는 투자 증가 요인이므로 국내 민간총투자의 증감은 알 수 없다.

23 경기변동의 특징으로 적절하지 않은 것은?

① 회복기와 활황기를 확장국면이라 하고, 후퇴기와 침체기를 수축국면이라 한다.
② 대표적인 두 가지 특징은 불규칙성과 예측불가능성이다.
③ 주요 경제변수가 함께 움직이는 공행운동, 모든 경기변동이 유사한 형태를 갖는 보편성, 과거의 경제상태가 현재에 영향을 미치는 자기상관적 지속성, 확장기간과 수축기간이 다른 비대칭성을 보인다.
④ 내구재 소비와 주거용 건설투자는 GDP보다 변동성이 크며, GDP에 선행하는 경향이 있다.
⑤ 생산성의 변동성은 GDP 변동성과 비슷하며 경기변동에 후행하는 경향이 있다.

24 경기종합지수(CI) 구성지표 중 선행종합지수에 속하는 것은?

① 취업자수
② 생산자제품재고지수
③ 소비재수입액
④ 건설수주액
⑤ CP유통수익률

25 경기에 대한 기업가의 판단, 예측에 대한 설문조사를 통하여 긍정적 응답업체수가 60개, 부정적 응답업체수가 40개인 경우 기업실사지수(BSI)로 가장 적절한 것은?

① 80
② 100
③ 120
④ 140
⑤ 160

26 담보물권에 해당하지 않는 것으로 모두 묶인 것은?

> 가. 지상권
> 나. 지역권
> 다. 전세권
> 라. 유치권
> 마. 저당권

① 가, 나
② 다, 마
③ 가, 나, 다
④ 가, 다, 마
⑤ 가, 나, 다, 마

27 담보물권에 대한 다음 설명 중 (가)에 공통적으로 들어갈 내용으로 가장 적절한 것은?

> (가)이란 담보물권은 담보하는 채권이 있어야 담보물권도 존재할 수 있다는 것으로, 피담보채권이 소멸하면 담보물권도 소멸하게 된다는 것이다. 저당권은 피담보채권이 소멸하면 저당권도 소멸하는데, 근저당권은 (가)이 완화되어 있어서 피담보채권이 소멸해도 소멸하지 않는다. 이점이 저당권과 근저당권의 큰 차이점이다.

① 부종성
② 수반성
③ 물상대위성
④ 불가분성
⑤ 독립성

28 지명채권의 양도 시 채무자 이외의 제3자에게 대항하기 위해서 요구되는 것으로 가장 적절한 것은?

① 양도인과 양수인의 합의
② 양도인의 채무자에 대한 구두 통지
③ 확정일자 있는 내용증명우편에 의한 채무자의 승낙
④ 증서에 배서하여 양수인에게 교부
⑤ 증서의 교부

29 채권의 소멸원인 중 상계에 대한 설명으로 가장 적절한 것은?

① 채무자가 채무의 내용인 급부를 실현하는 것을 말한다.
② 채권자와 채무자가 서로 같은 종류를 목적으로 하는 채권·채무를 가지고 있는 경우에 그 채무들을 대등액에서 소멸하게 하는 단독행위이다.
③ 채무의 중요한 부분을 변경함으로써 신채무를 성립시키는 동시에 구채무를 소멸시키는 계약이다.
④ 채권자가 일방적인 의사표시로 채무자의 채무를 대가 없이 면하여 주는 것을 말한다.
⑤ 채권과 채무가 동일인에게 귀속하는 사실이다.

30 주주총회 특별결의 요건으로 가장 적절한 것은?

① 출석한 주주의 의결권의 과반수, 발행주식총수의 1/4 이상
② 출석한 주주의 의결권의 과반수, 발행주식총수의 1/3 이상
③ 출석한 주주의 의결권의 2/3 이상, 발행주식총수의 1/4 이상
④ 출석한 주주의 의결권의 2/3 이상, 발행주식총수의 1/3 이상
⑤ 출석한 주주의 의결권의 2/3 이상, 발행주식총수의 과반수

31 은행법에 의한 수신업무 중 예금계약에 대한 설명으로 적절하지 않은 것은?

① 예금계약의 법률적 성질은 소비임치이다.
② 증권이 자기앞수표인 경우는 지급제시기간 안에 사고신고가 없으며 결제될 것이 틀림없음을 은행이 확인하고 예금원장에 입금기장을 마친 때에 예금계약이 성립된다.
③ 전자자금이체를 통한 지급의 효력 발생시기는 거래 지시된 금액의 정보에 대하여 수취인의 계좌가 개설되어 있는 금융회사의 계좌원장에 입금기록이 끝난 때이다.
④ 착오송금의 경우 은행은 수취인의 동의 없이 송금인에게 임의로 돈을 돌려줄 수 있다.
⑤ 착오송금의 경우 송금인은 은행이 아닌 수취인을 상대로 부당 이득 반환 청구권을 가진다.

32 다음에서 설명하는 약관의 해석원칙으로 가장 적절한 것은?

> 약관의 뜻이 명백하지 아니하여 둘 이상의 해석이 가능한 경우에는 고객에게 유리하게, 은행에게는 불리하게 해석되어야 한다는 것이다. 예를 들면 은행에게는 이익이 되고 고객에게는 부담이 되는 약관의 조항은 그 범위를 좁게 해석해야 한다는 것이다. 이 원칙은 모든 해석의 의문을 은행에게 부담시키려는 것은 아니며, 일단 객관적 해석을 한 후에도 여전히 의문이 남는 경우에 그 위험을 은행에 부담시키려는 것이다.

① 개별약정우선의 원칙
② 신의성실의 원칙
③ 객관적 해석의 원칙
④ 작성자 불이익의 원칙
⑤ 엄격해석의 원칙

33 신탁에 대한 설명으로 적절하지 않은 것은?

① 신탁은 위탁자와 수탁자 간의 신탁계약에 의해 설정되는 것이 일반적이다.
② 신탁계약은 계약 당사자뿐만 아니라 신탁계약에 의해 수익자로 지정된 자에게까지도 신탁계약의 효력이 미치는 점에서 다른 계약과 차이가 있다.
③ 신탁법과 자본시장법이 충돌하는 경우에는 신탁법이 우선하여 적용된다.
④ 위탁자란 신탁을 설정하고 수탁자에 대하여 일정한 목적에 따라 재산의 관리 또는 처분을 하도록 재산권의 이전, 기타 처분을 하는 자를 말한다.
⑤ 신탁행위에 의하여 수익자로 지정된 자는 별도의 수익의 의사표시 없이 수익권이 발생된 시점에 당연히 수익권을 취득한다.

34 금융소비자보호 주요제도에 대한 설명이 적절하게 연결된 것은?

> 가. 금융상품판매업자등이 일반금융소비자의 재산상황, 금융상품 취득 또는 처분경험 등에 비추어 부적합한 계약체결의 권유를 금지하는 원칙이다.
> 나. 금융상품판매업자는 계약체결의 권유가 없는 경우에도 일반금융소비자의 재산상황, 금융상품 취득 또는 처분경험 등을 바탕으로 적정성을 파악하여야 하고, 만약 부적정한 경우에는 이를 일반금융소비자에게 알리고 확인을 받아야 한다.

	가	나
①	적합성 원칙	설명의무
②	적합성 원칙	적정성 원칙
③	적정성 원칙	설명의무
④	적정성 원칙	적합성 원칙
⑤	부당권유 금지	적정성 원칙

35 자본시장법상 금융투자업에 대한 설명이 적절하게 연결된 것은?

> 가. 누구의 명의로 하든지 타인의 계산으로 금융투자상품의 매도·매수, 그 청약의 권유, 청약, 청약의 승낙 또는 증권의 발행·인수에 대한 청약의 권유, 청약, 청약의 승낙을 영업으로 하는 것
> 나. 투자자로부터 금융투자상품에 대한 투자판단의 전부 또는 일부를 일임받아 투자자별로 구분하여 금융투자상품을 취득·처분, 그 밖의 방법으로 운용하는 것을 영업으로 하는 것

	가	나
①	투자매매업	투자자문업
②	투자매매업	투자일임업
③	투자중개업	투자자문업
④	투자중개업	투자일임업
⑤	투자일임업	투자매매업

36 신용카드에 대한 설명으로 적절하지 않은 것은?

① 신용카드는 권리 또는 재산권을 표창하는 증권이다.
② 신용카드는 본인의 신청에 의해서만 발급되며 길거리 모집은 금지된다.
③ 가맹점 모집을 위해서는 신용카드사가 실사업장을 방문하여 개별적인 가맹점계약을 체결하여야 한다.
④ 가맹점은 신용카드를 이용한 대금결제를 이유로 물품의 판매 또는 용역의 제공을 거절하거나 차별할 수 없다.
⑤ 신용카드 가맹점 수수료를 신용카드회원에게 전가할 수 없다.

37 혼인 및 재산의 귀속·관리에 대한 설명으로 적절하지 않은 것은?

① 혼인은 민법상 계약에 해당하므로, 혼인이 성립하기 위해서는 당사자의 합의와 법률에 정한 바에 의하여 신고하여야 한다.
② 민법은 부부재산의 귀속에 관하여 별산제를 채용하고 있다.
③ 부부의 일방이 혼인 전부터 가진 고유재산과 혼인 중 자기의 명의로 취득한 재산은 그의 특유재산으로 한다.
④ 부부 중 누구에게 속하는 것인지 분명하지 않은 재산은 부부의 공유로 추정한다.
⑤ 부부의 일방이 일상의 가사에 관하여 제3자와 법률행위를 한 때에는 다른 일방은 이로 인한 채무에 대하여 연대책임이 없고, 법률행위를 한 일방만 책임이 있다.

38 A는 이혼한 배우자 B와의 슬하에 아들 C가 있으며 부친 D와 모친 E가 있다. 그러던 중 A가 사고로 사망하였을 경우, 상속인으로 가장 적절한 것은?

① B 단독상속
② C 단독상속
③ D, E 공동상속
④ B, C 공동상속
⑤ B, C, D, E 공동상속

39 유류분에 대한 적절한 설명으로 모두 묶인 것은?

가. 상속이 개시되면 피상속인의 직계비속·배우자·직계존속·형제자매 중 최우선순위의 상속인은 상속재산에 대하여 일정비율을 취득할 수 있는데, 이를 유류분권이라고 한다.
나. 유류분권자의 유류분은 그의 법정상속분의 1/2이다.
다. 유류분권자가 피상속인의 증여 또는 유증으로 인하여 그의 유류분에 부족이 생긴 때에는 그는 부족한 한도에서 증여 또는 유증된 재산의 반환을 청구할 수 있다.
라. 반환청구권은 유류분권자가 상속의 개시와 반환해야 할 증여 또는 유증을 한 사실을 안 때부터 1년, 상속이 개시된 때부터 10년 내에 행사하지 않으면 시효에 의하여 소멸한다.

① 가, 나   ② 가, 라
③ 나, 다   ④ 다, 라
⑤ 가, 나, 다, 라

40 금융분야 개인정보 보호에 대한 설명으로 적절하지 않은 것은?

① 개인신용정보는 신용정보 중 개인의 신용도와 신용거래능력 등을 판단할 때 필요한 정보로서 기업 및 법인에 관한 정보를 제외한 신용정보를 말한다.
② 개인정보 자기 결정권이란 자신에 관한 정보가 어떤 목적으로 언제, 어느 범위까지 타인에게 전달되고 이용될 수 있는지를 해당 정보주체가 스스로 결정할 수 있는 권리이다.
③ 모든 개인(신용)정보는 수집 시 반드시 정보주체의 동의를 받고 수집해야 한다.
④ 개인(신용)정보의 부정 수집에 가담하거나 부정 수집된 개인(신용)정보인 것을 알면서도 취득해서는 안 된다.
⑤ 개인신용정보는 해당 신용정보주체가 신청한 금융거래 등 상거래관계의 설정 및 유지 여부 등을 판단하기 위한 목적으로만 이용하여야 한다.

세무설계 (40문항)

41 종합소득으로 과세되지 않는 소득은?

① 이자소득
② 근로소득
③ 연금소득
④ 기타소득
⑤ 양도소득

42 다음 사례를 토대로 근로소득자인 서형록(만 35세 남자)씨가 적용받을 수 있는 인적공제금액을 계산한 것으로 가장 적절한 것은?

- 배우자 : 만 33세, 총급여액 2,000만원
- 모친 : 만 70세, 소득 없음
※ 부양가족에 대한 인적공제는 서형록씨가 적용함

① 150만원
② 300만원
③ 400만원
④ 450만원
⑤ 550만원

43 종합소득세 기본세율은 8단계 초과누진세율 구조로 되어 있다. 가장 낮은 세율과 가장 높은 세율이 적절하게 연결된 것은?

	최저세율	최고세율
①	3%	42%
②	3%	45%
③	5%	42%
④	6%	45%
⑤	6%	50%

44 연금소득의 과세방법에 대한 설명으로 적절하지 않은 것은?

① 우리나라 연금은 크게 공적연금과 사적연금으로 구분되는데, 연금은 납입단계·운용단계·수령단계로 대별할 수 있다.
② 소득세법에서는 연금의 납입단계와 운용단계에서는 과세하지 않고 과세이연하였다가 수령단계에서 과세하는 체계를 갖고 있다.
③ 공적연금 관련법에 따라 받는 공적연금 중 유족연금, 장애연금, 장해연금, 상이연금, 연계노령유족연금 또는 연계퇴직유족연금 등은 비과세 연금소득이다.
④ 원천징수되지 않은 퇴직소득을 연금수령하는 연금소득에 대하여는 종합소득에 합산과세한다.
⑤ 연금소득공제액이 900만원을 초과하는 경우에는 900만원을 한도로 공제한다.

45 금융소득종합과세에 대한 설명으로 적절하지 않은 것은?

① 매번 금융회사에서 이자소득이나 배당소득을 수령할 때에 원천징수당한 세액은 종합과세 신고 시 기납부세액을 공제해 준다.
② 2천만원까지는 14%의 원천징수세율로 분리과세하고 2천만원 초과금융소득만 다른 종합소득과 합산하여 종합과세된다.
③ 비과세저축과 분리과세저축은 금융소득종합과세 기준금액을 따질 때에 제외된다.
④ 원천징수의무자는 이자·배당소득을 실제로 지급할 때 원천징수한다.
⑤ 금융소득의 수입시기란 이자·배당소득을 금융회사에서 인출하는 시기를 말한다.

46 배당소득의 종류에 해당하는 것은?

① 채권 또는 증권의 이자와 할인액
② 채권 또는 증권의 환매조건부 매매차익
③ 직장공제회 초과반환금
④ 비영업대금의 이익
⑤ 국내 또는 국외에서 받는 집합투자기구로부터의 이익

47 현행 소득세법상 다음에서 설명하는 배당소득의 종류로 가장 적절한 것은?

> 형식적으로는 실지배당과 같이 주주총회나 사원총의의 결의에 의하여 이익이나 잉여금을 배당하는 방법을 취하지는 않았지만, 감자차익, 합병차익, 분할차익 등 실질적으로는 주주·사원·기타 출자자에게 배당을 한 것과 동일한 경제적 이익을 주는 경우 그 경제적 이익을 배당으로 간주하는 것을 말한다.

① 현금배당
② 주식배당
③ 의제배당
④ 잉여금 자본전입
⑤ 인정배당

48 배당소득의 Gross-up에 대한 설명으로 적절하지 않은 것은?

① Gross-up을 하는 이유는 이중과세를 조정해 주기 위해서이다.
② Gross-up율 10%로 완전한 이중과세 조정이 가능하다.
③ Gross-up하여 배당세액공제를 받기 위해서는 배당소득이 다른 금융소득과 합산하여 2,000만원을 초과하여 종합과세되는 배당소득이어야 한다.
④ Gross-up하여 배당세액공제를 받기 위해서는 법인세가 과세된 소득을 재원으로 하는 배당소득이어야 한다.
⑤ Gross-up하여 배당세액공제를 받기 위해서는 내국법인으로부터 받는 배당소득이어야 한다.

49 다음 정보를 토대로 계산된 종합과세 대상 배당소득금액으로 가장 적절한 것은?

> 〈20××년 금융소득〉
> • 근로소득 : 2억원
> • 정기예금이자 : 3천만원
> • 현금배당(국내상장주식) : 1천만원

① 100만원
② 200만원
③ 1,000만원
④ 1,100만원
⑤ 2,200만원

50 채권이자 과세제도에 대한 설명으로 적절하지 않은 것은?

① 채권이자의 원천징수세율은 원칙적으로 14%이다.
② 비거주자에 대한 원천징수세율은 20% 또는 제한세율이 적용된다.
③ 채권이자를 비금융회사가 지급하는 경우 비실명자의 원천징수세율은 45%이다.
④ 채권의 양도가 있더라도 채권에서 발생하는 이자소득에 대한 원천징수는 만기 시 최종소지자에게 과세한다.
⑤ 실제원천징수당한 금액을 종합소득신고 시 기납부세액으로 공제한다.

51 이자소득과 배당소득의 수입시기에 대한 연결이 적절하지 않은 것은?

① 무기명의 공채 또는 사채의 이자와 할인액 : 지급받은 날
② 보통예금 · 정기예금 · 적금 · 부금의 이자 : 실제로 이자를 지급받는 날
③ 이자소득이 발생하는 금융자산이 상속되거나 증여되는 경우 : 상속인 또는 수증자 명의등기일
④ 잉여금처분에 의한 배당 : 잉여금처분 결의일
⑤ 법인의 해산으로 인한 의제배당 : 잔여재산가액 확정일

52 국내사업장이 있는 비거주자로서 당해 국내사업장에 실질적으로 귀속되는 금융소득 3,000만원에 대한 과세방법을 설명한 것으로 가장 적절한 것은?

① 다른 국내원천소득과 금융소득을 합산하여 종합과세한다.
② 금융소득 2천만원 초과 부분에 한해 종합과세한다.
③ 한국과 당해 비거주자의 국가 간에 조세협약이 체결되어 있는 경우 제한세율이 우선 적용된다.
④ 한국과 당해 비거주자의 국가 간에 조세협약이 체결되어 있지 않은 경우 20%의 국내원천징수세율이 적용된다.
⑤ 25%의 원천징수세율로 분리과세된다.

53 양도소득세 과세대상에 해당되지 않는 것은?

① 지적공부에 지목을 등록하지 않은 토지의 양도로 발생하는 소득
② 등기된 건물의 양도로 발생하는 소득
③ 아파트당첨권 등 부동산을 취득할 수 있는 권리의 양도로 발생하는 소득
④ 건설기계 등 사업용 유형자산과 함께 양도하는 영업권의 양도로 발생하는 소득
⑤ 부동산과 함께 양도하는 이축권의 양도로 발생하는 소득

54 1979년 12월 31일에 취득한 부동산과 주식을 각각 양도했을 경우 취득시기가 적절하게 연결된 것은?

	부동산	주식
①	1980년 2월 말일	1980년 2월 말일
②	1985년 1월 1일	1985년 1월 1일
③	1985년 1월 1일	1986년 1월 1일
④	1986년 1월 1일	1985년 1월 1일
⑤	1986년 1월 1일	1986년 1월 1일

55 양도소득세 과세대상 자산의 양도소득세율이 적절하지 않게 연결된 것은?

① 1년 미만 보유한 등기된 주택 : 70%
② 과세표준금액이 1,400만원인 2년 이상 보유한 등기된 상가 : 8%
③ 대주주가 10개월 보유한 중소기업 외의 법인 주식 : 30%
④ 대주주가 아닌 자가 보유한 중소기업의 법인 주식 : 10%
⑤ 미등기 양도부동산 : 70%

57 장기보유특별공제에 대한 설명으로 적절하지 않은 것은?

① 양도소득금액은 양도차익에서 장기보유특별공제액을 공제한 금액이다.
② 장기보유특별공제의 대상이 되는 자산은 3년 이상 보유한 토지와 건물 또는 조합원 입주권(조합원으로부터 취득한 것은 제외)에 한한다.
③ 양도자산이 1세대 1주택에 해당되는 경우 10년 이상 보유 및 거주 시 최대 70%의 장기보유특별공제율을 적용한다.
④ 1세대 1주택으로서 보유기간 중 2년 이상의 거주요건을 채우지 못하였거나 주택 외의 다른 부동산을 양도할 때는 보유기간에 따라 6~30%의 장기보유특별공제율을 적용한다.
⑤ 미등기자산에 대하여는 장기보유특별공제의 적용을 배제한다.

56 금번 양도하는 상가건물의 당초 취득계약서를 분실하여 실제 취득가액을 환산하고자 한다. 다음 자료를 이용하여 구한 환산취득가액으로 가장 적절한 것은?

- 실제 양도가액 : 30억원
- 양도 당시 상가건물의 토지, 건물 기준시가 : 10억원
- 취득 당시 상가건물의 토지, 건물 기준시가 : 2억원

① 2억원
② 6억원
③ 18억원
④ 20억원
⑤ 28억원

58 양도소득세 과세대상 부동산을 다음과 같이 양도한 서형록씨의 양도 시기와 예정신고기한이 적절하게 연결된 것은?

- 매매계약일 : 20××년 3월 31일
- 잔금청산일 : 20××년 4월 27일
- 소유권이전등기 접수일 : 20××년 5월 17일

	양도의 시기	예정신고기한
①	20××년 3월 31일	20××년 6월 30일
②	20××년 4월 27일	20××년 6월 30일
③	20××년 4월 27일	20××년 8월 31일
④	20××년 5월 17일	20××년 7월 31일
⑤	20××년 5월 17일	20××년 8월 31일

59 양도소득세 감면에 대한 다음 설명 중 (가)~(나)에 들어갈 내용이 적절하게 연결된 것은?

> 농지소재지에 거주하면서 (가) 이상 자경한 농지를 양도하는 경우에는 양도로 인한 양도소득세 중 매 5년간 (나)을 한도로 100% 감면한다.

	가	나
①	2년	2억원
②	3년	1억원
③	3년	2억원
④	8년	1억원
⑤	8년	2억원

60 양도소득세 절세방안에 대한 설명으로 가장 적절한 것은?

① 익년도 개정세법 초안이 세율인하, 비과세와 감면제도의 확대 또는 요건의 완화, 중과제도의 폐지와 같다면 금년 12월 31일 이내로 양도시기를 앞당기는 것이 유리하다.
② 두 건 모두 양도차익이 발생한 부동산이라면 같은 연도에 중복양도하는 것이 절세방법이다.
③ 주택을 세대원과 공동보유하여 양도소득세를 분담하는 것이 유리하다.
④ 무허가주택은 1세대 1주택 비과세 여부 판단 시 주택 수에서 제외되므로, 1세대가 무허가주택과 일반주택을 소유한 경우 일반주택을 양도하더라도 1세대 1주택 비과세 혜택을 받을 수 있다.
⑤ 공동 상속주택의 보유자가 아닌 상속인이 다른 주택을 보유하고 있다면 다른 주택을 양도할 때 상속주택은 주택으로 보지 아니하므로 다른 주택만 가지고 1세대 1주택 양도세 비과세 여부를 판단한다.

61 유류분권을 가지는 사람을 모두 고른 것은?

> 가. 피상속인의 배우자
> 나. 피상속인의 직계비속
> 다. 피상속인의 직계존속
> 라. 피상속인의 형제자매
> 마. 피상속인의 4촌 이내 방계혈족

① 가, 나, 다
② 나, 다, 라
③ 가, 나, 다, 라
④ 나, 다, 라, 마
⑤ 가, 나, 다, 라, 마

62 상속세 과세가액 계산에 포함되는 재산에 대한 다음 설명 중 (가)에 들어갈 내용으로 가장 적절한 것은?

> (가)이란 상속이나 유증 또는 사인증여라는 법률상 원인에 의하여 취득한 재산이 아니라도, 그 재산의 취득사실의 결과로서 상속 등에 의한 재산취득과 동일한 결과가 발생하는 경우에 실질과세원칙에 따라 상속재산으로 간주되는 재산을 말하는 것으로, 보험금, 신탁재산, 퇴직금 등이 있다.

① 본래의 상속재산
② 증여재산
③ 간주상속재산
④ 상속추정재산
⑤ 과세가액 불산입재산

63 다음 자료를 토대로 상속세 과세가액에 합산되는 금액으로 가장 적절한 것은?

> • 피상속인의 사망으로 인해 받는 생명보험의 보험금 3억원(상속인이 전액 보험료 부담)
> • 피상속인의 사망일 전 2년 이내에 처분한 부동산 양도가액 : 5억원(용도불분명금액 2억원)

① 1억원
② 2억원
③ 3억원
④ 5억원
⑤ 8억원

64 일반 장례비용으로 지출된 금액 2,000만원(증빙서류 없음), 봉안시설 사용비용 700만원(증빙서류 있음)일 경우, 상속세 과세가액 공제액으로 인정되는 장례비용으로 가장 적절한 것은?

① 500만원 ② 1,000만원
③ 1,200만원 ④ 1,500만원
⑤ 1,700만원

65 다음 자료에 의하여 계산한 거주자 김은영씨의 배우자상속공제액으로 가장 적절한 것은? (단, 상속인으로는 배우자 및 자녀 1인이고 배우자는 '배우자상속재산 분할기한' 내에 신고 예정)

- 상속재산가액 : 25억원
- 배우자가 실제 상속받은 금액 : 3억원
※ 배우자가 사전에 증여받은 재산은 없다고 가정

① 3억원 ② 5억원
③ 15억원 ④ 25억원
⑤ 30억원

66 동거주택 상속공제에 대한 설명으로 적절하지 않은 것은?

① 상속주택가액(주택에 담보된 피상속인의 채무액을 차감한 가액)의 100%를 상속세 과세가액에서 공제하며, 공제 최고한도는 7억원이다.
② 피상속인과 직계비속인 상속인(대습상속의 경우 직계비속의 배우자 포함)이 10년 이상 동거해야 한다.
③ 피상속인과 상속인의 동거기간 산정 시 상속인이 미성년자인 기간은 제외한다.
④ 피상속인이 1주택 보유자(일시적 2주택자 포함)이어야 한다.
⑤ 상속개시일 현재 무주택자이거나 피상속인과 공동으로 1세대 1주택을 보유한 자로서 피상속인과 동거한 상속인이 상속받은 주택이어야 한다.

67 거주자 김밝은씨의 상속재산 중 금융재산이 다음과 같은 경우 계산한 금융재산 상속공제액으로 가장 적절한 것은?

- 은행예금 : 5.5억원(이 중 5천만원은 피상속인 명의의 차명예금임)
- 주식(최대주주에 해당) : 10억원
- 은행차입금 : 4.5억원
※ 해당 차명예금은 피상속인이 단순히 명의만 빌려준 것이 명백하게 확인됨

① 2천만원
② 5천만원
③ 8천만원
④ 1억원
⑤ 2억원

68 상속세의 계산 시 가장 낮은 세율이 적용되는 구간의 과세표준과 세율이 적절하게 연결된 것은?

	과세표준	세율
①	1,400만원	6%
②	1,400만원	10%
③	2,000만원	20%
④	1억원	6%
⑤	1억원	10%

69 피상속인이 금년 6월 14일에 사망한 경우 상속세 신고납부기한으로 가장 적절한 것은?

① 금년 6월 15일
② 금년 6월 30일
③ 금년 9월 14일
④ 금년 9월 30일
⑤ 금년 12월 31일

70 상속세 분납에 대한 설명으로 적절하지 않은 것은?

① 상속세 납부세액이 1천만원을 초과하는 경우에는 납부기한 경과 후 3개월 내에 분납을 허용하고 있다.
② 분납을 신청한 경우에는 연부연납을 신청할 수 없다.
③ 납부세액이 2천만원 이하인 경우 1천만원을 초과하는 금액을 분납할 수 있다.
④ 납부세액이 1,600만원이라면 600만원 한도에서 분납할 수 있다.
⑤ 납부세액이 2천만원 초과인 경우 세액의 50% 이하의 금액을 분납할 수 있다.

71 연부연납제도에 대한 설명으로 적절하지 않은 것은?

① 분납을 신청한 경우에는 연부연납을 신청할 수 없다.
② 상속세 납부세액이 2천만원을 초과하여야 하고, 세무서장이 허가하여야 한다.
③ 납세의무자는 납세담보를 제공하여야 한다.
④ 일반상속재산의 경우 연부연납기간은 20년이다.
⑤ 연부연납금액에 대하여 기획재정부령으로 정하는 이자율을 적용한 연부연납 가산금을 추가로 납부해야 한다.

72 친족 간 증여재산공제액이 적절하지 않게 연결된 것은?

① 배우자로부터 증여받는 경우 : 5억원
② 부모로부터 성년 자녀가 증여받는 경우 : 5천만원
③ 부모로부터 미성년 자녀가 증여받는 경우 : 2천만원
④ 자녀로부터 부모가 증여받는 경우 : 5천만원
⑤ 4촌 인척으로부터 증여받는 경우 : 1천만원

73 할아버지가 성년 손자 A에게 25억원을 증여하는 경우 할증과세율로 가장 적절한 것은?

① 10%
② 20%
③ 30%
④ 40%
⑤ 50%

74 할아버지가 보유하고 있던 시가 6억원 상당의 상가를 미성년 손자인 손정윤씨에게 3억원에 양도한 경우 증여세 산출세액으로 가장 적절한 것은? (손정윤씨의 부친은 생존해 있으며, 손정윤씨는 생애최초로 증여받음)

<증여세율>

과세표준	세 율
1억원 이하	10%
1억원 초과 5억원 이하	1천만원 + 1억원 초과금액의 20%
5억원 초과 10억원 이하	9천만원 + 5억원 초과금액의 30%

① 1,000만원
② 1,300만원
③ 1,500만원
④ 2,000만원
⑤ 2,800만원

75 상속재산의 평가기준일이 적절하게 연결된 것은?

가. 상속재산(사망의 경우)
나. 상속재산에 가산하는 증여재산

	가	나
①	사망일	사망일
②	사망일	당초의 증여일
③	사망일	과세표준 신고기한 종료일
④	과세표준 신고기한 종료일	사망일
⑤	과세표준 신고기한 종료일	당초의 증여일

76 상속재산 및 증여재산의 평가에 대한 설명으로 적절하지 않은 것은?

① 상속재산 및 증여재산의 평가는 상속개시일 또는 증여일 현재의 시가에 의한다.
② 시가란 불특정다수인 사이에 자유로이 이루어지는 경우에 통상 성립된다고 인정되는 가액을 말한다.
③ 시가로 인정되는 것이란 평가기준일 전후 3개월 이내의 기간 중 매매·감정·수용·경매·공매가 있는 경우에 확인되는 가액을 말한다.
④ 특수관계인과의 거래 등으로 그 거래가액이 객관적으로 부당하다고 인정되는 경우에는 시가로 인정되지 않는다.
⑤ 시가로 보는 가액이 2 이상인 경우에는 평가기준일을 전후하여 가장 가까운 날에 해당하는 가액에 의한다.

77 취득세 과세대상에 해당하지 않는 것은?

① 토지 분양권
② 차 량
③ 기계장비
④ 어업권
⑤ 골프회원권

78 재산세 과세기준일과 건물에 대한 재산세 납부기한이 적절하게 연결된 것은?

	재산세 과세기준일	건물에 대한 재산세 납부기한
①	3월 1일	7.16.~7.31.
②	3월 1일	9.16.~9.30.
③	6월 1일	7.16.~7.31.
④	6월 1일	9.16.~9.30.
⑤	12월 1일	7.16.~7.31.

79 과세기준일 현재 2주택을 보유하고 있는 주택분 재산세 납세의무자에 대한 종합부동산세 과세대상 과세기준금액으로 가장 적절한 것은?

① 3억원
② 5억원
③ 9억원
④ 12억원
⑤ 80억원

80 부동산 취득세와 보유세에 대한 설명으로 적절하지 않은 것은?

① 취득일로부터 60일 이내에 취득세를 신고·납부하도록 하고 있고, 동 기일까지 신고·납부하지 않을 때에는 가산세를 부담하도록 하고 있다.
② 취득가액이 50만원 이하인 경우에는 취득세를 부과하지 아니한다.
③ 재산세와 종합부동산세의 과세기준일은 동일하다.
④ 취득세는 과세대상 재산의 취득자, 재산세와 종합부동산세는 보유자가 납세의무자가 된다.
⑤ 취득세와 재산세, 종합부동산세 모두 세부담 상한선이 존재한다.

보험 및 은퇴설계 (20문항)

81 저빈도·고강도 위험에 대한 위험관리기법의 선택으로 가장 적절한 것은?

① 위험보유기법이 가장 바람직하다.
② 위험 그 자체를 회피하는 위험회피기법이 가장 바람직하다.
③ 효과성 및 효율성 측면 모두에서 보험이 가장 바람직하다.
④ 먼저 사고발생빈도를 줄이는 노력과 함께 손해복구자금을 조달하는 위험재무기법도 고려해야 한다.
⑤ 특별한 위험통제기법이나 손해통제기법이 필요 없다.

82 다음에서 설명하고 있는 보험의 기본 원칙으로 가장 적절한 것은?

> 손해의 보상에 목적이 있으므로 피보험자는 그가 입은 손해만큼 보상을 받는 것이 합리적이다.

① 수지상등의 원칙
② 급부반대급부 균등의 원칙
③ 대수의 법칙
④ 실손보상의 원칙
⑤ 보험계약자 등의 불이익변경금지의 원칙

83 예정기초율 변화에 따른 보험료의 변화에 대한 설명으로 가장 적절한 것은?

① 예정사망률이 낮아지면 생존보험의 보험료는 높아지게 된다.
② 예정이율이 낮아지면 보험료는 낮아지게 된다.
③ 보험기간이 짧을수록 보험료 변동폭이 크다.
④ 만기환급형보다 순수보장형의 보험료 변동폭이 크다.
⑤ 예정사업비율이 낮아지면 보험료는 높아지게 된다.

84 보험약관의 해석원칙으로 가장 적절한 것은?

① 대수의 법칙
② 실손보상의 원칙
③ 보험계약자 등의 불이익변경금지의 원칙
④ 보험료불가분의 원칙
⑤ 작성자 불이익의 원칙

85 생명보험 상품에 대한 설명으로 적절하지 않은 것은?

① 유니버설보험은 보험계약자가 납입한 보험료 중 저축보험료를 가지고 시장금리에 연동하여 상품을 운용한다.
② 변액보험은 고객이 납입한 보험료를 모아 유가증권 등에 투자하여 발생한 이익을 배분해 주는 실적배당형 보험을 의미한다.
③ 변액종신보험은 예금자보호법 적용대상이다.
④ 변액연금보험은 연금개시 이후 종신연금형, 상속연금형, 확정연금형, 자유연금형 중 계약자가 선택한 연금지급방식으로 연금이 지급된다.
⑤ 변액유니버설보험의 보험기간은 종신이며, 보험료를 추가납입하거나 해약환급금의 일정범위 내에서 중도인출이 가능하다.

86 상해보험에 대한 설명으로 적절하지 않은 것은?

① 우연하고도 급격한 외래의 사고로 소요되는 비용 및 사망 등을 보장하는 보험을 말한다.
② 만기환급금의 유무에 따라 순수보장형과 만기환급형으로 구분되며, 각종 특약의 부가로 수술·입원·생활비보장 등 추가보장이 가능하다.
③ 주보험에 일반사망을 부가할 수 있다.
④ 보험기간은 일반적으로 1년 이상이며, 일부 위험직을 제외하면 고령자도 가입이 가능하다.
⑤ 일반적으로 연령에 관계없이 단일요율을 사용하지만, 질병특약이 부가되는 경우에는 연령별로 다를 수 있다.

87 주택화재보험에서 보상하는 손해로 가장 적절한 것은?

① 계약자, 피보험자 또는 이들의 법정대리인의 고의나 중대한 과실로 생긴 손해
② 피보험자가 보험금을 받도록 하기 위해 피보험자와 세대를 같이하는 친족 및 고용인이 고의로 일으킨 손해
③ 화재, 폭발 또는 파열이 발생했을 때 도난 또는 분실로 생긴 손해
④ 화재, 폭발, 파열과 상관없는 수도관, 수관, 수압기 등의 파열로 생긴 손해
⑤ 전기 기기의 전기적 사고의 결과로 생긴 화재, 폭발, 파열 손해

88 장기손해보험의 특징에 대한 다음 설명 중 (가)에 들어갈 내용으로 가장 적절한 것은?

> 장기손해보험은 1회의 사고로 지급되는 보험금이 보험가입금액의 (가) 미만이면 몇 번의 사고가 발생하더라도 보험가입금액이 감액되지 않고 보험계약도 그대로 존속된다.

① 50%
② 60%
③ 70%
④ 80%
⑤ 90%

89 자동차손해배상보장법에 대한 설명으로 적절하지 않은 것은?

① 배상책임의 주체를 자기를 위하여 자동차를 운행하는 자, 즉 운행자로 규정하고 있다.
② 운행자의 고의 또는 과실이 있는지 여부와 상관없이 무과실 책임주의를 채택하고 있다.
③ 입증책임을 전환하여 운행자가 면책요건을 입증하도록 하고, 이를 입증하지 못하면 피해자에 대한 배상책임을 면하지 못하게 하고 있다.
④ 피해자는 피보험자의 도움 없이 보험회사에 책임보험금을 직접 청구할 수 있다.
⑤ 피해자는 책임보험금에 대해 가불금으로도 청구할 수 있다.

90 보험상담 프로세스가 순서대로 나열된 것은?

> 가. 가망고객 발굴
> 나. 프리젠테이션 & 클로징
> 다. 정보수집 및 분석
> 라. 고객접근
> 마. 증권전달 및 소개확보

① 가 - 나 - 다 - 라 - 마
② 가 - 다 - 라 - 마 - 나
③ 가 - 라 - 다 - 나 - 마
④ 다 - 가 - 나 - 라 - 마
⑤ 라 - 나 - 가 - 마 - 다

91 기대수명 증가에 대한 설명으로 가장 적절한 것은?

① 기대수명은 현재 특정 연령에 있는 사람이 향후 얼마나 더 생존할 것인가 기대되는 연수를 말한다.
② 기대여명은 성별·연령별 사망률이 현재 수준으로 유지된다고 가정했을 때 0세 출생자가 향후 몇 년을 더 생존할 것인가를 통계적으로 추정한 기대치를 말한다.
③ 남녀 기대수명의 차이는 점차 증가되고 있다.
④ 최빈 사망연령이란 가장 많은 사람이 사망한 연령을 말하는데, 최빈 사망연령이 90대가 되는 시점을 '100세 시대'로 정의한다.
⑤ 건강수명은 사망할 때까지 단순히 얼마나 오래 살았는가를 나타내는 건강지표로, 선진국에서는 기대수명보다 훨씬 중요하게 활용되고 있다.

92 노후빈곤 문제에 대한 다음 설명 중 (가)에 들어갈 내용으로 가장 적절한 것은?

> 노인빈곤율은 소득이 중위소득의 (가) 미만에 해당하는 노인가구의 비율을 말한다.

① 30%
② 40%
③ 50%
④ 60%
⑤ 70%

93 고령자 주거에 대한 다음 설명 중 (가)에 공통적으로 들어갈 내용으로 가장 적절한 것은?

> (가)은 장애의 유무나 연령 등에 관계없이 모든 사람들이 보다 편리하고 안전하게 이용할 수 있도록 제품, 건축, 환경, 서비스 등을 설계하는 포괄적인 개념이다. 주거 분야에서도 고령화의 진전에 따라 고령자를 감안한 (가)은 매우 중요하다. (가)은 고령자가 거주 공간에서 다치지 않고 오랫동안 건강하게 생활하는 데 크게 기여한다.

① 호위대 모델
② 유니버설 디자인
③ 배리어 프리
④ 주택 리모델링
⑤ 웰 다잉

94 국민연금제도 가입 대상 및 가입자 유형에 대한 설명으로 가장 적절한 것은?

① 국민연금은 만 18세 이상 만 65세 미만 국민이 가입 대상이고, 최소 가입기간 20년을 채웠을 때 연금수급권이 발생한다.
② 사업장가입자는 국민연금에 가입한 사업장의 사용자 및 근로자로 국민연금에 가입한 자를 말한다.
③ 지역가입자는 사업장가입자가 될 수 없는 사람 중에 60세 이전에 본인 희망에 따라 가입신청을 한 자를 말한다.
④ 임의가입자는 60세에 도달해 국민연금 자격을 상실했으나, 가입기간이 부족해 연금수급권이 없거나 가입기간을 연장하여 더 많은 연금을 받고자 하는 경우 65세에 달할 때까지 연장 가입한 자를 말한다.
⑤ 국내에 거주하고 있는 외국인은 국민연금에 가입할 수 없다.

95 공무원연금 급여 종류 중 퇴직급여에 포함되지 않는 것은?

① 퇴직연금
② 퇴직연금일시금
③ 퇴직연금공제일시금
④ 퇴직일시금
⑤ 퇴직수당

96 확정기여형(DC형) 퇴직연금제도에 대한 설명으로 가장 적절한 것은?

① 퇴직시 지급할 급여수준을 노사가 사전에 약정한다.
② 사용자가 적립금 운용방법을 결정한다.
③ 사용자는 근로자 퇴직 시 사전에 약정된 퇴직급여를 지급한다.
④ 퇴직급여는 계속근로기간 1년에 대하여 30일분의 평균임금에 상당하는 금액 이상이다.
⑤ 매년 기업의 부담금은 가입자의 연간 임금총액의 1/12에 해당하는 금액 이상으로 확정된다.

97 주택연금제도에 대한 설명으로 적절하지 않은 것은?

① 장래에 가입자 부부가 모두 사망 후 주택을 처분해서 정산 후 연금수령액이 집값을 초과하면 자녀 등 상속인에게 초과분을 청구한다.
② 장래에 가입자 부부가 모두 사망 후 주택을 처분해서 정산 후 잔금이 있으면 상속인에게 돌아간다.
③ 주택연금에 가입하려면 주택소유자 또는 배우자가 대한민국 국민이고 근저당권 설립일 기준으로 부부 중 1명이 만 55세 이상이어야 한다.
④ 부부 기준 공시가격 12억원 이하 주택 한 채만 소유했거나, 다주택 보유자의 경우 보유주택 합산 공시가격이 12억원 이하면 가입이 가능하다.
⑤ 지급방식은 크게 종신방식, 확정기간방식, 대출상환방식, 우대방식이 있다.

98 다음 사례에서 설명하는 성년후견제도로 가장 적절한 것은?

> 거동이나 의사소통이 불가능한 부모의 은행대출 연장을 위해서 대출연장 업무에 한해서만 후견인을 선임하는 경우 피후견인의 사망 시까지 후견인이 대신 은행에 가서 대출 연장업무를 할 수 있다.

① 한정치산
② 성년후견
③ 한정후견
④ 특정후견
⑤ 임의후견

99 라이프 이벤트 표에 대한 설명으로 적절하지 않은 것은?

① 고객 자신과 그 가족의 장래 예정이나 희망, 목표 등을 시계열로 나타낸 표이다.
② 라이프 이벤트 표 작성을 통해 고객은 막연하게 생각했던 자신과 가족의 장래 이벤트를 재확인할 수 있고, 지금부터 은퇴 이후까지를 한눈에 파악할 수 있다.
③ 라이프 이벤트 표에 들어가는 내용은 연도, 경과 연수, 가족 이름, 연령, 이벤트, 미래가치로 생각한 예산 혹은 필요 자금 등이다.
④ 표에 자신의 부모나 배우자 부모도 같이 기입하면 부모와의 동거나 간병이 필요한 시기 등도 예측할 수 있다.
⑤ 보험 만기금, 퇴직금, 부모로부터 받은 증여 등 일시적인 수입에 대해서도 기입한다.

100 은퇴설계 제안서 작성 시 주의점으로 적절하지 않은 것은?

① 문장은 읽기 쉽고, 알기 쉽고, 간결하게 작성한다.
② 표나 데이터는 고객에게 설명하기 쉬운 방법을 사용한다.
③ 다양한 대책을 단순히 나열하는 것도 좋은 방법이다.
④ 중요한 부분이나 결론에 대해서는 밑줄이나 색깔로 표시해서 강조한다.
⑤ 중고령자는 작은 글씨는 읽기 어려우므로 글씨를 크게 하는 배려도 잊지 말아야 하며, 항목별로 페이지를 바꿔서 작성한다.

무언가를 위해 목숨을 버릴 각오가
되어 있지 않는 한 그것이 삶의 목표라는
어떤 확신도 가질 수 없다.

-체 게바라-

제2회

실전모의고사

● 문항 및 시험시간 ●

평가영역	문항 수	시험시간	비 고
은행FP 자산관리사 1부	100문항	100분	

제2회 실전모의고사

은행FP 자산관리사 1부

문항수 100문항
응시시간 100분

자산관리 기본지식 (40문항)

01 개인 재무설계의 필요성을 뒷받침하는 배경 중 사회 경제적 배경에 해당하지 않는 것은?

① 자산 및 부채의 증가
② 금융시장 개방 및 국제화
③ 금융상품의 다양화
④ 금융 관련 법규 강화
⑤ 재무설계의 중요성 인식

02 개인 재무설계에 대한 설명으로 적절하지 않은 것은?

① 개인이나 가계의 현재의 재정상태를 검토하고 개인이나 가계가 설정한 재무목표를 달성하기 위해서 개인 및 가계의 재무적 및 비재무적 자원을 적절하게 관리하는 과정을 의미한다.
② 개인 재무설계의 필요성을 뒷받침하는 배경으로는 사회 경제적 배경, 인구 통계적 배경, 소비자의식 변화를 들 수 있다.
③ '생산가능인구/노년인구'의 비율인 노년부양비가 지속적으로 증가하여 사회적 부담이 증대될 것으로 예상된다.
④ 자산관리사의 역할은 개인의 재무설계를 수립하고 재무목표를 달성할 수 있도록 돕는 역할을 한다.
⑤ 자산관리사는 각 금융 분야에 대한 전문지식과 실제 사례에 응용할 수 있는 기술 등 다양한 능력을 갖추고 금융전문가로서의 소임을 수행할 수 있어야 한다.

03 면담준비를 위한 접촉 채널 중 DM의 장점으로 적절하지 않은 것은?

① 심리적 부담을 줄여줌
② 동시에 많은 사람 접촉 가능
③ 유망고객과 만남을 쉽게 함
④ 면담을 매끄럽게 진행 가능하게 해줌
⑤ 고객과의 친밀한 관계를 만들 수 있음

04 최초 면담 시 자산관리사가 활용할 수 있는 유용한 질문 중 문제인식 질문에 해당하지 않는 것은?

① 고객님은 어떤 노후를 보내고 싶으신지요?
② 자녀분의 대학 학자금은 준비되어 있습니까?
③ 사랑하는 자녀를 위해 필요한 교육비는 얼마 정도라고 생각하십니까?
④ 만일 한창 일하실 나이에 고객님이 조기 사망하시거나 큰 병에 걸리신다면 남은 가족들에겐 무슨 일이 생길까요?
⑤ 어떤 상황에서도 가족들의 생활자금이 안전하게 제공될 수 있다면 어떠세요?

05 생애주기 단계에 따른 일반적인 재무관심사가 적절하지 않게 연결된 것은?

① 청년기 - 첫 직장 잡기, 결혼자금 마련 등
② 가족형성기 - 첫 자녀 출생 준비자금 마련, 자동차 구매자금 마련 등
③ 자녀양육기 - 자녀들의 교육자금 및 결혼자금 마련, 주택확장자금 마련 등
④ 가족축소기 - 노후자금 마련, 기타 목적자금 마련 등
⑤ 은퇴 및 노후기 - 노후생활자금 운용, 상속 및 증여에 대한 계획 등

06 다음에서 설명하는 고객 정보수집 방법으로 가장 적절한 것은?

> 고객의 재무적·비재무적 정보를 수집하면서 고객의 인생관이나 성향·경험 등에 대해서 파악할 기회를 가지게 되어 고객을 잘 이해할 수 있고, 이런 과정을 통해 자산관리사와 고객은 더욱 깊은 신뢰감을 쌓게 된다.

① SMS
② 직접 면담
③ 설문서 이용
④ 인터넷
⑤ 전화 면담

07 자산부채상태표에 대한 설명으로 적절하지 않은 것은?

① 자산부채상태표는 일정 기간 고객의 자산, 부채, 순자산 등을 한눈에 보여 준다.
② 자산관리사는 자산부채상태표를 통해 개인자산의 구성, 부채의 규모, 유동성 등을 파악할 수 있다.
③ 자산부채상태표의 자산의 구성은 현금성자산, 금융투자자산, 부동산자산, 개인사용자산으로 분류한다.
④ 금융투자자산이란 금융자산 중에서 투자목적이 6개월 이상인 금융상품의 잔액, 주식, 채권, 뮤추얼 펀드 등을 지칭하는 것으로, 대표적인 금융투자자산으로는 ELS, ELD, ELF 등이 있다.
⑤ 부동산자산이란 투자 목적 또는 거주 목적의 부동산을 모두 포함하는 것으로, 개인이 소유한 토지·주택·아파트 등은 대표적인 부동산자산이다.

08 효과적인 가입제안 및 체결의 자세에 대한 설명으로 적절하지 않은 것은?

① 고객이 가입해야 하는 이유에 대해 논리적으로 설명해야 하며, 감성을 자극하는 스토리텔링은 가급적 삼가야 한다.
② 자산관리사가 금융상품 가입을 강요하는 사람이 아니라 고객의 재무목표 달성에 도움을 주는 전문가라는 신뢰감을 주어야 한다.
③ 고객의 이익에 반하는 결정을 하지 않아야 한다.
④ 무형상품인 금융상품의 특성을 고려하여 가입을 미루거나 거절하는 고객을 설득할 수 있는 거절 처리 기법으로 무장해야 한다.
⑤ 상품 가입 시 고객이 알아야 할 사항에 대해 정확히 안내해야 한다.

09 자산관리사가 다음 사례에서 활용한 계약체결기법이 적절하게 연결된 것은?

> 가. 앞으로 상품의 운용 관련 안내는 이메일로 드리면 될까요?
> 나. 펀드 납부는 월초에 하시겠습니까? 월말에 하시겠습니까?

	가	나
①	묵시적 동의법	양자택일법
②	묵시적 동의법	예화법
③	예화법	손해암시법
④	손해암시법	양자택일법
⑤	손해암시법	묵시적 동의법

10 재무설계 절차 6단계 정기점검 및 사후관리에 대한 설명으로 적절하지 않은 것은?

① 생애주기에 따른 고객의 재무목표를 계획하고 실행하는 재무설계가 효과를 거두려면 정기적인 점검은 필수적 요소이다.
② 고객에 관한 사항으로는 재무목표, 고객 및 가족 신상 변화, 건강상태 및 고객의 수입원 변화 등을 점검한다.
③ 자산관리사는 반드시 고객에게 실행 중인 대안들을 정기적으로 점검하고 있다는 것을 알려주어야 한다.
④ 투자상품으로 재무설계를 실행한 경우에는 가급적 투자 포트폴리오를 변경하지 않는 것이 바람직하다.
⑤ 자산관리사는 정기적으로 고객의 투자 결과를 점검하여 고객의 자신감을 강화시켜 주는 긍정적 피드백과 개선을 요하는 발전적 피드백을 고객의 상황에 맞게 시의적절하게 해 주어야 한다.

11 거시경제에서의 단기와 장기에 대한 설명으로 적절하지 않은 것은?

① 단기에는 가격과 임금이 경직적이다.
② 단기에는 자본, 노동 등 생산요소가 불완전 고용될 수 있다.
③ 장기에는 완전 고용이 달성된다.
④ 장기에는 기술의 변화가 없고, 자본·노동 등 생산요소 총량이 고정되어 있다.
⑤ 최장기에는 기술발전이 가능하지만, 자본·노동 등 생산요소 총량은 고정되어 있다.

12 거시경제의 경제주체와 그 기능이 적절하지 않게 연결된 것은?

① 가계부문 – 생산물시장에서 재화와 용역의 공급
② 기업부문 – 요소시장에서 생산요소의 수요
③ 정부부문 – 가계부문으로부터 조세의 징수
④ 해외부문 – 외환시장과 대부자금시장을 통하여 대부자금의 공급과 수요
⑤ 중앙은행 – 대부자금시장과 외환시장을 통하여 통화량과 이자율의 조절

13 개방경제하의 거시경제 모형의 가정에 대한 설명으로 적절하지 않은 것은?

① 명시적으로 장기라는 언급이 없으면 단기를 가정한다.
② 모든 변수는 명목변수이지만, 물가변동을 고려할 경우 명목변수와 실질변수를 구별한다.
③ 재고, 저축, 투자, 조세, 수입, 수출 등 거시경제 변수들과 정부부문, 중앙은행, 해외부문 등 모형의 구성요소들은 모형에서 언급되지 않을 때에는 없다고 가정한다.
④ 단기에 실물과 화폐의 교환비율은 1:1이라 가정하고 실물의 흐름과 반대방향으로 동액의 화폐의 흐름이 있다.
⑤ 거시경제 변수와 변수의 관계를 설명할 때 설명되는 변수 이외의 다른 변수 등은 일정한 것으로 가정한다.

14 생산물시장의 총공급에 대한 설명으로 적절하지 않은 것은?

① 단기 총공급량은 노동시장에서의 균형고용량에 의해서 결정된다.
② 단기 총공급곡선은 물가와 실질국민소득의 평면에서 우상향의 기울기를 갖는다.
③ 점차 잠재GDP에 근접하거나 초과하여 조업이 이루어질 때 단기 총공급의 물가 탄력성이 커진다.
④ 장기 총공급곡선은 잠재GDP에 상응하는 총공급곡선으로 노동과 자본 등의 생산요소를 완전히 고용하여 달성할 수 있는 최대GDP를 의미한다.
⑤ 물가 이외의 총공급에 영향을 미치는 요인이 변동할 경우 총공급이 변화하여 총공급곡선 자체가 움직인다.

15 단기 총공급곡선이 좌측으로 이동하는 요인에 해당하지 않는 것은?

① 단기 총공급량이 장기 총공급량을 초과할 경우
② 투자를 통한 자본량 증가 또는 질의 향상
③ 기대 인플레이션 상승에 따른 임금 상승
④ 환율 상승에 따른 수입 원자재 등 생산 요소가격 상승
⑤ 부정적 공급충격(자연재해, 석유 등 원자재 공급 애로 등)

16 물가가 하락하면 총수요량이 증가하는 이유로 모두 묶인 것은?

가. 구매력 효과
나. 실질통화 공급 효과
다. 부의 효과
라. 순수출 효과

① 가, 나　　② 가, 다
③ 가, 나, 다　　④ 나, 다, 라
⑤ 가, 나, 다, 라

17 인플레이션에 대한 설명으로 가장 적절한 것은?

① 일회적 물가의 상승은 인플레이션이라고 하지 않는다.
② 과도한 통화공급의 증가, 가계 등에 대한 조세부담의 완화, 가계 및 기업의 긍정적 미래 기대, 환율 상승, 실질이자율의 하락 등이 비용인상 인플레이션의 발생 원인이 될 수 있다.
③ 실질국민소득이 증가하면서 물가가 상승하는 것을 스태그플레이션이라고 한다.
④ 잠재GDP의 성장 속도가 통화량 증가 속도보다 빠를 때 인플레이션이 발생하게 된다.
⑤ 예기치 못한 인플레이션의 경우 채무자로부터 채권자에게 또는 기업가로부터 노동자에게 부가 재분배된다.

18 자연실업률에 대한 설명으로 적절하지 않은 것은?

① 자연실업률 수준에서는 마찰적 실업이나 구조적 실업이 없이 계절적 실업과 경기적 실업만 존재한다.
② 장기필립스곡선은 인플레이션율과 실업률의 평면에서 자연실업률 수준에서 수직의 형태를 갖는다.
③ 자연실업률 이하로 실업률을 감소시키기 위한 정부의 정책은 단기적으로 유효할 수 있으나 장기적으로는 무용하다.
④ 노동시장의 신축성과 효율성의 개선을 가져오는 구조적 정책에 의해서만 변화될 수 있는 실업률이다.
⑤ 완전고용하에서의 실업률이다.

19 재정정책에 대한 설명으로 적절하지 않은 것은?

① 재정정책은 경제안정화, 소득재분배, 시장가격 기구에 의한 자원배분의 결점을 보완하는 자원 배분 기능을 한다.
② 재량적 재정정책은 비재량적 재정정책에 비해 파급효과가 큰 것이 일반적이다.
③ 자금 조달을 위한 국채를 중앙은행이 인수할 경우 민간부문의 소비지출과 투자지출이 감소하는 구축효과가 발생한다.
④ 재정지출 확대의 재원을 조세를 통하여 조달할 경우 가계의 가처분소득이 감소하므로 소비가 감소하게 된다.
⑤ 경제 기조 변동에 반응해서 재정정책을 변경하는 데 소요되는 시간은 통상 통화정책에 비해 긴 편이다.

20 본원통화 증가 요인으로 모두 묶인 것은?

> 가. 재화와 용역의 매도
> 나. 국채, 주식 등 금융자산의 매입
> 다. 외환의 매도
> 라. 은행 등 금융기관에의 대출

① 가, 다
② 나, 라
③ 가, 다, 라
④ 나, 다, 라
⑤ 가, 나, 다, 라

21 통화정책의 수단 중 통화량을 늘리기 위한 정책 수단에 해당하지 않는 것은?

① 지급준비율 인하
② 공개시장에서 국공채 매입
③ 중앙은행의 통화안정증권 발행
④ 중앙은행의 대출금리 인하
⑤ 외환시장에서 외환 매입

22 환율 상승 요인으로 가장 적절한 것은?

① 거주자의 해외 주식투자의 증가
② 국내 외국관광객의 증가
③ 국내로부터 해외 수출의 증가
④ 비거주자의 국내 채권투자 증가
⑤ 중앙은행의 외환 매도

23 가계소비에 영향을 미치는 부정적 외부충격이 발생한 경우 일어나는 연쇄반응으로 적절하지 않은 것은?

① 재화/용역가격 상승
② 기업투자지출 감소
③ 자산가격 하락 → 소비지출 감소
④ 임금 하락/임금상승률 하락
⑤ 재정적자

24 경기종합지수(CI) 구성지표 중 선행종합지수에 속하는 것은?

① 취업자수
② 재고순환지표
③ 소매판매액지수
④ CP유통수익률
⑤ 수입액

25 경기예측에 대한 설명으로 가장 적절한 것은?

① 개별경제지표를 이용하는 방법은 객관적인 관점에서 부문별 경기동향을 파악하는 데 유용하다.
② 경기종합지수는 경기변동의 단기예측이 가능하나, 장기적인 경기추세와 경기의 움직임을 포함하지 않고 있어 이를 감안하여 이용하여야 한다.
③ 설문조사에 의한 경기예측 방법은 결과치의 해석이 상대적으로 객관적이다.
④ 시계열모형을 이용한 예측은 지표에 영향을 미치는 경제 환경의 영향을 설명할 수 없으며, 이론적 근거가 취약하기 때문에 정책효과를 정교하게 측정하는 데에는 제약이 있다.
⑤ 거시계량경제모형은 오차가 발생하지 않고 정교한 정책효과 측정이 가능하다.

26 담보물권에 해당하는 것으로 모두 묶인 것은?

> 가. 지상권
> 나. 지역권
> 다. 전세권
> 라. 유치권
> 마. 저당권

① 라
② 나, 라
③ 라, 마
④ 가, 나, 라
⑤ 다, 라, 마

27 다음에서 설명하고 있는 기본물권으로 가장 적절한 것은?

> 계속적인 거래관계로부터 발생·소멸하는 불특정 다수의 장래 채무를 결산기에 계산한 후 잔존하는 채무를 채권 최고액의 범위 내에서 담보하는 기본물권으로, 일정한 범위에 속하는 불특정의 채권을 일정한 최고액을 한도로 담보하기 위하여 설정된다.

① 지상권
② 유치권
③ 질권
④ 저당권
⑤ 근저당권

28 채권의 소멸원인에 대한 설명으로 가장 적절한 것은?

① 변제란 채무의 중요한 부분을 변경함으로써 신채무를 성립시키는 동시에 구채무를 소멸시키는 계약이다.
② 공탁이란 채권과 채무가 동일인에게 귀속하는 사실이다.
③ 상계란 채권자와 채무자가 서로 같은 종류를 목적으로 하는 채권·채무를 가지고 있는 경우에 그 채무들을 대등액에서 소멸하게 하는 단독행위이다.
④ 경개라 함은 채무자가 채무의 목적물에 갈음하여 다른 물건으로 채무를 소멸시키는 변제당사자 사이의 계약을 말한다.
⑤ 면제란 채무자가 채무의 내용인 급부를 실현하는 것을 말한다.

29 상법상 다음에서 설명하고 있는 회사의 종류로 가장 적절한 것은?

> 회사채무에 대해서 무한·직접·연대책임을 부담하며, 회사의 업무집행권과 대표권을 가지는 무한책임사원만으로 구성된 회사형태이다. 기본적 사항의 결정에는 총사원의 동의가 필요하고, 다른 사원의 동의 없이는 지위를 양도할 수 없다.

① 합명회사
② 합자회사
③ 유한책임회사
④ 무한회사
⑤ 주식회사

30 현금입금의 경우 예금계약의 성립시기로 가장 적절한 것은?

① 예금자가 예금의 의사표시와 함께 제공한 금전을 은행직원이 예금자가 청약한 금액과 일치함을 확인한 때
② 예금원장에 입금의 기록이 된 때
③ 은행이 그 증권을 교환에 돌려 부도반환시간이 지나고 결제를 확인한 때
④ 지급제시기간 안에 사고신고가 없으며 결제될 것이 틀림없음을 은행이 확인하고 예금원장에 입금기장을 마친 때
⑤ 거래 지시된 금액의 정보에 대하여 수취인의 계좌가 개설되어 있는 금융회사의 계좌원장에 입금기록이 끝난 때

31 대출계약의 성립시기로 가장 적절한 것은?

① 차주가 차입신청서를 제출한 때
② 은행이 융자결정을 통지한 때
③ 차주가 금전소비대차약정서를 작성하여 은행에 제출하고 은행이 이를 이의 없이 수리한 때
④ 은행이 근저당권설정등기를 마친 때
⑤ 은행이 대출금을 지급한 때

32 상계의 요건에 대한 적절한 설명으로 모두 묶인 것은?

> 가. 동종의 채권과 서로 대립하고 있지 않을 것
> 나. 상계를 하는 자의 채권인 자동채권과 상계를 당하는 자의 채권인 수동채권 모두 변제기에 있을 것
> 다. 채권의 성질상 상계가 허용될 것
> 라. 서면에 의한 상계 통지를 할 것

① 가, 다
② 나, 라
③ 가, 나, 다
④ 나, 다, 라
⑤ 가, 나, 다, 라

33 신탁에 대한 설명으로 적절하지 않은 것은?

① 신탁은 위탁자와 수탁자 간의 신탁계약에 의해 설정되는 것이 일반적이다.
② 신탁법과 자본시장법이 충돌하는 경우에는 일반법인 자본시장법이 우선하여 적용된다.
③ 수탁자란 위탁자로부터 재산권의 이전, 기타 처분을 받아 특정의 목적에 따라 그 재산의 관리 또는 처분을 하는 자를 말한다.
④ 신탁재산에 속하는 금전관리에 관해 신탁계약에서 정한 바가 없다면 수탁자는 국채·지방채 또는 특별법에 따라 설립된 법인의 사채의 응모·인수·매입 또는 이를 담보로 하는 대부 및 은행 예금, 우체국 예금으로 운용하여야 한다.
⑤ 신탁계약에 의하여 수익자로 지정된 자는 별도의 수익의 의사표시 없이 신탁행위의 효력 발생 시점에 당연히 수익권을 취득한다.

34 혼인 및 재산의 귀속·관리에 대한 설명으로 적절하지 않은 것은?

① 혼인은 민법상 계약에 해당하므로, 혼인이 성립하기 위해서는 당사자의 합의와 법률에 정한 바에 의하여 신고하여야 한다.
② 민법은 부부재산의 귀속에 관하여 별산제를 채용하고 있다.
③ 부부의 일방이 혼인 전부터 가진 고유재산은 그의 특유재산으로 한다.
④ 부부의 일방이 혼인 중 자기의 명의로 취득한 재산은 부부의 공유재산으로 한다.
⑤ 부부 중 누구에게 속하는 것인지 분명하지 않은 재산은 부부의 공유로 추정한다.

35 친권에 대한 설명으로 적절하지 않은 것은?

① 법정대리인인 친권자는 자녀의 재산에 관한 법률행위에 대하여 그 자녀를 대리한다.
② 친권자가 미성년인 자녀와 이해상반되는 행위를 특별대리인에 의하지 않고 대리하여 한 경우, 그 행위는 무권대리행위로서 무효이다.
③ 친권의 행사는 부모가 혼인 중인 때에는 부모가 공동으로 하여야 하고, 부모의 일방이 친권을 행사할 수 없을 때에는 다른 일방이 이를 행사한다.
④ 부모의 의견이 일치하지 않는 경우에는 당사자의 청구에 의하여 가정법원이 친권의 행사방법을 정한다.
⑤ 부모가 협의이혼을 한 경우에는 가정법원이 선임한 특별대리인의 직권으로 친권자를 지정하여야 한다.

36 후견에 대한 설명이 적절하게 연결된 것은?

> 가. 질병·장애·노령·그 밖의 사유로 인한 정신적 제약으로 사무를 처리할 능력이 부족한 때에 활용할 수 있는 제도이며, 원칙적으로 피후견인은 홀로 유효한 법률행위를 할 수 있다. 다만 후견인은 법원이 정해 준 범위 내에서 피후견인을 대리하며 그 범위 내에서 취소권 등을 갖게 된다.
> 나. 질병·장애·노령·그 밖의 사유로 인한 정신적 제약으로 일시적 후원 또는 특정한 사무에 관한 후원이 필요한 경우에 활용할 수 있는 제도이다. 피후견인은 홀로 유효한 법률행위를 할 수 있고 후견인은 법원이 정해 준 범위 내에서 대리권을 갖는다. 다만 피후견인이 후견인의 대리를 통하지 않고 법률행위를 한 경우 후견인은 취소할 수 없다.

	가	나
①	성년후견	특정후견
②	한정후견	특정후견
③	한정후견	임의후견
④	특정후견	한정후견
⑤	특정후견	임의후견

37 사람이 사망한 경우에 유가족이 다음과 같은 경우 상속인의 순위 중 제1순위에 해당하는 것은?

> 자녀 A, 손자녀 B, 증손자녀 C, 형제 D, 자매 E

① 자녀 A
② 손자녀 B
③ 증손자녀 C
④ 형제 D
⑤ 자매 E

38 민법이 정하는 유언의 방식이 아닌 것으로 모두 묶인 것은?

> 가. 자필증서 유언
> 나. 녹음 유언
> 다. 공정증서 유언
> 라. 비밀증서 유언
> 마. 구수증서 유언

① 없음
② 마
③ 나, 마
④ 나, 다, 라
⑤ 가, 나, 라, 마

39 합병의 효력이 발생하는 시기로 가장 적절한 것은?

① 이사회가 결의한 때
② 합병계약서를 작성한 때
③ 합병대차대조표를 공시한 때
④ 주주총회에서 합병승인을 결의한 때
⑤ 신설회사의 본점소재지에서 설립등기를 한 때

40 개인회생제도에 대한 설명으로 적절하지 않은 것은?

① 채무자에게 일정한 수입이 있는 것을 전제로 채무자가 원칙적으로 3년 이내(단, 특별한 사정이 있는 때에는 5년)에 원금의 일부를 변제하면 나머지를 면책받을 수 있게 하는 제도이다.
② 개인회생 절차는 채무자와 채권자가 신청할 수 있다.
③ 무담보채무는 10억원, 담보채무는 15억원 이하의 경우에만 개인회생을 신청할 수 있다.
④ 국세징수법 또는 지방세기본법에 의한 체납처분, 국세징수의 예에 의한 체납처분 또는 조세채무담보를 위하여 제공된 물건의 처분 중지기간 중에는 시효는 진행되지 않고, 개인회생절차 개시의 신청이 기각되면 중지된 절차는 속행된다.
⑤ 법원은 신청일부터 1월 이내에 개인회생절차의 개시 여부를 결정하여야 한다.

세무설계 (40문항)

41 소득세법상 거주자에 대한 다음 설명 중 ㈎에 공통적으로 들어갈 내용으로 가장 적절한 것은?

> 국내에 주소를 두거나 (가) 이상 거소를 둔 개인을 거주자라 한다. 세법상 거주자는 국적의 유무와는 관계가 없다. 비록 외국인이라고 하더라도 국내에 주소를 두거나 1 과세기간 동안 국내에 (가) 이상 거소를 두면 거주자가 된다.

① 30일
② 60일
③ 90일
④ 183일
⑤ 365일

42 소득세법상 분류과세되는 소득으로 모두 묶인 것은?

① 종합소득, 퇴직소득, 양도소득
② 이자소득, 배당소득
③ 사업소득, 근로소득
④ 퇴직소득, 연금소득
⑤ 양도소득, 기타소득

43 종합소득세 분납과 중간예납에 대한 설명으로 적절하지 않은 것은?

① 자진납부할 세액 또는 중간예납세액이 1천만원을 초과하는 경우에는 납부할 세액의 일부를 납부기한이 지난 후 2개월 이내에 분할납부할 수 있다.
② 납부할 세액이 2천만원 이하인 경우에는 전액 분할납부할 수 있다.
③ 납부할 세액이 2천만원을 초과하는 경우에는 50/100 이하의 금액을 분할납부할 수 있다.
④ 종합소득이 있는 거주자는 1월 1일부터 6월 30일까지의 기간을 중간예납기간으로 한다.
⑤ 중간예납은 전년도의 종합소득에 대한 소득세의 1/2에 상당하는 금액을 11월 30일까지 납부하여야 한다.

44 소득세에 대한 설명으로 적절하지 않은 것은?

① 우리나라 국적을 갖고 있는 자라도 비거주자가 될 수 있다.
② 비거주자의 기본공제는 본인공제만 인정되며, 특별소득공제는 인정되지 않는다.
③ 종합소득세 최고세율은 45%이다.
④ 자진납부할 세액이 1,500만원인 경우에는 분납이 허용되지 않는다.
⑤ 신용카드 등 사용금액 소득공제는 근로자를 대상으로 하며, 일용근로자는 제외된다.

45 금융소득종합과세에 대한 설명으로 적절하지 않은 것은?

① 채권이자에 대하여는 채권의 만기 시 최종소지자에게만 과세한다.
② 매번 금융회사에서 이자소득이나 배당소득을 수령할 때에 원천징수당한 세액은 종합과세 신고 시 기납부세액을 공제해 준다.
③ 2천만원까지는 14%의 원천징수세율로 분리과세하고 2천만원 초과 금융소득만 다른 종합소득과 합산하여 종합과세된다.
④ 비과세저축과 분리과세저축은 금융소득종합과세 기준금액을 따질 때에 제외된다.
⑤ 금융소득의 수입시기란 이자·배당소득의 귀속연도를 결정하는 시기를 말한다.

46 이자소득의 종류에 해당하지 않는 것은?

① 예금의 이자와 할인액
② 채권 또는 증권의 환매조건부 매매차익
③ 직장공제회 초과반환금
④ 비영업대금의 이익
⑤ 국내 또는 국외에서 받는 집합투자기구로부터의 이익

47 배당소득의 Gross-up에 대한 설명으로 적절하지 않은 것은?

① Gross-up율 10%에 해당하는 금액을 배당소득에 더해 주고 같은 금액을 다시 배당세액공제 해주면 이중과세가 조정되는 것이다.
② Gross-up하여 배당세액공제를 받기 위해서는 종합과세되는 배당소득이어야 한다.
③ Gross-up하여 배당세액공제를 받기 위해서는 내국법인으로부터 법인세가 과세된 소득을 재원으로 하는 배당소득이어야 한다.
④ 종합과세 기준금액을 산정할 때 이자소득과 배당소득이 함께 있는 경우에는 배당소득부터 먼저 합산한다.
⑤ 종합과세 기준금액을 산정할 때 배당소득 중에서는 세액공제대상이 아닌 배당소득을 먼저 합산한다.

48 금융소득에 대한 원천징수세율이 적절하지 않게 연결된 것은?

① 비영업대금의 이익 : 20%
② 출자공동사업자의 배당소득 : 25%
③ 직장공제회 초과반환금 : 기본세율(6~45%)로 분리과세
④ 금융회사가 지급하는 비실명금융소득 : 90%
⑤ 비금융회사가 지급하는 비실명금융소득 : 45%

49 다음 자료를 토대로 계산한 홍범도씨의 종합소득에 대한 산출세액으로 가장 적절한 것은?

- 정기예금이자 : 3,000만원
- 현금배당(국내상장주식) : 3,000만원
- 종합소득공제 : 600만원

[종합소득세 기본세율]

과세표준	세 율	누진공제액
1,400만원 이하	6%	—
1,400만원 초과 5,000만원 이하	15%	126만원
5,000만원 초과 8,800만원 이하	24%	576만원

① 429만원
② 555만원
③ 709만원
④ 835만원
⑤ 840만원

50 부동산소득이 있는 비거주자로서 당해 부동산소득과 실질적으로 관련된 금융소득 1,500만원에 대한 과세방법을 설명한 것으로 가장 적절한 것은?

① 금융소득이 2천만원을 초과하지 않더라도 종합과세한다.
② 금융소득이 2천만원에 미달하므로 분리과세한다.
③ 한국과 당해 비거주자의 국가 간에 조세협약이 체결되어 있는 경우 제한세율이 우선 적용된다.
④ 한국과 당해 비거주자의 국가 간에 조세협약이 체결되어 있지 않은 경우 20%의 국내원천징수세율이 적용된다.
⑤ 14%의 원천징수세율이 적용된다.

51 금융소득종합과세 절세전략으로 적절하지 않은 것은?

① 비과세저축과 분리과세저축의 가입요건을 확인하고 이에 해당되는 경우에는 이를 최대한 활용하여야 한다.
② 예금 등 금융자산을 미리 가족에게 분산 증여하면 금융소득종합과세의 누진과세 부담도 피할 수 있다.
③ 금융소득을 어느 한 해에 편중시켜 수입시기를 집중화할 필요가 있다.
④ 정보가 부족한 개인이 가격하락 등의 리스크를 우려해서 주식시장에서 직접 주식 등을 매매하기 어려운 경우 증권회사 등의 주식형펀드에 가입하면 금융자산 분산효과와 절세효과를 기대할 수 있다.
⑤ 장기간 자금을 투자할 여유가 있는 경우라면 보험차익이 비과세되는 장기저축성보험을 활용하는 것도 절세방법이 될 수 있다.

52 20×2년 3월 3년 만기 정기예금에 가입하여 20×5년 3월 이자 4,000만원을 한꺼번에 찾을 경우 이자소득의 과세방법에 대한 설명으로 가장 적절한 것은?

① 정기예금에 가입한 20×2년도의 소득으로 보아 종합과세한다.
② 이자를 수령하는 20×5년도의 소득으로 보아 종합과세한다.
③ 3년으로 나누어 각각 해당 연도의 소득으로 분리과세한다.
④ 장기간에 걸쳐 발생한 소득이므로 분류과세한다.
⑤ 해당 이자소득을 계좌에서 인출하는 연도에 귀속되는 소득으로 종합과세한다.

53 양도소득세 과세대상에 해당되지 않는 것은?

① 지상권
② 등기된 부동산임차권
③ 부동산을 취득할 수 있는 권리
④ 영업권
⑤ 특정시설물 이용권

54 다음 자료를 토대로 부동산 양도거래의 양도 또는 취득의 시기로 가장 적절한 것은?

- 부동산 매매계약 체결일 : 20××년 7월 30일
- 계약서상 기재된 잔금청산약정일 : 20××년 8월 17일
- 실지로 잔금을 수수한 날 : 20××년 8월 27일
- 소유권이전등기 접수일 : 20××년 9월 17일

① 7월 30일
② 8월 17일
③ 8월 27일
④ 9월 17일
⑤ 12월 31일

55 서형록씨가 2년 전 2억원에 취득한 상가분양권을 2.7억원에 양도하였다. 양도 시 100만원의 양도비가 발생하였을 경우 양도소득금액으로 가장 적절한 것은?

① 6,650만원
② 6,750만원
③ 6,900만원
④ 7,000만원
⑤ 7,100만원

56 거주자 고승완씨가 금년 중 자신이 보유하던 토지를 1억원, 비상장주식을 3억원에 양도하였을 경우 올해 적용할 수 있는 양도소득 기본공제액으로 가장 적절한 것은? (금년 중 위 양도 외에는 다른 양도는 없었음)

① 100만원
② 200만원
③ 250만원
④ 400만원
⑤ 500만원

57 금년 4월 5일 아버지가 성년 자녀에게 부동산을 부담부증여한 경우 양도소득세 예정신고기한으로 가장 적절한 것은?

① 금년 6월 30일
② 금년 7월 31일
③ 금년 8월 31일
④ 금년 12월 31일
⑤ 익년 5월 31일

58 소득세법상 양도소득세 과세대상에 해당하는 것은?

① 무상으로 사실상 이전하는 미등기 자산
② 부담부증여에 있어 수증자가 부담하는 채무액에 해당하는 부분
③ 파산선고에 의한 처분으로 발생하는 소득
④ 농지의 교환 또는 분합으로 발생하는 소득
⑤ 경계의 확정으로 지적 공부상의 면적이 감소되어 지급받는 조정금

59 1세대 1주택의 양도 시 비과세에 대한 설명으로 적절하지 않은 것은?

① 소득세법상 양도가액 12억원 초과 고가주택에 해당하는 경우에는 2년 이상 보유한 1세대 1주택에 해당한다 하더라도 양도소득세를 전부 비과세하는 것이 아니고 일정부분에 대해서는 양도소득세를 과세한다.
② 1세대는 거주자 및 그 배우자가 그들과 동일한 주소 또는 거소에서 생계를 같이하는 가족과 함께 구성하는 하나의 생활단위를 말하며, 법률상 이혼하였으나 생계를 같이하는 등 사실상 이혼한 것으로 보기 어려운 경우를 포함한다.
③ 원칙적으로 배우자가 없는 때에는 1세대로 인정되지 않지만, 배우자가 사망하거나 이혼한 경우에는 예외적으로 1세대로 인정한다.
④ 일반적으로 주거용으로 사용하는 건물을 주택이라 하며, 주택 여부의 판정은 공부상의 용도에 불구하고 실제용도에 따라 판정한다.
⑤ 상속받은 주택과 일반주택을 국내에 각각 1개씩 소유하고 있는 1세대가 상속주택을 양도하는 경우 1세대 1주택 양도세 비과세 규정을 적용한다.

60 양도소득세 감면 대상에 해당하지 않는 것은?

① 8년 이상 자경농지에 대한 감면
② 농지의 대토
③ 비사업용 토지 등의 양도
④ 개발제한구역 내 토지 양도 시 양도소득세 감면
⑤ 장기일반 민간임대주택 등에 대한 양도소득세 지원

61 민법상 상속에 대한 다음 설명 중 (가)에 들어갈 내용으로 가장 적절한 것은?

> 상속재산의 구성이 적극적 재산보다 소극적 재산(채무)이 많은 때에 상속인의 의사를 무시하고 상속인에게 포괄승계되는 경우 상속인이 피해를 입을 수 있으므로, 이 같은 경우 상속인을 보호하는 제도를 두고 있다. (가)은 상속재산의 한도 내에서 피상속인의 채무와 유증을 변제할 것을 조건으로 상속하는 것을 말한다.

① 대습상속
② 특정적 유증
③ 단순승인
④ 한정승인
⑤ 상속의 포기

62 피상속인(거주자)이 사망하여 상속이 개시되었을 경우 상속세 과세가액 계산에 포함되지 않는 것은?

① 피상속인 명의의 차명예금으로 피상속인이 단순히 명의만 빌려준 것이 명백하게 확인되는 경우
② 피상속인이 사망하기 10년 이내에 상속인에게 미리 증여한 재산
③ 피상속인의 사망으로 인하여 받는 생명보험의 보험금으로서 피상속인이 부담한 보험료에 해당하는 보험금
④ 피상속인이 위탁한 신탁재산으로 명목상의 소유권은 수탁자에게 있으나 실질적인 소유권은 위탁자인 피상속인에게 있는 경우
⑤ 상속개시일 전 1년 이내에 피상속인의 재산에서 인출한 금액이 2억원 이상으로서 그 용도가 객관적으로 명백하지 아니한 금액

63 다음 자료를 토대로 거주자 박군씨의 사망으로 인하여 받는 생명보험의 보험금 중 상속재산으로 간주되는 보험금으로 가장 적절한 것은?

- 계약자 및 수익자 : 자녀 박소진
- 피보험자 : 부친 박군
- 사망보험금 : 10억원
- 총 납입보험료 : 5천만원
※ 납입보험료 중 50%는 부친 박군씨가 납부하였음

① 0원
② 3억원
③ 5억원
④ 8억원
⑤ 10억원

64 거주자 A씨가 상속개시일 전 2년간 처분한 자산 내역이 다음과 같을 때 상속재산에 가산되는 추정상속재산가액으로 적절한 것은?

A씨 소유 재산에 대한 처분일 및 처분내역
- 사망 2년 이내 주식 처분으로 인한 실제 수입금액 3억원(전액 용도불명)
- 사망 1년 이내 아파트 처분으로 인한 실제 수입금액 5억원(사용처 소명액 1억원)

① 0원
② 1억원
③ 3억원
④ 5억원
⑤ 8억원

65 다음 자료에 의하여 계산한 거주자 김은영씨의 배우자상속공제액으로 가장 적절한 것은? (단, 상속인으로는 배우자 및 자녀 2인이고 배우자는 '배우자상속재산 분할기한' 내에 신고 예정)

- 본래의 상속재산가액 : 30억원
- 배우자가 실제 상속받은 금액 : 20억원
※ 피상속인은 사망 5년 전에 배우자에게 현금 5억원을 증여하였음

① 5억원
② 10억원
③ 15억원
④ 20억원
⑤ 30억원

66 동거주택 상속공제와 금융재산 상속공제의 최고 한도가 적절하게 연결된 것은?

	동거주택 상속공제	금융재산 상속공제
①	5억원	1억원
②	5억원	2억원
③	6억원	1억원
④	6억원	2억원
⑤	7억원	10억원

67 금융재산 상속공제 대상 금융재산에 해당하지 않는 것은?

① 금전신탁재산
② 공제금
③ 수익증권
④ 출자지분
⑤ 자기앞수표

68 상속세 과세표준에 대한 설명으로 적절하지 않은 것은?

① 과세표준이 50만원 미만이면 상속세를 부과하지 아니한다.
② 비거주자는 기초공제 외의 다른 상속공제는 허용되지 않는다.
③ 자녀공제에서 자녀는 친생자뿐만 아니라 양자와 태아도 포함된다.
④ 기초공제와 기타인적공제의 합계액이 5억원에 미달하는 경우에는 일괄공제 5억원을 선택할 수 있다.
⑤ 다른 공동상속인의 상속포기 등으로 배우자가 단독으로 상속받는 경우에는 일괄공제를 선택할 수 없다.

69 거주자 서형록씨가 사망하면서 상속재산을 상속인이 아닌 조카 손정윤씨에게 전액 유증하였을 경우 상속공제액으로 가장 적절한 것은?

① 0원
② 2억원
③ 3억원
④ 5억원
⑤ 10억원

70 상속세의 신고와 납부에 대한 설명으로 적절하지 않은 것은?

① 상속세 납부의무가 있는 상속인 또는 수유자는 상속개시일이 속하는 달의 말일로부터 6월(피상속인 또는 상속인이 외국에 주소를 둔 경우에는 9월) 이내에 상속세 과세가액 및 과세표준을 납세지 관할 세무서장에게 신고하고 세액을 자진납부하여야 한다.
② 상속세의 납부세액이 1천만원을 초과하는 경우에는 납부기한 경과 후 2개월 내에 분납을 허용하고 있다.
③ 분납을 신청한 경우에는 연부연납을 신청할 수 없다.
④ 연부연납은 납세담보를 제공하여야 하며, 연부연납금액에 대한 별도의 가산금을 납부할 필요는 없다.
⑤ 상속재산 중 부동산과 유가증권의 가액이 상속재산가액의 1/2을 초과하고 상속세 납부세액이 2천만원을 초과하며, 상속받은 금융재산이 상속세 납부세액에 미달하는 경우 세무서장의 허가를 받아 물납을 할 수 있다.

71 증여세 납세의무에 대한 다음 설명 중 (가)~(나)에 들어갈 내용이 적절하게 연결된 것은?

- 국제조세조정에 관한 법률에 의하여 거주자가 비거주자에게 국외재산을 증여하는 경우에는 (가)가 증여세 납부의무를 진다.
- 증여세는 원칙적으로 (나)가 납세의무자이다. 그러나 명의신탁재산의 증여의제에 해당하는 경우에는 (나)가 아닌 (가)가 해당 재산에 대하여 증여세를 납부할 의무가 있다.

	가	나
①	증여자	증여자
②	증여자	수증자
③	증여자	수유자
④	수증자	증여자
⑤	수증자	수증자

72 증여세 과세가액과 합산배제 증여재산에 대한 적절한 설명으로 모두 묶인 것은?

> 가. 증여세 과세가액은 증여일 현재 상증법상 증여재산가액을 합한 금액에서 증여재산에 담보된 채무의 가액을 뺀 금액으로 하지만, 합산배제 증여재산은 제외한다.
> 나. 재산취득 후 해당 재산가치 증가에 따른 이익은 합산배제 증여재산에 해당한다.
> 다. 명의신탁재산의 증여의제는 합산배제 증여재산에 해당한다.
> 라. 합산배제 증여재산은 모두 당해 재산의 증여 이후의 후발사건 때문에 발생한 증여이익으로서 증여자 및 그 원천을 구별하기 어려우므로 개별 건별로 과세하기 위함이다.

① 가, 나
② 다, 라
③ 가, 나, 다
④ 나, 다, 라
⑤ 가, 나, 다, 라

73 김밝은씨는 토지(시가 12억원, 취득가액 6억원)를 장남인 김세진씨에게 증여하고자 한다. 그런데 김밝은씨는 토지를 담보로 은행으로부터 4억원의 차입을 하였으며, 이자만 내고 있고 아직 원금을 갚지 않은 상태이다. 김밝은씨가 장남에게 은행차입금까지 포함하여 증여하고자 할 경우에 대한 설명으로 가장 적절한 것은? (계산의 편의상 필요경비는 없는 것으로 가정)

① 수증자가 증여를 받는 동시에 일정한 부담, 즉 일정한 급부를 하여야 할 채무를 부담하는 것을 부관으로 하는 증여를 재차증여재산이라 한다.
② 직계존비속 간의 증여이므로 계약서 등 채무사실 입증 절차 없이 채무를 인수한 것으로 본다.
③ 김세진씨의 증여세과세가액 계산 시 토지의 재산가액은 취득가액으로 계산한다.
④ 김세진씨가 채무를 인수한 것으로 보는 경우 김세진씨의 증여세 과세가액은 8억원이다.
⑤ 김세진씨가 채무를 인수한 것으로 보는 경우 김밝은씨는 토지를 증여하면서 채무를 면제받았으므로 토지가액 4억원에 대해서만큼은 유상이전에 해당하므로 양도세 과세대상이다.

74 비상장주식의 상장에 따른 증여에 대한 다음 설명 중 (가)~(다)에 들어갈 내용으로 가장 적절한 것은?

> 비상장기업의 최대주주가 그 기업의 내부정보를 이용해 상장추진 중에 있는 비상장주식을 자녀 등 특수관계자에게 미리 증여하여 상장에 따른 시세차익을 얻은 경우에 적용된다. 상장 후 (가)이 되는 시점의 실제주식가액과 당초 증여가액을 비교하여 (나) 이상 차이가 나거나 (다) 이상의 차이가 발생하는 경우 그 차액에 대하여 증여세를 과세한다. 증여가액을 산정함에 있어서 기업가치의 실질적인 증가로 인한 것은 차감하여 계산한다.

	가	나	다
①	1월	10%	1억원
②	2월	20%	2억원
③	2월	30%	3억원
④	3월	20%	2억원
⑤	3월	30%	3억원

75 김세진씨(25세)가 직계존속으로부터 다음과 같이 증여받은 경우에 대한 설명으로 가장 적절한 것은?

> 〈수증내역〉
> • 부친으로부터 5년 전 1억원 수증
> • 모친으로부터 4년 전 1억원 수증
> • 조부로부터 3년 전 1억원 수증

① 부친·모친으로부터의 수증액은 동일인으로 보아 합산과세하고, 조부로부터의 증여액은 합산과세하지 않는다.
② 부친, 모친, 조부로부터의 수증액을 각각 별개로 증여세를 계산한다.
③ 부친, 모친, 조부를 모두 동일인으로 보아 수증액을 합산하여 세금을 계산한다.
④ 부친·모친으로부터 받은 수증액에 대하여는 합하여 5천만원의 증여공제가 가능하고, 조부로부터 받은 수증액에 대하여도 별도로 5천만원의 증여공제가 가능하다.
⑤ 부친, 모친, 조부로부터 받은 수증액에 대하여 각각 5천만원씩의 증여공제가 가능하다.

76 상증법상 상장(코스닥)주식 및 출자지분에 대한 평가원칙을 설명한 것이다. (가)에 들어갈 내용으로 가장 적절한 것은?

> 평가기준일 전후 (가) 간에 공표된 한국거래소 종가평균액

① 1개월
② 2개월
③ 3개월
④ 6개월
⑤ 1년

77 재산세에 대한 설명으로 적절하지 않은 것은?

① 재산세 과세기준일(매년 6월 1일) 현재 토지, 건축물, 주택, 선박 및 항공기를 사실상 보유하고 있는 자는 재산세를 납부할 의무가 있다.
② 주택은 재산세 산출세액의 1/2은 매년 7월 16일부터 7월 31일까지 1차로 납부하고, 나머지 1/2의 세액은 매년 9월 16일부터 9월 30일까지 납부한다.
③ 주택에 대한 재산세 부과세액이 50만원 이하인 경우에는 7월 16일부터 7월 31일까지로 하여 한꺼번에 부과·징수할 수 있다.
④ 주택 외의 건물은 매년 7월 16일부터 7월 31일까지 산출세액의 100%를 한꺼번에 납부한다.
⑤ 주택 부속토지 외의 토지는 매년 9월 16일부터 9월 30일까지 산출세액의 100%를 한꺼번에 납부한다.

78 재산세 세부담 상한선에 대한 다음 설명 중 (가)에 들어갈 내용으로 가장 적절한 것은?

> 해당 재산에 대한 재산세 산출세액이 직전 연도의 해당 재산에 대한 재산세 상당액의 (가)를 초과하는 경우에는 (가) 해당금액을 당해 연도에 징수할 세액으로 한다.

① 105%
② 110%
③ 120%
④ 130%
⑤ 150%

79 종합부동산세 과세대상 과세기준금액이 적절하게 연결된 것은?

	주택	종합합산과세 대상 토지	별도합산과세 대상 토지
①	5억원	9억원	12억원
②	5억원	12억원	80억원
③	9억원	5억원	80억원
④	9억원	12억원	80억원
⑤	12억원	5억원	9억원

80 과세기준일 현재 단독명의 1세대 1주택자의 주택분 종합부동산세에 대한 고령자 세액공제와 장기보유세액공제의 중복 공제율 합계 최대한도로 가장 적절한 것은?

① 50%
② 60%
③ 70%
④ 80%
⑤ 90%

보험 및 은퇴설계 (20문항)

81 위험의 구분 중 치명적 위험에 해당하지 않는 것은?

① 조기사망
② 장기생존
③ 주택의 화재
④ 배상책임위험
⑤ 실 업

82 보험의 기본 원칙에 해당하지 않는 것은?

① 수지상등의 원칙
② 급부반대급부 균등의 원칙
③ 대수의 법칙
④ 실손보상의 원칙
⑤ 보험료불가분의 원칙

83 보험계약의 주요 특성에 해당하지 않는 것은?

① 선의계약
② 불요식 낙성계약
③ 유상 쌍무계약
④ 사행계약
⑤ 부합계약

84 다음에서 설명하는 생명보험 상품으로 가장 적절한 것은?

> 암 · 심근경색 · 뇌졸중 · 말기심부전증 등 중대한 질병이 발생하면 치료비, 생활비 등 생존자금 보장을 위해 사망보험금의 50% 또는 80%, 100%를 미리 지급해 준다. 사망 시에는 잔여보험금을 지급하여 유족들의 생활안정에 기여하는 상품이다. 보험회사별로 중대한 질병의 정의가 다를 수 있기 때문에 약관 등을 통해 보장범위를 확인해야 한다.

① 연금보험
② 종신보험
③ 건강보험
④ CI보험
⑤ 유니버설보험

85 일반보험과 변액보험의 비교 내용으로 적절하지 않은 것은?

구 분		일반보험상품	변액보험상품
①	보험금	보험가입금액 (보험금 확정 또는 공시이율 연동)	투자실적에 따라 변동 (최저사망보험금, 최저연금적립금 보증)
②	예금자보호	예금자보호법 적용대상	최저사망보험금, 최저연금적립금 등 최저보증만 적용
③	투자위험부담	보험회사	보험계약자
④	자산운용	특별계정	일반계정
⑤	적용이율	공시이율 (예정이율)	실적배당률

86 주택화재보험에서 보상하는 손해 중 다음에서 설명하는 비용손해로 가장 적절한 것은?

> 보험가입금액 범위 내에서 재산손해액의 10%를 한도로 보상(해체비용, 청소비용, 차에 싣는 비용)

① 잔존물 제거비용
② 손해방지비용
③ 대위권 보전비용
④ 잔존물 보전비용
⑤ 기타 협력비용

87 자동차보험의 관계법에 대한 설명으로 적절하지 않은 것은?

① 민법의 특별법으로서 민법보다 자배법이 우선 적용되며, 자배법에 없는 내용에 대하여 민법의 적용을 받게 된다.
② 자배법에서는 운행자의 면책사유를 두고, 운행자가 그 면책요건을 입증하지 못하면 과실이 없어도 책임을 지도록 하고 있다.
③ 교통사고처리특례법상 업무상 과실치상죄 또는 중과실치상죄와 재물손괴죄를 범한 운전자에 대하여는 가해자와 피해자 간에 형사합의가 되더라도 처벌을 받는다.
④ 종합보험에 가입된 차량의 경우에는 형사합의가 없는 경우에도 공소를 제기할 수 없다.
⑤ 사망사고, 사고 후 도주, 12대 중대법규 위반 사고, 중상해사고에 대하여서는 가해자·피해자 간의 형사합의와 보험가입이 되어 있어도 형사처벌을 받게 된다.

88 국민건강보험에 대한 설명으로 적절하지 않은 것은?

① 일정한 법적 요건이 충족되면 본인의 의사에 관계없이 강제 적용된다.
② 사회적인 연대를 기초로 의료비 문제를 해결하는 것이 목적이므로 소득수준 등 보험료 부담능력에 따라 차등적으로 부담한다.
③ 보험료 부과수준에 관계없이 관계법령에 의하여 균등하게 보험급여가 이루어진다.
④ 건강보험은 직장가입자와 지역가입자로 적용대상자를 구분하고 있다.
⑤ 직장가입자의 보수월액보험료는 가입자의 보수월액에 보험료율을 곱하여 보험료를 산정한 후, 경감률 등을 적용하여 세대 단위로 부과한다.

89 상속증여세제에 대한 다음 설명 중 (가)~(다)에 들어갈 내용이 적절하게 연결된 것은?

> 부모로부터 자금을 차입하여 보험에 가입한 경우 (가) 이내에 보험사고가 발생하여 보험차익이 (나) 이상 또는 (다) 이상 발생한 경우 보험차익을 증여로 보아 과세한다.

	가	나	다
①	2년	20%	2억원
②	3년	30%	3억원
③	3년	20%	2억원
④	5년	30%	3억원
⑤	5년	20%	2억원

90 보험상담 프로세스에서 계약체결 시 고객의 저항심리와 고객의 거절을 대하는 자세에 대한 설명으로 적절하지 않은 것은?

① 일반적으로 사람들에게는 결정을 미루려 하는 경향이 있다는 것을 이해해야 한다.
② 대부분의 거절은 정보를 많이 알고 싶다거나 다시 한 번 확인하려는 의도가 담겨 있다.
③ 무엇 때문에 거절하는지 알기 위해서는 고객의 의도를 정확히 파악하는 것이 중요하다.
④ 고객의 질문에 정성껏 응대하고, 모르는 것은 솔직히 시인하며, 최대한 빠른 시간 내에 응대한다.
⑤ 고객의 거절이유에 대한 지나친 공감은 고객의 마음을 얻는 데 도움이 된다.

91 은퇴설계 3대 축에 대한 설명으로 적절하지 않은 것은?

① 경제적인 부분과 건강, 보람되고 의미 있는 삶을 말한다.
② 경제는 재무적인 요소이며, 삶의 보람은 비재무적인 요소에 해당한다.
③ 경제적인 부분에서 중요한 것은 자신의 수명보다 돈의 수명을 더 길게 설계해야 한다는 것이다.
④ 노후 질병에 포커스를 두는 것이 아니라 노화에 대비해 사전 예방을 어떻게 할 것인지 관리의 중요성과 실행을 강조하는 것이 무엇보다 중요하다.
⑤ 삶의 보람은 모든 사람에게 동일하게 나타난다.

92 FP가 고객에게 은퇴설계 서비스를 제공할 때 연령과 직업에 관계없이 선행적으로 검토해야 할 이슈로 가장 적절한 것은?

① 은퇴설계를 할 때는 자신의 기대여명에 맞게 인생지도를 재설계해야 한다.
② 노후소득 확보를 위해 재무적 준비를 강조해야 한다.
③ 자녀 중심의 은퇴설계를 해야 한다.
④ 은퇴설계를 할 때 은퇴 이후의 시간 활용에 대해서도 염두에 두어야 한다.
⑤ 일시적인 목돈을 확보할 수 있게 컨설팅해 줄 필요가 있다.

93 우리나라 노후소득보장 체계는 공적연금과 사적연금으로 구성된 3층 연금제도를 갖추고 있다. 각 제도가 도입된 순서대로 나열된 것은?

가. 국민연금제도
나. 퇴직연금제도
다. 개인형 퇴직연금제도(IRP)
라. 국민기초생활보장제도
마. 기초연금제도

① 가 - 나 - 라 - 마 - 다
② 가 - 라 - 나 - 마 - 다
③ 라 - 나 - 가 - 마 - 다
④ 라 - 나 - 마 - 가 - 다
⑤ 마 - 가 - 라 - 나 - 다

94 국민연금제도에 대한 설명으로 적절하지 않은 것은?

① 국민연금은 만 18세 이상 만 60세 미만 국민이 가입대상이고, 최소 가입기간 10년을 채웠을 때 연금수급권이 발생한다.
② 전업주부는 60세 이전에 본인 희망에 따라 임의가입 신청이 가능하다.
③ 60세에 도달한 가입자가 가입기간이 부족할 경우 의무적으로 최소 가입기간 10년을 채워야 한다.
④ 노령연금의 수급개시연령은 과거에는 만 60세부터 지급했으나 고령화에 따른 연금재정 건전성 유지를 위해 단계적으로 수급개시연령을 올리고 있다.
⑤ 1965~68년생은 64세부터 노령연금을 수령할 수 있다.

95 공무원연금 급여 종류 중 퇴직연금수급권자가 퇴직 후 3년 이내에 사망한 때 지급하는 유족급여로 가장 적절한 것은?

① 유족연금
② 유족연금부가금
③ 유족연금특별부가금
④ 유족연금일시금
⑤ 유족일시금

96 퇴직연금제도에 대한 설명으로 적절하지 않은 것은?

① 기존에 일시금으로 받던 퇴직금을 퇴직 후 일정 연령부터 본인의 선택에 따라 연금 또는 일시금으로 받을 수 있도록 한 제도로 2005년 12월에 도입되었다.
② 현재 근로자를 고용한 모든 기업은 확정급여형제도와 확정기여형제도 중 한 개 이상의 제도를 의무적으로 도입해야 한다.
③ DB형에서는 기업의 책임하에 적립금이 운용되나, DC형은 근로자의 책임하에 적립금을 운용하는 퇴직연금 유형이다.
④ 기업은 DB형과 DC형 중 하나를 도입할 수도 있고, 둘 다 도입해 근로자에게 선택권을 줄 수도 있다.
⑤ DB형과 DC형은 55세 이상이면서 가입기간이 10년 이상이면 연금으로 수령 가능하며, 연금 수령 기간은 5년 이상이다.

97 근로소득자인 서형록씨는 세제적격 연금저축계좌 가입을 고민 중이다. 연금저축계좌에 대한 설명으로 적절하지 않은 것은?

① 가입기간은 5년 이상이고 연간 납입한도는 IRP와 합산해 연간 1,800만원이다.
② 세액공제율은 소득수준에 따라 다른데 서형록씨의 총급여액이 4,500만원을 초과하면 13.2%, 4,500만원 이하면 16.5%를 공제받는다.
③ 서형록씨가 중도인출 및 중도해지를 한 경우 부득이한 사유가 아니라면 인출액에 16.5%의 세율이 적용된다.
④ 연금수령 단계에서 서형록씨의 연간 연금소득 합계액이 1,500만원 이하인 경우는 저율의 연금소득세 분리과세와 종합과세 중에서 선택 가능하다.
⑤ 연금수령 단계에서 서형록씨의 연간 연금소득 합계액이 1,500만원을 초과하는 경우는 저율의 연금소득세를 선택할 수 없고 16.5%의 연금소득세 분리과세 또는 종합과세 중에 선택해야 한다.

98 ISA계좌 만기 도래 시 연금저축 계좌 이체에 대한 다음 설명 중 (가)~(나)에 들어갈 내용이 적절하게 연결된 것은?

> 2020년부터 개인종합자산관리계좌(ISA)의 만기가 도래할 경우 ISA 만기자금을 연금계좌(연금저축계좌와 IRP)로 이체하는 것이 허용되었다. 이체 금액에 제한이 없으며 연금계좌의 연간 납입한도 금액에도 포함되지 않아 노후자금을 준비하는 데 큰 도움이 된다. 또한 ISA만기자금을 연금계좌로 이체한 경우 이체 금액의 (가), 최대 (나)에 대해 세액공제를 받을 수 있다.

	가	나
①	10%	200만원
②	10%	300만원
③	15%	400만원
④	20%	200만원
⑤	20%	300만원

99 다음 각 사례별 활용 가능한 성년후견제도로 적절하게 연결된 것은?

> 가. 중증 치매로 의사소통이 전혀 불가능한 경우
> 나. 사무처리 능력이 완전히 결여되어 있지는 않지만 부족한 경우
> 다. 거동이나 의사소통이 불가능한 부모의 은행대출 연장을 위해서 대출연장 업무에 한해서만 후견인을 선임하려는 경우

	가	나	다
①	성년후견	한정후견	특정후견
②	성년후견	특정후견	한정후견
③	성년후견	한정후견	임의후견
④	임의후견	특정후견	한정후견
⑤	임의후견	한정후견	특정후견

100 은퇴설계 프로세스 3단계 실행 지원 및 사후관리에 대한 설명으로 적절하지 않은 것은?

① 고객이 제안서 내용을 납득하고 이해했다면 이제는 실행으로 옮기는 단계이다.
② FP는 단순히 제안서를 전달하고 실행은 고객에게 전적으로 맡긴다.
③ 필요시 세무사나 변호사 등 전문가를 소개해 줄 수도 있다.
④ FP에게 수수료 수익이 높은 상품을 강요하는 행위를 해서는 안 된다.
⑤ 제안서는 중장기적 지표가 되는 것이므로, 적어도 매년 1~2회 정도의 사후관리가 바람직하다.

제1회

실전모의고사 정답 및 해설

은행FP 자산관리사 1부

제1회 정답 및 해설

01	02	03	04	05	06	07	08	09	10
⑤	①	④	③	⑤	①	①	②	④	④
11	12	13	14	15	16	17	18	19	20
②	②	⑤	④	⑤	④	②	①	③	②
21	22	23	24	25	26	27	28	29	30
①	④	⑤	④	③	②	①	③	②	④
31	32	33	34	35	36	37	38	39	40
④	④	③	②	④	①	⑤	②	④	③
41	42	43	44	45	46	47	48	49	50
⑤	③	④	④	⑤	⑤	③	②	④	④
51	52	53	54	55	56	57	58	59	60
③	①	④	③	②	②	③	②	⑤	⑤
61	62	63	64	65	66	67	68	69	70
①	③	①	②	②	①	①	⑤	⑤	①
71	72	73	74	75	76	77	78	79	80
④	①	③	②	③	③	①	③	③	⑤
81	82	83	84	85	86	87	88	89	90
③	④	①	⑤	③	③	⑤	④	②	③
91	92	93	94	95	96	97	98	99	100
④	③	②	②	⑤	⑤	①	④	③	③

자산관리 기본지식 (40문항)

01 정답 ⑤

⑤ 노동환경의 변화에 대한 설명으로 인구 통계적 배경에 해당한다.

02 정답 ①

- 노년부양비 : (노년인구/생산가능인구) × 100
- 노령화지수 : (노년인구/유년인구) × 100

03 정답 ④

가. 1단계 : 고객과의 관계 정립
나. 2단계 : 고객 정보수집 및 재무목표 설정
다. 3단계 : 고객의 재무상태 분석 및 평가
라. 4단계 : 재무설계 제안
마. 6단계 : 정기점검 및 사후관리

04 정답 ③

유망고객의 4가지 조건은 재무목표가 있는 사람, 금융상품에 가입할 경제적 능력이 있는 사람, 만남이 가능한 사람, 실행력이 있는 사람이다.

05 정답 ⑤

⑤ 고객에게 맞춤화된 DM을 제작 발송해야 한다. 일반적 DM 발송 시 고객 불만을 초래할 가능성이 높다.

06 정답 ①

다. 시사 질문
라. 시사 질문
마. 해결 질문

07 정답 ①

② 금융투자자산이란 금융자산 중에서 투자 목적이 6개월 이상인 금융상품의 잔액, 주식, 채권, 뮤추얼 펀드 등을 지칭하는 것으로, 대표적인 금융투자자산으로는 ELS, ELD, ELF 등이 있다.
③ 부동산자산이란 투자 목적 또는 거주 목적의 부동산을 모두 포함하는 것으로, 개인이 소유한 토지·주택·아파트 등은 대표적인 부동산자산이다.
④ 자산부채상태표를 통해 파악할 수 있는 내용이다. 자산관리사는 현금흐름표를 통해 개인의 소득, 생활수준, 저축 및 투자능력 등을 파악할 수 있다.
⑤ 정기적금은 저축 및 투자로 분류한다. 대표적인 고정지출 항목으로는 공교육비, 부채상환원리금, 세금, 주택관리비 등을 들 수 있다.

08 정답 ②

② 제안서는 표준화된 양식은 없으나 크게 표지 및 서문, 목차, 고객현황 요약, 제안 목적, 고객 재무상황 분석, 대안 제시 및 제언 6가지 부분으로 구성할 수 있다.

09 정답 ④

가망고객이 아는 사람의 계약체결 사례를 들어 불안감 제거 및 모방심리를 유도하는 방법은 예화법이다.

10 정답 ④

① 재무목표, 고객 및 가족 신상 변화(사망, 출생, 결혼, 이혼 등), 건강상태 및 고객의 수입원 변화 등을 점검한다.
② 투자상품의 수익률 및 세금 문제, 중도 해지할 경우 수수료, 새로운 투자상품의 특징 및 수익률, 회사별 수수료, 경제상황 및 금융환경 등을 점검한다.
③ 자산관리사는 반드시 고객에게 실행 중인 대안들을 정기적으로 점검하고 있다는 것을 알려주어야 한다.
⑤ 투자상품으로 재무설계를 실행한 경우에는 시장환경, 고객이 처한 환경 등 여러 요소에 의해 투자 포트폴리오 변경이 필요한 경우가 생기게 되므로, 고객의 정기적 점검을 통해 포트폴리오 재조정이 필요하다.

11 정답 ②

② 모형을 확대하면서 새로운 변수나 모형에 새로운 구성요소가 추가될 때에만 그 변수나 구성요소를 모형에서 고려한다. 재고, 저축, 투자, 조세, 수입, 수출 등 거시경제 변수들과 정부부문, 중앙은행, 해외부문 등 모형의 구성요소들은 모형에서 언급되지 않을 때에는 없다고 가정한다.

12   정답 ②

- 국민소득 ≡ 가계소비 + 국내투자 + 재정지출 + 순수출
- 가계소비 ≡ 국민소득 12.49조 − 국내투자 8.75조 − 재정지출 2.36조 + 순수출 0.72조 ≡ 2.1조

13   정답 ⑤

⑤ 다른 조건이 일정한 경우 기대 인플레이션 상승에 따른 임금 상승, 환율 상승에 따른 수입 원자재 등 생산 요소가격 상승, 부정적 공급충격(자연재해, 석유 등 원자재 공급 애로 등)의 요인에 의해 단기 총공급곡선은 물가와 실질국민소득 좌표평면에서 좌측으로 이동하여 총공급이 감소하게 된다.

14   정답 ④

가계의 부와 실질소득은 소비지출과 정(+)의 관계에 있고, 대부자금시장에서 결정되는 실질이자율과 조세부담은 소비지출과 음(−)의 관계에 있다.

영향 요인		소비지출	총수요곡선	관계
가계의 부, 실질소득의 증가		증가	우측이동	정(+)
가계의 부채 증가		감소	좌측이동	음(−)
실질이자율 상승		감소	좌측이동	음(−)
소득세 등 조세부담 증가		감소	좌측이동	음(−)
미래 기대	물가상승 기대	증가	우측이동	정(+)
	실질소득 증가 기대	증가	우측이동	정(+)
	실질이자율 상승 기대	증가	우측이동	정(+)

15   정답 ⑤

⑤ 예기치 못한 인플레이션의 경우 채권자로부터 채무자에게 또는 노동자로부터 기업가에게 부가 재분배되며, 자국의 상대적 인플레이션율의 증가가 같은 크기의 환율 상승으로 상쇄되지 않을 경우 국제경쟁력을 약화시킬 수 있다.

16   정답 ④

- 전체인구 = 비노동가능인구 + 노동가능인구(15세 이상)
  → 노동가능인구 = 전체인구 1,000만명 − 비노동가능인구 200만명 = 800만명
- 노동가능인구 = 비경제활동인구 + 경제활동인구
  → 경제활동인구 = 노동가능인구 800만명 − 비경제활동인구 300만명 = 500만명
- 경제활동참가율 = $\frac{경제활동인구}{노동가능인구} \times 100$
  = $\frac{500만명}{800만명} \times 100 = 62.5\%$
- 경제활동인구 = 실업자 + 취업자
  → 실업자 = 경제활동인구 500만명 − 취업자 400만명 = 100만명
- 실업률 = $\frac{실업자}{경제활동인구} \times 100$
  = $\frac{100만명}{500만명} \times 100 = 20\%$

17 정답 ②

재정적자가 발생하면 정부는 부족한 자금을 조달해야 한다. 국채를 공개시장에서 매각하여 자금을 조달할 경우 대부자금시장에서 이자율이 상승하여 민간부문의 소비지출과 투자지출이 감소하는 구축효과가 발생한다. 국채를 중앙은행이 인수할 경우 구축효과는 발생하지 않으나 통화공급이 증가하여 인플레이션을 유발할 수 있다.

18 정답 ①

- 협의통화(M_1) = 현금통화 + 요구불예금 + 수시입출금식예금
- 광의통화(M_2) : M_1 + 정기예·적금 + 시장형금융상품 + 실적배당형금융상품 + 기타 예금 및 금융채
- 금융기관유동성(L_f) : M_2 + 2년 이상 장기금융상품 등 + 생명보험계약준비금 및 증권금융예수금
- 광의유동성(L) : L_f + 기타 금융기관 상품 + 국채·지방채 + 회사채·CP

19 정답 ③

① 지급준비율을 올리면 은행의 대출여력이 감소하여 통화량이 감소하고 지급준비율을 낮추면 통화량이 증가한다.
② 중앙은행이 보유하고 있는 증권을 매도하거나 통화안정증권을 발행하여 통화를 회수하고, 금융기관으로부터 이들 증권을 사들임으로써 시중에 통화를 공급한다.
④ 중앙은행이 금융기관에 빌려 주는 자금의 금리를 높이면 통화량이 감소하고 낮추면 통화량이 증가한다.
⑤ 중앙은행이 외환시장에서 외환을 매입하면 본원통화가 증가하여 통화공급이 증가하고, 반대의 경우에는 통화공급이 감소한다.

20 정답 ②

가. 향후 이자율이 상승할 것으로 기대하면 현재 시점에 고정금리로 자금을 차입하는 것이 유리할 것이고, 반대로 앞으로 이자율이 하락할 것으로 예상된다면 자금을 변동금리로 차입하거나 단기 자금을 차입하여 롤링오버하는 것이 유리할 것이다.
다. 조세는 실질이자율을 상승시키는 요인이고, 정부보조는 실질이자율을 하락시키는 요인이다.
마. 유동성프리미엄이론에 의하면 수익률곡선으로부터 미래 단기이자율의 움직임에 대한 시장의 기대를 추론할 수 있다. 즉, 급격하게 우상향하는 수익률곡선으로부터는 시장참여자들이 미래 단기이자율이 상승할 것으로 기대하고 있다는 것을, 완만하게 우상향하는 수익률곡선으로부터는 미래 단기이자율이 변동이 없을 것으로 기대하고 있다는 것을, 수평의 수익률곡선으로부터는 미래 단기이자율이 약간 하락할 것으로 기대하고 있다는 것을, 우하향하는 수익률곡선으로부터는 미래 단기이자율이 상당히 하락할 것을 기대하고 있다는 것을 추론할 수 있다.

21   정답 ①

〈환율변동 요인〉

요 인	내용(상대적 변동)	영 향	환 율
상대물가	국내 물가 하락	수출 증가	하락
생산성	국내 생산성 증가	국내 물가 하락	하락
실질 이자율	국내 실질이자율· 투자수익률 상승	투자자금 국내 순유입	하락
실질GDP	국내 실질GDP 고성장률	수입수요 증가	상승
위험· 조세	국내 고위험, 조세의 고부담	국내 투자수요 감소	상승
기 대	환율 상승 기대	외환투기 수요 증가	상승
	국내 투자수익률 상승 기대	투자자금 국내 순유입	하락
국제수지	민간수지 흑자 (준비자산증감=0)	외환공급 증가	하락
중앙은행	중앙은행 외환 매입	외환수요 증가	상승

22   정답 ④

④ 확장적 재정정책은 본원통화와 통화 공급량에 영향을 미치지 않는다.

23   정답 ⑤

⑤ 생산성의 변동성은 GDP 변동성과 비슷하며 경기변동에 선행하는 경향이 있다.

24   정답 ④

- 선행종합지수 : 재고순환지표(제조업), 경제심리지수, 기계류내수출하지수, 건설수주액, 코스피, 장단기금리차, 수출입물가비율
- 동행종합지수 : 비농림어업취업자수, 광공업생산지수, 건설기성액, 서비스업생산지수, 소매판매액지수, 내수출하지수, 수입액
- 후행종합지수 : 취업자수, 생산자제품재고지수, 소비자물가지수변화율, 소비재수입액, CP유통수익률

25   정답 ③

- 기업실사지수(BSI)

$$= \frac{(긍정적\ 응답업체수 - 부정적\ 응답업체수)}{전체\ 응답업체수} \times 100 + 100$$

$$= \frac{(60-40)}{100} \times 100 + 100 = 120$$

26   정답 ③

담보물권이란 목적물을 사용·수익하는 데 그 목적이 있는 것이 아니라 목적물의 교환가치(물건을 처분하여 얻는 이득)를 채권의 담보로 제공하는 것을 내용으로 하는 물권이다. 여기에는 유치권, 질권, 저당권(근저당권)이 있다. 지상권, 지역권, 전세권은 용익물권에 해당한다.

27   정답 ①

부종성이란 담보물권은 담보하는 채권(피담보채권)이 있어야 담보물권도 존재할 수 있다는 것으로, 피담보채권이 소멸하면 담보물권도 소멸하게 된다는 것이다. 저당권은 피담보채권이 소멸하면 저당권도 소멸하는데, 근저당권은 부종성이 완화되어 있어서 피담보채권이 소멸해도 소멸하지 않는다. 이점이 저당권과 근저당권의 큰 차이점이다.

28 정답 ③

지명채권은 채권자가 특정되어 있는 채권을 말하며, 지명채권의 양도는 당사자인 양도인과 양수인의 합의에 의하여 행하여지기 때문에, 양도인의 채무자에 대한 통지 또는 채무자의 승낙이 없으면 채무자에게 채권양도를 가지고 대항하지 못하고 채무자 이외의 제3자에게 대항하기 위해서는 이 통지 또는 승낙이 확정일자 있는 증서(예 내용증명우편 등)에 의할 것이 요구된다.

29 정답 ②

① 변제에 대한 설명이다.
③ 경개에 대한 설명이다.
④ 면제에 대한 설명이다.
⑤ 혼동에 대한 설명이다.

30 정답 ④

특별결의는 출석한 주주의 의결권의 2/3 이상이며 발행주식총수의 1/3 이상인 수로써 하는 결의이다.

31 정답 ④

④ 착오송금이라고 하더라도 은행은 수취인의 동의 없이 송금인에게 임의로 돈을 돌려줄 수 없고, 송금인은 은행이 아닌 수취인을 상대로 부당 이득 반환 청구권을 가지며, 수취인이 착오 입금된 돈을 임의로 인출하여 사용하는 경우 횡령죄에 해당한다.

32 정답 ④

작성자 불이익의 원칙에 대한 설명이다.

33 정답 ③

③ 신탁법과 자본시장법이 충돌하는 경우에는 특별법인 자본시장법이 우선하여 적용된다.

34 정답 ②

가. 적합성 원칙에 대한 설명이다.
나. 적정성 원칙에 대한 설명이다.

35 정답 ④

가. 투자중개업에 대한 설명이다.
나. 투자일임업에 대한 설명이다.

36 정답 ①

① 신용카드는 권리 또는 재산권을 표창하는 증권은 아니고, 다만 회원자격을 증명하는 증거증권에 불과하다고 보는 것이 통설이다.

37 정답 ⑤

⑤ 부부의 공동생활에서 필요로 하는 통상의 사무인 식료품·연료·의복의 구입, 주택의 임차, 집세·방세의 지급과 수령, 가재도구의 구입, 전기·수도·가스의 공급계약 체결 및 비용지급, 자녀의 양육비·교육비 등의 지급 등 일상의 가사에 관하여 부부는 서로 대리권이 있으며, 부부의 일방이 일상의 가사에 관하여 제3자와 법률행위를 한 때에는 다른 일방은 이로 인한 채무에 대하여 연대책임이 있다.

38 정답 ②

제1순위는 피상속인의 직계비속이다. 직계비속이면 모두 여기에 해당하므로 피상속인의 자녀 외에 손자녀·증손자녀 등도 포함된다. 다만, 직계비속이 여럿 있는 경우 최근친이 선순위가 되고 최근친인 직계비속이 여럿 있으면 공동상속인이 되므로, 피상속인의 자녀·손자녀가 있는 경우에는 자녀만이 상속하고 자녀가 여럿 있으면 그들이 공동으로 상속한다. 자녀에는 양자녀 및 그의 직계비속도 포함된다.

39 정답 ④

가. 상속이 개시되면 피상속인의 직계비속·배우자·직계존속 중 최우선순위의 상속인은 상속재산에 대하여 일정비율을 취득할 수 있는데, 이를 유류분권이라고 한다.
나. 유류분권자의 유류분은 피상속인의 직계비속과 배우자는 그의 법정상속분의 1/2이고, 피상속인의 직계존속은 그의 법정상속분의 1/3이다.

40 정답 ③

③ 개인(신용)정보 중 정보주체와의 계약체결 및 이행에 불가피한 정보와 거래 상대방의 신용도와 거래능력 등을 판단할 때 필요한 정보는 정보주체의 동의를 받지 않아도 수집 가능하다.

세무설계 (40문항)

41 정답 ⑤

우리나라 소득세법은 종합소득, 퇴직소득, 양도소득의 3가지로 구분하여 과세한다. 종합소득은 이자소득, 배당소득, 사업소득(부동산임대소득 포함), 근로소득, 연금소득, 기타소득의 6가지로 구분된다.

42 정답 ③

- 기본공제는 본인, 배우자 및 부양가족에 대하여 각각 1인당 연 150만원씩을 공제한다. 이때 배우자 및 부양가족의 연간 소득금액이 100만원(근로소득만 있는 경우 총급여액 500만원)을 초과하는 경우에는 공제대상에서 제외된다. 연간소득금액에는 종합소득 외에 퇴직소득 및 양도소득도 포함된다.
- 기본공제 : 2명(본인, 모친) × 1인당 연 150만원 = 300만원
- 추가공제 : 경로우대공제(70세 이상) 1인당 연 100만원
- 인적공제 : 기본공제 300만원 + 추가공제 100만원 = 400만원

43 정답 ④

종합소득세 기본세율은 8단계 초과누진세율 구조로 되어 있다.

과세표준	세율
1,400만원 이하	6%
1,400만원 초과 5,000만원 이하	84만원 + 1,400만원 초과금액의 15%
5,000만원 초과 8,800만원 이하	624만원 + 5,000만원 초과금액의 24%
8,800만원 초과 1억 5천만원 이하	1,536만원 + 8,800만원 초과금액의 35%

1억 5천만원 초과 3억원 이하	3,760만원 + 1억 5천만원 초과금액의 38%
3억원 초과 5억원 이하	9,406만원 + 3억원 초과금액의 40%
5억원 초과 10억원 이하	1억 7,406만원 + 5억원 초과금액의 42%
10억원 초과	3억 8,406만원 + 10억원 초과금액의 45%

44 정답 ④

④ 원천징수되지 않은 퇴직소득을 연금수령하는 사적연금소득에 대하여는 원천징수세율로 분리과세한다. 다만, 연금소득 외의 다른 종합소득이 없거나 적어서 종합과세가 유리한 경우에는 종합과세방식을 선택할 수도 있다.

45 정답 ⑤

⑤ 금융소득의 수입시기란 이자·배당소득의 귀속연도를 결정하는 시기를 말한다.

46 정답 ⑤

⑤ 현행 소득세법상 배당소득의 종류에 해당한다. 나머지는 모두 이자소득에 해당한다.

47 정답 ③

의제배당이란 형식적으로는 실지배당과 같이 주주총회나 사원총의의 결의에 의하여 이익이나 잉여금을 배당하는 방법을 취하지는 않았지만, 실질적으로는 주주·사원·기타 출자자에게 배당을 한 것과 동일한 경제적 이익을 주는 경우 그 경제적 이익을 배당으로 간주하는 것을 말한다.

48 정답 ②

② 실제 법인세율은 과세표준이 2억원 이하인 경우에만 9%이고, 2억원 초과 시 19%(200억원 초과 시 21%, 3천억원 초과 시 24%)이기 때문에, Gross-up율 10%로는 완전한 이중과세 조정이 되지 못한다.

49 정답 ④

- 종합과세 기준금액(2천만원)을 산정할 때에는 이자소득과 배당소득이 함께 있는 경우 이자소득부터 먼저 합산 → 배당소득 중에서는 세액공제대상이 아닌 배당소득 → 세액공제대상이 되는 배당소득과 같은 순서로 금융소득을 순차적으로 합산해야 한다.
- Gross-up 금액을 가산하기 전의 금융소득이 2,000만원을 초과하므로 전액 종합과세대상 금융소득이며, Gross-up 금액을 가산하여 종합과세대상 배당소득금액을 산정해야 함
- Gross-up 금액 = 1,000만원 × 10% = 100만원
- 배당소득금액: 1,000만원 + 100만원 = 1,100만원

50 정답 ④

④ 이자소득의 귀속은 보유기간별 이자상당액을 보유자에게 각각 귀속시킴에 따라 원천징수방법은 채권의 중도매매 시마다 보유자별 원천징수세율에 의해 실제 원천징수한다.

51 정답 ③

③ 이자소득이 발생하는 금융자산이 상속되거나 증여되는 경우 : 상속개시일 또는 증여일

52 정답 ①

〈비거주자의 금융소득과세방법 요약〉

구 분	과세방법	원천징수세율
국내사업장 또는 부동산소득과 관련 있는 금융소득	• 금융소득의 크기에 관계없이 종합과세	• 거주자와 동일한 세율 적용
국내사업장 또는 부동산소득과 관련 없는 금융소득	• 금융소득의 크기에 관계없이 분리과세	• 조세협약체결국가 : 제한세율 • 조세협약비체결국가 : 20% (단, 채권의 경우 14%)

53 정답 ④

④ 사업용 고정자산(토지, 건물 및 부동산에 관한 권리)과 함께 양도하는 영업권에 대해서는 양도소득세를 과세한다. 다만, 사업용 고정자산의 양도 없이 점포임차권 및 영업권만 단독으로 양도하는 경우에는 이를 기타소득으로 보아 종합소득세를 과세한다.

54 정답 ③

• 1984년 12월 31일 이전에 취득한 부동산(토지, 건물)·부동산에 관한 권리 및 기타 자산은 1985년 1월 1일자에 취득한 것으로 본다.
• 1985년 12월 31일 이전에 취득한 상장 및 비상장 주식은 1986년 1월 1일자에 취득한 것으로 본다.

55 정답 ②

• 1년 미만 보유한 경우에는 50%, 1년 이상 2년 미만 보유한 경우에는 40%의 단일세율을 각각 적용하고, 2년 이상 보유한 경우에는 누진세율(기본세율)을 적용한다. 주택과 조합원 입주권 및 2021.1.1. 이후 취득한 분양권은 1년 미만 보유한 경우 70%, 1년 이상 2년 미만 보유한 경우에는 60%, 2년 이상 보유한 경우에는 기본세율을 적용한다.
• 기본세율이 적용되는 물건의 과세표준금액 1,400만원 이하인 경우 6%의 세율이 적용된다.

56 정답 ②

• 환산취득가액
= 실제 양도가액 × $\dfrac{\text{취득 당시 기준시가}}{\text{양도 당시 기준시가}}$
= 30억원 × $\dfrac{2억원}{10억원}$ = 6억원

57 정답 ③

③ 1세대 1주택을 양도하는 경우로서 보유기간 중 2년 이상의 거주요건을 채운 경우에 한해 보유기간 4%/년 + 거주기간 4%/년의 장기보유특별공제율을 적용하는데 이는 2021.1.1. 이후 양도하는 분부터 적용한다(10년 이상 보유 및 거주 시 40% + 40% = 80%).

58 정답 ②

• 양도 또는 취득의 시기 : 잔금청산일과 소유권이전등기 접수일 중 **빠른** 날이므로, 20××년 4월 27일
• 부동산 등 양도소득세가 과세되는 자산을 양도한 거주자는 양도일이 속하는 달의 말일로부터 2월(주식의 경우 양도일이 속하는 반기의 말일로부터 2월) 이내에 주소지 관할세무서장에게 양도소득세 예정신고를 하고 세액을 납부하여야 한다.

59 정답 ⑤

농지소재지에 거주하면서 8년 이상(경영이양 직접지불보조금의 지급대상이 되는 농지를 한국농어촌공사 또는 농업을 주업으로 하는 농업법인에 2026년 12월 31일까지 양도하는 경우에는 3년 이상) 자경한 농지를 양도하는 경우에는 양도로 인한 양도소득세 중 매 5년간 2억원(매 과세기간별 1억원)을 한도로 100% 감면한다. 이 8년 이상 자경농지에 대한 양도소득세 감면조항은 농지요건, 거주요건, 8년 이상 자경요건의 세 가지 요건을 모두 갖추어야 한다. 이 조항은 비거주자가 된 날부터 2년 이내인 자에게도 적용된다.

60 정답 ⑤

① 익년도 개정세법 초안이 세율인하, 비과세와 감면제도의 확대 또는 요건의 완화, 중과제도의 폐지와 같다면 양도시기를 내년 1월 1일 이후로 늦추는 것이 유리하고 그 반대의 경우라면 금년 12월 31일 이내로 양도시기를 앞당기는 것이 유리하다.
② 우리나라 양도세율은 양도차익이 커질수록 양도세도 따라 증가하는 누진세율 구조이므로 양도차익이 발생한 두 건 이상의 부동산을 같은 연도에 중복양도하면 양도세가 커질 수밖에 없어 불리하다. 따라서 두 건 모두 양도차익이 발생한 부동산이라면 한 건은 금년 12월 31일까지 양도하고 나머지 한 건은 해를 넘겨 내년 1월 1일 이후로 분산 양도하는 것이 절세방법이다.
③ 여러 명이 공동으로 취득하여 지분으로 보유 중인 주택과 여러 명이 공동으로 증여받아 지분으로 보유 중인 주택도 공동 보유자 모두가 각각 1주택을 보유하고 있는 것으로 본다. 다만, 여러 명의 상속인들이 공동으로 주택을 상속받아 지분으로 보유 중인 공동상속주택은 상속인 중 상속지분이 가장 큰 1인의 주택으로만 본다.
④ 건축허가를 받지 않고 신축하여 부동산 공부상 등재되어 있지 않은 무허가주택도 주택으로 본다.

61 정답 ①

유류분권을 가지는 사람은 피상속인의 직계비속·배우자 및 직계존속이다.

62 정답 ③

간주상속재산이란 상속이나 유증 또는 사인증여라는 법률상 원인에 의하여 취득한 재산이 아니라도, 그 재산의 취득사실의 결과로서 상속 등에 의한 재산취득과 동일한 결과가 발생하는 경우에 실질과세원칙에 따라 상속재산으로 간주되는 재산을 말한다.

63 정답 ①

- 상속재산으로 보는 보험금은 피상속인의 사망으로 인하여 받는 생명보험 또는 손해보험의 보험금으로서 피상속인이 부담한 보험료에 해당하는 보험금을 말한다.
- 상속추정액 = 처분재산가액·부담채무액 − 사용처 소명액 − 20% 상당액(최고 2억원) = 5억원 − 3억원 − min(5억원 × 20% = 1억원, 2억원) = 2억원 − 1억원 = 1억원

64 정답 ②

- 장례비용은 지출된 금액이 500만원 미만인 경우에는 500만원으로 하고, 500만원을 초과하는 경우에는 세금계산서·계산서 및 영수증 등 증빙서류에 의하여 지출이 확인되는 것만 인정한다. 다만 그 금액이 1,000만원을 초과하는 경우에는 1,000만원까지만 인정한다.
- 500만원 한도 내에서 봉안시설 또는 자연장지의 사용에 소요되는 금액을 추가로 인정한다.

65 정답 ②

배우자가 실제 상속받은 재산이 없거나 상속받은 가액이 5억원 미만인 경우에는 5억원을 공제한다.

66 정답 ①

① 상속주택가액(주택에 담보된 피상속인의 채무액을 차감한 가액)의 100%를 상속세 과세가액에서 공제하며, 공제 최고한도는 6억원이다.

67 정답 ①

- 금융재산이란 금융실명법상 예금, 적금, 부금, 계금, 출자금, 신탁재산(금전신탁재산), 보험금, 공제금, 주식, 채권, 수익증권, 출자지분, 어음 등의 금전 및 유가증권을 말하며 최대주주(출자자)가 보유하고 있는 주식(출자지분)은 제외된다. 자기앞수표는 공제대상 금융재산이 아니다.
- 순금융재산가액 : 금융재산 5억원 − 금융채무 4.5억원 = 0.5억원
- 금융재산 상속공제액 : 순금융재산가액 0.5억원 × 20% = 0.1억원(공제액이 2천만원에 미달하면 2천만원 공제)

순금융재산가액	공제액
2천만원 초과	• 당해 순금융재산가액 × 20%(공제액이 2천만원에 미달하면 2천만원 공제) • 최고한도 2억원
2천만원 이하	• 당해 순금융재산가액

68 정답 ⑤

상속세는 최저 10%에서 최고 50%의 5단계 누진세율 구조로 되어 있으며, 증여세의 세율과도 같다.

과세표준	세 율
1억원 이하	10%
1억원 초과 5억원 이하	1천만원 + 1억원 초과금액의 20%
5억원 초과 10억원 이하	9천만원 + 5억원 초과금액의 30%
10억원 초과 30억원 이하	2억 4천만원 + 10억원 초과금액의 40%
30억원 초과	10억 4천만원 + 30억원 초과금액의 50%

69 정답 ⑤

상속세 납부의무가 있는 상속인 또는 수유자는 상속개시일이 속하는 달의 말일로부터 6월(피상속인 또는 상속인이 외국에 주소를 둔 경우에는 9월) 이내에 상속세의 과세가액 및 과세표준을 납세지 관할 세무서장에게 신고하고 세액을 자진납부하여야 한다.

70 정답 ①

① 상속세 납부세액이 1천만원을 초과하는 경우에는 납부기한 경과 후 2개월 내에 분납을 허용하고 있다.

71 정답 ④

〈연부연납제도〉

대 상	• 상속세 납부세액이 2천만원을 초과해야 함 • 세무서장이 허가해야 함 • 납세의무자는 납세담보를 제공해야 함
연부연납기간	• 가업상속재산 : 20년(또는 10년 거치 후 10년) • 일반상속재산 : 10년
연부연납 가산금	• 국세환급가산금의 이자율로서 기획재정부령으로 정하는 이자율 적용

72 정답 ①

〈항목별 증여재산공제액〉

증여자	증여재산공제액
배우자	6억원
직계존속(수증자의 직계존속과 혼인 중인 배우자 포함)	5천만원 (미성년자가 증여받는 경우 : 2천만원)
직계비속(수증자와 혼인 중인 배우자의 직계비속 포함)	5천만원
기타 친족(6촌 이내의 혈족, 4촌 이내의 인척)	1천만원

73 정답 ③

상속세와 마찬가지로 세대를 건너뛴 증여재산에 대하여는 30%의 할증과세를 적용한다. 이때 수증자가 미성년자이고 증여재산가액이 20억원을 초과하면 40%의 할증율을 적용한다. 그러나 아버지가 사망한 경우에 할아버지가 손자에게 증여하는 것과 같이 최근친인 직계비속이 사망하여 그 사망자의 최근친인 직계비속이 증여받은 경우에는 할증과세하지 않는다.

74 정답 ②

- 특수관계자가 있는 자 간의 저가양수 시 증여가액 = (시가 − 대가) − (시가의 30% 또는 3억원 중 적은 금액) = (6억원 − 3억원) − Min(6억원 × 30% = 1.8억원, 3억원) = 3억원 − 1.8억원 = 1.2억원
- 증여세 과세표준 : 증여재산가액 1.2억원 − 증여재산공제액 2천만원(미성년자) = 1억원
- 증여세 산출세액 : 과세표준 1억원 × 세율 10% × 세대생략 할증과세 1.3 = 1,300만원

75 정답 ②

〈재산평가 기준일〉

구 분		평가기준일
상속재산	사망(실종선고)	사망일(실종선고일)
	상속재산에 가산하는 증여재산	당초의 증여일
증여재산	일반적인 경우	증여일
	합산되는 증여재산	각각의 증여일

76 정답 ③

③ 시가로 인정되는 것이란 평가기준일 전후 6개월(증여재산의 경우에는 평가기준일 전 6개월부터 평가기준일 후 3개월) 이내의 기간 중 매매·감정·수용·경매·공매가 있는 경우에 확인되는 가액을 말한다.

77 정답 ①

① 취득세는 토지, 건축물, 차량, 기계장비, 입목, 항공기, 선박, 광업권, 어업권, 양식업권, 골프회원권, 콘도미니엄 회원권, 승마회원권, 요트회원권 및 종합체육시설 이용회원권의 취득에 대하여 당해 취득물건 소재지의 도에서 그 취득자에게 과세한다.

78 정답 ③

③ 재산세 과세기준일은 매년 6월 1일이고, 주택 외의 건물은 매년 7월 16일부터 7월 31일까지 산출세액의 100%를 한꺼번에 납부한다.

79 정답 ③

⟨종합부동산세 과세대상 및 과세기준금액⟩

과세대상	과세기준금액	합산방법
주 택	9억원 (단독명의 1세대 1주택자 12억원)	인별 합산
종합합산 과세대상 토지	5억원	
별도합산 과세대상 토지	80억원	

80 정답 ⑤

⑤ 재산세, 종합부동산세는 모두 세부담 상한선이 존재하나, 취득세는 세부담 상한선이 존재하지 않는다.

보험 및 은퇴설계 (20문항)

81 정답 ③

위험이 자주 발생하지는 않지만 발생할 경우 치명적이기 때문에 경상비를 활용하여 손해를 복구하는 것을 불가능하다. 손해의 규모가 크기 때문에 필요한 위험기금도 대규모일 수밖에 없다. 그러나 위험기금을 적립하지 못한 상태에서 사고가 발생하였거나, 위험기금의 특성상 유동성 자산으로 보유하여야 하는데 이에 따른 기회비용이 발생한다. 따라서 자체조달보다는 외부조달이 효과적이다. 저빈도·고강도 위험의 경우 효과성 및 효율성 측면 모두에서 보험이 가장 바람직하다.

82 정답 ④

손해의 보상에 목적이 있으므로 피보험자는 그가 입은 손해만큼 보상을 받는 것이 합리적이다. 만약 사고로 피보험자가 사고발생 직전의 경제상태보다 더 좋은 상태에 놓이게 된다면 이는 보험에 의해 이익을 얻은 것이 된다. 이런 상황은 인위적인 사고를 유발시키는 요인이 될 수 있고, 결과적으로 사회질서를 저해하게 되므로 손해보험에서는 실손보상의 원칙을 적용하고 있다.

83 정답 ①

② 예정이율이 낮아지면 보험료는 높아지게 된다.
③ 보험기간이 길수록, 납입기간이 짧을수록 보험료 변동폭이 크다.
④ 순수보장형보다 만기환급형의 보험료 변동폭이 크다.
⑤ 예정사업비율이 낮아지면 보험료는 낮아지게 된다.

84 정답 ⑤

보험약관의 해석원칙으로는 신의성실의 원칙, 계약당사자 의사우선의 원칙, 작성자 불이익의 원칙이 있다.

85 정답 ③

〈일반보험과 변액보험의 비교〉

구 분	일반보험상품	변액보험상품
보험금	보험가입금액 (보험금 확정 또는 공시이율 연동)	투자실적에 따라 변동 (최저사망보험금, 최저연금적립금 보증)
예금자보호	예금자보호법 적용대상	최저사망보험금, 최저연금적립금 등 최저보증만 적용
투자위험부담	보험회사	보험계약자
자산운용	일반계정	특별계정
적용이율	공시이율(예정이율)	실적배당률

86 정답 ③

③ 주보험에 일반사망을 부가할 수 없고, 특약을 통해서만 질병사망을 보장할 수 있다.

87 정답 ⑤

⑤ 발전기, 변압기, 배전반 등 전기 기기의 전기적 사고로 생긴 손해는 보상하지 않는 주요 손해에 해당한다. 단, 그 결과로 생긴 화재, 폭발, 파열 손해는 보상한다.

88 정답 ④

일반손해보험은 보험사고가 발생하면 보험가입금액에서 지급보험금을 차감한 잔존금액에 한해 보장되나, 장기손해보험은 1회의 사고로 지급되는 보험금이 보험가입금액의 80% 미만이면 몇 번의 사고가 발생하더라도 보험가입금액이 감액되지 않고 보험계약도 그대로 존속된다.

89 정답 ②

② 조건부 무과실 책임주의를 채택하고 있다. 자배법에서는 운행자의 면책사유를 두고, 운행자가 그 면책요건을 입증하지 못하면 과실이 없어도 책임을 지도록 하고 있다. 이것이 조건부 무과실 책임주의이다. 따라서 운전자에게 과실이 없는 경우에도 피해자는 그 운행자에게 손해배상청구를 할 수 있는 경우가 생긴다.

90 정답 ③

- 상담 프로세스 1단계 : 가망고객 발굴
- 상담 프로세스 2단계 : 고객접근
- 상담 프로세스 3단계 : 정보수집 및 분석
- 상담 프로세스 4단계 : 프리젠테이션 & 클로징
- 상담 프로세스 5단계 : 증권전달 및 소개확보

91
정답 ④

① 기대여명에 대한 설명이다. 기대수명은 성별·연령별 사망률이 현재 수준으로 유지된다고 가정했을 때 0세 출생자가 향후 몇 년을 더 생존할 것인가를 통계적으로 추정한 기대치로, '0세에 대한 기대여명'을 말한다.
② 기대수명에 대한 설명이다. 기대여명은 현재 특정 연령에 있는 사람이 향후 얼마나 더 생존할 것인가 기대되는 연수를 말한다.
③ 남녀 기대수명의 차이는 1980년에는 8.5년이었지만 점차 축소되고 있다.
⑤ 건강수명이란 '수명의 질'이라고 할 수 있는 건강상태를 반영한 것으로, 평균수명에서 질병이나 사고 등으로 몸이 아픈 기간을 제외한 기간을 말한다. 즉, 건강수명은 사망할 때까지 순수하게 건강한 삶을 사는 기간을 말한다. 단순히 얼마나 오래 살았는가보다 건강하게 산 기간이 어느 정도인지를 나타내는 건강지표로, 선진국에서는 기대수명보다 훨씬 중요하게 활용되고 있다.

92
정답 ③

노후소득 부족과 함께 노후빈곤도 문제가 되고 있다. 통계청의 '가계금융복지조사'에 따르면 우리나라 노인빈곤율은 2022년 기준(처분가능소득)으로 39.7%에 달하며 OECD 국가 중 상당히 높은 수준에 달한다. 노인빈곤율은 소득이 중위소득의 50% 미만에 해당하는 노인가구의 비율을 말한다. 이러한 높은 노인빈곤율은 고령층의 자살률로 이어지고 있다.

93
정답 ②

유니버설 디자인은 장애의 유무나 연령 등에 관계없이 모든 사람들이 보다 편리하고 안전하게 이용할 수 있도록 제품, 건축, 환경, 서비스 등을 설계하는 포괄적인 개념이다. 주거 분야에서도 고령화의 진전에 따라 고령자를 감안한 유니버설 디자인은 매우 중요하다. 유니버설 디자인은 고령자가 거주 공간에서 다치지 않고 오랫동안 건강하게 생활하는 데 크게 기여한다.

94
정답 ②

① 국민연금은 만 18세 이상 만 60세 미만 국민이 가입대상이고, 최소 가입기간 10년을 채웠을 때 연금수급권(연금을 받을 권리)이 발생한다.
③ 임의가입자에 대한 설명이다. 지역가입자는 사업장가입자가 아닌 자영업자 등을 말한다.
④ 임의계속가입자에 대한 설명이다. 임의가입자는 사업장가입자와 지역가입자가 될 수 없는 사람 중에 60세 이전에 본인 희망에 따라 가입신청을 한 자를 말한다. 주로 전업주부나 18세 이상 27세 미만의 학생, 군복무 등으로 소득이 없는 자(연금보험료를 납부한 사실이 있는 자를 제외)가 이에 해당한다.
⑤ 국내에 거주하고 있는 외국인도 국민연금에 가입할 수 있다. 만 18세 이상 만 60세 미만의 외국인이 국민연금에 가입된 사업장에 근무하면 사업장가입자가 되고, 그 외의 외국인은 지역가입자가 된다. 다만 체류 자격별, 국가별 가입이 안 되는 경우도 있으니 가입자격에 대해서는 국민연금공단에 확인이 필요하다.

95
정답 ⑤

〈공무원연금 급여 종류(장기급여)〉

종 류		지급요건
퇴직 급여	퇴직연금	공무원이 10년 이상 재직하고 퇴직한 때
	퇴직연금일시금	10년 이상 재직 후 퇴직한 공무원이 퇴직연금에 갈음하여 일시금으로 지급받고자 할 때
	퇴직연금 공제일시금	10년 이상 재직 후 퇴직한 공무원이 10년을 초과하는 재직기간 중 일부 기간을 일시금으로 지급받고자 할 때
	퇴직일시금	공무원이 10년 미만 재직하고 퇴직한 때
유족 급여	유족연금	• 10년 이상 재직한 공무원이 재직 중 사망한 때 • 퇴직연금 또는 조기퇴직연금 수급자가 사망한 때 • 장해연금 수급자가 사망한 때
	유족연금부가금	10년 이상 재직한 공무원이 재직 중 사망하여 유족연금을 청구한 때
	유족연금특별 부가금	퇴직연금수급권자가 퇴직 후 3년 이내에 사망한 때
	유족연금일시금	10년 이상 재직한 공무원이 재직 중 사망하여 유족연금에 갈음하여 일시금으로 지급받고자 할 때
	유족 일시금	10년 미만 재직한 공무원이 사망한 때
재해 보상 급여	장해 급여	장해연금	공무상 질병·부상으로 인해 장애상태로 되어 퇴직한 경우
		장해 보상금	장해연금에 갈음하여 일시금으로 지급받고자 할 때
	유족 급여	순직유족 연금	공무상 질병, 부상으로 사망 시
		순직유족 보상금	
		위험직무 순직유족 연금	위험직무 수행 중 사망 시
		위험직무 순직유족 보상금	
퇴직 수당	퇴직수당	공무원이 1년 이상 재직하고 퇴직 또는 사망한 때

96
정답 ⑤

〈퇴직연금제도별 특징〉

구 분	확정급여형(DB형)	확정기여형(DC형)
개 념	• 퇴직시 지급할 급여수준을 노사가 사전에 약정 • 사용자가 적립금 운용방법을 결정 • 사용자는 근로자 퇴직시 사전에 약정된 퇴직급여를 지급 • 계속근로기간 1년에 대해 30일분의 평균임금에 상당하는 금액 이상	• 기업이 부담할 기여금 수준을 노사가 사전에 확정 • 근로자가 적립금 운용방법을 결정 • 근로자는 일정연령에 도달하면 운용 결과에 따라 퇴직급여를 수령
기업 부담	• 산출기초율에 따라 부담금 변동 • 규정에서 정한 최소 수준 이상을 납부 • 퇴직연금사업자는 기업의 부담금이 최소수준을 상회하는지 매년 재정건전성 검증 실시	• 매년 기업의 부담금은 근로자 임금의 일정비율로 확정 ※ 가입자의 연간 임금총액의 1/12에 해당하는 금액 이상

97
정답 ①

① 장래에 가입자 부부가 모두 사망 후 주택을 처분해서 정산을 하는데 연금수령액이 집값을 초과해도 자녀 등 상속인에게 초과분을 청구하지 않는다.

98
정답 ④

특정후견은 일시적인 후원 또는 특정한 사무에 대해서만 후견이 필요한 경우 후견인을 선임하는 제도이다. 예를 들면 거동이나 의사소통이 불가능한 부모의 은행대출 연장을 위해서 대출연장 업무에 한해서만 후견인을 선임하는 것이다. 이 경우 피후견인의 사망 시까지 후견인이 대신 은행에 가서 대출 연장 업무를 할 수도 있다.

99
정답 ③

③ 라이프 이벤트 표에 들어가는 내용은 연도, 경과연수, 가족 이름, 연령, 이벤트(자신과 가족), 현재가치로 생각한 예산 혹은 필요 자금 등이다.

100
정답 ③

③ 문제 해결을 위해 여러 대안을 제시할 경우 작성자인 FP는 가장 중요한 대책을 명확히 표시해야 하고, 추천 근거를 알기 쉽고 적절하게 설명하는 것도 필요하다. 다양한 대책을 단순히 나열하는 방법은 좋지 않다.

제2회

실전모의고사
정답 및 해설

은행FP 자산관리사 1부

제2회 정답 및 해설

01	02	03	04	05	06	07	08	09	10
⑤	③	③	⑤	③	②	①	①	①	④
11	12	13	14	15	16	17	18	19	20
⑤	①	②	③	②	⑤	①	①	③	②
21	22	23	24	25	26	27	28	29	30
③	①	①	②	④	③	⑤	③	①	①
31	32	33	34	35	36	37	38	39	40
③	④	②	④	⑤	②	①	①	⑤	②
41	42	43	44	45	46	47	48	49	50
④	①	②	④	①	⑤	④	①	⑤	①
51	52	53	54	55	56	57	58	59	60
③	②	④	③	③	⑤	②	②	⑤	③
61	62	63	64	65	66	67	68	69	70
④	①	③	③	③	④	⑤	⑤	①	④
71	72	73	74	75	76	77	78	79	80
②	⑤	④	⑤	①	②	③	⑤	③	④
81	82	83	84	85	86	87	88	89	90
⑤	⑤	①	④	④	①	③	⑤	④	⑤
91	92	93	94	95	96	97	98	99	100
⑤	④	②	③	③	②	②	②	①	②

자산관리 기본지식 (40문항)

01
정답 ⑤

⑤ 개인주의적 사고방식과 개별성 추구, 비재무적 요구의 증가, 재무설계의 중요성 인식은 소비자 의식 변화에 해당한다.

02
정답 ③

③ 노년부양비 : (노년인구/생산가능인구) × 100

03
정답 ③

③ 효율적인 시간관리, 유망고객과 만남을 쉽게 함, 효과적인 고객면담이 가능함 등은 TA의 장점에 해당한다.

04
정답 ⑤

⑤ 고객으로 하여금 해결책의 효용가치, 이득 등을 느끼게 하여 자산관리사의 해결안 제안에 동의를 구하는 해결 질문이다.

05
정답 ③

③ 자녀성장기 단계의 일반적인 재무관심사에 해당한다. 자녀양육기 단계의 일반적인 재무관심사로는 자녀들의 교육자금 마련, 주택자금 마련 등이 있다.

06
정답 ②

고객과의 직접 면담을 통해 고객의 재무적·비재무적 정보를 수집하면서 고객의 인생관이나 성향·경험 등에 대해서 파악할 기회를 가지게 되어 고객을 잘 이해할 수 있고, 이런 과정을 통해 자산관리사와 고객은 더욱 깊은 신뢰감을 쌓게 된다.

07
정답 ①

① 자산부채상태표는 특정 시점에서 고객의 자산, 부채, 순자산 등을 한눈에 보여 준다. 다시 말하면 ○○○○년 ○○월 ○○일 현재라는 특정 시점을 기준으로 개인 또는 가족 단위의 자산, 부채, 순자산의 현황을 보여 주는 표이다.

08
정답 ①

① 고객이 가입해야 하는 이유에 대해 논리적으로 설명하되 감성을 자극하는 스토리텔링을 제공해야 한다.

09
정답 ①

가. 묵시적 동의법 : 실제로는 고객이 동의한 적 없지만, 묵시적 동의를 전제로 다음 단계로 진행하는 방법이다.
나. 양자택일법 : 두 개의 사소한 결정 중 어느 하나를 선택하도록 하는 방법이다.

10
정답 ④

④ 투자상품으로 재무설계를 실행한 경우에는 시장환경, 고객이 처한 환경 등 여러 요소에 의해 투자 포트폴리오 변경이 필요한 경우가 생기게 되므로, 고객의 정기적 점검을 통해 포트폴리오 재조정이 필요하다.

11
정답 ⑤

⑤ 최장기에는 기술발전이 가능하고, 자본·노동 등 생산요소 총량이 가변적이다.

12
정답 ①

① 기업부문에 대한 설명이다. 가계부문은 생산물시장에서 기업이 생산하거나 해외에서 수입한 재화와 용역의 수요 기능을 한다.

13
정답 ②

② 명시적으로 장기라는 언급이 없으면 단기를 가정한다. 그러므로 물가변동을 언급하지 않는 한 물가는 변동이 없고, 모든 변수는 실질변수이다. 물가변동을 고려할 경우 명목변수와 실질변수를 구별한다.

14 정답 ③

③ 경기침체기와 같이 잠재GDP에 비해 상당히 낮은 수준에서 조업이 이루어질 때 단기 총공급곡선은 물가와 실질GDP 평면에서 완만한 형태로 물가 변동에 대해 단기 총공급이 민감하게 변동한다. 즉, 단기 총공급의 물가 탄력성이 크다. 이때는 추가적인 생산요소 고용을 통해 인플레이션을 유발하지 않으면서 단기 총공급을 증가시킬 수 있다. 점차 잠재GDP에 근접하거나 초과하여 조업이 이루어질 때 단기 총공급곡선은 점점 수직에 가까워지고 단기 총공급은 물가 변동에 대해 둔감하게 변동한다. 즉, 단기 총공급의 물가 탄력성이 작아 추가적인 생산요소를 고용하더라도 생산량 증가보다는 물가만 상승하게 된다.

15 정답 ②

② 다른 조건이 일정한 경우 경제활동인구(=취업자+실업자)의 증가 또는 질의 향상, 투자를 통한 자본량 증가 또는 질의 향상, 기술향상 또는 혁신에 의한 요소생산성 향상, 임금 등 생산 요소가격 하락, 총수요 증가 예상, 긍정적 공급충격(신자원 발견, 신기술 개발 등)의 요인에 의해 단기 총공급곡선은 물가와 실질국민소득 좌표평면에서 우측으로 이동하여 총공급이 증가하게 된다.

16 정답 ⑤

가. 물가가 하락하면 가계 등의 구매력 또는 실질소득이 증가하고, 그에 따라 총지출이 증가 – 구매력 효과 – 하여 총수요량은 증가한다.
나. 물가가 하락하면 실질통화 공급이 증가 – 실질통화 공급효과 – 하고, 그에 따라 대부자금 공급이 늘어 실질이자율이 하락한다. 실질이자율이 하락하면 가계의 소비지출과 기업의 투자지출이 증가하여 총수요량이 증가한다.
다. 물가가 하락하면 부의 실질구매력이 증가하여 소비지출이 늘어나는 것을 부의 효과 또는 실질잔고효과라 한다. 부의 효과에 의해 물가와 총수요량은 음(−)의 관계에 있고, 총수요곡선은 실질국민소득과 물가의 좌표평면에서 우하향하게 된다.
라. 물가가 하락하면 국내 생산물의 상대적 가격경쟁력이 커져 수출은 늘어나고 수입은 감소 – 순수출효과 – 하여 총수요량이 증가한다.

17 정답 ①

② 수요견인 인플레이션에 대한 설명이다. 비용인상 인플레이션은 총공급의 감소에 의해 발생하는 인플레이션이다. 경제 전반적인 생산성의 하락, 임금 등 생산요소 가격의 상승, 자연재해에 따른 생산설비의 망실 등에 따라 총공급 곡선이 좌측으로 이동할 수 있다.
③ 비용인상 인플레이션에 따라 물가와 실업률은 상승하고 실질국민소득은 감소하게 되는데, 이를 스태그플레이션이라고 한다.
④ 인플레이션이 발생하기 위해서는 통화량 증가가 수반되어야 한다. 즉 잠재GDP의 성장 속도보다 통화량 증가 속도가 빠를 때 인플레이션이 발생하게 되는 것이다. 그러므로 인플레이션이 발생하기 위해서는 잠재GDP의 성장 속도보다 빠르게 통화량이 지속적으로 증가하여야 한다.
⑤ 현금보유에 따른 기회비용을 줄이기 위한 비용을 발생시키고, 예기치 못한 인플레이션의 경우 채권자로부터 채무자에게 또는 노동자로부터 기업가에게 부가 재분배되며 자국의 상대적 인플레이션율의 증가가 같은 크기의 환율 상승으로 상쇄되지 않을 경우 국제경쟁력을 약화시킬 수 있다.

18 정답 ①

① 자연실업률 수준에서는 계절적 실업이나 경기적 실업이 없이 마찰적 실업과 구조적 실업만 존재한다.

19 정답 ③

③ 국채를 공개시장에서 매각하여 자금을 조달할 경우 대부자금 시장에서 이자율이 상승하여 민간부문의 소비지출과 투자지출이 감소하는 구축효과가 발생한다. 국채를 중앙은행이 인수할 경우 구축효과는 발생하지 않으나 통화공급이 증가하여 인플레이션을 유발할 수 있다.

20 정답 ②

〈본원통화의 증감〉

구 분	본원통화 증가	본원통화 감소
매매대상	• 재화와 용역의 매입 • 금융자산(국채, 주식 등)의 매입 • 외환의 매입 • 은행 등 금융기관에 대한 대출	• 재화와 용역의 매도 • 금융자산(국채, 주식 등)의 매도 • 외환의 매도 • 은행 등 금융기관으로부터 대출 회수
거래상대방	국내 또는 국외 가계, 기업, 은행 등 금융기관, 정부(재정주체)	

21 정답 ③

③ 중앙은행이 보유하고 있는 증권을 매도하거나 통화안정증권을 발행하여 통화를 회수하고, 금융기관으로부터 이들 증권을 사들임으로써 시중에 통화를 공급한다.
① 지급준비율을 올리면 은행의 대출여력이 감소하여 통화량이 감소하고 지급준비율을 낮추면 통화량이 증가한다.
② 공개시장운영은 중앙은행이 금융시장에서 금융기관을 상대로 국공채 등 유가증권을 사고팔아 시중에 유통되는 통화량이나 시장이자율 수준에 영향을 미치는 통화정책 수단이다.
④ 중앙은행이 금융기관에 빌려 주는 자금의 금리를 높이면 통화량이 감소하고 낮추면 통화량이 증가한다.
⑤ 중앙은행이 외환시장에서 외환을 매입하면 본원통화가 증가하여 통화공급이 증가하고, 반대의 경우에는 통화공급이 감소한다.

22 정답 ①

• 외환수요가 증가하면 환율이 상승하고 외환공급이 증가하면 환율이 하락한다.
① 외화표시 증권에 투자하는 투자자나 해외에 직접 투자하기 위하여 외환을 필요로 한다.
② 서비스의 경우 외국관광객은 국내에서 생산된 재화나 용역을 구매하고 지불하기 위해 외환을 공급한다.
③ 상품의 경우 국내로부터 해외에 수출하는 국내수출업자가 외환으로 수출대금을 결제받을 경우 외환을 환전하는 과정에서 외환시장에 외환을 공급하는 주체가 된다.
④ 자본·금융수지의 경우 자국 화폐로 표시된 금융상품 또는 자국에 직접투자를 하고자 하는 해외투자자 등이 외환시장에서 외환공급자가 된다.
⑤ 중앙은행은 환율을 낮추고자 할 때 외환시장에서 외환을 매도한다.

23 정답 ①

① 재화/용역가격 하락, 자산가격 하락

24 정답 ②

- 선행종합지수 : 재고순환지표(제조업), 경제심리지수, 기계류내수출하지수, 건설수주액, 코스피, 장단기금리차, 수출입물가비율
- 동행종합지수 : 비농림어업취업자수, 광공업생산지수, 건설기성액, 서비스업생산지수, 소매판매액지수, 내수출하지수, 수입액
- 후행종합지수 : 취업자수, 생산자제품재고지수, 소비자물가지수변화율, 소비재수입액, CP유통수익률

25 정답 ④

① 이 방법은 부문별 경기동향을 파악하는 데에는 유용하나 전체 경기의 움직임을 포괄적으로 파악하기는 어려우며, 분석 시 개인의 주관에 치우치기 쉽다는 단점이 있다.
② 경기종합지수는 장기적인 경기추세와 경기의 움직임을 동시에 포함하고 있으므로 이를 감안하여 이용하여야 한다.
③ 설문조사에 의한 경기예측 방법은 비교적 손쉽게 경기의 움직임을 판단할 수 있고 속보성 면에서 유리한 점이 있으나, 결과치의 해석이 분석자의 주관에 좌우될 가능성이 크고 구체적인 경기전환점의 파악이 어렵다는 단점을 가지고 있다.
⑤ 모형의 기초가 되는 경제이론이 맞지 않거나 경제의 여건이나 구조가 크게 바뀌게 되거나 경제변수 간의 관계가 변하여 모형을 구성하고 있는 변수 간의 관계가 안정적이지 않을 경우 예측력이 떨어진다. 현실경제에 작용하는 모든 요인을 변수화할 수 없으므로 오차 발생은 필연적이며 모형에 표기되지 않은 변수의 충격이 클 경우 오차 발생 가능성이 높아진다.

26 정답 ③

담보물권이란 목적물을 사용·수익하는 데 그 목적이 있는 것이 아니라 목적물의 교환가치(물건을 처분하여 얻는 이득)를 채권의 담보로 제공하는 것을 내용으로 하는 물권이다. 여기에는 유치권, 질권, 저당권(근저당권)이 있다. 지상권, 지역권, 전세권은 용익물권에 해당한다.

27 정답 ⑤

근저당권이란 계속적인 거래관계로부터 발생·소멸하는 불특정 다수의 장래 채무를 결산기에 계산한 후 잔존하는 채무를 채권 최고액의 범위 내에서 담보하는 저당권을 말한다. 성립에 있어서 저당권은 특정의 채권을 담보하는 것을 목적으로 설정되며, 근저당권은 일정한 범위에 속하는 불특정의 채권을 일정한 최고액을 한도로 담보하기 위하여 설정된다.

28 정답 ③

① 경개에 대한 설명이다.
② 혼동에 대한 설명이다. 공탁은 금전·유가증권, 기타의 물건을 공탁소에 임치하는 것이다.
④ 대물변제에 대한 설명이다.
⑤ 변제에 대한 설명이다. 면제는 채권자가 일방적인 의사표시로 채무자의 채무를 대가 없이 면하여 주는 것을 말한다.

29 정답 ①

합명회사는 회사채무에 대해서 무한·직접·연대책임을 부담하며, 회사의 업무집행권과 대표권을 가지는 무한책임사원만으로 구성된 회사형태이다. 기본적 사항의 결정에는 총사원의 동의가 필요하고, 다른 사원의 동의 없이는 지위(지분)를 양도할 수 없다.

30 정답 ①

② 현금으로 계좌송금하거나 계좌이체하는 경우에 대한 설명이다.
③ 유가증권으로 입금하거나 계좌송금한 경우에 대한 설명이다.
④ 증권이 자기앞수표인 경우에 대한 설명이다.
⑤ 전자자금이체의 경우에 대한 설명이다.

31 정답 ③

대출실행과정은 거래처의 차입신청서 제출, 은행의 융자결정 통지, 거래처의 소비대차약정서 및 근저당권설정계약서 작성제출, 근저당권설정등기, 대출금의 지급(기표)의 순서로 진행되며 대출계약의 성립시기는 차주가 금전소비대차약정서를 작성하여 은행에 제출하고 은행이 이를 이의 없이 수리한 때에 성립한다.

32 정답 ④

가. 동종의 채권과 서로 대립하고 있을 것

33 정답 ②

② 신탁법과 자본시장법이 충돌하는 경우에는 특별법인 자본시장법이 우선하여 적용된다.

34 정답 ④

④ 부부의 일방이 혼인 전부터 가진 고유재산과 혼인 중 자기의 명의로 취득한 재산은 그의 특유재산으로 한다.

35 정답 ⑤

⑤ 부모가 협의이혼을 한 경우에는 부모의 협의로 친권자를 정하여야 한다. 협의가 이루어지지 않는 경우에는 가정법원이 직권 또는 당사자의 청구에 따라 지정하여야 한다.

36 정답 ②

가. 한정후견에 대한 설명이다.
나. 특정후견에 대한 설명이다.

37 정답 ①

제1순위는 피상속인의 직계비속이다. 직계비속이면 모두 여기에 해당하므로 피상속인의 자녀 외에 손자녀·증손자녀 등도 포함된다. 다만, 직계비속이 여럿 있는 경우 최근친이 선순위가 되고 최근친인 직계비속이 여럿 있으면 공동상속인이 되므로, 피상속인의 자녀·손자녀가 있는 경우에는 자녀만이 상속하고 자녀가 여럿 있으면 그들이 공동으로 상속한다. 자녀에는 양자녀 및 그의 직계비속도 포함된다.

38 정답 ①

민법이 정하는 유언의 방식에는 다섯 가지가 있다. 자필증서·녹음·공정증서·비밀증서·구수증서방식이다.

39 정답 ⑤

합병의 효력은 존속회사의 본점소재지에서 변경등기를 한 때 또는 신설회사의 본점소재지에서 설립등기를 한 때 발생한다.

40 정답 ②

② 개인회생 절차는 채무자만 신청할 수 있고 채무자 중에서도 법인 아닌 자연인 개인(급여소득자 또는 영업소득자)만이 신청할 수 있다.

세무설계 (40문항)

41 정답 ④

국내에 주소를 두거나 183일 이상 거소를 둔 개인을 거주자라 한다. 세법상 거주자는 국적의 유무와는 관계가 없다. 비록 외국인이라고 하더라도 국내에 주소를 두거나 1 과세기간 동안 국내에 183일 이상 거소를 두면 거주자가 된다.

42 정답 ①

우리나라 소득세법은 퇴직소득과 양도소득을 다른 종합소득과 구분하여 별도로 과세한다.

43 정답 ②

② 납부할 세액이 2천만원 이하인 경우에는 1천만원을 초과하는 금액을 분할납부할 수 있다.

44 정답 ④

④ 자진납부할 세액 또는 중간예납세액이 1천만원을 초과하는 경우에는 납부할 세액의 일부를 납부기한이 지난 후 2개월 이내에 분할납부할 수 있다. 납부할 세액이 1,500만원인 경우 1천만원을 초과하는 500만원을 납부기한이 지난 후 2개월 이내에 분할납부할 수 있다.

45 정답 ①

① 채권이자에 대하여는 보유기간 과세를 한다. 채권은 그 속성상 다른 금융자산과는 달리 유통이 자유롭다. 따라서 만일 채권의 만기 시 최종소지자에게만 과세한다면 금융소득이 큰 사람은 채권을 사다가 만기 직전에 양도하려고 할 것이다. 왜냐하면 양도를 통하여 자기의 법정 이자소득을 타인에게 전가시킬 수 있기 때문이다. 즉 소득이 큰 채권소지자가 금융회사나 소득이 낮은 개인에게 채권을 양도하여 금융소득종합과세대상에서 제외될 수 있는 것이다. 이러한 조세회피를 막기 위하여 채권의 양도 시 비록 법정이자를 수령하지 않더라도 (채권가격에 반영되기 때문에) 보유기간별 이자를 계산하여 양도자의 이자소득으로 간주한다는 것이다.

46 정답 ⑤

⑤ 현행 소득세법상 배당소득의 종류에 해당한다. 나머지는 모두 이자소득에 해당한다.

47 정답 ④

④ 이자소득과 배당소득이 함께 있는 경우에는 이자소득부터 먼저 합산한다.

48 정답 ①

① 비영업대금의 이익: 25%

49
정답 ⑤

- 종합과세 기준금액(2천만원)을 산정할 때에는 이자소득과 배당소득이 함께 있는 경우에는 이자소득부터 먼저 합산 → 배당소득 중에서는 세액공제대상이 아닌 배당소득 → 세액공제대상이 되는 배당소득과 같은 순서로 금융소득을 순차적으로 합산해야 한다.
- Gross-up 금액을 가산하기 전의 금융소득이 2,000만원을 초과하므로 전액 종합과세대상 금융소득이며, Gross-up 금액을 가산하여 종합과세대상 배당소득금액을 산정해야 함
- Gross-up 금액 : 3,000만원 × 10% = 300만원
- 종합과세대상 배당소득금액 : 3,000만원 + 300만원 = 3,300만원
- 종합과세방식 : [(기준금액초과 금융소득 + 기타의 종합소득금액 − 소득공제) × 기본세율] + 기준금액 × 14% = [(4,300만원 − 600만원) × 기본세율 + 2,000만원 × 14% = 3,700만원 × 15% − 126만원 + 280만원 = 709만원
- 분리과세방식 : (기타의 종합소득 − 소득공제) × 기본세율 + 모든 금융소득 × 14% = 6,000만원 × 14% = 840만원
- 종합소득 산출세액 = Max[종합과세방식, 분리과세방식] = 840만원

50
정답 ①

국내사업장이 있거나 부동산소득이 있는 비거주자로서 금융소득이 당해 국내사업장 또는 부동산에 실질적으로 관련되거나 귀속되는 경우에는 다른 국내원천소득(부동산임대·사업·근로·기타소득 등)과 금융소득을 합산하여 과세한다. 즉 금융소득이 2천만원을 초과하지 않더라도 종합과세한다는 뜻이다.

51
정답 ③

③ 금융소득이 어느 한 해에 편중된다면 이를 평준화하는 것이 세부담을 줄이는 방법이므로, 본인의 모든 금융소득을 파악하고 이자수령조건을 조절할 필요가 있다.

52
정답 ②

정기예금의 이자는 실제로 이자를 받는 날이 수입시기이므로 이자를 수령하는 20×5년도의 소득으로 보아 금융소득종합과세대상 여부를 판단해야 한다.

53
정답 ④

④ 사업용 고정자산(토지, 건물 및 부동산에 관한 권리)과 함께 양도하는 영업권에 대해서는 양도소득세를 과세한다. 다만, 사업용 고정자산의 양도 없이 점포임차권 및 영업권만 단독으로 양도하는 경우에는 이를 기타소득으로 보아 종합소득세를 과세한다.

54
정답 ③

③ 양도 또는 취득의 시기는 당해 자산의 양도대금을 청산한 날로 한다. 그러나 대금을 청산하기 전에 소유권이전등기 등을 한 경우에는 등기부·등록부 또는 명부 등에 기재된 등기 등의 접수일로 한다.

55   정답 ③

- 양도차익 = 양도가액 − 취득가액 − 기타의 필요경비 = 2.7억원 − 2억원 − 100만원 = 6,900만원
- 양도소득금액 = 양도차익 − 장기보유특별공제액 = 6,900만원 − 0원 = 6,900만원
- 장기보유특별공제의 대상이 되는 자산은 3년 이상 보유한 토지와 건물 또는 조합원 입주권(조합원으로부터 취득한 것은 제외)에 한한다.

56   정답 ⑤

양도소득이 있는 거주자에 대하여는 ① 부동산, 부동산에 관한 권리 또는 기타자산 ② 상장 또는 비상장주식 및 ③ 파생상품 ④ 신탁수익권 등의 거래에 대한 양도소득금액에서 각각 연 250만원을 공제하는데, 이를 양도소득 기본공제라 한다. 다만, 미등기 양도자산의 경우에는 양도소득 기본공제를 적용하지 않는다.

57   정답 ②

2017.1.1. 이후의 부담부증여 시 양도세 예정신고기한은 증여세 신고기한과 동일하게 수증일이 속하는 달의 말일부터 3개월 이내이다.

58   정답 ②

- 소득세법상 '양도'는 "자산에 대한 등기 또는 등록에 관계없이 매도, 교환, 법인에 대한 현물출자 등으로 인하여 그 자산이 유상으로 사실상 이전되는 것"을 말한다.
- 파산선고에 의한 처분으로 발생하는 소득, 농지의 교환 또는 분합으로 발생하는 소득, 1세대 1주택과 이에 부수되는 토지의 양도로 발생하는 소득, 1세대 1조합원 입주권 양도에 따라 발생하는 소득, 경계의 확정으로 지적 공부상의 면적이 감소되어 지급받는 조정금은 비과세소득에 해당한다.

59   정답 ⑤

⑤ 상속받은 주택과 일반주택(상속개시일로부터 소급하여 2년 이내에 피상속인으로부터 증여받은 주택은 제외)을 국내에 각각 1개씩 소유하고 있는 1세대가 일반주택을 양도하는 경우 국내에 1개의 주택을 소유하고 있는 것으로 보아 1세대 1주택 양도세 비과세 규정을 적용한다.

60   정답 ③

③ 공익사업용 토지 등의 양도가 양도소득세 감면 대상에 해당한다.

61   정답 ④

한정승인은 상속재산의 한도 내에서 피상속인의 채무와 유증을 변제할 것을 조건으로 상속하는 것을 말한다.

62   정답 ①

① 피상속인이 단순히 명의만 빌려준 것이 명백하게 확인되는 경우의 차명예금(동창회비, 친목회비 등)은 상속재산에 포함되지 않는다.

63   정답 ③

간주상속재산(보험금)
= 보험금 수령액 × $\dfrac{\text{피상속인이 부담한 보험료의 합계액}}{\text{피상속인의 사망시까지 보험료의 총합계액}}$
= 10억원 × 50% = 5억원

64 정답 ③

- 현금·예금 및 유가증권 : 재산종류별 2년 이내 5억원 요건 미충족으로 합산되지 않는다.
- 부동산 및 부동산에 관한 권리 : 1년 이내 2억원 요건 충족으로 사용처를 입증해야 한다.
- 상속추정액 = 처분재산가액·부담채무액 − 사용처소명액 − 20% 상당액(최고 2억원) = 5억원 − 1억원 − MIN(5억원 × 20% = 1억원, 2억원) = 4억원 − 1억원 = 3억원

65 정답 ③

- 배우자상속공제액 : MIN[ⓐ 배우자가 실제 상속받은 금액, ⓑ 상속재산가액 × 배우자의 법정상속지분비율 − 상속재산에 가산한 증여재산 중 배우자에게 증여한 재산에 대한 과세표준, ⓒ 30억원] = MIN[ⓐ 20억원, ⓑ 35억원 × $\frac{3}{7}$, ⓒ 30억원] = 15억원
- ※ 배우자증여공제는 6억원까지 인정되므로 사전증여 5억원에 대한 과세표준은 0원

66 정답 ④

- 동거주택 상속공제 : 1주택 장기보유자의 상속세 부담을 경감하고 노부모 봉양을 장려하기 위한 제도로서 일정 요건을 갖춘 상속주택에 대하여는 주택가액(주택에 담보된 피상속인의 채무액을 차감한 가액)의 100%를 상속세 과세가액에서 공제한다. 단 공제 최고한도는 6억원이다.
- 거주자의 상속재산 중에서 금융재산이 포함되어 있는 경우에는 그 금융재산가액에서 금융채무를 공제한 순금융재산가액의 20%를 상속세 과세가액에서 공제한다. 단 공제 최고한도는 2억원이다.

67 정답 ⑤

금융재산이란 금융실명법상 예금, 적금, 부금, 계금, 출자금, 신탁재산(금전신탁재산), 보험금, 공제금, 주식, 채권, 수익증권, 출자지분, 어음 등의 금전 및 유가증권을 말하며 최대주주(출자자)가 보유하고 있는 주식(출자지분)은 제외된다. 자기앞수표는 공제대상 금융재산이 아니다.

68 정답 ⑤

⑤ 피상속인의 배우자가 단독으로 상속받는 경우에는 일괄공제 5억원을 선택할 수 없으며, 기초공제와 기타 인적공제를 각각 적용받아야 한다. 단독으로 상속받는다는 것은 배우자가 단독상속인이 되는 것을 말하는데, 예컨대 피상속인의 직계비속(아들, 딸)도 없고 직계존속(부모, 조부모)도 없는 경우가 여기에 해당한다. 따라서 상속인 간 협의분할에 의하여 배우자가 단독으로 상속받거나 다른 공동상속인의 상속포기 등으로 배우자가 단독으로 상속받는 경우에는 일괄공제를 선택할 수 있다.

69 정답 ①

- 종합한도 = 상속세과세가액 − 상속인이 아닌 자에게 유증·사인증여한 재산가액 − 상속인의 상속포기로 그 다음 순위의 상속인이 상속받은 재산가액 − 상속세과세가액에 가산한 증여재산의 과세표준
- 상속재산을 상속인이 아닌 손자에게 전액 유증한다면 상속공제액은 0이 되어 상속공제액을 적용받을 수 없다.

70 정답 ④

④ 연부연납은 납세담보를 제공하여야 하며, 연부연납금액에 대하여 기획재정부령으로 정하는 이자율을 적용한 연부연납 가산금을 추가로 납부해야 한다.

71 정답 ②

- 국제조세조정에 관한 법률에 의하여 거주자가 비거주자에게 국외재산을 증여하는 경우에는 증여자가 증여세 납부의무를 진다.
- 증여세는 원칙적으로 수증자가 납세의무자이다. 그러나 명의신탁재산의 증여의제에 해당하는 경우에는 수증자(명의자)가 아닌 증여자(실제소유자)가 해당 재산에 대하여 증여세를 납부할 의무가 있다.

72 정답 ⑤

모두 적절한 설명이다.

73 정답 ④

① 부담부증여에 대한 설명이다.
② 배우자 간 또는 직계존비속 간의 부담부증여에 있어서는 수증자가 채무를 인수한 경우에도 이를 인수하지 아니한 것으로 우선 추정한다. 다만 계약서, 이자지급 증빙 등 객관적인 서류에 의하여 채무사실이 입증되는 경우에는 채무를 인수한 것으로 본다.
③ 김세진씨의 증여세과세가액 계산 시 토지의 재산가액은 시가로 계산한다.
④ 김세진씨의 증여세 과세가액 : 토지시가 12억원 − 채무액 4억원 = 8억원

⑤ 김밝은씨의 양도차익 :

전체 양도차익 × $\dfrac{채무양도액}{증여한도재산가액}$

= (시가 12억원 − 취득가액 6억원) × $\dfrac{4억원}{12억원}$

= 6억원 × $\dfrac{4억원}{12억원}$ = 2억원

74 정답 ⑤

비상장기업의 최대주주가 그 기업의 내부정보를 이용해 상장추진 중에 있는 비상장주식을 자녀 등 특수관계자에게 미리 증여하여 상장에 따른 시세차익을 얻은 경우에 적용된다. 상장 후 3월이 되는 시점의 실제주식가액과 당초 증여가액을 비교하여 30% 이상 차이가 나거나 3억원 이상의 차이가 발생하는 경우 그 차액에 대하여 증여세를 과세한다. 증여가액을 산정함에 있어서 기업가치의 실질적인 증가로 인한 것은 차감하여 계산한다.

75 정답 ①

- 동일인으로부터 수회에 걸쳐 증여를 받는 경우에는 10년간 이를 합산하여 1천만원 이상인 경우에는 이를 합산과세하고 당초 납부한 증여세는 이를 공제한다. 이때 증여자가 직계존속인 경우에는 그 배우자도 동일인으로 간주한다.
- 증여재산공제액은 10년간 합산하여 계산하며, 2 이상의 증여가 증여시기를 달리하는 경우에는 최초의 증여가액으로부터 순차로 공제한다. 또한 동시에 2 이상의 증여가 있는 경우에는 각각의 증여세 과세가액으로 안분하여 공제액을 계산한다.
- 직계존비속공제는 증여자가 직계존속인 경우 그 배우자를 포함하여 계산한다.

76 정답 ②

상장(코스닥)주식 및 출자지분 : 평가기준일 전후 2개월간에 공표된 한국거래소 종가평균액

77 정답 ③

③ 재산세 부과세액이 20만원 이하인 경우에는 7월 16일부터 7월 31일까지로 하여 한꺼번에 부과·징수할 수 있다.

78 정답 ⑤

해당 재산에 대한 재산세 산출세액이 직전 연도의 해당 재산에 대한 재산세 상당액의 150%를 초과하는 경우에는 150% 해당금액을 당해 연도에 징수할 세액으로 한다.

79 정답 ③

〈종합부동산세 과세대상 및 과세기준금액〉

과세대상	과세기준금액	합산방법
주택	9억원 (단독명의 1세대 1주택자 12억원)	인별 합산
종합합산 과세대상 토지	5억원	
별도합산 과세대상 토지	80억원	

80 정답 ④

주택분 종합부동산세에 대한 공제세액 중 단독명의 1세대 1주택자의 고령자 세액공제와 장기보유 세액공제는 공제율 합계 80% 범위 내에서 중복하여 공제한다.

보험 및 은퇴설계 (20문항)

81 정답 ⑤

〈위험의 구분〉

치명적 위험	개인을 파산으로 이끌 수 있는 잠재적 손실의 노출(조기사망, 장기생존, 주택의 화재, 배상책임위험)
중요한 위험	손실을 회복하기 위해서는 외부의 자금을 차입해야 하는 위험(실업이나 별장의 화재, 자동차의 파손 등)
일반적 위험	현재의 소득이나 자산으로 보전할 수 있는 손실의 노출(유리창의 파손 등)

82 정답 ⑤

보험의 기본 원칙에는 수지상등의 원칙, 급부반대급부 균등의 원칙, 대수의 법칙, 실손보상의 원칙이 있다.

83 정답 ①

보험계약의 주요 특성으로는 불요식 낙성계약, 유상 쌍무계약, 사행계약, 부합계약이 있다.

84 정답 ④

CI(Critical Illness)보험은 종신보험과 건강보험이 결합된 상품이다. 암·심근경색·뇌졸중·말기심부전증 등 중대한 질병이 발생하면 치료비, 생활비 등 생존자금 보장을 위해 사망보험금의 50% 또는 80%, 100%를 미리 지급해 준다. 사망 시에는 잔여보험금을 지급하여 유족들의 생활안정에 기여하는 상품이다. 보험회사별로 중대한 질병(CI)의 정의가 다를 수 있기 때문에 약관 등을 통해 보장범위를 확인해야 한다.

85 정답 ④

〈일반보험과 변액보험의 비교〉

구 분	일반보험상품	변액보험상품
보험금	보험가입금액 (보험금 확정 또는 공시이율 연동)	투자실적에 따라 변동 (최저사망보험금, 최 저연금적립금 보증)
예금자보호	예금자보호법 적용대상	최저사망보험금, 최저연금적립금 등 최저보증만 적용
투자위험부담	보험회사	보험계약자
자산운용	일반계정	특별계정
적용이율	공시이율(예정이율)	실적배당률

86 정답 ①

잔존물 제거비용 : 보험가입금액 범위 내에서 재산손해액의 10%를 한도로 보상(해체비용, 청소비용, 차에 싣는 비용)

87 정답 ③

③ 업무상 과실치상죄 또는 중과실치상죄와 재물손괴죄를 범한 운전자에 대하여는 피해자의 명시한 의사에 반하여 공소를 제기할 수 없다. 즉, 가해자와 피해자 간에 형사합의가 되면 처벌받지 않는다.

88 정답 ⑤

⑤ 직장가입자의 보수월액보험료는 가입자의 보수월액에 보험료율을 곱하여 보험료를 산정한 후, 경감률 등을 적용하여 가입자 단위로 부과한다.

89 정답 ④

부모로부터 자금을 차입하여 보험에 가입한 경우 5년 이내에 보험사고가 발생하여 보험차익이 30% 이상 또는 3억원 이상 발생한 경우 보험차익을 증여로 보아 과세한다.

90 정답 ⑤

⑤ 고객의 거절이유에 대한 지나친 공감은 금물이다. 고객의 단순한 거절을 필요 이상으로 고민하는 상담자가 의외로 많다. 고객은 아무 이유 없이 반대하거나 회피하는 경우가 종종 있다. 결정의 순간은 고객의 마음속에서 시계추가 왔다갔다 하고 있는 상황과 같다. 고객이 보험의 이점을 인정한 그 순간이 바로 마음의 추를 정지시킬 수 있는 가장 좋은 시점이다. 계약체결을 잘하는 사람은 신념이 있는 사람이다. 그는 상담하는 상품이나 서비스를 절대적으로 믿고 정열을 가지고 다른 사람의 생각을 바꾸어 놓는다.

91 정답 ⑤

⑤ 삶의 보람은 매우 주관적인 것이어서 사람에 따라 다르게 나타난다.

92 정답 ④

① 은퇴설계를 할 때는 100세 시대에 맞게 인생지도를 재설계해야 한다. 기존 세대처럼 수명을 막연하게 80세로 잡았다가는 장수 리스크 등의 문제에 직면할 수 있다.
② 재무와 비재무의 균형적인 은퇴설계를 해야 한다. 고객에게 심리적 부담을 주는 재무적 준비만을 강조하지 말고 노후자금이 다소 부족해도 행복하게 은퇴생활을 영위할 수 있는 비재무적인 방법에 대해서도 제시해야 한다.

③ 부부 중심의 은퇴설계를 해야 한다. 본인이 65세에 자녀를 출가시켜도 앞으로 20~30년을 배우자와 함께 살아야 한다. 젊은 시절에 일만 하다 아내를 돌보지 않던 남편이 은퇴 뒤 부인과 둘만 남으면 당혹감에 빠질 수 있다. 노후를 어떻게 보내야 할지 미리 생각하고, 배우자와 대화하며, 준비하도록 조언해야 한다.

⑤ 매월 정기적으로 소득이 들어오는 '평생 소득'을 확보해야 한다. 일시적인 목돈보다 평생 월급을 받을 수 있는 연금수급권이 중요하다. 곶감 빼 먹듯 생활비나 병치레 등으로 목돈을 쓰다 보면, 줄어드는 돈만큼 심리적 불안감이 커질 수밖에 없다. 수명이 길어질수록 매달 들어오는 소득을 확보하는 것이 중요하다. 따라서 고객 상황에 맞게 목돈과 연금 소득을 균형 있게 컨설팅해 줄 필요가 있다.

93 정답 ②

우리나라에서 3층 연금체계가 완성된 것은 2005년으로, 제일 먼저 1988년 국민연금이 도입되었고, 다음으로 개인연금이 1994년 도입되었다. 마지막으로 퇴직연금제도가 2005년 12월 도입되었다. 국민연금과 개인연금은 근로자와 자영업자 등 전 국민을 대상으로 하고 있으나 퇴직연금제도는 근로자만 가입할 수 있다가 2017년 7월부터 개인형 퇴직연금제도(IRP)에 자영업자와 특수직역연금 가입자도 가입할 수 있게 되었다. 여기에 공적부조의 성격으로 저소득층을 대상으로 한 국민기초생활보장제도가 2000년 도입되었고, 65세 이상 고령자 중 소득 하위 70%에게 지급하는 기초연금제도가 2008년 도입되었다.

94 정답 ③

③ 60세에 도달해 국민연금 가입 자격을 상실했으나, 가입기간이 부족해 연금수급권이 없거나 가입기간을 연장하여 더 많은 연금을 받고자 하는 경우 65세에 달할 때까지 연장 가입한 자를 임의계속가입자라 한다.

95 정답 ③

〈공무원연금 급여〉

종류		지급요건
유족급여	유족연금	• 10년 이상 재직한 공무원이 재직 중 사망한 때 • 퇴직연금 또는 조기퇴직연금 수급자가 사망한 때 • 장해연금 수급자가 사망한 때
	유족연금 부가금	10년 이상 재직한 공무원이 재직 중 사망하여 유족연금을 청구한 때
	유족연금 특별부가금	퇴직연금수급권자가 퇴직 후 3년 이내에 사망한 때
	유족연금 일시금	10년 이상 재직한 공무원이 재직 중 사망하여 유족연금에 갈음하여 일시금으로 지급받고자 할 때
	유족일시금	10년 미만 재직한 공무원이 사망한 때

96 정답 ②

② 현재 근로자를 고용한 모든 기업은 퇴직금제도와 퇴직연금제도 중 한 개 이상의 제도를 의무적으로 도입해야 한다.

97 정답 ②

② 세액공제율은 소득수준에 따라 다른데 근로소득만 있는 경우 총급여액이 5,500만원을 초과하면 13.2%, 5,500만원 이하면 16.5%를 공제받는다. 종합소득금액을 기준으로 할 경우 4,500만원을 초과하면 13.2%, 4,500만원 이하면 16.5%를 공제받는다.

98

정답 ②

2020년부터 개인종합자산관리계좌(ISA)의 만기가 도래할 경우 ISA 만기자금을 연금계좌(연금저축계좌와 IRP)로 이체하는 것이 허용되었다. 이체 금액에 제한이 없으며, 연금계좌의 연간 납입한도 금액인 1,800만원에도 포함되지 않아 노후자금을 준비하는 데 큰 도움이 된다. 또한 ISA 만기자금을 연금계좌로 이체한 경우 이체 금액의 10%, 최대 300만원에 대해 세액공제를 받을 수 있다.

99

정답 ①

가. 성년후견은 질병, 장애, 노령 등 정신적 제약으로 인한 사무처리 능력이 지속적으로 결여된 경우에 후견인을 선임하는 제도이다. 중증 치매로 의사소통이 전혀 불가능한 경우가 대표적인 사례라고 할 수 있다.
나. 한정후견은 일상생활은 가능하지만 정신적 제약으로 사무처리 능력이 부족한 경우 후견인을 선임하는 제도이다. 사무처리 능력이 완전히 결여되어 있지는 않지만 부족한 경우 이용할 수 있다.
다. 특정후견은 일시적인 후원 또는 특정한 사무에 대해서만 후견이 필요한 경우 후견인을 선임하는 제도이다. 예를 들면 거동이나 의사소통이 불가능한 부모의 은행대출 연장을 위해서 대출연장 업무에 한해서만 후견인을 선임하는 것이다. 이 경우 피후견인의 사망 시까지 후견인이 대신 은행에 가서 대출 연장업무를 할 수도 있다.

100

정답 ②

② 단순히 제안서를 전달하고 실행은 고객에게 맡긴다면 FP의 일은 완성되지 않는다. 제안한 내용의 실행을 지원하는 것도 FP의 중요한 임무이다.

얼마나 많은 사람들이
책 한 권을 읽음으로써
인생에 새로운 전기를 맞이했던가.

– 헨리 데이비드 소로 –

배우기만 하고 생각하지 않으면
얻는 것이 없고,
생각만 하고 배우지 않으면 위태롭다.

- 공자 -

좋은 책을 만드는 길, 독자님과 함께 하겠습니다.

2025~2026 은행FP 자산관리사 1부 [개념정리 + 적중문제] 한권으로 끝내기

개정1판1쇄 발행	2025년 06월 10일 (인쇄 2025년 05월 26일)
초 판 발 행	2024년 06월 05일 (인쇄 2024년 05월 29일)
발 행 인	박영일
책 임 편 집	이해욱
편 저	홍영진
편 집 진 행	김준일 · 남민우 · 류채윤
표지디자인	하연주
편집디자인	하한우 · 김혜지
발 행 처	(주)시대고시기획
출 판 등 록	제10-1521호
주 소	서울시 마포구 큰우물로 75 [도화동 538 성지 B/D] 9F
전 화	1600-3600
홈 페 이 지	www.sdedu.co.kr
I S B N	979-11-383-9391-1 (14320)
	979-11-383-9390-4 (세트)
정 가	20,000원

※ 이 책은 저작권법의 보호를 받는 저작물이므로 동영상 제작 및 무단전재와 배포를 금합니다.
※ 잘못된 책은 구입하신 서점에서 바꾸어 드립니다.

시대에듀 금융시리즈

시대에듀 금융, 경제·경영과 함께라면
쉽고 빠르게 단기 합격!

금융투자협회	펀드투자권유대행인 한권으로 끝내기	18,000원
	펀드투자권유대행인 출제동형 100문항 + 모의고사 3회분 + 특별부록 PASSCODE	18,000원
	증권투자권유대행인 한권으로 끝내기	18,000원
	증권투자권유대행인 출제동형 100문항 + 모의고사 3회분 + 특별부록 PASSCODE	18,000원
	펀드투자권유자문인력 한권으로 끝내기	31,000원
	펀드투자권유자문인력 실제유형 모의고사 4회분 + 특별부록 PASSCODE	21,000원
	증권투자권유자문인력 한권으로 끝내기	32,000원
	증권투자권유자문인력 실제유형 모의고사 4회분 + 특별부록 PASSCODE	21,000원
	파생상품투자권유자문인력 한권으로 끝내기	32,000원
	투자자산운용사 한권으로 끝내기(전2권)	38,000원
	투자자산운용사 실제유형 모의고사 + 특별부록 PASSCODE	55,000원
	투자자산운용사 출제동형 100문항 최신 9회분	33,000원
금융연수원	신용분석사 1부 한권으로 끝내기 + 무료동영상	24,000원
	신용분석사 2부 한권으로 끝내기 + 무료동영상	24,000원
	은행FP 자산관리사 1부 [개념정리 + 적중문제] 한권으로 끝내기	20,000원
	은행FP 자산관리사 1부 출제동형 100문항 + 모의고사 3회분 + 특별부록 PASSCODE	17,000원
	은행FP 자산관리사 2부 [개념정리 + 적중문제] 한권으로 끝내기	20,000원
	은행FP 자산관리사 2부 출제동형 100문항 + 모의고사 3회분 + 특별부록 PASSCODE	17,000원
	은행텔러 한권으로 끝내기	23,000원
	한승연의 외환전문역 Ⅰ종 한권으로 끝내기 + 무료동영상	25,000원
	한승연의 외환전문역 Ⅱ종 한권으로 끝내기 + 무료동영상	25,000원
기술보증기금	기술신용평가사 3급 한권으로 끝내기	31,000원
매일경제신문사	매경TEST 단기완성 필수이론 + 출제예상문제 + 히든노트	30,000원
	매경TEST 600점 뛰어넘기	23,000원
한국경제신문사	TESAT(테셋) 한권으로 끝내기	28,000원
	TESAT(테셋) 초단기완성	23,000원
신용회복위원회	신용상담사 한권으로 끝내기	27,000원
생명보험협회	변액보험판매관리사 한권으로 끝내기	20,000원
한국정보통신진흥협회	SNS광고마케터 1급 7일 단기완성	20,000원
	검색광고마케터 1급 7일 단기완성	20,000원

※ 도서의 제목 및 가격은 변동될 수 있습니다.

시대에듀 금융자격증 시리즈와 함께하는
금융권 취업의 골든키!

은행텔러	한승연의 외환전문역	신용분석사	은행FP 자산관리사
한권으로 끝내기	1·2종 한권으로 끝내기	1·2부 한권으로 끝내기 + 무료동영상	1·2부 [개념정리 + 적중문제] 한권으로 끝내기 & 실제유형 모의고사 PASSCODE

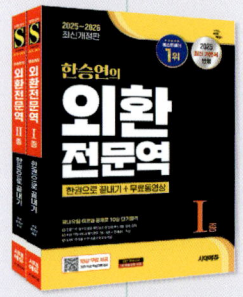

독학으로 2주면 합격! 핵심개념부터 실전까지 단기 완성!

국내 유일! 핵심이론과 유형문제 및 무료동영상 강의로 합격하기!

개념정리 + 문제풀이 무료동영상 강의로 실전에 강해지는 체계적 학습!

방대한 내용에서 핵심만 쏙! 쏙! 효율적 학습으로 단기 합격!

시대에듀 금융자격증 시리즈

시대에듀 금융자격증 도서 시리즈는 짧은 시간 안에 넓은 시험범위를 가장 효율적으로 학습할 수 있도록 구성하여 시험장을 나올 그 순간까지 독자님들의 합격을 도와드립니다.

투자자산운용사
한권으로 끝내기 &
실제유형 모의고사 + 특별부록 PASSCODE &
출제동형 100문항 최신 9회분

증권투자권유자문인력
한권으로 끝내기 &
실제유형 모의고사 PASSCODE

매경TEST & TESAT
단기완성 & 한권으로 끝내기

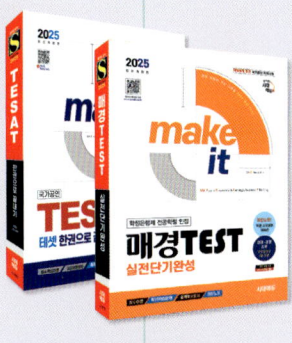

매회 최신시험 출제경향을 완벽하게 반영한
종합본, 모의고사, 기출문제집

단기합격을 위한 이론부터 실전까지
완벽하게 끝내는 종합본과 모의고사!

단순 암기보다는 기본에 충실하자!
자기주도 학습형 종합서!

※ 도서의 제목 및 이미지는 변동될 수 있습니다.

퀄리티 높은 강의, 합리적인 가격
선택은 **토마토패스**입니다.

합격률 1위

만족도 1위

인기도 1위

82회 ~ 90회 9회 연속 AFPK 합격률 1위
21년~ 23년 1차 한국FP협회 ARPS 합격률 1위
39회 신용분석사 대학생 수석 합격자 배출
39회 42회 45회 은행텔러 수석합격자 배출
53회 54회 자산관리사 수석합격자 배출

2024 수강생 만족도 99.8점
(2024.01.01 ~ 12.31 수강후기 별점기준)
2023 수강생 만족도 99.7점
(2023.01.01 ~ 12.31 수강후기 별점기준)
2022 수강생 만족도 99.2점
(2022.01.01 ~ 12.31 수강후기 별점기준)

2023.01 투자자산운용사 교재 예스24 월별베스트 1위
2022 변액보험판매관리사 교재예스24·교보문고 인기도 1위
2022 투자자산운용사 교재 예스24·교보문고 인기도 1위
2021.09 보험심사역 교재 알라딘·예스24·교보문고 인기도 및 판매량 1위
2021.09 투자자산운용사 교재 알라딘 인기도 1위
2021.02 은행텔러 교재 교보문고·예스24 인기도 1위
2019.06 신용분석사 교재 교보문고 판매량 1위
2019.05 자산관리사 교재 온라인서점 판매량 1위
2019.03 신용분석사 교재 인터파크 판매량 1위

한국 FPSB 지정교육기관

국가보훈처 지정교육기관

고용노동부 직업능력개발 훈련기관

한국FP협회 지정교육기관

www.tomatopass.com

1위가 들었던 인강, 역시 다르다!

한국금융연수원 공식발표 53회·54회 1위 합격자 배출 | 2021.01.01~2024.12.31 수강후기 별점만족도 기준 만족도 100%

2회 연속 자산관리사 1위 합격자 배출 | 4년 연속 수강생 만족도 100% 달성!